EVA

Europäische Verlagsanstalt

Rudolf Hilferding

Das Finanzkapital

Band I

Eingeleitet von Eduard März

basis

3. unveränderte Auflage 1974 der Ausgabe in der Reihe
»Politische Ökonomie. Geschichte und Kritik«

Frankfurt am Main – Köln
Druck Wagner Druckerei, Nördlingen
ISBN 3 434 45014 9
Printed in Germany

Einleitung von Eduard März

Hilferdings Finanzkapital ist häufig als der vierte Band des Marxschen Kapital bezeichnet worden.[1] Es mag dahingestellt sein, ob ein solcher Vergleich gerechtfertigt ist. Sicher ist, daß Hilferdings Werk zu den wenigen Büchern der ersten nachmarxschen Generation zählt, die theoretisches Neuland erschließen.

Das große Verdienst Hilferdings besteht hauptsächlich darin, daß er die Marxsche Lehre von der Konzentration und Zentralisation des Kapitals konsequent weiterführt. Rufen wir uns in Erinnerung, worin die Hauptpunkte dieser Lehre bestehen. Im Verlauf des Akkumulationsprozesses geht das Wachstum der großen Kapitalien gewöhnlich weit schneller vonstatten als das der kleinen. Auf diese Weise gerät eine immer größere Masse gesellschaftlichen Kapitals unter die Kontrolle einer relativ geringen Zahl von Unternehmen. Dazu gesellt sich, insbesondere in Zeiten der wirtschaftlichen Rückbildung und Krise, der Prozeß der Umwandlung vieler kleiner in eine geringe Zahl größerer Kapitalien. Bei diesem Vorgang spielen die Organisationsform der Aktiengesellschaft und der Kreditapparat, wie bereits Marx gezeigt hat, eine ganz entscheidende Rolle:

»Abgesehen hiervon bildet sich mit der kapitalistischen Produktion eine ganz neue Macht, das Kreditwesen, das in seinen Anfängen verstohlen, als bescheidene Beihilfe der Akkumulation, sich einschleicht, durch unsichtbare Fäden die über die Oberfläche der Gesellschaft in größeren oder kleineren Massen zersplitterten Geldmittel in die Hände individueller oder assoziierter Kapitalisten zieht, aber bald eine neue und furchtbare Waffe im Konkurrenzkampf wird, und sich schließlich in einen

---

1 Siehe z. B. Karl Kautsky, »Finanzkapital und Krisen«, Neue Zeit, 29. Jg., 1. Band, 1910/11, S. 765 und 883.

ungeheuren sozialen Mechanismus zur Zentralisation des Kapital verwandelt ...«[2]

Diese von Marx aufgedeckte zentrale Rolle des Kreditapparates im Prozeß der Zentralisation macht Hilferding zum Angelpunkt seiner Analyse. Er zeigt an der Hand eines gewaltigen Tatsachenmaterials, wie die Mobilbanken den Umbau der Personengesellschaft in Aktiengesellschaften durch die Zuführung von neuem Kapital vorantreiben; wie sie durch die Übernahme von Positionen im Aufsichtsrat der neuen Gesellschaften eine Ära der innigen Verflechtung zwischen Industrie- und Bankkapital in die Wege leiten; wie sie schließlich durch die Gründung von Kartellen und Syndikaten an die Stelle der Konkurrenz die »friedliche« Zusammenarbeit zwischen den einzelnen Unternehmen setzen. Für diese ihre Mühe fällt den Banken reicher Lohn in der Form des »Gründergewinnes« – einer ökonomischen Kategorie, die Hilferding zum ersten Mal analysiert – in den Schoß.

Die neue Entwicklungsetappe der kapitalistischen Gesellschaft, in der die Mobilbanken die Kommandohöhen der Wirtschaft einnehmen, bezeichnet Hilferding als die des Finanzkapitals. Er definiert es als das Kapital, das in der Verwendung der Industrie und in der Verfügung der Banken steht.[3] Hätte Hilferding seine Analyse an diesem Punkt abgebrochen, so wäre er nicht wesentlich über die Erkenntnisse von Marx und Engels – wie sie insbesondere im ersten und dritten Band des Kapital dargestellt sind – hinausgekommen. Aber seine weitere – auf Marx aufbauende – Untersuchung der soziologischen Aspekte des Finanzkapitals führt in terra incognita – in die marxistische Theorie des modernen Imperialismus.[4]

---

[2] Karl Marx, »Das Kapital« I, S. 591, Otto Meissner Verlag, Hamburg 1921.

[3] »Die Abhängigkeit der Industrie von den Banken ist also die Folge der Eigentumsverhältnisse. Ein immer wachsender Teil des Kapitals der Industrie gehört nicht den Industriellen, die es anwenden ... Ein immer größerer Teil des in der Industrie verwendeten Kapitals ist Finanzkapital, Kapital in der Verfügung der Banken und in der Verwendung der Industriellen.« Rudolf Hilferding, Das Finanzkapital, S. 309, Verlag der Wiener Volksbuchhandlung, Wien 1927.

[4] Vor dem Erscheinen des Finanzkapitals stand die Imperialismusdiskussion in der deutschen Sozialdemokratie vor allem unter dem Einfluß Kautskys der der Ansicht war, daß der Imperialismus nicht ökonomisch motiviert sei. Um Wilfried Gottschalch zu zitieren, der ein gründlicher Kenner der Imperialismusliteratur ist: »Aber anders als Hilferding faßt er (Kaut-

Der Kapitalismus der freien Konkurrenz stellte die ökonomische Basis für den politischen Liberalismus dar. In einer Wirtschaftsordnung, in der die grundlegenden Probleme der Produktion und Verteilung durch das Zusammenwirken von juristisch freien Warenbesitzern (und Besitzern der Ware Arbeitskraft) bewältigt werden, scheinen die besten Voraussetzungen für die harmonische Weiterentwicklung der menschlichen Gesellschaft gegeben zu sein. Dementsprechend spielt auch der liberale Staat im System des Liberalismus nur die Rolle eines »Lückenbüßers«, das heißt, er übt Funktionen aus, wie Gerichtsbarkeit, Polizei und Landesverteidigung, die von keinem der marktwirtschaftlichen Akteure übernommen werden könnten.

Hilferding zeigt nun, wie sich unter dem Druck des Finanzkapitals ein allmählicher Funktionswandel des bürgerlichen Staates anbahnt. Das Finanzkapital, das, wie wir gesehen haben, »friedliche« Verhältnisse in den monopolistisch organisierten Industriezweigen herbeiführt, geht bald dazu über, den von ihr patronisierten Unternehmen im Kampf mit dem Auslandskapital beizustehen. Die wichtigste Waffe für die Abschirmung des heimischen Marktes gegenüber der fremden Konkurrenz und für die Eroberung ausländischer Märkte ist natürlich der Schutzzoll. Im letzten Viertel des 19. Jahrhunderts kommt es so in den wichtigsten Industrieländern zu einer etappenweisen Verdrängung des Systems des Freihandels. Schließlich muß auch England, die Heimat des klassischen Liberalismus, zu Anfang des 20. Jahrhunderts sich der »Logik« der Ökonomie des Finanzkapitals beugen und die ersten schutzzöllnerischen Maßnahmen treffen.

Hilferding zeigt in einer ins eizelner gehenden Analyse die Wirkung des Schutzzolls als Waffe im Kampf um den Weltmarkt. Aber die Enge des kapitalistischen Binnenmarktes, die durch Kartelle, Syndikate und durch das Aufkommen großer marktbeherrschender Unternehmen noch weiter akzentuiert wird, drängt zu radikaleren Lösungen. Es beginnt die Ära des modernen Imperialismus, in der die »Habenichtse« unter den europäischen Großmächten bemüht sind, sich ein koloniales

sky) unter dem Begriff des Finanzkapitals nur eine kleine Gruppe von Bankiers zusammen, deren Interessen seiner Meinung nach nicht mit denen des Gesamtkapitals übereinstimmen.« Siehe: Wilfried Gottschalch, Strukturveränderungen der Gesellschaft und politisches Handeln in der Lehre von Hilferding, Berlin 1962, S. 89.

»Hinterland« als Bezugsquelle für Rohstoffe und als gesicherten Markt für den Export von Kapital anzugliedern. Mit der Veränderung der ökonomischen Basis werden auch die alten bürgerlichen Freiheitsideale von der Philosophie des Nationalismus und Rassismus verdrängt.

Diese Veränderungen im ideologischen Überbau des Kapitalismus werden von Hilferding noch vor dem Ersten Weltkrieg mit durchdringender Schärfe analysiert. Wir halten die folgende Stelle für ein bleibendes Monument marxistischer Einsicht in die weltgeschichtlichen Zusammenhänge:

». . . das Finanzkapital will nicht Freiheit, sondern Herrschaft; es hat keinen Sinn für die Selbständigkeit des Einzelkapitalisten, sondern verlangt seine Bindung; es verabscheut die Anarchie der Konkurrenz und will die Organisation, freilich nur, um auf immer höherer Stufenleiter die Konkurrenz aufnehmen zu können. Aber um dies durchzusetzen, um seine Übermacht zu erhalten und zu vergrößern, braucht es den Staat, der ihm durch seine Zollpolitik und Tarifpolitik den inländischen Markt sichern, die Eroberung ausländischer Märkte erleichtern soll. Es braucht einen politisch mächtigen Staat, der in seiner Handelspolitik nicht auf die entgegengesetzten Interessen anderer Staaten Rücksicht zu nehmen braucht. Es bedarf schließlich eines starken Staates, der seine finanziellen Interessen im Ausland zur Geltung bringt, seine politische Macht einsetzt, um den kleineren Staaten günstige Lieferungsverträge und Handelsverträge abzunötigen. Einen Staat, der überall in der Welt eingreifen kann, um die ganze Welt in Anlagesphäre für sein Finanzkapital verwandeln zu können. Das Finanzkapital braucht endlich einen Staat, der stark genug ist, um Expansionspolitik treiben und neue Kolonien sich einverleiben zu können . . . Das Verlangen nach Expansionspolitik aber revolutioniert auch die ganze Weltanschauung des Bürgertums. Es hört auf, friedlich und humanitär zu sein. Die alten Freihändler glaubten an den Freihandel nicht nur als die richtigste ökonomische Politik, sondern auch als Ausgangspunkt einer Ära des Friedens. Das Finanzkapital hat diesen Glauben längst verloren. Es hält nichts von der Harmonie der kapitalistischen Interessen, sondern weiß, daß der Konkurrenzkampf immer mehr zu einem politischen Machtkampf wird. Das Friedensideal verblaßt, an Stelle der Idee der Humanität tritt das Ideal der Größe und Macht des Staates . . . Als Ideal erscheint es jetzt, der eigenen Nation die Herrschaft über die Welt zu sichern, ein Streben, ebenso unbegrenzt wie das Profitstreben des Kapitals, dem es entsprang. Das Kapital wird zum Eroberer der Welt, und mit jedem neuen Lande erobert es die neue Grenze, die es zu überschreiten gilt. Dieses Streben wird zur ökonomischen Notwendigkeit, da jedes Zurückbleiben den Profit des Finanzkapitals senkt, seine Konkurrenzfähigkeit verringert und schließlich das kleinere Wirtschaftsgebiet zum Tributpflichtigen des größeren machen kann. Ökonomisch begründet, wird es ideologisch gerechtfertigt durch jene merkwürdige Umbiegung des nationalen Gedankens, der nicht mehr das Recht jeder Nation auf politische Selbstbestimmung und Unabhängigkeit anerkennt und der nicht mehr Ausdruck ist des demokratischen Glaubenssatzes von der Gleichheit alles dessen, was Menschenantlitz trägt, auf nationalem Maßstab. Vielmehr spiegelt sich die ökonomische Bevorzugung des Monopols wider in der bevorzugten Stellung, die der eigenen Nation zukommen muß. Diese erscheint als auserwählt vor allen anderen. Da die Unterwerfung fremder Nationen mit Gewalt, also auf sehr natürlichem Wege vor sich geht, scheint die herrschende Nation diese Herrschaft ihren besonderen natürlichen Eigenschaften zu verdanken, also ihren Rasseneigenschaften. In der Rassenideologie ersteht so eine naturwissenschaftlich verkleidete Begründung des Machtstrebens des Finanzkapitals, das so die naturwissenschaftliche Bedingtheit und Notwendigkeit seiner Handlungen nachweist. An Stelle des demokratischen Gleichheitsideals ist ein oligarchisches Herrschaftsideal getreten ...«[5]

In seiner Analyse der sozio-ökonomischen Veränderungen, die dem Finanzkapital zuzuschreiben sind, weist Hilferding auf drei wichtige Erscheinungen hin: Zunächst zeigt er, wie die lange Depression der siebziger und achtziger Jahre des vorigen Jahrhunderts durch die ökonomische Durchdringung der Kolonialgebiete überwunden werden konnte. Er meint wörtlich:

»Der Kapitalexport beschleunigt die Erschließung der fremden Länder und entwickelt auf größtem Maßstabe ihre Produktivkräfte. Gleichzeitig steigert er die Produktion im Inland, die jene Waren liefern muß, die als Kapital ins Ausland gesandt werden. So wird er zu einer mächtigen Triebkraft der kapitalistischen Produktion, die mit der Verallgemeinerung des Kapitalexports in eine neue Sturm- und Drangperiode eintritt.«[6]

---

[5] Das Finanzkapital, S. 456 ff.

[6] a.a.O., S. 430 f.

Der durch die imperialistische Expansion bewirkte wirtschaftliche Aufschwung in den kapitalistischen »Mutterländern« führt zu einer Änderung in dem Verhältnis zwischen Kapital und Arbeit. Schon Friedrich Engels hatte in einem im Londoner Commonwealth (März 1885) erschienenen Aufsatz darauf hingewiesen, daß die englische Arbeiterklasse bis zu einem gewissen Grade an den Vorteilen des englischen Industriemonopols teilgenommen hat.[7] Hilferding zeigt, daß ähnliche Tendenzen nun auch in den anderen imperialistischen Ländern auftreten. Er bereitet so den Boden vor für die später von Lenin entwickelte Theorie von der »Arbeiteraristokratie«:

»Die rasche Steigerung der Produktion erzeugt auch eine Steigerung der Nachfrage nach Arbeitskraft, die die Gewerkschaften begünstigt; die immanenten Verelendungstendenzen des Kapitalismus scheinen in den Ländern alter kapitalistischer Entwicklung überwunden. Der rasche Aufstieg der Produktion läßt die Schäden der kapitalistischen Gesellschaft nicht zum Bewußtsein kommen und schafft eine optimistische Beurteilung ihrer Lebenskraft.«[8]

Hilferding wirft auch die Frage auf, wie sich die Investitionsprojekte der ausländischen Monopole auf die Wirtschaft der Kolonien auswirken. Bekanntlich ist dieses Thema erst in der Wirtschaftsliteratur der Nachkriegszeit gründlich diskutiert worden, wobei der bekannte Wirtschaftstheoretiker H. W. Singer das Wort von »Investitionen im bloß geographischen Sinn« geprägt hat. Er meint damit, daß

»die für Exportzwecke errichteten Produktionsanlagen in den unterentwickelten Ländern, die das hauptsächliche Ergebnis der fremden Investitionstätigkeit waren, niemals ein organischer Teil der inneren ökonomischen Struktur dieser unterentwickelten Länder wurden ...«[9]

Die Meinung Singers ist von Hilferding fast ein halbes Jahrhundert vorher im Finanzkapital ausführlich begründet worden. Wir wollen hier nur eine diesen Fragenkomplex berührende Stelle ausführlich zitieren:

»Solange der Kapitalexport wesentlich dazu diente, in dem zurückgebliebenen Lande einmal das Transportsystem zu schaf-

---

[7] Vgl. Marx/Engels Werke, Berlin 1962, Band 21, S. 197.
[8] Das Finanzkapital, S. 431.
[9] Siehe: H. W. Singer, »The Distribution of Gains between Investing and Borrowing Countries«, American Economic Review, Mai 1950, S. 475.

fen, zweitens die Konsummittelindustrien zu entwickeln, so lange förderte er die kapitalistische Entfaltung dieses Landes. Zwar hatte auch diese Methode für das betreffende Land seine Nachteile; der größte Teil des Profits floß ins Ausland, um hier teils als Revenue ausgegeben zu werden, ohne also Industrien des Schuldnerlandes zu beschäftigen, oder aber um akkumuliert zu werden. Diese Akkumulation brauchte natürlich durchaus nicht in dem Lande stattzufinden, aus dem der Profit stammte; durch diesen kapitalistischen »Absentismus« wurde in diesem Lande aber die Akkumulation, also die Weiterentwicklung des Kapitalismus außerordentlich verlangsamt ... Vollends unmöglich wurde diese Emanzipation, sobald der Charakter des Kapitalexports sich änderte, die Kapitalistenklassen der großen Wirtschaftsgebiete weniger Konsumtionsmittelindustrien in fremden Ländern zu schaffen versuchten, sondern vielmehr darauf ausgingen, sich die Herrschaft über das Rohmaterial ihrer sich immer stärker entwickelnden Produktionsmittelindustrien zu sichern. So kamen die Minen und Bergwerke der Staaten der Pyrenäenhalbinsel unter die Gewalt fremden Kapitals, das jetzt nicht als Leihkapital exportiert wurde, sondern direkt in diesen Minen angelegt wurde ...«[10]

Über den Funktionswandel des bürgerlichen Staates im Zeitalter des Imperialismus wurde bereits oben gesprochen. Das Finanzkapital, so meint Hilferding, wird zum »Träger der Idee der Stärkung der Staatsmacht mit allen Mitteln.«[11] Diese wird rücksichtslos zum Zwecke der Erkämpfung eines größeren Anteils am Weltmarkt eingesetzt. Da insbesondere das Wilhelminische Deutschland aus »historischen Gründen« bei der Verteilung um die koloniale Beute »zu kurz« gekommen ist, gehen von dieser Macht die stärksten Bestrebungen in Richtung der Neuverteilung des Kolonialbesitzes aus. »Es ist dies eine Situation«, meint Hilferding vier Jahre vor Ausbruch des Ersten Weltkrieges, »die den Gegensatz zwischen Deutschland und England mit ihren Trabanten außerordentlich verschärfen muß, eine Situation, die zu einer gewaltsamen Lösung hindrängt.«[12]

Welches sind die Perspektiven der weiteren Entwicklung auf dem Wege der Konzentration und Zentralisation des Kapitals? Verfolgt man den von Marx aufgenommenen Faden bis zu sei-

---

[10] Das Finanzkapital, S. 448 ff.
[11] A.a.O., S. 451.
[12] a.a.O., S. 452.

ner letzten logischen Konsequenz, wie dies Kautsky und im Anschluß an diesen Hilferding getan haben, so kommt man zu der blutleeren Abstraktion eines Generalkartells, das die gesamte Produktion und Verteilung regelt. »Die ganze kapitalistische Produktion«, meint Hilferding, »wird bewußt geregelt von einer Instanz, die das Ausmaß der Produktion in allen ihren Sphären bestimmt. Dann wird die Preisfestsetzung rein nominell und bedeutet nur mehr die Verteilung des Gesamtprodukts auf die Kartellmagnaten einerseits, auf die Masse aller anderen Gesellschaftsmitglieder andererseits.«[13]

Hilferdings weitere Spekulationen über die Wirkungsweise eines solchen Generalkartells münden dann in die Vision einer Art kapitalistischer Planwirtschaft:

»So erlischt im Finanzkapital der besondere Charakter des Kapitals. Das Kapital erscheint als einheitliche Macht, die den Lebensprozeß der Gesellschaft souverän beherrscht, als Macht, die unmittelbar entspringt aus dem Eigentum an den Produktionsmitteln, den Naturschätzen und der gesamten akkumulierten vergangenen Arbeit, und die Verfügung über die lebendige Arbeit als unmittelbar entspringend aus den Eigentumsverhältnissen. Zugleich erscheint das Eigentum, konzentriert und zentralisiert in der Hand einiger größter Kapitalassoziationen, unmittelbar entgegengesetzt der großen Masse der Kapitallosen. Die Frage nach den Eigentumsverhältnissen erhält so ihren klarsten, unzweideutigsten, zugespitztesten Ausdruck, während die Frage nach der Organisation der gesellschaftlichen Ökonomie durch die Entwicklung des Finanzkapitals selbst immer besser gelöst wird.«[14]

Die Meinung, daß das Finanzkapital die Fragen der gesellschaftlichen Ökonomie immer besser zu lösen vermag, scheint vor allem von Kautsky und Bernstein inspiriert. Hilferding hätte von seinem Lehrmeister Engels lernen können, daß nicht die Kapitalistenklasse dazu berufen ist, für die planwirtschaftliche Regelung der Produktion zu sorgen:

»Die Tatsache, daß die rasch und riesig anschwellenden modernen Produktivkräfte den Gesetzen des kapitalistischen Warenumtausches, innerhalb deren sie sich bewegen sollen, täglich mehr über den Kopf wachsen – diese Tatsache drängt sich heute

---

[13] a.a.O., S. 321 f.
[14] a.a.O., S. 323.

auch dem Bewußtsein der Kapitalisten selbst mehr und mehr auf. Dies zeigt sich namentlich in zwei Symptomen. Erstens in der neuen allgemeinen Schutzzollmanie, die sich von der alten Schutzzöllnerei besonders dadurch unterscheidet, daß sie gerade die exportfähigen Artikel am meisten schützt. Zweitens in den Kartellen (Trusts) der Fabrikanten ganzer großer Produktionssphären zur Regulierung der Produktion und damit der Preise und Profite. Es ist selbstredend, daß diese Experimente nur bei relativ günstigem ökonomischem Wetter durchführbar sind. Der erste Sturm muß sie über den Haufen werfen und beweisen, daß, wenn auch die Produktion einer Regelung bedarf, es sicher nicht die Kapitalistenklasse ist, die dazu berufen ist.«[15]

Hilferdings These von dem Primat des Finanzkapitals in der modernen Industriegesellschaft ist bald nach dem Erscheinen seines Buches ernsthaft angefochten worden. Namentlich wurde von einigen deutschen Autoren darauf hingewiesen, daß in manchen der führenden Industrien des Deutschen Reiches das Bankkapital niemals jenen dominierenden Einfluß erlangen konnte, der ihm von Hilferding zugeschrieben worden war. Unter diesen Umständen schien es kaum billig, von einer Ära des Finanzkapitals zu sprechen.[16]

Die Kritiker Hilferdings mögen mit einzelnen ihrer empirischen Beobachtungen im Recht sein. Aber es scheint uns, daß die Substanz der Hilferdingschen These davon kaum berührt ist. Das sogenannte Mobil-Bankwesen hatte bereits um die Mitte des 19. Jahrhunderts in einigen west- und zentraleuropäischen Ländern – insbesondere Frankreich, Deutschland und Österreich-Ungarn – den Industrialisierungsprozeß mächtig gefördert. Zum industriellen Aufschwung, der die lange Depression der siebziger- und achtziger Jahre ablöste, leistete es einen schlechthin fundamentalen Beitrag. Denn die Sammlung kleinerer und größerer Kapitalteile, worin die Quintessenz des Mobil-Bankwesens besteht, war die Grundlage, auf der – insbesondere in den relativ rückständigen Ländern Zentraleuropas – eine moderne Großindustrie errichtet werden konnte. Auf diese Weise entstanden aber auch die tausend personellen und organisatorischen Veräste-

---

[15] Karl Marx, »Das Kapital«, Band 3, Hamburg 1921, S. 97. Anmerkung von Friedrich Engels. (Hervorhebung von mir – E. M.)

[16] Vgl. Jacob Riesser (Die deutschen Großbanken und ihre Konzentration, Jena 1912), der den geringen Einfluß der Banken auf die Entwicklung der chemischen Industrie nachweist. Eine ausführliche Diskussion dieses Fragenkomplexes findet sich bei Wilfried Gottschalch, a.a.O., S. 101 ff.

lungen zwischen Industrie- und Bankkapital, kurz, die sonderbare Symbiose, die Hilferding treffend als Finanzkapital charakterisiert hat.

Am reinsten konnte dieser Prozeß in Österreich-Ungarn beobachtet werden. Denn hier war die industrielle Rückständigkeit noch größer als in Deutschland und die aufkommende Großindustrie stand sozusagen vom zartesten Alter an unter der Patronanz der Hochfinanz. Selbst rein bürgerliche Beobachter, wie z. B. ein hoher Beamter des österreichischen Finanzministeriums, konnten deshalb kaum umhin, das so entstandene Verhältnis zwischen Industrie- und Bankkapital als ein Machtverhältnis zu charakterisieren, »in welchem die Macht in ausgesprochenster Weise auf seiten der Bank liegt.«[17]

Es ist nicht unwahrscheinlich, daß Hilferding die ersten Impulse zu seiner These von der Ära des Finanzkapitals aus der Beobachtung der Verhältnisse in seiner österreichischen Heimat empfing.[18]

In neuerer Zeit hat Paul M. Sweezy in Anlehnung an Henryk Grossmann die Vorherrschaft des Finanzkapitals als eine vorübergehende Phase in der Entwicklung des Kapitalismus bezeichnet.[19] Er verweist dabei auf die Position der Industriegiganten in den Vereinigten Staaten, die den größten Teil ihrer finanziellen Bedürfnisse aus den »internen« Kapitalressourcen decken. Dabei wird angenommen, daß eine ähnliche Entwicklung auch für Westeuropa zu erwarten ist.

Die Entwicklung in Westeuropa verläuft jedoch nicht in der von diesen Autoren vorausgesagten Weise. Es ist richtig, daß man auch hier von einer Dämmerung des Finanzkapitals sprechen muß, denn die Machtverhältnisse werden heute nicht mehr so eindeutig von der Finanzoligarchie geprägt wie in der Zeit vor dem Ersten Weltkrieg. Aber der Prozeß der Rückbildung der finanziellen Machtpositionen ist in Europa nicht so weit

---

[17] Eugen Lopuszanski, »Einige Streiflichter auf das österreichische Bankwesen«, Volkswirtschaftliche Wochenschrift von Alexander Dorn, 31. Dezember 1908, Nr. 1305. Bezüglich der österreichischen Verhältnisse vgl. Eduard März, »Besonderheiten in der Entwicklung des österreichischen Bankwesens«, Schmollers Jahrbuch, 77. Jg., 2. Heft, S. 61 ff.

[18] Für diese Annahme spricht im übrigen die folgende Stelle im Finanzkapital: »In Österreich ist daher der direkte und bewußte Einfluß des Bankkapitals auf die Kartellierung am leichtesten nachzuweisen.« A.a.O., S. 291.

[19] Vgl. Paul M. Sweezy, Theorie der kapitalistischen Entwicklung, Köln 1959, S. 210.

fortgeschritten wie in den Vereinigten Staaten, weil die europäische Industrie noch immer vergleichsweise rückständig ist und des Rückhalts von seiten des Bankkapitals nicht entbehren kann. Wie aus jüngst publizierten Statistiken hervorgeht, ist der Anteil der deutschen Banken an der heimischen Industrie noch immer recht beträchtlich.[20]

Die schwächere Position des Finanzkapitals in Westeuropa in der Zeit nach dem Zweiten Weltkrieg ist auch eine Folge der Nationalisierung vieler Banken (in Frankreich, Italien und Österreich) und des immer stärkeren Hervortretens des Staates als Financier und Förderer der industriellen Entwicklung. Auch dieses Phänomen erklärt sich weitgehend aus der Notwendigkeit der Überwindung der industriellen Rückständigkeit Westeuropas gegenüber den USA. In vielen westeuropäischen Ländern tritt so der Staat, oder die vom Staat patronisierte staatliche Investbank, in zunehmendem Maße an die Stelle der alten privatkapitalistischen Mobilbank.

Die Imperialismustheorie Hilferdings ist eine der großen theoretischen Leistungen der marxistischen Schule. Luxemburg, Bucharin und Lenin haben sie später in einigen wichtigen Punkten ergänzt, wobei Luxemburg den Imperialismus vor allem als Ausdruck des Akkumulationsprozesses im »Konkurrenzkampf um die Reste des noch nicht mit Beschlag belegten nichtkapitalistischen Weltmilieus«[21], auffaßte, während Lenin die Herausbildung des Monopols und die ungleichmäßige Entwicklung der hochindustrialisierten Länder als wichtigste Charakteristiken der imperialistischen Entwicklungsperiode betrachtete. Luxemburgs und Lenins Beiträge zur Imperialismusdiskussion waren gewiß von eminenter Bedeutung, aber das Verdienst, der langen sozialdemokratischen Auseinandersetzung über das Imperialismusproblem eine fruchtbare, *marxistische* Orientierung gegeben zu haben, gebührt vor allem Hilferding.

Seit dem Erscheinen des *Finanzkapitals* ist mehr als ein halbes Jahrhundert vergangen. In dieser Zeit sind die großen Kolonialreiche zusammengebrochen, und der Kapitalismus sieht sich in seiner Existenz durch ein rivalisierendes Weltsystem bedroht,

---

20 Vgl. Zeitschrift für das gesamte Kreditwesen, Sonderausgabe, Beteiligungsverhältnisse in der deutschen Wirtschaft, Frankfurt a. M., April 1966, S. 45 ff; ferner Der Volkswirt, Jg. 22, 10. Mai 1968, S. 60, 64 und 66.

21 Rosa Luxemburg, Die Akkumulation des Kapitals – Ein Beitrag zur ökonomischen Erklärung des Imperialismus, Berlin 1913, S. 423.

das die wichtigsten wirtschaftlichen Probleme durch planwirtschaftliche Methoden zu bewältigen versucht. Der Imperialismus muß so notgedrungen in eine neue politische Haut schlüpfen, so daß man heute von einem Neo-Imperialismus sprechen kann. Manche Züge dieses Neo-Imperialismus sind von Paul Sweezy, Paul Baran, Michael Barratt-Brown und Harry Magdoff beschrieben worden.[22] Aber auch für das Verständnis der Funktionsweise des neueren Imperialismus bleibt Hilferdings Buch ein unersetzlicher Schlüssel.

[22] Einige wichtige Werke aus jüngster Zeit sind: Paul A. Baran, The Political Economy of Growth, New York 1957, Paul A. Baran and Paul M. Sweezy, Monopoly Capital, New York 1966, Michael Barratt-Brown, After Imperialism, London 1963, Harry Magdoff, Economic Aspects of U. S. Imperialism, Monthly Review, New York, November 1966, S. 10 ff.

Vorwort

In den folgenden Blättern soll der Versuch gemacht werden, die ökonomischen Erscheinungen der jüngsten kapitalistischen Entwicklung wissenschaftlich zu begreifen. Das heißt aber, diese Erscheinungen in das theoretische System der klassischen Nationalökonomie einzureihen versuchen, die mit W. Petty beginnt und in Marx ihren höchsten Ausdruck findet. Das Charakteristische des »modernen« Kapitalismus bilden aber jene Konzentrationsvorgänge, die einerseits in der »Aufhebung der freien Konkurrenz« durch die Bildung von Kartellen und Trusts, anderseits in einer immer innigeren Beziehung zwischen Bankkapital und industriellem Kapital erscheinen. Durch diese Beziehung nimmt das Kapital, wie später näher dargelegt wird, die Form des Finanzkapitals an, die seine höchste und abstrakteste Erscheinungsform bildet.

Der mystische Schein, der das Kapitalverhältnis überhaupt umgibt, wird hier am undurchdringlichsten. Die eigentümliche Bewegung des Finanzkapitals, die selbständig erscheint, obwohl sie reflektiert ist, die mannigfachen Formen, in denen sich die Bewegung vollzieht, die Loslösung und Verselbständigung dieser Bewegung gegenüber der Bewegung des industriellen und kommerziellen Kapitals sind Vorgänge, die eine Analyse um so eher verlangen, als das rasche Wachstum und der immer mächtigere Einfluß, den das Finanzkapital in der jetzigen Phase des Kapitalismus ausübt, das Verständnis der gegenwärtigen Wirtschaftstendenzen, damit aber auch jede wissenschaftliche Ökonomie und Politik ohne Kenntnis der Gesetze und der Funktion des Finanzkapitals unmöglich macht.

Die theoretische Analyse dieser Vorgänge mußte so zur Frage nach dem Zusammenhange dieser Erscheinungen führen und damit zu einer Analyse des Bankkapitals und seines Verhältnisses zu den anderen Kapitalformen. Es mußte untersucht werden, ob den juristischen Formen, in denen das industrielle Unternehmen gegründet wird, spezifische ökonomische Bedeutung zukommt, was also die ökonomische Theorie der Aktiengesellschaft etwa auszusagen habe. In den Beziehungen aber zwischen Bankkapital und Industriekapital konnte nur die Vollendung der Beziehungen erblickt werden, die in den elementareren Formen des Geldkapitals und des produktiven Kapitals zu finden waren. So warf sich die Frage nach der Rolle und dem Wesen des Kredits auf, die ihrerseits nur beantwortet werden konnte, wenn die Rolle des Geldes klargelegt wurde. Dies war um so wichtiger, als seit der Formulierung der Marxschen Geldtheorie eine Reihe wichtiger Probleme durch die Gestaltungen vor allem des Geldwesens in Holland, Österreich und Indien aufgeworfen worden waren, auf die die bisherige Geldtheorie keine Antwort zu finden schien, ein Umstand, der Knapp, der das Problematische der modernen Gelderscheinungen scharfsinnig erkannte, zu seinem Versuche verleitete, jede ökonomische Erklärung beiseite zu schieben und an deren Stelle eine juristische Terminologie zu setzen, die zwar keine Erklärung, also kein wissenschaftliches Begreifen, aber doch wenigstens die Möglichkeit einer vorurteilslosen, unpräjudizierlichen Beschreibung zu bieten schien. Die eingehendere Behandlung dieser Geldprobleme war aber um so nötiger, als nur durch sie der empirische Beweis für die Richtigkeit einer Werttheorie geliefert werden kann, die die Grundlage jedes ökonomischen Systems bieten muß, und zugleich erst aus der richtigen Analyse des Geldes die Rolle des Kredits, damit aber die elementaren Formen der Beziehungen zwischen Bank- und Industriekapital erkannt werden konnten.

So ergab sich die Gliederung dieser Studie von selbst. Der Analyse des Geldes folgt die Untersuchung des Kredits. Daran schließt die Theorie der Aktiengesellschaft und die Analyse der Stellung, die das Bankkapital hier gegenüber dem industriellen Kapital einnimmt. Dies führt zur Untersuchung der Effektenbörse als des »Kapitalmarktes«, während die Warenbörse wegen der in ihr sich verkörpernden Beziehungen von Geldkapital und Handelskapital einer besonderen Betrachtung unterworfen werden mußte. Mit dem Fortschreiten der industriellen Konzentration verflechten sich die Beziehungen zwischen Bank- und Industriekapital immer mehr und machen das Studium dieser Konzentrationserscheinungen, wie sie in den Kartellen und Trusts gipfeln, und das ihrer Entwicklungstendenzen nötig. Die Erwartungen, die an die Ausbildung der monopolistischen Vereinigungen für die »Regelung der Produktion« und damit für die Fortdauer des kapitalistischen Systems geknüpft werden und denen namentlich für die periodischen Handelskrisen große Bedeutung beigelegt wurde, erheischten eine Analyse der Krisen und ihrer Ursachen, womit der theoretische Teil beschlossen war. Da aber die Entwicklung, die theoretisch zu erfassen versucht wurde, zugleich bedeutende Einwirkung auf die Klassengliederung der Gesellschaft ausübt, so erschien es angezeigt, in einem letzten Abschnitt den hauptsächlichen Einflüssen auf die Politik der großen Klassen der bürgerlichen Gesellschaft nachzugehen.

Es ist dem Marxismus oft vorgeworfen worden, daß er die Fortbildung der ökonomischen Theorie vernachlässigt habe, und dieser Vorwurf entbehrt in einem gewissen Umfang der objektiven Berechtigung sicherlich nicht. Aber ebenso wird zugestanden werden müssen, daß dieses Versäumnis nur allzu erklärlich ist. Nationalökonomische Theorie gehört infolge der unendlichen Kompliziertheit der zu untersuchenden Erscheinungen sicher zu den schwierigsten wissenschaftlichen Unternehmungen. Der Marxist ist aber in einer eigentümlichen Lage; ausgeschlossen von den Universitäten, die die nötige Zeit für wissenschaftliche Forschungen gewähren, ist er gezwungen, die wissenschaftliche Arbeit in die Mußestunden zu verlegen, die ihm die Kampfstunden der Politik lassen. Von Kämpfern aber zu verlangen, daß ihre Arbeit an dem Gebäude der Wissenschaft so rasch fortschreite wie die friedlicher Maurer, wäre unbillig, zeugte es nicht von dem Respekt von ihrer Leistungsfähigkeit.

Die Behandlung der Wirtschaftspolitik bedarf vielleicht nach den zahlreichen methodologischen Kontroversen der jüngsten Zeit, wenn nicht einer Rechtfertigung, so doch einer kurzen Erläuterung. Man hat gesagt, daß die Politik eine Normenlehre sei, die in letzter Instanz bestimmt sei durch Wertungen; da solche Werturteile nicht Sache der Wissenschaft seien, so falle die Behandlung der Politik außerhalb des Rahmens wissenschaftlicher Betrachtung. Auf die erkenntnistheoretischen Erörterungen über das Verhältnis von Norm- und Gesetzeswissenschaft, von Teleologie und Kausalität hier einzugehen, ist natürlich unmöglich, und ich darf dies um so eher unterlassen, als Max Adler in dem ersten Bande der Marxstudien ausführlich das Problem der Kausalität für die Sozialwissenschaft untersucht hat. Hier braucht bloß gesagt zu werden, daß auch die Betrachtung der

Politik für den Marxismus nur die Aufdeckung von Kausalzusammenhängen zum Ziele haben kann. Die Erkenntnis der Gesetze der warenproduzierenden Gesellschaft zeigt zugleich die determinierenden Faktoren, die den Willen der Klassen der Gesellschaft bestimmen. Die Aufdeckung der Determination des Klassenwillens ist nach marxistischer Auffassung die Aufgabe wissenschaftlicher, das heißt aber Kausalzusammenhänge beschreibender Politik. Wie die Theorie, so bleibt auch die Politik des Marxismus frei von Werturteilen.

Es ist deshalb eine wenn auch intra et extra muros weitverbreitete, so doch falsche Auffassung, Marxismus mit Sozialismus schlechthin zu identifizieren. Denn logisch, nur als wissenschaftliches System betrachtet, also abgesehen von seinen historischen Wirkungen, ist Marxismus nur eine Theorie der Bewegungsgesetze der Gesellschaft, die die marxistische Geschichtsauffassung allgemein formuliert, während sie die marxistische Ökonomie auf die Epoche der Warenproduktion anwendet. Die sozialistische Konsequenz ist Resultat der Tendenzen, die in der warenproduzierenden Gesellschaft sich durchsetzen. Aber die Einsicht in die Richtigkeit des Marxismus, die die Einsicht in die Notwendigkeit des Sozialismus einschließt, ist durchaus keine Abgabe von Werturteilen und ebensowenig eine Anweisung zu praktischem Verhalten. Denn etwas anderes ist es, eine Notwendigkeit zu erkennen, etwas anderes, sich in den Dienst dieser Notwendigkeit zu stellen. Es ist ganz gut möglich, daß jemand, von dem schließlichen Sieg des Sozialismus überzeugt, sich dennoch in den Dienst seiner Bekämpfung stellt. Die Einsicht in die Bewegungsgesetze der Gesellschaft, die der Marxismus gibt, gewährt aber stets eine Überlegenheit dem, der sie sich zu eigen macht, und von den Gegnern des Sozialismus sind sicher jene die gefährlichsten, die am meisten von der Frucht seiner Erkentnnis genossen.

Die Identifizierung von Marxismus und Sozialismus ist aber anderseits leicht zu begreifen. Die Einhaltung der Klassenherrschaft ist an die Bedingung geknüpft, daß die ihr Unterworfenen an ihre Notwendigkeit glauben. Die Erkenntnis ihrer Vergänglichkeit wird selbst eine Ursache ihrer Überwindung. Daher die unüberwindliche Abneigung der herrschenden Klasse, die Resultate des Marxismus anzuerkennen. Die Kompliziertheit des Systems erfordert zudem ein Studium, dessen Mühen sich nur unterzieht, wer nicht von vornherein von der Unfruchtbarkeit und Schädlichkeit der Resultate überzeugt ist. So bleibt der Marxismus, der logisch wissenschaftliche, objektive, von Werturteilen freie Wissenschaft ist, in seiner historischen Stellung notwendigerweise das Besitztum der Wortführer jener Klasse, deren Sieg er als Resultat seiner Untersuchung erhält. Nur in diesem Sinne ist er Wissenschaft des Proletariats und der bürgerlichen Ökonomie entgegengesetzt, während er den Anspruch jeder Wissenschaft auf die objektive Allgemeingültigkeit ihrer Ergebnisse unbeugsam festhält.

Die vorliegende Arbeit war in ihren Grundzügen schon vor vier Jahren im wesentlichen fertig. Äußere Umstände zögerten die Vollendung immer wieder hinaus. Ich möchte mir aber doch die Bemerkung erlauben, daß die das Geldproblem behandelnden Kapitel schon vor dem Erscheinen des Knappschen Werkes fertig waren und nur unwesentliche Änderungen und kritische Zusätze erfuhren. Dieses Kapitel wird auch am ehesten einige Schwierigkeiten machen, da in Geldsachen leider nicht nur die Gemütlichkeit, sondern auch das theoretische Verständnis allzu leicht aufzuhören pflegt, was übrigens schon Fullarton gewußt hat, wenn er melancholisch meint: »The truth is, this is a subject on which there never can be any efficient or immediate appeal to the public at large. It is subject on which the progress of opinion always has been, and always must be, exceedingly slow.« Und seitdem ist es sicher nicht besser geworden. Wir beeilen uns daher mit der Versicherung, daß nach Überwindung der ersten Erörterungen die weitere Untersuchung dem ungeduldigen Leser hoffentlich keine besonderen Klagen über Schwerverständlichkeit entlocken wird.

Berlin-Friedenau, Weihnachten 1909

Rudolf Hilferding

I. Abschnitt

Geld und Kredit

1. Kapitel

Die Notwendigkeit des Geldes

Die menschliche Produktionsgemeinschaft kann prinzipiell auf zweierlei Art konstituiert sein. Sie kann einmal bewußt geregelt sein. Die Gesellschaft – mag nun ihr Kreis die selbstwirtschaftende patriarchalische Familie, den kommunistischen Stamm oder die sozialistische Gesellschaft umschließen – schafft sich die Organe, welche als Vertreter des gesellschaftlichen Bewußtseins das Ausmaß und die Art der Produktion festsetzen und das gewonnene Gesellschaftsprodukt unter die Mitglieder verteilen. Wie, wo, wieviel, mit welchen Mitteln aus den vorhandenen natürlichen und künstlichen Produktionsbedingungen neue Produkte hergestellt werden, entscheidet der Pater familias oder die kommunalen, Landes- oder Nationalkommissäre der sozialistischen Gesellschaft, die, sei es aus persönlicher Erfahrung die Bedürfnisse und Hilfsquellen der Familie kennend, sei es mit allen Mitteln einer organisierten Produktions- und Konsumtionsstatistik die gesellschaftlichen Erfordernisse erfassend, in bewußter Voraussicht das ganze Wirtschaftsleben nach den Bedürfnissen ihrer in ihnen bewußt vertretenen und durch sie bewußt geleiteten Gemeinschaften gestalten. Die Menschen einer so organisierten Gemeinschaft beziehen sich in ihrer Produktion bewußt aufeinander als Teile einer Produktionsgemeinschaft. Ihre Arbeitsordnung und die Verteilung ihrer Produkte unterstehen der zentralen Kontrolle. Die Produktionsverhältnisse erscheinen als unmittelbar gesellschaftliche Verhältnisse, die Beziehungen der einzelnen, soweit sie das Wirtschaftsleben betreffen, als von der gesellschaftlichen Ordnung bestimmte, ihrem Privatwollen entrückte gesellschaftliche Beziehungen. Das Produktionsverhältnis selbst wird unmittelbar verstanden als von der Gesamtheit bewußt gesetztes und gewolltes.

Anders die Gesellschaft, die dieser bewußten Organisation entbehrt. Sie ist aufgelöst in voneinander unabhängige Personen, deren Produktion nicht mehr als Gesellschafts-, sondern als ihre Privatsache erscheint. Sie sind so Privateigentümer, die durch die Entwicklung der Arbeitsteilung gezwungen sind, miteinander in Beziehung zu treten; der Akt, in dem sie dies tun, ist der Austausch ihrer Produkte. Erst durch diesen Akt wird hier, in der durch Privateigentum und Arbeitsteilung in ihre Atome zerschlagenen Gesellschaft Zusammenhang hergestellt. Nur als Vermittler des gesellschaftlichen Zusammenhanges bildet aber der Austausch den Gegenstand theoretisch-ökonomischer Analyse. Denn auch in einer sozialistischen Gesellschaft mag Austausch statthaben. Aber es ist ein Austausch nach stattgefundener, von der Gesellschaft irgendwie mit Willen und Bewußtsein normierter Zuteilung. Dieser Austausch ist so gleichsam private Korrektur der gesellschaftlichen Zuteilung, privater Akt, subjektiven Launen und Erwägungen unterworfen, aber kein Objekt ökonomischer Analyse. Er spielt dieselbe Rolle für die theoretische Ökonomie wie etwa der Austausch von Spielzeug in der Kinderstube zwischen Lotte und Fritz, ein Tausch, grundverschieden von dem Einkauf, den ihr Vater bei dem Spielwarenhändler gemacht hat. Denn dieser Austausch ist nur ein Element in der Summe aller Austauschakte, durch die erst die Gesellschaft als Produktionsgemeinschaft, die sie ist, verwirklicht wird. In jedem solchen Austauschakt muß daher die Produktionsgemeinschaft ausgedrückt sein. Denn erst durch ihn geschieht die Verbindung der durch die Arbeitsteilung und das Privateigentum zerlegten Gesellschaft zu einem Ganzen.

Wenn daher Marx einmal sagt, innerhalb des Austauschverhältnisses gilt der Rock mehr als außerhalb desselben, so kann man auch sagen, innerhalb eines bestimmten Gesellschaftszusammenhanges gilt das Tauschverhältnis mehr als innerhalb eines anderen[1]. Nur dort, wo der Austausch erst den gesellschaftlichen Zusammenhang herstellt, also in einer Gesellschaft, in der die Individuen durch das Privateigentum und die Arbeitsteilung einerseits getrennt, anderseits aufeinander angewiesen sind, erhält der Austausch gesellschaftliche Bestimmtheit, muß er die Funktion erfüllen, den gesellschaftlichen Lebensprozeß möglich zu machen. In dem Vollzug aller in dieser Gesellschaft möglichen Tauschakte muß sich das durchsetzen, was in einer kommunisti-

---

1 Diese ganz verschiedene Natur des Tauschaktes macht es absurd, für die Tauschakte unter ganz verschiedenen Gesellschaftsformationen gleiche Gesetze finden zu wollen.

schen, bewußt geregelten Gesellschaft mit Bewußtsein durch das gesellschaftliche Zentralorgan bestimmt wird: was und wieviel produziert wird, wo und von wem produziert wird. Kurz, der Austausch muß den Warenproduzenten dasselbe mitteilen, was den Mitgliedern der sozialistischen Gesellschaft ihre Behörden, die mit Bewußtsein die Produktion regeln, die Arbeitsordnung bestimmen usw. Aufgabe der theoretischen Ökonomie ist es, das Gesetz des so bestimmten Austausches zu finden. Aus diesem Gesetz muß ebenso die Regelung der Produktion in den warenproduzierenden Gesellschaften hervorgehen wie aus den Gesetzen, Verordnungen und Vorschriften sozialistischer Behörden der ungestörte Ablauf sozialistischer Wirtschaft. Nur daß dieses Gesetz nicht direkt mit Bewußtsein menschliches Verhalten in der Produktion vorschreibt, sondern nach Art eines Naturgesetzes wirkt mit »sozialer Naturnotwendigkeit«[2].

Aber auch die Frage, ob vom selbständigen Handwerker oder vom kapitalistischen Unternehmer produziert werden soll, muß durch den Austausch beantwortet werden; es ist die Antwort auf die Frage nach der Änderung im Austauschverhältnis, die innerhalb der Warenproduktion durch den Fortschritt von der einfachen zur kapitalistischen stattfinden muß. Der Austausch ist aber qualitativ verschieden nur in verschiedenen Gesellschaftsformen, so etwa in der sozialistischen wesensanders als in der warenproduzierenden. Er ist aber qualitativ gleich und nur das quantitative Verhältnis der ausgetauschten Waren ist ein anderes innerhalb der warenproduzierenden Gesellschaft selbst. Innerhalb der Warenproduktion liegt dem Austausch ein objektiv gesellschaftliches Moment zugrunde, das das Tauschverhältnis beherrscht: die gesellschaftlich notwendige Arbeitszeit, die in den ausgetauschten Sachen verkörpert ist. In kommunistischen Gesellschaften liegt ihm zugrunde nur subjektive Gleichsetzung, gleichgerichteter Wille. Der Tausch ist hier zufällig, kein mögliches Objekt theoretisch-ökonomischer Betrachtung. Er ist nicht theoretisch analysierbar, sondern nur psychologisch begreifbar. Da aber Tausch immer als quantitatives Verhältnis zwischen

---

[2] J. Karner (Dr. Karl Renner), »Die soziale Funktion der Rechtsinstitute«, Marx-Studien, I. Bd., II. Heft, S. 108. Es sind also Gesetze ganz eigener Art, die nur aus einem bestimmten, gesellschaftlichen Zusammenhang sich ergeben, mit diesem verschwinden, aber innerhalb desselben kausale Wirksamkeit besitzen. Nur die Erkenntnis dieser Gesetze ist Aufgabe der theoretisch-ökonomischen Analyse.

zwei Dingen erscheint, merkt das Völkchen den Unterschied nie[3].

Die Bestimmung des Tauschaktes, Vermittler des gesellschaftlichen Stoffwechsels zu sein, ist es, die ihn seinerseits bestimmt sein läßt eben durch die Notwendigkeit des gesellschaftlichen Stoffwechsels. So zufällig der einzelne oder vereinzelte Tauschakt erscheinen mag, so kann er auf die Dauer und in Masse nur vollzogen werden, wenn er den gesellschaftlichen Stoffwechsel ermöglicht, wenn er die Produktion und Reproduktion der Gesellschaft sichert. Die Produktion der Gesellschaft wird so die Bedingung für den Tauschakt der einzelnen, die nur dadurch zur Gesellschaft verbunden werden und Anteil nehmen an dem Ergebnis der gesamten gesellschaftlichen Produktion, die unter sie aufgeteilt werden muß. Es ist diese Beziehung auf die gesamte Produktion der Gesellschaft, die den einzelnen Austausch aus dem Bereich des Zufälligen, Willkürlichen und Subjektiven heraushebt und ihn zu etwas Regelmäßigem, Notwendigem und Objektivem macht, zu einer Bedingung des gesellschaftlichen Stoffwechsels, damit zu einer individuellen Lebensnotwendigkeit. Denn die auf Privateigentum und Arbeitsteilung basierte Gesellschaft ist nur möglich durch die Beziehung der Individuen, die miteinander tauschen, sie wird Gesellschaft durch den Tauschprozeß, der der einzige gesellschaftliche Prozeß ist, den diese Gesellschaft ökonomisch kennt. Nur innerhalb dieser Gesellschaft wird der Tauschakt Gegenstand einer besonderen Analyse, die sich fragt: Wie ist der Tauschakt beschaffen, der den gesellschaftlichen Stoffwechsel vermittelt?

Innerhalb eines solchen Tauschaktes ist das Gut Ware geworden, ein Ding, bestimmt nicht mehr für das individuelle Bedürf-

---

3 »Ihre (scil. der Warenproduzenten) gesellschaftliche Beziehung erscheint reduziert auf die private Beziehung des Tausches. Der Tausch aber ist als solcher zunächst nur private Beziehung. Damit zwei Menschen tauschen, ist nichts nötig, als daß sie den Gegenstand haben und ihn für einen anderen hergeben wollen. Als solcher ist der Tausch eine allen Gesellschaftsformationen angehörende Erscheinung, weil alle Gesellschaftsformationen Eigentum kennen.
In der Tat, der Tausch von Federstiel und Marke auf der Schulbank, der Tausch von Reitpferd und Automobil zwischen zwei Mitgliedern einer sozialistischen Gesellschaft ist ein privates Vorkommnis, ganz gleichgültig für die theoretische Ökonomie. Es ist die grundlegende Illusion der Grenznutzentheorie, durch die Analyse des Tausches als rein privaten Aktes den Gesetzen der kapitalistischen Gesellschaft auf die Spur kommen zu wollen.« Hilferding, »Zur Problemstellung der theoretischen Ökonomie bei Karl Marx«, »Neue Zeit«, 1904/05, I. Bd., S. 106.

nis und in seinem Entstehen und Vergehen durch dieses hervorgerufen und vernichtet, sondern bestimmt für die Gesellschaft und in allen seinen Schicksalen, die noch wechselvoller sein können als die des Odysseus – denn was bedeutet heute der einäugige Polyphem gegen die argusäugigen Zollbeamten in New-Port oder was die schöne Kirke gegen die deutsche Veterinärpolizei? – abhängig von den Notwendigkeiten des Stoffwechsels der Gesellschaft. Es ist Ware geworden, weil die Produzenten dieses Gutes in einem bestimmten gesellschaftlichen Verhältnis stehen, in welchem sie einander als unabhängige Warenproduzenten gegenübertreten müssen. In dieser Form erst ist das Gut, sonst ein natürliches, durchaus unproblematisches Ding, Ausdruck eines gesellschaftlichen Verhältnisses, gewinnt also eine gesellschaftliche Seite. Daß es Arbeitsprodukt, ist jetzt nicht bloß mehr seine natürliche Eigenschaft, sondern wird zugleich eine gesellschaftliche Tatsache. Nun gilt es, das Gesetz dieser Gesellschaft als Produktions-, also Arbeitsgemeinschaft zu finden. Die Einzelarbeit erscheint so unter neuem Gesichtspunkt, als Teil der Gesamtarbeit, über die diese Produktionsgemeinschaft verfügt. Allein unter diesem Gesichtspunkt erscheint die Arbeit als wertbildende Arbeit.

Der Tauschakt wird der Analyse zugänglich, weil er nicht nur individuelles Bedürfnis, sondern gesellschaftliche Notwendigkeit ist, die das individuelle Bedürfnis nur zu ihrem Werkzeug macht und es gleichzeitig einschränkt. Das individuelle Bedürfnis kann sich nur befriedigen, soweit es die gesellschaftliche Notwendigkeit zuläßt. Es ist die Voraussetzung, denn ohne individuelle Bedürfnisbefriedigung ist menschliche Gesellschaft überhaupt undenkbar. Aber der Austausch wird nicht mehr Funktion individuellen Bedürfnisses, wie in der kollektivistischen Gesellschaft, sondern das individuelle Bedürfnis befriedigt sich nur, soweit der Austausch ihm die Anteilnahme an der gesellschaftlichen Produktion gestattet. Diese ist es, welche den Austausch bestimmt. Der Austausch erscheint aber nur als ein quantitatives Verhältnis zwischen zwei Dingen[4]. Er ist bestimmt, wenn diese Quanti-

[4] Diese Dinge müssen in der warenproduzierenden Gesellschaft miteinander überhaupt in ein Verhältnis treten und dies können sie als Ausdruck gesellschaftlich notwendiger Arbeitszeit. Nur als solcher Ausdruck werden sie kommensurabel. Daß sie Produkt gesellschaftlicher Arbeitszeit, also Gesellschaftsprodukt sind, ist das Wesentliche an der Wertlehre, nicht aber, daß diese Arbeitszeit in allen Fällen die gleiche auf beiden Seiten des Tauschverhältnisses sei. Dies ist ein sekundäres Moment und bestimmt nur das Tauschverhältnis unter den Bedingungen der einfachsten Warenproduktion.

tät bestimmt ist. Die Quantität, die aber überhaupt im Austausch umgesetzt wird, gilt nur als Teil der Quantität der gesellschaftlichen Produktion. Diese wieder ist quantitativ bestimmt durch die Arbeitszeit, welche die Gesellschaft zur Herstellung des Gesamtproduktes aufwenden mußte. Die Gesellschaft wird hier als eine Einheit aufgefaßt, die mit ihrer gesamten Arbeitskraft ihr Produkt hergestellt hat; der einzelne gilt mit seiner Arbeit nur als Organ der Gesellschaft; als solches Organ ist er nur so viel an dem Produkt beteiligt, wie seine Arbeitskraft dem Durchschnitt der Gesamtarbeitskraft – diese nach Intensität und Produktivität als gegeben vorausgesetzt – entspricht. Hat der einzelne zu langsam gearbeitet oder hat er Unnützes – und das ist auch sonst Nützliches, das aber in dem gesellschaftlichen Stoffwechsel zu viel ist – hergestellt, so wird diese Arbeit auf Durchschnittsarbeit – gesellschaftlich notwendige Arbeitszeit – reduziert. Ist so die Summe der Arbeitszeit für das gesamte Produkt gegeben, so muß der Austausch diese Tatsache ausdrücken. Auf einfachste Weise wird sie ausgedrückt, wenn im Austausch die quantitative Beziehung der Waren gleich ist der quantitativen Beziehungen der auf ihre Herstellung verwandten gesellschaftlich notwendigen Arbeitszeit. Dann tauschen sich die Waren zu ihrem Wert aus.

Und diese Beziehung wird verwirklicht, wenn die Bedingungen für die Warenproduktion und den Warenaustausch für alle Mitglieder der Gesellschaft sozial gleich sind, wenn sie alle selbständige Besitzer ihrer Produktionsmittel sind, die mit diesen das Produkt herstellen und es auf dem Markte austauschen. Diese Beziehung ist die einfachste, und sie ist Ausgangspunkt der theoretischen Betrachtung. Nur von ihr aus können Modifikationen verstanden werden, die aber stets die Bedingung erfüllen müssen, daß, wie immer der Einzelaustausch gestaltet sei, die Summe der Austauschakte die Gesamtproduktion umsetzen muß. Die Modifikation selbst kann nur hervorgerufen werden durch eine andere Stellung der Mitglieder der Gesellschaft in der Produktion – sie muß durch sie hervorgerufen werden, weil ja nur im Tauschakt der gesellschaftliche Zusammenhang nicht nur der Produktion, sondern auch des Produzenten sich durchsetzt. Die Enteignung des einen Teiles der Gesellschaft und der Monopolbesitz der Produktionsmittel des anderen Teiles modifiziert naturgemäß den Austausch, da nur in ihm diese Ungleichheit der Gesellschaftsmitglieder in Erscheinung treten kann. Da aber der Tauschakt eine Gleichheitsbeziehung ist, erscheint die Ungleichheit jetzt als Gleichheit nicht mehr des Wertes, sondern des Produktionspreises, also die Ungleichheit des Arbeitsaufwandes (zugleich die Gleichgültigkeit der Kapitalisten gegen den Arbeitsaufwand als Arbeitsaufwand Fremder) in der Gleichheit der Profitrate. Diese Gleichheit drückt nichts anderes aus, als daß in der kapitalistischen Gesellschaft das Entscheidende das Kapital ist; deshalb steht der einzelne Tauschakt nicht mehr unter der Bedingung: gleiche Arbeit gegen gleiche Arbeit, sondern: für gleiches Kapital gleichviel Profit. Die Arbeitsgleichung ist ersetzt durch die Profitgleichung und die Produkte werden nicht zu ihren Werten, sondern zu den Produktionspreisen verkauft.

Ist der Austausch so bestimmt durch die Gesellschaft, so erfährt anderseits die Gesellschaft wie der einzelne ihr Gesetz nur aus dem vollzogenen Austausch. Denn die Arbeit des einzelnen ist zunächst nur seine individuelle Leistung, entsprungen seinem individuellen Wollen – Privatarbeit, nicht gesellschaftliche Arbeit. Ob sie übereinstimmt mit den Bedingungen des gesellschaftlichen Stoffwechsels, von denen seine Arbeit nur eine Teilbedingung sein muß, kann sich erst bewähren, wenn alle diese Teilbedingungen miteinander verglichen werden und in ihrer Summe die Gesamtbedingung des gesellschaftlichen Stoffwechsels erfüllt ist.

Die Waren sind Verkörperungen gesellschaftlich notwendiger Arbeitszeit. Aber diese Arbeitszeit wird als solche nicht direkt ausgedrückt wie etwa in der Gesellschaft des Rodbertus, wo die Zentralbehörde für jedes Produkt die gesellschaftlich gültige Arbeitszeit direkt festsetzt. Sie erscheint nur in der Gleichsetzung einer Sache mit einer anderen im Austausch. In diesem wird also der Wert einer Sache, ihre gesellschaftliche Produktionszeit, ausgedrückt nicht als solche, als Acht- oder Zehn- oder Zwölfstundenarbeit, sondern als bestimmtes Quantum einer anderen Sache. Diese, als Ding, wie es geht und steht, mit allen seinen Natureigenschaften, dient also als Ausdruck des Wertes eines anderen Dinges, als sein Äquivalent. Zum Beispiel in der Gleichung 1 Rock = 20 Meter Leinwand, sind diese 20 Meter Leinwand Äquivalent des Rockes. Sie sind ihm gleich, weil auch sie Verkörperung gesellschaftlich notwendiger Arbeitszeit sind und als solche alle Waren einander gleich sind.

Die Darstellung des Wertes, dieses gesellschaftlichen Verhältnisses in einer anderen Sache, also einem vom Gebrauchswert der Ware, deren Wert dargestellt werden soll, unterschiedenen Gebrauchswert, folgt also unmittelbar aus der Natur der Warenproduktion und ist von ihr unzertrennlich. Denn nur dadurch, daß das Gut des einen zur Ware und damit zum Gut des anderen wird, entsteht ja die der Warenproduktion eigentümliche gesellschaftliche Beziehung ihrer Mitglieder, ihr Aufeinanderbeziehen als Tauschende ihrer Sachen. Erst nach vollzogenem Austausch erfährt der Produzent, ob seine Ware tatsächlich gesellschaftliches Bedürfnis befriedigt und ob er seine Arbeitszeit richtig angewendet hat. Er bekommt die Bestätigung, daß er vollgültiges Mitglied der warenproduzierenden Gesellschaft ist, ja nicht durch eine Person, die im Namen dieser Gesellschaft sprechen, sein Werk kritisieren – wie etwa der Verleger die Arbeit seiner Weber kritisiert –, billigen oder ablehnen könnte, sondern ihm wird seine Gesellschaftsfähigkeit nur bestätigt durch eine Sache, die er im Austausch für die seine erhält. Denn die Gesellschaft hat ihre Sache auf die Sache (und darauf gerade beruht trotz Stirner ihre Anarchie) und nicht auf die Personen und ihr kollektives Bewußtsein gestellt. Die Sache, die ihm das sagen kann, muß also die nötige Legitimation haben, um im Namen der Gesellschaft sprechen zu können. Sie bekommt diese Legitimation genau so, wie andere Organe ihre Legitimation erhalten, durch die gemeinsame Aktion der Legitimierenden. Wie die Menschen sich zusammentun und einen aus ihrer Mitte zu bestimmten Handlungen in ihrem Namen legitimieren, so müssen sich auch die Waren zusammentun, um ihrerseits die Waren zu legitimieren, die in ihrem Namen die Bürgerschaft in dieser Warenwelt – die Vollbürgerschaft oder die Bürgerschaft minderen Rechtes – erteilt. Die einzige Form aber, in der die Waren sich zusammentun können, ist ihr Austausch. Denn was das gesellschaftliche Bewußtsein in einer sozialistischen Gesellschaft, ist in der kapitalistischen die gesellschaftliche Aktion der Waren auf dem Markt. Das Bewußtsein der bürgerlichen Welt ist reduziert auf den Marktbericht. Nur durch Vollendung des Austausches erfährt der einzelne das Gesetz der Gesamtheit. Nur wenn dem einzelnen der Austausch gelungen ist, hat er den Beweis dafür, daß er das gesellschaftlich Notwendige produziert hat; nur dann kann er von neuem die Produktion eröffnen. Die Sache, die so durch die gemeinsame Aktion der Waren legitimiert ist, den Wert aller anderen Waren auszudrücken, ist – das Geld. Mit der

Entwicklung des Warenaustausches selbst entwickelt sich zugleich die Legitimation dieser besonderen Ware.

A und B treten als Warenbesitzer nur in gesellschaftliches Verhältnis, indem sie ihre Produkte miteinander austauschen. Das Verhältnis ist dann zustande gekommen, wenn sich der Rock mit den zwanzig Meter Leinwand ausgetauscht hat. Verallgemeinert sich die Warenproduktion, so muß der Schneider alle seine Bedürfnisse durch den Austausch befriedigen; statt des einen Verhältnisses mit der Spinnerin der Leinwand geht er jetzt zahlreiche andere ein. 1 Rock = 20 Meter Leinwand, aber auch gleich 5 Pfund Zucker, 10 Pfund Brot usw. Da aber alle Warenproduzenten solch zahlreiche Verhältnisse eingehen, erhalten wir schließlich eine Unzahl Tauschgleichungen, in denen sich die Waren einander gleichsetzen, ihren Wert miteinander messen. Indem sie sich aber gegenseitig messen, messen sie zugleich ihren Wert immer häufiger in einer Ware, die so zu dem allgemeinen Wertmaß aller wird.

Schon der einfache Wertausdruck, etwa 1 Rock = 20 Meter Leinwand, drückt eine gesellschaftliche Beziehung aus; aber diese kann nur zufällig und vereinzelt bleiben. Um wahrhaft gesellschaftlicher Ausdruck zu sein, darf die Wertgleichung nicht vereinzelt sein; in zahllosen Austauschen und daher zahllosen Wertgleichungen setzt sich der gesellschaftliche Stoffwechsel und damit der gesellschaftliche Zusammenhang der Arbeitenden durch, sobald die Warenproduktion die allgemeine Form gesellschaftlicher Produktion geworden ist. Es ist die gemeinsame Aktion der Waren im Austausch, was die private, individuelle und konkrete Arbeitszeit des einzelnen in allgemeine, gesellschaftlich notwendige und abstrakte Arbeitszeit, die Wert bildet, verwandelt. Indem die Waren sich allseitig im Austausch gegenseitig messen, messen sie sich zugleich immer häufiger in einer Ware. Diese braucht bloß gewohnheitsmäßig als Wertmesser fixiert zu werden, um Geld zu werden.

Es ist also der Austausch von Werten notwendig, um überhaupt die gesellschaftliche Produktion und Reproduktion möglich zu machen. Nur so werden die Privatarbeiten gesellschaftlich anerkannt geeicht, werden die Beziehungen der Sachen aufeinander zu gesellschaftlichen Beziehungen ihrer Produzenten. Wie immer also der Austausch vor sich gehen mag, er ist notwendigerweise der Austausch zu Wertäquivalenten, mag nun der Austausch der Ware direkt vor sich gehen oder durch Geld vermittelt sein. Geld ist also als Wert Ware wie jede andere, und die Notwendigkeit, daß Geld Wert hat, entspringt unmittelbar aus dem Charakter der warenproduzierenden Gesellschaft[5].

Das Geld ist so Ware wie alle anderen und damit Verkörperung von Wert. Das Geld unterscheidet sich von allen anderen Waren dadurch, daß es für alle anderen Waren Äquivalent ist, also die Ware, die den Wert aller anderen ausdrückt. Daß es dazu geworden, ist das Resultat sämtlicher Austauschprozesse[6]. Dadurch ist es zum Wertmaß legitimiert. Die Geldware, also dieser bestimmte Körper mit all seinen natürlichen Eigenschaften, ist jetzt unmittelbar Ausdruck von Wert, von dieser Eigenschaft, die nur aus den gesellschaftlichen Verhältnissen der Warenproduktion und ihrem sachlichen Ausdruck herstammt. Zugleich sieht man, wie aus dem Tauschprozeß selbst, aus der Notwendigkeit beständiger Gleichsetzung der Waren untereinander die Notwendigkeit des gemeinsamen Wertmaßes entspringt, in dem der Wert jeder anderen Ware unmittelbar ausgedrückt wird, mit dem es daher jederzeit unmittelbar austauschbar ist. Geld ist also einerseits Ware. Anderseits ist aber diese Ware immer an die besondere Stelle des Äquivalents gerückt. Es ist dies geschehen durch die Aktion aller anderen Waren, welche die Geldware als ihr einziges und allgemeines Äquivalent legitimiert haben.

Der Tauschwert aller Waren wird also gesellschaftlich gültig ausgedrückt in der Geldware, in einem bestimmten Quantum ihres Gebrauchswertes. Durch die gegenseitige Aktion aller anderen Waren, die sich in ihr messen, erscheint so die Geldware als unmittelbare Verkörperung der gesellschaftlich notwendigen Arbeitszeit. »Geld ist so der Tauschwert der Waren als eine besondere, ausschließliche Ware.«[7] Alle Waren erhalten so durch ihre Verwandlung in Geld ihre gesellschaftliche Eichung.

Wie nach Ernst Mach das Ich nur ein Knotenpunkt ist, in dem die unendlichen Fäden der Empfindungen, aus deren Netz das Bild der Welt sich gestaltet, enger zusammenlaufen, so das Geld ein Knoten in dem Netz des gesellschaftlichen Zusammenhanges

[5] Es ist Gegenstand späterer Untersuchung, inwiefern dieser Satz durch die modernen Formen der Papierwährung eine Modifikation erfährt.

[6] Wert hat jede Ware als Verkörperung gesellschaftlich notwendiger Arbeitszeit, also als Resultat des Warenproduktionsprozesses. In den Austauschprozeß geht sie also schon ein als Wertträger. In diesem Sinne sagt Marx: »Der Austauschprozeß gibt der Ware, die er in Geld verwandelt, nicht ihren Wert, sondern ihre spezifische Wertform, nämlich als allgemeines Äquivalent. »Kapital«, I, S. 105.

[7] Marx, »Zur Kritik der politischen Ökonomie«. MEW 13, S. 34.

der warenproduzierenden Gesellschaft, das aus den zahllosen Fäden der einzelnen Tauschakte gewebt ist. Im Gelde ist zugleich das gesellschaftliche Verhältnis der Menschen zu einer Sache geworden, zu einem geheimnisvoll glänzenden Ding, dessen verwirrender Glanz noch immer die Augen so vieler Ökonomen blendet, wenn sie es nicht vorziehen, die Augen ganz davor zu schließen.

Indem die Waren im Austauschprozeß sich aufeinander beziehen, werden sie zu Produkten gesellschaftlich notwendiger Arbeitszeit reduziert und werden als solche gleich. Im Austauschprozeß zerreißt das Band, das die Ware als Gebrauchswert an das besondere Bedürfnis des einzelnen knüpft. Im Austausch gilt die Ware nur als Tauschwert und nur durch Vollziehung des Austausches, also nach vollzogenem Austausch, wird sie wieder Gebrauchswert, entsteht eine neue Verknüpfung an ein anderes individuelles Bedürfnis. Im Geld, dessen Gebrauchswert nichts ist als Verkörperung gesellschaftlich notwendiger Arbeitszeit, also Tauschwert, erscheint die Ware unmittelbar als Tauschwert ausgedrückt; im Geld erscheint so der Tauschwert der Ware verselbständigt gegenüber ihrem eigenen Gebrauchswert. Erst die Verwandlung von Geld in Ware realisiert die Ware als Gebrauchswert, nachdem im Geld ihr Tauschwert schon enthalten ist. Die Ware verläßt dann als Gebrauchswert die Zirkulation und fällt der Konsumtion anheim.

Geld kann nur allgemeines Äquivalent werden, weil es Ware, also Tauschwert ist. Als Tauschwert ist aber jede Ware Maß der Werte aller anderen Waren. Indem sich alle Waren in ihrer gegenseitigen Aktion auf eine Ware beziehen, wird diese besondere Ware adäquates Dasein des Tauschwertes, sein Dasein als allgemeines Äquivalent. Daß alle Waren Tauschwerte sind, das heißt, daß die Produzenten in der durch Arbeitsteilung und Privateigentum in ihre Atome zerlegten Gesellschaft, die ohne gemeinsames Bewußtsein doch eine Produktionsgemeinschaft ist, nur durch Vermittlung ihrer sachlichen Produkte in Beziehung zueinander stehen, erscheint jetzt so, daß ihre Arbeitsprodukte als Tauschwerte nur verschiedene Quanta desselben Gegenstandes – des Geldes – darstellen. Die allgemeine Arbeitszeit, ihrerseits der ökonomische Ausdruck der Produktionsgemeinschaft, damit aber die Tatsache dieser Gemeinschaft selbst, erscheint jetzt als ein besonderes Ding, eine Ware neben und außer allen anderen Waren.

Im Austauschprozeß hat sich die Ware als Gebrauchswert erwiesen, hat bewiesen, daß sie Bedürfnis, und zwar im gesellschaftlich geforderten Ausmaß befriedigt hat. Hat sie das getan, so ist sie damit zum Tauschwert für alle anderen Waren geworden, die dieselbe Bedingung erfüllen. Dies drückt ihre Verwandlung in Geld, den Repräsentanten des Tauschwertes überhaupt aus. Indem sie Geld geworden, ist sie zum Tauschwert für alle anderen Waren geworden. Die Ware muß daher Geld werden, weil sie nur dann gesellschaftlich ausgedrückt ist, als Gebrauchswert und als Tauschwert, als die Einheit beider, die sie ist. Dadurch aber, daß alle Waren sich durch ihre Entäußerung als Gebrauchswerte in Geld verwandeln, wird Geld das verwandelte Dasein aller anderen Waren, und nur als Resultat dieser Verwandlung aller anderen Waren in Geld wird Geld unmittelbar Vergegenständlichung der allgemeinen Arbeitszeit, das heißt Produkt der allseitigen Entäußerung, Aufhebung der individuellen Arbeiten.

Die Notwendigkeit des Geldes entspringt also aus dem Wesen der warenproduzierenden Gesellschaft, die ihr Gesetz erfährt aus dem Austausch der Waren als Produkte gesellschaftlich notwendiger Arbeitszeit, daraus, daß der gesellschaftliche Zusammenhang der Produzenten ausgedrückt wird als Preis ihrer Produkte, der ihnen jeweils vorschreibt ihren Anteil an der Produktion und an der Verteilung der Produkte. Es ist die eigentümliche Regelung dieser Gesellschaft durch das Preisgesetz, welches als Mittel des Austausches der Waren selbst eine Ware verlangt, da nur eine solche gesellschaftlich notwendige Arbeitszeit verkörpert. Daß das Tauschmittel Wert haben muß, folgt unmittelbar aus dem Charakter einer Gesellschaft, in der die Güter Waren geworden sind und als solche ausgetauscht werden müssen. »Derselbe Prozeß, der aus dem Gut Ware macht, macht aus der Ware Geld.«

Die Unbewußtheit des gesellschaftlichen Zusammenhanges, seine Herstellung durch den Austausch der Waren und die Bestätigung, daß diese Herstellung auch gesellschaftlich richtig vollzogen wurde, die erst im Austauschprozeß erfolgt, wenn der Produktionsprozeß, der eigentlich den gesellschaftlichen Zusammenhang bereits fixiert hat, schon vorüber und unabänderlich geworden ist, dies bedeutet zugleich die Anarchie der kapitalistischen Produktionsweise. Anarchie – denn es ist kein Bewußtsein da, das von vornherein die Produktion seinem Zwecke gemäß gestaltet, sondern den einzelnen, nur ihrer selbst, nicht aber der Gesellschaft bewußten Mitgliedern drängt sich dieser Zusammenhang nach Art eines Naturgesetzes auf, das unabhängig von dem Willen der Beteiligten wirkt, obwohl es nur durch ihre eigene gesellschaftliche und ihnen daher unbewußte Aktion existiert. Diese Aktion erfolgt eben nie in dem Bewußtsein und der Absicht, damit den gesellschaftlichen Zusammenhang zu konstituieren, sondern dient stets nur der individuellen Bedürfnisbefriedigung. In diesem Sinen kann man daher auch sagen, daß die Notwendigkeit, den Austausch durch Geld, also durch einen selbst wertvollen Stoff zu vermitteln, aus der Anarchie der warenproduzierenden Gesellschaft entspringt.

Ist so das Geld einerseits notwendiges Produkt des Warenaustausches, so ist es anderseits selbst Bedingung der Verallgemeinerung des Austausches der Produkte als Waren. Es macht die Waren unmittelbar vergleichbar, indem es ihr Wertmesser wird. Es ist dies, weil es als Wert dasselbe wie die Waren und innerhalb der Wertform ihr Entgegengesetztes ist – Äquivalent, also Gebrauchswert, in dem Wert ausgedrückt ist.

Das Geld entsteht so naturwüchsig aus dem Tauschverkehr und setzt nichts anderes voraus als diesen. Der Tauschverkehr macht diejenige Ware zu Geld, die dazu vermöge ihrer natürlichen Eigenschaften am besten geeignet ist. Es ist der Gebrauchswert dieser Ware, zum Beispiel des Goldes, der es zum Geldstoff macht. Gold ist nicht von Natur aus Geld (sondern nur infolge einer bestimmten Gesellschaftsstruktur), aber Geld von Natur aus Gold. Also weder den Geldcharakter noch auch den Geldstoff bestimmt der Staat oder die Rechtsordnung willkürlich. Der Staat oder die Rechtsordnung macht das Geld zunächst nur zur Münze. Er ändert nichts als die Einteilung der Goldquanta. Werden diese zuerst nach dem Gewicht eingeteilt oder gemessen, so jetzt nach einem anderen willkürlichen, also notwendigerweise auf bewußtem Übereinkommen beruhenden Maßstab. Da die warenproduzierende Gesellschaft ihre höchste bewußte Organisation im Staate hat, so muß der Staat dieses Übereinkommen sanktionieren, damit es allgemein gesellschaftliche Gültigkeit hat. Es verhält sich hier ähnlich, wie bei Festsetzung anderer Maße, zum Beispiel des Längenmaßes. Nur daß hier, da es sich um einen Wertmaßstab handelt, sich der Wert aber immer nur in einer Sache und in jeder Sache je nach ihrer Produktionszeit anders darstellt, der Staat zugleich auch die Sache, den Geldstoff, deklarieren muß. Nur innerhalb des Kreises der Übereinkunft, also innerhalb des Staates zum Beispiel gilt dieser Maßstab. Er wird ungültig außerhalb der staatlichen Grenze. Auf dem Weltmarkt gelten Gold und Silber nach ihrem Gewicht gemessen als Geld[8]. Das Übereinkommen über ein bestimmtes Geld kann auch in Ermanglung einer staatlichen Intervention durch Privatpersonen, zum Beispiel durch Kaufleute einer Stadt erfolgen und gilt dann natürlich wieder nur für diesen Kreis[9].

Das Gold wird also vom Staat in irgendeiner Weise eingeteilt und jedes Teilstück durch die staatliche Prägung gekennzeichnet. In diesem Maßstab werden jetzt alle Preise ausgedrückt. So hat also der Staat den Maßstab der Preise hergestellt. Als Maß der Werte fungiert Gold, weil es Ware, also Wert, Verkörperung gesellschaftlich notwendiger Arbeitszeit ist, als solches ist sein Wert veränderlich mit der Veränderung seiner Produktionszeit. Als Maßstab der Preise ist Gold eingeteilt in Stücke von gleichem Gewicht, und diese Einteilung ist ihrem Sinne nach unveränderlich. Die Prägung ist nichts als die Bestätigung, daß das damit versehene Geldstück eine bestimmte Gewichtsmenge des Geldstoffes, zum Beispiel des Goldes enthält. Dies ist zugleich eine erhebliche technische Vereinfachung. Das Geld braucht nicht mehr gewogen, sondern nur gezählt zu werden. Zugleich kann jetzt auf bequeme Weise jede Wertquantität, die im Austausch erforderlich wird, dargestellt werden.

---

[8] Wenigstens vorläufig noch, solange die Tendenz zur Alleinherrschaft des Goldes sich noch nicht völlig durchgesetzt hat.

[9] Beispiel ist die Hamburger Bankowährung seit 1770. Die Umsätze wurden durch Übertragung auf Girokonto bei der Hamburger Girobank erledigt. Die Gutschrift wurde nur gegen Einzahlung vollwichtigen Silbers geleistet. Als Geldstoff gilt das Silber, als Einheit die Kölnische Mark Feinsilber, für die 27 3/4 Mark Banko gutgeschrieben wurden. Das Buchgeld, dessen sich der Hamburger Handel bis zum Jahre 1872 bediente, beruhte mithin auf ungeprägtem Silber. Dabei ist es unwesentlich, daß das Silber selbst wohlverwahrt in den Kellern der Bank lag und nur die Besitzscheine (etwas ganz anderes als Banknoten) zirkulierten. Vollgedecktes »Papiergeld«, das nur ein Schein über wirklich von dem Inhaber des Scheines hinterlegtes und in der Bank wirklich aufbewahrtes Metall ist, ist rein technischer Behelf und bloßes Schutzmittel gegen die Abnützung des Metalls. Es läßt alle Gesetze des Geldumlaufes ebenso unberührt, als ob die Silberstücke selbst in Leder oder Papier eingewickelt zirkulieren.

Die im Text gegebene Darstellung ist zunächst die einzige Rolle, die der Staat spielt. Damit erledigt sich die Einbildung Knapps, daß erst durch die Satzung des Staates das Geld entsteht. Zugleich sieht man, wie historisch das Geld primär aus der Zirkulation hervorwächst. Es ist also zunächst Zirkulationsmittel. Erst dann, wenn es allgemeines Maß der Werte und allgemeines Äquivalent der Waren geworden, wird es zum allgemeinen Zahlungsmittel. Dies gegen Knapp, »Staatliche Theorie des Geldes«, S. 3.

2. Kapitel

Das Geld im Zirkulationsprozeß

Der Zirkulationsprozeß hat die Form: Ware-Geld-Ware, W-G-W. In diesem Prozeß vollzieht sich der gesellschaftliche Stoffwechsel. A verkauft seine Ware, die für ihn Nichtgebrauchswert, und kauft eine andere, die für ihn Gebrauchswert hat. Das Geld spielt in diesem Prozeß nur die Rolle des Beweismittels, daß die individuellen Produktionsbedingungen der Ware den gesellschaftlichen Produktionsbedingungen entsprechen. Der Sinn des Prozesses ist aber die Befriedigung der Bedürfnisse des einzelnen, die nur durch den allseitigen Händewechsel der Waren ermöglicht wird. Der Wert der Ware wird ersetzt durch den Wert der anderen Ware. Diese wird konsumiert und fällt aus der Zirkulation heraus.

Fällt die Ware so beständig aus der Zirkulation, so bleibt das Geld fortwährend in dieser Sphäre. Die Stelle, die die Ware geräumt hat, nimmt ein gleichwertiges Geldstück ein. Der Kreislaufprozeß der Ware bildet so den Umlauf des Geldes. Es entsteht nun die Frage nach der Menge des Geldes, das für die Zirkulation nötig ist. Es handelt sich dabei um das wirkliche Gegenübertreten von Geld und Ware. Die Menge der Zirkulationsmittel ist also zunächst bestimmt durch die Preissumme der Waren. Die Warenmasse als gegeben vorausgesetzt, flutet die Masse des zirkulierenden Geldes auf und ab mit den Preisschwankungen der Waren, gleichgültig, ob die Preisänderung wirklichen Wertänderungen oder bloßen Schwankungen der Marktpreise entspringt[10]. Dies gilt, sobald Käufe und Verkäufe räumlich nebeneinander einhergehen. Sind dagegen Käufe und Verkäufe nur Glieder einer Reihe, die zeitlich nacheinander vor sich gehen, so gilt die Gleichung: Preissumme der Waren: Umlaufsanzahl gleichnamiger Geldstücke = Masse des als Zirkulationsmittel funktionierenden Geldes. Dabei kann das Gesetz, daß die Quan-

[10] Marx, »Kapital«, I, S. 132.

tität der Zirkulationsmittel bestimmt ist durch die Preissumme der zirkulierenden Waren und die Durchschnittsgeschwindigkeit des Geldumlaufes auch so ausgedrückt werden, daß bei gegebener Wertsumme der Waren und gegebener Durchschnittsgeschwindigkeit ihrer Metamorphosen die Quantität des umlaufenden Geldes oder des Geldmaterials von seinem eigenen Wert abhängt[11].

Man hat gesehen, was das Geld ist: ein gesellschaftliches Verhältnis ausgedrückt in einer Sache. Diese Sache dient als unmittelbarer Wertausdruck. Innerhalb des Verhältnisses W-G-W wird der Wert der Waren aber stets ersetzt durch den Wert einer anderen Ware. Der Geldausdruck ist also nur verschwindend. Er erscheint so als bloß technischer Behelf, dessen Anwendung Unkosten verursacht, die nach Möglichkeit zu vermeiden sind. Zugleich mit dem Geld erwächst das Streben, das Geld auszuschalten[12]. Innerhalb der Warenzirkulation erscheint das Geld erst als der feste Wertkristall, worin sich die Ware verwandelt, um hinterher als bloße Äquivalentform zu zerrinnen[13].

Als Wertkristall erscheint das Geld als notwendig, als Äquivalentform überflüssig. Notwendig erscheint es aber, weil nur so der Wert der Ware gesellschaftlich gültig ausgedrückt wird und sie sich nur aus Geld wieder in alle anderen Waren rückverwandeln kann. Da aber der Geldausdruck nur verschwindend ist, nicht etwa an sich wichtig (wie dann, wenn der Prozeß W-G-W unterbrochen wird und das Geld selbst längere oder kürzere Zeit aufbewahrt werden soll, um dann später einmal den Prozeß G-W zu ermöglichen), so kommt allein die gesellschaftliche Seite des Geldes in Betracht, die Eigenschaft, wonach es als Wert Warengleiches ist. Diese gesellschaftliche Seite ist im Geldstoff, zum Beispiel im Goldgeld, sachlich ausgedrückt. Sie kann aber unmittelbar ausgedrückt werden durch bewußte gesellschaftliche oder, da der Staat das bewußte Organ der warenproduzierenden Gesellschaft ist, durch staatliche Regelung. Der Staat kann

---

11 Ebenda, S. 136 f.

12 Es ist nur vom Standpunkt der bürgerlichen Gesellschaft geurteilt, wenn Wilson meint, daß das brachliegende Geld für die Gemeinschaft einen Verlust darstellt; vielmehr bildet die ganze Zirkulationsmaschinerie, soweit sie Wert kostet, faux frais, und selbst vom entwickelteren bürgerlichen Standpunkt erscheint Gold, soweit es Umlaufsmittel, als unproduktive (das heißt: nicht Profit bringende) Ausgabe, die daher zu vermeiden ist, ein Gedanke, der dem Merkantilsystem ein Greuel war. (Siehe James Wilson: »Capital, Currency and Banking.« London 1847, S. 10.)

13 Marx, »Kapital«, I, S. 126.

bestimmte Zeichen – z. B. als solche gekennzeichnete Papierzettel – als Stellvertreter des Geldes, Geldzeichen, festsetzen.

Es ist klar, daß diese Zeichen nur fungieren können als Vermittler der Zirkulation zwischen zwei Waren; sie sind zu anderen Zwecken, anderen Geldfunktionen unbrauchbar, sie müssen also ganz in die Zirkulation eingehen, denn nur innerhalb der Zirkulation ist das Wertdasein des Geldes stets verschwindend, weil durch Warenwert stets ersetzte Form. Der Umfang dieser Zirkulation aber ist außerordentlich schwankend, da er, wie wir wissen, bei gleichbleibender Umlaufsgeschwindigkeit des Geldes von der Preissumme abhängt. Diese wechselt beständig, wobei die periodischen Schwankungen innerhalb des Jahres, wenn zum Beispiel die Ernteprodukte in die Zirkulation eintreten und ihre Masse die Preissumme anschwellt, oder die Preisschwankungen innerhalb des Zyklus von Prosperität und Depression besondere Rolle spielen. Die Menge des Papiergeldes muß also immer unter dem Minimum der zur Zirkulation erforderlichen Geldmenge bleiben. Dieses Minimum ist aber durch Papier ersetzbar[14], und da dies immer zur Zirkulation notwendig ist, braucht an seine Stelle kein Gold zu treten; der Staat kann dieses Papiergeld daher mit Zwangskurs ausstatten. Innerhalb des Umfanges des Zirkulationsminimums ist so der sachliche Ausdruck des gesellschaftlichen Verhältnisses ersetzt durch ein bewußt geregeltes gesellschaftliches Verhältnis. Es ist dies möglich, weil eben auch Metallgeld ein wenn auch unter dinglicher Hülle verstecktes gesellschaftliches Verhältnis ist. Dies muß begriffen sein, will man die Natur des Papiergeldes erfassen[15]. Wir haben gesehen, wie die warenproduzierende Gesellschaft anarchisch ist und aus

[14] Es gilt das Gesetz, »daß die Ausgabe des Papiergeldes auf die Quantität zu beschränken ist, worin das von ihm symbolisch dargestellte Gold (respektive Silber) wirklich zirkulieren müßte«. (Marx, »Kapital«, I, S. 141.)

[15] Knapp verfällt zuerst in die Illusion, daß Geld »ursprünglich« nichts sei als bestimmtes Metallgewicht, um hinterher darüber zu erstaunen, daß es ersetzt werden kann durch ein nur gesellschaftlich gültiges Zeichen. Hätte er erkannt (und der Mangel dieser Erkenntnis hindert heute noch die Ökonomen, eine erschöpfende Geldtheorie zu geben), daß Geld nur eine gesellschaftliche Beziehung sachlich ausdrückt, so hätte er nichts Rätselhaftes daran finden können, daß in einem bestimmten Umkreis diese sachliche Beziehung ausgedrückt wird durch ein gesellschaftlich gültiges, mit Bewußtsein geregeltes Übereinkommen, dessen Ausdruck das Staatspapier mit Zwangskurs ist. Dabei ist richtig, daß hier ein wesentliches Problem steckt, nämlich des nach den Schranken dieser staatlichen, also bewußt gesellschaftlichen Regelung. Dieses ökonomische Problem aber schließt Knapp gerade aus seiner Betrachtung aus.

dieser Anarchie die Notwendigkeit des Geldes folgt. Für das Minimum der Zirkulation ist diese Anarchie gleichsam ausgeschaltet. Denn ein Minimum von Waren zu einem gewissen Wert muß unter allen Umständen umgesetzt werden. Die Ausschaltung der Wirkung der anarchischen Produktion erscheint in der Möglichkeit des Ersatzes des Goldes durch bloße Wertzeichen.

Diese bewußte Regelung hat aber ihre Grenze an dem Zirkulationsminimum. Nur innerhalb dieser Grenze fungiert das Geldzeichen als voller Stellvertreter des Geldes, ist das Papier Goldzeichen. Da die Zirkulationsmenge stets schwankt, so muß neben dem Papiergeld stets Goldgeld in die Zirkulation ein- und aus ihr ausfließen können. Ist dies nicht möglich, so treten Abweichungen des Nominalwertes des Papiers von seiner wirklichen Geltung ein, wir haben Papiergeldentwertung.

Um diesen Vorgang zu verstehen, unterstellen wir einmal reine Papierwährung. (Es ist dabei immer staatlicher Zwangskurs vorausgesetzt.) Wir wollen annehmen, daß in einem bestimmten Moment die Zirkulation 5 Millionen Mark erfordere, zu denen zirka 36,56 Pfund Gold nötig wären. Wir hätten dann eine Gesamtzirkulation, die folgendes Bild zeigte: (5 Millionen Mark in) W-(5 Millionen Mark in) G-(5 Millionen Mark in) W. Ersetzt man das Gold durch Papierzeichen, so kann auf diesen Zeichen was immer gedruckt sein, ihre Summe muß immer die Wertsumme der Waren repräsentieren, also in unserem Falle gleich sein 5 Millionen Mark. Werden 5000 gleiche Zettel gedruckt, wird jeder 1000 Mk. gleichgesetzt werden, werden 100 000 gedruckt, so jeder 50 Mk. gleich sein. Verdoppelt sich, die Umlaufsgeschwindigkeit immer gleichgesetzt, die Preissumme der Waren und wird die Menge der Zettel nicht geändert, so werden sie 10 Millionen Mark gelten, sinkt die Preissumme auf die Hälfte, so nur 2½ Millionen. Mit anderen Worten: Bei reiner Papierwährung mit Zwangskurs ist bei gleichbleibender Umlaufszeit der Wert des Papiergeldes bestimmt durch die Summe der Warenpreise, die in der Zirkulation umgesetzt werden muß; das Papiergeld wird hier ganz unabhängig vom Wert des Goldes und reflektiert direkt den Wert der Waren nach dem Gesetz, daß seine ganze Menge gleichen Wert repräsentiert wie die

$$\frac{\text{Preissumme der Waren}}{\text{Umlaufszahl gleichnamiger Geldstücke}}.$$

Man sieht sofort, daß, verglichen mit dem Ausgangspunkt, nicht nur Entwertung, sondern auch Überwertung des Papiergeldes eintreten kann.

Als Geldzeichen kann nun natürlich nicht nur Papier, sondern ein an sich wertvoller Stoff fungieren. Es sei die Zirkulation zum Beispiel besorgt durch Silber. Tritt Entwertung des Silbers ein infolge Senkung seiner Produktionskosten, so werden die Silberpreise der Waren steigen, während ihre Goldpreise unter sonst gleichen Umständen unverändert bleiben werden. Die Entwertung des Silbers selbst wird sich ausdrücken lassen in seinem Verhältnis zum Gold. Der Wechselkurs des Silberlandes gegenüber dem des Goldwährungslandes wird die Entwertung ausdrücken. Die Entwertung der Silbermünze, die gesetzliche Zahlkraft hat, wird bei freier Prägung genau in demselben Maße stattfinden wie die Entwertung des ungeprägten Metalls. Anders, wenn die freie Prägung[16] eingestellt wird. Steigt jetzt die Preissumme der zu zirkulierenden Waren in unserem Beispiel von 5 auf 6 Millionen Mark und ist der Wert des gemünzten, also zur Zirkulation geeigneten Silbers entsprechend seinem Metallwert beispielsweise nur 5½ Millionen Mark, so wird jetzt doch jede Silbermünze so weit in ihrer Bewertung innerhalb der Zirkulation steigen, daß ihre Summe gleich ist 6 Millionen Mark. Ihre Wertung als Münze übersteigt daher ihren Metallwert. Eine Erscheinung, die in der so bedeutenden Geldtheoretikern wie Lexis oder Lotz unerklärbaren Überwertung des holländischen und Österreichischen Silberguldens und später der indischen Rupie zutage getreten ist, die aber nach dem Vorhergehenden nichts Rätselhaftes mehr aufweist[17].

In der Bestimmung des Wertes des Papiergeldes durch den Wert der in Zirkulation befindlichen Warensumme erscheint der

---

16 Bekanntlich versteht man unter freier Prägung das Recht der Privaten, jedes beliebige Quantum des Geldstoffes bei der staatlichen Münzanstalt in Landesmünzen nach dem festgesetzten Münzmaßstab umprägen zu lassen. Die Prägung ist gesperrt, wenn der Staat sich weigert, diese Umprägung vorzunehmen.

17 In der Tat ist für die Schriftsteller, die unter dem Eindruck der englischen Bankrestriktion schreiben, die Möglichkeit der Überwertung kein Problem, indem sie ganz naiv die Gesetze des Papiergeldes auf die Metallwährung anwenden. Man vergleiche das folgende Zitat: »Es ist klar, daß wie die Überausgabe von Papiergeld die nominellen Preise der Waren erhöht, so aus ebensolchen Gründen die Kontraktion unter das natürliche Maß des Zirkulationserfordernisses in demselben Grad die nominellen Preise verringern wird ... Gold in Barrenform wird dann oft von geringerem Wert auf dem Markte sein als Gold in Münzform, und der Kaufmann wird es zur Münze bringen, um den Profit aus seiner Verwandlung von Barren in Münzen zu erlangen.« William Blake, »Observations on the principles which regulate the course of exchange and on the present depreciated state of the currency«. London 1810. S. 40.

rein gesellschaftliche Charakter des Wertes darin, daß ein an sich wertloses Ding wie Papier dafür, daß es eine rein gesellschaftliche Funktion, die Zirkulation, erfüllt, einen Wert erhält, der bestimmt ist nicht durch den eigenen verschwindend geringen Wert, sondern durch den der Warenmasse, die ihren Wert auf die Papierzettel reflektiert. Wie der Mond, der selbst längst erkaltet ist, nur leuchten kann, weil er von dem feurigen Sonnenball das Licht erhält, so hat das Papiergeld nur Wert, weil den Waren der gesellschaftliche Charakter der Arbeit Wert verleiht. Es ist der reflektierte Arbeitswert, der das Papier zu Geld macht, wie es das reflektierte Sonnenlicht ist, das den Mond leuchten läßt. Es ist beim Papier Wertschein, nämlich Warenwertschein, wie beim Mond Mondschein, nämlich Sonnenlichtschein.

Österreich hatte seit 1859 uneinlösliches Papiergeld. Die Silbergulden erzielten gegenüber dem Papier ein Agio. Es war eben mehr Papier ausgegeben als die Zirkulation erforderte. Dadurch trat der von uns früher geschilderte Zustand ein: wieviel Waren ein Gulden kaufen konnte, war nicht mehr abhängig vom Wert des Silbers, sondern von dem Wert der in Zirkulation befindlichen Gesamtwarenmasse, durch den die Geltung der Gesamtsumme des Papiergeldes bestimmt war. War der Wert der Gesamtzirkulation = 500 Millionen Gulden, waren aber 600 Millionen Papiergulden gedruckt worden, so konnte der Papiergulden nur mehr so viel Waren kaufen wie früher $^5/_6$ Silbergulden. Damit wurde der Silbergulden selbst zur Ware; denn man zahlte nur mehr in Papiergulden und verkaufte den Silbergulden etwa ins Ausland; dafür bekam man $^5/_6$ Papiergulden, womit man seine früheren Silberguldenschulden bezahlen konnte. Das Silber verschwand aus der Zirkulation. Eine Änderung in dem Verhältnis zwischen Silber- und Papiergulden kann nun auf zweierlei Art eintreten. Einmal kann bei unverändertem Wert des Silberguldens infolge der Entwicklung der Warenzirkulation der Warenumsatz steigen. Findet keine Neuausgabe von Papiergeld statt, so kann der Papiergulden wieder seine alte Geltung erlangen, sobald die zirkulierende Warensumme 600 Millionen Gulden zu ihrem Umsatz erfordert. Es kann auch, wenn die Warensumme steigt, der Papiergulden über seinen Ausgangspunkt steigen. Erfordert die Warensumme 700 Millionen Gulden und sind nur 600 Millionen Papiergulden in Zirkulation, so wird jetzt der Papiergulden $^7/_6$ des Silberguldens gelten. Besteht freie Silberprägung, so werden Private Silber so lange ausprägen lassen, bis in die Zirkulation so viele Silbergulden eingetreten sind, daß Papiergulden und Silbergulden zusammen zur Zirkulation der 700 Millionen Gulden Waren ausreichen. Dann gilt Papier- und Silbergulden dasselbe, und bei Fortbestand der freien Prägung ist der Papiergulden nicht mehr durch den Warenwert bestimmt, sondern durch das Silber, ist also wieder Silberzeichen geworden.

Ähnliche Vorgänge können auch auf andere Weise eintreten. Die Warenzirkulation bleibe zunächst dieselbe; der Papiergulden gilt dann nur mehr $^5/_6$ des Silberguldens; jetzt träte aber ein Fall im Wert des Silbers ein; dieses falle um $^1/_6$. Dann wird man um den Silbergulden so viel Waren kaufen können wie um den Papiergulden; das Silberagio ist verschwunden und das Silber bleibt in Zirkulation. Fällt das Silber noch stärker, sage um $^2/_6$, dann wird es profitlich, Silber anzukaufen und es in Österreich ausprägen zu lassen. Diese Ausprägung würde so lange vor sich gehen, bis die Summe von Papiergulden und Silbergulden so groß geworden ist, daß sie, obwohl um $^2/_6$ in ihrer Kaufkraft vermindert, zur Zirkulation hinreicht. Wir haben vorausgesetzt eine Zirkulation von 500 Millionen Gulden (ursprünglicher Geltung) in Waren. Wir hatten 600 Millionen Gulden Papier. Diese galten also $^5/_6$ des ursprünglichen Gulden. Jetzt kommen dazu Silbergulden, die nur $^4/_6$ gelten. Um die Waren zu zirkulieren, brauchen wir jetzt $^6/_4 \times 500$ Millionen Gulden oder 750 Millionen Gulden; diese würden aus 600 Millionen Papier- und 150 Millionen neugeprägter Silbergulden bestehen. Der Staat will aber die Entwertung seiner Valuta hindern; dazu braucht er nur die freie Silberprägung aufzuheben. Sein Gulden bleibt dann unabhängig vom Silberpreis; seine Geltung nach wie vor $^5/_6$ des ursprünglichen Guldens; die Senkung des Silberwertes kommt beim Silbergeld nicht zum Ausdruck.

Das widerspricht der herkömmlichen Theorie, wonach ein Silbergulden unter allen Umständen nur ein Stück Silber von $^1/_{45}$ Pfund ist und daher denselben Wert haben muß; es erklärt sich leicht, wenn man weiß, daß bei gesperrter Prägung die Geltung des Geldes nur ein Reflex des in die Zirkulation eingehenden Wertes der Warensumme ist. Da unserer Voraussetzung nach das Silber um $^2/_6$ gefallen ist, der österreichische Gulden aber nur um $^1/_6$ niedriger steht als bei dem Ausgangspunkt der Betrachtung, so wird der noch in Zirkulation befindliche österreichische Silbergulden um $^1/_6$ höher stehen, als der Preis des gleichen Quantums Silber beträgt. Er ist also überwertet. In der Tat ist das Phänomen in Österreich um die Mitte des Jahres 1878 eingetreten. Verursacht wurde es dadurch, daß einerseits der Wert des Papierguldens durch die Entwicklung der Zirkulation steigen mußte, da die Papiergeldsumme nicht oder nicht in gleichem Verhältnis vermehrt wurde, anderseits der Wert des Silbers fiel, was im Fallen des Londoner Silberpreises zum Ausdruck kam.

Der schematischen Darstellung entspricht die Wirklichkeit vollkommen. In den Niederlanden wurde die freie Silberprägung im Mai 1873 eingestellt. Während das metallische Silber im Verhältnis zum Gold eine Entwertung erfuhr, wies das geprägte holländische Silbergeld eine beträchtliche Wertsteigerung auf. »Während bis zum Anfang des Jahres 1875 der Silberpreis in London bis auf etwa 57½ Pence hinabging, stieg der Wert des niederländischen gegenüber dem des englischen Geldes so weit, daß 1 Pfund Sterling statt – wie früher – 12 Gulden nur noch 11,6 Gulden notierte. Darin kam die Tatsache in Erscheinung, daß der Wert des holländischen Guldens um etwa 10 Prozent über seinen Silbergehalt hinaus gestiegen war.« Erst 1875 wurde dann das goldene 10-Guldenstück als gesetzliches Zahlungsmittel eingeführt[18]. »Schon im Jahre 1879 war der Silbergehalt des Silberguldens nur noch 96,85 Kreuzer wert, und er ging weiter zurück bis auf 91,95 Kreuzer im Jahre 1886 und 84,69 Kreuzer im Jahre 1891[19].«

Die Entwicklung der österreichischen Währung sei im folgenden kurz geschildert: »Die Währung der Monarchie war kraft der Patente vom 19. September 1857 und vom 27. April 1858 seit 1. November 1858 rechtlich und zunächst auch faktisch eine Silberwährung mit einem Münzfuß von 45 Gulden per Zollpfund feinen Silbers (90 Gulden [fl.] per Kilogramm). Eine Barzahlung in Silber (seitens der Notenbank) bestand jedoch nur ganz kurze Zeit (zu Ende des Jahres 1858). Überdies hatte das Silber infolge der andauernd kritischen politischen und finanziellen Verhältnisse (die eben eine Mehrausgabe von Noten zur Folge hatten. R. H.) bis 1878 gegenüber dem Papiergeld ein Agio, welches die Silbermünzen mehr und mehr aus dem Verkehr drängte. Das Silberagio betrug 1871 noch über 20 Prozent, sank aber im Laufe der siebziger Jahre infolge des außerordent-

---

[18] Siehe Helfferich, »Das Geld«, S. 77.
[19] Ebenda, S. 80.

lichen Sturzes des Silberpreises am Weltmarkt sukzessive. Von 1875 an war der Preis des Silber ein so tiefer, daß er dem Münzpreis desselben (45 fl. ö. W. per Zollpfund) wiederholt nahekam und denselben im Laufe des Jahres 1878 auch erreichte. Im Zusammenhang mit der Entwicklung des Kurses der Devise London an der Wiener Börse wurde die Einlieferung von Silber in die Wiener und Kremnitzer Münze behufs Ausprägung in Landessilbermünzen rentabel. Tatsächlich nahm die Einfuhr von Silber in das österreichisch-ungarische Zollgebiet im Jahre 1878 außerordentlich zu, und die Ausprägung von Landessilbermünzen erreichte in diesem Jahre und in dem folgenden (auf Grund der bereits früher erfolgten Anmeldungen) eine vorher nicht erreichte Höhe[20].« Um die Devalvierung der Währung zu verhüten, wurde zu Beginn des Jahres 1879 die freie Silberprägung eingestellt. Die Einstellung der Silberprägung »bewirkte, daß die Kaufkraft des österreichischen Guldens dem gleichsam mechanischen Einfluß des Silberpreises entrückt wurde, sich vielmehr nahezu ganz unabhängig von dem Werte des im österreichischen Silbergulden enthaltenen Silberquantums entwickelte. Das in 100 Silbergulden enthaltene Feinsilber hatte nämlich unter Zugrundelegung des Londoner Silberpreises und des Kurses der Devise London in Wien durchschnittlich einen Wert:

im Jahre 1883	von 97 fl. 64 kr.
im Jahre 1887	von 91 fl. — kr.
im Jahre 1888	von 86 fl. 08 kr.
im Jahre 1889	von 82 fl. 12 kr.
im Jahre 1891	von 84 fl. 70 kr.

Der Wert von 100 fl. ö. W. hätte unter denselben Voraussetzungen in Gulden Gold[21] betragen:

1883	82 fl. 38 kr.
1887	72 fl. 42 kr.
1888	69 fl. 34 kr.
1889	69 fl. 38 kr.
1891	73 fl. 15 kr.

[20] Spitzmüller, »Die österreichisch-ungarische Währungsreform«. Zeitschrift für Volkswirtschaft, Sozialpolitik und Verwaltung. XI. Band, 1902, S. 339.

[21] Der Goldgulden ist der achte Teil des Achtguldenstückes, das als Handelsmünze geprägt wurde, also nicht für die inländische Zirkulation bestimmt war, und dem Zwanzig-Francs-Stück mit Rücksicht auf den Goldgehalt gleich war.

Dagegen betrug der tatsächliche kursmäßige Wert von 100 fl. ö. W. im Durchschnitt der bezeichneten Jahre: 84,08, 79,85, 81,39, 84,33 und 86,33 Gulden Gold«[22]. Mit anderen Worten, die österreichischen Silbergulden waren in diesen Jahren überwertet, das heißt, ihre Kaufkraft war höher als die des in ihnen enthaltenen Silbers, und zwar betrug die Differenz für 100 Silbergulden in den Jahren

1883	1	fl.	70	kr.	in Goldgulden
1887	7	fl.	43	kr.	in Goldgulden
1888	12	fl.	05	kr.	in Goldgulden
1889	14	fl.	95	kr.	in Goldgulden
1891	13	fl.	18	kr.	in Goldgulden

Man ersieht aus dieser Tabelle, daß der Kurs des Silberguldens nicht nur nahezu, wie Spitzmüller meint, sondern völlig unabhängig vom Silberpreis sich bewegt.

Spitzmüller nennt diese Währung »Kreditwährung«, aber er kann nicht angeben, wodurch ihr Kurs bestimmt war. Er sagt:

»Kauf- und Tauschkraft des österreichischen Silber-, beziehungsweise Papierguldens wurden demnach in der Periode 1879 bis 1891 in erster Linie nicht durch den Wert des Währungsmetalles bestimmt; ja noch mehr, der österreichische Gulden wies in dieser Periode, wie Karl Menger treffend hervorgehoben hat (»N. F. Pr.« vom 12. Dezember 1889), einen Verkehrswert auf, welcher durch den inneren Wert keiner existierenden effektiven Münze dargestellt wurde.

Die österreichische Währung war demnach faktisch keine Silberwährung, ja selbst hinkende Silberwährung konnte sie nur im uneigentlichen Sinn genannt werden. Sie war vielmehr eine Kreditwährung, deren Bewertung im internationalen Verkehr in erster Linie durch die Zahlungsbilanz des österreichisch-ungarischen Zollgebietes, im inneren Verkehr aber überdies durch die übrigen, im Zollinland preisbildenden (sic!) wirksamen Faktoren bedingt war.« (Seite 341.)

Seine Unsicherheit geht deutlich aus folgender Stelle hervor:

»Immerhin würde man fehlgehen, wenn man annehmen wollte, daß der ›Kredit‹, welcher der österreichischen Währung entgegengebracht wurde, von der Preisgestaltung am Silbermarkt ganz und gar (!) unabhängig war; vielmehr spielte der Umstand, daß die Sistierung der Silberprägung für Private nur auf einer administrativen, stets widerruflichen Verfügung beruhte und überdies die Prägungen für Staatsrechnungen fortdauerten, bei der Bewertung unserer Währung in der

[22] Ebenda, S. 311.

Übergangsperiode von 1879 bis 1891 unzweifelhaft eine gewisse (!) Rolle; denn die oben erwähnten Momente ließen die Zukunft unserer Währung als eine völlig unsichere erscheinen. Insbesondere ist es gewiß kein Zufall, daß der neuerliche Preisfall des Silbers in den Jahren 1885 bis 1888 mit einer starken Verteuerung unserer Devisenkurse einherging.« (Seite 311.)

Es wäre interessant, wenn gezeigt würde, wie die gänzlich unsichere Meinung über die Zukunft der Währung in jedem Moment sich in mathematisch bestimmte Kurserhöhungen oder Erniedrigungen umsetzen kann. In der Tat haben diese subjektiven Einflüsse gar keine Rolle gespielt, sondern nur die objektive Gestaltung des gesellschaftlichen Zirkulationserfordernisses.

Viel näher kommt Helfferich der richtigen Erklärung, wenn er sagt:

»Der Mehrwert des geprägten Geldes (sc. bei Währungen mit gesperrter Prägung) beruht darauf, daß nur das geprägte Metall, nicht auch das ungeprägte Metall die Funktionen als Geld erfüllen kann und daß der Staat sich weigert, auf Verlangen das Metall in geprägtes Geld zu verwandeln.

Auch der Wert des uneinlösbaren Papiergeldes beruht ausschließlich darauf, daß es vom Staate zum gesetzlichen Zahlungsmittel erklärt ist, daß es zur Erfüllung bestehender Schuldverpflichtungen verwendet werden kann und daß es für die wirtschaftlich gänzlich unentbehrlichen Funktionen des Geldes staatlich privilegiert ist.

Der Wert beider Arten von Geld beruht weder auf dem Wert ihres Stoffes an sich, noch darauf, daß sie etwa eine Forderung enthielten wie einlösbare Noten, sondern ausschließlich auf dem ihnen beigelegten Charakter als gesetzliches Zahlungsmittel.« (»Das Geld«, Seite 81.)

Die Einstellung der freien Prägung bei Silberwährung ist die Bedingung und zugleich die Erklärung dafür, daß das gemünzte Silber sich von seinem Stoffwert emanzipiert, wie Helfferich richtig hervorhebt. Es wird aber damit nichts über die Größe des Wertes gesagt, den die Münze nunmehr erhält, und gerade das ist das Entscheidende. Diese Größe ist bestimmt durch die gesellschaftlich notwendige Zirkulationsmenge, die ihrerseits zuletzt bestimmt ist durch den Wert der Warensumme. Dies zu erkennen, hindert Helfferich seine subjektivistische Werttheorie.

Dagegen ist es ganz richtig, was Helfferich gegen die Kredithypothese, wie sie auch Spitzmüller vertritt, einwendet:

»Bei den freien Währungen, bei welchen in allen Geldsorten der Stoffwert der Münzen hinter ihrem Geldwert zurückbleibt, ist es schon deshalb gänzlich ausgeschlossen, den höheren Geldwert auf den Kredit zurückzuführen, weil es gar kein vollwertiges Geld gibt, in welchem das unterwertige Geld einlösbar sein und von dem es auf dem Wege des Kredits seinen Wert ableiten könnte. Im niederländischen Geldwesen gab es von 1873 bis 1875, im österreichischen von 1879 bis 1892, im indischen von 1893 bis 1899 überhaupt kein vollwertiges Geld. Der den Stoffwert überschreitende Geldwert des holländischen und österreichischen Silberguldens und der indischen Rupie war ein durchaus selbständiger, von keinem anderen Wertgegenstand abgeleiteter Wert. Er beruhte nicht einmal auf einer Tarifierung in vollwertigem Geld, geschweige denn auf einem Forderungsrecht auf vollwertiges Geld, sondern einzig und allein auf dem diesen Münzen beigelegten Charakter als gesetzliches Zahlungsmittel und der beschränkten Prägung. Wie wenig sich die Theorie bisher von der Vorstellung befreit hat, daß unterwertiges Geld Kreditgeld sein müsse und mindestens seinen Wert von einem vollwertigen Geld ableiten müsse, zeigt die Unklarheit, welche teilweise heute noch über das Verhalten der österreichischen Währung vom Jahre 1879 an besteht. Die Erscheinung, daß sich der Wert des geprägten österreichischen Silberguldens nach der Einstellung der freien Silberprägung über den Wert seines Silbergehaltes erhob, verblüffte in erster Reihe deshalb, weil man nicht sah, von welcher in ihrem Stoffe höherwertigen Geldsorte der Silbergulden den seinen Silbergehalt überschreitenden Geldwert ableitete. Man verfiel deshalb auf die sonderbare Erklärung, daß der Wert des Silberguldens nur durch seine Verknüpfung mit dem Papiergulden über seinem Papierwert gehalten werde.« (»Das Geld«, Seite 382 ff.)

Analoge Erscheinungen wie im österreichischen Geldwesen sehen wir in Indien. Im Jahre 1893 wurde die bisher freie Silberprägung eingestellt. Die Absicht war, den Kurs der Rupie auf 16 Pence zu heben. Dieser Kurs entsprach bei freier Prägung einem Silberpreis von ungefähr 43.05 Pence. Das heißt, bei einem solchen Preis erzielte das in der Rupie vorhandene Silber, wenn eingeschmolzen und verkauft, auf dem Londoner (Welt-) Markt den Preis von 16 Pence. Die Wirkung der Einstellung der freien Prägung war folgende: Der Rupienkurs stieg auf 16 Pence, nachdem er vorher 14 7/8 Pence betragen hatte. Dagegen sank der Silberpreis im Verlauf weniger Tage von 38 Pence vor Schließung der Münzstätten auf 30 Pence am 1. Juli. Von da an ging der Rupienkurs abwärts, während der Silberpreis auf 34 3/4 Pence stieg und um diesen Betrag bis zur Einstellung der amerikanischen Silberkäufe (monatlich 4 1/2 Millionen Oz. f.) am 1. November 1893 schwankte. Von da an ging er zurück und erreichte am 26. August 1897 mit 23 3/4 Pence seinen Tiefstand.

Dagegen erreichte der Wert der indischen Valuta Anfang September 1897 die gewünschte Höhe von 16 Pence, während der in der Rupie enthaltene Metallwert zirka 8.87 Pence beträgt.

Es »war von Anfang an der Erfolg zu verzeichnen, daß der Kurs der Rupie sich bereits von der Schließung der indischen Münzstätten für private Prägung ab ständig über dem Schmelzwert hielt, und zwar um erheblich mehr, als die Prägekosten ausmachten. Von Mitte 1896 an erwies sich auch der letzte Zusammenhang zwischen dem Silberpreis und dem Rupienkurs als gelöst, und der Parallelismus, der zwischen ihren Bewegungen, wenn zuletzt auch erheblich abgeschwächt, immer noch bestanden hatte, war endgültig beseitigt«[23,24].

Was die Geldtheoretiker quält, ist die Frage, was bei der gesperrten Währung Wertmesser ist[25]. Das Silber (bei gesperrter Goldwährung könnte genau dasselbe Phänomen auftreten) ist es offensichtlich nicht[26]. Der Kurs des Geldes und der Preis des

---

[23] Dr. Anton Arnold, »Das indische Geldwesen unter besonderer Berücksichtigung seiner Reformen seit 1893«, S. 227.

[24] Ein Freund, der von einer Reise aus Indien zurückkehrte, erzählte mir einmal folgendes: Er beobachtete einige Europäer, die in einem indischen Basar Silberschmuck erstanden. Der indische Händler bot ihnen an, den Schmuck abzuwiegen, um ihr Mißtrauen, übervorteilt zu werden, zu verscheuchen. Der Kaufpreis solle in dem gleichen Gewicht Silberrupien bestehen. Die Europäer waren damit sehr zufrieden und schlossen das Geschäft mit dem befriedigenden Gefühl ab, dem Händler nur den Metallwert ersetzt und die Verarbeitungskosten gratis erhalten zu haben. Daß der Händler dank der Währungsgesetzgebung dabei einen Preis von fast 100 Prozent über dem Metallwert erzielt hatte, wußten sie natürlich nicht. Man wird diese Geldstrafe für nationalökonomische Unwissenheit sicher nur angemessen finden und nur bedauern, daß sie sich nicht verallgemeinern läßt.

[25] Man darf in der Tat daran zweifeln, ob seit Einführung des neuen Banksystems (gemeint ist die Suspension der Barzahlung und Verleihung des Zwangskurses für die Noten der Bank von England im Jahre 1797) das Gold fortgefahren hat, in Wirklichkeit unser Wertmesser (measure of prices) zu sein; und ob wir einen anderen Maßstab der Preise (standard of prices) haben als jenes Zirkulationsmittel (circulating medium) der Bank von England und der Landbanken, dessen Variationen in seinem relativen Wert so unbestimmt sein können als der mögliche Exzeß dieses »Zirkulationsmittels«. Report from the select Committee appointed to inquire into the cause of the high Price of Gold Bullion. (London 1810). S. 16. Der Report läßt die Frage, die er stellt, unentschieden.

[26] Richtig hat Lindsay vor dem unter Vorsitz von Lord Towler tagenden Währungskomitee von 1898 erklärt: »Rupien unter dem gegenwärtigen Währungssystem sind nichts anderes als eine Art uneinlösbarer, mit Zwangskurs versehener metallischer Noten, für die deshalb alle Gesetze zutreffen, die für uneinlösbares Papiergeld gelten.« Diese Gesetze sind nach Lindsay die von Ricardo aufgestellten. (Zitiert bei Bothe »Die indische Währungsreform«.)

Metalles verfolgen ganz verschiedene Bewegungen. Die Quantitätstheorie gilt mit Recht seit dem Nachweis Tookes als unhaltbar. Dazu kommt, daß man überhaupt nicht die Metallmasse auf der einen Seite, die Warenmasse auf der anderen in Beziehung setzen kann. Welche Beziehung soll zwischen *x* Kilogramm Gold oder Silber oder gar Papier und *a* Millionen Stiefel, *b* Millionen Schachteln Stiefelwichse, *c* Zentner Weizen, *d* Hektoliter Bier usf. bestehen? Die Inbeziehungsetzung der Geldmasse auf der einen, der Warenmasse auf der anderen setzt bereits ein Gemeinsames voraus, eben das Wertverhältnis, das zu erklären ist.

Die Macht des Staates heranzuziehen, genügt aber ebenfalls nicht. Es bleibt zunächst völlig mystisch, wieso der Staat imstande sein soll, auch nur um ein Hundertstel eines Hellers einem Papierzettel oder einem Gramm Silber größere Kaufkraft gegenüber Weinen, Stiefel, Stiefelwichse etc. zu verleihen. Zudem hat der Staat regelmäßig bei solchen Versuchen Schiffbruch erlitten. Der indischen Regierung nützte ihr Willen, der Rupie den Kurs von 16 Pence zu verleihen, zunächst nicht das geringste. Die Rupie kümmerte sich nicht darum, und der nächste Erfolg des Staates war nur, den Kurs der Rupie zunächst überhaupt völlig unberechenbar zu machen, da er sich jetzt um den Preis des Silbers nicht mehr kümmerte. Für den österreichischen Staat gar kam die Überwertung des Silberguldens völlig überraschend, ohne jedes beabsichtigte Eingreifen, gleichsam über die Nacht seiner Ahnungslosigkeit. Was die Theoretiker narrt[27], ist der

[27] Sehr charakteristisch ist folgendes Fragespiel bei Bothe (»Die indische Währungsreform seit 1893«, Cotta 1904, S. 48 ff.): »Was war nach dem 26. Juni 1893 Wertmesser in Indien?« Daß, sobald einmal der Goldwert der Rupie sich über den Goldwert des in ihr enthaltenen Quantums Feinsilber erhöht hatte, Silber nicht mehr der Wertmaßstab war . . . ist klar. War etwa die »Rupie« Wertmesser in Indien geworden in dem Sinne, wie Professor Lexis in seinem Artikel »Papiergeld« (»Handwörterbuch der Staatswissenschaften«) ausgeführt, daß uneinlösliche, mit Zwangskurs versehene Noten zum selbständigen Gelde, das heißt auch zum Wertmaßstab werden können, weil ihnen ihre gesetzliche Zahlungskraft die »höchste Ausprägung des Zahlungskredites«, die Bewahrung ihres Wertes gegen Waren gestatte? Oder war das Gold nach Schließung der Münzstätten Wertmesser in Indien? Spricht man der »Rupie« die Eigenschaft eines Wertmessers zu, so ist das gleichbedeutend mit der Behauptung, daß ein Abstraktum Wertmesser sein könne, denn nach dem 26. Juni 1893 war der Wert der Rupie nicht mehr durch den Gebrauchswert(!) des Stoffes, aus dem sie geprägt war, bedingt – dieser letztere war ja nur mehr die stets Verschiebungen ausgesetzte untere Grenze –, sondern durch das Urteil über Eigenschaften und Brauchbarkeiten der »Rupie«, die außerhalb der aus ihrem Stoffe sich ableitenden lagen.

Umstand, daß das Geld seine Eigenschaft, Wertmesser zu sein, scheinbar beibehalten hat. Natürlich werden nach wie vor alle Waren in Geld ausgedrückt, »gemessen«. Das Geld erscheint nach wie vor als Wertmesser. Aber die Größe des Wertes dieses »Wertmessers« ist nicht mehr bestimmt durch den Wert der Ware, die ihn bildet, den Wert des Goldes oder Silbers oder des Papiers. Vielmehr wird dieser »Wert« in Wirklichkeit bestimmt durch den Gesamtwert der zu zirkulierenden Waren (bei gleichbleibender Umlaufsgeschwindigkeit). Der wirkliche Wertmesser ist nicht das Geld, sondern der »Kurs« des Geldes wird bestimmt durch das, was ich den gesellschaftlich notwendigen Zirkulationswert nennen möchte, der gegeben ist, wenn wir auch die Zahlungsfunktion des Geldes berücksichtigen, was wir bisher der Vereinfachung wegen unterlassen haben und worauf wir später ausführlich zu sprechen kommen, durch die Formel

$\frac{\text{Wertsumme der Waren}}{\text{Umlaufgeschwindigkeit des Geldes}}$ plus der Summe der fälligen Zahlungen minus der sich ausgleichenden Zahlungen, minus endlich der Anzahl Umläufe, worin dasselbe Geldstück abwechselnd bald als Zirkulations-, bald als Zahlungsmittel funktioniert. Das ist natürlich ein Maßstab, dessen Größe nicht im vorhinein ausgerechnet werden kann. Der Rechenmeister, der allein imstande ist, das Exempel zu lösen, ist die Gesellschaft. Die Größe wechselt und mit ihm der Kurs des Geldes. Dies zeigen der wechselnde Kurs der indischen Rupie von 1893 bis 1897 und ebenso die Schwankungen der österreichischen Valuta sehr deutlich. Diese Schwankungen werden vermieden, sobald als Wertmesser wieder eine vollwertige Ware (Silber, Gold) als Geld funktioniert. Dazu ist keineswegs nötig, wie wir gesehen haben, daß das Papiergeld oder unterwertiges Geld aus dem Verkehr verschwindet; es braucht bloß auf das Zirkulationsminimum reduziert werden und die Schwankungen, die über das Minimum hinausgehen, durch den Eintritt von vollwertigem Geld beseitigt werden.

Ganz ebenso ist die Meinung John Lubbocks, »daß ›exchange‹ seit Schließung der Münzstätten Wertmesser geworden sei, nur eine andere Form der nicht unbedenklichen (!) Behauptung, daß ein Abstraktum Wertmesser sein könne«. Voilà tout. Man sieht, die sehr konkrete Hochachtung vor der Autorität Professor Lexis' hindert den Verfasser an jeder Kritik des Mangels an theoretischer »Abstraktion«, die Lexis zu dem famosen Abstraktum führt. Wo aber der Begriff des Wertes mangelt, da stellt zur rechten Zeit das Wort »Vertrauen« sich ein. Vergleiche übrigens die treffende Polemik gegen Lexis bei Arnold, a.a.O., S. 241 ff.

Das Mystische verliert die merkwürdige Geschichte der gesperrten Währungen oder der »Silberwährung mit vergoldetem Rand, des Goldmarginalsystems«, wie man die indische und analoge Währungen genannt hat, erst dann, wenn man sie im Lichte der marxistischen Geldtheorie betrachtet, wie sie anderseits im Lichte der »metallistischen« Theorie unerklärbar bleibt. Knapp dagegen, der mit größtem Scharfsinn viele Mängel der »metallischen« Theorie – die Marxsche berücksichtigt er nicht und konfundiert sie offenbar mit jener – aufgedeckt hat, gibt selbst keine ökonomische Erklärung der Phänomene, sondern nur ein kunstvolles System der Einteilung der Geldarten, ohne auf ihr Entstehen oder ihre Entwicklung einzugehen. Es ist eine spezifisch juristische Darstellung, für die der breite Raum, den die Terminologie einnimmt, charakteristisch ist; das ökonomische Grundproblem des Geldwertes und der Kaufkraft des Geldes bleibt gänzlich außerhalb der Betrachtung. Knapp ist gleichsam der Linné der Geldtheorie, während Marx auch hier Darwin ist. Aber dieser Linné kommt lange nach Darwin.

Knapp ist der konsequenteste Ausläufer jener Theorie, die, weil sie die Phänomene der Papierwährung nicht erklären kann, das bei dem Papiergeld mit Zwangskurs in die Augen fallende Phänomen des Einflusses der Quantität der ausgegebenen Papierzettel einfach auf die metallische und damit auf die Zirkulation überhaupt (Metall plus Banknoten, die mit dem Staatspapiergeld zusammengefaßt werden) überträgt. Sie betrachtet nur das quantitative Verhältnis und übersieht dabei das Bestimmende des Wertes, sowohl des Warenwertes als des Geldwertes. Ihr Irrtum entsteht aus den Erfahrungen der Papiergeldwirtschaft besonders Englands seit der Suspension der Barzahlung 1797. »Als historischer Hintergrund der Debatte diente die Geschichte des Papiergeldes im achtzehnten Jahrhundert, das Fiasko der Lawschen Bank, die mit der wachsenden Quantität der Wertzeichen Hand in Hand gehende Depreziation der Provinzialbanknoten der englischen Kolonien in Nordamerika vom Anfang bis in die Mitte des achtzehnten Jahrhunderts; dann später das von der amerikanischen Zentralregierung während des Unabhängigkeitskrieges gesetzlich aufgezwungene Papiergeld (Continental bills), endlich das auf noch größerer Stufenleiter ausgeführte Experiment der französischen Assignaten[28].«

---

[28] Marx, »Zur Kritik der politischen Ökonomie«, MEW 13, S. 143 f.

Diesem falschen Schluß entging auch der Scharfsinn Ricardos nicht, und das ist psychologisch interessant für den übermächtigen Einfluß empirischer Eindrücke auf das abstrakte Denken. Denn gerade Ricardo geht sonst überall von den Quantitätsverhältnissen, die die Preise beeinflussen (von Nachfrage und Angebot als preisbestimmenden Faktoren), zurück auf das den Quantitätsverhältnissen Zugrundeliegende und sie Beherrschende, auf den Wert. Nur in der Geldfrage schiebt er den bereits gefundenen Wertbegriff beiseite. Er sagt: »If a mine of gold were discovered in either of these countries, the currency of that country would be lowered in value in consequence of the increased quantity of the precious metals brought into circulation, and would therefore no longer be of the same value as that of other countries[29].« Hier ist es die Quantität allein, die den Wert des Goldes senkt, und das Gold wird ganz einseitig nur als Zirkulationsmittel gefaßt, woraus dann natürlich folgt, daß sofort alles Gold auch insgesamt in die Zirkulation eintritt. Und da die Quantität allein entscheidet, kann dann das Gold ohneweiters gleichgesetzt werden mit der Banknote, die zwar Ricardo mit Worten zunächst als konvertibel voraussetzt, die ihm aber, dem Zustand der damaligen englischen Währung entsprechend, als Staatspapiergeld mit Zwangskurs vorschwebt. Daher kann er sagen: »If instead of a mine being discovered in any country, a bank were established, such as the Bank of England, with the power of issuing its notes for a circulating medium, after a large amount had been issued, ... thereby adding considerably to the sum of the currency, the same effect would follow as in the case of the mine[30].« Hier wird also die Wirkung der Bank von England und die der Entdeckung einer Goldmine gleichgesetzt: denn beide vermehren das umlaufende Medium[31].

---

[29] »Würde in einem Lande eine Goldmine entdeckt, so würde in diesem Lande das Umlaufsmittel entwertet werden infolge der vermehrten Menge der edlen Metalle, die in Zirkulation treten würden, und es würde infolgedessen nicht länger denselben Wert besitzen wie das Umlaufsmittel anderer Länder.«

[30] »Wenn statt der Entdeckung einer Mine in einem Lande eine Bank, wie die Bank von England, errichtet wird mit der Befugnis, ihre Noten als Zirkulationsmittel auszugeben, so wird, sobald eine große Summe Noten ausgegeben ist, die so ein Beträchtliches zu der Summe der Umlaufsmittel beträgt, genau die gleiche Wirkung eintreten wie im Falle der Entwicklung der Mine.«

[31] Ricardo, High Price of Bullion. The Works of David Ricardo. Herausgegeben von McCulloch. New edition. London 1888. S. 264.

Diese Gleichsetzung ließ dann weder die Gesetze der metallischen noch der Banknotenzirkulation richtig erkennen. Knapp wieder ist ganz bestimmt durch die geschilderten neuen Phänomene der stabilen »Papierwährungen« und der Loslösung des Silbergeldes von seinem Metallwert. Das letztere ist dem Silbergeld (also Metallgeld) mit dem Papiergeld gemeinsam. Das Papiergeld aber scheint in seinem Werte bestimmt durch den Staat, der es ausgibt. Da aber das Silber bei gesperrter Prägung in dieser einen Beziehung mit dem Papier übereinkommt, so entsteht die Illusion, daß das Papier – wie das Metallgeld, also das Geld überhaupt – bestimmt ist durch den Staat, und die staatliche Theorie des Geldes, die bewußt keine ökonomische ist, ist entstanden. Die Illusion, die ihr zugrunde liegt, erfordert folgende Kritik:

»Die Einmischung des Staates, der das Papiergeld mit Zwangskurs ausgibt ..., scheint das ökonomische Gesetz aufzuheben. Der Staat, der in dem Münzpreis einem bestimmten Goldgewicht nur einen Taufnamen gab und in der Münzung nur seinen Stempel auf das Gold drückte, scheint jetzt durch die Magie seines Stempels Papier in Gold zu verwandeln. Da die Papierzettel Zwangskurs haben, kann niemand ihn hindern, beliebig große Anzahl derselben in Zirkulation zu zwängen und beliebige Münznamen, wie 1 Pfund Sterling, 5 Pfund Sterling, 20 Pfund Sterling, ihnen aufzuprägen. Die einmal in Zirkulation befindlichen Zettel ist es unmöglich hinauszuwerfen, da sowohl die Grenzpfähle des Landes ihren Lauf hemmen, als sie allen Wert, Gebrauchswert wie Tauschwert, außerhalb der Zirkulation verlieren. Von ihrem funktionellen Dasein getrennt, verwandeln sie sich in nichtswürdige Papierlappen. Indes ist diese Macht des Staates bloßer Schein. Er mag beliebige Quantität Papierzettel mit beliebigen Münznamen in die Zirkulation hineinschleudern, aber mit diesem mechanischen Akt hört seine Kontrolle auf. (NB. Und damit hört zugleich auch Knapps Theorie gerade da auf, wo das ökonomische Problem beginnt.) Von der Zirkulation ergriffen, fällt das Wertzeichen oder Papiergeld ihren immanenten Gesetzen anheim[32].«

Die Schwierigkeiten der Erklärung rühren daher, daß die verschiedenen Geldfunktionen und die verschiedenen Geldarten (das Staatspapiergeld und das Kreditgeld [s. in ff]) durcheinan-

---

[32] Marx, »Zur Kritik der politischen Ökonomie«, MEW 13, S. 98.

dergeworfen werden. War es der Fehler der Quantitätstheorie, dem auch Ricardo nicht entging, die Gesetze des Staatspapiergeldes mit denen der Geldzirkulation überhaupt und insbesondere mit denen des Banknoten- (Kreditgeld-) Umlaufes zu konfundieren, so geschieht heute das Umgekehrte. Da die Quantitätstheorie mit Recht als widerlegt betrachtet wird, fürchtet man sich, den Einfluß der Quantität auf den Geldkurs dort einzugestehen, wo er bestimmend ist, nämlich bei Papiergeldwährung und bei Währungen mit »unterwertigem« Gelde. Man greift zu allerhand Erklärungen und hilft sich, weil man das gesellschaftliche Bestimmungsmoment nicht kennt, mit subjektiven Erklärungsversuchen und sucht den Wert des Staatspapieres auf irgendwelche Kreditschätzungen zurückzuführen. Da man aber anderseits beim Metallwert an dem Eigenwert des Geldes festhalten muß, will man nicht wie Knapp gezwungen sein, überhaupt auf die Erklärung des ökonomischen Inhalts zu verzichten, so bleibt die Überwertung eben unerklärt. Bei Ricardo erklärt sich jede Wertänderung des Geldes aus Quantitätsänderung. Da die Wertänderung nach seiner Theorie eine sehr häufige Erscheinung ist, der Wert des Geldes, je nachdem seine Quantität sich vermehrt oder vermindert, fällt oder steigt, also bei jeder Währung beständig Über- und Unterwertung vorkommt, so ist für ihn die Überwertung weiter kein Problem. Er sagt:

»Obschon das Papiergeld keinen inneren Wert hat, so kann doch, wenn man seine Menge begrenzt, sein Tauschwert dem Wert von Metallgeld im gleichen Betrage oder von nach ihrem Münzwert abgeschätzten Barren gleichkommen. Ganz ebenso, infolge desselben Prinzips, das heißt dadurch, daß man die Menge des Geldes einschränkt, können unterwertige Geldstücke in dem Wert zirkulieren, den sie haben würden, wären ihr Gewicht und ihr Gehalt die vom Gesetze vorgeschriebenen, nicht aber nach dem inneren Wert des reinen Metalles, das sie enthalten. Deshalb finden wir in der Geschichte des englischen Geldes, daß unser Hartgeld niemals sich in dem gleichen Verhältnis entwertete, als es gefälscht wurde. Die Ursache liegt darin, daß es niemals im Verhältnis seiner Entwertung vermehrt wurde.« (Principles XXVII.) Ricardos Fehler ist der, daß er Gesetze, die für die gesperrte Währung gelten, ohne weiters auch auf die freie Währung überträgt. Die meisten deutschen Geldtheoretiker konfundieren aber ebenfalls beide Währungssysteme, nur umgekehrt, eben deswegen haben sie der Quantitätstheorie gegenüber ein schlechtes Gewissen und fallen bei Problemen der Banknotenzirkulation immer wieder in die alten Anschauungen der Quantitätstheorie zurück, während sie bei den Problemen der gesperrten Währungen wieder die Erklärung aus der Quantität verabscheuen.

Dagegen findet sich bei Fullarton eine interessante und im wesentlichen richtige Problemstellung der gesperrten Währung. Er setzt eine Nation ohne Handelsverkehr und ohne Einrichtung für ständige Erneuerung der Münze voraus, die ihren Umsatz im Innern vermittels einer alten und unterwertigen (debased) metallischen Zirkulation besorgt, die eine hohe Kaufkraft behält nur durch die Beschränkung ihrer Menge (which preserves a high rate of exchangeable value merely by the limitation of its amount). Die Nation verbraucht dabei Edelmetalle in ausgedehntem Maße zu Luxus- und Schmuckzwecken und exportiert jährlich um eine halbe Million Industrieprodukte in ein Minen besitzendes Land, um ihren jährlichen Edelmetallbedarf zu dekken. Nun werden durch Verbesserung in den Abbaumethoden oder durch Entdeckung neuer ergiebiger Minen die Kosten der Gold- und Silberproduktion in dem Lande, wo die Minen liegen, auf die Hälfte reduziert; ferner wird infolgedessen die Produktion verdoppelt, der Preis der Metalle am Orte wird entsprechend fallen; die Kaufleute der erwähnten Nation würden so imstande sein, für dieselbe Quantität der exportierten Güter statt einer halben Million eine Million dieser Metalle einzuführen. Was wäre der Effekt? Sicher keiner, der wesentlich verschieden wäre von der Wirkung eines Überangebotes irgendeiner anderen, gleich dauerhaften Ware. Da die frühere jährliche Konsumtion von Gold und Silber für Luxuszwecke in dem Lande durch den Import zu dem Werte von einer halben Million vollständig befriedigt worden war, werden sich Abnehmer für mehr nicht früher finden, bis nicht eine neue Nachfrage durch Senkung des Preises geschaffen ist; in Übereinstimmung damit müssen die Preise des neu eingeführten Metallvorrates, geschätzt in der entwerteten Währung, mehr oder weniger rasch fallen, je nachdem die Kaufleute mehr oder weniger rasch ihre Ware realisieren (the prices, accordingly, of the newly imported stock of metals, as estimated in the base currency, would decline with more or less rapidity as the merchants might be more or less eager to realize their returns). Aber während all dieser Zeit (bis durch die Konkurrenz die Preise der Metalle auf ihre Produktionskosten reduziert sind) würde der Preis aller anderen Waren außer von Gold und Silber, gemessen in der lokalen Währung dieses Landes, unverändert bleiben; und solange nicht etwas von dem überschüssigen Metallwert verwendet werden könnte zu Austauschakten mit einem dritten Lande, das in dem Bezug von Gold und Silber weniger begünstigt wäre, würde das importierende Land von diesen periodischen Erwerbungen des Metallreichtums keinen Vorteil haben, außer den, der aus der größeren Verbreitung der Verwendung von Gold und Silber zu häuslichen Zwecken entspringt. (But, all this time, the price of every other commodity but the gold and silver, as measured in the local currency of the country, would remain unmoved; and, unless some of the surplus stock of the metals thus acquired could be turned to account in commercial exchange with some third country less favourably circumstanced for procuring its supplies of gold and silver direct from the mines, the importing country would derive no advantage from these periodical accessions of metallic wealth, beyond such gratification as can be derived from the more generally diffused application of gold and silver to domestic uses.)

Hier ist also der Fall der Überwertung des österreichischen Silberguldens theoretisch konstruiert. Nur daß Fullarton die quantitative Bestimmung durch das gesellschaftliche Zirkulationsminimum nicht gibt.

Dann untersucht Fullarton die ganz anderen Verhältnisse unter einer, wie wir heute sagen, freien Prägung. Er fragt nach der Wirkung, die die gleichen Umstände in einem Lande mit ausgedehnteren Handelsbeziehungen haben würden, dessen Geldsystem in einem besseren Zustande wäre, das also einen vollwertigen Metallgeldumlauf hätte (a full metallic circulation of standard weight and fineness), einen unbeschränkten Metallhandel und eine zur Ausprägung des Währungsmetalls verpflichtete Münze (a mint open for the coinage of all the standard bullion which might be brought to it). Dann würde die Wirkung der Verdoppelung des Angebots der Minen eine ganz verschiedene sein. Es könnte kein Steigen des Marktpreises der Barren eintreten, denn der Preis des Goldes, gemessen in der Münze desselben Metalls, kann nicht variieren; sie mögen zusammen fallen oder steigen, aber eine Abweichung kann nicht eintreten. Daher würde es weder ein ungewöhnlich dringliches Angebot auf dem Markte für Goldbarren infolge der Zunahme des Imports geben, noch, wenigstens in der ersten Zeit, einen Anreiz zu vermehrter Konsumtion; alle Barren würden in die Münze zur Ausprägung geschickt werden und den Importeuren einen enormen Zuwachs an Reichtum verschaffen, die jetzt nach dem Ausmaß der so erlangten Mittel sofort Konkurrenten für jede Art produktiver Anlage auf dem Markte würden, wie für alle Objekte, die zu den Annehmlichkeiten des Lebens beitragen. Da aber das Angebot von solchen Luxusgegenständen stets beschränkt ist und in keiner Weise durch diese große Überschwemmung mit zirkulierender Münze vermehrt würde, so würde die unvermeidliche Folge sein: zuerst ein Fall der Zinsrate, dann eine Steigerung des Bodenpreises und aller zinstragenden Wertpapiere, schließlich eine fortschreitende allgemeine Steigerung aller Warenpreise, bis diese Preise ein Niveau erreicht haben werden, welches den verringerten Produktionskosten der Münze entspricht, worauf die Wirkung auf den Zinsfuß aufhört, der neue Vorrat von Münzen von dem alten absorbiert wird und die Visionen von plötzlichem Reichtum und Prosperität verschwinden, ohne andere Spur zurückzulassen als die größere Anzahl und das Gewicht der Münzen, die bei jedem Kauf und Verkauf gezahlt werden müßten. (»There would, in that case, be no rise of the market-price of the bullion, for the price of gold, measured in coin of the same metal, and of equal fineness, can never vary; they may both rise or both fall together, als compared with commodities, but there can be no divergence. Neither would there be any unusual pressure on the bullion market in consequence of the increased importation, nor, at least, in the first instance, any inducement to a larger consumption, and the rest would all be sent to the mint for coinage, yielding an enormous accession of wealth to the importers, who, to the extent of the means thus placed in their hands, would immediately become competitors for every description of productive investment in the market, as well as for all the material objects which contribute to human enjoyment. But as the supply of such objects of desire is always limited, and would in no way be augmented by this great inundation of circulating coin, the inevitable results would be, first, a decline of the market-rate of interest; next, a rise in the value of land, and of all interestbearing securities; and lastly, a progressive increase in the prices of commodities generally, until such prices should have attained a level corresponding with the reduced cost of procuring the coin, when the action on interest would cease, the new stock of coin would be absorbed in the old, and the visions of sudden riches and prosperity would pass away, leaving no trace behind them but in the greater number and weight of the coins to be counted over on every occasion of purchase and sale.«[33]

Es muß aber noch eine charakteristische Überwertung des Geldes erwähnt werden, charakteristisch deshalb, weil sie ganz automatisch ohne jedes Eingreifen des Staates zustande kommt. Während der letzten Kreditkrise im Herbst 1907 in den Vereinigten Staaten entstand plötzlich ein Agio auf Geld, nicht etwa bloß auf Goldgeld, sondern auf alle Arten von gesetzlichen Zahlungsmitteln, Gold- und Silbermünzen, Staatspapiergeld (Greenbacks) und Banknoten. Das Agio betrug anfangs über 5 Prozent. Die Tatsachen beleuchtet folgende New-Yorker Korrespondenz der »Frankfurter Zeitung« vom 21. November 1907: »In einem großen Teil der amerikanischen Handelsplätze sind die Barzahlungen vollständig eingestellt. Dort werden Privatgeldzeichen gegeben, in anderen werden Zahlungen teilweise in solchen und teilweise in bar geleistet. An vielen Stellen kursiert Bargeld eigentlich nur noch als Scheidemünze. In 77 amerikanischen Städten ist Notstandsgeld emittiert worden, das heißt Clearinghousezertifikate oder besonders für die Gelegenheit hergestellte Bankschecks, meist aber die ersteren. Während vor der Krisis nur vielleicht ein Dutzend amerikanischer Städte Clearinginstitute hatten, sind solche jetzt in etwa hundert Plätzen gegründet worden. Sobald die Krisis in New York ausgebrochen war, taten sich die Geldinstitute an diesen Orten zur gemeinsamen Abwehr der drohenden Gefahr zusammen. Abweichend von dem Verfahren in New York, wo die Clearingzertifikate nur auf große Summen ausgestellt sind, schufen diese Clearinganstalten nun ein für den allgemeinen Verkehr berechnetes Notstandsgeld, und zwar in den Bedürfnissen des Kleinverkehrs angepaßten Abschnitten von 1, 2, 5 und 10 Dollar. Diese Geldzeichen zirkulieren in den Clearingorten und der nahen Umgebung ganz ungehindert, Arbeiter nehmen sie an Stelle ihres Lohnes, Kaufleute für Waren usw., sie gehen von Hand zu Hand und haben, wenn überhaupt, meistens nur ein geringes Disagio gegenüber Bargeld zu erleiden. Wie stark der Bargeldmangel auch in New York ist, zeigt zum Beispiel, daß selbst die

[33] John Fullarton, »On the regulation of currencies«, 2. ed. 1845. S. 59 ff.

mächtige Standard Oil Company ihre Arbeiter in zertifizierten Schecks ablohnen mußte. Nur im Verkehr mit den Regierungsinstituten läßt sich das Notstandsgeld nicht gebrauchen, die öffentlichen Kassen bestehen auf Legal Tender und somit muß Bargeld beschafft werden. Es ist dies die vornehmste Ursache für das Aufgeld auf Barmittel. Als letzter Tage die American Sugar Refining Company hier nicht ausreichend Bargeld auftreiben konnte, um eine Zuckerladung aus dem Zollverschluß zu nehmen, mußte sie einige Etablissements einen oder zwei Tage stilllegen.«

Das Eigentümliche der Erscheinung besteht darin, daß die vorhandene Zirkulationsmenge für die Bedürfnisse des Verkehrs zu gering wurde. Die Kreditkrise hatte ein starkes Bedürfnis nach barer Zahlung hervorgerufen, da die Ausgleichung der Zahlungen durch Kreditgeld (Wechsel, Giroübertragungen etc.) gestört wurde. Ein Heißhunger nach Bargeld entstand. Während aber die Zirkulation mehr Bargeld verlangte, verschwand gleichzeitig Bargeld aus der Zirkulation und wurde als Reserve aufgeschatzt[34]. An Stelle des verschwundenen Geldes suchte man neues zu schaffen, die Clearingzertifikate, in Wirklichkeit unter gemeinsamer Garantie der im Clearingverkehr stehenden Banken ausgegebene Noten. Die gesetzliche Beschränkung der Notenausgabe wurde so einfach kontra oder zumindest praeter legem gesprengt, wie in England in gleichen Fällen die Peels-Akte suspendiert wurde. Aber dieses Kreditgeld hatte nicht gesetzliche Zahlkraft und das Bargeld reichte nicht aus. So wurde es überwertet und blieb so lange überwertet (es bedang ein »Agio«), bis die Goldzufuhren aus Europa, die Wiederherstellung normaler Kreditverhältnisse und die kolossale Einschränkung der Zirkulation unmittelbar nach der Krisis die »Geldnot« beseitigte und in große Geldflüssigkeit verwandelte. Die Höhe des Agio war wechselnd und bedingt durch den gesellschaftlichen Zirkulationswert. Das Charakteristische ist, daß das Agio ganz gleich war für Papier wie für Metall, der beste Beweis, daß es mit irgendeiner Steigerung im Goldwert nichts zu tun hatte.

---

[34] In einem Mitte Jänner 1908 dem Kongreß vorgelegten Bericht schätzt der amerikanische Schatzsekretär Cortelyon den Gesamtbetrag des baren Geldes, welches seit der Zahlungseinstellung der Knickerbocker Trust Company bis zur Wiederherstellung des Vertrauens von dem Publikum zurückgehalten wurde, auf annähernd 296 Millionen Dollar. Diese Summe stellt im wesentlichen ein Zehntel des ganzen in den Vereinigten Staaten annähernd im Umlauf befindlichen Geldes dar.

Die Ausgabe von Papiergeld mit Zwangskurs ist bekanntlich für den Staat häufig ein Mittel gewesen, Zahlungen zu leisten, für die ihm sonst die Mittel fehlten. Das Papiergeld warf zunächst das vollwertige Metallgeld aus der Zirkulation hinaus, das ins Ausland zur Bezahlung etwa der Kriegsaufwendungen abfloß[35]. Bei weiterer Ausgabe fand dann Entwertung des Papiergeldes statt. Für die Währung mit gesperrter Prägung gilt also die Quantitätstheorie, die ja auch durch Verallgemeinerung

---

[35] Nach dem alten Gesetz, daß das schlechtere Geld im Umlauf das bessere verdrängt. Man liest bei Macaulay: »Der erste Schriftsteller, welcher auf die Tatsache aufmerksam gemacht hat, wo gutes und schlechtes Geld zusammen in Umlauf gesetzt worden, das schlechte Geld das gute verdrängt, ist Aristophanes. Er scheint geglaubt zu haben, daß der Vorzug, welchen seine Mitbürger dem leichteren Gelde geben, seinen Grund in demselben schlechten Geschmacke habe, welcher sie verleitete, Leuten, wie Cleon und Hyperbolus, die Leitung großer Angelegenheiten anzuvertrauen. Wenn aber auch seine Nationalökonomie die Prüfung nicht besteht, so sind doch seine Verse vortrefflich:

Πολλάκις δ'ἡμῖν ἔδοξεν ἡ πόλις πεπονδέναι
ταὐτὸν ἔς τε τῶν πολιτῶν τοὺς καλοὺς τε κἀγαδούς
ἔς τε τἀρχαῖον νόμισμα καὶ τὸ καινὸν χρυσίον.
οὔτε γὰρ τὸυτοισιν οὖσιν οὐ κεκιβδηλευμένοις
ἀλλὰ καλλίστοϊς ἁπάντων, ὡς δοκεῖ, νομισμάτων,
καὶ μύνοις ὀρθῶς κοπεῖσι, καὶ κεκωδωνισμένοις
ἔν τετοῖς Ἕλλεσι καὶ τοῖς βαρβάροισι πανταχοῦ,
χρώμεθ' οὐδέν, ἀλλὰ τούτοις τοῖς πονηοοῖς γαλκίοις,
χθές τε καὶ πρωῆν κοπεῖσι τῷ κακὶστῳ κόμματι.
Τῶν πολιτῶν θ'οὓς μὲν ἴσμεν εὐγενεῖς καὶ σώφρονας
ἄνδρας ὄντας, καὶ δικαίυνς, καὶ καλούς τε κἀγάθούς,
καὶ τραφέντας ἐν παλαὶστραις καὶ χοροῖς καὶ μουσικῇ,
προυσελοῦμεν. τοῖς δὲ βαλκοῖς, καὶ ξένοις, καὶ πυῤῥίαις,
καὶ πονηροῖς, κἀκ πονηρῶν, εἰς ἅπαντα χρώμεθα.“

In deutscher Übersetzung:
Manchesmal hat mir's geschienen: unserm Staate geht es ganz
Ebenso mit seinen Bürgern, welche fein und edel sind,
Wie's mit unsrer alten Münze bei dem neuen Golde geht.
Jene, wenn auch probehaltig, ungefälscht an Schrot und Korn,
Ja, von allen Münzen, wie mir dünkt, die beste nach Gehalt,
Die, allein von echter Prägung und bewährt durch lautern Klang,
Geltung hat bei Hellas Söhnen und im Ausland überall,
Braucht ihr nicht; nein, lieber braucht ihr dieses schlechte Kupfergold,
Gestern und ehegestern ausgeprägt, vom ärgsten Schlag.
So die Bürger, die wir kennen, edel durch Geburt und Sinn,
Männer, fein, wohlwollend, redlich, ehrenhaft, gerecht und gut,
Gut gepflegt in Ringerschulen, Chorgesang und Musenkunst,
Die verstoßt ihr, und das Falschgold, Pyrrhiasse, Fremdlinge,
Schurkensöhn' und Schurken braucht ihr keck zu allem.
(Aristophanes. Deutsch von J. J. C. Donner. Leipzig und Heidelberg 1861, »Die Frösche«, S. 744 ff.)

der Erfahrungen, die man um die Wende des 18. Jahrhunderts mit der amerikanischen, französischen und englischen Währungszerrüttung gemacht hatte, formuliert worden ist. In solchen Fällen kann man auch von Inflation, Überfüllung der Zirkulation und (in besonderen Fällen) von Mangel an Zirkulationsmitteln sprechen. Dagegen ist bei freier Prägung, auch wenn das Minimum der Zirkulation durch Zwangspapiergeld ausgefüllt ist, eine Inflation unmöglich. Das konvertible Kreditgeld kehrt, wenn im Überfluß vorhanden, sofort zur Ausgabestelle zurück, das Goldgeld ebenso, und wird in den Kellern der Bank als Goldschatz aufgespeichert. Als allgemeines Äquivalent ist es zugleich allgemein gültige und stets begehrte Form der Wert- und Reichtumsansammlung. Papiergeld mit Zwangskurs aufspeichern ist sinnlos, da es nur innerhalb der Zirkulation des Landes sich als Wert erweist; Gold ist Weltgeld und bildet die Reserve für alle Ausgaben. Seine Ansammlung erscheint daher stets rationell. Gold ist selbständiger Wertträger auch außerhalb der Zirkulation, während das Papiergeld nur innerhalb der Zirkulation einen »Kurs« erhält.

Daß Papiergeld im Übermaß ausgegeben wird, erscheint nur in seiner Entwertung gegenüber dem Metall, das es zu vertreten vorgibt. Aber in einem gegebenen Moment ist nicht etwa weniger oder mehr Papier da, als die Zirkulation erforderte. Gesetzt die Zirkulation erfordert 1 Million Gulden, der Staat hat aber durch seine Zahlungen 2 Millionen in die Zirkulation gepreßt; die Preise sind nominell auf das Doppelte gestiegen und erfordern jetzt die 2 Millionen Papiergulden. Diese sind entwertet, weil sie im Übermaß ausgegeben wurden; aber da sie einmal ausgegeben sind, erfordert sie jetzt auch die Zirkulation. Sie können also nicht automatisch aus der Zirkulation austreten; ihre Summe kann bei gleichbleibender Warensumme nur verringert werden, indem sie der Staat wieder vernichtet, wodurch die zurückbleibende Geldsumme im Verhältnis im Kurs steigt. Für den Staat würde das natürlich den gleichen Verlust bedeuten, als der Gewinn betrug, den er durch die Ausgabe seinerzeit erzielt hat. Das Wesentliche ist hier, daß bei gesperrter Prägung und wertlosem oder unterwertigem Zirkulationsmittel die ganze Summe des Geldes in der Zirkulation bleiben muß und aus ihr nicht austreten kann, weil sie, in welchem Umfang immer ausgegeben, ihren Kurs von den in Zirkulation befindlichen Waren erhält. Anders bei freier Prägung; hier tritt das Geld in die Zirkulation ein oder aus nach dem jeweiligen Bedarf, während der Überfluß als Wertträger in den Banken aufgestapelt wird. Wertänderungen aus dem Umstand, daß zu viel oder zu wenig Geld (vollwertiges Metallgeld) in Zirkulation befindlich ist, wie die Quantitätstheorie annahm, sind hier also von vornherein ausgeschlossen.

Bei reiner Papierwährung wechselt also die durch das Papier repräsentierte Preissumme bei gleichbleibender Umlaufszeit in gleichem Verhältnis zur Preissumme der Waren und im umgekehrten Verhältnis zur Menge der ausgegebenen Papiergeldeinheiten. Dasselbe Gesetz gilt, wenn bei gesperrter Prägung die Zirkulation von einem minderwertigen Metall versorgt wird. Nur ist hier in dem Preis des Metalls auf dem Weltmarkt die untere Grenze der Entwertung gegeben. Unter diesen Wert kann die Münze auch bei vermehrter Ausgabe nicht sinken. Würde übrigens auch bei Goldwährung die freie Prägung, also das Recht der Privaten, ihr Gold jederzeit ausgeprägt zu erhalten, aufgehoben werden, so könnte auch hier eine Steigerung der Bewertung der Münze gegenüber dem ungemünzten Metall eintreten[36].

---

[36] Auf die Erklärungsversuche der modernen Ökonomen dürfte man dann gespannt sein. Mitte der neunziger Jahre, als die Goldproduktion rasch wuchs und zugleich starke Geldflüssigkeit und niedriger Zinssatz (Marktdiskont in London unter 1 Prozent) eintrat, wurde der Gedanke der Einstellung der freien Goldprägung in England diskutiert.
Das Problem wird übrigens auch von Tooke erörtert. Veranlassung gab die Kontroverse über Nützlichkeit und Wirkung der Einführung eines Schlagschatzes (seignorage, Prägegebühr), wie diesen auch im Ausmaße von 5 Prozent Ricardo befürwortete. »Eine unterwertige Münze (debased coinage) oder eine solche, die einem Schlagschatz unterworfen ist, wird, wenn nicht gleichzeitig die Menge des gesamten im Umlauf befindlichen Geldes begrenzt wird, natürlich nicht denselben Tauschwert haben (not be of the same value in exchange), als wenn die Münze vollwertig wäre oder ein Prinzip der Einschränkung strikt durchgeführt würde.« Zur Illustration setzt dann Tooke folgenden Fall: »Die Zirkulation des Landes bestände nur aus Gold und betrage 20 Millionen Sovereigns von demselben Gewicht und derselben Feinheit wie gegenwärtig; wenn plötzlich jedes Goldstück um ein Zwanzigstel oder 5 Prozent reduziert würde, aber die Zahl der Stücke genau auf den gleichen Betrag von 20 Millionen beschränkt bliebe, dann würde unter sonst gleichen Umständen bei ungeändertem Verhältnis der Waren etc. zu der Zahl der Münzen selbstverständlich keine Veränderung in den Preisen eintreten. Und wenn Barrengold vorher auf dem Markt per Unze 3 Pfund Sterling 17 Schilling 10$^1/_2$ Pence galt, so würde der Preis unter sonst gleichbleibenden Umständen derselbe bleiben; oder mit anderen Worten: 46 Pfund Sterling 14 Schilling 6 Pence in gemünztem Gold, die neunzehn Zwanzigstel Pfund wiegen, würden auf dem Markt ein ganzes Pfund ungemünzten Goldes derselben Feinheit eintauschen. Wenn aber die Quantität des Goldes, die so von jeder einzelnen Münze fortgenommen wurde, nun in eine zusätzliche Menge von Gold-

In all diesen Fällen werden die Zirkulationsmittel nicht Geld-, also Goldzeichen, sondern Wertzeichen. Sie würden aber diesen Wert erhalten nicht durch den Wert einer Einzelware, so wie das Papier bei gemischter Währung, wo es nur Repräsentant des Goldes ist, diesen Wert vom Golde erhält, sondern die gesamte Papiergeldmasse hat gleichen Wert wie die Gesamtsumme der in Zirkulation befindlichen Warenmasse bei gleichbleibender Umlaufsgeschwindigkeit des Geldes. Ihr Wert ist also nur Reflex des gesellschaftlichen Prozesses der Gesamtzirkulation. In ihr wirken alle in einem gegebenen Moment auszutauschenden Waren als eine einzige Wertsumme, als Einheit, der die Papiergeldmasse durch den gesellschaftlichen Prozeß des Austausches als gleiche Einheit gegenübergestellt wird.

Aus dem bisher Entwickelten geht aber auch bereits hervor, daß eine solche reine Papierwährung auf die Dauer den Anforderungen an das Zirkulationsmittel nicht entspricht. Da sein Wert bestimmt ist durch die Wertsumme der jeweils zirkulierten Waren, diese aber beständigen Schwankungen unterworfen ist, würde auch der Wert des Geldes beständig schwanken. Das Geld würde nicht mehr das Maß der Werte der Waren sein, sondern umgekehrt, sein Wert würde gemessen durch das jeweilige Zirkulationsbedürfnis, also bei gleichbleibender Zirkulationsgeschwindigkeit durch den Wert der Waren. Reines Papiergeld ist also auf die Dauer unmöglich, weil dadurch die Zirkulation beständigen Perturbationen ausgesetzt wäre.

Abstrakt genommen, ließe sich ein Zustand reiner Papierwährung folgendermaßen konstruieren. Man denke sich einen geschlossenen Handelsstaat, der Staatspapiergeld mit Zwangskurs in einer den durchschnittlichen Zirkulationsbedürfnissen genügenden Menge ausgebe. Diese Papiergeldsumme sei unvermehr-

---

stücken ausgemünzt und in Zirkulation geworfen würde, so würden jetzt die 21 Millionen keine größere Tauschkraft besitzen als vorher die 20 Millionen. (The twenty-one millions would then exchange for no more than former twenty millions.) Alle Waren würden um 5 Prozent im Preis steigen und unter ihnen auch das Barrengold, welches dann 4 Pfund Sterling 1 Schilling 9 1/4 Pence kosten würde; oder in anderen Worten 46 Pfund Sterling 14 Schilling 6 Pence in Münze würden nur neunzehn Zwanzigstel eines Pfundes ungemünzten Goldes eintauschen.

Dies ist der Kernpunkt aller Raisonnements über Umlaufmittel (currency) und seine Anwendung in bezug auf die Macht des Staates, durch sein Ausgabemonopol den Nominalwert der Münze über ihren inneren Wert (intrinsic value) bei ausschließlich metallischer Währung zu steigern, ist hinreichend klar.« (Siehe »History of Prices«, vol. I., S. 120 ff.)

bar. Die Bedürfnisse der Zirkulation werden außer durch dieses Papiergeld durch Banknoten etc. versorgt, genauso wie bei metallischer Währung. Das Papiergeld diene nach Analogie der meisten heutigen Notenbankgesetzgebungen als Deckung für diese Banknoten, die im übrigen bankmäßig gedeckt seien. Die Unvermehrbarkeit des Papiergeldes würde es vor Entwertung sichern. Das Papiergeld würde dann je nach den Verhältnissen der Zirkulation analog wie heute das Gold in die Bank fließen oder von Privaten aufgeschatzt werden, wenn der Umfang der Zirkulation abnähme, und wieder in die Zirkulation zurückfließen, wenn ihr Umfang sich erweiterte. In der Zirkulation verbliebe immer das jeweils gebrauchte Zirkulationsminimum, während die Schwankungen der Zirkulation durch ein Mehr oder Minder von Banknoten befriedigt würden. Ein solches Staatspapiergeld hätte also Wertbeständigkeit. Nur wenn der Kredit zusammenbräche, eine Geldkrise einträte, könnte eventuell die Masse des vorhandenen Papiergeldes nicht ausreichen und dieses ein Agio erhalten wie etwa das Gold und die Greenbacks während der letzten Geldkrise in den Vereinigten Staaten. In Wirklichkeit ist aber eine solche Papierwährung nicht möglich. Einmal wäre dieses Papiergeld nur gültig innerhalb des einen Staates; zum Ausgleich der internationalen Bilanzen ist Metall, Geld mit Eigenwert, erforderlich, und sobald dies der Fall, muß auch der Wert des im Inland zirkulierenden Geldes mit dem internationalen Zahlungsmittel auf gleichem Stand erhalten werden, um Störungen des Handelsverkehrs zu vermeiden, eine Forderung, die durch das System und die Politik zum Beispiel der österreichischen Währung erfüllt wird, ohne daß dabei Metall in die inländische Zirkulation einzutreten braucht. Es ist wie eine Vorahnung dieser neuesten Erfahrungen auf dem Gebiete des Geldwesens, wenn Marx sagt: »Alle Geschichte der modernen Industrie zeigt, daß Metall in der Tat nur erheischt wäre zur Saldierung des internationalen Handels, sobald dessen Gleichgewicht momentan verschoben ist, wenn die inländische Produktion organisiert wäre. Daß das Inland schon jetzt kein Metallgeld bedarf, beweist die Suspension der Barzahlungen der sogenannten Nationalbanken, zu der, als zum einzigen Hilfsmittel, in allen Fällen gegriffen wird.«[37]

---

[37] »Kapital«, III, S. 533. Man hat übrigens bei manchen Äußerungen von Marx über die Geldprobleme die Empfindung, daß in seinem Bewußtsein gewisse Folgerungen, die sich aus seiner Geldtheorie ergeben, einen Kampf

Dann aber scheitert diese Währung praktisch an dem Umstand, daß keine Garantie möglich wäre, die die Unvermehrbarkeit eines solchen Staatspapieres gewährleisten würde. Als Aufbewahrungsmittel des Reichtums in seiner stets schlagfertigen Form ist Geld mit Eigenwert, Gold, stets notwendig[38].

Deshalb kann das Geld und der selbst wertvolle Geldstoff, zum Beispiel das Gold, in der Zirkulation, wenn sie anders ungestört verlaufen soll, nie vollständig durch bloße Zeichen ersetzt werden. Faktisch läuft daher auch in der reinen Papierwährung immer vollwertiges Geld um, etwa für ausländische Zahlungen. Es kann immer nur das Minimum, unter das die Zirkulation erfahrungsmäßig nicht heruntergeht, durch Papier ersetzt werden.

---

führen gegen die Anschauungen, die aus dem empirischen Material seiner Zeit gewonnen und auf bloß logischem Wege nicht völlig zu überwinden sind. Die neuesten Erfahrungen gerade bestätigen auch die letzten Konsequenzen, die sich aus der Marxschen Wert- und Geldtheorie ziehen lassen.

Wenn Marx betont, daß nur so viel Papier in der Zirkulation sein kann, wie sie Gold erforderte, so ist es für das Verständnis der modernen Währungsphänomene wichtig, sich zu erinnern, daß diese Goldmenge selbst, da ihr Wert gegeben ist, jeweilig bestimmt ist durch den gesellschaftlichen Zirkulationswert; sinkt dieser, so fließt Gold aus der Zirkulation ab; umgekehrt, umgekehrt. Bei Papierwährung und gesperrter Währung überhaupt kann aber ein Ab- und Zufluß aus der Zirkulation nicht stattfinden, da ja das nicht zirkulierende Papierzeichen minderwertig wäre. Hier muß man also auf den Zirkulationswert als das Bestimmende zurückgehen und man kann sich nicht begnügen, die Geldzeichen als bloße Goldzeichen zu betrachten wie Marx in der »Kritik der politischen Ökonomie«.

Am richtigsten scheint mir Marx die Gesetze der Papier- (oder gesperrten) Währung zu formulieren, wenn er sagt: »Die wertlosen Marken sind Wertzeichen, nur soweit sie das Gold innerhalb des Zirkulationsprozesses vertreten, und sie vertreten es nur, soweit es selbst als Münze in den Zirkulationsprozeß eingehen würde, eine Quantität, bestimmt durch seinen eigenen Wert, wenn die Tauschwerte der Waren und die Geschwindigkeit ihrer Metamorphosen gegeben sind.« (Zitat aus »Zur Kritik der politischen Ökonomie«, MEW 13, S. 97). Nur erscheint der Umweg überflüssig, den Marx einschlägt, indem er zuerst den Wert der Münzmasse bestimmt und durch ihn erst den des Papiergeldes. Der rein gesellschaftliche Charakter dieser Bestimmung kommt viel deutlicher zum Ausdruck, wenn man den Wert des Papiergeldes direkt vom gesellschaftlichen Zirkulationswert ableitet. Daß historisch die Papiergeldwährungen aus Metallwährungen entstanden, ist kein Grund, sie auch theoretisch so zu betrachten. Der Wert des Papiergeldes muß abgeleitet werden können, ohne auf das Metallgeld zu rekurrieren.

38 Es ist daher nicht richtig, wenn Helfferich sagt: Theoretisch würde die Möglichkeit bestehen, ein reines Papiergeld den Schwankungen des Geldbedarfes der Volkswirtschaft anzupassen und dadurch manche Störungen zu vermeiden, die bei den metallischen Währungen aus Verschiebungen des Gleichgewichtes zwischen Geldbedarf und Geldversorgung hervorgehen können. »Das Geld«, S. 470.

Dies ist aber zugleich ein Beweis dafür, daß das Geld ebenso wie die Ware keinen imaginären Wert hat, sondern dieser eine objektive Größe sein muß. Die Unmöglichkeit der absoluten Papierwährung ist ein strikter Experimentalbeweis für die objektive Wertlehre, so wie nur auf Grund dieser Wertlehre die eigentümlichen Phänomene, die die reine Papierwährung und überhaupt die Währung bei gesperrter Prägung darbieten, erklärt werden können.

Dagegen ist es rationell, in dem Umfang, den das Zirkulationsminimum gestattet, das vollwertige Geld, also Gold, durch relativ wertlose Zeichen zu ersetzen. Denn in dem Prozeß W-G-W ist das Geld für den Inhalt des Prozesses, für den gesellschaftlichen Stoffwechsel, überflüssig und bildet nur Unkosten, die erspart werden können[39]. Nur in diesem Umfang in der Zirkulation befindlich, ist das Papiergeld nicht Repräsentant des Wertes der Waren, sondern der des Goldes, nicht Warenzeichen, sondern Goldzeichen. Innerhalb dieser Grenze gelten auch die Ausführungen von Marx: »In dem Prozeß W-G-W, soweit er als prozessierende Einheit oder unmittelbares Ineinanderumschlagen der beiden Metamorphosen sich darstellt – und so stellt er sich dar in der Zirkulationssphäre, worin das Wertzeichen funktioniert – erhält der Tauschwert der Waren im Preis nur ideelle, im Geld nur vorgestellte, symbolische Existenz. Der Tauschwert erscheint so nur als gedachter oder dinglich vorgestellter, aber besitzt keine Wirklichkeit außer in den Waren selbst, sofern ein bestimmtes Quantum Arbeitszeit in ihnen vergegenständlicht ist. Es scheint daher, als ob das Wertzeichen den Wert der Waren unmittelbar repräsentiere, indem es nicht als Zeichen von Gold, sondern als Zeichen des im Preis nur ausgedrückten, aber in der Ware allein vorhandenen Tauschwertes sich darstellt. Dieser Schein ist aber falsch. Das Wertzeichen ist unmittelbar nur Preiszeichen, also Goldzeichen, und nur auf einem Umweg Zeichen des Wertes der Ware.

---

[39] Papiergeld ist also kein »fehlerhaftes« oder »schlechtes, minderwertiges« Geld; in der richtigen Proportion in Zirkulation befindlich, widerspricht es durchaus nicht den ökonomischen Gesetzen. Es ist nur Unklarheit über diese, was die meisten »Metallisten« die Mißbräuche, die gewollten oder aus Unkenntnis der Theorie erfolgenden, als zum Wesen einer jeden Papierwährung gehörig ansehen und sie in eine ganz abergläubische Angst nicht nur vor jeder uneinlösbaren Staatsnote, sondern vor den harmlosesten kleinen konvertiblen Banknoten geraten läßt. Goliathe, aber nicht in der Theorie, fürchten sie David, und je kleiner die Banknote, desto größer die Angst.

Das Gold hat nicht wie Peter Schlemihl seinen Schatten verkauft, sondern kauft mit seinem Schatten. Das Wertzeichen wirkt daher nur, soweit es innerhalb des Prozesses den Preis der einen Ware gegenüber der anderen oder jedem Warenbesitzer gegenüber Gold vorstellt. Ein bestimmtes relativ wertloses Ding, Stück Leder, Papierzettel usw., wird zunächst gewohnheitsmäßig Zeichen des Geldmaterials, behauptet sich jedoch nur als solches, indem sein Dasein als Symbol durch den allgemeinen Willen der Warenbesitzer garantiert wird, das heißt, indem es gesetzlich konventionelles Dasein und daher Zwangskurs erhält. Staatspapiergeld mit Zwangskurs ist die vollendete Form des Wertzeichens und die einzige Form des Papiergeldes, die unmittelbar aus der metallischen Zirkulation oder der einfachen Warenzirkulation selbst herauswächst.«[40]

Unsere Annahme eines reinen Papiergeldes, das ohne Goldergänzung existierte, hat also nur wieder die Unmöglichkeit gezeigt, daß die Waren einander direkt zum Ausdruck ihres eigenen Tauschwertes dienen; vielmehr erscheint auch hier die Notwendigkeit des Fortschreitens zu einem allgemeinen Äquivalent, das selbst nur Ware und daher Wert sein muß.

Es ist klar, daß bereits bei der Münze zur Garantie ihrer Richtigkeit gemeinsames Vorgehen der Produzenten erforderlich ist, um so mehr beim Papiergeld. Das natürliche Organ dazu ist der Staat, die einzig bewußte Organisation, die die kapitalistische Gesellschaft kennt, die zugleich Zwangsgewalt hat. Der gesellschaftliche Charakter des Goldes erscheint hier unmittelbar als solcher in der gesellschaftlichen Regelung durch den Staat. Gleichzeitig ist damit die Grenze der Zirkulationsfähigkeit von Münze und Papier gegeben in der staatlichen Grenze. Als Weltgeld fungieren Gold und Silber nach ihrem Gewicht.

[40] Marx, »Zur Kritik der politischen Ökonomie«, MEW 13, S. 94 f.

3. Kapitel

Das Geld als Zahlungsmittel – Das Kreditgeld

Wir haben bisher das Geld als Zirkulationsmittel betrachtet, die Notwendigkeit seines objektiven Wertes nachgewiesen und die Grenzen dieser Notwendigkeit, die Ersetzbarkeit durch Geldzeichen gezeigt. Im Zirkulationsprozeß W-G-W war dieselbe Wertgröße immer doppelt vorhanden, einmal als Ware, das andere Mal als Geld. Aber Ware kann verkauft werden und erst später gezahlt werden. Der Stellenwechsel der Ware ist vollzogen, bevor ihr Wert durch Geld ersetzt wird. Der Verkäufer wird Gläubiger, der Käufer Schuldner. Das Geld erhält durch die Trennung vom Verkauf und Zahlung eine neue Funktion, es wird Zahlungsmittel. Die gleichzeitige Erscheinung der Äquivalente Ware und Geld auf den beiden Polen des Verkaufsprozesses hat aufgehört. Das Zahlungsmittel tritt in die Zirkulation hinein, aber nachdem die Ware bereits aus ihr ausgetreten ist. Das Geld vermittelt nicht mehr den Prozeß, sondern schließt ihn selbständig ab. Hat der schuldige Käufer kein Geld, so muß er Ware verkaufen, um zahlen zu können. Zahlt er nicht, so finden Zwangsverkäufe seiner Habe statt. Die Wertgestalt der Ware, Geld, wird also jetzt zum Selbstzweck des Verkaufes durch eine den Verhältnissen des Zirkulationsprozesses selbst entspringende gesellschaftliche Notwendigkeit. Während Geld als Zirkulationsmittel den gesellschaftlichen Zusammenhang zwischen Käufer und Verkäufer vermittelt, dieser selbst also nur durch Vermittlung des Geldes entsteht, drückt Geld als Zahlungsmittel einen gesellschaftlichen Zusammenhang aus, der sich bereits gebildet hat, ehe Geld in Funktion getreten ist. Die Ware ist weggegeben, vielleicht längst konsumiert, bevor ihr Wert durch Geld ersetzt ist. Der Zahlungstermin ist ganz verschieden von dem Termin, an welchem die Zahlungsverpflichtung entstanden ist. Das Geld, das als Zahlung gegeben wird, ist nicht bloß vermittelnde und daher verschwindende, daher auch unmittelbar ersetzbare ökonomische Form in dem Warenaustauschprozeß. Vielmehr erfüllt erst die Zahlung den Prozeß auch inhaltlich. Denn wenn in W-G-W G kreditiert wird, so kann auch der erste Warenbesitzer, der die Ware verkauft hat, den zweiten Teil seiner Metamorphose G-W erst vollziehen, wenn G gezahlt worden ist. Der frühere einfache Prozeß ist jetzt in zwei Bestandteile zerlegt, die zeitlich auseinanderfallen.

Auch ein anderer Fall ist möglich: Der Warenbesitzer vollzieht den Kauf G-W seinerseits, indem auch er G schuldig bleibt, in Erwartung des Rückstromes von G für den Verkauf seiner Ware. Seine Zahlung hängt dann ab von der Zahlung des Käufers seiner Ware. Bleibt die Zahlung aus, so macht er bankerott und zwingt auch seine Gläubiger zum Bankerott. Als Zahlungsmittel muß daher das Geld zurückfließen, soll nicht der ganze bereits vollzogene Austauschprozeß hinterher seine Gültigkeit verlieren. Wird das Geld nicht gezahlt, so bleibt zwar die Ware weggegeben, der durch ihre Weggabe geschaffene gesellschaftliche Zusammenhang kann nicht mehr rückgängig gemacht werden, aber er wird für den einzelnen Warenbesitzer hinterher annulliert. Er erhält den Wert, den er fortgegeben, nicht mehr zurück und kann seinerseits keine Werte erlangen oder die erlangten nicht bezahlen.

Die Funktion des Geldes als Zahlungsmittel setzt also die beiderseitige Übereinkunft von Käufer und Verkäufer voraus, die Zahlung aufzuschieben. Das ökonomische Verhältnis entspringt hier also einem privaten Akt. Neben dem Kauf und Verkauf entsteht das zweite Verhältnis von Gläubiger und Schuldner, eine Verpflichtung zwischen zwei Privatpersonen.

Anderseits repräsentiert das Geld als Zahlungsmittel nur vollzogene Käufe und Verkäufe. Das Geld hat zunächst nur ideell als Wertmesser fungiert. Gezahlt wird erst später. Sind Käufe und Verkäufe unter denselben Personen vorgegangen, so können sie sich gegenseitig kompensieren und nur die Bilanz muß in Geld gezahlt werden. Soweit ist also das Geld auch hier nur Repräsentant von Werten und kann ersetzt werden. Aber als Zirkulationsmittel vermittelte das Geld nur den Warenaustausch, der Wert der einen wurde durch den der anderen Ware ersetzt. Damit war der Prozeß vollständig abgeschlossen. Dieser Prozeß war ein gesellschaftlicher, war der Akt, durch den sich der gesellschaftliche Stoffwechsel vollzieht, daher innerhalb eines bestimmten Umfanges unbedingt notwendig. Da das Goldgeld hier nur vermittelte, konnte es ersetzt werden durch Zeichen, die die Sanktion der Gesellschaft (des Staates) hatten. Wenn Geld als Zahlungsmittel wirkt, so ist gerade der unmittelbare Ersatz eines Wertes durch einen anderen aufgehoben. Der Verkäufer hat die Ware hingegeben, ohne sich das gesellschaftlich gültige Äquivalent, Geld, auch ohne sich eine andere Ware von gleichem Wert, die das Geld in diesem Austauschakt überflüssig gemacht hätte, zu verschaffen. Er hat nur ein Zahlungsversprechen des Käufers, hinter dem nicht die gesellschaftliche Garantie[41] steht, sondern nur die private des Käufers. Daß er Ware gegen ein Versprechen hingibt, ist seine Privatsache. Was das Versprechen wert war, zeigt sich erst am Zahltag, wenn es wirklich umwandelbar ist in Geld. Der Verkäufer hat also Ware hingegeben gegen eine Zahlungsverpflichtung, einen »Wechsel«. Dieser selbst mag von anderen für sicher gehalten werden und sie werden ihrerseits Waren an unseren Wechselbesitzer verkaufen. Der Wechsel fungiert hier innerhalb dieses Kreises von Personen, welche durch ihre Eigenschaft, das Zahlungsversprechen für voll zu nehmen, also nur durch diese ihre private, wenn auch meist sehr begründete Meinung zu einem Kreis verbunden sind, als Zirkulationsmittel oder Zahlungsmittel, kurz als Geld – Kreditgeld. All diese Tauschakte sind für diesen Kreis erst vollzogen, endgültig, wenn das Kreditgeld umgewandelt ist in Geld.

Im Gegensatz also zum Staatspapiergeld mit Zwangskurs, das als gesellschaftliches Produkt aus der Zirkulation erwächst, ist das Kreditgeld privat, nicht gesellschaftlich garantiert und muß daher immer in Geld verwandelbar, konvertibel sein. Ist diese Konvertibilität zweifelhaft, so verliert der Ersatz des Zahlungsmittels jeden Wert. Als Zahlungsmittel kann Geld daher nur ersetzt werden durch Zahlungsanweisungen. Diese müssen eingelöst werden, soweit sie sich nicht durch gegenseitige Verflechtung kompensieren.

Es konstituiert dies den Unterschied zwischen dem Wechselumlauf und dem Umlauf des Staatspapiergeldes mit Zwangskurs. Dieses beruht auf dem gesellschaftlichen Minimum der Warenzirkulation. Die Wechselzirkulation nimmt den Raum über jenes Minimum hinaus ein; sie beruht auf dem jeweilig wirklich vollzogenen, und zwar zu einem bestimmten Geldpreis vollzogenen Verkauf einer Ware und ist privater Schuldtitel, der ent-

[41] Gemeint ist die inhaltliche ökonomische Garantie; die formelle, juristische, daß Verträge erfüllt werden müssen, ist natürlich stets vorausgesetzt.

weder gegen einen anderen kompensiert oder in Geld bezahlt wird und damit erst aus dem privaten Schuldtitel das gesellschaftlich gültige anerkannte Äquivalent wird. Er ist entsprungen aus der Funktion des Geldes als Zahlungsmittel, er ersetzt Geld, und zwar durch Kredit, durch das private Verhältnis zwischen den Kontrahenten, hinter denen das Vertrauen in ihre Zahlungsfähigkeit, in ihre gesellschaftliche Kapazität steht. Beim Staatspapier ist der Vollzug des privaten Tauschvorganges nicht die Voraussetzung; vielmehr vollzieht sich der Tausch erst vermittels des Staatspapiers, das hier als reines Zirkulationsmittel wirkt und damit den Tausch vollendet, ihn gesellschaftlich gültig macht; der Tausch braucht nicht wie beim Wechselverkehr – soweit sich die Wechsel nicht kompensieren – erst durch bare Zahlung gesellschaftlich gültig zu werden.

Das Staatspapiergeld dagegen beruht nicht auf einem Kreditverhältnis, und es ist ganz irreführend, es als Staatsschuld oder als Kreditgeld zu bezeichnen.

Auf dieser Tatsache, daß der Wechsel bloß die Privaten verpflichtet, das Staatspapier die Gesellschaft, beruht die verschiedene Entwertungsmöglichkeit von Staatspapier und Wechsel. Die Summe des Staatspapiers ist immer eine Einheit, in der jeder einzelne Abschnitt für den anderen gleichsam solidarisch verantwortlich ist; sie kann nur im ganzen entwertet oder überwertet werden und diese Entwertung trifft alle Gesellschaftsmitglieder in gleicher Weise. Die gesellschaftliche Garantie gilt eben gleichmäßig für die ganze Summe und damit für jeden ihrer Bestandteile. Den Ersatz des Geldes als Zirkulationsmittel besorgt die Gesellschaft durch ihr bewußtes Organ, den Staat. Das Kreditgeld ist Schöpfung der Privatleute. Es beruht auf ihren privaten Tauschakten und hat nur Gültigkeit, fungiert nur als Geld, weil und solange es jederzeit in Geld konvertibel. Es kann daher jeder einzelne Wechsel für sich entwertet (aber kein Wechsel überwertet) werden, wenn diese privaten Transaktionen nicht gesellschaftlich gültig vollzogen werden können, das heißt, wenn am Verfallstermin keine Barzahlung erfolgen kann. Er kann völlig wertlos werden; aber wertlos wird immer nur der Wechsel des einzelnen, die Entwertung trifft immer nur einen anderen einzelnen, dessen Obligationen dadurch im übrigen nicht geändert werden.

Das inkonvertible Papiergeld muß auf das Minimum der Zirkulationsvorgänge beschränkt bleiben. Die Menge des Kreditgeldes ist nur abhängig von der Preissumme der Waren, für die Geld als Zahlungsmittel fungieren soll. Sein Betrag hängt bei gegebenen Preisen nur ab von der Ausdehnung der Kreditverhältnisse, die selbst außerordentlich variabel ist. Da es aber stets konvertibel sein muß, so kann es nie im und durch sein Verhältnis zu den Waren entwertet werden. Konvertibles Kreditgeld kann seine Entwertung nie herleiten aus seiner Menge (wie inkonvertibles Staatspapiergeld), sondern nur aus dem Versagen der Konvertibilität. Beim geringsten Zweifel an der Konvertibilität wird sofort die Probe auf das Exempel gemacht. Die Warenbesitzer, die inmitten all der süßen und feinen »Papierchen« des Goldes ganz vergessen hatten, stürzen alle nach dem Golde. On revient toujours à ses premiers amours.

In einem bestimmten Zeitabschnitt läuft stets eine bestimmte Anzahl von Schuldverschreibungen ab; diese repräsentieren die Preissumme der Waren, deren Verkauf sie hervorrief. Die zur Bezahlung dieser Preissumme nötige Geldmenge hängt zunächst ab von der Umlaufsgeschwindigkeit der Zahlungsmittel. Diese ist bedingt durch zwei Umstände: die Verkettung der Verhältnisse von Gläubiger und Schuldner, so daß A, der das Geld von seinem Schuldner B erhält, es an seinen Gläubiger C fortzahlt usw., und die Zeitlänge zwischen den verschiedenen Zahlungsterminen.

Je mehr die Zahlungstermine einander angenähert sind, desto öfter kann dasselbe Goldstück hintereinander zu Zahlungen verwendet werden.

Finden im Prozeß G-W-G die Verkäufe gleichzeitig und nebeneinander statt, so beschränkt dies die Umlaufsgeschwindigkeit der Zirkulationsmittel, also den Ersatz der Masse durch die Umlaufsgeschwindigkeit. Finden dagegen Zahlungen gleichzeitig und an demselben Orte statt, so können sie miteinander ausgeglichen werden und Geld als Zahlungsmittel erspart werden. Mit der Konzentration der Zahlungen an demselben Platz entwickeln sich naturwüchsig eigene Anstalten und Methoden ihrer Ausgleichung. So zum Beispiel die Virements im mittelalterlichen Lyon. Die Schuldforderungen brauchen bloß konfrontiert zu werden, um sich wechselseitig bis zu einem gewissen Belauf als positive und negative Größen aufzuheben. So bleibt nur eine Schuldbilanz zu saldieren. Je massenhafter die Konzentration der Zahlungen, desto kleiner relativ die Bilanz, also die Masse der zirkulierenden Zahlungsmittel.

Wir fanden die Masse des in der Zirkulation, also im W-G-W befindlichen Geldes (wobei das Gold im Betrag des Minimums der Zirkulation durch Goldzeichen ersetzt sein kann), gleich Preissumme der Waren, dividiert durch Umlaufsanzahl der gleichnamigen Goldstücke. Ebenso ist die Masse der Zahlungsmittel gleich der Summe der Obligationen (die wieder gleich sind der Preissumme der Waren, durch deren Verkauf die Schuldscheine entstanden sind), dividiert durch die Umlaufsanzahl der gleichnamigen Zahlungsmittel, vermindert um die Summe der sich ausgleichenden Zahlungen. Nimmt man die Umlaufsgeschwindigkeit in einem gegebenen Moment als gegeben und setzt sie gleich 1, so ist die Masse des überhaupt fungierenden Geldes gleich der Summe der zu zirkulierenden Warenpreise plus der Summe der fälligen Zahlungen minus der sich ausgleichenden Zahlungen minus endlich derjenigen Geldstücke, die erst als Zahlungsmittel und dann als Zirkulationsmittel fungiert haben. Beträgt die Warensumme, die umgesetzt wird, auf jeder Seite 1000 Millionen Mark, die fälligen Zahlungen ebensoviel, dienen aber 200 Millionen zuerst zur Bezahlung und dann zur Zirkulation, gleichen sich zudem noch 500 Millionen der Zahlungen gegenseitig aus, so braucht man im ganzen 1300 Millionen Mark, die das in diesem Moment nötige Geld darstellen. Es ist dies der Betrag, den ich den gesellschaftlich notwendigen Zirkulationswert nenne.

Der größte Teil aller Umsätze geschieht durch dieses private Kreditgeld, durch Schuldscheine und Zahlungsanweisungen, die sich gegenseitig kompensieren[42]. Der Grund des Überwiegens des Zahlungsmittels gegenüber dem Zirkulationsmittel ist, daß mit der Entwicklung der kapitalistischen Produktion auch die Verhältnisse der Zirkulation komplizierter werden, die Zeitpunkte des geeigneten Ein- und Verkaufes auseinanderfallen, überhaupt jene Bindung wegfallen muß, die darin besteht, daß nur dann eingekauft werden, wenn verkauft werden kann.

Das Kreditgeld entsteht also auf Grund von Käufen und Verkäufen der Kapitalisten untereinander; es entsteht innerhalb und auf Grund der Zirkulation. Seine Wirksamkeit besteht darin, die Zirkulation von der Schranke des vorhandenen Goldes unabhängig zu machen; soweit Kreditgeld wirksam ist, wirkt

[42] Im Giroverkehr der Deutschen Reichsbank hat 1 Pf. Bargeld 1894 einen Jahresumsatz von Mk. 4.35, 1900 von Mk. 8.30 bewältigt.

das Gold nicht mehr als Zirkulationsmittel, braucht daher nicht leibhaftig der Ware gegenüberzutreten, sondern dient nur zur Ausgleichung der schließlichen Bilanz. Diese selbst ist riesenhaft gegenüber der Goldmenge und ihrer Ausgleichung dienen eigene Anstalten. Die Zirkulation ist aber, wie wir gesehen haben, in gleicher Weise Bedingung sowohl als Resultat der kapitalistischen Produktion. Diese kann nur begonnen werden, wenn der Kapitalist sich durch einen Akt der Zirkulation in den Besitz der Produktionselemente gesetzt hat. In dem Maße, in dem diese Zirkulation unabhängig wird von dem Dasein wirklichen Geldes, in demselben Maße wird auch die Produktion von der Goldmenge unabhängig gemacht. Da schließlich dieses Gold Arbeit kostet und einen erheblichen Posten der faux frais darstellt, so bildet der Ersatz des Geldes direkt eine Ersparnis an unnützen Kosten des Zirkulationsprozesses.

Seiner Entstehung nach ist die Menge des Kreditgeldes beschränkt durch die Größe der Produktion und Zirkulation. Es dient zum Umsatz von Ware und ist in letzter Instanz durch den Wert der Ware gedeckt, deren Umsatz es vermittelt hat. Aber im Unterschied zum Staatspapier ist hier kein Minimum gegeben, das nicht vermehrt werden kann. Im Gegenteil wächst mit der Warenmenge und ihrem Preis das Kreditgeld. Das Kreditgeld ist aber nur Zahlungsversprechen; wäre der Umsatz der Ware gegen wirkliches Gold erfolgt, wäre also Wert gegen Wert getauscht worden, so wäre der Prozeß endgültig erledigt, weitere Störung ausgeschlossen. Er ist aber nur gegen Zahlungsversprechen erledigt worden. Ob dieses Versprechen gehalten werden kann, hängt davon ab, ob der Schuldner die Ware, die er gekauft, oder eine andere an deren Stelle zum gleichen Wert wieder verkaufen kann. Hat der Tauschakt den gesellschaftlichen Bedingungen nicht entsprochen oder haben diese sich unterdes geändert, so kann er sein Zahlungsversprechen nicht erfüllen, dieses wird wertlos; an seine Stelle muß wirkliches Geld treten.

Daraus geht schon hervor, daß die Menge des Kreditgeldes sich stark kontrahiert mit der Kontraktion der Preise der Waren während der Krise. Die Kontraktion bedeutet aber Entwertung des Kreditgeldes, das die höheren Preise repräsentiert. Zur Kontraktion der Preise tritt die Absatzstockung, die Ware wird unverkäuflich, während der Wechsel verfällt. Die Einlösung des Wechsels ist fraglich geworden. Die Preiskontraktion und die Absatzstockung vermindern so den Wert des gegen die

Waren gezogenen Kreditgeldes. Diese Entwertung bildet das wesentliche Moment der Kreditkrise, die jede Handelskrise begleitet.

»Die Funktion des Geldes schließt einen unvermittelten Widerspruch ein. Soweit sich die Zahlungen ausgleichen, funktioniert es nur ideell als Rechengeld oder Maß der Werte. Soweit wirkliche Zahlung zu verrichten, tritt es nicht als Zirkulationsmittel auf, als nur verschwindende und vermittelnde Form des Stoffwechsels, sondern als die individuelle Inkarnation der gesellschaftlichen Arbeit, selbständiges Dasein des Tauschwertes, absolute Ware. Dieser Widerspruch eklatiert in dem Moment der Produktions- und Handelskrisen, der Geldkrise heißt. Sie ereignet sich nur, wo die prozessierende Kette der Zahlungen und ein künstliches System ihrer Ausgleichung völlig entwickelt sind. Mit allgemeineren Störungen dieses Mechanismus, woher sie immer entspringen mögen, schlägt das Geld plötzlich und unvermittelt aus der nur ideellen Gestalt des Rechengeldes in hartes Geld um[43].«

Gerade dann aber, wenn die Entwertung des Kreditgeldes am größten, erlebt das Staatspapiergeld mit Zwangskurs seinen größten Triumph. Es ist gesetzliches Zahlungsmittel wie das Goldgeld. Das Versagen des Kreditgeldes schafft eine Lücke in der Zirkulation und der horror vacui erfordert gebieterisch deren Ausfüllung. In solchen Zeiten wird es rationell, die Zirkulation des Staatspapiergeldes (oder der Noten der Zentralbank, deren Kredit unerschüttert ist und die, wie wir sehen werden, in der Tat durch die gesetzliche Regelung eine Zwischenstufe zwischen Staatspapier und Kreditgeld darstellen) zu erweitern. Geschieht das nicht, so erhält das Geld (Metall und Staatspapiergeld) ein Agio, wie zum Beispiel das Gold und die Greenbacks in der jüngsten amerikanischen Krise.

Das Kreditgeld erfordert zu seiner Funktion eigene Anstalten, in denen die Zahlungsforderungen gegenseitig verglichen und zur Kompensation gebracht werden; mit der Entwicklung dieser Anstalten wächst die Ersparnis von Bargeld. Diese Aufgabe wird bei entwickeltem Bankwesen zu einer wichtigen Funktion der Banken[44].

---

[43] Marx, »Kapital«, I, S. 151 f.

[44] Zur Abwicklung des gesellschaftlichen Verkehrs ist in Deutschland 9- bis 15mal mehr Bargeld erforderlich als in England. Der Scheckverkehr erspart zirka 140 Millionen Pfund Sterling Noten, zu deren Deckung der Geld-

Im Laufe der kapitalistischen Entwicklung wächst einmal rasch die Gesamtsumme der zu zirkulierenden Waren und damit der gesellschaftlich notwendige Zirkulationswert. Damit wächst der Raum, den Staatspapiergeld mit Zwangskurs einnehmen kann. Zweitens wächst mit der Größe des Umfanges der Produktion, mit der Verwandlung aller Verpflichtungen in Geldverpflichtung und besonders mit dem Wachstum des fiktiven Kapitals der Umfang, in dem die Transaktionen durch Kreditgeld vollzogen werden. Beides bewirkt starke Verringerung des Metallgeldes im Verhältnis der zu vollziehenden Zirkulationsvorgänge und Zahlungen.

---

vorrat von zirka 35 Millionen Pfund Sterling vervierfacht werden müßte, falls die heutigen gesetzlichen Bestimmungen in Geltung blieben. S. Jaffe, »Das englische Bankwesen«, Leipzig 1905.

4. Kapitel

Das Geld in der Zirkulation des industriellen Kapitals

Wir wenden uns nun der Rolle zu, die das Geld in der Zirkulation des industriellen Kapitals spielt. Also nicht in die kapitalistische Fabrik mit ihren Wundern der Technik geht der Weg, sondern der Eintönigkeit des ewig gleichen Marktvorganges muß sich unsere Betrachtung zuwenden, wo Geld in Ware und Ware in Geld in formell stets gleicher Weise sich wandelt. Nur die Hoffnung, daß auf diesem Wege es möglich ist, dem Geheimnis auf die Spur zu kommen, wie aus den Zirkulationsvorgängen selbst jene Macht erwächst, die als kapitalistischer Kredit schließlich die Herrschaft über die gesellschaftlichen Vorgänge erhält, mag den Leser ermutigen, die Leidensstationen des nächsten Kapitels mit einiger Geduld zu passieren.

In der Zirkulation wäre das Geld überflüssig, wenn der Betrag der Preissumme stets konstant, also Masse und Preis der Waren unveränderlich wären und jede Ware sich gegen die andere zu ihrem Werte austauschen würde. Eine Bedingung, die innerhalb einer ungeregelten, anarchischen Produktionsweise unerfüllbar ist. Anderseits würde die bewußte Regelung der gesellschaftlichen Produktion die Erscheinung des Wertes als Tauschwert, also das gesellschaftliche Verhältnis zweier Dinge und damit das Geld unmöglich machen. Anweisungen auf gesellschaftliche Produkte, von der Gesellschaft ausgestellt, sind ebensowenig Geld wie die Theatermarke die Anweisung auf einen Sperrsitz. Vielmehr macht nur der Charakter der Warenproduktion das Geld als Wertmaß und damit als Zirkulationsmittel notwendig[45].

---

[45] In einem Briefe an Rudolf Meyer sagt Rodbertus: »Das Metallgeld ist nicht bloß Wertmesser und Liquidationsmittel – soweit entspricht es nur der Idee des Geldes, in der es nicht liegt, daß diese Quittung = Anweisung auf Warenwert auf einem so teuren Stoff geschrieben stehe, wie Edelmetall ist –, sondern dient heute auch als Produktionsregulator, und diesen Dienst ver-

Fungiert das Geld als Zahlungsmittel, so erscheint eine vollständige Ausgleichung aller Zahlungen in einem bestimmten Moment von vornherein als reiner Zufall, der in Wirklichkeit nie eintreten wird. Das Geld schließt hier den Prozeß des Stellenwechsels der Ware selbständig ab. Es ist willkürlich, wann das in Zahlung empfangene Geld seinerseits in Ware verwandelt, also der Wert der ersten Ware endgültig durch andere Ware ersetzt ist. Der Zusammenhang, der im Prozeß G-W-G besteht, ist hier zerrissen. Das Geld muß notwendigerweise hier eintreten, um den Verkäufer der Ware, der seinerseits durchaus nicht Käufer einer anderen Ware sein muß, zu befriedigen.

Diese Zerreißung des Zirkulationsprozesses, die uns auf dem Gebiete der einfachen Warenzirkulation noch als zufällig und willkürlich erscheint, wird aber notwendig im Bereich der kapitalistischen Warenzirkulation. Dies zeigt uns eine Betrachtung der Zirkulation des Kapitals.

Wert wird zu Kapital, indem es Mehrwert heckender Wert wird. Dies geschieht im kapitalistischen Produktionsprozeß, dessen Voraussetzung das Monopol der Kapitalisten an den Produktionsmitteln und das Dasein einer freien Lohnarbeiterklasse ist. Die Lohnarbeiter verkaufen dem Kapitalisten ihre Arbeitskraft, deren Wert gleich dem Wert der zur Erhaltung und Reproduktion der Arbeiterklasse notwendigen Lebensmittel ist. Ihre Arbeit schafft neuen Wert, von dem ein Teil dem Kapitalisten den Teil des Kapitals ersetzt, den er zum Ankauf der Arbeitskraft vorgeschossen hat – Marx nennt ihn den variablen Teil des Kapitals –, während der andere Teil als Mehrwert dem Kapitalisten zufällt. Da im Arbeitsprozeß der Wert der Produktionsmittel – das konstante Kapital – auf das Produkt über-

---

sieht es nur durch seine kostbare Stoffzugabe. Sie müßten auch jedem Unternehmer befehlen dürfen, wie viel er produzieren soll, wenn Sie die Warennote einführen wollen. Die Idee der Warennote beruht auf dem interessantesten Punkt der ganzen Nationalökonomie, aber als ständiges Zirkulationsmittel (und nicht bloß vorübergehender Darlehenskassenschein) ist sie nur möglich, wenn der Wert der Waren nach Arbeit konstituiert ist und die Warennote auf Warenwert nach Arbeit bemessen lautet. Die Möglichkeit eines solchen Geldes bezweifle ich nicht, aber soll ein solches Geld das alleinige Zirkulationsmittel sein, so setzte das die Aufhebung des Grund- und Kapitaleigentums voraus.« »Briefe und Sozialpolitische Aufsätze von Dr. Rodbertus-Jagetzow.« Herausgegeben von Dr. Rudolf Meyer. Berlin 1881. II. Band, S. 441. Diese wie andere Stellen beweisen übrigens, daß Engels Rodbertus Unrecht getan hat, wenn er ihn mit den kleinbürgerlichen Arbeitsgeldutopisten, den Gray, Bray etc., die ein Arbeitsgeld ohne gesellschaftliche Kontrolle der Produktion für möglich hielten, in einen Topf warf.

tragen wurde, hat sich der Wert, den der Kapitalist für die Produktion vorgeschossen hat, vermehrt, ist wertheckender Wert geworden, hat sich als Kapital bewährt.

Jedes industrielle Kapital macht einen Kreislaufprozeß durch, von dem uns in diesem Zusammenhang nur die Formverwandlungen interessieren. Denn der Inhalt des Prozesses ist die Entstehung des Mehrwerts, also die Verwertung des Kapitals, und diese vollzieht sich im Produktionsprozeß, der in der kapitalistischen Gesellschaft doppelte Funktion hat: er ist wie in jeder Gesellschaftsform Arbeitsprozeß, der Gebrauchswerte liefert, er ist aber zugleich, was für die kapitalistische Gesellschaft charakteristisch ist, Verwertungsprozeß, in dem die Produktionsmittel als Kapital fungieren und Mehrwert erzeugt wird. Die Analyse dieses Prozesses hat Marx im ersten Band des »Kapital« erschöpfend gegeben. Der Zusammenhang unserer Untersuchung erfordert nur ein Eingehen auf die Formverwandlung des Wertes, nicht auf seine Entstehung. Die Formverwandlung betrifft aber nicht die Wertgröße, deren Vermehrung vielmehr den Inhalt des Verwertungsprozesses ausmacht; gehört diese Veränderung dem Produktionsprozeß an, so die Formänderung dem Zirkulationsprozeß. Es sind aber nur zwei Formen, die der Wert in der warenproduzierenden Gesellschaft annehmen kann: die Form der Ware und die Form des Geldes.

Betrachten wir nun den Kreislaufprozeß des Kapitals, so erscheint jedes Kapital zunächst, etwa bei seinem ersten Auftreten, als Geldkapital. Als Geld, das als Kapital fungieren soll, wird es verwandelt in Waren (W) bestimmter Art, Produktionsmittel (Pm) und Arbeitskraft (A). Es folgt der Produktionsprozeß (P . . .). Dieser schließt keine Formänderung des Wertes ein. Der Wert bleibt Ware. Aber im Produktionsprozeß wird erstens – was den Wert überhaupt nicht trifft – der Gebrauchswert der Ware geändert, und zweitens vermehrt die Arbeitskraft durch ihre Funktion den Wert; der Wert wird vergrößert. Als Ware (W^1), deren Wert um den Mehrwert vermehrt ist, verläßt die Ware die Produktionsstätte, um ihre zweite und letzte Formveränderung zu erfahren, in Geld (G^1) verwandelt zu werden.

Der Kreislaufprozeß des Kapitals zerfällt also in zwei der Zirkulation angehörige Stadien G-W und W^1-G^1 und in ein Stadium der Produktion. In der Zirkulation erscheint es als Geldkapital und Warenkapital, in der Produktion als produktives Kapital; das Kapital, welches alle diese Formen durchläuft, ist industrielles Kapital. Geldkapital, Warenkapital, produktives Kapital bezeichnen hier also nicht selbständige Kapitalsorten, sondern nur besondere Funktionsformen des industriellen Kapitals.

Es ergibt sich also folgendes Schema: G-W-P ... W^1-G^1.

Jedes neu auftretende Kapital erscheint zunächst als Geldkapital. Daß es Kapital ist, sieht man dem Geld nicht an[46]. Das ist es nur, weil es in die Elemente des produktiven Kapitals verwandelt werden soll. Zunächst ist es nur Geld, kann also nur Geldfunktionen vollziehen, ist es nur Zirkulations- oder Zahlungsmittel.

Nun wissen wir bereits, daß die Funktion des Geldes als eines Zahlungsmittels Kreditverhältnisse einschließen kann. G-W, das erste Stadium des Zirkulationsprozesses des Kapitals, zerfällt in zwei Teile: G-Pm und G-A. Da der Lohnarbeiter nur vom Verkauf der Arbeitskraft lebt, ihre Erhaltung tägliche Konsumtion erfordert, muß seine Zahlung ständig in kürzeren Terminen wiederholt werden, damit er die zu seiner Selbsterhaltung nötigen Einkäufe immer machen kann. Der Kapitalist muß ihm daher beständig als Geldkapitalist und sein Kapital ihm als Geld gegenübertreten[47]. Hier spielt somit der Kredit keine Rolle.

Anders im Prozeß G-Pm. Hier kann der Kredit größere Rolle spielen. Die gekauften Produktionsmittel haben den Zweck, verwertet zu werden. Das Geld, das für sie ausgegeben wurde, ist für den Kapitalisten nur vorgeschossen; es hat die Aufgabe, ihm nach Ablauf der Zirkulationsperiode zurückzukehren, und es kehrt, normalen Verlauf vorausgesetzt, zu ihm vermehrt zurück. Da der Kapitalist sein Geld also nur vorschießt, dieses zu ihm zurückkehrt, kann es ihm selbst vorgeschossen werden – ge-

---

[46] Die Schwierigkeit des Kapitalbegriffes wie der ökonomischen Begriffe überhaupt entspringt aus dem Schein, daß sie den Dingen selbst anhaften, während sie nur bestimmte gesellschaftliche Verhältnisse widerspiegeln, in denen dieselben Dinge durchaus wechselnde Rollen übernehmen. So spiegelt Gold als Geld einerseits nur das Verhältnis einer bestimmten Epoche in der Entwicklung des Warenaustausches wider, es ist Zirkulationsmittel. Aber in einem anderen Verhältnis wird es Kapital. Ob Gold oder auch Geld Kapital ist, ist daher eine falsch gestellte Frage. In manchen Verhältnissen ist es Geld, in anderen auch Kapital. Auch Kapital aber, das heißt, es kann als Kapital immer nur Geldfunktionen vollziehen, ist nur Geldform des Kapitals im Unterschied zur Warenform des Kapitals.
Bestimmten Dingen Kapitalcharakter zuschreiben zu wollen ist ebenso falsch wie den Raum als etwas den Dingen Anhaftendes anzusehen. Nur unsere Anschauung gibt den Dingen die Raumform, wie nur bestimmte Stadien der gesellschaftlichen Entwicklung den Dingen Geld- oder Kapitalform geben.

[47] Marx, »Kapital«, II, S. 41.

liehen werden. Und dies ist überhaupt Voraussetzung des Produktionskredits: daß Geld nur dem geliehen wird, der es selbst nur in der Weise ausgibt, daß es zu ihm – normalen Verlauf stets vorausgesetzt – wieder zurückkehren muß. Zugleich ist der Kredit hier fundiert auf die Waren, zu deren Ankauf das Geld vorgeschossen wurde.

Wir haben es hier nur mit dem Kredit zu tun, der entspringt aus der Warenzirkulation selbst, aus der Änderung der Geldfunktion, aus der Verwandlung des Geldes aus Zirkulationsmittel in Zahlungsmittel. Dagegen betrachten wir an dieser Stelle noch nicht jenen Kredit, der aus der Teilung der Funktion des Kapitalisten in einen reinen Geldbesitzer und einen Unternehmer entspringt. Wird das Geld vom Geld- oder Leihkapitalisten dem Unternehmer kreditiert, so ist das bloße Übertragung von Geld. An der Menge des vorgeschossenen Geldes wird dadurch noch nichts geändert. In dem Falle aber, den wir jetzt betrachten, kann dies wohl eintreten. Der Verkäufer der Produktionsmittel kreditiert ihm die Ware und erhält für diese Zahlungsversprechen, zum Beispiel Wechsel. Der Kapitalist wird dann am Ende des Termins vielleicht schon mit Rückflüssen aus dem Zirkulationsprozeß seines vorgeschossenen Kapitals zahlen können. Soweit dies der Fall, kann die Summe seines Geldkapitals geringer sein, als sie sonst sein müßte, hat der Kredit die Potenz seines Kapitals ausgeweitet.

Aber die Tatsache des Kredits ändert nichts daran, daß das Kapital Geldform haben muß, um Ware kaufen zu können. Sie vermindert nur, soweit sich Zahlungen kompensieren, die Menge des Metallgeldes, das für den Umtausch sonst erforderlich wäre. Aber diese Menge wird nicht irgendwie bestimmt durch den Kapitalcharakter, den das Geld bei dieser Transaktion besitzt, sondern unterliegt nur den Gesetzen, die aus der Natur der Warenzirkulation entspringen. Alle anderen Umstände gleichgesetzt, ist es die Preissumme der Waren, die gekauft werden müssen, die über die Menge des Geldes entscheidet, das vorgeschossen werden muß. Vermehrter Vorschuß von Geldkapital bedeutet also nichts anderes als vermehrten Ankauf von zu produktivem Kapital geeigneten Waren (Pm + A), also vermehrte Menge der Zirkulations- und Zahlungsmittel.

Bei dieser Vermehrung wirken zwei einander entgegengesetzte Tendenzen. Mit der rascheren Akkumulation in Zeiten der Hochkonjunktur wächst die Nachfrage nach bestimmten Waren und infolgedessen ihr Preis. Die erhöhte Preissumme macht vermehrtes Geld nötig. Anderseits wächst gleichzeitig der Kredit, da es eine Periode der guten Konjunktur ist, in der die Rückflüsse regelmäßig eingehen, der Verwertungsprozeß des Kapitals gesichert erscheint und daher die Neigung und Möglichkeit der Kreditgewährung wächst. Die Expansion des Kredits macht hier die rasche Erweiterung über die Basis des Metallgeldes hinaus möglich.

Dies gilt natürlich nur für den Prozeß G-Pm, nicht für den Prozeß G-A. Vielmehr nimmt mit dem Wachstum des variablen Kapitals auch im selben Maße die Masse des zum Ankauf dienenden und in die Zirkulation eingehenden zuschüssigen Geldes zu. Es ist klar, daß mit der Entwicklung der kapitalistischen Produktion die Sphäre der Anwendung des Kredits absolut und noch mehr relativ beständig wächst, da mit dem Fortschritt zur höheren organischen Zusammensetzung des Kapitals der Umsatz von G-Pm ständig wächst gegenüber G-A, also auch die Sphäre des Kredits gegenüber der Sphäre des Bargeldes.

Soweit ergibt sich aus der Betrachtung des Kreislaufprozesses noch keine neue Bestimmung für die Rolle des Kredits. Dies ändert sich, wenn wir den Einfluß der Umschlagszeit auf die Größe des Geldkapitals betrachten. Denn es wird sich zeigen, daß im Kreislaufprozeß periodisch Geldsummen freigesetzt werden. Da aber brachliegendes Geld nicht Profit zeugen kann, so entsteht das Streben, dieses Brachliegen möglichst zu verhindern, eine Aufgabe, die nur durch den Kredit, der damit eine neue Funktion erfüllt, gelöst werden kann. Dieser neuen Ursache für das Entstehen von Kreditverhältnissen muß sich jetzt die Untersuchung zuwenden.

Periodische Freisetzung und Brachlegung von Geldkapital

»Die Bewegung des Kapitals durch die Produktionssphäre und die zwei Phasen der Zirkulationssphäre vollzieht sich in einer zeitlichen Reihenfolge. Die Dauer seines Aufenthaltes in der Produktionssphäre bildet seine Produktionszeit, die in der Zirkulationssphäre seine Zirkulations- oder Umlaufszeit. Die Gesamtzeit, worin es seinen Kreislauf beschreibt, ist daher gleich der Summe von Produktionszeit und Umlaufszeit.«[48]

---

[48] Marx, »Kapital«, II, S. 124.

»Der Kreislauf des Kapitals, nicht als vereinzelter Vorgang, sondern als periodischer Prozeß bestimmt, heißt sein Umschlag. Die Dauer dieses Umschlages ist gegeben durch die Summe seiner Produktionszeit und seiner Umlaufszeit. Diese Zeitsumme bildet die Umschlagszeit des Kapitals.«[49]

In unserem Schema bildet also die Zeit, die jedesmal nötig, um den Prozeß $G\text{-}G^1$ zu vollziehen, die Umschlagszeit. Die Umlaufszeit ist gleich der Zeit, die die Transaktionen $G < {A \atop Pm}$ und $W^1\text{-}G^1$ erfordern, während die Produktionszeit gleich ist der Zeit, in der das Kapital als produktives Kapital (P) dem Verwertungsprozeß unterliegt.

Die Umschlagszeit eines Kapitals betrage neun Wochen, davon die Produktionszeit sechs Wochen und die Umlaufszeit drei Wochen. Zur Produktion seien wöchentlich 1000 M. Kapital erforderlich. Soll die Produktion am Ende der sechsten Woche, der Produktionszeit, nicht auf drei Wochen unterbrochen werden, so muß der Kapitalist während der drei Wochen, die die Zirkulation dauert, ein neues Kapital von 3000 M. (Kapital II) vorschießen, um die Produktion kontinuierlich fortzuführen. Denn während der drei Wochen, worin das Kapital die Zirkulationssphäre behaust, befindet es sich mit Bezug auf den Produktionsprozeß in demselben Zustand, als wenn es überhaupt nicht existierte[50]. Die Zirkulationszeit macht also zuschüssiges Kapital nötig, und dieses zuschüssige Kapital verhält sich zum Gesamtkapital wie die Zirkulationszeit zur Umschlagszeit, also in unserem Beispiel wie 3 : 9, oder das zuschüssige Kapital beträgt ein Drittel des ganzen Kapitals.

Der Kapitalist muß also über 9000 M. statt über 6000 M. verfügen, soll die Produktion nicht drei Wochen stillstehen. Aber diese zuschüssigen 3000 M. treten erst mit Beginn der Umlaufszeit, also in der siebenten Woche in Funktion, liegen also die ersten sechs Wochen brach. Diese Freisetzung und Brachlegung von 3000 M. wiederholt sich jedoch beständig. Die 6000 M., die in der ersten Arbeitsperiode in Warenkapital verwandelt werden, sind am Ende der neunten Woche verkauft. Der Kapitalist hat jetzt 6000 M. in Händen. Die zweite Arbeitsperiode hat aber bereits mit der siebenten Woche begonnen und ist nun zur Hälfte vorüber. Während dieser Zeit hat das zuschüssige Kapi-

---

[49] Ebenda, S. 156.
[50] Ebenda, S. 262.

tal von 3000 M. fungiert; zur Beendigung der Arbeitsperiode sind also nur 3000 M. erforderlich; 3000 M. von den ursprünglichen 6000 M. sind wieder freigesetzt und dieser Prozeß wiederholt sich stets aufs neue.

Es ist also ein zuschüssiges Kapital, und zwar Geldkapital, da es als Kaufmittel für Produktionsmittel und Arbeitskraft zu fungieren hat, nötig geworden, zur Aufrechterhaltung der Kontinuität des Produktionsprozesses, der durch die Zirkulation des Kapitals nicht unterbrochen werden soll. Dieses zuschüssige Kapital heckt selbst nicht kontinuierlich Mehrwert, fungiert also soweit nicht als Kapital, sondern wird durch den Mechanismus des Kreislaufes selbst stets für eine Zeit freigesetzt, um während der anderen Zeit fungieren zu können.

»Das gesellschaftliche Gesamtkapital betrachtet, wird sich stets ein mehr oder minder bedeutender Teil dieses zuschüssigen Kapitals für längere Zeit im Zustand des Geldkapitals befinden[51], und zwar ist dies freigesetzte Kapital gleich dem Kapitalsteil, welcher den Überschuß der Zirkulationsperiode über eine Arbeitsperiode oder über ein Multipel von Arbeitsperioden auszufüllen hat.«[52]

»Dies Hereinkommen des zur Verwandlung der Umlaufszeit von Kapital I (von 6000 M.) in Produktionszeit erheischten Zuschußkapitals (von 3000 M.) vermehrt also nicht nur die Größe des vorgeschossenen Kapitals und die Länge der Zeit, wofür das Gesamtkapital notwendig vorgeschossen wird, sondern es vermehrt auch spezifisch den Teil des vorgeschossenen Kapitals, der als Geldvorrat existiert, also sich im Zustand von Geldkapital befindet und die Form von potentiellem Geldkapital besitzt.«[53]

Allein diese 3000 M. brauchen durchaus nicht die ganze Summe des Geldkapitals darzustellen, das in einem gegebenen Moment brachliegt. Gesetzt den Fall[54], unser Kapitalist verwende die 6000 M., die für die Produktion zunächst nötig, in der Weise, daß er die eine Hälfte zum Ankauf der Produktionsmit-

---

[51] Marx, »Kapital«, II, S. 267.

[52] Ebenda, S. 280.

[53] Marx, »Kapital«, II, S. 267. Das Zahlenbeispiel ist bei Marx anders wie in unserem Text. Wir haben in die Marxzitate der Einfachheit halber unsere Zahlen eingestellt.

[54] Wir können hier nur die wichtigsten Momente anführen. Im II. Band des »Kapital« hat Marx das Problem bis in die Details, die übrigens von Pedanten noch vermehrt werden könnten, verfolgt. Doch ist die grundlegende Bedeutung dieser Untersuchungen für das Verständnis der Kreditverhältnisse bisher übersehen worden.

tel, die andere für Arbeitslohn verausgabt. Er zahlt aber die Arbeiter wöchentlich. Dann wird von den dazu nötigen 3000 M. bis zum Ablauf der sechsten Woche ein Teil, der sich wöchentlich um 500 M. verringert, stets brachliegen. Ebenso ist es möglich, daß auch ein Teil der Produktionsmittel, zum Beispiel die Kohle, nicht sogleich zu Beginn für die ganze Produktionsperiode eingekauft wird, sondern erst während der Produktion sukzessive die nötigen Einkäufe vollzogen werden. (Umgekehrt könnte es auch passieren, daß die Marktverhältnisse oder Lieferungsgewohnheiten dazu zwängen, für mehr als eine Produktionsperiode einzukaufen. Dann würde sich die Notwendigkeit herausstellen, ein größeres Geldkapital in Warenkapital zu verwandeln.)

Dadurch also, daß in dem Prozeß $G <^{A}_{pm}$ das Geld nicht sofort in Arbeitskraft und Produktionsmittel verwandelt wird, entsteht brachliegendes Geldkapital, auch abgesehen von dem zuschüssigen Kapital II. Ein Teil des Geldes vollzieht den Akt G-W, während ein anderer Teil im Geldzustand verharrt, um erst zu einer durch die Bedingungen des Prozesses selbst bestimmten Zeit für gleichzeitige oder sukzessive Akte G-W zu dienen. Es ist der Zirkulation nur zeitweise entzogen, um am bestimmten Zeitpunkt in Aktion zu treten, seine Funktion auszuüben. Diese Aufspeicherung ist dann ein Zustand, worin das Geld eine seiner Funktionen als Geldkapital ausübt. Als Geldkapital; denn in diesem Fall ist das zeitweilig in Ruhe verharrende Geld selbst ein Teil des Geldkapitals G, der gleich ist dem Wert des produktiven Kapitals, von dem der Kreislauf ausgeht. Anderseits befindet sich alles der Zirkulation entzogene Geld in Schatzform. »Die Schatzform des Geldes wird also hier Funktion des Geldkapitals, ganz wie in G-W die Funktion des Geldes als Kauf- oder Zahlungsmittel zur Funktion des Geldkapitals wird, und zwar weil der Kapitalswert hier in Geldform existiert, der Geldzustand hier ein durch den Zusammenhang des Kreislaufes vorgeschriebener Zustand des industriellen Kapitals in einem seiner Stadien ist. Aber es bewährt sich hier wieder zugleich, daß das Geldkapital innerhalb des Kreislaufes des industriellen Kapitals keine anderen als Geldfunktionen verrichtet und diese Geldfunktionen nur durch ihren Zusammenhang mit den anderen Stadien dieses Kreislaufes zugleich die Bedeutung von Kapitalsfunktionen haben.«[55]

[55] Marx, »Kapital«, II, S. 82.

Eine dritte und sehr bedeutende Ursache von Brachliegen des Geldkapitals entsteht aus der Art, wie das Kapital aus dem Verwertungsprozeß rückfließt, und zwar sind auch hier wieder zwei Hauptursachen für die Entstehung von brachliegendem Geldkapital zu nennen.

Das industrielle Kapital zerfällt, vom Standpunkt seines Umschlages aus betrachtet, bekanntlich in zwei Teile. Ein Teil des Kapitals wird während jeder einzelnen Umschlagsperiode vollständig verzehrt und sein Wert geht ganz auf das Produkt über. In einer Spinnerei zum Beispiel, in der 10 000 Pfund Garn monatlich produziert und am Ende des Monats verkauft werden, sind während dieses Monats der entsprechende Wert von Baumwolle, Schmieröl, Leuchtgas, Kohle und Arbeitskraft verbraucht worden und ihr Wert wird beim Verkauf des Produkts dem Kapitalisten zurückersetzt. Dieser Teil des Kapitals, der in einer Umschlagsperiode ersetzt wird, ist das zirkulierende Kapital. Anderseits waren zur Produktion Baulichkeiten, Maschinerie usw. nötig, die fortfahren, auch nach Beendigung der Umschlagsperiode im Produktionsprozeß zu fungieren. Von ihrem Wert ist daher nur ein Teil, gleich dem durchschnittlichen Verschleiß während einer Umschlagsperiode, übertragen worden. Beträgt ihr Wert sage 100 000 M., ihre Funktionsdauer durchschnittlich 100 Monate, so werden durch den Verkauf des Garns für Ersatz der Baulichkeiten und Maschinerie 1000 M. zurückfließen. Jener Teil des Kapitals, der während einer Reihe von Umschlagsperioden fungiert, bildet das fixe Kapital.

Es fließt also dem Spinnereibesitzer aus der Zirkulation beständig Geld zu als Ersatz seines fixen Kapitals, das er in Geldform festhalten muß, bis es nach 1000 Monaten den Betrag von 100 000 M. erreicht hat, die er dann zum Ankauf neuer Maschinerie etc. benötigt. Es findet also auch hier Schatzbildung statt, die selbst ein »Element des kapitalistischen Reproduktionsprozesses ist, Reproduktion und Aufspeicherung in Geldform des Wertes des fixen Kapitals oder seiner einzelnen Elemente bis zu der Zeit, wo das fixe Kapital ausgelebt und folglich seinen ganzen Wert an die produzierten Waren abgegeben hat und nun in natura ersetzt werden muß«[56].

Zugleich sehen wir, daß ein Teil der Kapitalisten der Zirkulation beständig Geld entzieht, als Ersatz des Wertes des verschlis-

[56] Marx, »Kapital«, II, S. 448.

senen fixen Kapitals. Die Geldform ist hier wesentlich; der Wert des fixen Kapitals kann nur in Geld ersetzt werden, weil das fixe Kapital als solches weiter im Produktionsprozeß fungiert und daher nicht in natura ersetzt zu werden braucht. Es ist also die bestimmte Art der Reproduktionsweise des fixen Kapitals, die hier das Geld notwendig macht[57]. Was hier durch das Geld überhaupt erst ermöglicht wird, ist die Trennung und Verselbständigung der Wertzirkulation des fixen Kapitals gegenüber der Beständigkeit seiner technischen Funktion im Produktionsprozeß.

Die Art des Rückflusses des fixen Kapitals bewirkt also periodisches Aufschatzen, damit aber periodisches Brachliegen von Geldkapital.

Als letzte Ursache der Freisetzung von Geldkapital haben wir noch die Art der kapitalistischen Akkumulation zu betrachten. Soll der Mehrwert als Kapital fungieren, sei es, daß er zur Erweiterung alter oder Begründung neuer Unternehmen verwandt werden soll, so muß er eine gewisse Größe erreicht haben, deren Ausmaß von den gegebenen technischen und ökonomischen Bedingungen des Unternehmens abhängt. Mit jeder Beendigung eines Kreislaufs wird aber ein Stück Mehrwert, und zwar zunächst in Geldform realisiert. In der Regel muß eine ganze Anzahl solcher Kreisläufe vollzogen sein, bis die realisierten Mehrwertssummen groß genug geworden sind, um in Produktionskapital verwandelt werden zu können. Es werden so beständig Geldsummen von den einzelnen Kapitalisten aufgeschatzt, die für sie realisierten Mehrwert darstellen, bis schließlich diese Summen für die produktive Verwendung ausreichend geworden sind. Wir haben es hier mit brachliegendem Geldkapital zu tun, das aus dem Verwertungsprozeß herstammt und eine Zeitlang in Geldform aufgeschatzt bleiben muß, bis es zur produktiven Verwendung gelangen kann.

Schatzbildung kann schon innerhalb der einfachen Warenzirkulation erfolgen. Dazu ist weiter nichts nötig, als daß beim Prozeß W-G-W der zweite Teil G-W nicht vollzogen wird, daß

---

57 »Sowenig wie die einfache Warenzirkulation identisch ist mit bloßem Produktenaustausch, sowenig kann sich der Umsatz des jährlichen Warenprodukts in bloßen, unvermittelten, gegenseitigen Austausch seiner verschiedenen Bestandteile auflösen. Das Geld spielt eine spezifische Rolle darin, die namentlich auch in der Weise der Reproduktion des fixen Kapitalwertes sich ausdrückt.« (Marx, »Kapital«, II., S. 448.)

also der Warenverkäufer seinerseits nicht wieder kauft, sondern das Geld aufschatzt. Aber solches Verhalten erscheint als bloßer Zufall und Willkür. In der Zirkulation des Kapitals wird aber solches Aufschatzen zur Notwendigkeit, die sich aus der Natur des Prozesses selbst ergibt. Der Unterschied gegen die einfache Warenzirkulation ist ferner der, daß nicht bloßes Zirkulationsmittel freigesetzt wird, das zum Schatz erstarrt, sondern daß Geldkapital freigesetzt wird, Geld, das zugleich Stadium des Verwertungsprozesses war und das nunmehr bestrebt sein muß, neuerdings in den Verwertungsprozeß zu gelangen, von neuem Geldkapital zu werden; es übt also Druck auf den Geldmarkt aus.

So entsteht aus dem Mechanismus der Zirkulation des Kapitals selbst die Notwendigkeit, daß Geldkapital in größerem oder geringerem Umfang für längere oder kürzere Zeit brachliegt. Das bedeutet aber, daß es während dieser Zeit nicht Profit zeugen kann, eine Todsünde vom Standpunkt des Kapitalisten. Der Umfang, in dem das Kapital seinen Sündenfall vollzieht, hängt aber wie die meisten Sünden von objektiven Faktoren ab, deren Betrachtung wir uns nunmehr zuwenden müssen.

Wechselnder Umfang des brachliegenden Kapitals und seine Ursachen

Wir wissen bereits, daß während der Umlaufszeit des Kapitals zuschüssiges Geldkapital zur Fortführung des Produktionszweiges erfordert wird, das periodisch brachgelegt wird. Verkürzt sich nun in unserem ersten Beispiel die Umlaufszeit von drei auf zwei Wochen, so werden 1000 M. überflüssig und werden in Form von Geldkapital ausgeschieden. Als solches tritt es in den Geldmarkt ein und bildet zuschüssigen Teil der hier fungierenden Kapitalien. Diese überschüssigen 1000 M. existierten früher nur zum Teil in Geldform; nämlich zu jenem Teil, der zur Zahlung der Arbeitskraft diente, 500 M. dagegen wurden zum Ankauf von Produktionsmitteln verwendet, existieren also in Warenform. Jetzt werden sie ganz, und zwar in Geldform aus dem Kreislaufprozeß dieses Kapitals ausgeschieden.

»Die hiemit in Geldform ausgeschiedenen 1000 M. bilden jetzt ein neues, Anlage suchendes Geldkapital, einen neuen Bestandteil des Geldmarktes. Sie befanden sich zwar periodisch schon früher in der Form von freigesetztem Geldkapital und von zuschüssigem Produktivkapital, aber diese latenten Zustände selbst waren Bedingung für die Ausführung, weil für die Kontinuität des Produktionsprozesses. Jetzt sind sie nicht mehr dazu nötig und bilden deswegen neues Geldkapital und einen Bestandteil des Geldmarktes, obgleich sie durchaus weder ein zuschüssiges Element des vorhandenen gesellschaftlichen Geldvorrates bilden (denn sie existieren beim Beginn des Geschäftes und wurden durch dasselbe in die Zirkulation geworfen) noch einen neuakkumulierten Schatz«[58] Es zeigt sich hier also, wie bei gleichbleibendem Geldvorrat nur durch Verkürzung der Umschlagszeit des Kapitals vermehrtes Angebot von Geldkapital entsteht. Denn das Geld ist durch seine frühere Funktion als Kapital prädestiniert, wieder Kapital zu werden.

Verlängert sich umgekehrt die Umlaufszeit, sage um weitere zwei Wochen, so wird zuschüssiges Kapital erforderlich im Belauf von 2000 M., die aus dem Geldmarkt genommen werden müssen, um in den Kreislauf des produktiven Kapitals (in den immer die Zirkulationszeit eingeschlossen ist) zu treten. 1000 M. werden allmählich aus der Geldform in Arbeitskraft umgewandelt, die anderen 1000 vielleicht sofort in Produktionsmittel. Die Verlängerung des Umschlages bewirkt daher vermehrte Nachfrage auf dem Geldmarkt.

Die wichtigsten Momente, welche die Umschlagsperiode selbst affizieren, sind die folgenden: »Soweit die größere oder geringere Länge der Umschlagsperiode abhängt von der Arbeitsperiode im eigentlichen Sinne, das heißt der Periode, nötig, um das Produkt für den Markt fertig zu machen, beruht sie auf den jedesmal gegebenen sachlichen Produktionsbedingungen der verschiedenen Kapitalsanlagen, die innerhalb der Agrikultur mehr den Charakter von Naturbedingungen der Produktion besitzen, in der Manufaktur und dem größten Teil der extraktiven Industrie mit der gesellschaftlichen Entwicklung des Produktionsprozesses selbst wechseln.«[59]

Hier walten zweierlei Tendenzen. Die Entwicklung der Technik verkürzt die Arbeitsperiode; das einzelne Stück wird rascher fertiggestellt, verläßt also rascher die Fabrik und kommt auf den Markt; es tut das außerdem, wenn es sich um diskrete Pro-

---

[58] Marx, »Kapital«, II, S. 290 f.

[59] Marx, »Kapital«, II, S. 318.

dukte handelt, auch in größerer Gesellschaft, es ist mehr hergestellt worden als früher, ein größeres Kapital schlägt also rascher um; der technische Fortschritt verkürzt die Arbeitsperiode und beschleunigt so den Umschlag des zirkulierenden Kapitals und des Mehrwertes. Aber zugleich bedeutet dieser Fortschritt Vermehrung des fixen Kapitals, dessen Umschlagsperiode länger ist, eine Reihe von Umschlägen des zirkulierenden Kapitals umfaßt. Diese Vermehrung des fixen Kapitals schreitet in rascherem Verhältnis fort als die des zirkulierenden. Ein immer größerer Teil des Gesamtkapitals verlangsamt somit seinen Umschlag. Vom Kredit abgesehen, wäre damit in der Verlangsamung des Umschlages ein weiterer Grund – der erste ist die Vergrößerung der Stufenleiter der Produktion als solche – zu vermehrtem Vorschuß von Geldkapital gegeben, von dem aber auch ein größerer Teil disponibel (freigesetzt) bliebe.

»Soweit die Länge der Arbeitsperiode auf der Größe der Lieferungen beruht (dem quantitativen Umfang, worin das Produkt als Ware in der Regel auf den Markt geworfen wird), hat dies konventionellen Charakter. Aber die Konvention selbst hat zur materiellen Basis die Stufenleiter der Produktion und ist daher nur im einzelnen betrachtet zufällig.« Auch hier wächst im allgemeinen das Quantum, mit ihm der Kapitalvorschuß. Jedoch ist zu beachten, daß das größere Quantum infolge des technischen Fortschritts geringeren Preis haben kann, daher auch geringerer Vorschuß erforderlich sein kann.

»Soweit endlich die Länge der Umschlagsperiode von der Länge der Zirkulationsperiode abhängt, ist dies zum Teil zwar bedingt durch den beständigen Wechsel in den Marktkonjunkturen, die größere oder geringere Leichtigkeit zu verkaufen, und die dieser entspringende Notwendigkeit, das Produkt teilweise auf näheren oder entfernteren Markt zu werfen. Abgesehen von dem Umfang der Nachfrage überhaupt, spielt die Bewegung der Preise hier eine Hauptrolle, indem der Verkauf bei fallenden Preisen absichtlich beschränkt wird, während die Produktion vorangeht; umgekehrt bei steigenden Preisen, wo Produktion und Verkauf Schritt halten oder im voraus verkauft werden kann. Jedoch ist als eigentliche materielle Basis zu betrachten die wirkliche Entfernung des Produktionssitzes vom Absatzmarkt.«[60]

---

[60] Marx, »Kapital«, II, S. 318 f.

Da der Profit in der Produktion entsteht, durch die Zirkulation nur realisiert wird, ist es ständiges Bestreben, alles Kapital womöglich in Produktionskapital zu verwandeln. Daher die Tendenz, die Zirkulationskosten auf ein Minimum herabzusetzen durch Ersetzung des Metallgeldes durch Kreditgeld und zweitens die Zirkulationszeit selbst herabzudrücken durch Entwicklung der Handelstechnik, durch möglichst raschen Verkauf der Produkte. Eine Gegentendenz bildet die stete Erweiterung der Märkte und die Entwicklung der internationalen Arbeitsteilung. Diese Gegentendenz wird in ihrer Wirkung gemildert durch die Entwicklung der Transportverhältnisse.

Wir haben schließlich noch hervorzuheben, daß die Länge der Umschlagszeit des Kapitals entscheidend ist für die Schnelligkeit, mit der der Mehrwert in Kapital rückverwandelt, akkumuliert werden kann. Je kürzer die Umschlagszeit, desto rascher realisiert sich auch der Mehrwert in Geldform und kann in Kapital verwandelt werden.

All diese angeführten Momente: die organische Zusammensetzung des Kapitals, insbesondere das Verhältnis des fixen zum zirkulierenden Kapitalsbestandteil, die Entwicklung der Handelstechnik, welche die Umlaufszeit abkürzt, die in gleicher Richtung wirkende Entwicklung der Transportmittel, der aber in dem Aufsuchen stets entfernterer Märkte eine Gegentendenz erwächst, die Verschiedenheit im Tempo der Rückflüsse infolge der periodischen Konjunkturschwankungen, schließlich die raschere oder verlangsamtere produktive Akkumulation: alle diese Umstände wirken auf die Masse des brachliegenden Kapitals und auf die Dauer des Brachliegens ein.

Dazu kommt als wichtiges Moment der Einfluß der Preisänderungen der Waren. Tritt Preisfall der Rohmaterialien ein, so braucht der Kapitalist unseres Beispiels, um die Produktion auf gleicher Stufenleiter fortzuführen, wöchentlich nicht 1000 M., sondern sage nur 900 M. vorzuschießen; für die ganze Umschlagsperiode seines Kapitals also nicht 9000 M., sondern nur 8100 M., während 900 M. frei werden. Das so »ausgeschiedene und jetzt unbeschäftigte, daher auf dem Geldmarkt Anlage suchende Kapital, Geldkapital, ist nichts als ein Stück des ursprünglich als Geldkapital vorgeschossenen Kapitals von 9000 M., das durch den Preisfall der Produktionselemente, worin es periodisch rückverwandelt, überflüssig geworden ist, soll das Geschäft nicht erweitert, sondern auf der alten Stufenleiter fortgesetzt werden. Wäre dieser Preisfall nicht zufälligen Umständen geschuldet (besonders reicher Ernte, Überzufuhr etc.), sondern einer Vermehrung der Produktivkraft in dem Zweig, der den Rohstoff liefert, so wäre das Geldkapital ein absoluter Zuschuß zum Geldmarkt, überhaupt zu dem in der Form von Geldkapital disponiblen Kapital, weil es keinen integrierenden Bestandteil des bereits angewandten Kapitals mehr bildete«[61].

Umgekehrt erfordert Preissteigerung des Rohmaterials zuschüssiges Geldkapital und bewirkt somit Steigerung der Nachfrage auf dem Geldmarkt.

Es ist ohne weiteres klar, daß die eben betrachteten Momente von großer Wichtigkeit sind für die Entwicklung des Geldmarktes während der periodischen Schwankungen, die durch die Konjunktur verursacht werden. Im Beginn der Prosperität sind die Preise niedrig, die Rückflüsse gehen noch rasch ein, die Zirkulationszeit ist kurz. Während der Hochkonjunktur steigen die Preise und die Zirkulationszeit dehnt sich aus. Kredit wird stärker in Anspruch genommen für die Zirkulation, während gleichzeitig durch die Ausdehnung der Produktion auch die Inanspruchnahme für Kapitalkredit gewachsen ist. Sowohl die Ausdehnung der Zirkulationszeit als die Erhöhung der Preise macht zuschüssiges Kapital erforderlich, das dem Geldmarkt entnommen werden muß und die Menge des verfügbaren Leihkapitals verringert.

Mit dem Fortschritt zur höheren organischen Zusammensetzung wächst im allgemeinen auch die Umschlagszeit des Kapitals. Es wächst nicht nur die Größe des angewandten Kapitals, sondern auch die Zeit, während der es im Produktionsprozeß fungiert. Es verlängert sich die Zeit, bis das vorgeschossene Kapital an seinen Ausgangspunkt zurückkehrt. Der Kapitalist muß zum Beispiel 10 000 M. vorschießen, wenn seine Umschlagszeit zehn Wochen beträgt. Wendet er eine neue Produktionsmethode an, die einen Vorschuß von 60 000 M. nötig macht, und beträgt die Umschlagszeit jetzt 30 Wochen, so sind dem Geldmarkt 60 000 M. zu entziehen. Das sechsfache Kapital müßte dreimal solange vorgeschossen werden.

Je länger die Umschlagszeit des Kapitals, desto länger dauert es, bis der Gegenwert der dem Markt entzogenen Waren (Produktionsmittel und Lebensmittel für die Arbeiter) wieder in

---

[61] Marx, »Kapital«, II, S. 294.

Warenform auf den Markt kommt. Dem Markte werden so Waren entzogen, für die ihm bloß Geld zur Verfügung gestellt wird.

Das Geld ist hier nicht verschwindende Form, sondern bleibende Wertgestalt für dem Markt entzogene Waren. Sein Wert ist verselbständigt gegenüber der Ware. Der Warenwert muß hier absolut ersetzt werden durch Geld, da der Ersatz durch andere Ware erst zu einem ganz anderen Zeitpunkt erfolgen kann.

»Denken wir die Gesellschaft nicht kapitalistisch, sondern kommunistisch, so fällt zunächst das Geldkapital ganz fort, also auch die Verkleidungen der Transaktionen, die durch jenes hineinkommen. Die Sache reduziert sich einfach darauf, daß die Gesellschaft im voraus berechnen muß, wieviel Arbeit, Produktionsmittel und Lebensmittel sie ohne irgendwelchen Abbruch auf Geschäftszweige verwenden kann, die, wie Bau von Eisenbahnen zum Beispiel, für längere Zeit, ein Jahr oder mehr, weder Produktionsmittel noch Lebensmittel noch irgendeinen Nutzeffekt liefern, aber wohl Arbeit, Produktionsmittel und Lebensmittel der jährlichen Gesamtproduktion entziehen. In der kapitalistischen Gesellschaft dagegen, wo der gesellschaftliche Verstand sich immer erst post festum geltend macht, können und müssen so beständig große Störungen eintreten. Einerseits Druck auf den Geldmarkt, während umgekehrt die Leichtigkeit des Geldmarktes ihrerseits solche Unternehmungen in Masse hervorruft, also gerade die Umstände, welche später den Druck auf den Geldmarkt hervorriefen. Anderseits: Druck auf das disponible produktive Kapital der Gesellschaft. Da beständig Elemente des produktiven Kapitals dem Markt entzogen werden und für dieselben nur ein Geldäquivalent in den Markt geworfen wird, so steigt die zahlungsfähige Nachfrage, ohne aus sich selbst irgendein Element der Zufuhr zu liefern. Daher Steigen der Preise, sowohl der Lebensmittel wie der Produktionsstoffe. Es kommt hinzu, daß während dieser Zeit regelmäßig geschwindelt wird, große Übertragung von Kapital stattfindet ...«[62]

Hier wird die Verschiedenheit des Umschlages ein Moment der Störung in der Proportionalität der Reproduktion und damit – wie später noch gezeigt werden wird – zu einem Krisenmoment.

---

[62] Marx, »Kapital«, II, S. 316 f.

Als Resultat der bisherigen Untersuchung ergibt sich also: Erstens: Ein Teil des in der Produktion fungierenden gesellschaftlichen Gesamtkapitals liegt stets in Form von Geldkapital brach. Zweitens: Die Größe dieses brachliegenden Geldkapitals ist starken Variationen unterworfen und alle diese Variationen müssen unmittelbaren Einfluß auf den Geldmarkt, auf Angebot und Nachfrage von Geldkapital ausüben.

Das Brachliegen von Kapital widerspricht aber der Funktion des Kapitals, Profit zu produzieren. Es ergibt sich also das Bestreben, dieses Brachliegen auf ein Minimum zu reduzieren. Diese Aufgabe bildet eine neue Funktion des Kredits.

Verwandlung des brachliegenden in funktionierendes Geldkapital durch den Kredit

Die Art, wie der Kredit diese Funktion erfüllen kann, ist ohne weiteres klar. Wir wissen ja, daß periodisch aus dem Kreislaufprozeß des Kapitals Geldkapital freigesetzt wird. Dieses aus dem Kreislauf des einen individuellen Kapitals ausgeschiedene Geldkapital kann aber als Geldkapital in dem Kreislauf eines anderen Kapitals fungieren, wenn es diesem anderen Kapitalisten durch den Kredit zur Verfügung gestellt wird. So bildet die periodische Freisetzung des Kapitals eine wichtige Grundlage für die Entwicklung von Kreditverhältnissen.

Alle Ursachen also, die zur Brachlegung von Kapital geführt haben, werden jetzt ebenso viele Ursachen zur Entstehung von Kreditverhältnissen, und alle Momente, die auf die Menge des brachliegenden Kapitals einwirken, bestimmen jetzt die Expansion und Kontraktion dieses Kredits.

Treten zum Beispiel Pausen im Kreislaufprozeß eines Kapitals ein und findet die Unterbrechung des Kreislaufprozesses so statt, daß das Kapital als Geldkapital fixiert bleibt, so wird latentes Geldkapital gebildet, das jetzt durch den Kredit anderen Kapitalisten zur Verfügung gestellt wird. Dies ist der Fall bei diskontinuierlichen Produktionsprozessen, in solchen, die von der Jahreszeit abhängen, sei es infolge von Naturbedingungen (Agrikultur, Heringsfang, Zuckerproduktion etc.), sei es infolge konventioneller Umstände, wie zum Beispiel bei sogenannten Saisonarbeiten. Jede Freisetzung von Geldkapital bedeutet aber die Verwendungsmöglichkeit dieses Geldkapitals durch Vermittlung des Kredits zu anderen produktiven Zwecken außerhalb des individuellen Kapitals, das es freisetzt[63].

Wird dagegen der Kreislauf in anderen Stadien unterbrochen, wo kein Geldkapital freigesetzt wird, da ist umgekehrt, soll der Prozeß kontinuierlich erhalten werden, Reservefonds nötig, der gleichfalls in Geldform gehalten werden muß, oder bei entwikkeltem Kreditsystem Inanspruchnahme von Kredit.

Einerseits gibt so die Natur des Kreislaufprozesses die Möglichkeit der Gewährung von Kapitalkredit. Da aber das Geld stets Zirkulationsunkosten darstellt, die kapitalistische Produktion daher die Tendenz hat, ihre Potenzen immer stärker anzuspannen, ohne das Geldkapital in gleicher Weise zu vermehren, wird dieser Kredit zur Notwendigkeit.

Andererseits macht jede Störung im Zirkulationsprozeß, jede Verlängerung der Prozesse W-G oder G-W zuschüssiges Kapital, Reservekapital, nötig, um die Kontinuität des Produktionsprozesses zu erhalten. Wir haben gesehen, daß die Menge des Geldes ceteris paribus abhängt von der Preissumme der zu zirkulierenden Waren.

Finden daher im Kreislaufprozeß Wertänderungen statt, so wird die Menge des Geldkapitals affiziert. Steigen die Preise, so wird zuschüssiges Geldkapital gebunden, fallen sie, so wird Geldkapital frei; »je größer die Störungen, um so größeres Geldkapital muß der industrielle Kapitalist besitzen, um die Ausgleichung abwarten zu können; und da im Fortgang der

---

[63] Darauf beruht die ausgleichende Tätigkeit jener Banken, die das in den Agrikulturbezirken mit ihrem stark wechselnden Geldbedarf frei werdende Geldkapital industriellen Bezirken zuführen. Welchen Einfluß anderseits die Konvention ausüben kann, zeigt folgendes Beispiel aus der modernen Schuhfabrikation: Daß sich das umlaufende Kapital nicht öfter als zweimal im Jahre umsetzt, obwohl der Fabrikationsprozeß eines Schuhes durchschnittlich nur 3 bis 4 Wochen dauert, erklärt sich aus dem Umstand, daß die Hauptbestellungen im Laufe des Jahres für Lieferung vor Ostern oder Pfingsten geschehen. Die Ware wird in der Zwischenzeit angefertigt und liegt auf dem Lager, da sie vor dem Lieferungstermin nicht abgenommen wird oder doch wenigstens die Zahlungsverpflichtung des Schuhhändlers erst mit dem Lieferungstermin beginnt. Karl Rehe, »Die Deutsche Schuhgroßindustrie«, Jena 1908, S. 55.
Zugleich wirken solche Verhältnisse bestimmend ein auf die Benützung des Kredits. »Die Eigenart des Saisongeschäftes in der Schuhindustrie veranlaßt auch die Schuhfabriken, mit Banken zu arbeiten. Die großen, nach der Hauptsaison einlaufenden Summen werden an die Banken abgeführt, welche ihrerseits in den übrigen Jahreszeiten den Fabriken die erforderlichen Summen für die Bezahlung der Löhne und der sonstigen Betriebsunkosten zur Verfügung stellen und auch die Zahlungen für die Rohstoffe durch Überweisung oder Scheckverkehr übernehmen.« (Ebenda, S. 57.)

kapitalistischen Produktion sich die Stufenleiter jedes individuellen Produktionsprozesses und mit ihm die Minimalgröße des vorzuschießenden Kapitals erweitert, so kommt jener Umstand zu den anderen, die die Funktion des industriellen Kapitalisten mehr und mehr in ein Monopol großer Geldkapitalisten, vereinzelter oder assoziierter, verwandeln«[64].

Der Kredit, der sich auf der Freisetzung des Geldkapitals aufbaut, unterscheidet sich aber wesentlich von dem Zahlungskredit, der sich auf Grund der einfachen Warenzirkulation nur aus der geänderten Funktion des Geldes ergibt. Dies bedarf noch näherer Ausführung.

[64] Marx, »Kapital«, II, S. 111. Hier ist also die Herrschaft der Banken über die Industrie, die wichtigste Erscheinung der neuesten Zeit, vorausgesagt, als noch kaum die Keime dieser Entwicklung sichtbar waren.

5. Kapitel

Die Banken und der industrielle Kredit

Der Kredit erscheint zunächst als einfaches Resultat der veränderten Funktion des Geldes als Zahlungsmittel. Findet die Zahlung erst statt eine Zeit nach dem tatsächlich vollzogenen Verkauf, so wird für diese Zeit das Geld kreditiert. Diese Form des Kredits unterstellt also Warenbesitzer, in der entwickelten kapitalistischen Gesellschaft produktive Kapitalisten. Unterstellen wir den Prozeß als einzelnen und einmaligen, so bedeutet er nur, daß Kapitalist A genug Reservekapital hat, um den Rückfluß von B abwarten zu können, der im Moment des Kaufes nicht über die nötige Summe von Zahlungsmitteln verfügt. Bei dieser einseitigen Kreditgewährung muß A so viel Geld mehr halten, wie B bis zum Zahlungstermin braucht. Geld würde dadurch nicht erspart, sondern nur übertragen. Anders wenn die Zahlungsanweisung selbst als Zahlungsmittel fungiert, mit anderen Worten, wenn A Kredit an B nicht nur gibt, sondern selbst von C nimmt dadurch, daß er C mit dem Wechsel von B bezahlt. Hat nun etwa C selbst Zahlung an B zu leisten und zahlt er B mit dessen eigenen Wechsel, so sind hier die Warenkäufe und -verkäufe zwischen A und B, A und C und C und B vollzogen worden ohne Dazwischenkunft des Geldes. Es ist also Geld erspart worden, und da zugleich dies Geld als zusätzliches Geldkapital (für den Zirkulationsprozeß des Warenkapitals) in den Händen der produktiven Kapitalisten hätte sein müssen, so ist damit für sie Geldkapital erspart worden. Der Wechsel hat Geld ersetzt, indem er selbst Geldfunktion verrichtet, als Kreditgeld fungiert hat. Ein großer Teil der Zirkulationsvorgänge, zugleich die größten und konzentriertesten, spielt zwischen den produktiven Kapitalisten selbst. Alle diese Transaktionen können prinzipiell durch Wechsel bewerkstelligt werden; ein großer Teil dieser Wechsel wird sich gegenseitig kompensieren und nur ein gewisser Betrag Bargeld nötig sein, um die Bilanz zu saldieren.

Es wird hier also Kredit von den produktiven Kapitalisten einander gegenseitig gewährt. Was die Kapitalisten einander hier kreditieren, sind Waren, die für sie Warenkapital darstellen, aber diese Waren als bloße Träger einer bestimmten Wertsumme, die beim Verkauf als in ihrer gesellschaftlich gültigen Gestalt bereits realisiert unterstellt wird, also als Träger einer bestimmten Geldsumme, die der Wechsel repräsentiert. Die Wechselzirkulation beruht also auf der Zirkulation der Waren, aber von Waren, die durch den vollzogenen Verkauf bereits in Geld verwandelt worden sind, wenn auch diese Verwandlung noch nicht gesellschaftlich gültig gemacht wurde, sondern nur als privater Akt im Zahlungsversprechen des Käufers existiert.[65]

Diesen Kredit, wie er hier betrachtet wurde, vorgehend zwischen den produktiven Kapitalisten selbst, nennen wir Zirkulationskredit. Wir haben gesehen, daß er Geld ersetzt, also das kostspielige Metall erspart, da er die Übertragung von Waren ohne Dazwischenkunft des Geldes bedeutet. Ausdehnung dieses Kredits beruht auf Ausdehnung dieser Warenübertragungen, und da es sich hier um Warenkapital – um Vorgänge zwischen produktiven Kapitalisten – handelt, auf Ausdehnung des Reproduktionsprozesses. Der Reproduktionsprozeß wird erweitert, die Nachfrage nach Kapital in Form von produktivem Kapital (Maschinerie, Rohmaterial, Arbeitskraft etc.) steigt.

Das Steigen der Produktion bedeutet zugleich Steigen der Zirkulation; die vermehrten Zirkulationsvorgänge werden erledigt durch das vermehrte Kreditgeld. Der Wechselumlauf wird vergrößert und kann vergrößert werden, weil die in die Zirkulation eingehende Warenmasse vermehrt ist. Dieses Anwachsen der Zirkulation kann also vor sich gehen, ohne daß die Nachfrage nach Goldgeld zu steigen braucht. Auch das Verhältnis von Nachfrage und Angebot von Geldkapital braucht keine Änderung zu erfahren. Denn gleichzeitig und in gleichem Verhältnis mit dem vermehrten Bedarf nach Zirkulationsmitteln kann das Angebot wachsen, da auf Grund der vermehrten Warenmenge das Kreditgeld in vermehrtem Maße ausgegeben werden kann.

---

[65] Sieht man bloß, daß die Wechsel durch den Warenaustausch fundiert sind, und übersieht man, daß dieser Warenaustausch erst dann gesellschaftlich gültig vollzogen ist, wenn die Wechsel gegeneinander kompensiert, die Bilanz durch Bargeld beglichen und die nicht bezahlten Wechsel durch Geld ersetzt sind, so gelangt man zur Utopie der Warennote, des Arbeitsgeldes etc., von Kreditzeichen, die vom Metall losgelöst, selbständig den Wert der Waren direkt repräsentieren sollen.

Gestiegen ist hier der Wechselumlauf[66]. Dieser vermehrte Kredit hat auch durchaus nicht das Verhältnis von Angebot und Nachfrage, nach dem Elemente des wirklichen produktiven Kapitals tangieren brauchen. Vielmehr ist beides gleichmäßig gestiegen. Der Produktionsprozeß wurde erweitert und damit die Waren produziert, die für die erweiterte Stufenleiter der Produktion nötig waren. Wir haben somit hier vermehrten Kredit und vermehrtes produktives Kapital. Beides drückt sich aus im vermehrten Wechselumlauf. Es ist aber keine Verschiebung in dem Verhältnis von Angebot und Nachfrage nach Kapital in Geldform damit verbunden gewesen. Es ist aber nur diese Nachfrage, welche auf den Zinsfuß wirkt. Es kann also vermehrter Kredit – wenn es eben nur Zirkulationskredit ist – einhergehen mit gleichbleibendem Zinsfuß.

Der Wechselumlauf ist nur beschränkt durch die Summe der wirklich vollzogenen Transaktionen. Während das Staatspapier im Übermaß ausgegeben werden kann, wodurch der Wert des einzelnen Abschnitts gesenkt, aber nie der Wert der Summe verändert wird, kann der Wechsel prinzipiell nur über abgeschlossene Geschäfte ausgestellt, daher nicht im Übermaß ausgegeben werden. Ist das Geschäft fingiert, schwindelhaft, so ist der Wechsel allerdings wertlos. Diese Wertlosigkeit des einzelnen Wechsels aber tangiert durchaus nicht die Masse der anderen.

Daß aber Wechsel nicht im Übermaß ausgegeben werden können, beweist nicht, daß die Geldsumme, auf die sie lauten, nicht zu hoch sein kann. Tritt eine Krise ein, in der die Waren entwertet werden, so können die Zahlungsverpflichtungen nicht voll erfüllt werden. Die Absatzstockung macht die Umsetzung von Ware in Geld unmöglich. Der Maschinenfabrikant, der auf den Verkauf seiner Maschine gerechnet hat, um den Wechsel, den er für den Kauf von Eisen und Kohle gegeben hatte, einzulösen, kann diesen jetzt nicht einlösen und ihn auch nicht durch einen Wechsel, den er vom Käufer seiner Maschine erhalten hätte, irgendwie kompensieren. Fehlen ihm sonst die Mittel, so wird sein Wechsel jetzt wertlos, obwohl er bei seiner Ausstellung

---

[66] Die Summe der im Laufe des Jahres in Umlauf gesetzten Wechsel betrug in Millionen Mark: 1885 12 060, 1895 15 241, 1905 25 506. Davon waren Bankakzepte: 1965 oder 16 Prozent, 3530 oder 23 Prozent und 8000 oder 31 Prozent. In diesen Summen sind allerdings auch die nicht in den Verkehr (Kautions-, Depotwechsel usw.) gelangenden Wechsel eingerechnet. W. Prion, »Das deutsche Wechseldiskontgeschäft«, Leipzig 1907, S. 51.

Warenkapital (Eisen und Kohle, die in Maschine verwandelt werden) repräsentiert hat[67].

Der Wechselkredit ist Kredit für den Ablauf des Zirkulationsprozesses und ersetzt das Zusatzkapital, das während der Zirkulationszeit gehalten werden muß. Diesen Zirkulationskredit geben einander die produktiven Kapitalisten selbst; nur wenn die Rückflüsse ausbleiben, muß Geld von dritter Seite, von Banken, zur Verfügung gestellt werden. Ebenso treten die Banken ein, wenn der Warenverkauf, also die Bedingung des Wechselverkehrs, irgendwie stockt, sei es, daß die Ware momentan unverkäuflich, sei es, daß sie aus spekulativen Gründen zurückgehalten wird oder dergleichen. Hier ergänzen sie nur und vervollständigen den Wechselkredit.

Der Zirkulationskredit erweitert somit die Basis der Produktion über das in den Händen der Kapitalisten befindliche Geldkapital hinaus, das für sie nur mehr die Basis des Kreditüberbaues bildet, einen Fonds zum Ausgleich der Bilanz der Wechsel und einen Reservefonds für Verluste bei ihrer Entwertung.

Die Ersparnis an Bargeld wird einmal um so größer sein, je mehr sich die Wechsel untereinander kompensieren. Dazu sind eigene Einrichtungen notwendig; die Wechsel müssen gesammelt und miteinander konfrontiert werden. Diese Funktionen erfüllen die Banken. Sodann wird die Geldersparnis immer größer, je mehr derselbe Wechsel als Zahlungsmittel fungiert. Der Umlauf des Wechsels wird aber um so ausgedehnter sein können, je sicherer seine Zahlungsfähigkeit ist. Die Kreditwürdigkeit des Wechsels, der als Zirkulations- und Zahlungsmittel fungieren soll, muß bekannt sein. Auch diese Funktion fällt den Banken zu. Sie erfüllen beide Funktionen, indem sie die Wechsel kaufen. Indem der Bankier den Wechsel kauft, ist er es, der den Kredit gewährt. Der Bankier setzt an Stelle des kommerziellen Kredits den Bankkredit – seinen eigenen, indem er für den Wechsel Noten gibt, an Stelle des industriellen und kommerziellen Wechsels seinen eigenen. Denn die Banknote ist nichts als ein Wechsel auf den Bankier, der lieber genommen wird als der des Industriellen

[67] Wird aber die normale Warenzirkulation durch außerordentliche außerökonomische, also zufällige Ereignisse unterbrochen, wie Revolution oder Krieg etc., so wird es rationell, diese Unterbrechungszeit gleichsam in die normale Umlaufszeit nicht einzurechnen und erst das Vorübergehen dieser Ereignisse abzuwarten. Dies geschieht durch die gesetzliche Bestimmung eines Moratoriums für die Wechsel.

oder Kaufmannes. Ist die Staatsnote gesichert durch das gesellschaftlich notwendige Minimum der Warentransaktionen, der Wechsel durch die vollzogene Warentransaktion als einen privaten Akt des Kapitalisten, so die Note durch den Wechsel, das Zahlungsversprechen, für das das ganze Vermögen aller Personen haftet, die den Austausch vollzogen haben. Zugleich ist die Notenausgabe beschränkt durch die Zahl der diskontierten Wechsel, die selbst beschränkt ist durch die Zahl der vollzogenen Austauschakte.

Die Banknote ist so ursprünglich nichts anderes als ein Wechsel der Bank, der den Wechsel der Produktion[68] ersetzt. Vor der Zeit der Entstehung der Banknote liefen die Wechsel oft mit hundert Unterschriften versehen in der Zirkulation bis zu ihrem Verfall um; umgekehrt wurden die Banknoten ursprünglich nach Art des Wechsels auf die verschiedensten Beträge, nicht nur auf runde Summen ausgestellt. Sie trugen nicht einmal immer den Charakter von Sichtwechseln. »In früheren Zeiten war es nicht ungewöhnlich, daß Banken Noten ausgaben, die entweder bei Sicht oder an einem späteren Tag als dem der Präsentation, nach Wahl des Ausstellers, zahlbar waren, doch in dem letzten Fall trugen die Noten bis zum Tag der Zahlung Zinsen.«[69]

Eine Änderung, die aber die ökonomischen Gesetze nicht aufhebt, führt erst das Eingreifen des Staates herbei: Zweck dieser Gesetzgebung ist, die Konvertibilität der Note zu sichern, indem die Ausgabe der Banknoten direkt oder indirekt beschränkt wird und die Ausgabe zum Monopol einer unter staatlicher Kontrolle stehenden Bank gemacht wird. In Ländern, wo das Staatspapiergeld fehlt oder auf einen weit unter dem gesellschaftlichen Minimum bleibenden Betrag beschränkt ist, nimmt die Banknote den sonst dem Staatspapiergeld zukommenden Raum ein. Wird der Banknote in gewissen krisenhaften Zeiten Zwangskurs verliehen, so wird sie damit selbst zum Staatspapiergeld[70]. Die

---

[68] Unter produktiven Kapitalisten verstehen wir die Kapitalisten, die Durchschnittsprofit realisieren, also die Industriellen und Kaufleute, im Gegensatz zu den Leihkapitalisten, die Zinsen, und den Grundbesitzern, die Rente beziehen.

[69] James Wilson, »Capital, Currency and Banking«. London 1847, S. 44.

[70] Natürlich wird die Bank fortfahren, mit diesen Noten zu diskontieren, und insofern diese Noten gegen Wechsel und andere Sicherheiten ausgegeben werden, erfüllen sie die Funktionen des Kreditgeldes nach wie vor. Das schließt aber durchaus nicht aus, daß sie Staatspapiergeld sind, und das wird sofort bewiesen, wenn sie entwertet werden, weil mehr Papier ausgegeben ist als dem gesellschaftlichen Zirkulationsminimum entspricht. Ge-

künstliche Regelung der Notenausgabe versagt sofort, sobald die Umstände eine vermehrte Notenausgabe verlangen. So wenn in der Krise der Kredit zusammenbricht, das Kreditgeld vieler privater Kapitalisten (also viele Wechsel) unsicher wird und der von ihm eingenommene Raum in der Zirkulation durch zuschüssige Umlaufsmittel ausgefüllt werden muß. Das Gesetz versagt und wird übertreten, wie jüngst in den Vereinigten Staaten, oder suspendiert, wie die Peels-Akte in England. Daß die Banknote genommen wird, während viele andere Wechsel zurückgewiesen werden, beruht lediglich auf dem unerschütterten Kredit

---

schieht das nicht, so wird natürlich auch keine Entwertung eintreten. Da die Vorschüsse an den Staat, wodurch eben die Zirkulationsmenge des Papiers unabhängig von den Bedürfnissen von Handel und Industrie vermehrt wird, auch während der Periode der Bankrestriktion in England gering blieben, war auch die Entwertung gering. Es ist jedoch falsch, wenn Diehl sagt: »Aber selbst bei den uneinlöslichen Banknoten mit tatsächlicher Qualität als gesetzliches Zahlungsmittel kann von einem »Papiergeld« nicht die Rede sein; denn so bedenklich auch der Mangel der Einlösungspflicht ist« (Bedenken, die Diehl, der auf die Erfahrungen der österreichischen Währung keine Rücksicht nimmt, außerdem noch überschätzt), »auch unter diesem System werden die Banknoten nicht ausgegeben, um Geld in Umlauf zu bringen, sondern sie werden in Form von Darlehen an den Staat oder an Kaufleute ausgegeben – also gegen Forderungsrechte, die die Bank ihrerseits erreicht. Dann hängt alles von der Art der Geschäftsführung der Bank, nicht aber von der Notenmenge ab, ob und inwieweit auch unter diesen Verhältnissen die Notenausgabe nur berechtigten Kreditbedürfnissen des Staates und des Handels dient oder ob sie darüber hinausgehend zu einer den ganzen Kredit gefährdenden Papiergeldwirtschaft führt.« (Karl Diehl: »Sozialwissenschaftliche Erläuterungen zu Ricardos Grundgesetzen der Volkswirtschaft«, Leipzig 1905, II. Teil, S. 235). Diehl übersieht den wesentlichen Unterschied zwischen Notenausgabe, die auf Wechseldiskont beruht, also auf Warenumsatz, der Geld verlangt, für den eben das Kreditgeld zur Verfügung gestellt wird, und der Notenausgabe für Vorschüsse an den Staat. Die Note ersetzt den Wechsel, also eine Form des Kreditgeldes durch eine andere, und der Wechsel repräsentiert wirklichen Warenwert. Notenausgabe gegen Zahlungsversprechen des Staates aber soll erst den Staat in den Stand setzen, Waren zu kaufen, für die ihm das Geld mangelt. Nimmt der Staat Schulden auf dem Geldmarkt auf, so erhält er in Zirkulation befindliches Geld und durch seine Ausgabe fließt es wieder auf den Geldmarkt zurück. Hier braucht sich die in Umlauf befindliche Geldmenge nicht zu ändern. Aber der Staat wendet sich an die Bank, weil er eben keinen anderen Kredit hat, und verleiht den Noten Zwangskurs, weil die Bank sonst bankerott würde. Die für diese Anleihe ausgegebenen Noten sind Zusatz zur Zirkulation und können entwertet werden. Es ist genau dasselbe, als würde der Staat das Papiergeld, das er für seine Zahlungen braucht, selbst und nicht erst durch den Umweg durch die Bank ausgeben. Nur daß der Umweg für die Bank vorteilhaft ist, weil sie jetzt für die »Anleihe«, die sie nur Druck kostet, Zinsen bezieht. Es war namentlich dieser Umstand, der Ricardo so gegen die Bank von England aufbrachte und zu der Forderung führte, die Papiergeldausgabe, wobei er freilich Staatspapier und Banknote konfundierte, zur Staatsache zu machen. Es ist der Bank. Wäre dieser gleichfalls erschüttert, so müßte den Noten Zwangskurs verliehen oder direkt Staatspapiergeld ausgegeben werden. Geschähe auch dies nicht, so würden private Umlaufsmittel wie in der letzten amerikanischen Krise geschaffen werden. Aber dies ist ein viel unwirksameres Mittel, um der durch verfehlte Banknotengesetzgebungen verschärften Geldkrise entgegenzutreten[71].

Ebensowenig wie der Wechsel kann die konvertible Banknote (und die nichtkonvertible ist in Wirklichkeit nichts anderes als Staatspapiergeld mit Zwangskurs) im Übermaß ausgegeben

---

übrigens nicht uninteressant, zu sehen, daß die berühmten Vorschläge Ricardos in seinen Proposals for an economical and secure Currency in der »reinen Papierwährung« Österreichs in manchen Teilen verwirklicht sind, während gerade diese Verwirklichung das Falsche in Ricardos theoretischer Begründung aufs klarste erkennen läßt.

71 Bei der Gesetzgebung über das Geldwesen steht die kapitalistische Gesellschaft vor einem rein gesellschaftlichen Problem. Diese Gesellschaft ist sich aber ihrer selbst nicht bewußt. Ihre eigenen Bewegungsgesetze bleiben ihr verborgen und müssen erst mühsam von der Theorie entdeckt werden. Gegen die Annahme der theoretisch gefundenen Resultate wehrt sich aber das Interesse ihrer führenden Schichten. Selbst abgesehen von den engen und uneigennützigen Interessen der Geldkapitalisten, die als vornehmlichste Sachverständige in den Fragen der Bankgesetzgebung gelten, ist es der Widerwille gegen die Arbeitswerttheorie, welche zum unüberwindlichen Hindernis in die richtige Einsicht der Gesetze der Geld- und Notenzirkulation wird und in der englischen Bankgesetzgebung zum Sieg der Prinzipien der Currencyschule führt, obwohl diese Lehre schon durch die Arbeit von Tooke, Fullarton und Wilson historisch und theoretisch ad absurdum geführt war. Es ist dabei eine hübsche Ironie der Geschichte, daß diese Theorie sich – und bis zu einem gewissen Grade mit Recht – auf denselben Ricardo, der sonst die Arbeitswerttheorie konsequent durchzuführen bestrebt war, berufen konnte, weil Ricardo unter dem Eindruck der Praxis der Papiergeldwirtschaft hier seine eigene Theorie im Stiche gelassen hatte.
Es ist der anarchische Charakter der kapitalistischen Gesellschaft, der ihr die rationelle und bewußte Regelung einer gesellschaftlichen Aufgabe so sehr erschwert. Mühsam und ganz allmählich lernt sie erst aus den harten und kostspieligen Erfahrungen der verschiedensten Länder und Epochen richtigere Grundsätze, ohne die Kraft zu finden, sie zu verallgemeinern, wie die Aufrechterhaltung der amerikanischen und englischen, im geringeren Grade auch der deutschen Notenbankgesetzgebung und -politik beweist. Und noch weniger ist sie heute imstande, die neuen Erfahrungen einheitlich theoretisch zu erfassen; staunt sie doch schon die Kühnheit eines Knapp an, der die neuen Tatsachen weder verurteilt noch weginterpretiert, sondern wenigstens daraus eine systematische – Terminologie schafft.
Da es sich bei der Verwaltung der Geld- und Kreditzirkulation um eine rein gesellschaftliche Aufgabe handelt, so erhebt sich die Forderung, diese Aufgabe dem Staate zu übertragen. Da aber der kapitalistische Staat von Klasseninteressen zerrissen ist, so werden gegen diese Forderung sofort die Bedenken derer wach, die den Machtzuwachs der den Staat gerade beherrschenden Schichten zu fürchten haben. Der Kampf endet zumeist mit dem Kompromiß einer weitgehenden staatlichen Aufsicht über eine privilegierte

werden[72]. Der Verkehr entledigt sich der Banknote, die er nicht mehr braucht, indem er sie der Bank zurückgibt. Da sie den Wechsel substituiert, ist ihre Notenausgabe denselben Gesetzen unterworfen wie die Wechselzirkulation und dehnt sich mit dieser aus, solange der Kredit unerschüttert bleibt, tritt aber als Zahlungsmittel, dessen Kredit in der Krise unerschüttert geblieben ist, neben dem Bargeld an die Stelle des Wechsels, sobald die Wechselzirkulation sich in der Kreditkrise gewaltsam kontrahiert.

Mit der Entwicklung des Bankwesens, wo alles unbeschäftigte Geld in den Banken zusammenströmt, substituiert sich der Bankkredit dem kommerziellen in der Weise, daß immer mehr alle Wechsel nicht in ihrer ursprünglichen Form als Zahlungsmittel dienen, indem sie unter den produktiven Kapitalisten umlaufen, sondern in ihrer verwandelten Form als Noten. Die Kompensation und Saldierung der Bilanz findet jetzt bei und unter den Banken statt, eine technische Erleichterung, die den Kreis der möglichen Kompensation erhöht und das zur Saldierung nötige Bargeld weiter verringert.

Das Geld, das früher die produktiven Kapitalisten selbst halten mußten, um die Bilanz der von ihnen ausgestellten Wechsel zu begleichen, ist für sie jetzt überflüssig; es fließt als Depositum den Banken zu, die jetzt damit die Saldierung der Bilanzen vollziehen können. Es verringert sich also der Kapitalteil, den die Produktiven in Form von Geldkapital halten mußten.

Da der Bankier an Stelle der Wechsel seinen eigenen Kredit setzt, so braucht er Kredit, aber nur ein geringes eigenes Kapital

---

Privatgesellschaft. Das persönliche Interesse der Kapitalisten, das angeblich unentbehrlich sein soll, muß eben ausgeschaltet oder doch beschränkt werden. Das Privatinteresse der Leiter der Nationalbanken steht in gar keinem Verhältnisse zur Bedeutung ihrer Macht. Hier könnte in der Tat das freie Walten des Profitinteresses durch Ausnützung des Nationalkredits für eigene Rechnung den größten Schaden anrichten. Der gesellschaftliche Charakter der Aufgabe macht die Ausschaltung oder doch die starke Einschränkung des Profitinteresses unentbehrlich.

72 »Ich zögere keinen Moment, meine volle Übereinstimmung mit der so sehr verschrienen Doktrin der alten Bankdirektoren von 1810 auszusprechen, daß, solange als eine Bank ihre Noten nur ausgibt in der Diskontierung guter Wechsel von nicht mehr als 60tägiger Laufzeit, sie nicht falsch handeln kann, wenn sie so viel Noten ausgibt, als das Publikum nehmen will. In diesem Grundsatze, so einfach er ist, steckt nach meiner Meinung mehr Wahrheit und tiefere Einsicht in die Prinzipien, welche den Geldumlauf beherrschen, als in irgendeiner Vorschrift über diesen Gegenstand, die seitdem erlassen worden ist.« Fullarton, loc. cit., S. 207.

in Geldform als Garantiefonds für seine Zahlungsfähigkeit. Was die Banken hier leisten, ist, durch Ersatz des unbekannten Kredits durch ihren eigenen bekannteren das Kreditgeld in erhöhtem Maße zirkulationsfähig zu machen. Sie ermöglichen dadurch auch den Ausgleich der Zahlungsforderungen lokal auf einem viel größeren Gebiete und soweit dadurch auch die Kompensationsmöglichkeiten der Zeit nach vervielfacht werden, den zeitlichen Ausgleich; sie erweitern somit den Kreditüberbau in weit höherem Maße, als es der auf die produktiven Kapitalisten beschränkten Wechselzirkulation gelungen wäre.

Aber man darf das Kapital, das die Banken durch den Wechseldiskont den produktiven Kapitalisten zur Verfügung stellen, nicht doppelt nehmen; der größte Teil der Bankdepositen gehört der Klasse der produktiven Kapitalisten, die mit der Entwicklung des Bankwesens ihr ganzes verfügbares Geldkapital in den Banken halten. Dieses Geldkapital bildet, wie wir gesehen haben, die Basis des Wechselumlaufes. Es ist aber das eigene Kapital der Klasse. Durch den Wechseldiskont wird der Klasse als solcher nicht neues Kapital zugeführt. Es wird nur an Stelle des Kapitals in der einen Geldform (dem privaten Zahlungsversprechen) Kapital in anderer Geldform (Zahlungsversprechen der Bank, eventuell Bargeld) gesetzt. Um Geldkapital handelt es sich nur, soweit es eben realisiertes Warenkapital ersetzt, also die Geldsumme hier genetisch betrachtet wird. Funktionell handelt es sich immer um Geld (Zahlungs- oder Kaufmittel).

Die Substituierung des Kredits der produktiven Kapitalisten durch Bankkredit kann natürlich auch in anderen Formen erfolgen als denen der Banknotenausgabe. So stellen in Ländern mit Notenmonopol die Privatbanken den Produktiven ihren Bankkredit zur Verfügung, indem sie die Wechsel der Produktiven »akzeptieren«, das heißt mit ihrer Unterschrift versehen und damit sich für deren Zahlungsfähigkeit verbürgen. Dadurch genießt der Wechsel den Kredit der Bank, was seine Umlaufsfähigkeit ebenso erhöht, als wäre er durch die Noten dieser Bank ersetzt. Es ist bekannt, daß ein großer Teil besonders der internationalen Handelstransaktionen durch solche Wechsel erledigt wird. Prinzipiell besteht zwischen solchen akzeptierten Wechseln und Noten von Privatbanken kein Unterschied[73].

[73] »Das wichtigste Mittel, im internationalen Verkehr Zahlungen zu erledigen, ist der Wechsel. Während sich in früherer Zeit in dem Handelswechsel sichtbar der zwischenstaatliche Ausgleich vollzog, ist in dem letzten Jahr-

Der Zirkulationskredit, in dem eben von uns gebrauchten Sinn, besteht also in der Schaffung von Kreditgeld. Er macht die Produktion damit unabhängig von der Schranke der vorhandenen Bargeldsumme, wobei wir unter Bargeld das vollwertige Metallgeld, das Währungsgeld, Silber- oder Goldgeld, verstehen, plus dem Staatspapiergeld mit Zwangskurs und den Scheidemünzen, soweit sie in dem Umfang des gesellschaftlich notwendigen Zirkulationsminimums existieren.

Durch den Zirkulationskredit als solchen findet aber weder Übertragung von Geldkapital von einem produktiven Kapitalisten auf den anderen statt, noch Zufluß von Geld anderer (unproduktiver) Klassen zur Kapitalistenklasse, um von dieser in Kapital verwandelt zu werden. Leistet der Zirkulationskredit also Bargeldersatz, so nennen wir den Kredit in seiner Funktion, Geld in welcher Form immer, also gleichgültig ob Bargeld oder Kreditgeld, aus brachliegendem Geld in fungierendes Geldkapital zu verwandeln: Kapitalkredit. Kapitalkredit deswegen, weil diese Übertragung stets Übertragung an solche ist, die das Geld durch Kauf der Elemente des produktiven Kapitals als Geldkapital anwenden.

Wir haben im vorhergehenden Kapital gesehen, wie im Verlaufe des kapitalistischen Produktionsprozesses freiliegendes, aufgeschatztes Geld, das als Geldkapital dienen soll, entsteht. Es sind die Summen, die zeitweilig durch den Zirkulationsprozeß gebunden, zeitweilig brachliegen, die Summen, die aufgeschatzt werden zum Ersatz des fixen Kapitals und des aufgeschatzten Mehrwerts, bis sie zur Akkumulation groß genug geworden sind. Hier ist dreierlei zu leisten: die einzelnen Summen sind zu sammeln, bis sie durch die Zentralisation groß genug zur produktiven Verwendung werden; zweitens sind sie den geeigneten Personen zur Verfügung zu stellen und drittens sind sie für die geeignete Zeit zur Verfügung zu stellen.

---

hundert der Bankwechsel mehr und mehr in den Vordergrund getreten, hinter welchem der erstere, aber auch der aus anderen Forderungen – zum Beispiel aus dem Effektengeschäft – abgeleitete, verborgen ist. In dem Handelswechsel ist die spezielle Art des vorausgegangenen Warenkaufes ausgelöscht, in dem Bankwechsel ist, dem Zuge der Zeit entsprechend, die Abstraktion noch weiter getrieben, und es ist nicht mehr der Schluß gestattet, daß der Warenverkehr ihm zugrunde liegt, vielmehr läßt sich nur sagen, daß eine Geldforderung aus irgendeinem ökonomischen Vorgang beglichen werden soll. An diese Zahlungsart kann nun der internationale Kredit anknüpfen.« A. Sartorius Freiherr v. Waltershausen: »Das volkswirtschaftliche System der Kapitalsanlage im Ausland.« Berlin 1907, S. 258 ff.

Wir haben früher gesehen, wie das Kreditgeld aus der Zirkulation entsprang. Jetzt haben wir es mit Geld zu tun, das nicht funktioniert; Geld kann aber nur Geldfunktion verrichten und diese kann es nur in der Zirkulation verrichten; der Kredit kann in dieser Funktion daher nichts anderes leisten, als nichtzirkulierendes Geld in Zirkulation zu werfen.

Aber als kapitalistischer Kredit wirft er es nur in Zirkulation, um mehr Geld herauszuziehen; er wirft es in Zirkulation als Geldkapital zur Verwandlung in produktives Kapital. Er erweitert damit den Umfang der Produktion, eine Erweiterung, der die Erweiterung des Umfanges der Zirkulation vorausgegangen sein muß. Diese Erweiterung vollzieht sich ohne Dazwischenkunft neuen Geldes, nur durch die Ausnützung alten, aber brachliegenden Geldes zu Zirkulationszwecken.

Hier ergibt sich also wieder das Bedürfnis für eine ökonomische Funktion, die darin besteht, das brachliegende Geldkapital aufzusammeln und das gesammelte zu verteilen.

Der Kredit trägt hier aber anderen Charakter als der Zirkulationskredit. Dieser bewirkt, daß Geld als Zahlungsmittel fungiert. Die Zahlung für eine Ware, die verkauft wird, wird kreditiert. Geld, das sonst in die Zirkulation eintreten müßte, wird erspart, weil es durch Kreditgeld ersetzt ist. Um diese Summe wird wirkliches Geld überflüssig, das sonst vorhanden sein müßte. Anderseits wird dem Kapitalisten kein neues Kapital zur Verfügung gestellt. Der Zirkulationskredit verleiht nur seinem Warenkapital die Form von Geldkapital.

Anders als Kapitalkredit. Er ist nur Übertragung einer Geldsumme, die ihr Besitzer nicht als Kapital anwenden kann, an jemand, der sie als Kapital anwenden soll. Dies ist ihre Bestimmung. Denn würde sie nicht als Kapital angewandt, könnte ihr Wert nicht erhalten bleiben und rückfließen. Gesellschaftlich betrachtet ist aber immer Rückfluß des Geldes an den Schuldner nötig, um es mit Sicherheit ausleihen zu können. Es findet also hier Übertragung von Geld statt, das bereits vorhanden ist, nicht Ersparung von Geld überhaupt. Der Kapitalkredit besteht also in Übertragung von Geld, das damit aus brachliegendem in fungierendes Geldkapital verwandelt werden soll[74]. Dieser erspart nicht wie der Zahlungskredit Zirkulationskosten, sondern erwei-

[74] Da alles Geld gegen Zins ausgeliehen, also für den Verleiher Kapitalscharakter annimmt, so wird umgekehrt alles ausgeliehene Geld, welches immer in Wirklichkeit seine Funktionen, ob es Ausgangspunkt für neues

tert auf Grundlage der gleichen Geldbasis die Funktion des produktiven Kapitals.

Die Möglichkeit des Kapitalkredits entspringt hier aus den Bedingungen der Zirkulation des Geldkapitals selbst, entspringt daraus, daß periodisch Geld im individuellen Kreislauf des Kapitals brachgelegt wird. Die einen Kapitalisten zahlen dies beständig in die Banken ein, die es den anderen wieder zur Verfügung stellen.

Die ganze Kapitalistenklasse betrachtet, liegt dann das Geld nicht müßig; erstarrt es hier als Schatz, so verwandelt es der Kredit sofort in aktives Geldkapital in einem anderen Zirkulationsprozeß. Für die ganze Klasse verringert sich so der Umfang des vorzuschießenden Geldkapitals. Diese Verringerung erfolgt, weil die Pausen der Zirkulation hier das Geld übertragbar machen und so das Ruhen des Geldes als Schatz vermieden wird. Die ganze Kapitalistenklasse braucht dann nur einen verhältnismäßig geringen Teil des Geldes als Schatz fungieren zu lassen, um Unregelmäßigkeiten und Störungen der Zirkulation begegnen zu können.

Früher hatten wir es mit produktiven Kapitalisten (industriellen und kommerziellen) zu tun, die ihre Umsätze, zum Beispiel den Kauf von Produktionsmitteln, mit Kreditgeld vollziehen. Jetzt wird der produktive zum Geld- oder Leihkapitalisten. Aber diesen Charakter nimmt er nur vorübergehend an, wenn sein Geldkapital, der Verwandlung in produktives harrend, gerade brachliegt. Und wie er in einem Moment leiht, so borgt er in einem anderen von einem zweiten produktiven Kapitalisten. Der Charakter des Leihkapitalisten ist zunächst nur vorübergehend und wird dann mit der Entwicklung des Bankwesens zu dessen besonderer Funktion.

Das vorhandene Geldkapital fungiert durch Vermittlung des Kredits in größerem Umfang als ohne diese Vermittlung. Der Kredit schränkt das brachliegende Kapital auf jenes Minimum ein, das erforderlich ist, um Störungen oder unvorhergesehene Veränderung im Kreislaufprozeß des Kapitals zu verhüten. Das Brachliegen des Geldkapitals während einer gewissen Zeit im Ablauf des Kreislaufprozesses des individuellen Kapitals sucht der Kredit so für das gesellschaftliche Kapital aufzuheben.

---

produktives Kapital bildet oder nur Zirkulationsvorgänge bereits vorhandenen Kapitals vermittelt, als Kapital angesehen und die Nachfrage nach Geld als Zahlungsmittel mit der als Geldkapital verwechselt.

Zugleich folgt, daß die Hinterlegung der Depositen der produktiven Kapitalisten und ebenso ihre Entziehung bestimmten Gesetzen folgt, die sich aus der Natur der Zirkulation des produktiven Kapitals, aus der Länge seiner Umlaufszeit herleiten. Diese Gesetzmäßigkeit erkennen, lehrt die Banken die Erfahrung, die ihnen das Minimum von Depositen zeigt, das in normalen Zeiten nicht unterschritten wird und ihnen erlaubt, diesen Betrag den produktiven Kapitalisten stets zur Verfügung zu halten.

Der Scheck ist der unmittelbare Bezug auf das Depositum, während der Wechsel sich nur virtuell auf dasselbe beziehen muß; der Scheck bezieht sich auf das individuelle Deposit, der Wechsel beruht auf dem Depositum der Klasse. Denn es sind zunächst die eigenen Depositen, die der Kapitalistenklasse im Wechseldiskont zur Verfügung gestellt werden und, wenn die Zahlungen für die verfallenen Wechsel eingehen, die Rückflüsse für die verkauften Waren also tatsächlich erfolgen, immer wieder als Depositen zurückkehren. Vermindern sich die Rückflüsse, werden die Wechseleingänge geringer, so müssen die Kapitalisten zusätzliches Kapital zur Verfügung haben. Sie vermindern dann die Depositen, damit aber den Fonds, aus dem ihre Wechsel diskontiert werden. Dafür muß nun die Bank eintreten; sie muß mit ihrem eigenen Kredit diskontieren; da aber die Basis des Wechselumlaufes, die Depositen, abgenommen haben, ihre Liquidität vermindert ist, kann sie ohne Gefahr nicht ihren eigenen Kredit vermehren. Der verlangsamte Rückfluß hat in diesem Fall vermehrte Nachfrage nach Bankkredit, und da dieser nicht ausdehnbar ist, nach Bankierkapital – Leihkapital – hervorgerufen. Dies äußert sich im Steigen des Zinsfußes. Die Funktion des Wechsels, als Kreditgeld zu fungieren, hat sich vermindert. An seine Stelle mußte Geld treten, das den Banken entzogen worden und hier als vermehrte Nachfrage nach Geldkapital empfunden wurde. Wir haben hier also Verminderung der Depositen bei gleichbleibendem oder noch steigendem Wechselumlauf und steigendem Zins.

Daß die Summe der Depositen ein Vielfaches der wirklich vorhandenen Bargeldsumme ist, ist schon hier klar. Das Hartgeld macht eine ganze Anzahl von Umläufen durch und ist zugleich die Basis des Kreditgeldumlaufes. Jeder solche Umlauf von Bar- oder Kreditgeld kann als Depositum beim Bankier niederschlagen. Die Depositensumme kann damit um so viel größer sein als die Bargeldsumme, als die Umlaufszahl einschließlich des Kreditgeldes anzeigt.

A legt 1000 M. in die Bank. Die Bank leiht diese 1000 M. an B. Dieser zahlt damit eine Schuld an C. C legt diese 1000 M. wieder in die Bank, die Bank leiht sie neuerdings aus und erhält sie neuerdings als Deposit etc. »Die Depositen ... spielen eine doppelte Rolle. Einerseits werden sie ... als zinstragendes Kapital ausgeliehen und finden sich also nicht in der Kasse der Banken, sondern figurieren nur in ihren Büchern als Guthaben der Depositoren. Anderseits fungieren sie als solche bloße Buchposten, soweit die wechselseitigen Guthaben der Depositoren durch Schecks auf ihre Depositen sich ausgleichen und gegeneinander abgeschrieben werden; wobei es ganz gleichgültig ist, ob die Depositen bei demselben Bankier liegen, so daß dieser die verschiedenen Konti gegeneinander abschreibt, oder ob dies durch verschiedene Banken geschieht, die ihre Schecks gegeneinander austauschen und sich nur die Differenzen zahlen.«[75]

Nach dem Bisherigen wirkte die Bank einmal als Vermittlerin des Zahlungsverkehres, den sie durch die Konzentration der Zahlungen und Ausgleichung der örtlichen Verschiedenheiten erweitert; sodann besorgte sie die Verwandlung von brachliegendem in funktionierendes Geldkapital, das sie sammelte, konzentrierte, verteilte und dadurch auf das jeweilige Minimum, das für den Kreislauf des Gesellschaftskapitals notwendig ist, reduzierte. Eine dritte Funktion übernimmt die Bank, indem sie das Einkommen aller anderen Klassen in Geldform sammelt und der Kapitalistenklasse als Geldkapital zur Verfügung stellt. Den Kapitalisten fließt so außer ihrem eigenen Geldkapital, das die Banken verwalten, das brachliegende Geld aller anderen Klassen zur produktiven Verwendung zu.

Um diese Funktion zu erfüllen, müssen die Banken möglichst alle Gelder, die in den Händen ihrer Besitzer brachliegen, sammeln, konzentrieren und sie dann den Produktiven ausleihen. Ihr Hauptmittel ist die Gewährung von Zins auf die Depositen und die Errichtung von Sammelstellen (Filialen) zur Aufnahme der Depositen. Diese sogenannte Dezentralisation – so genannt, weil sie rein örtlich ist, nicht aber ökonomisch – liegt also im Wesen der Bankfunktion, die brachliegenden Gelder auf die Produktiven zu übertragen.

---

[75] Marx, »Kapital«, III., 2. Teil, S. 488.

Das Geldkapital, das die Banken den industriellen Kapitalisten zur Verfügung stellen, kann von diesen in zweierlei Weise zur Erweiterung der Produktion verwandt werden: es kann Geldkapital verlangt werden, um es in zirkulierendes oder aber um es in fixes Kapital zu verwandeln. Die Unterscheidung ist wichtig wegen der Verschiedenartigkeit des Rückflusses. Geldkapital, vorgeschossen zum Ankauf von zirkulierendem Kapital, fließt in derselben Weise zurück, das heißt, sein Wert ist nach Ablauf der Umschlagsperiode vollständig reproduziert und in Geldform rückverwandelt. Anders beim Vorschuß zur Verwandlung in fixes Kapital. Hier fließt das Geld nur allmählich während einer längeren Reihe von Umschlagsperioden zurück und ist während der ganzen Zeit festgelegt. Die Verschiedenartigkeit des Rückflusses bedingt so eine Verschiedenartigkeit in der Art und Weise, wie die Gelder der Bank festgelegt sind. Die Bank hat ihr Kapital in das kapitalistische Unternehmen eingelegt und ist damit an dem Schicksal dieses Unternehmens beteiligt. Diese Beteiligung ist um so fester, je mehr das Bankkapital als fixes Kapital in dem Unternehmen fungiert. Dem Kaufmann gegenüber ist die Bank viel freier als dem industriellen Unternehmen gegenüber.

Überhaupt kommt beim Kaufmannskapital überwiegend nur Zahlungskredit in Betracht. Dies erklärt auch, warum die Beziehungen zwischen Kaufmanns- und Bankkapital sich, wie wir noch sehen werden, ganz anders gestalten als die zum industriellen Kapital.

Die Formen, in denen das Bankkapital inklusive der fremden Gelder in dem Umfang, in dem sie oben erwähnt worden, den Produktiven zur Verfügung gestellt werden, sind mannigfach: Überziehen der eigenen Depositen, Einräumung eines offenen Buchkredits und der Kontokorrentverkehr. Ihre Unterscheidung ist von keiner prinzipiellen Bedeutung, wichtig sind nur die Zwecke, zu welchen die Gelder wirklich verwandt werden, ob zur fixen oder zirkulierenden Kapitalanlage[76].

---

[76] Die Ökonomen, welche bei der Analyse der Ware die spezifischen Formbestimmtheiten übersehen und nur den Inhalt des Tauschaktes betrachten, vernachlässigen umgekehrt bei den entwickelten Formen des Kredit- wie des Börsenverkehrs den Inhalt und können sich nicht genug tun mit unendlichen Spintisierereien über die Formen. Auch Jeidels scheint mir in seiner sonst vorzüglichen Schrift (»Das Verhältnis der deutschen Großbanken zur Industrie«, Leipzig 1905) den Formen des Kreditverkehrs übermäßige Bedeutung beizulegen.

Diese Festlegung von Kapital erfordert aber anderseits auch ein größeres eigenes Kapital der Banken, das als Reservefonds und Garantiefonds für die stete Einlösbarkeit der Depositen dient. Banken mit der Funktion der eigentlichen Kreditgewährung müssen also immer auch über bedeutendes Kapital verfügen, im Gegensatz zu den reinen Depositenbanken. So ist in England das Verhältnis des eingezahlten Aktienkapitals zu den Verpflichtungen ein außerordentlich geringes; »bei der ausgezeichnet geleiteten London- und Countybank war 1900 das Verhältnis wie 4,38 : 100«[77]. Anderseits erklärt sich aus diesem Verhältnis die Höhe der Dividenden der englischen Depositenbanken.

Zu Beginn der Entwicklung wird der Kredit hauptsächlich vermittelt durch Wechsel; er ist Zahlungskredit, den sich die produktiven Kapitalisten, Industrielle und Kommerzielle untereinander geben; sein Resultat ist das Kreditgeld. Ist der Kredit bei den Banken konzentriert, so tritt einmal neben dem Zahlungskredit der Kapitalkredit stets stärker hervor. Zugleich kann sich der Kredit, den sich die Industriellen untereinander geben, der Form nach verändern. Die Industriellen halten alles Kapital, das sie in Geldform haben, in der Bank. Es macht jetzt keinen Unterschied, ob sie sich Kredit durch Wechsel gegenseitig geben oder ob sie sich gegenseitig Anweisung auf ihre Bankkredite geben. So können Bankkredite an Stelle von Wechselkrediten treten und der Wechselumlauf hat sich verringert. An Stelle des industriellen und kommerziellen Wechsels ist der Bankwechsel, dem aber eine Verpflichtung des Industriellen an die Bank zugrunde liegt, getreten[78].

---

[77] Jaffé, »Das englische Bankwesen«, S. 200.

[78] »Zunächst ist in fast allen Geschäftszweigen, durchgeführt schon im Rohstoff- und Halbfabrikatenverkehr, die zunehmende Einbürgerung der Barzahlung (worin aber Prion die Bankzahlung einbegreift) an Stelle der Wechselbegleichung wahrzunehmen. Mit Hilfe des Bankkredits, besonders in der Form des Akzeptskredits, zahlt der Kaufmann mittels Giroüberweisung oder Ausschreibung eines Schecks in bar, so daß der reine Warenwechsel immer mehr verdrängt wird. Am stärksten muß dies die großen und besten Warenwechsel treffen, weil in der obersten Schicht des Handelsverkehres der Kapitalreichtum durch den Aufsaugungsprozeß ohnehin schon stark gewachsen ist. Selbst im überseeischen Großverkehr, dem Herkunftsgebiet des bisher feinsten Wechsels, beispielsweise im Getreidehandel, ist es üblich geworden, an Stelle des Zwei- und Dreimonatswechsels mit der Sichttratte zu zahlen, wenn nicht der Bankakzept gebraucht wird. Begründet ist diese Umwandlung durch die Tatsache, daß der Käufer bei Barzahlung stets vorteilhaftere Bedingungen erlangen kann, die selbst im ganzen bestehen

Daß die Entwicklung vom Zahlungs- zum Kapitalkredit geht, zeigt sich auch international. Zuerst gibt England (wir sehen von der analogen Stellung des holländischen Kapitalismus zum englischen während des Frühkapitalismus ab) den fremden Ländern, die die englischen Produkte kaufen, hauptsächlich kommerziellen Kredit, während England seine Einkäufe in verhältnismäßig größerem Maße bar zahlt; heute ist es anders: Kredit wird nicht allein und in erster Linie für die Handelsbeziehungen gewährt als kommerzieller Kredit, sondern für Kapitalanlagen; man sucht sich durch Kapitalkredit der auswärtigen Produktion zu bemächtigen. Internationaler Bankier ist weniger das Industrieland (Vereinigte Staaten, Deutschland), sondern in erster Linie sind es Frankreich, dann Belgien und Holland, das schon den englischen Kapitalismus im 17. und 18. Jahrhundert finanziert hat, die Kapitalkredit gewähren. England nimmt eine Mittelstellung ein. Daher auch die Verschiedenheit der Goldbewegungen in den Zentralbanken dieser Länder. Die Goldbewegung der Bank von England ist einmal Index für die internationalen Kreditverhältnisse, da London der einzige ganz freie Goldmarkt von alters her ist und sich daher dort der Goldhandel konzentriert. In Frankreich hindert die Goldprämienpolitik, in Deutschland manche Einflüsse der Reichsbankleitung die völlig freie Goldbewegung. Die Bewegung des englischen Goldschatzes hängt in erster Linie ab, da der Kredit, den England gibt, noch wesentlich kommerzieller Kredit ist, vom Stande der Industrie und des Handels und seiner Bilanz. Die Dispositionen der Bank von Frankreich mit ihrem riesigen Goldschatz und ihrer verhältnismäßig geringen kommerziellen Verpflichtung sind viel freier. Sie ist es, die der Bank von England bei Erschütterungen des kommerziellen Kredits zu Hilfe kommt.

Diese relative Unabhängigkeit des Bankkredits vom kommerziellen ist wichtig, weil sie eine gewisse Überlegenheit für den Bankier bedeutet. Jeder Kaufmann und Industrielle hat Kredit-

---

bleiben, wenn auch zu diesem Zwecke in erheblichem Umfange der Bankkredit in Anspruch genommen werden muß. Um die tatsächlich noch in Umlauf gelangenden Warenwechsel entspinnt sich des weiteren ein starker Wettbewerb sowohl zwischen Reichsbank und Kreditbanken als auch zwischen den einzelnen Gruppen der letzteren selbst. Die gewaltigen Kapitalanhäufungen in den Großbanken drängen nach einer entsprechenden Wechselanlage und drücken deshalb in diesem Wettbewerb den Preis für die guten Warenwechsel weit unter den Reichsbankdiskontsatz bis auf den Privatdiskontsatz herab.« (Prion, loc. cit., S. 120.)

verpflichtungen, die bis zu einem gewissen Zeitpunkt erfüllt werden müssen. Er selbst ist aber für die Erfüllung heute abhängig von den Dispositionen seines Bankiers, der ihm durch Einschränkung seines Kredits die Erfüllung eventuell unmöglich machen könnte. Solange die Hauptmasse des Kredits kommerzieller Kredit war und die Bankiers nur wesentlich Wechselhändler, war dies nicht der Fall; hier hing vielmehr der Bankier selbst vom Ablauf des Geschäftes, von der Bezahlung der Wechsel ab; er mußte es möglichst vermeiden, die geforderte Kreditgewährung einzuschränken, solange es irgendwie ging, da er sonst den ganzen Wechselkredit zerstören konnte; daher große Anspannung seines eigenen Kredits bis zur Überspannung und dem Krach. Heute, wo der kommerzielle Kredit diese Rolle nicht mehr spielt, sondern der Kapitalkredit die Hauptsache, kann die Bank die Verhältnisse viel besser kontrollieren und beherrschen.

Eine gewisse Entwicklung des Kredits gegeben, wird die Benützung des Kredits für das kapitalistische Unternehmen eine Notwendigkeit, die ihm der Konkurrenzkampf aufdrängt. Denn für den Einzelkapitalisten bedeutet die Benützung des Kredits eine Erhöhung seiner individuellen Profitrate. Beträgt die Durchschnittsprofitrate 30 Prozent, der Zinsfuß 5 Prozent, so wird ein Kapital von 1 Million Mark einen Profit von 300 000 M. erzielen. (Von diesem Profit werden in der Berechnung des Kapitalisten 250 000 M. als Unternehmergewinn, 50 000 M. als Zins auf sein Kapital gebucht werden.) Gelingt es dem Kapitalisten, eine zweite Million aufzunehmen, so wird er jetzt von 600 000 M. minus 50 000 M. die er als Zins auf die zweite Million Mark wegzahlen muß, also 550 000 M. Gewinn machen; sein Unternehmergewinn beträgt jetzt 500 000 M. der, nach wie vor auf das eigene Kapital von 1 Million berechnet, nunmehr eine Unternehmergewinnrate von 50 Prozent gegen die frühere von 25 Prozent ergibt. Erlaubt ihm das größere Kapital zugleich mit der Ausdehnung der Produktion auch billiger zu produzieren, so wird sich sein Gewinn weiter erhöht haben. Ist anderen Kapitalisten die Kreditbenützung nicht im selben Maße oder zu härteren Bedingungen möglich, so wird der begünstigte Kapitalist einen Extraprofit machen können.

Ist die Marktlage ungünstig, so äußert sich der Vorteil der Kreditbenützung in anderer Weise. Es ist dem Kapitalisten, der fremdes Kapital benützt, möglich, mit seinen Preisen für jenen Umfang, in dem er fremdes Kapital benützt, unter den Produktionspreis (Kostpreis plus Durchschnittsprofit) herunterzugehen bis auf k+z (Kostpreis plus Zins), so daß er die Gesamtsumme seiner Waren unter dem Produktionspreis verkaufen kann, ohne den Profit auf sein eigenes Kapital zu schmälern. Er opfert nur den Unternehmergewinn auf das fremde, nicht den Profit auf das eigene Kapital. Die Benützung des Kredits gibt so in Zeiten ungünstiger Konjunktur eine Überlegenheit im Preiskampf, die mit dem Umfang der Kreditbenützung wächst. So wird das eigene Kapital, das die produktiven Kapitalisten benützen, für sie nur die Basis eines Unternehmens, das mit Hilfe fremden Kapitals weit über die Schranke des eigenen Kapitals ausgedehnt wird[79]. Die Erhöhung des Unternehmergewinns durch Benützung des Kredits ist eine solche für den individuellen Kapitalisten und für sein eigenes Kapital. Sie läßt zunächst die Höhe der gesellschaftlichen Durchschnittsprofitrate unberührt. Zugleich steigert sich aber natürlich die Profitmasse, damit das Tempo der Akkumulation. Indem sie erlaubt, die Stufenleiter der Produktion auszudehnen, die Produktivkraft der Arbeit zu steigern, gewährt sie zunächst den Kapitalisten, die den Kredit zuerst oder in größerem Umfang als andere anwenden können, Extraprofit, um im weiteren Verlauf der Entwicklung durch Fortschreiten zur höheren Zusammensetzung des Kapitals, die mit der Ausdehnung der Produktion meist verbunden ist, die Profitrate zu senken. Die Erhöhung des Unternehmergewinns des einzelnen Kapitalisten treibt diese zu immer stärkerer Inanspruchnahme des Kredits. Zugleich wächst durch die Zusammenfassung alles Geldkapitals in den Banken die Möglichkeit der Inanspruchnahme. Diese in der Industrie entspringende Tendenz muß ihrerseits zurückwirken auf die Art der Kreditgewährung durch die Banken.

Die Verstärkung des Strebens nach Kredit führt zunächst dazu, daß für das zirkulierende Kapital Kredit in Anspruch genommen wird; ein immer größerer Teil des eigenen Kapitals

[79] Um wie hohe Kredite es sich im Einzelfall handelt, sieht man zum Beispiel aus einer Notiz des »Aktionär« aus dem Jahre 1902, wonach es vielfach üblich geworden ist, daß Industrielle 20 bis 40 Prozent als Bankschulden zu verzinsen haben. Auf der Generalversammlung des Neusser Eisenwerkes, vormals Rudolf Daelen, rechnete ein Aktionär aus, daß die Schulden dieses Werkes 1900 bis 1903 26, 85, 105, 115 Prozent der flüssigen Mittel betrugen; von den 718 000 Mark Schulden im Jahre 1903 waren 500 000 Mark Bankschulden bei 1 Million Mark Aktienkapital. (Jeidels a.a.O., S. 42.)

wird in fixes Kapital verwandelt, während für einen erheblichen Teil des zirkulierenden Kapitals fremdes Kapital eintritt. Je größer aber die Stufenleiter der Produktion, je gewaltiger der fixe Kapitalteil wird, desto fühlbarer wird die Beschränkung des Kredits auf das zirkulierende Kapital empfunden. Soll aber auch für das fixe Kapital Kredit in Anspruch genommen werden, so ändern sich die Bedingungen für die Kreditgewährung von Grund aus. Das zirkulierende Kapital ist nach einer Umschlagsperiode in Geldkapital rückverwandelt, das fixe Kapital verwandelt sich nur allmählich im Laufe einer längeren Periode mit seiner allmählichen Abnützung in Geld zurück. Geldkapital, das in fixes Kapital verwandelt worden ist, ist damit für längere Zeit gebunden, es muß lange Zeit vorgeschossen bleiben. Die Leihkapitalien aber, die der Bank zur Verfügung stehen, müssen zum größten Teil jederzeit ausbezahlt werden können. Es kann davon nur der Teil zur Verwandlung in fixes Kapital ausgeliehen werden, der in den Händen der Bank lange genug bleibt. Das tut nun kein individuelles Leihkapital; aber von dem gesamten Leihkapital bleibt immer ein großer Teil in den Händen der Bank, ein Teil, dessen Zusammensetzung stets wechselt, der aber in einem gewissen Minimum stets vorhanden bleibt. Dieser in der Verfügung der Banken bleibende Teil ist es, der auch als fixes Kapital ausgeliehen werden kann. Während das individuelle Kapital nicht in Form bloßen Leihkapitals zur fixen Anlage geeignet ist – denn es hört damit auf Leihkapital zu sein und wird ein Teil des industriellen Kapitals, der Kapitalist wird aus einem Leihkapitalisten ein Industrieller –, ist dieses Minimum, das immer der Bank zur Verfügung steht, zur fixen Anlage geeignet. Dieser Teil wird erstens um so größer und zweitens um so konstanter sein, je größer das Gesamtkapital, das der Bank zur Verfügung steht. Es muß daher die Bank, die fixes Kapital zur Verfügung stellt, immer schon eine gewisse Ausdehnung haben, die mit der Expansion der industriellen Unternehmungen wachsen und noch rascher wachsen muß als diese. Zugleich wird eine Bank sich nicht an einem Unternehmen beteiligen können, sondern die Tendenz haben, durch mehrfache Beteiligung ihr Risiko zu verteilen. Dies wird schon deshalb der Fall sein, weil dadurch die Rückflüsse auf diese Vorschüsse regelmäßiger eingehen werden.

Mit dieser Art der Kreditgewährung ändert sich aber zugleich die Stellung der Banken zur Industrie. Solange die Banken nur den Zahlungsverkehr vermitteln, interessiert sie eigentlich nur der momentane Stand des Unternehmens, seine momentane Zahlungsfähigkeit. Sie lösen die Wechsel ein, die nach dieser Prüfung gut sind, sie bevorschussen die Waren, lombardieren die Aktien, die nach dem augenblicklichen Stand des Marktes zu normalen Preisen verkäuflich sind. Ihr eigentliches Wirkungsfeld ist demnach auch mehr das kommerzielle Kapital als das industrielle und daneben die Befriedigung der Ansprüche der Börse. Auch ihr Verhältnis zur Industrie bezieht sich weniger auf den Produktionsprozeß als vielmehr auf den Verkauf der Industriellen an den Großkaufmann. Anders wenn die Bank dazu übergeht, dem Industriellen Produktionskapital zur Verfügung zu stellen. Dann bleibt ihr Interesse nicht mehr auf den augenblicklichen Zustand des Unternehmens und die augenblickliche Marktlage beschränkt, sondern jetzt handelt es sich vielmehr um das fernere Geschick des Unternehmens, um die künftige Gestaltung der Marktlage. Aus dem augenblicklichen wird ein dauerndes Interessse, und je größer der Kredit, je mehr vor allem der Anteil des in fixes Kapital verwandelten Leihkapitals überwiegt, desto größer und desto bleibender dieses Interesse.

Gleichzeitig wächst aber der Einfluß der Bank auf das Unternehmen.

Solange der Kredit nur vorübergehend war, solange also das Unternehmen nur sein zirkulierendes Kapital von der Bank kreditiert erhielt, so lange war auch die Lösung dieser Beziehung verhältnismäßig leicht. Nach Ablauf der Umschlagsperiode konnte das Unternehmen den Kredit zurückzahlen, einen anderen Kreditgeber sich aussuchen. Das hört auf, wenn auch ein Teil des fixen Kapitals kreditiert ist. Die Verpflichtung läßt sich dann erst nach längerer Zeit lösen. Das Unternehmen bleibt an die Bank gebunden. In diesem Verhältnis pflegt aber die Bank der stärkere Teil zu sein. Die Bank verfügt immer über das Kapital in seiner flüssigen, stets schlagfertigen Form, über Geldkapital. Das Unternehmen aber ist angewiesen auf die Rückverwandlung der Ware. Stockt der Zirkulationsprozeß oder sinken die Verkaufspreise, so ist zuschüssiges Kapital notwendig, das auf dem Wege des Kredits zu beschaffen ist. Denn mit der Ausdehnung des Kreditwesens ist der Umfang des Kapitals eines jeden Unternehmens auf das Mindestmaß beschränkt, erfordert jede plötzlich eintretende Notwendigkeit einer Vermehrung der flüssigen Mittel eine Kreditoperation, deren Versagung für das Unternehmen den Bankerott bedeuten könnte. Es ist die Verfügung über das Geldkapital, was der Bank die Übermacht gibt gegenüber dem Unternehmen, dessen Kapital als Produktions- oder Warenkapital festgelegt ist. Dazu kommt die Übermacht des Kapitals der Bank, die sie relativ unabhängig der einzelnen Transaktion gegenüber macht, während für das Unternehmen von dieser Transaktion vielleicht alles abhängt. Umgekehrt kann in manchen Fällen die Bank so stark bei einem Unternehmen engagiert sein, daß ihr Geschick mit dem Unternehmen eng verflochten ist und sie sich allen seinen Anforderungen fügen muß. Es ist im allgemeinen immer die Überlegenheit der Kapitalsmacht, besonders die Ausdehnung des zu freier Verfügung stehenden Geldkapitals, was über die ökonomische Abhängigkeit innerhalb eines Schuldverhältnisses entscheidet.

Das geänderte Verhältnis zur Industrie verstärkt alle jene Tendenzen, welche schon aus der Technik des Bankwesens heraus zur Konzentration führen. Eine Betrachtung dieser Tendenzen muß auch hier die drei Funktionen der Banken scheiden, die im Zahlungskredit (also im Wechselverkehr), im Kapitalkredit und im Emissionsgeschäft – dies muß hier vorweggenommen werden – zum Ausdruck kommen.

Für den Wechselverkehr entscheidend ist vor allem die Ausdehnung der internationalen Beziehungen. Er erfordert ein weitverzweigtes Netz der internationalen Beziehungen. Sodann macht hier die längere Umlaufszeit des Auslandswechsels es notwendig, größere Mittel eventuell festlegen zu können. Drittens ist auch der Ausgleich durch Kompensation der Wechsel hier weniger gleichmäßig. Der Devisenhandel verlangt also eine große leistungsfähige Organisation. »Das Bedeutsame liegt darin, daß schon allein aus der Technik eines bestimmten Bankgeschäftes, das für eine aufblühende Industrie von zunehmender Wichtigkeit ist, eine Tendenz zur Konzentration im Bankwesen entsteht. Der aus der gewerblichen Produktion stammende Wechsel, Auslands- sowie Inlandswechsel, wesentlich der Bezahlung von Rohmaterial und Fabrikaten dienend, verlangt eine Organisation des Bankwesens, die weitverzweigt genug ist, um den Wechselverkehr im großen, besonders auch mit dem Ausland, regeln, gleichzeitig aber auch den einzelnen Wechsel auf seine Sicherheit prüfen zu können, das heißt Großbanken mit vielen auswärtigen Beziehungen und einheimischen Niederlassungen. Freilich dient der Wechsel der Industrie wesentlich zur Zahlung und zur Schaffung von Zahlungskredit; das Institut, das diesen Kredit gewährt, erhält dadurch noch keine Möglichkeit, in die kreditnehmenden Industrien bewußt und planvoll einzugreifen, über die notwendige Prüfung der Sicherheit des Kreditnehmers und den Diskontgewinn gehen die Beziehungen zwischen Bank und Industrie dabei nicht hinaus.«[80]

Um das ausländische Wechselgeschäft lukrativ betreiben zu können, muß damit auch die Wechselarbitrage eng verbunden sein. Dazu gehören einerseits ausgedehnte Verbindungen, anderseits große flüssige Mittel. Denn Arbitrageoperationen müssen immer, um Gewinn abzuwerfen, sehr rasch und in großem Maßstab gemacht werden. Dieses Wechselarbitragegeschäft »beruht darauf, daß zum Beispiel an Tagen, an denen (scil. in London) die Nachfrage nach Wechseln auf Paris größer ist als das Angebot und die Wechselkurse dementsprechend anziehen, von Häusern, welche entweder Guthaben oder Kredit in Frankreich haben, diese Konjunktur ausgenützt wird, indem sie Wechsel auf Paris ausstellen; die betreffende bezogene Firma in Paris wartet sodann eine ähnliche günstige Gelegenheit auf dem dortigen Markte ab, um die Summen wieder nach England zurückzuleiten«[81].

Die Pflege des Kapitalkredits drückt sich aus in der zunehmenden Bedeutung des Kontokorrentverkehres[82]. »Seine Bedeutung für das Verhältnis der Banken zur Industrie entspringt drei Gründen: 1. Durch seine entscheidende Wichtigkeit für die

---

[80] Jeidels, loc. cit., S. 32.

[81] Edgar Jaffé, »Das englische Bankwesen«, S. 60.

[82] Das Wesen des Kontokorrentkredits besteht darin, »daß er dem Schuldner gestattet, über den vereinbarten Kredit im ganzen oder durch Teilbeträge zu verfügen und auch dementsprechend jederzeit Rückzahlungen zu leisten. Vorteilhaft für den Schuldner ist diese Eigenart des Kontokorrentkredits dadurch, daß er die Benützung der leihweise überlassenen Kapitale ganz dem Bedürfnis seines Geschäftsbetriebes anpassen und in ökonomischer Weise die Kosten derselben verringern kann. Dagegen bedeutet die Hingabe von Geldern im Wege des Kontokorrentkredits für die Banken eine ziemlich feste Anlage, deren Dauer zwar nicht begrenzt ist, die aber Rückzahlungen von seiten des Schuldners fotwährend zuläßt«. (Prion, loc. cit., S. 102.) Über seine Höhe in Deutschland heißt es ebenda: »Es ist üblich, den Kontokorrentzinsfuß dem Lombardzinsfuß der Reichsbank anzupassen, ihn jedoch nicht bei Ermäßigung der Bankrate unter eine bestimmte Mindesthöhe fallen zu lassen, die meist 5 Prozent beträgt. Neben dieser in der Praxis gleichmäßig gehandhabten Berechnung der Zinsen wird für diese besondere Art der Kreditgewährung nach Unterlagen und Qualität der Banken eine Provision in Ansatz gebracht, die den qualitativen Abstufungen der Geschäftsverbindungen gerecht wird. Sie wird meist von einem

ruhige Ausdehnung eines Unternehmens schafft er eine Abhängigkeit von den Kreditgebern. 2. Die geschäftliche Natur des industriellen Bankkredits übt noch mehr als die bisher erwähnten Kreditgeschäfte eine Wirkung auf die Organisation des Bankwesens aus, nur sie wirkt auf die Bankkonzentration hin ..., die eigenartigen Beziehungen zur Industrie ... verlangen neue Prinzipien, eine andere Kenntnis der Industrie seitens der Bankleiter. 3. Schließlich ist das industrielle Kontokorrentgeschäft der Angelpunkt sämtlicher Geschäfte der Bank mit der Industrie; die Gründungs- und Emissionstätigkeit, die direkte Beteiligung an gewerblichen Unternehmungen, das Mitwirken bei der Leitung industrieller Betriebe als Mitglied des Aufsichtsrates stehen zu dem Bankkredit in sehr vielen Fällen in dem engen Verhältnis von Ursache und Wirkung.« Zugleich ist das Kontokorrentkonto ein »gutes Mittel für die Bank, das Industrieunternehmen zu beurteilen und zu kontrollieren; regelmäßige Umsätze bedeuten guten Geschäftsgang«[83]. Die Bank erwirbt durch diese regelmäßigen Beziehungen zugleich eine genaue Kenntnis dieses Unternehmens, die ihr in anderer Beziehung, zum Beispiel bei Börsengeschäften, von Vorteil sein kann. Anderseits erfordert die Gefahr übermäßiger Kreditgewährung die genaue Überwachung des industriellen Unternehmens, deren erste Vorbedingung die ist, daß das Unternehmen nur mit einer einzigen Bank arbeitet.

Fordert so die Funktion der Bank als Kreditvermittlerin mit der Ausdehnung der Industrie eine fortschreitende Konzentration des Bankkapitals, so verlangt ihre Funktion als Emissionsinstitut gleichfalls größtmögliche Konzentration. Zunächst macht sich hier bei den gewinnreichsten Geschäften die unmittelbare Überlegenheit einer großen Bank am stärksten geltend; sie wird mehr Geschäfte machen, größere Geschäfte und bessere Geschäfte. Je größer die Bank, desto größer die Sicherheit, mit der sie emittiert. Sie wird einen großen Teil der Emission bei ihren eigenen Kunden unterbringen können. Dann aber muß die Bank imstande sein, die immer größeren Summen, um die es sich handelt,

---

Vielfachen der gewährten oder tatsächlich in Anspruch genommenen Kreditsummen berechnet und ist von der Lebhaftigkeit des Umsatzes abhängig. Jedenfalls verändert diese Provision den eigentlichen Zinssatz so sehr zuungunsten des Kreditnehmers, daß in Wirklichkeit je nach dem einzelnen Abkommen 2 bis 3 Prozent mehr bezahlt werden müssen, als die dem Namen nach bestehende Zinsberechnung angibt.«

[83] Jeidels, loc. cit., S. 32 ff.

mit Sicherheit aufzubringen. Sie braucht dazu großes eigenes Kapital und großen Einfluß auf den Markt.

Die große Bank kann sich den geeigneten Zeitpunkt des Absatzes aussuchen, sie kann mittels ihres großen Kapitals die Börse präparieren, und sie ist in der Lage, auch späterhin die Kursentwicklung der Aktien zu beherrschen und so den Kredit des Unternehmens zu schützen. Die Ansprüche, die an die Emissionskraft der Banken gestellt werden, werden mit der Entwicklung der Industrie immer größer. Die Mobilisierung des Kapitals läßt für die Ausdehnung der Produktion nur mehr eine Bedingung, die technische Angemessenheit, gelten. Zugleich beseitigt sie auch für die Erweiterung der Unternehmungen die Abhängigkeit von den Überschüssen des eigenen Betriebes und gestattet rasche, zu Zeiten günstiger Konjunktur oft geradezu sprunghafte Erweiterungen mit plötzlichen starken Kapitalsansprüchen. Sie kann dieses Kapital nur dort erhalten, wo es in großen konzentrierten Massen vorhanden ist, von den Banken, und sie muß diesen wieder die Sorge überlassen, dieses Kapital ohne Erschütterung des Geldmarktes zu beschaffen. Dies kann die Bank nur, wenn das Kapital, das sie ausgibt, wieder rasch zurückströmt, oder die Umsätze nur buchmäßig vollzogen werden; dies wird in um so größerem Maß der Fall sein, sobald die Aktien von ihren eigenen Kunden genommen werden, die das Geld dafür an die Bank zahlen; sie entnehmen es den Depositen der Bank und vermindern damit die Passiven.

Aus der Technik des Bankbetriebes selbst ergeben sich so Tendenzen, die gleichfalls auf die Bankkonzentration hinwirken, wie dies die industrielle Konzentration bewirkt, die aber die primäre Ursache für die Bankkonzentration darstellt.

6. Kapitel

Der Zinsfuß

Auf der Grundlage der kapitalistischen Produktion erhält jede Geldsumme die Fähigkeit, als Kapital zu fungieren, also Profit abzuwerfen. Bedingung dafür ist, daß sie den produktiven Kapitalisten zur Verfügung gestellt wird. »Gesetzt, die jährliche Durchschnittsprofitrate sei 20 Prozent. Eine Maschine im Wert von 100 Pfund Sterling würde dann, unter den Durchschnittsbedingungen und mit dem Durchschnittsverhältnis von Intelligenz und zweckmäßiger Tätigkeit als Kapital verwandt, einen Profit von 20 Pfund Sterling abwerfen. Ein Mann also, der 100 Pfund Sterling zur Verfügung hat, hält in seiner Hand die Macht, aus 100 Pfund Sterling 120 zu machen oder einen Profit von 20 Pfund Sterling zu produzieren. Er hält in seiner Hand ein mögliches Kapital von 100 Pfund Sterling. Überläßt dieser Mann für ein Jahr die 100 Pfund Sterling einem anderen, der sie wirklich als Kapital anwendet, so gibt er ihm die Macht, 20 Pfund Sterling zu produzieren, einen Mehrwert, der ihn nichts kostet, wofür er kein Äquivalent zahlt. Wenn dieser Mann dem Eigner der 100 Pfund Sterling am Jahresschluß vielleicht 5 Pfund Sterling zahlt, das heißt einen Teil des produzierten Profits, so zahlt er damit den Gebrauchswert der 100 Pfund Sterling, den Gebrauchswert ihrer Kapitalfunktion, der Funktion, 20 Pfund Sterling Profit zu produzieren. Der Teil des Profits, den er ihm zahlt, heißt Zins, was also nichts ist als ein besonderer Name, eine besondere Rubrik für einen Teil des Profits, den das fungierende Kapital, statt (ihn) in die eigenen Tasche zu stecken, an den Eigner des Kapitals wegzuzahlen hat.

Es ist klar, daß der Besitz von 100 Pfund Sterling ihrem Eigner die Macht gibt, den Zins, einen gewissen Teil des durch sein Kapital produzierten Profits, an sich zu ziehen. Gäbe er dem anderen die 100 Pfund Sterling nicht, so könnte dieser den Profit nicht produzieren, überhaupt nicht mit Beziehung auf diese 100 Pfund Sterling als Kapitalist fungieren.«[84]

Indem der Geldbesitzer sein Geld ausleiht, fungiert dieses Geld für ihn als Kapital, Leihkapital, da es nach einiger Zeit zu ihm zurückkehrt als vermehrtes Geld. Kapital verwertet sich aber nur im Produktionsprozeß durch Ausbeutung der Arbeitskraft, Aneignung von unbezahlter Arbeit. Das Geldkapital des Leihkapitalisten muß daher zum Geldkapital des produktiven Kapitalisten werden, um sich im Produktionsprozeß zu bewähren, um Profit zu erzeugen. Dieser Profit wird jetzt geteilt; ein Teil kehrt als Zins zum Leihkapitalisten zurück, der andere verbleibt dem produktiven Kapitalisten. Da der Zins unter normalen Umständen ein Teil des Profits, so ist der Profit die Höchstgrenze des Zinses. Und das ist das einzige Verhältnis zwischen Profit und Zins. Dagegen ist der Zins kein irgendwie bestimmter fixierter Teil des Profits. Die Höhe des Zinses hängt ab von der Nachfrage und dem Angebot des Leihkapitals. Man kann sich kapitalistische Gesellschaft denken und ihre Grundsätze ableiten, unter der Voraussetzung, daß Geldbesitzer und produktive Kapitalisten identisch oder mit anderen Worten: daß alle produktiven Kapitalisten zugleich über das nötige Geldkapital verfügten. Dann würde kein Zins entstehen. Dagegen ist kapitalistische Produktion undenkbar ohne Produktion von Profit; beides bedeutet vielmehr dasselbe. Die Produktion von Profit ist Bedingung wie Ziel kapitalistischer Produktion. Seine Produktion, die Produktion des Mehrwerts, der im Mehrprodukt verkörpert ist, ist objektiv bestimmt; der Profit entspringt unmittelbar aus dem ökonomischen Verhältnis, dem Kapitalverhältnis, der Trennung der Produktionsmittel von der Arbeit und dem Gegensatz von Kapital und Lohnarbeit; seine Größe hängt ab von dem Neuwert, den die Arbeiterklasse mit den vorhandenen Produktionsmitteln produziert, und der Teilung dieses Neuwerts zwischen Kapitalisten- und Arbeiterklasse, die wieder bestimmt ist durch den Wert der Arbeitskraft. Wir haben es hier mit lauter objektiv bestimmten Faktoren zu tun.

Anders der Zins. Er entspringt aus der gegenüber dem Wesen des Kapitalismus, der Trennung der Produktionsmittel von der Arbeit, akzidentellen Tatsache, daß die Verfügung über das Geld einmal nicht allein die produktiven Kapitalisten besitzen, so-

---

84 Marx, »Kapital«, III., S. 351.

dann daß im Kreislauf des individuellen Kapitals nicht zu jeder Zeit das ganze Geldkapital eingehen muß, sondern daß es zeitweise brachliegt. Es hängt nun von dem wechselnden Verhältnis der Nachfrage von seiten der Produktion nach diesem Geldkapital ab, welchen Teil des Profits sich die Leihkapitalisten aneignen können[85].

Hängt aber der Zins von Nachfrage und Angebot ab, so müssen wir uns fragen, wodurch Nachfrage und Angebot ihrerseits bestimmt sind. Auf der einen Seite steht das momentan brachliegende, aber nach Verwertung strebende Geld, auf der anderen Seite steht die Nachfrage der fungierenden Kapitalisten nach Geld, das sie als Geldkapital in fungierendes Kapital verwandeln wollen. Diese Verteilung besorgt der Kapitalkredit, von dessen Stand also die Höhe des Zinsfußes abhängt. In jedem gegebenen Moment steht der kapitalistischen Gesellschaft eine quantitiv gegebene Geldsumme zur Verfügung, die das Angebot darstellt, und auf der anderen Seite der in demselben Moment gleichfalls durch die Ausdehung der Produktion und Zirkulation gegebene Bedarf der fungierenden Kapitalisten nach Geldkapital. Es handelt sich hier also um zwei in jedem Moment bestimmte Größen, die als Nachfrage und Angebot einander auf dem Geldmarkt begegnen und den »Leihpreis des Geldes«, den Zinsfuß, bestimmen. Diese Bestimmung bietet weiter keine Schwierigkeit; diese ergibt sich erst bei der Analyse der Veränderung des Zinsfußes.

---

[85] Um mittels des Verhältnisses von Angebot und Nachfrage etwas zur Erklärung des Preises aussagen zu können, müssen Angebot und Nachfrage gegebene und feste Größen sein. Daher auch das Bestreben der Grenznutzentheorie, das Angebot als konstant vorauszusetzen, also von einem gegebenen Vorrat auszugehen. Es ist also ganz konsequent, wenn Schumpeter (»Das Wesen und der Hauptinhalt der theoretischen Nationalökonomie«, Leipzig 1908) in seinem Bemühen, die Grenznutzentheorie zu sichern, schließlich die Nationalökonomie auf eine Statik reduziert, während sie doch Dynamik, die Lehre von den Bewegungsgesetzen der kapitalistischen Gesellschaft, sein muß. Damit ist denn der Gegensatz gegen den Marxismus sehr glücklich und auf das schärfste formuliert, zugleich aber auch die völlige Ergebnislosigkeit der Grenznutzenlehre, the final futility of final utility, nach dem Scherzwort Hyndmans. Ökonomisch besteht die Schwierigkeit, das Ausmaß des Angebots zu erklären, was nichts anderes heißt, als den Umfang der Produktion in seiner ökonomischen Gesetzmäßigkeit darzulegen. Die Nachfrage selbst ist bestimmt durch die Produktion und deren Verteilung und die Gesetze, nach denen die Verteilung des gesellschaftlichen Produkts vor sich geht. Auch bei den Bestimmungsgründen des Zinsfußes besteht die Schwierigkeit nur in der Darlegung der Momente, welche das Ausmaß des Angebots bestimmen.

Es ist zunächst klar, daß eine Ausdehnung der Produktion und damit der Zirkulation vermehrte Nachfrage nach Geldkapital bedeutet. Die vermehrte Nachfrage würde also, bliebe das Angebot dasselbe, eine Steigerung des Zinsfußes bewirken müssen. Die Schwierigkeit entsteht aber daraus, daß auch das Angebot sich ändert zugleich mit der geänderten Nachfrage und gerade infolge der geänderten Nachfrage. Betrachten wir die das Angebot bildende Geldmasse, so besteht sie aus zwei Teilen: erstens aus dem vorhandenen Bargeld, zweitens aus dem Kreditgeld. Nun haben wir bei der Analyse des Zirkulationskredits gesehen, daß das Kreditgeld einen variablen Faktor bildet, der sich ausdehnt zusammen mit der Ausdehnung der Produktion. Diese aber bedeutet vermehrte Nachfrage nach Geldkapital; diese vermehrte Nachfrage findet aber auch ein vermehrtes Angebot, das gegeben ist durch das infolge der Ausdehnung der Produktion vermehrte Kreditgeld. Eine Änderung des Zinsfußes wird also nur eintreten, wenn die Veränderung in der Nachfrage nach Geldkapital stärker ist als die des Angebots; also ein Steigen des Zinsfußes dann, wenn die Nachfrage nach Geldkapital rascher wächst als die Vermehrung des Kreditgeldes. Wann wird dies der Fall sein? Zunächst erfordert Vermehrung des Kreditgeldes eine Vermehrung derjenigen Bargeldsumme, die als Reserve für die stete Einlösbarkeit des Kreditgeldes nötig ist; ferner wächst mit der Zirkulation des Kreditgeldes auch der Teil der Bargeldsumme, die zur Ausgleichung der Bilanz für das sich nicht kompensierende Kreditgeld gehalten werden muß. Zugleich wachsen mit der Ausdehnung der Zirkulation auch jene Transaktionen, in denen das Kreditgeld nur geringe Rolle spielt; die zur Bezahlung der Arbeiter und zur Erledigung der gestiegenen Umsätze im Kleinhandel nötigen Summen bestehen meistens aus Bargeld. So verringern sich die für den Leihverkehr zur Verfügung stehenden Summen, weil ein Teil des Bargeldes für diese anderen Funktionen benötigt wird. Schließlich wird die Vermehrung des Kreditgeldes hinter den Anforderungen der gestiegenen Produktion und Zirkulation zurückbleiben, sobald bei Beendigung einer Prosperitätsepoche der Absatz der Waren stockt oder verlangsamt wird.

Denn dies bedeutet, daß die Wechsel, die gegen die Waren gezogen sind, sich nicht mehr gegenseitig kompensieren werden und daß wenigstens die Laufzeit der Wechsel sich verlängert. Wenn aber die verfallenen Wechsel sich nicht kompensieren, so müssen sie mit Bargeld eingelöst werden. Das Kreditgeld (also die Wechsel, respektive die sie substituierenden Noten) können also die Geldfunktionen, die Zirkulation der Waren, nicht mehr im bisherigen Umfang erfüllen. Um sie einzulösen, entsteht vermehrte Nachfrage nach Bargeld. Es hat sich also das wirklich fungierende Kreditgeld verringert, während gleichzeitig zum Ersatz dafür die Nachfrage nach Bargeld steigt; es ist diese Nachfrage, welche das Steigen des Zinsfußes herbeiführt.

Hängt also die absolute Höhe des Zinsfußes vom Stande des Kapitalkredits ab, so die Veränderungen vor allem vom Stande der Zirkulationskredits. Die nähere Analyse dieser Veränderungen gehört in die Darstellung der industriellen Konjunkturschwankungen und wird daher im Zusammenhang mit dieser gegeben werden.

»Die Variationen des Zinsfußes (abgesehen von den in längeren Perioden erfolgenden oder von dem Unterschied des Zinsfußes in verschiedenen Ländern; die ersteren sind bedingt durch Variationen in der allgemeinen Profitrate, die zweiten durch Differenzen in den Profitraten und in der Entwicklung des Kredits) hängen ab vom Angebot des Leihkapitals (alle anderen Umstände, Stand des Vertrauens etc., gleichgesetzt), das heißt des Kapitals, das in Form von Geld, Hartgeld und Noten, verliehen wird; im Unterschied zum industriellen Kapital, das als solches, in Warenform, vermittels des kommerziellen Kredits unter den reproduktiven Agenten selbst verliehen wird.«[86]

Unsere Ansicht stimmt damit nicht voll überein. Marx läßt die Variationen des Zinsfußes abhängen von dem Angebot des Kapitals, das in Form von Geld, Hartgeld und Noten verliehen wird. Es bleibt dann aber die Frage offen, wie groß der Betrag der Noten sein kann. Für England, dessen Verhältnisse Marx hier offenbar vorschweben, ist die Antwort durch die gesetzliche Vorschrift der Peels-Akte gegeben. Die Summe des Hartgeldes und der Noten setzt sich zusammen aus der Summe des in Zirkulation befindlichen Hartgeldes, dem Goldschatz der Bank und 14 Millionen Pfund Sterling in Noten, die den Betrag des ungedeckten Notenumlaufes darstellen. In der Tat versehen diese Noten die Funktion von Staatspapiergeld insofern, als sie das Minimum der Zirkulation, das durch Geldzeichen ersetzbar ist, repräsentieren oder wenigstens zu Peels Zeiten repräsentiert ha-

[86] Marx, »Kapital«, III., S. 516.

ben. Die Notensumme ist also durch das Gesetz in einem bestimmten Ausmaße ein für allemal festgesetzt. Stellt man aber die Frage allgemein, so hängen die Variationen des Zinsfußes ab von dem Angebot, von der Menge des verleihbaren Geldes. Es kann aber alles Geld verliehen werden, das nicht in Zirkulation befindlich ist. In Zirkulation befindlich ist aber erstens der dem Minimum entsprechende Bedarf an Geldzeichen und dann eine bestimmte Summe Gold. Das übrige Gold ist in den Kellern der Bank oder der Banken. Ein Teil dieses Goldes dient als Reserve (Schatz) für die inländische Zirkulation, ein Teil als Reserve für die internationale Zirkulation, da Gold die Funktion des Weltgeldes erfüllen muß. Den Minimalbetrag, den die Reserve für beide Zwecke haben muß, lehrt die Erfahrung. Der Rest kann verliehen werden und bildet in letzter Instanz jenes Angebot, dessen Inanspruchnahme die Höhe des Zinsfußes bestimmt. Diese Inanspruchnahme selbst hängt aber ab vom Stande des Zirkulationskredits, also von dem »kommerziellen Kredit«, den die reproduktiven Agenten einander geben. Solange dieser sich in gleichem Maße ausdehnen kann, wie es die gestiegene Nachfrage verlangt, wird keine Veränderung im Zinsfuß erfolgen. Man darf aber nicht vergessen, daß der größte Teil der Nachfrage befriedigt wird durch ein Angebot, das gleichzeitig mit der Nachfrage wächst. Der größte Teil des Kredits ist »kommerzieller Kredit« oder, wie wir lieber sagen, Zirkulationskredit. Hier wachsen Nachfrage und Angebot oder, wenn man will, die Befriedigungsmittel der Nachfrage gleichzeitig miteinander und mit der Ausdehnung der Produktion. Die Ausdehnung dieses Kredits ist möglich ohne jede Wirkung auf den Zinsfuß; zu Beginn der Prosperität findet solche Ausdehnung statt ohne besondere Einwirkung auf den Zinsfuß. Der Zinsfuß steigt erst, wenn die Goldbestände der Banken abnehmen, die Reserven sich ihrem Minimum nähern und die Banken daher gezwungen sind, den Diskont hinaufzusetzen. Dies ist aber in den Perioden der Hochkonjunktur der Fall, weil die Zirkulation mehr Gold verlangt (Anwachsen des variablen Kapitals, der Umsätze überhaupt und damit auch des Betrages, der zum Ausgleich der Bilanzen dient). Die Nachfrage nach Leihkapital wird aber gerade dann am stärksten, wenn der Goldschatz durch die Bedürfnisse der Zirkulation, die mehr Gold absorbiert, am geringsten ist. Die Erschöpfung des ausleihbaren Goldschatzes wird unmittelbare Veranlassung zu der Hinaufsetzung des Bankdiskonts, der in solchen Perioden zum Regulator des Zinsfußes wird. Der Zweck der Diskonterhöhung ist es ja auch, den Goldzufluß zu bewirken. Die Einschränkungen der verfehlten Bankgesetzgebung bewirken nur, daß dieser Zeitpunkt früher eintritt, als die rein ökonomischen Bedingungen es erfordern. Das Verfehlte all dieser Einschränkungen ist, daß sie auf die eine oder andere Art indirekt in Deutschland, direkt in England, das von der Zirkulation benötigte Minimum unterschätzen und damit das Angebot von Leihkapital einschränken.

Eine Tendenz zum Sinken des Zinsfußes wäre also an die Voraussetzung geknüpft, daß das Verhältnis des vorhandenen Goldschatzes zu der Nachfrage nach Leihkapital ständig günstiger würde, das heißt, daß der Goldschatz rascher wüchse als die Nachfrage nach Leihkapital. Eine solche Tendenz zum ständigen Sinken des Zinsfußes läßt sich, wenn man nur entwickelte kapitalistische Verhältnisse miteinander vergleicht, in der Tat nicht konstatieren[87]. Sie läßt sich auch theoretisch nicht postu-

---

[87] Soweit empirisches Material vorliegt, das Vergleiche zuläßt, stützt es das Dogma vom sinkenden Zinsfuß durchaus nicht. Smith erzählt, daß zu seiner Zeit in Holland die Regierung 2 Prozent und gutakkreditierte Privatleute 3 Prozent Zinsen zahlten. In England bezahlten einige Zeit nach dem letzten Krieg (1763) nicht nur bestakkreditierte Privatleute, sondern auch einige der größten Handelsgeschäfte Londons gewöhnlich 5 Prozent Zinsen, während sie vordem höchstens 4 bis $4^1/_2$ Prozent zu bezahlen pflegten. Tooke, der die letztere Angabe zitiert, bemerkt dazu: »In 1764 fielen vierprozentige Schatzscheine unter Pari; navy bills bedangen $9^5/_8$ Prozent Diskont, und dreiprozentige Konsols, die März 1763 auf 96 standen, fielen im Oktober auf 80. Aber 1765 standen dreiprozentige Schatzscheine, von denen eine neue Emission erfolgt war, im allgemeinen auf und bisweilen über Pari, und die dreiprozentigen Konsols stiegen auf 92.« Schmoller (»Grundriß der Allgemeinen Volkswirtschaftslehre«, II., S. 207) gibt übrigens an, daß die dreiprozentigen Konsols schon 1737 auf 107 standen. Nun ist der Kurs der Staatspapiere, der ja noch anderen Bestimmungsgründen unterliegt, sicher kein unbedingt zuverlässiger Maßstab für die Höhe des Zinsfußes, aber immerhin zu beachten.
Doch auch die Betrachtung der Diskontsätze der Notenbanken läßt keine gleichmäßig sinkende Tendenz erkennen. Wir entnehmen einem interessanten Artikel Dr. Alfred Schwoners, »Zinsfuß und Krisen im Lichte der Statistik«, im »Berliner Tagblatt« vom 26. und 27. November 1907, folgende Tabelle (K bedeutet Krisenjahr, doch handelt es sich beim Jahre 1895 und 1882 [Bontouxkrach] um reine Spekulationskrisen):

lieren; denn gleichzeitig mit dem Wachsen des Goldschatzes und dem Minimum der Zirkulation wächst auch die Goldsumme, die in Zeiten der Hochkonjunktur zusätzlich von der Zirkulation aufgenommen wird.

Das Sinken der Profitrate würde aber nur dann ein Sinken des Zinsfußes bedeuten, wenn der Zins irgendein fester Teil des

---

Durchschnittsdiskontsätze der vier europäischen Hauptbanken in den letzten 55 Jahren.

	Bank von England	Bank von Frankreich	Deutsche Reichsbank (1874 bis 1875 Preuß. Bank)	Oesterreichisch-Ungar. Bank (früher Nationalbank)
1907 (erste Monate)		3,3	5,72	4,72
1906	4,27	3,0	5,12	4,4
1905	3,08	3	3,82	3,68
1904	3,3	3	4,2	3,5
1903	3,76	3	3,77	3,5
1902	3,33	3	3,32	3,55
K 1901	3,9	3	4,1	4,08
K 1900	3,94	3,2	5,33	4,58
1899	3,75	3,06	5,04	5,04
1898	3,19	2,2	4,27	4,16
1897	2,64	2	3,81	4
1896	2,48	2	3,66	4,09
K 1895	2	2,1	3,14	4,3
1894	2,11	2,5	3,12	4,08
1893	3,06	2,5	4,07	4,24
K 1892	2,52	2,7	3,2	4,02
K 1891	3,35	3	3,78	4,4
1890	4,69	3	4,52	4,48
1889	3,55	3,16	3,68	4,19
1888	3,3	3,1	3,32	4,17
1887	3,34	3	3,41	4,12
1886	3,05	3	3,28	4
1885	2,92	3	4,12	4
1884	2,96	3	4	4
1883	3,58	3,08	4,4	4,11
K 1882	4,14	3,8	4,54	4,02
1881	3,48	3,84	4,42	4
1880	2,76	2,81	4,24	4
1879	2,38	2,58	3,07	4,33
1878	3,75	2,2	4,34	5
1877	2,85	2,26	4,42	5
1876	2,62	3,4	4,16	5
1875	3,25	4	4,71	4,6
1874	3,75	4,3	4,38	4,87
K 1873	4,75	5,15	4,95	5,22
1872	4,12	5,15	4,29	5,55
1871	2,85	5,35	4,16	5,5
1870	3,12	3,9	4,40	5,44
1869	3,25	2,5	4,24	4,34

Profits wäre, was aber nicht der Fall ist. Das Sinken der Profitrate hat höchstens die Bedeutung, daß die theoretisch mögliche Höchstgrenze des Zinses, nämlich der Profit, sinkt; da aber diese

---

	Bank von England	Bank von Frankreich	Deutsche Reichsbank (1874 bis 1875 Preuß. Bank)	Oesterreichisch-Ungar. Bank (früher Nationalbank)
1868	2,25	2,5	4	4
1867	2,5	2,7	4	4
K 1866	7	3,67	6,21	4,94
1865	4,75	3,66	4,96	5
1864	7,5	6,51	5,31	5
1863	4,5	4,63	5,08	5
1862	2,5	3,73	4,2	5,06
1861	5,25	5,86	4,2	5,5
1860	4,25	3,56	4,2	5,12
1859	2,75	3,47	4,2	5
1858	3	3,68	4,2	5
K 1857	6,7	6	5,76	5
1856	5,8	5,5	4,94	4,27
1855	4,8	5	4,08	4
1854	5,1	4,37	4,36	4
1853	3,4	3,23	4,25	4
1852	2,5	3,18	4	4

Schwoner bemerkt zu dieser Tabelle:
»Wollte man im übrigen aus der Statistik der Bankdiskonte im 19. Jahrhundert allgemeine Schlüsse über die Bewegung des Zinsfußes ziehen, so zeigt sich, daß eine bestimmte Tendenz nach oben oder nach unten nicht nachweisbar ist. Zwar sind offizielle Diskontsätze unter 4 Prozent erst im Laufe der Zeit aufgetaucht, und zwar je nach der wirtschaftlichen Entwicklung des Landes früher oder später. England war in dieser Beziehung den anderen Staaten weit voraus. Daselbst kam schon im Jahre 1845 der zweiprozentige Bankdiskont zum erstenmal vor. Bei der Bank von Frankreich gab es 1852 zum erstenmal einen Zinsfuß von 3 Prozent, 1867 zum erstenmal 2½ Prozent und 1877 zum erstenmal 2 Prozent. Bei der Berliner Bank gab es schon in den Zwanzigerjahren des vorigen Jahrhunderts Minimalsätze von 3 Prozent, aber während des Regimes der Preußischen Bank und der Deutschen Reichsbank ging der Zinsfuß zum erstenmal im Jahre 1880 unter 4 Prozent herunter. Bei der Österreichisch-Ungarischen Bank trat zum erstenmal im Jahre 1903 ein Zinsfuß von 3½ Prozent auf, in der ersten Depressionsperiode, die die Monarchie nach der Valutaregierung erlebte. Es ist also insoweit ein Fortschritt zu erkennen, als mit der technischen Vollendung der Bankorganisation und der Währung die Grenze des Zinsfußes nach unten herabrückt.«

Höchstgrenze allgemein auf längere Zeit nicht erreicht wird, so hat diese »Konstatierung« gar keine Bedeutung[88].

Dagegen ist ein anderes Moment wichtig. Da der Zinsfuß in entwickelten kapitalistischen Verhältnissen sich wenig ändert, die Profitrate dagegen sinkt, so wächst in gewissem Grade der Anteil des Zinses am Gesamtprofit gegenüber dem Unternehmergewinn, also der Anteil der müßigen Kapitalisten auf Kosten der funktionierenden, eine Tatsache, die zwar mit dem Dogma vom sinkenden Zinsfuß im Widerspruch steht, dafür aber mit den Tatsachen im Einklang und zugleich mit eine Ursache ist des wachsenden Einflusses und der Bedeutung des zinstragenden Kapitals, also der Banken, und ein wichtiger Hebel zur Verwandlung des Kapitals in Finanzkapital.

Schwoner gibt noch folgende Zahlen:
Diskontdurchschnitte der fünf letzten Dezennien.

Durchschnitts-diskont	Bank von England	Bank von Frankreich	Deutsche Reichsbank	Oest.-Ung. Bank	Gesamt-durchschnitt
1897–1906	3,52	2,85	4,28	4,05	3,67
1887–1896	3,04	2,71	3,59	4,21	3,38
1877–1886	3,19	2,96	4,11	4,26	3,63
1867–1876	3,25	3,89	4,34	4,85	4,09
1857–1866	4,82	4,48	4,83	5,06	4,79

»Der Gesamtdurchschnitt ist weitaus am höchsten im Dezennium 1857–1866, wo er 4.79 Prozent beträgt, im Dezennium 1867–1876 fällt er auf 4,09 Prozent, ist also noch immer sehr hoch, 1877–1886 geht er auf 3,63 Prozent zurück und erreicht im Jahrzehnt 1887–1896 mit 3,38 seinen Tiefpunkt, für das letzte Jahrzehnt beträgt der Durchschnitt 3,67, ist alo höher als in den beiden vorgehenden Dezennien, dagegen noch viel niedriger als in den ersten zwanzig Jahren des industriellen und finanziellen Aufschwungs (1857–1876).«
Aus all dem geht hervor, daß die Höhe des Zinsfußes bestimmt ist nicht irgendwie durch die Profitrate, sondern durch die stärkere oder geringere Nachfrage nach Geldkapital, wie sie die raschere oder langsamere Entwicklung, Tempo, Intensität und Ausdehnung der Prosperitätsepochen bedingen.
Bei Betrachtung ganz anormal hohen Zinsfußes zeigt sich stets, daß seine Ursache in der Ordnung des Geldwesens zu suchen ist. So stieg 1799 zum Beispiel der Diskont in Hamburg auf 15 Prozent, und auch zu diesem Satz waren nur die besten Wechsel und auch nur in beschränktem Umfang diskontierbar. (Tooke, I., Seite 241.) Die Ursache liegt ebenso in dem Mangel jedes elastischen Geldsystems, wie bei den enormen Zinssätzen und ihren riesigen Schwankungen in den Vereinigten Staaten heute; dagegen haben sie nichts zu tun mit irgendwelchen Änderungen in der Profitrate.

88 Der Grundsatz Adam Smiths, »daß dort, wo ein großer Gewinn mit dem Gelde erzielt werden kann, auch gewöhnlich viel für seine Benützung gezahlt werden wird; und daß dort, wo wenig damit verdient werden kann, auch nur wenig dafür gegeben wird« (»Wealth of Nation«, Vol. I., Ch. IX), ist zwar sehr einleuchtend, aber nicht bewiesen und auch nicht richtig.

II. Abschnitt

Die Mobilisierung des Kapitals
Das fiktive Kapital

7. Kapitel

Die Aktiengesellschaft

1. Dividende und Gründergewinn

Die bisherige Ökonomie hat den Unterschied zwischen Einzelunternehmen und Aktiengesellschaft vornehmlich bloß in der Verschiedenheit der Organisationsform und den daraus unmittelbar sich ergebenden Folgen gesucht. Sie hat auf die »gute« und »schlechte« Seite beider Unternehmungsformen hingewiesen und dabei teils objektive Momente (größere oder geringere unmittelbare Interessiertheit und Verantwortlichkeit der Leiter, leichtere oder schwierigere Kontrollierbarkeit des Unternehmens), teils objektive Momente (leichtere Kapitalbeschaffung, größere oder geringere Akkumulationskraft) als Unterscheidungsmerkmale hervorgehoben. Doch hat sie es unterlassen, auf die grundlegenden ökonomischen Unterschiede der beiden Unternehmungsformen einzugehen, obwohl diese von entscheidender Wichtigkeit sind für das Verständnis der modernen kapitalistischen Entwicklung, die ohne den Sieg der Aktiengesellschaft und dessen Gründe gar nicht begriffen werden kann[1].

Die industrielle Aktiengesellschaft, die wir zunächst betrachten, bedeutet vorerst eine Änderung der Funktion des industriellen Kapitalisten. Denn sie bringt grundsätzlich mit sich, was beim Einzelunternehmen nur zufällig einmal eintreten kann: die Befreiung des industriellen Kapitalisten von der Funktion des industriellen Unternehmers. Diese Funktionsveränderung gibt dem Kapital, das in die Aktiengesellschaft investiert wird, für den Kapitalisten die Funktion des reinen Geldkapitals. Wie der

[1] Dieses Gefühl leitete wohl auch Erwin Steinitzer, als er seine Schrift über die Aktiengesellschaft »Ökonomische Theorie der Aktiengesellschaft« (Leipzig, Duncker & Humblot, 1908) nannte. Jedoch sind die grundlegenden ökonomischen Besonderheiten der Aktiengesellschaften auch hier nicht erkannt. Die Schrift ist übrigens reich an treffenden und feinen Bemerkungen.

Geldkapitalist als Gläubiger nichts mit der Verwendung seines Kapitals im Produktionsprozeß zu tun hat, mag auch in Wirklichkeit diese Verwendung die notwendige Bedingung des Leihverhältnisses sein, sofern er nur sein Geldkapital abzutreten und es nach Ablauf einer bestimmten Zeit mit den Zinsen zurückzuerhalten hat, seine Funktion also sich in einer juristischen Transaktion erschöpft; so fungiert auch der Aktionär als bloßer Geldkapitalist. Er gibt Geld her, damit er dafür ein Erträgnis, um zunächst diese ganz allgemeine Bezeichnung zu gebrauchen, erhalte. Er kann dabei die Höhe der Summe beliebig bemessen und haftet für nicht mehr als diese Summe, so wie der Geldkapitalist ebenfalls nur eine bestimmte Summe in der von ihm gewählten Höhe aufs Spiel setzt. Jedoch ergibt sich hier bereits ein Unterschied. Der Zinssatz für das in Aktienform zur Verfügung gestellte Geldkapital ist nicht als solcher im voraus bestimmt, sondern er besteht nur als Anspruch auf den Ertrag (Profit) eines bestimmten Unternehmens. Ein zweiter Unterschied gegenüber dem Leihkapital besteht darin, daß der Rückfluß des Kapitals an den Geldkapitalisten nicht direkt – nicht als beim Eingehen des Verhältnisses selbst vereinbart und aus der Natur des Leihverhältnisses selbst hervorgehend – bestimmt ist.

Wir betrachten zunächst das erste Moment. Vor allem ist festzustellen, daß das Erträgnis für das in Aktienform zur Verfügung gestellte Geldkapital keineswegs ein völlig unbestimmtes ist. Ein kapitalistisches Unternehmen wird gegründet, um Profit abzuwerfen. Die Erzielung des Profits, und zwar unter normalen Verhältnissen die Erzielung des herrschenden Durchschnittsprofits, ist Voraussetzung der Gründung. Jedenfalls ist hier der Aktionär in ähnlicher Lage wie der Geldkapitalist, der ebenfalls auf die produktive Verwertung seines Kapitals rechnen muß, soll sein Schuldner nicht zahlungsunfähig werden. Im allgemeinen wird die im Vergleich mit dem Geldkapitalisten vielleicht etwas größere Unsicherheit des Aktionärs demselben eine gewisse Risikoprämie einbringen. Nur darf man sich nicht vorstellen, daß diese Prämie als solche irgendwie fixiert und als bewußter und vor allem meßbarer Anspruch des Aktionärs erscheint. Vielmehr entsteht sie dadurch, daß das Angebot an Geldkapitalien – und an das freie Geldkapital wenden sich die Gründer – für die Anlage in Aktien unter sonst gleichen Umständen geringer sein wird als für die fest verzinslichen, eventuell besonders sicheren Anlagen. Es ist überhaupt diese Verschiedenheit im Angebot, was die Verschiedenheit der Zinssätze, respektive die Verschiedenheit im Kurse der zinstragenden Papiere erklärt. Die größere Sicherheit oder Unsicherheit wirkt als Motiv für das größere oder geringere Angebot. Aber erst aus der Verschiedenheit dieses Verhältnisses von Angebot und Nachfrage resultiert eine Verschiedenheit des Zinsertrages. Das mutmaßliche Ergebnis des Ertrages der Aktie ist also bestimmt durch den industriellen Profit und dieser unter sonst gleichen Umständen durch die Durchschnittsprofitrate.

Der Aktionär ist aber nicht industrieller Unternehmer (Kapitalist). Er ist vorerst nur Geldkapitalist. Aber es gehört zu den wesentlichen Unterscheidungsmerkmalen des Leihkapitalisten von dem industriellen Kapitalisten, daß er sein Kapital – Geldkapital – in ganz anderer Weise frei verfügbar hat. Der industrielle Kapitalist legt als solcher sein ganzes Kapital in einem bestimmten Unternehmen an. Voraussetzung dafür ist, daß sein Kapital hinreicht, in diesem Industriezweig selbständig fungieren zu können. Der Aktionär dagegen braucht nur über einen geringfügigen Kapitalbetrag zu disponieren. Der industrielle Unternehmer hat sein Kapital in seinem Unternehmen fixiert, er wirkt nur produktiv in diesem Unternehmen und ist mit ihm dauernd verwachsen. Er kann es nicht zurückziehen, außer durch den Verkauf des Gesamtunternehmens, was nur heißt, daß die Person des Kapitalisten wechselt, ein industrieller durch einen anderen ersetzt wird. Er ist nicht Geldkapitalist, sondern industrieller (produktiver, fungierender) Kapitalist. Der Ertrag des Unternehmens – der industrielle Profit – fällt ihm zu. Wenn wir aber den Aktionär als bloßen Geldkapitalisten betrachten, so würde für ihn die Erzielung des Zinses auf sein Kapital genügen, damit er sein Geldkapital zur Verfügung stellt.

Damit aber der Aktionär Geldkapitalist werde, ist es notwendig, daß er sein Kapital jederzeit als Geldkapital zurückerhalten kann. Sein Kapital erscheint aber wie das des Einzelkapitalisten in dem Unternehmen fixiert. Und dies ist in der Tat so. Das Geld ist weggegeben und dient zum Ankauf der Maschinen, des Rohmaterials, zur Bezahlung der Arbeiter usw., kurz, es hat sich aus Geldkapital in produktives Kapital, $G < \begin{matrix} A \\ Pm \end{matrix}$ verwandelt, um den Kreislauf als industrielles Kapital zu beschreiben. Der Aktionär kann dieses einmal weggegebene Kapital nicht mehr zurückerhalten. Er hat darauf keinen Anspruch, er hat nur Anspruch auf einen aliquoten Teil des Erträgnisses. In der kapitalistischen Gesellschaft gewinnt aber jede Geldsumme die Fähigkeit, Zins abzuwerfen; umgekehrt wird jedes regelmäßig wiederkehrende Einkommen, das übertragbar ist (und dies ist der Fall, sofern es nicht an eine rein persönliche und daher vergängliche, unbestimmbare Bedingung geknüpft ist, wie der Arbeitslohn etc.), als Zins eines Kapitals betrachtet und erhält einen Preis, der gleich ist dem zum herrschenden Zinsfuß kapitalisierten Betrag[2]. Dies erklärt sich ohne weiteres daraus, daß immer große Geldsummen zur Verwertung frei liegen und diese Verwertung in dem Anspruch auf dieses Erträgnis finden. Der Aktionär ist daher in der Lage, sein Kapital jederzeit zurückerhalten zu können durch den Verkauf seiner Aktien, seines Anspruchs auf den Profit, und ist damit in derselben Lage wie der Geldkapitalist. Diese Verkaufsmöglichkeit wird geschaffen durch einen eigenen Makt, die Effektenbörse. Erst die Herstellung dieses Maktes gibt dem Aktienkapital, das nunmehr stets für den einzelnen »realisierbar« ist, ganz den Charakter des Geldkapitals. Umgekehrt behält der Geldkapitalist diesen seinen Charakter auch dann, wenn er sein Kapital in Aktienform anlegt. Das freie Geldkapital konkurriert also als solches, das heißt als zinstragendes Kapital, um die Anlage in Aktien, wie es in seiner eigentlichen Funktion als Leihkapital um die Anlage in festverzinslichen Darlehen konkurriert. Die Konkurrenz um diese verschiedenen Anlagemöglichkeiten nähert den Preis der Aktie dem Preis der fest verzinslichen Anlagen an und reduziert für den Aktionär das Erträgnis vom industriellen Profit auf den Zins.

Diese Reduktion auf den Zins ist also ein historischer Prozeß, der mit der Entwicklung des Aktienwesens und der Effektenbörse vor sich geht. Solange die Aktiengesellschaft nicht herrschende Form und die Negotiabilität der Aktie nicht entwickelt ist, wird auch in der Dividende nicht nur Zins, sondern auch Unternehmergewinn enthalten sein.

Soweit also die Aktienunternehmung reicht, wird jetzt die Industrie betrieben mit einem Geldkapital, dessen Verwandlung in industrielles Kapital für diese Kapitalisten nicht den Durch-

[2] »Der Wert des Geldes oder der Ware als Kapital ist nicht bestimmt durch ihren Wert als Geld oder Waren, sondern durch das Quantum Mehrwert, das sie für ihren Besitzer produzieren.« Marx, »Kapital«, III., S. 389.

schnittsprofit, sondern nur den Durchschnittszins abzuwerfen braucht. Hier scheint sich aber ein offenkundiger Widerspruch zu ergeben. Das als Aktienkapital zur Verfügung gestellte Geldkapital wird ja in industrielles Kapital verwandelt. Daß es für seinen Besitzer – also subjektiv – ganz nach Art des Leihkapitals fungiert, kann auf den Ertrag des industriellen Unternehmens sicher nicht von Einfluß sein. Dieses wird nach wie vor unter normalen Umständen den Durchschnittsprofit abwerfen. Daß die Aktiengesellschaft ihre Ware unter dem Durchschnittsprofit verkauft, freiwillig auf einen Teil des Profits verzichtet, um ein Erträgnis zu verteilen, das nur den Zins den Aktionären abwirft, ist eine unmögliche Annahme. Denn jedes kapitalistische Unternehmen sucht den höchstmöglichen Profit zu erzielen, und gerade dieses Bestreben bewirkt den Verkauf zu Produktionspreisen, das heißt zu Preisen gleich dem Kostpreis plus dem Durchschnittsprofit. Es scheint daher, als wären die angeführten Momente, die subjektiv dem in Aktienform angelegten Geldkapital den Charakter des Leih-, also des zinstragenden Kapitals geben, nicht ausreichend, um die Reduktion des Erträgnisses der Aktie auf Zins zu erklären. Würde ja dadurch unerklärt bleiben, wohin der andere Teil des Profits, nämlich der Durchschnittsprofit minus Zins, der gleich ist dem eigentlichen Unternehmergewinn, entschwunden wäre. Sehen wir näher zu.

Durch die Verwandlung des Privatunternehmens in eine Aktiengesellschaft scheint eine Verdoppelung des Kapitals eingetreten zu sein. Aber das ursprüngliche, von den Aktionären vorgestreckte Kapital ist definitiv in industrielles verwandelt, existiert als solches allein in Wirklichkeit fort. Das Geld fungierte als Kaufmittel für Produktionsmittel, ist für diese ausgegeben und damit definitiv aus dem Kreislaufprozeß dieses Kapitals geschwunden. Erst die Verwandlung der Produktionsmittel in Waren durch die Produktion und der Verkauf dieser Waren läßt Geld – ganz anderes Geld – aus der Zirkulation zurückströmen. Das Geld also, das bei den späteren Umsätzen von Aktien gezahlt wird, ist durchaus nicht das Geld, das von den Aktionären ursprünglich hergegeben worden war und verbraucht ist; es ist kein Bestandteil des Kapitals der Aktiengesellschaft, des Kapitals des Unternehmens. Es ist zusätzliches Geld, erforderlich für die Zirkulation der kapitalisierten Ertragscheine. Ebenso ist der Preis der Aktie keineswegs bestimmt als Teil des Unternehmungskapitals; er ist vielmehr der kapitalisierte Ertragsanteil. Als solcher bestimmt nicht als aliquoter Teil des in der Unternehmung fixierten Gesamtkapitals und also eine relativ fixe Größe, sondern nur der zum herrschenden Zinsfuß kapitalisierte Ertrag. Daher ist der Preis der Aktie abhängig nicht vom Wert (respektive Preis) des wirklich fungierenden industriellen Kapitals, denn die Aktie ist nicht Anweisung auf einen Teil des im Unternehmen tatsächlich fungierenden Kapitals, sondern Anweisung auf einen Teil des Ertrages und daher abhängig erstens von der Größe des Profits (also einer viel variableren Größe, als es der Preis der Produktionselemente des industriellen Kapitals selbst wäre) und zweitens von dem herrschenden Zinsfuß[3].

Die Aktie ist also Revenuetitel, Schuldtitel auf künftige Produktion, Ertragsanweisung. Indem dieser Ertrag kapitalisiert wird und dies den Preis der Aktie konstituiert, scheint in diesen Aktienpreisen ein zweites Kapital vorhanden zu sein. Dieses ist rein fiktiv. Was wirklich existiert, ist nur das industrielle Kapital und sein Profit. Das hindert aber nicht, daß dieses fiktive »Kapital« rechnungsmäßig vorhanden ist und als »Aktienkapital« angeführt wird. In Wirklichkeit ist es kein Kapital, sondern nur der Preis einer Revenue – ein Preis, der eben dadurch möglich ist, daß innerhalb der kapitalistischen Gesellschaft jede Geldsumme Revenue abwirft und daher umgekehrt jede Revenue als Frucht einer Geldsumme erscheint. Ist bei der industriellen Aktie diese Täuschung noch dadurch erleichtert, daß ein wirklich fungierendes industrielles Kapital besteht, so wird der fiktive, rein rechnungsmäßige Charakter dieses papierenen Kapitals bei anderen Ertragsanweisungen völlig unzweifelhaft. Staatsschuldscheine brauchen in keiner Weise irgendein vorhandenes Kapital zu repräsentieren. Das von den Staatsgläubigern seinerzeit geliehene Geld mag längst in Pulverdampf aufgegangen sein. Sie sind nichts als der Preis für einen Anteil an den jährlichen Steuern, die das Erträgnis ganz anderen Kapitals sind als desjenigen, das seinerzeit irgendwie unproduktiv verausgabt worden war.

Der Umsatz von Aktien ist kein Kapitalumsatz, sondern Kauf und Verkauf von Rententiteln; die Schwankungen ihrer

[3] Der Zusammenhang des Aktienkurses mit dem Wert des produktiven Kapitals äußert sich nur mehr darin, daß der Kurs nicht tiefer sinken kann, als der Wertteil beträgt, der beim Bankerott des Unternehmens aus der Masse nach Befriedigung aller anderen Forderungen als aliquoter Teil auf die Aktie entfiele.

Preise lassen das wirklich fungierende industrielle Kapital, dessen Erträgnis und nicht dessen Wert sie repräsentieren, direkt ganz unberührt. Ihr Preis hängt außer vom Erträgnis von der Höhe des Zinsfußes ab, zu dem sie kapitalisiert werden. Dieser ist aber in seinen Bewegungen ganz unabhängig von den Schicksalen des individuellen industriellen Kapitals. Schon daraus geht hervor, daß es nicht angeht, den Aktienpreis als aliquoten Teil des industriellen Kapitals anzusehen.

Die Summe des »Aktienkapitals«, also die Preissumme der kapitalisierten Ertragstitel, braucht daher mit dem ursprünglich in Industriekapital verwandelten Geldkapital nicht übereinzustimmen. Es fragt sich nun, wie diese Differenz entsteht und wie groß sie ist. Nehmen wir ein industrielles Unternehmen mit einer Million Mark Kapital. Der Durchschnittsprofit sei 15 Prozent, der herrschende Zinsfuß 5 Prozent. Das Unternehmen wirft einen Profit von 150 000 Mk. ab. Die Summe von 150 000 Mk. wird aber als jährliche Revenue zu 5 Prozent kapitalisiert einen Preis von 3 000 000 Mk. haben. Zu 5 Prozent würde allerdings das Geldkapital vielleicht nur fest verzinsliche sichere Papiere übernehmen wollen. Aber setzen wir eine hohe Risikoprämie ein, sage von 2 Prozent, berücksichtigen wir weiter die Verwaltungskosten, Tantiemen etc., die aus dem Profit des Unternehmens bestritten werden müssen und dem Privatbetrieb im Gegensatz zur Aktiengesellschaft erspart blieben, und setzen wir dafür eine Verringerung des verfügbaren Profits um 20 000 Mk., so werden 130 000 Mk. verteilt werden können, die den Aktionären eine Verzinsung von 7 Prozent bieten sollen. Es ist dann der Preis der Aktien gleich 1 857 143, sage rund 1 900 000 Mk. Um den Profit von 150 000 Mk. zu erzeugen, ist aber nur ein Kapital von 1 Million Mark nötig, 900 000 Mk. sind frei; diese 900 000 Mk. entspringen der Verwandlung des profittragenden Kapitals in zinstragendes (Dividende tragendes) Kapital. Sie sind, wenn wir von den höheren aus der Form der Aktiengesellschaft entspringenden Verwaltungskosten, die den Profit vermindern, absehen, gleich der Differenz zwischen dem zu 15 Prozent und dem zu 7 Prozent kapitalisierten Betrag, also zwischen dem Kapital, das die Durchschnittsprofitrate, und dem, das den Durchschnittszins abwirft. Es ist diese Differenz, die als »Gründergewinn« erscheint, eine Quelle des Gewinns, die nur der Verwandlung des profittragenden in die Form des zinstragenden Kapitals entspringt.

Die herrschende Anschauung, die die Kostspieligkeit der Verwaltung der Aktiengesellschaft gegenüber dem Privatunternehmen so eifervoll hervorhebt, hat das merkwürdige Problem, woher ein Gewinn bei der Umwandlung aus einer billiger in eine teurer produzierende Unternehmungsform entsteht, weder gesehen noch erklärt, sondern sich mit bloßen Phrasen über Kosten und Risiko begnügt. Der Gründungsgewinn ist aber weder ein Schwindel noch eine Vergütung oder Lohn, sondern eine ökonomische Kategorie sui generis.

Die Ökonomen, soweit sie Zins und Unternehmergewinn überhaupt scheiden, fassen die Dividende einfach als Zins plus Unternehmergewinn, also als dasselbe wie den Profit des Individualunternehmens. Daß dabei das Spezifische der Aktiengesellschaft nicht erkannt wird, ist klar. So sagt zum Beispiel Rodbertus: »Ich will zur Verständigung über die Terminologie hier nur noch bemerken, daß in der Dividende einer Aktie nicht bloß Zins, sondern auch Unternehmergewinn steckt, in dem Zinsfuß eines Darlehensscheines aber nicht.«[4] Eine Erklärung des Gründergewinnes ist daher unmöglich. »Es ist ... Unternehmungsgewinn, der in der Betriebsform[5] der Aktienunternehmung, dem Kapitalbesitzer (der, wenn er sein Kapital an einen Einzelunternehmer ausgeliehen hätte, nur den laufenden Zins bekommen hätte) auch noch zufließt, und zwar in derselben Bequemlichkeit, wie der Zins es getan hätte, weshalb auch die Aktienunternehmung für unsere Kapitalisten so reell einladend und vorauszusetzen ist, daß sich die Aktienform immer mehr des Industriegebietes bemächtigen wird. Der sogenannte Gründungsschwindel ist bloß Schaum respektive Abschaum von dem reellen Geschäft.«[6] Über die moralische Verurteilung ist jede Erklärung des Gründergewinnes, der kein Schwindel ist, sondern erst den Schwindel möglich macht, unterlassen. Rodbertus faßt die Sache einseitig und deshalb falsch auf, wenn er sagt: »Das frühere Leihkapital hört also in der Aktienform auf, Leihkapital zu sein, und wird in den Händen seiner Besitzer selbstwertend, und zwar in einer Form, die ihnen bei dem göttergleichen Leben der

[4] »Briefe und sozialpolitische Aufsätze von Dr. Rodbertus-Jagetzow.« Herausgegeben von Dr. Rudolf Meyer. Berlin 1880. I. S. 259.

[5] Das ist übrigens falsch: Aktiengesellschaft ist keine Betriebs-, sondern eine Unternehmungsform.

[6] »Briefe und sozialpolitische Aufsätze von Dr. Rodbertus-Jagetzow.« Herausgegeben von Dr. Rudolf Meyer. Berlin 1880. I. S. 262.

Leihkapitalisten noch nahezu die ganze Kapitalrente (worunter Rodbertus den Unternehmergewinn plus Zins versteht) zuwendet.«[7] Rodbertus sieht nur den Inhalt des Prozesses, die Verwandlung von Geldkapital in industrielles; er übersieht aber, daß hier die Form der Verwandlung wesentlich ist, indem das Geldkapital zugleich fiktives Kapital wird und damit für seine Besitzer die Form von Geldkapital beibehält[8].

Betrachten wir nun die eigentümliche Zirkulationsform des fiktiven Kapitals, so finden wir folgendes: Die Aktien (A) werden emittiert, also gegen Geld (G) verkauft. Dieses Geld zerfällt in zwei Teile; ein Teil (g_1) bildet den Gründergewinn, gehört den Gründern, zum Beispiel der Emissionsbank, und fällt aus der Zirkulation dieses Kreislaufes heraus. Der andere Teil G_1 verwandelt sich in produktives Kapital und beschreibt den uns bereits bekannten Kreislauf des industriellen Kapitals. Die Aktien sind verkauft; sollen sie selbst wieder zirkulieren, so ist dazu zusätzliches Geld (G_2) als Zirkulationsmittel nötig. Diese Zir-

---

7 Ebenda, I., S. 285.

8 Aber die revolutionierende Bedeutung der Aktiengesellschaft hat der konservative Sozialist richtig gefühlt: »Diese Betriebsform (scil. die Aktienunternehmung), die aus tausend kleinen Kapitalsquellen die Zuflüsse zu einem Strom zu verbinden weiß, hat eine Mission zu erfüllen. Sie hat Gottes Schöpfung zu supplieren, Landengen und Länder durchzustechen, wo der Allmächtige es vergessen oder noch nicht an der Zeit gehalten hat, vom Meer getrennte Länder unter dem Meeresgrund oder über der Meeresfläche zu verbinden, Alpen zu durchbohren usw. Der Pyramidenbau und die phönizischen Quadern reichen nicht an das, was das Aktienkapital noch zu schaffen hat.« Soweit schwärmt Rodbertus nicht weniger romantisch als Zolas Saccard im »L'Argent«. Dann aber fährt er fort: »Aber ich, für meine Person, habe noch einen ganz besonderen »Schwarm« für sie. Und warum? Sie säubern mir meine Straße. Und wie sie sie säubern! Der gewöhnliche Freihandel ohne Aktienform ist nur ein miserabler Handbesen; der Freihandel mit Aktienform ist ein Dampfmaschinenbesen, der in zehn Jahren so viel reinfegt wie jener Samstagsbesen in hundert. Die Hand von den Aktienunternehmungen! Die Lösung der sozialen Frage bedarf dieser Straßenkehrer; denn auch ohne Innungsform bedarf sie einer Reinheit, als hätten die Tauben sie zusammengelesen.« (Ebenda, I. S. 291.)
Ebenso ist die Bemerkung sehr fein: »Wie unter der Aktienform der Individualunternehmer wird auch der reine Leihkapitalist immer mehr verschwinden.« (Ebenda, I. S. 286.)
Unerlaubt naiv ist die Darstellung Van Borghts im Handwörterbuch der Staatswissenschaften, Kapitel Aktiengesellschaften. »Aufgabe und Zweck gesellschaftlicher Unternehmungen kann sowohl die Ergänzung und Verstärkung der persönlichen Arbeitskraft, des Wissens und der Erfahrung des Unternehmers als auch die Verstärkung der Kapitalskraft sein.« Das ist ebenso schön, als wenn einer in einem wissenschaftlichen Kochbuch dozierte: Aufgabe und Zweck des Zwetschenknödels kann sowohl die Anregung und das Vergnügen des Gaumens sein als auch der Köchin den Lohn zu verschaffen.

kulation A-G_2-A findet ihre Stätte auf einem eigenen Markt, der Börse.

Es ergibt sich also folgende Zirkulationsfigur:

$$\begin{array}{l} A < \begin{array}{l} G_1 - W < \begin{array}{l} Pm \;\ldots . P \ldots . W' - G'_1 \\ A \end{array} \\ g_1 \end{array} \\ | \\ G_2 \\ | \\ A \end{array}$$

Einmal geschaffen, hat die Aktie mit dem wirklichen Kreislauf des industriellen Kapitals, das sie repräsentiert, nichts mehr zu tun. Die Vorgänge und Unfälle, die sie bei ihrer Zirkulation erwarten, lassen direkt den Kreislauf des produktiven Kapitals unberührt.

Der Handel mit Aktien, allgemeiner mit den fiktiven Kapitalscheinen überhaupt, erfordert neues Geld – Bargeld und Kreditgeld – zum Beispiel Wechsel. Während aber der Wechsel früher gedeckt war durch den Wert der Ware, ist er jetzt gedeckt durch den »Kapitalwert« der Aktie, der wieder abhängt von dem Erträgnis. Dieses wieder hängt ab von der Realisierung der Produkte, die die Aktiengesellschaft herstellt, also von dem Verkauf der Waren zu ihren Werten, respektive Produktionspreisen. So ist dieses Kreditgeld erst indirekt gedeckt durch Warenwert. Ferner: während der Zahlungsverkehr im Handel in seinem Umfang durch den Wert der Waren bestimmt ist, so dieser durch den kapitalisierten Betrag des Reinerträgnisses. Anderseits wird hier das wirklich nötige Geld sehr beschränkt durch die Fungibilität dieser Papiere.

Betrachten wir nun die Formel für den Gründungsgewinn (Gg), so ergibt sich die folgende, wenn wir den Durchschnittsprofit = p, die Dividende = d und den Ertrag des Unternehmens gleich E setzen und uns erinnern, daß das Kapital gleich ist den hundertfachen Zinsen dividiert durch den Zinsfuß:

$$Gg = \frac{100\,E}{d} - \frac{100\,E}{p}$$

Sieht man den Ertrag der Aktiengesellschaft als vermindert an infolge der Kostspieligkeit der Verwaltung, so ist für das erste E (E – n) zu setzen. Man sieht, die Trennung der Unternehmerfunktion, die die bisherige Ökonomie rein deskriptiv konstatiert, ist zugleich eine Verwandlung des industriellen Kapitalisten zum Aktionär, zu einer besonderen Sorte von Geldkapitalisten, wobei die Tendenz besteht, den Aktionär immer mehr zum reinen Geldkapitalisten zu machen. Diese Tendenz wird vollendet durch die stete Verkäuflichkeit der Aktie auf der Börse.

Unsere Auffassung der Ökonomie der Aktiengesellschaft geht über die von Marx entwickelte hinaus. Marx faßt in seiner genialen Skizzierung – die Ausführung blieb ihm leider versagt – der Rolle des Kredits in der kapitalistischen Produktion[9] die Bildung von Aktiengesellschaften als Folge des Kreditwesens und bezeichnet als ihre Wirkung:

»1. Ungeheure Ausdehnung der Stufenleiter der Produktion und Unternehmungen, die für die Einzelkapitale unmöglich waren. Solche Unternehmungen zugleich, die früher Regierungsunternehmungen waren, werden gesellschaftliche.

2. Das Kapital, das an sich auf gesellschaftlicher Produktionsweise beruht und eine gesellschaftliche Konzentration von Produktionsmitteln und Arbeitskräften voraussetzt, erhält hier direkt die Form von Gesellschaftskapital (Kapital direkt assoziierter Individuen) im Gegensatz zum Privatkapital, und seine Unternehmungen treten auf als Gesellschaftsunternehmungen im Gegensatz zu Privatunternehmungen. Es ist die Aufhebung des Kapitals als Privateigentum innerhalb der Grenzen der kapitalistischen Produktionsweise selbst.

3. Verwandlung der wirklich fungierenden Kapitalisten in einen bloßen Dirigenten, Verwalter fremden Kapitals, und der Kapitalseigentümer in bloße Eigentümer, bloße Geldkapitalisten. Selbst wenn die Dividenden, die sie beziehen, den Zins und Unternehmergewinn, das heißt den Totalprofit einschließen (denn der Gehalt der Dirigenten ist oder soll sein bloßer Arbeitslohn einer gewissen Art geschickter Arbeit, deren Preis im Arbeitsmarkt reguliert wird, wie der jeder anderen Arbeit), so wird dieser Totalprofit nur noch bezogen in der Form des Zinses, das heißt als bloße Vergütung des Kapitaleigentums, das nun ganz so von der Funktion im wirklichen Reproduktionsprozeß getrennt wird wie diese Funktion in der Person des Dirigenten vom Kapitaleigentum. Der Profit stellt sich so dar (nicht mehr nur der eine Teil desselben, der Zins, der seine Rechtfertigung aus dem Profit des Borgens zieht) als bloße Aneignung fremder Mehrarbeit, entspringend der Verwandlung der Produktionsmittel in Kapital, das heißt ihrer Entfremdung gegenüber den wirklichen Produzenten, aus ihrem Gegensatz als fremdes Eigentum gegenüber allen wirklich in der Produktion tätigen Individuen, vom Dirigenten bis herab zum letzten Taglöhner. In den

---

[9] Marx, »Kapital«, III, 1. Teil, 27. Kapitel, S. 451 ff.

Aktiengesellschaften ist die Funktion getrennt vom Kapitaleigentum, also auch die Arbeit gänzlich getrennt vom Eigentum an den Produktionsmitteln und an der Mehrarbeit. Es ist dies Resultat der höchsten Entwicklung der kapitalistischen Produktion als notwendiger Durchgangspunkt zur Rückverwandlung des Kapitals in Eigentum des Produzenten, aber nicht mehr als das Privateigentum vereinzelter Produzenten, sondern als das Eigentum ihrer als assoziiertes, als unmittelbares Gesellschaftseigentum. Es ist andererseits Durchgangspunkt zur Verwandlung aller mit dem Kapitaleigentum bisher noch verknüpften Funktionen im Reproduktionsprozeß der assoziierten Produzenten, in gesellschaftliche Funktionen.

Bevor wir weitergehen, ist noch dies ökonomisch Wichtige zu bemerken: Da der Profit hier rein die Form des Zinses annimmt, sind solche Unternehmungen noch möglich, wenn sie bloßen Zins abwerfen, und es ist einer der Gründe, die das Fallen der allgemeinen Profitrate aufhalten, indem diese Unternehmungen, wo das konstante Kapital in so ungeheurem Verhältnis zum variablen steht, nicht notwendig in die Ausgleichung der allgemeinen Profitrate eingehen.«

Was Marx hier betrachtet, sind vor allem die wirtschaftspolitischen Wirkungen der Aktiengesellschaften. Die Dividende faßt er noch nicht als besondere ökonomische Kategorie und läßt deshalb auch den Gründergewinn unanalysiert. Was die letzte Bemerkung über den Einfluß auf die Bildung der Durchschnittsprofitrate und den Fall der Profitrate anlangt, ist es klar, daß mit der Verbreitung der Aktiengesellschaft der Profit der Aktiengesellschaft genau so in die Ausgleichung der allgemeinen Profitrate eingehen muß wie der von Privatunternehmungen. Wir haben übrigens schon oben gesehen, daß auch das Produkt der Aktiengesellschaft unter normalen Umständen genau den gleichen Preisgesetzen unterliegt wie das von Privatunternehmungen. Marx schwebten die Eisenbahnaktiengesellschaften seiner Zeit vor, und in dieser Beziehung mag seine Bemerkung vielleicht teilweise zutreffen; nur teilweise deswegen, weil auch dort der Gründergewinn bereits einen Teil des Profits vorweggenommen hat, der in den Eisenbahnpreisen zum Ausdruck gelangen mußte.

2. *Finanzierung der Aktiengesellschaften. Aktiengesellschaften und Banken.*

Bei Gründung einer Aktiengesellschaft wird also das Aktienkapital so bemessen, daß der Profit des Unternehmens hinreicht, auf dieses Kapital eine Dividende zu verteilen, die für den einzelnen Aktienbesitzer den Zins auf sein ausgelegtes Kapital abwirft[10].

Tritt eine Hochkonjunktur ein oder erlauben sonst günstige Umstände, später eine höhere Dividende zu verteilen, so wird der Kurs der Aktien steigen. Gesetzt die Aktien eines Unternehmens stehen auf 100 bei einer Dividende von 6 Prozent, so werden sie auf 150 steigen, wenn die Dividende 9 Prozent beträgt. In der Verschiedenheit der Dividenden spiegeln sich also die verschiedenen Geschicke, die die individuellen Unternehmungen in ihrem weiteren Verlauf erfahren. Anderseits werden diese Verschiedenheiten ausgelöscht für die Neuerwerber von Aktien in der Erhöhung oder Erniedrigung des Kursstandes[11].

---

[10] Ein Beispiel für die im Text gegebene schematische Darstellung: Das »Berliner Tageblatt« berichtet in der Abendausgabe vom 16. Mai 1908: »In diesen Tagen wurden die Aktien der Köpenicker Nitritfabrik mit mehr als 80 Prozent Agio an der Börse eingeführt. Vom Jahre 1901 bis zum Jahre 1906 bestand dieses Unternehmen als Gesellschaft mit beschränkter Haftung mit dem bescheidenen Kapital von 300 000 Mk. Nach einigen verlustreichen Jahren erzielte die Gesellschaft mit beschränkter Haftung einmal einen Bruttogewinn von 100.000 Mk., ein zweitesmal einen solchen von 300.000 Mk. und zahlte 15.000 respektive 75.000 Mk. an Dividenden. Damit schien sie den Gründern prädestiniert für eine Aktiengesellschaft mit 1 Million Mark Grundkapital, in die die 300.000 Mk. wanderten. Um die Aktiva und Passiva der neuen Aktiengesellschaft balancieren zu lassen, mußten die Grundstücke, die bei der Gesellschaft mit beschränkter Haftung mit 60.000 Mk. zu Buch standen, von der Aktiengesellschaft mit 210.000 Mk. übernommen werden, der Gebäudewert wurde von 45.000 Mk. auf 140.000 Mk. und der Maschinen-, Apparate- und Utensilienwert von 246.000 Mk. auf 400.000 Mk. erhöht. Die neue Aktiengesellschaft hat jetzt zwei Geschäftsjahre hinter sich, für die sie 15 respektive 16 Prozent Dividende verteilte, obwohl das Grundstückkonto – ohne Berücksichtigung der Neuerwerbungen – noch immer eine Belastung von 200.000 Mk. und das Gebäudekonto eine Belastung von 150.000 Mk. zeigt. Nur beim Maschinen- und Utensilienkonto, dessen Werterhöhung am bedenklichsten erschien, ist eine Herabschreibung bis auf 250.000 Mk. vorgenommen worden. Die Fabrikation der Gesellschaft basiert auf zwei Patenten, von denen das eine bereits in einem Jahre abläuft, das andere von einem Erfinder für 50.000 Mk. an die Aktiengesellschaft verkauft wurde. Und diese Grundlagen genügten den Emissionshäusern, um einen Preis von 180 Prozent zu stipulieren, das heißt sie ließen sich für die ehemaligen 300.000 Mk. Anteile, die zuzüglich einer Barzahlung von 100.000 Mark das Fundament der Aktiengesellschaft bilden, 1 800.000 Mk. zahlen!« Der Gründergewinn ist hier noch vermehrt, weil das Unternehmen durch die Ausbeutung der Patente Extraprofit macht, der natürlich gleichfalls kapitalisiert wird.

[11] Daß das in Aktien ausgelegte Kapital seinem Besitzer bei der ersten oder bei Neuanlage eine Dividende bringt, die nur wenig über den durchschnittlichen Zinssatz sich erhebt, beweist folgende Tabelle, die wir dem »Berliner Tageblatt« vom 1. Juni 1907 entnehmen. Der Diskont der Reichsbank betrug damals 5 1/2 Prozent.

Im Verlauf des Lebens einer Aktiengesellschaft kann die Differenz zwischen dem wirklich fungierenden Kapital und dem (fiktiven) Aktienkapital weiterwachsen. Wirft das Unternehmen viel höheren als den Durchschnittszins ab und ergibt sich die Notwendigkeit oder auch nur die Gelegenheit zu einer Kapitalserhöhung, so wird dieser höhere Ertrag bei der neuen Kapitalisierung zugrunde gelegt und das nominelle Aktienkapital weit über das fungierende Kapital hinaus vermehrt. Umgekehrt ist es auch möglich, das fungierende Kapital zu vermehren, ohne das nominelle Aktienkapital zu erhöhen. Das wird zum Beispiel der Fall sein, wenn der Reingewinn, statt als Dividende an die Aktionäre ausgeschüttet zu werden, ganz oder teilweise für den Betrieb des Unternehmens verwendet wird. Da eine solche Verwendung Steigerung des künftigen Ertrages verspricht, wird gleichzeitig eine Erhöhung im Kurswert des Aktienkapitals eintreten.

Abgesehen davon werden Änderungen im Kurswert unabhängig von Änderungen im Ertrag und in der Vermehrung oder Verminderung des wirklich fungierenden Kapitals sich ergeben durch Änderungen in der allgemeinen Zinsrate. Ein länger

---

	Kurs vom 30. Mai Prozent	Dividende Prozent	Rentabilität Prozent
Berliner Handelsgesellschaft	150,75	9	5,97
Darmstädter Bank	129,30	8	6,18
Deutsche Bank	223,60	12	5,36
Diskontogesellschaft	169,—	9	5,32
Dresdner Bank	141,—	$8^1/_2$	6,02
Nationalbank	121,50	$7^1/_2$	6,17
Bochumer Gußstahl	224,25	15	6,68
Laurahütte	225,30	12	5,32
Harpener Bergbahn	207,60	11	5,29
Gelsenkirchner Bergwerk	195,50	11	5,62
Phönix Bergbau	205,30	15	7,30
Rombacher Hüttenwerke	204,50	14	6,84
Donnersmarckhütte	264,50	14	5,29
Eisenwerk Kraft	166,—	11	6,62
Eisenhütte Thale, Vorzugsaktien	123,—	9	7,31
Allgemeine Elektricitätsgesellschaft	198,50	11	5,54
Lahmeyer Elektrizität	122,—	8	6,55
Hofmann Waggonfabrik	335,—	22	6,56
Gaggenauer Eisenwerk	105,—	8	7,61
Schering Chemische Fabriken	263,—	17	6,46
Chemische Fabrik Oranienburg	184,50	10	5,42
Schultheiss' Brauerei	288,50	18	6,23
Vereinsbrauerei, Aktien	210,50	12	5,70

dauernder niedriger Zinsfuß läßt den Kurswert des Aktienkapitals ceteris paribus anschwellen, ein hoher ihn kontrahieren.

Aus der Bildung der Dividende geht bereits hervor, daß es keine Durchschnittsdividende weder nach Art der Zinsrate noch nach Art der Profitrate gibt. Die Dividende ist ursprünglich gleich dem Zins plus einer Risikoprämie, kann im Lauf der Entwicklung aber sowohl geringer als höher werden und dauernd so bleiben, da ja hier die Ausgleichung durch die Konkurrenz nicht wie bei der Zins- und Profitrate bei dem Erträgnis, sondern nur beim Aktienkurs einsetzt.

Der Kurswert des Aktienkapitals ist also stets größer als der Wert des unter normalen Bedingungen fungierenden, das heißt den Durchschnittsprofit bringenden Kapitals. Anderseits den Ertrag des Unternehmens und den Zinsfuß gegeben, hängt der Kurswert des Aktienkapitals ab von der Menge der ausgegebenen Aktien. Das gesamte Aktienkapital eines Unternehmens, in dem das produktive Kapital 1 Million Mark beträgt und das 200 000 Mk. Profit bringt, wird einen Kurswert von 4 Millionen Mark haben, wenn der Zinsfuß 5 Prozent beträgt. Der Kurs einer Aktie von 1000 Mk. Nominalwert wird aber 4000 Mk. betragen, wenn 1 Million Mark Aktien, 2000, wenn 2 Millionen, 1000, wenn 4 Millionen, 500, wenn 8 Millionen Mark Aktien ausgegeben werden.

Ist das nominelle Aktienkapital so groß, daß sein Kurs bei der Emission unter den Nominalwert, unter pari, fällt, so spricht man von Verwässerung des Aktienkapitals. Es ist klar, daß diese Verwässerung zunächst etwas rein Rechnungsmäßiges ist. Gegeben ist das Erträgnis und dieses bestimmt den Kurs des Gesamtaktienkapitals; aus je mehr einzelnen Stücken sich dieses zusammensetzt, ein desto kleinerer aliquoter Teil entfällt natürlich auf das einzelne Stück. Die Verwässerung hat nichts zu schaffen mit dem Gründergewinn, der vielmehr bei jeder Aktiengesellschaftsgründung aus der Verwandlung von produktivem, profittragendem Kapital in fiktives zinstragendes Kapital entsteht. In der Tat ist die Verwässerung nichts Wesentliches und kann daher in der Regel durch Gesetz gehindert werden, im Gegensatz zum Gründergewinn. Die Bestimmung des deutschen Aktiengesetzes, daß das Agio der Aktie den Reserven zufallen muß, hat nur bewirkt, daß die Aktie pari oder mit geringem Agio an ein Bankkonsortium begeben wird und von diesem mit Gewinn (Gründergewinn) an das Publikum verkauft wird.

Die Verwässerung ist aber unter Umständen ein geeignetes finanztechnisches Mittel, um den Anteil der Gründer über den Gründergewinn hinaus zu steigern. In den Vereinigten Staaten zum Beispiel werden bei den großen Gründungen gewöhnlich zweierlei Arten Aktien ausgegeben, die preferred shares (Vorzugsaktien) und die common shares (gewöhnliche Aktien). Die preferred shares sind in ihrer Verzinsung limitiert, sie tragen meist 5 bis 7 Prozent. Sie sind zugleich häufig kumulativ, das heißt, wenn in einem Jahre nicht die ganze Dividende, auf die sie Anspruch haben, gezahlt wird, so haben sie das Recht auf Nachzahlung aus den Erträgnissen der folgenden Jahre. Erst nach Befriedigung der preferred shares können Dividenden auf die commons verteilt werden. Der Betrag der preferred shares wird bei der Gründung gewöhnlich so bemessen, daß er größer ist als das wirklich zur Funktion benötigte Kapital. In den preferred shares steckt schon der größte Teil des Gründergewinnes. Dazu kommen dann die common shares meist in annähernd gleichem Betrag. Ihr Kurswert ist gewöhnlich ursprünglich sehr gering; preferred und common shares stehen meist etwas über pari. Aber diese commons bleiben einmal zum großen Teil in den Händen der Gründer und erleichtern ihnen die Sicherung der Majorität[12]. Zweitens: die preferred werden bei den solideren

---

[12] Dasselbe auch bei englischen Gründungen. Bei Schilderung einer Interessengemeinschaft zwischen einem gemischten Roheisenwerk und einem Stahlwerk sagt Macrosty: »It is to be observed, that while the aid of the public was called in to assist in the extension of the business (scil. durch Ausgabe von Obligationen, Vorzugsaktien), control lay solely with the vendors (die Firma Bill bros. and Durman Long & Co.) so long as debenture interest and preference dividend were maintained. This is quite a common feature of British flotations, and it demands from the cautious investor a careful scrutiny of the purchase conditions.« Henry W. Macrosty: »The Trust Movement in British Industry.« London 1907. Seite 27. »In many cases the ordinary stock is held largely or solely by the original vendors in order that they may retain control, in which case the amount of the ordinary dividend is of less consequence to the public.« Ebenda, S. 54.
Eine ähnliche Funktion wie die common shares – die Monopolisierung der günstigen Ergebnisse der Entwicklung der Aktiengesellschaft für die Gründer – hatten die sogenannten Gründerrechte des früheren deutschen (und österreichischen) Aktienrechts. Die Gründer bedangen sich gewisse Vorrechte, zum Beispiel bei Neuemissionen von Aktien aus, die ihnen etwa stets zum Parikurse angeboten werden mußten. Diese Festlegung geriet aber mit der Funktion der Mobilisierung des Kapitals in Widerspruch und wurde daher beseitigt. Das »Berliner Tageblatt« vom 24. September 1907 schreibt darüber: »Wie ein Denkmal einer längst vergangenen Periode ragt in unsere Zeit die Institution der Gründerrechte herein, die noch bei einer Reihe von Aktiengesellschaften besteht. Die Gründerrechte stammen aus einer Zeit, in

Gründungen so ziemlich verzinst; der Anteil der commons dagegen ist völlig unbestimmt, in ihnen vor allem kommt die Gestaltung der Konjunktur zum Ausdruck; ihr Ertrag schwankt außerordentlich; sie sind daher beliebtes Spekulationspapier; die Kursschwankungen können aber von den eingeweihten Großaktionären, denen sie nichts gekostet haben, zu gewinnreicher Spekulation ausgenützt werden. Drittens aber sichert diese Finanzierungsmethode den durch die Gründung zu erwartenden Extraprofit und den Ertrag aller künftigen Errungenschaften und günstigen Konjunkturen den Gründern, den Besitzern der common shares, während der Gewinn des Publikums, das die preferred besitzt, auf eine feste, den Zins nicht allzu hoch überschreitende Grenze gesetzt ist. Schließlich wird dadurch bis zu einem gewissen Punkte der wirkliche Stand des Unternehmens[13]

---

der das Aktienrecht noch nicht die Entwicklung erreicht hat, auf der es heute steht. Früher galt es als zulässig, den Gründern eines Unternehmens dauernde Sondervorteile zu sichern, ein Zustand, der bei dem mobilen Charakter, der der Aktie innewohnt, als drückend und ungerechtfertigt empfunden werden mußte. Bereits die Aktiennovelle von 1884 legte Bresche in das System der Gründerrechte, völlig beseitigt werden diese für Neubildungen von Gesellschaften durch das Handelsgesetzbuch, das seit dem 1. Jänner 1900 Gültigkeit hat. Freilich hatte das neue Handelsgesetz keine rückwirkende Kraft, und so bestehen unverändert die Gründerrechte aus alter Zeit weiter und bringen sich, soweit sie nicht durch freiwillige Vereinbarungen abgelöst worden sind, gelegentlich den Aktionären von mit Gründerrechten »gesegneten« Gesellschaften recht unangenehm in Erinnerung ... Bei den Berliner Elektrizitätswerken – um eines der Schulbeispiele der Wirkung von Gründerrechten zu erwähnen – bestehen Vorrechte der Allgemeinen Elektricitätsgesellschaft dahin, daß diese jeweils die Hälfte der neu zu emittierenden Aktien zu pari übernehmen kann. Der Gewinn, der durch dieses Vorrecht der Allgemeinen Elektricitätsgesellschaft allein auf die Aktienemission der Berliner Elektrizitätswerke in den Jahren 1889, 1890, 1899 und 1904 zufloß, wird auf etwa 15 Millionen Mark geschätzt. Daß die Gründer, respektive ihre Erben ihre wohlerworbenen Rechte geltend machen, wird man ihnen nicht verübeln können. Aber es hat sich doch gezeigt, daß die moderne Auffassung vom Aktienwesen mit Recht die Beseitigung der ewigen Gründervorteile verlangt.«

[13] Das beste und größte Beispiel bietet die Geschichte des amerikanischen Stahltrusts. (Siehe »Report of the Industrial Commission 1901«, vol. XIII, S. XIV und XV.) Er vereinigte bereits überkapitalistische Gesellschaften. Der Report berechnet den »wirklichen Wert«, indem er nur die preferred shares der konstituierenden Gesellschaften addiert, was in Wirklichkeit ein Aktienkapital ergäbe, das den Paristand einnehmen könnte, und kommt zu dem Resultat, daß 398 918 111 Dollars nur für »good will« gerechnet sind. Noch bessere Vorstellung von der »Überkapitalisation«, genauer von der Differenz des wirklich fungierenden Kapitals und des Aktienkapitals, gibt folgende Angabe der »Frankfurter Zeitung« vom 29. März 1909: »Die Werke in Gary werden etwa 100 Millionen Dollars kosten und über 2 Millionen Tonnen Stahl liefern. Die anderen Werke des Trusts sind mit fast

verhüllt und dieses Dunkel kann leicht zu schwindelhaften Operationen ausgenützt werden. Doch hat die Überkapitalisierung keineswegs einen Einfluß auf die Preise. Es ist eine merkwürdige Vorstellung, daß, weil das fiktive Kapital nominell angeschwollen ist, die Preisgesetze irgendwie alteriert sein können. Daß ein großes Aktienkapital den Wunsch erzeugt, hohe Preise möchten seine Verzinsung gestatten, ist selbstverständlich. Aber das Kapital kann auch auf 0 abgeschrieben sein, und kein Kapitalist wird billiger verkaufen als er muß, sei er Gebieter eines Privatunternehmens, einer einfachen Aktiengesellschaft oder eines Trusts.

Die Aktiengesellschaft ist eine Gesellschaft von Kapitalisten. Sie wird konstituiert durch die Einzahlung des Kapitals; der Grad, an dem jeder Kapitalist an der Konstituierung teil hat, ist gegeben durch die Größe des von ihm beigesteuerten Kapi-

---

1500 Millionen Dollars kapitalisiert und haben eine Leistungsfähigkeit von 10 Millionen Tonnen. Das Mißverhältnis springt in die Augen.« Selbst wenn man berücksichtigt, daß in dieser Kapitalisation wertvoller Erzbesitz und andere Objekte eingeschlossen sind, bleibt das Mißverhältnis noch kolossal.
Das hat aber nicht gehindert, daß der Stahltrust stets die 7 Prozent Dividende auf die preferred shares zahlen konnte und daß auch die common shares in steigendem Maße Dividenden tragen. Der Trust wurde im Frühjahr 1901 gegründet. 1901 bis 1903 war günstige Konjunktur und die common shares erhielten 4 Prozent Dividende; 1903 sank die Dividende auf 3 Prozent, 1904 und 1905 fiel die Dividende aus. Jedoch setzt 1905 bereits die Besserung in der Konjunktur ein und der Stahltrust hätte gegen 43 Millionen Dollars zur Dividendenverteilung übrig gehabt. Aber der Trust verwendete diesen Betrag zu Abschreibungen, Neuinvestitionen und zur Reservebildung. 1906 wurden dann wieder 2 Prozent gezahlt.
Zu den Gewinnen des Stahltrusts stand aber diese Dividende in keinem richtigen Verhältnis, denn das Jahr 1906 war sehr fett gewesen, und für Dividenden standen dem Stahltrust fast 100 Millionen Dollars zur Verfügung. Davon beanspruchte die Auszahlung auf die preferred shares etwa 25 Millionen Dollars. Was rechnerisch übrigblieb, waren 14,4 Prozent für die common shares. Während nun die Aktionäre nur 10 166 000 Dollars erhielten, wurden 50 Millionen Dollars für Neubauten aufgewendet (darunter figurierte die zweite Rate für das Garystahlwerk mit 21½ Millionen Dollars) und außerdem wurde der Surplusfonds mit 13 Millionen Dollars bedacht. Die gleiche Politik schlugen die Direktoren auch im Jahre 1907 ein. Es wurde noch mehr verdient als in 1906. Für die Besitzer der common shares stand ein Betrag zur Verfügung, der 15,6 Prozent Dividende entsprach. Wieder erhielten die Aktionäre nur 2 Prozent per Jahr, also ein halbes Prozent per Quartal. 54 Millionen Dollars wurden für Neubauten verwendet, davon 18½ Millionen Dollars für das Garywerk ausgesetzt. Das Surplus erhielt 25 Millionen Dollars. Das Jahr 1907 fiel nun wesentlich dürftiger als seine Vorgänger aus. Immerhin wurden auf die common shares des Stahltrusts noch etwas über 4 Prozent per Jahr verdient; die Besitzer erhielten tatsächlich nur 2 Prozent. Für Neubauten wurde nichts ausgeworfen, dagegen dem Surplus über 10 Millionen Dollars zugeführt, so daß dieses bei Jahresschluß 1908 auf zirka 133½ Millionen Dollars angewachsen

tals; sein Stimmrecht, respektive seine Verfügungsgewalt richtet sich daher naturgemäß nach der Größe seiner Einzahlung. Der Kapitalist ist ja Kapitalist nur, soweit er Kapital hat, unterscheidet sich nur quantitativ von jedem anderen Kapitalisten. Damit ist aber die Verfügungsgewalt über das gesamte Unternehmen in die Hand der Besitzer der Majorität des Aktienkapitals gegeben. Um über die Aktiengesellschaft verfügen zu können, ist also nur die Hälfte des Kapitals notwendig, nicht wie bei der Verfügung über das Privatunternehmen der Besitz des Gesamtkapitals. Dies verdoppelt die Macht großer Kapitalisten. Ein Kapitalist, der sein Privatunternehmen (vom Kredit abgesehen) in eine Aktiengesellschaft verwandelt, braucht, um die volle Verfügungsgewalt zu behalten, nur sein halbes Kapital. Die andere Hälfte wird frei, und kann aus diesem Unternehmen zurückgezogen werden. Freilich geht dann die Dividende auf diese Hälfte verloren. Jedoch ist die Verfügungsgewalt über das fremde Kapital von größter Wichtigkeit und die Beherrschung des Unternehmens, abgesehen von allem anderen, von größter Bedeutung für die Beeinflussung der Eigentumsbewegung der Aktien auf der Börse.

In der Praxis ist aber der Kapitalbetrag, der zur Beherrschung der Aktiengesellschaft ausreicht, gewöhnlich noch geringer, beträgt bloß ein Drittel bis ein Viertel des Kapitals und weniger. Der Beherrscher der Aktiengesellschaft verfügt aber über das andere fremde Kapital wie über sein eigenes. Diese Art der Verfügung deckt sich keineswegs mit der Verfügung über fremdes

war. Für das erste Quartal 1909, das im Vergleich mit der entsprechenden Jahreszeit wieder eine Besserung aufwies, gegenüber den beiden letzten Quartalen 1908 hauptsächlich infolge des Mitte Februar am amerikanischen Eisenmarkt erfolgten Preissturzes dagegen eine Verschlechterung zeigte, wurde auf die common shares wie seit 1900 ein halbes Prozent Quartalsdividende gezahlt und über 3 Millionen Dollars dem Surplusbestand überwiesen. (Siehe »Berliner Tageblatt« vom 28. Juli 1909.) Für das zweite Quartal 1909 erklärte der Stahltrust eine Quartalsdividende von 3/4 Prozent, was einer dreiprozentigen Verzinsung entspricht, und für das dritte Quartal eine solche von 1 Prozent, also eine vierprozentige Verzinsung auf die common shares. Da die common shares zu einem großen Teil in den Händen der Gründer geblieben oder aber, soweit sie in die Hände der Spekulation übergegangen waren, zu deren beliebtesten Spielpapieren sie zählen, während und bald nach der Panik von 1907 zu niedrigsten Kursen von den Finanzgruppen zurückgekauft worden waren, ist diese Dividendenpolitik, die auf Kosten der Aktionäre den Gewinn jahrelang zurückhielt, um ihn im geeigneten Moment plötzlich auszuschütten, eine ungeheure Bereicherungsquelle für die den Stahltrust beherrschenden Finanzgruppen gewesen.

Kapital überhaupt. Ist in der kapitalistisch entwickelten Gesellschaft jedes eigene Kapital durch die Entwicklung des Kredits zugleich Exponent fremden ausgeliehenen Kapitals – und von der Größe des eigenen Kapitals hängt unter sonst gleichen Umständen die Größe des Kredits ab, die noch rascher wächst als die Größe des Eigenkapitals –, so wird das Eigenkapital des Großaktionärs in doppelter Hinsicht ein solcher Exponent. Sein Kapital hat die Verfügung über das der übrigen Aktionäre, und die gesamte Kapitalskraft des Unternehmens wird wieder die Attraktion für fremdes Kapital, Leihkapital, das das Unternehmen aufnimmt.

Von noch viel größerer Wucht aber wird das eine Aktiengesellschaft beherrschende Großkapital, wenn es sich nicht mehr um eine einzelne Aktiengesellschaft, sondern um ein System voneinander abhängiger Gesellschaften handelt. Gesetzt Kapitalist N beherrsche mit 5 Millionen Aktienbesitz die Aktiengesellschaft A, deren Aktienkapital 9 Millionen betrage. Diese Gesellschaft gründe eine Tochtergesellschaft B mit 30 Millionen Aktienkapital, von denen sie 16 Millionen im Portefeuille behält. Um das Geld für diese 16 Millionen einzahlen zu können, gäbe A für 16 Millionen festverzinsliche Obligationen aus, die kein Stimmrecht besitzen. N beherrscht jetzt mit seinen 5 Millionen beide Gesellschaften, also ein Kapital von 39 Millionen. A und B können jetzt nach denselben Prinzipien neue Gesellschaften gründen, so daß N mit einem verhältnismäßig geringen Kapital das Kommando über außerordentlich große fremde Kapitalssummen erhält. Mit der Entwicklung des Aktienwesens bildet sich eine eigene Finanztechnik aus, deren Aufgabe es ist, möglichst geringem eigenem Kapital die Beherrschung möglichst großen fremden Kapitals zu sichern. Ihre Vollendung hat diese Technik bei der Finanzierung amerikanischer Eisenbahnsysteme erfahren[14].

---

[14] Die detaillierte Darstellung der Finanzierungstechnik fällt außerhalb des Rahmens vorliegender Arbeit. Doch wird folgendes typische Beispiel das Gesagte veranschaulichen, das die Finanzierung des Rock-Island-Bahnsystems darstellt. (Siehe »Frankfurter Zetiung« vom 6. Oktober 1909.) An der Spitze des Systems steht eine Kontrollgesellschaft (Holding Company, das heißt eigentlich eine Aktien anderer Gesellschaften besitzende Gesellschaft), die Rock Island Company, ohne feste Verschuldung mit einem autorisierten Kapital von 54 Millionen Dollars preferred und 96 Millionen Dollars common stock, wovon 49,129 Millionen Dollars, beziehungsweise 89,733 Millionen Dollars emittiert sind. Die preferred Aktien allein besitzen das Stimmrecht. Diese Gesellschaft besitzt das gesamte Aktienkapital von 145 Millio-

Mit der Entwicklung der Aktiengesellschaften einerseits, mit der wachsenden Eigentumskonzentration anderseits wächst die Zahl der Großkapitalisten, die ihr Kapital in verschiedenen Aktiengesellschaften angelegt haben. Starker Aktienbesitz gibt aber die Macht, sich in der Leitung der Gesellschaft vertreten zu lassen. Als Mitglied des Aufsichtsrates erhält der Großaktionär in Form der Tantiemen erstens einen Anteil am Profit[15], zweitens Gelegenheit, auf die Verwaltung des Unternehmens Einfluß zu nehmen oder aber die Kenntnis von den Vorgängen im Unternehmen auszunützen, sei es zu spekulativen, sei es zu anderen

---

nen Dollars der Chicago Rock Island und Pacific Railroad Company, die außerdem eine feste Verschuldung von 70,199 Millionen Dollars 4prozentiger Collateral Trust Bonds und 17,361 Millionen Dollars 5prozentiger Collateral Trust Bonds besitzt. Dies sind Schuldscheine, zu deren Sicherheit andere Effekten bei Treuhändern als Pfand hinterlegt sind. (Siehe über die Collateral Trust Bonds Thomas L. Greene, »Corporation Finance«, New York 1906.) Diese Railroad Company erst besitzt zwei Bahngesellschaften: 1. Chicago Rock Island und Pacific Railway Company. Deren fundierte Schuld beträgt 197,850 Millionen Dollars; das Aktienkapital 74,859 Millionen Dollars, wovon 70,199 Millionen Dollars bei Treuhändern als Unterlage für die erwähnte Emission der 4prozentigen Collateral Trust Bonds der Railroad Company hinterlegt sind. 2. Die St. Louis und San Francisco Railroad Company mit einer fundierten Schuld von rund 277 Millionen Dollars. Das Aktienkapital besteht aus: 5 Millionen Dollars I. preferred stock, 16 Millionen Dollars II. preferred stock, 29 Millionen Dollars common stock, wovon 28,940 Millionen Dollars von der Rock Island Company erworben wurden. Diese gab für je 100 Dollars in Aktien 60 Dollars in eigenen Aktien und 60 Dollars in fünfprozentigen Collateral Trust Bonds der Chicago Rock Island und Pacific Railroad Company. Beide große Bahngesellschaften haben nun wieder ihre eigenen Untergesellschaften.
Der Zweck dieser kunstvollen Finanzierung ist klar. Die Kontrolle des ganzen gewaltigen Bahnsystems liegt bei den allein stimmberechtigten preferred shares der Rock Island Company. Zur Zeit ihrer Gründung 1902 betrug der Kurswert dieser Titres zwischen 40 und 70 Prozent. Für die 27 Millionen Dollars preferred shares, die zur Kontrolle nötig waren, brauchten die Gründer höchstens etwa 15 Millionen Dollars. Dieses Geld genügte, um sie zu Beherrschern des ganzen Bahnnetzes zu machen.

15 Die Einnahme aus Aufsichtsratsstellungen in Deutschland hat E. Loeb (»Das Institut des Aufsichtsrates« etc., Jahrbuch für Nationalökonomie und Statistik, 3. Folge, XXIII. Bd., 1902) für 1900 auf etwa 60 Millionen Mark geschätzt. In einer sehr eingehenden Untersuchung über die Aufsichtsräte der deutschen Aktiengesellschaften in der genannten Zeitschrift (3. Folge, XXXII. Bd., 1906, S. 92 ff.) schätzt Franz Eulenburg diese Summe auf zirka 70 Millionen Mark für 1906. Jede Aktiengesellschaft verteilt durchschnittlich $^6/_{10}$ Prozent ihres Nominalkapitals als Tantieme, mithin erhält durchschnittlich jedes Aufsichtsratsmitglied $^1/_{10}$ Prozent. Bei großen Gesellschaften ist natürlich dieser Betrag absolut größer, etwa 6000 bis 8000 Mark und mehr. So verteilten die Dresdner Bank 21 000, Felten u. Guillaume 34 000, Dürkopp 10 000, Deutsche Bank 32 000, Hörder Bergwerke 15 000, Gelsenkirchen 8700, Bayerische Hypothekenbank 13 000 Mk. als Tantiemen.

geschäftlichen Transaktionen. Es bildet sich ein Kreis von Personen heraus, die vermöge ihrer eigenen Kapitalsmacht oder aber als Vertreter der konzentrierten Macht fremden Kapitals (Bankdirektoren) als Aufsichtsräte in einer großen Anzahl von Aktiengesellschaften vertreten sind. Es entsteht so eine Art von Personalunion[16], einmal zwischen den verschiedenen Aktiengesellschaften untereinander und sodann zwischen diesen und den Banken, ein Umstand, der für die Politik dieser Gesellschaften von größtem Einfluß sein muß, weil zwischen den verschiedenen Gesellschaften ein gemeinsames Besitzinteresse sich bildet.

Um die Konzentration der Kapitale in einem Unternehmen durchzuführen, sammelt die Aktiengesellschaft ihr Kapital aus einzelnen Kapitalstücken, jedes für sich genommen vielleicht zu klein, um industriell – sei es überhaupt, sei es namentlich in den Industriezweigen, deren Domäne die Aktiengesellschaft ist – zu fungieren. Es ist aber zu beachten, daß in den Anfängen der Aktiengesellschaft diese Sammlung meist durch direkten Appell an die Einzelkapitalisten geschieht. Im Fortgang der Entwicklung aber sind die Einzelkapitale bereits gesammelt und konzentriert in den Banken. Der Appell an den Geldmarkt geht daher durch die Vermittlung der Banken.

Keine Bank kann daran denken, das Kapital eines Privatunternehmens aufbringen zu wollen. Diesem kann sie in der Regel wesentlich nur »Zahlungskredit« leisten. Anders bei der Aktiengesellschaft. Hier das Kapital aufbringen, heißt für die Bank nichts anderes als es vorschießen, in Anteile zerlegen und durch Verkauf dieser Anteile das Kapital zurückerhalten, also ein der Form nach reines Geldgeschäft $G\text{-}G^1$ machen. Es ist die Übertragbarkeit und Negotiabilität dieser Kapitalscheine, die das Wesen der Aktiengesellschaft ausmacht, die dann der Bank die

---

16 Die Personalunion ist Anfang oder Ende von zusammengehörigen Vereinigungen, die aus äußeren Gründen organisatorisch und institutionell getrennt sein müssen, die aber nur in der Zusammenfassung ihrer Kräfte in einer obersten gemeinsamen Leitung ihre volle Wirksamkeit entfalten können. Die Personalunion zwischen Österreich und Ungarn ist der Rest, der aus der Zeit der ehemaligen Verbindung beider Länder zurückgeblieben und vielleicht nur so weit bedeutungsvoll, als er der Ausgangspunkt einer andersartigen Verbindung werden könnte. Die Vereinigung der wirtschaftlichen und politischen Organisationen der Arbeiterklasse durch Personalunion in ihrer obersten Leitung gestattet beiden erst volle Machtentfaltung. Dieselbe Erscheinung der Verbindung wirtschaftlicher und politischer Organisation finden wir beim deutschen Grundbesitz im Bund der Landwirte und besonders vollkommen ausgebildet bei den Organisationen der preußischen Polen.

Möglichkeit der »Gründung« und damit der schließlichen Beherrschung der Aktiengesellschaft gibt. Ebenso ist hier die Möglichkeit der Bankschulden viel größer als im Privatbetrieb. Dieser muß im allgemeinen diese Schulden aus den Erträgnissen decken können, und diese Schulden haben daher eine enge Grenze. Gerade deswegen, wegen ihrer relativen Kleinheit, lassen sie aber den Privatunternehmer ziemlich unabhängig. Bei der Aktiengesellschaft besteht aber die Möglichkeit, diese Bankschulden nicht nur aus den laufenden Erträgnissen, sondern durch Vergrößerung des Kapitals decken zu können, durch Emission von Aktien oder Obligationen, deren Ausgabe für die Bank dann noch den Gründungsgewinn abwirft. Die Bank kann daher der Aktiengesellschaft mit größerer Sicherheit wie dem Privatunternehmen größeren Kredit einräumen, vor allem aber andersartigen Kredit, Kredit nicht nur als Zahlungsvermittlung, also Zirkulationskredit, sondern zur Ergänzung fehlenden Betriebskapitals, also Kapitalkredit. Denn die Bank vermag, falls es ihr nötig erscheint, diese Kreditgewährung dadurch einzuschränken, daß dem Unternehmen durch Neuemission von Aktien oder Obligationen neues Kapital zugeführt wird[17].

Die Bank kann aber der Aktiengesellschaft nicht nur in höherem Maße Kredit gewähren als dem Privatunternehmen, sie kann auch einen Teil ihres Geldkapitals für kürzere oder längere Zeit in Aktien anlegen. In allen Fällen aber entsteht ein dauerndes Interesse der Bank an der Aktiengesellschaft, die einerseits von der Bank kontrolliert werden muß, um die richtige Verwendung des Kredits zu gewährleisten, anderseits von der Bank möglichst beherrscht werden muß, um all die gewinnbringenden finanziellen Transaktionen der Bank zu sichern.

Aus diesen Interessen der Banken entspringt das Bestreben, die Aktiengesellschaften, an denen sie interessiert sind, dauernd zu überwachen, was am besten durch die Vertretung im Aufsichtsrat geschehen kann. Diese Vertretung gewährt zugleich die Garantie, daß die Gesellschaft auch alle übrigen finanziellen Transaktionen, die mit dem Emissionsgeschäft zusammenhängen, durch die Bank besorgen läßt. Anderseits sucht die Bank, um das Risiko zu verteilen und ihren Geschäftskreis zu erweitern, mit möglichst viel Gesellschaften zu arbeiten und damit zugleich auch

[17] Starke Bankschulden eines Privatunternehmers sind daher oft die Vorboten seiner Umwandlung in eine Aktiengesellschaft.

in deren Aufsichtsrat vertreten zu sein. Die Verfügung über Aktienbesitz gibt ihr die Möglichkeit, eventuell auch in ursprünglich widerstrebenden Gesellschaften eine Vertretung durchzusetzen. So entsteht hieraus eine Tendenz zur Kumulierung solcher Aufsichtsratsstellen[18].

Eine andere Rolle spielen die Vertreter der Industrie in den Aufsichtsräten; hier handelt es sich um Anknüpfung von Geschäftsbeziehungen zwischen zwei Gesellschaften. So wenn der Vertreter eines Eisenwerkes im Aufsichtsrat einer Kohlenzeche sitzt und darauf hinwirkt, daß das Eisenwerk seine Kohle von dieser Zeche bezieht.

Diese Personalunion, die zugleich eine Kumulierung von Aufsichtsratsstellen in der Hand einer kleinen Anzahl von Groß-

---

[18] Die Großbanken suchen »ihre Verbindungen mit industriellen Unternehmungen nach Ort und Gewerbeart möglichst vielseitig zu gestalten, die Ungleichheiten in der örtlichen und gewerblichen Verteilung, die sich aus der Geschichte der einzelnen Institute erklärt, mehr und mehr zu beseitigen. Damit geht Hand in Hand das Bestreben, die Industriebeziehungen zu fundieren auf die reguläre dauernde Geschäftsverbindung und ihnen Ausdruck und die Möglichkeit der Erweiterung und Vertiefung zu geben durch ein vereinigtes System der Besetzung von Aufsichtsratsstellen«. Jeidels, a.a.O., S. 180.

Jeidels gibt folgende Tabelle (für 1903): Es waren bei Aktiengesellschaften vertreten:

	Die Deutsche Bank	Diskonto-Gesellschaft	Darmstädter Bank	Dresdener Bank	Schaaffhausenscher Bankverein	Berliner Handelsgesellschaft	Summe
durch Direktoren	101	31	51	53	68	40	344
durch eigene Aufsichtsräte	120	61	50	80	62	34	407
	221	92	101	133	130	74	751

Im ganzen verfügten also die sechs Berliner Großbanken allein über 751 Aufsichtsratsstellen.

Nach dem neuesten Adreßbuch der Direktoren und Aufsichtsratsmitglieder (1909) gibt es in Deutschland 12 000 solche Stellen. 2918 Aufsichtsratsstellen aber sind in der Hand von nur 179 Personen. Den Rekord hält Herr Karl Fürstenberg von der Berliner Handelsgesellschaft mit 44 Mandaten; Herr Eugen Gutmann von der Dresdner Bank hat 35 Stellen inne. Überhaupt ist von den verschiedenen Berufen, die unter den Aufsichtsratsmitgliedern vertreten sind, der Bankberuf am stärksten vertreten und auf diesen fällt daher die stärkste Kumulierung. Detaillierte Angaben darüber bei Eulenburg l. c.

Dieselbe Erscheinung natürlich in den Vereinigten Staaten. 1906 war die Firma J. P. Morgan u. Cie. vertreten im Board von 5 Banken, 50 Bahnen, 3 Schiffahrtsgesellschaften, 8 Trustgesellschaften, 8 Versicherungsgesellschaften und 40 industriellen Unternehmungen. Steinitzer, a.a.O., S. 158.

kapitalisten bedeutet, wird wichtig, sobald sie Vorläufer oder Förderer engerer organisatorischer Verbindung zwischen bisher voneinander unabhängigen Gesellschaften wird[19].

3. *Aktiengesellschaft und Individualunternehmung*

Die Aktiengesellschaft appelliert also bei ihrer Gründung nicht an die relativ schmale Schicht der fungierenden und funktionsfähigen Kapitalisten, die die Eigentumsfunktion mit der Unternehmerfunktion vereinigen müssen. Sie ist von diesen persönlichen Qualitäten von vornherein unabhängig und bleibt es während ihres Bestehens. Tod, Erbteilung etc. ihrer Besitzer üben auf sie keinen Einfluß. Aber dies ist kein entscheidender Unterschied gegenüber der Individualunternehmung, die von einem gewissen Grad der Entwicklung an die persönlichen Qualitäten, die ihrem Eigentümer abgehen, durch die bezahlter Angestellter ersetzen kann. Praktisch bedeutungslos ist auch ein anderer Gegensatz, der in der Literatur zwischen Aktiengesellschaft und Privatunternehmen gemacht wird; danach schalte einmal ein subjektiv voll verantwortlicher, ganz unabhängiger Unternehmer, der aber auch voll interessiert sei, während das anderemal eine Menge wenig unterrichteter, einflußloser Unternehmer (Aktionäre) gebiete, die nur zum Teil interessiert seien und nichts von der Leitung verstünden. Denn die Aktiengesellschaften – und gerade die wichtigsten, erträgnisreichsten und bahnbrechendsten – werden von einer Oligarchie oder sogar nur von einem Großkapitalisten (oder einer Bank) beherrscht, die in Wirklichkeit ebenfalls voll interessiert und von der Masse kleiner Aktionäre

[19] Dagegen spielt die Aufsichtsführung im Sinne der juristischen Fiktion gar keine Rolle. So sagte der Vorsitzende in der Generalversammlung der »Elektrische Licht- und Kraftanlagen-Aktiengesellschaft in Berlin« geradezu: »Die Idee, daß irgendein Aufsichtsrat oder das Mitglied eines Aufsichtsrates das tun könne, was das Gesetz ihnen vorschreibe, sei irrig. Die Gesetzgeber wußten nicht, was sie taten, als sie dieses Gesetz machten. Man stelle sich vor, daß ein Mitglied des Aufsichtsrates oder der Aufsichtsrat überhaupt bei einer unserer großen Gesellschaften die sämtlichen Zweige des Unternehmens auch nur an einem Tag verfolgen solle. Während der Mann an einer Stelle kontrolliere, könnten an zehn anderen die größten Fehler begangen werden. Der Aufsichtsrat könne die großen Richtlinien angeben, nach welchen eine Gesellschaft geleitet werden soll. Er könne die Direktion beaufsichtigen, daß sie nichts gegen Gesetz und Statuten tue. Die Einzelheiten der Revision seien Sache der Revisionsgesellschaften.« (»Berliner Tageblatt«, 28. November 1908.)

unabhängig sind. Dazu kommt, daß die Leiter, die Spitzen der industriellen Bürokratie, sowohl durch die Tantiemen als auch, und vor allem, durch in der Regel ausgedehnten Aktienbesitz an dem Unternehmen interessiert sind.

Viel wichtiger ist der sachliche Unterschied, der Appell an den Geldmarkt ist ein Generalappell an alles, was Geld hat, Geld hier zugleich als Verfügung über Kredit genommen. Die Aktiengesellschaft ist unabhängig von der Größe des Einzelkapitals, das in einer Hand erst vereinigt sein muß, um als Industriekapital eines Privatunternehmens fungieren zu können. Es ist nicht nur der Kreis der Personen erweitert – Geldkapitalist kann jeder sein, der Geld hat –, sondern es ist auch jede Geldsumme über ein gewisses Minimum hinaus (das bekanntlich bloß ein paar Schillinge zu betragen braucht) befähigt, in einer Aktiengesellschaft mit anderen vereinigt und als industrielles Kapital angewendet zu werden. Das gibt der Aktiengesellschaft von vornherein eine ganz andere Leichtigkeit der Gründung als dem Privatunternehmen und der schon bestehenden eine viel größere Expansionskraft.

In dieser Eigenschaft der Zusammenfassung von Kapital erfüllen die Aktiengesellschaften eine ähnliche Funktion wie die Banken. Der Unterschied ist der: Das in den Banken angesammelte Kapital behält die ursprüngliche Form von Geldkapital bei und wird durch den Kredit nach seiner Zusammenfassung der Produktion zur Verfügung gestellt. Bei den Aktiengesellschaften wird das zersplitterte Geldkapital vereinigt in der Form des fiktiven Kapitals. Man darf übrigens nicht meinen, daß die Zusammenfassung kleiner Kapitalien, die nur Bruchstücke großer zu sein brauchen, dasselbe ist wie die Beteiligung kleiner Kapitalisten. Die kleinen Kapitale können recht großen Kapitalisten gehören. Kleine Kapitalien kleiner Kapitalisten werden mehr durch die Banken als durch die Aktiengesellschaft vereinigt.

Zu der Leichtigkeit der Kapitalbeschaffung gesellt sich die Leichtigkeit der Akkumulation. Beim Privatunternehmen muß die Akkumulation aus dem Profit bestritten werden. Ein Teil des Profits, der nicht konsumiert wird, was von vornherein eine gewisse Größe des Unternehmens voraussetzt, wird als latentes Geldkapital angesammelt, bis seine Größe zur Neuanlage und Erweiterung des Betriebes ausreicht. Demgegenüber wird in der Aktiengesellschaft allerdings die Dividende zunächst an die Aktionäre weggezahlt. Aber auch hier ist die Möglichkeit vorhanden, Teile des Profits, namentlich bei hohen, über den Durchschnittszinssatz erheblich hinausgehenden Dividenden, zu akkumulieren. Aber vor allem wird die Erweiterung unabhängig von der eigentlichen Akkumulation aus den eigenen Erträgnissen des Betriebes und kann direkt durch Kapitalsvermehrung vollzogen werden. Die Schranke des Wachstums des Privatbetriebes – die Größe des im Betriebe selbst erzeugten Profits – ist gefallen. Die Wachstumenergie der Aktiengesellschaft ist damit eine bedeutend größere als die der Privatunternehmung. Der Aktiengesellschaft steht für ihre Vergrößerung ebenso wie für ihre Gründung das gesamte freie Geldkapital zur Verfügung. Sie vergrößert sich nicht bloß aus der Akkumulation ihres eigenen Profits. Das gesamte akkumulierte und nun nach Verwertung strebende Geldkapital ist das Wasser, das sie auf ihre Mühle leiten kann. Die Schranken, die aus der individuellen Zersplitterung des Kapitals unter seine gleichgültigen und zufälligen Träger entspringen, sind aufgehoben. Die Aktiengesellschaft appelliert unmittelbar an das vereinigte Kapital der Kapitalistenklasse.

Die Unabhängigkeit vom Einzelkapital macht die Größe der Unternehmung unabhängig von der Größe des bereits in einer einzigen Hand akkumulierten Reichtums und erlaubt ihr – ohne Rücksicht auf den bereits eingetretenen Grad der Vermögenskonzentration – das Unternehmen auszuweiten. So werden durch die Aktiengesellschaft Unternehmungen erst möglich oder wenigstens in dem erforderlichen Umfang möglich, die durch die Größe ihres Kapitalerfordernisses dem Privatunternehmer unzugänglich waren, daher entweder unterblieben oder vom Staate ausgeführt werden mußten, also dem direkten Einfluß des Kapitals entzogen blieben. Das bedeutendste Beispiel bilden hier bekanntlich die Eisenbahnen, die am mächtigsten die Verbreitung der Aktiengesellschaften gefördert haben. Diese Bedeutung der Aktiengesellschaft, die persönliche Schranke des Eigentums zu sprengen, gleichsam nur durch die Größe nicht des persönlichen, sondern des gesellschaftlichen Kapitals[20] in ihrem Umfang beschränkt zu sein, hat namentlich in ihren Anfängen die größte Wichtigkeit.

---

[20] Wenn hier von gesellschaftlichem Kapital gesprochen wird, so ist dies in diesem Sinne gemeint: Der Privatunternehmer ist beschränkt durch die Größe des Einzelkapitals, die Aktiengesellschaft durch die Größe des ganzen in der kapitalistischen Gesellschaft vorhandenen, zu neuer Verwertung freien Geldkapitals.

Die Expansion des kapitalistischen Unternehmens, das Aktiengesellschaft geworden ist, kann jetzt, losgelöst von der Fessel des individuellen Eigentums, rein nach den Anforderungen der Technik erfolgen. Die Einführung neuer Maschinerie, die Aufnahme verwandter Produktionszweige, die Ausnützung von Patenten erfolgt nur mehr nach den Gesichtspunkten ihrer technischen und ökonomischen Angemessenheit. Die Sorge um Aufbringung des nötigen Kapitals, die beim Privatunternehmen eine Hauptrolle spielt, seine Expansionskraft einschränkt, seine Schlagfertigkeit und stete Kriegsbereitschaft vermindert, tritt zurück. Konjunkturen können besser, gründlicher und rascher ausgenützt werden, ein wichtiger Gesichtspunkt namentlich dann, wenn die Dauer günstiger Konjunkturen sich verkürzen sollte[21].

Die angeführten Momente werden von Bedeutung im Konkurrenzkampf. Wir haben gesehen, wie bei der Aktiengesellschaft die Leichtigkeit der Kapitalbeschaffung eine ganz andere ist als bei dem Privatunternehmen. Die Aktiengesellschaft hat so die Möglichkeit, die Einrichtung ihres Betriebes nach rein technischen Rücksichten zu treffen, während der Individualunternehmer dabei fortwährend an die Schranke stößt, die ihm die

---

21 »Die Aktiengesellschaft ist die schärfste und sicherste und deshalb bevorzugteste Waffe, welche die kapitalistische Wirtschaftsordnung zur Durchfechtung ihrer Konzentrationstendenzen zur Verfügung hat. Stellt doch schon die Aktiengesellschaft selbst eine vollendete Konzentration dar: eine Zusammenfassung kleiner und zersplitterter, an sich von produktiver Verwertung mehr oder weniger ausgeschlossener Vermögensteile in einer Gesamtkapitalmasse, welche als solche unter einheitlicher Leitung wirtschaftliche, also produktive Zwecke zu verfolgen bestimmt und geeignet ist. Die Aktiengesellschaft übt denn aber auch infolge der leichten Veräußerlichkeit und Vererblichkeit der Anteile, ferner infolge der durch die fast völlige Loslösung von der Person des Unternehmers in viel höherem Grade als bei den anderen Unternehmungsformen gewährten Wahrscheinlichkeit längerer Lebensdauer, endlich infolge der (theoretischen) Unbegrenztheit der auf das zusammengefaßte Kapital zu erwartenden Dividende eine ungemein starke Attraktionskraft auf verfügbare Kapitalien aus. Sie besitzt also in höherem Grade als jede andere Unternehmungsform die Möglichkeit, ihre Kredit- und Erweiterungsbedürfnisse durch Kapitalserhöhungen zu befriedigen. Die Leichtigkeit der Kapitalbeschaffung aber ruft naturgemäß wieder die Tendenz zur Kapitalvergrößerung hervor, und zwar deshalb in immer steigendem Verhältnis, weil es sowohl auf dem Gebiete der Industrie wie des Handels und auch des Bankwesens ein wirtschaftliches Gesetz zu sein scheint, daß ein doppeltes Kapital mehr als doppelte Produktion, beziehungsweise mehr als doppelten Umsatz (Anmerkung: Aber nicht ohne weiteres auch doppelte Rentabilität) ermöglicht und daß schon deshalb die Tendenz zur Kapitalvergrößerung sich verstärkt mit dem Wachstum dieses Kapitals und somit bei größeren Kapitalen relativ weit bedeutender ist als bei kleineren.« Rießner, »Zur Entwicklungsgeschichte der deutschen Großbanken«. S. 152.

Größe seines Kapitals zieht. Dies gilt auch dann, wenn er Kredit benützt, da dessen Größe durch die Größe seines Eigenkapitals begrenzt ist. Die Aktiengesellschaft dagegen ist sowohl bei der Gründung als auch namentlich bei der Erweiterung und bei Neuanlagen an diese Schranke des persönlichen Eigentums nicht gebunden. Sie kann daher die besten und neuesten Errungenschaften sich aneignen und ist auch in dem Zeitpunkt, in dem sie Neuanlagen macht, viel unabhängiger als der Privatunternehmer, der warten muß, bis sein Profit akkumulationsfähige Größe erreicht hat. Die Aktiengesellschaft kann also technisch überlegen eingerichtet werden und, was fast ebenso wichtig ist, diese technische Überlegenheit stets festhalten. Das bedeutet aber auch, daß sie imstande ist, technische Errungenschaften, arbeitsparende Methoden anzuwenden, bevor sie allgemein geworden sind; die Aktiengesellschaft kann so gegenüber dem Privatunternehmen erstens auf größerer Stufenleiter, zweitens mit verbesserter und neuerer Technik arbeiten und wird so diesem gegenüber einen Extraprofit erzielen können.

Dazu kommt die große Überlegenheit, die die Aktiengesellschaft in der Benützung des Kredits vor dem Individualunternehmer voraus hat und auf die in diesem Zusammenhang noch kurz verwiesen werden muß.

Der Privatunternehmer wird in der Regel nur Kredit im Höchstbetrag seines zirkulierenden Kapitals in Anspruch nehmen können. Jede weitere Kreditgewährung würde das kreditierte Kapital in fixes industrielles Kapital verwandeln und ihm damit auch für den Leihkapitalisten de facto den Charakter von Leihkapital nehmen. Der Leihkapitalist würde einfach verwandelt sein in einen industriellen Kapitalisten. Daher kann der Kredit an Privatunternehmer auch nur gewährt werden von Personen, die mit allen Verhältnissen und Geschäftsgebarungen der Industriellen vertraut sind. Der Kredit an das Privatunternehmen unterstellt den kleinen lokalen Bankbetrieb, den Privatbankier, als genauen Kenner der Geschäftsbeziehungen seiner Kunden.

Die Aktiengesellschaft erhält leichter Kredit, weil die Art ihrer Organisation die Überwachung außerordentlich erleichtert durch einfache Delegierung eines Vertrauensmannes der Bank. Hier ist der Privatbankier auszuschalten durch einen Bankbeamten. Dann aber ist die Kreditgewährung an die Aktiengesellschaft in viel größerem Umfang möglich, da die Aktiengesellschaft sich leicht Kapital beschaffen kann. Es besteht nicht die Gefahr, daß der in Anspruch genommene Kredit immobilisiert wird. Selbst wenn er in der Tat von der Aktiengesellschaft zur Anschaffung von fixem Kapital benützt würde, kann die Aktiengesellschaft doch bei günstiger Gelegenheit ohne Rücksicht auf den wirklichen Rückfluß des fixen Kapitals durch Ausgabe von Aktien das Kapital mobilisieren und es zur Rückzahlung der Bankschulden verwenden. In der Tat auch ein alltäglicher Umstand. Beide Umstände aber, die leichtere Beaufsichtigung und der Wegfall der Kreditbeschränkung auf das zirkulierende Kapital, geben der Aktiengesellschaft die Möglichkeit weit stärkerer Kreditbenützung und damit eine neue Überlegenheit im Konkurrenzkampf.

Die ökonomische Überlegenheit der leichteren Kapitalsbeschaffung bei der Gründung und der leichteren Ausdehnungsfähigkeit bringt so eine technische Überlegenheit mit sich.

Die Aktiengesellschaft ist aber vermöge ihrer Konstitution auch überlegen im Preiskampf.

Wir haben gesehen, daß der Aktionär den Charakter des Geldkapitalisten hat, von seinem angelegten Kapital nur Zins erwartet. Trotz des Gründergewinns, trotz Verringerung des Profits durch erhöhte Verwaltungskosten, Tantiemen etc. mag im Verlauf einer günstigen Entwicklung das Erträgnis den Zins weit übertreffen.

Dies gesteigerte Erträgnis braucht, wie wir gesehen haben, durchaus nicht immer den Aktionären zugute zu kommen. Ein Teil desselben mag zur Stärkung des Unternehmens, zur Reservenbildung verwendet werden, die dann in Krisenzeiten der Aktiengesellschaft einen stärkeren Rückhalt verschafft gegenüber dem Privatunternehmen. Gleichzeitig ermöglichen hohe Reserven eine stetigere Dividendenpolitik und erhöhen dadurch den Kurs der Aktien. Oder es kann aus diesem Erträgnis ein Teil akkumuliert, das wirklich fungierende, Profit produzierende Kapital also erhöht werden ohne Erhöhung des Nominalkapitals. Auch das steigert, und in noch höherem Maße als die Reservenbildung, den wirklichen Wert der Aktie. Diese Steigerung, die sich vielleicht erst in einem späteren Zeitpunkt manifestiert, kommt den großen und bleibenden Aktionären zugute, während die kleinen und häufig ausscheidenden Besitzer dazu mit dem Verlust eines Teiles ihres Gewinnes beitragen mußten.

Tritt aber eine ungüstige Konjunktur ein und verschärft sich der Konkurrenzkampf, so kann eine Aktiengesellschaft, bei der durch eine solche Dividendenpolitik die ursprüngliche Differenz zwischen Aktienkapital und wirklich fungierendem Kapital stark vermindert oder völlig geschwunden ist, ihre Preise unter den Produktionspreis k + p reduzieren auf einen Preis = k + z (Kostpreis + Zins) und wird dann noch immer eine Dividende gleich oder wenig unter dem Durchschnittszins verteilen können.

Die Widerstandskraft der Aktiengesellschaft ist dadurch viel größer. Der Einzelunternehmer wird das Bestreben haben, den Durchschnittsprofit zu realisieren. Produziert er weniger, so wird er darauf bedacht sein, sein Kapital zurückzuziehen. Dies Bestreben ist bei der Aktiengesellschaft gar nicht in diesem Maß vorhanden, wenigstens nicht bei der Leitung, aber auch nicht bei den Besitzern. Der Privatunternehmer muß aus dem Erträgnis seinen Lebensunterhalt bestreiten; sinkt sein Profit unter eine gewisse Grenze, so werden ihm die Betriebsmittel ausgehen, da er einen Teil seines Kapitals zu seinem Unterhalt verbraucht. Er macht Bankerott. Anders die Aktiengesellschaft. Sie hat das Bestreben, das Aktienkapital zu verzinsen. Aber die Aktiengesellschaft kann überhaupt so lange bestehen, wie sie nicht mit Verlust arbeitet. Der Zwang, mit Reinertrag zu arbeiten, besteht für sie überhaupt nicht[22], nämlich ein unmittelbar zur Katastrophe führender Zwang, der für den Einzelkapitalisten in der Verringerung seines Kapitals existiert. Dieser Zwang wirkt vielleicht auf den Aktionär und zwingt ihn, die Aktie zu verkaufen. Aber dieser Verkauf läßt das fungierende Kapital unberührt. Ist der Reingewinn nicht verschwunden, sondern nur geschmälert, so kann die Aktiengesellschaft auch auf die Dauer weiterbestehen. Ist der Reingewinn unter den Durchschnittssatz der Dividende gefallen, so wird der Preis der Aktie fallen. Die neuen Käufer ebenso wie die alten Besitzer berechnen jetzt das Erträgnis auf ein niedrigeres Kapital. Der Kurswert der Aktie ist gesunken, aber das Unternehmen, das vom Standpunkt des industriellen Kapitalisten unrentabel geworden, da es nicht

[22] »Namentlich über die Konkurrenz der Aktiengesellschaften hat die Kommission von 1886 besonders viele Klagen zu hören bekommen; viele Zeugen behaupteten, die Hauptursache der niedrigen Warenpreise bestehe darin, daß in vielen Produktionszweigen Aktiengesellschaften eine übermäßige Verbreitung gefunden hätten. Diese könnten zu arbeiten fortfahren, selbst ohne einen Profit, da im Interesse der Leute, welche die Geschäfte leiten (des Vorstandes, des Aufsichtsrates usw.) eine Weiterführung der Produktion ohne Rücksicht auf ihre Rentabilität liege.« Tugan-Baranowski, »Studien zur Theorie und Geschichte der Handelskrisen in England«. Jena 1901. S. 162.

mehr den Durchschnittsprofit erzeugt, ist für die neuen Käufer durchaus rentabel und die alten Besitzer würden bei völliger Einstellung nur noch mehr verlieren. Aber auch die mit Verlust arbeitende Aktiengesellschaft ist widerstandsfähiger. Während der Privatunternehmer in diesem Falle gewöhnlich verloren, der Bankerott gewöhnlich unausbleiblich ist, kann die Aktiengesellschaft verhältnismäßig leicht »reorganisiert« werden. Denn ihr macht es die Leichtigkeit der Kapitalsbeschaffung eher möglich, die Summen aufzubringen, die zur Fortführung und Sanierung nötig sind. Die Aktionäre müssen in der Regel zustimmen. Im Aktienpreis ist ja dieser Stand des Unternehmens ausgedrückt. Sie müssen den tatsächlichen Verlust nur auch nominell ausdrücken.

Das Aktienkapital wird herabgesetzt; das heißt das Erträgnis verteilt sich auf ein geringeres Kapital, ist diesem alsdann angemessen. Oder wenn kein Erträgnis da ist, so wird neues Kapital aufgebracht, das mit dem minder bewerteten alten zusammengenommen nunmehr genügenden Ertrag abwirft. Nebenbei sei bemerkt, daß diese Sanierungen und Reorganisationen für die Banken von doppelter Bedeutung sind: erstens als gewinnbringendes Geschäft und zweitens als eine Gelegenheit, solche Gesellschaften von sich in Abhängigkeit zu bringen.

Die Trennung des Kapitaleigentums von seiner Funktion ist auch auf die Führung des Betriebes von Einfluß. Für die Leiter der Aktiengesellschaft können bis zu einem gewissen Grade die Interessen des Eigentümers auf Erzielung eines möglichst großen und raschen Profits, der Drang zum Raubbau, der in jeder Kapitalistenseele schlummert, zurücktreten hinter die rein technischen Erfordernisse, die der Betrieb stellt. Sie werden in energischerer Art, als es der Privatunternehmer tut, die Ausgestaltung des Betriebes, die Modernisierung veralteter Einrichtungen, auch die Führung des Konkurrenzkampfes um Eroberung neuer Gebiete betreiben, trotz der Opfer, die die Befriedigung ihrer Forderungen die Aktionäre kostet. Es wird bei der Verwaltung des fremden Kapitals ein energischerer, kühnerer und rationellerer, von persönlichen Rücksichten freierer Zug sich geltend machen, um so mehr, als eine solche Politik auch die Zustimmung der großen, herrschenden Aktionäre in der Regel finden wird, die die vorübergehenden Einschränkungen ihres Profits leicht ertragen können, während sie schließlich in erhöhtem Kurs und erhöhtem Profit auch die Früchte der Opfer einheimsen, die die kleinen Aktionäre, die schon längst ihren Besitz veräußert haben, gleichfalls bringen mußten.

Die Aktiengesellschaft ist darin dem Individualunternehmen überlegen, daß bei ihr die rein ökonomischen Bedingungen und Bedürfnisse sich durchsetzen auch gegen die Bedingungen des individuellen Eigentums, die unter Umständen in Widerspruch zu den technisch-ökonomischen Erfordernissen geraten können.

Die Konzentrationsbewegung des Kapitals wird ständig begleitet von der Loslösung von Kapitalteilen, die als neue selbständige Kapitale fungieren. »Eine große Rolle spielt dabei unter anderem die Teilung des Vermögens in Kapitalistenfamilien ... Die Akkumulation und die sie begleitende Konzentration sind also nicht nur auf viele Punkte zersplittert, sondern das Wachstum der funktionierenden Kapitale ist durchkreuzt durch die Bildung neuer und die Spaltung alter Kapitale. Stellt sich die Akkumulation daher einerseits dar als wachsende Konzentration der Produktionsmittel und des Kommandos über Arbeit, so anderseits als Repulsion vieler individueller Kapitale voneinander.«[23]

Mit der Ausdehnung des Aktienwesens löst sich so die ökonomische Entwicklung los von den individuellen Zufälligkeiten der Eigentumsbewegung, die in dem Schicksal der Aktien, nicht der Aktiengesellschaft, erscheint. Die Konzentration der Unternehmungen kann also rascher erfolgen als die Zentralisation des Eigentums. Beide Bewegungen haben ihre eigenen Gesetze. Doch ist die Konzentrationstendenz bei beiden vorhanden. Bei der Eigentumsbewegung erscheint sie nur zufälliger und weniger zwingend und wird auch in der Tat oft durch Zufälligkeiten durchkreuzt. Es ist dieser Schein, der manche veranlaßt, von einer Demokratisierung des Eigentums durch die Aktie zu reden. Die Trennung der industriellen Konzentrationsbewegung von der Eigentumsbewegung ist wichtig, weil dadurch die erstere nur mehr den technisch-ökonomischen Gesetzen zu folgen braucht, unabhängig von der Schranke des individuellen Eigentums. Diese Konzentration, die nicht zugleich Eigentumskonzentration ist, muß unterschieden werden von der Konzentration und Zentralisation[24], die durch Eigentumsbewegung und mit ihr zugleich erfolgt.

---

[23] Marx, »Kapital«, I (in der alten Ausgabe fälschlich Kapital II!), S. 653 f.

[24] Siehe über den Unterschied dieser beiden Begriffe Marx, »Kapital« I., S. 655 ff.

Durch die Verwandlung des Eigentums in Aktieneigentum wird der Eigentümer zum Eigentümer minderen Rechts. Als Aktienbesitzer ist er abhängig von den Entschlüssen aller anderen Aktienbesitzer; er ist nur ein Glied (wenn auch nicht immer gerade ein dienendes) einer Gesamtheit. Mit der Ausdehnung des Aktienwesens wird so das kapitalistische Eigentum immer mehr zu solchem beschränkten Eigentum, das dem Kapitalisten nur einen bloßen Mehrwertstitel gibt, ohne ihm zu erlauben, entscheidend in den Gang der Produktion einzugreifen. Diese Beschränkung gibt aber zugleich dem Besitzer der Aktienmajorität die unumschränkte Herrschaft über die Minorität, und so wird das Eigentum der größten Zahl der kleinen Kapitalisten immer mehr beschränkt, die unumschränkte Verfügung über die Produktion beseitigt, der Kreis der Produktionsbeherrscher stets enger; die Kapitalisten bilden eine Gesellschaft, in deren Leitung die meisten von ihnen nichts dreinzureden haben. Die wirkliche Verfügung über das Produktionskapital steht Leuten zu, die nur einen Teil desselben wirklich beigesteuert haben. Die Besitzer der Produktionsmittel existieren nicht mehr als einzelne, sondern sie bilden eine Gesellschaft, von der der einzelne nur die Forderung auf den aliquoten Teil des Erträgnisses hat.

4. Die Emissionstätigkeit

Als Vermittler des Wechselverkehrs substituieren die Banken Bankkredit dem kommerziellen Kredit. Als Vermittler der Verwandlung von brachliegendem Geld in Geldkapital führen die Banken den produktiven Kapitalisten neues Kapital zu. In einer dritten Funktion führen die Banken gleichfalls den Produktiven Kapital zu, aber nicht, indem sie es ihnen leihen, sondern indem sie Geldkapital in industrielles Kapital und in fiktives Kapital verwandeln und diese Umwandlung selbst vornehmen. Einerseits führt die Entwicklung immer mehr dazu, daß alles Geld in den Banken zusammenströmt und nur durch ihre Vermittlung in Geldkapital verwandelt werden kann. Anderseits hört durch die Verwandlung des Bankkapitals in industrielles das Kapital auf, in Geldform zu existieren, und hört damit auf, geeigneter Bestandteil des Bankkapitals zu sein. Diesen Widerspruch löst die Mobilisierung des Kapitals, seine Verwandlung in fiktives Kapital, in kapitalisierte Erträgnisanweisungen. Da gleichzeitig mit dieser Verwandlung sich der Markt für diese Anweisungen entwickelt, sie damit jederzeit in Geld verwandelbar werden, können sie Bestandteil des Bankkapitals selbst werden. Die Bank geht hier kein Kreditverhältnis ein, sie realisiert auch keinen Zins. Die Bank stellt nur das zur Verwandlung in industrielles Kapital bestimmte Geldkapital in Form des fiktiven Kapitals dem Markt zur Verfügung. Dort wird das fiktive Kapital verkauft und die Bank realisiert den Gründergewinn, der aus der Umwandlung des industriellen in fiktives Kapital entspringt. Der Ausdruck »Emissionskredit« bezeichnet also kein Kreditverhältnis, sondern bedeutet nur das mehr oder weniger begründete Vertrauen des Publikums, von der Bank nicht beschwindelt zu werden.

Diese Funktion der Bank, die Mobilisierung des Kapitals durchzuführen, entspringt aus ihrer Verfügung über das gesamte Geld der Gesellschaft. Zugleich bedingt diese Funktion ein großes eigenes Kapital der Bank. Das fiktive Kapital, der Schuldtitel, ist eine Ware sui generis, die erst durch Verkauf in Geld rückverwandelt wird. Dazu ist eine gewisse Zirkulationszeit nötig, während der das Kapital der Bank in dieser Ware festliegt. Zudem mag der Verkauf nicht in jedem Zeitpunkt möglich sein, während die Verpflichtungen der Bank stets in Geldform zu erfüllen sind. Es muß daher für diese Transaktion stets der Bank Kapital zur Verfügung stehen, für das sie nicht verpflichtet ist, also eigenes Kapital; zugleich wächst mit der Entwicklung der industriellen Unternehmung die Größe der Transaktion und damit die Notwendigkeit der Vergrößerung des Bankkapitals[25].

Je stärker die Bankenmacht, desto vollständiger gelingt die Reduktion der Dividende auf den Zins, desto vollständiger fällt der Gründergewinn der Bank zu. Umgekehrt wird es starken und gefestigten Unternehmungen gelingen, bei Kapitalserhöhun-

[25] Diese Tendenz zur Vergrößerung des Bankkapitals kann durch gesetzliche Eingriffe noch gesteigert werden. So hat die Bestimmung des deutschen Aktiengesetzes, daß bei Umwandlung von Privatunternehmungen in Aktiengesellschaften die Aktien erst ein Jahr nach der Gründung zum Börsenhandel zugelassen werden, die Folge, daß das Bankkapital ein Jahr hindurch nicht mobilisiert werden kann, während dieses Jahres also in industrielles verwandelt bleibt und nicht wieder Geldform annehmen kann. Dadurch wurde die Gründungstätigkeit besonders für große Unternehmungen das Monopol der ganz großen Banken mit hohem Eigenkapital. Zugleich wurde dadurch die Tendenz zur Konzentration im Bankwesen gefördert. Diesen Großbanken fällt dann auch der Gründungsgewinn zu.

gen selbst einen Teil des Gründergewinnes dem eigenen Unternehmen zu sichern. Es entspinnt sich dann eine Art Kampf um die Verteilung des Gründergewinnes zwischen der Gesellschaft und der Bank und damit ein neues Motiv für die Bank, ihre Herrschaft über das Unternehmen zu sichern.

Es versteht sich von selbst, daß Gründergewinn nicht nur gemacht wird bei Gründungen im eigentlichen Sinne des Wortes, seien es völlige Neugründungen oder Umwandlungen bestehender Privatunternehmungen in Aktiengesellschaften. Gründergewinn im ökonomischen Sinne des Wortes kann ebenso bei jeder Kapitalerhöhung bestehender Aktiengesellschaften erzielt werden, vorausgesetzt, daß ihr Erträgnis mehr abwirft als bloßen Zins.

Zum Teil ist das, was als Sinken des Zinsfußes imponiert, nur die Folge der fortschreitenden Reduktion der Dividende auf Zins, während im Gründergewinn immer mehr der gesamte Unternehmergewinn kapitalisiert erscheint, ein Prozeß, der zur Voraussetzung hat eine verhältnismäßig hohe Entwicklung der Banken und ihrer Verbindung mit der Industrie sowie eine entsprechende Entwicklung des Marktes des fiktiven Kapitals, der Börse. Wenn in den siebziger Jahren in den Vereinigten Staaten der Zins für Eisenbahnobligationen 7 Prozent betrug gegen $3^1/_2$ Prozent heute[26], so deswegen, weil heute der Teil, der in den 7 Prozent als Unternehmergewinn steckte, von den Gründern kapitalisiert wird. Dies ist auch deswegen wichtig, da es bedeutet, daß der Gründergewinn steigende Tendenz hat, weil der Ertrag für Aktien und Obligationen immer mehr auf den bloßen Zins reduziert wird. Dieser steigenden Tendenz des Gründergewinnes wirkt entgegen der Fall der Profitrate, doch darf man annehmen, daß dieser so oft unterbrochene Fall, dem so viele den Profit steigernde Gegenwirkungen gegenüberstehen, in seinem schließlichen Ergebnis die steigende Tendenz des Gründergewinnes nicht aufheben konnte, dieser also bis in die neueste Zeit steigende Richtung hatte, und zwar in den Ländern am stärksten, wo die Entwicklung von Bank und Börse am raschesten vor sich ging und der Einfluß der Banken auf die Industrie seine größte Vollendung erfuhr.

Während der Geldkapitalist durch Verleihen des Kapitals Zins erhält, erhält die Aktien emittierende Bank, die in diesem

---

[26] Siehe Edward Sherwood Meade, »Trust Finance«, New York 1907, S. 243.

Fall nichts ausleiht, auch keinen Zins. Den Zins erhalten vielmehr die Besitzer der Aktien als Dividende. Der Bank fließt der Unternehmergewinn zu; aber nicht als jährliche Revenue, sondern kapitalisiert als Gründergewinn. Der Unternehmergewinn ist eine fortlaufende Einnahme, die aber der Bank im Gründergewinn ein für allemal ausbezahlt ist. Die Bank hat die kapitalistische Verteilung des Eigentums als ewig und unabänderlich gesetzt und eskomptiert im Gründergewinn diese Ewigkeit. Sie ist damit auch ein für allemal abgefunden und hat keinen Anspruch auf Entschädigung für die Aufhebung dieser Eigentumsverteilung. Sie hat ihren Lohn bereits dahin.

8. Kapitel

Die Effektenbörse

1. Die Börsenpapiere. Die Spekulation

Die Börse ist der Markt für die Effekten. Darunter verstehen wir hier zunächst ganz allgemein »Wertpapiere«, die Geldsummen repräsentieren. Sie zerfallen in zwei Hauptgruppen: Geldanweisungen, die nichts anderes darstellen als Schuldscheine, also Kreditpapiere, die auf die Geldsumme lauten, auf die sie ausgestellt sind; deren Hauptrepräsentant ist der Wechsel. Die zweite Gruppe wird dargestellt von Papieren, die nicht die Geldsumme, sondern deren Ertrag repräsentieren; sie zerfallen wieder in zwei Unterabteilungen, in die festverzinslichen Papiere – Staatsschuldscheine und Obligationen – und in die Dividendenpapiere, Aktien. In der kapitalistischen Gesellschaft wird aber, wie wir bereits wissen, jeder regelmäßig (jährlich) wiederkehrende Ertrag als Revenue eines Kapitals aufgefaßt, dessen Größe gleich ist dem zu dem herrschenden Zinsfuß kapitalisierten Ertrag. So repräsentieren diese Wertpapiere gleichfalls Geldsummen. Der Unterschied gegenüber der früheren Gruppe ist jedoch der: bei den Kreditpapieren ist die Geldsumme das Primäre; Geld oder Wert von gleicher Größe ist wirklich verliehen worden und trägt nun Zinsen. Diese Papiere zirkulieren nur eine bestimmte Zeit – sie finden ihr Ende, wenn das Kapital zurückgezahlt wird. Damit ist der Wechsel verfallen. Daß ständig Wechsel im Umlauf sind, hindert nicht, daß der einzelne Wechsel ständig verfällt und damit das ausgeliehene Kapital an den Ausleiher zurückfließt. Dieser hält dann die Geldsumme wieder in Händen und kann sie von neuem ausleihen. Der Verfall des Wechsels, also der ständige Rückfluß des Kapitals zu seinem Eigentümer, ist hier die Bedingung der ständigen Erneuerung des Prozesses.

Anders in der zweiten Gruppe: Hier ist das Geld definitiv weggegeben; bei den Staatspapieren kann es längst unproduktiv verzehrt sein, also gänzlich verschwunden sein, bei den Industriepapieren ist es im Ankauf von konstantem und variablem Kapital ausgegeben, es hat als Kaufmittel gedient, sein Wert ist nun vorhanden in den Elementen des produktiven Kapitals, die Geldsumme ist in den Händen der Verkäufer und kehrt nicht mehr zu ihrem Ausgangspunkt zurück. Die Aktien können dieses Geld schon deshalb nicht mehr repräsentieren, weil dieses Geld in die Hände der Warenverkäufer (der Verkäufer der Elemente des produktiven Kapitals) übergegangen ist, deren Eigentum es damit wurde. Sie repräsentieren aber auch durchaus nicht das produktive Kapital selbst. Denn erstens haben die Aktienbesitzer keinen Anspruch auf irgendeinen Teil des produktiven Kapitals, sondern nur auf das Erträgnis, und zweitens repräsentiert die Aktie nicht irgendeinen konkreten Gebrauchswert nach Art der Warrants oder Ladescheine, wie es sein müßte, wenn die Aktie wirklich einen Anteil an dem produktiv fungierenden Kapital darstellte, sondern sie gibt nur Anspruch auf eine Geldsumme. Daß sie das tut, macht ja die »Mobilisierung« des industriellen Kapitals aus. Diese Geldsumme ist aber nichts anderes als der zum jeweiligen Zinsfuß kapitalisierte Ertrag. Hier ist also der Ertrag, die jährliche Revenue, der Ausgangspunkt für die Bewertung des Papieres und erst nach dem Ertrag wird die Geldsumme berechnet.

Die festverzinslichen Papiere nähern sich der ersten Gruppe insofern, als jederzeit in einem bestimmten Moment einem festen Erträgnis eine bestimmte Geldsumme entspricht. Aber sie gehören zur zweiten Gruppe, weil das Geld, das sie ursprünglich repräsentierten, definitiv fortgegeben ist und nicht an den Ausgangspunkt zurückzukehren braucht, das Kapital, das sie darstellen, also fiktiv, seine Größe nur aus dem Ertrag berechnet ist. Der Unterschied der festverzinslichen Papiere von den anderen Ertragspapieren erscheint darin, daß, von den zufälligen Bestimmungsgründen abgesehen, erstere in ihren Preisen abhängen von dem Zinsfuß, letztere von diesem und der jeweiligen Höhe des Ertrages. Der Preis der ersteren wird somit verhältnismäßig nur geringen Schwankungen unterliegen, Schwankungen zudem, die allmählich vor sich gehen mit den leichter vorauszusehenden allgemeinen Schwankungen des Zinsfußes. Dagegen ist die Höhe des Ertrages bei der zweiten Gruppe unbestimmt, mannigfachen, nicht immer voraus berechenbaren Änderungen unterworfen, die starke Preisschwankungen dieser Papiere bewirken. Diese bilden damit das hauptsächliche Objekt der Spekulation.

Aus dem Bisherigen folgt bereits, daß die allgemein übliche Bezeichnung der Börse als »Kapitalmarkt« ihr Wesen nicht trifft.

Die Papiere der ersten Gruppe sind Schuldscheine. Sie sind ihrer überwiegenden Mehrheit nach entstanden aus Akten der Zirkulation, aus Warenübertragung ohne Dazwischenkunft des Geldes, das hier nur als Zahlungsmittel fungiert hat. Sie haben als Kreditgeld das bare Geld ersetzt. Ihr Handel auf der Börse bedeutet nur die Übertragung der Kreditgewährung von dem einen auf den anderen. Die Zirkulation des Kreditgeldes hat aber, wie wir bereits wissen, zur Voraussetzung und zur Ergänzung die Zirkulation wirklichen Geldes. Da das Kreditgeld, das hier zirkuliert, nicht nur den inländischen, sondern auch den ausländischen Zahlungsverkehr vermittelt, so muß der Börse nicht nur das inländische Kreditgeld, sondern auch das ausländische Kreditgeld und Hartgeld zur Verfügung stehen. Als Ergänzung des Kreditgeldverkehrs findet daher auch der Handel in ausländischer Valuta und der Geldhandel auf der Börse sein Zentrum. Hier strömt das jederzeit verfügbare Geldkapital zusammen, um Anlage zu suchen und sie in den Kreditpapieren zu finden. In dieser Tätigkeit konkurriert die Börse mit den eigentlichen Kreditinstituten, den Banken. Der Unterschied ist aber sowohl quantitativ als qualitativ. Quantitativ, da hier nicht wie bei den Banken die Sammlung aus den verschiedensten kleinen Quellen eine Rolle spielt, sondern von vornherein große angesammelte Kapitalien nach Anlage suchen. Die Konzentration der Gelder, die bei den Banken eine so wichtige Funktion ausmacht, ist hier schon vollzogen. Qualitativ ist der Unterschied der, daß es sich nicht um verschiedene Arten der Kreditgewährung handelt. Hier wird nur das Geld zur Verfügung gestellt, das zur Erhaltung der Kreditgeldzirkulation nötig ist. Das Geld wird angelegt in großen Beträgen, erstklassigen Wechseln. Sowohl bei der Nachfrage als bei dem Angebot handelt es sich um große Summen, Angebot und Nachfrage stehen sich konzentriert gegenüber. Hier ist es, wo der Marktpreis des Leihkapitals, der Zinsfuß, sich bildet. Es ist der reine Zins – befreit von jeder Risikoprämie – handelt es sich doch um die besten Papiere, die in dieser schlechten kapitalistischen Welt zu haben sind, an deren Güte ein Zweifel weit unmöglicher ist als ein Zweifel an der Güte des lieben Gottes. Der Zins auf diese feinsten Wechsel – fein natürlich nicht im Sinne des schnöden Gebrauchswerts, auch Primawechsel werden nicht auf Büttenpapier geschrieben – scheint unmittelbar aus dem bloßen Eigentum an Geldkapital herzurühren. Das Geld scheint gar nicht fortgegeben; denn es kann jeden Moment durch die stets mögliche Weiterbegebung des Wechsels realisiert werden. Auf alle Fälle wird es nur vorübergehend angelegt, stets bereit zu anderer Verfügung. Die Sicherheit und die kurze Fälligkeit bedingen die Niedrigkeit des Zinses für diese Anlagen, zu denen nur ganz große oft nur momentan verfügbare Kapitalien geeignet sind. Es ist der Zins, der den Ausgangspunkt bildet für die Berechnung des Zinses für die anderen Anlagezweige. Seine Höhe bestimmt auch die Wanderungen der freien, schwebenden, flottierenden Geldkapitalien von und zu den verschiedenen Börsenplätzen. Diese Gelder treten in beständig wechselndem Umfang in die Zirkulation des Weltgeldes ein und aus.

Die Börse bildet hier den Markt für den Geldverkehr der großen Banken und Großkapitalisten untereinander. Die Wechsel, um die es sich handelt, tragen die Unterschrift eines der ersten Bankhäuser. Die Banken des In- und Auslandes oder sonstige Großkapitalisten legen in diesen Wechseln flüssige Gelder zu zinstragender und absolut sicherer Verwendung an. Umgekehrt bringen die großen Kreditinstitute diese Wechsel an die Börse, um sich die nötigen Mittel zu verschaffen, wenn die an sie gestellten Ansprüche ihre verfügbaren Kapitalien überschreiten[27].

Die Geldsummen, die dieser Verkehr erfordert, expandieren und kontrahieren sich, aber sie sind immer in einem gewissen Minimalumfang vorhanden. Mit ihnen werden die Wechsel gekauft und die Gelder kehren zurück, wenn der Wechsel verfällt. Durch diese beständige Rückkehr des Geldes zu seinem Ausgangspunkt, durch seine Funktion als bloßer Vermittler des Kreditverkehrs, unterscheidet sich die Zirkulation des Geldes, das in dieser ersten Gruppe der Börsenpapiere angelegt wird, sofort von der Anlage des Geldes in der zweiten Gruppe, zum Beispiel von der Anlage in Aktien. Hier wird das Geld definitiv fortgegeben, in produktives Kapital verwandelt und wandert in

[27] Vergleiche die instruktive Schrift von W. Prion, »Das deutsche Wechseldiskontgeschäft«, Leipzig 1907.

die Hände der Warenverkäufer. Es kehrt nicht wie im ersten Fall zur Börse zurück. Statt des Geldes sind jetzt die kapitalisierten Zinstitel vorhanden. Hier wird wirklich dem Geldmarkt Geld entzogen.

Auf dem Wechselmarkt konkurriert die Börse mit den Banken. Die Entwicklung der letzteren nimmt der Börse einen Teil der Wechsel; die Beziehungen zwischen den industriellen Kapitalisten und der Börse als Vermittlerin des Zahlungskredits, die in der Entstehungszeit der Börsen deren wichtigste Funktion war, werden von den Banken zum größten Teil ihr abgenommen. Es bleibt ihr nur die Vermittlung zwischen den Banken selbst und der Devisenhandel, der die ausländischen Zahlungen vermittelt und den Wechselkurs reguliert. Aber auch hier vollzieht sich ein großer Teil des Verkehrs direkt durch die Banken, die zu diesem Zwecke ihre auswärtigen Filialen unterhalten. Die Entwicklung der Banken wirkt in doppelter Hinsicht auf die Einschränkung dieses Teiles des Börsenverkehrs. Zunächst direkt dadurch, daß die Banken ihre stets wachsenden Gelder in immer größerem Maße ohne Vermittlung der Börse in Wechseln anlegen. Sodann dadurch, daß durch die Entwicklung der Banken der Wechselkredit zum Teil durch andere Kreditformen ersetzt wird.

Der Wechsel ist Kredit, der von einem produktiven Kapitalisten (darunter wird jeder Kapitalist, der Profit macht, verstanden; also auch der Kaufmann) dem anderen an Zahlungs Statt gegeben wird. Der Kapitalist, der ihn empfängt, läßt ihn von der Bank diskontieren, die somit jetzt den Kredit gewährt. Haben beide Kapitalisten ein Depot oder einen offenen Bankkredit bei der Bank, so können sie statt des Wechsels mit einem Scheck auf die Bank oder durch Überschreibung in den Büchern der Bank ihre Zahlung regeln. Der Wechsel ist überflüssig geworden. An seine Stelle ist eine Transaktion in den Büchern der Bank getreten, die nach außen im Gegensatz zum Wechsel, der weiterbegeben werden kann, gar nicht in Erscheinung tritt. Dadurch, daß die Banken in immer größerem Maße die Zahlungen ihrer Kunden regeln, findet eine Einschränkung des Wechselverkehrs statt, von der auch der Börsenmarkt für Wechsel betroffen wird. Dazu kommt in Ländern mit Notenbankmonopol die beherrschende Stellung der Notenbank auf dem Devisenmarkt, eine Stellung, die nicht zugunsten der Börse, sondern nur zugunsten der Großbanken erschüttert wird. Eine spezifische Börsentätigkeit findet auf diesem Gebiete des Kreditgeldumsatzes nicht statt, mit Ausnahme der Valutaspekulation. Die Börse ist hier nur der zusammenfassende Markt für die Geldsummen, die dem Kreditgeldverkehr zur Verfügung gestellt werden.

Das Gebiet der eigentlichen Börsentätigkeit ist der Markt der Zinstitel oder des fiktiven Kapitals. Hier findet zunächst die Anlage des Geldes als Geldkapital statt, das in produktives umgewandelt werden soll. Das Geld wird definitiv im Ankauf der Zinstitel fortgegeben und kehrt nicht wieder zurück. Der Börse strömt nur alljährlich der erzielte Zins zurück, also anders wie bei der Geldanlage für Kreditpapiere, wo das Kapital selbst gleichfalls zurückkehrt. Vielmehr ist für den Kauf und Verkauf der Zinstitel weiteres Geld nötig, das der Zirkulation an der Börse selbst dient. Diese Geldsummen sind im Verhältnis zu den umgesetzten Summen gering. Da die Zinstitel Geldanweisungen darstellen, so können sie unmittelbar miteinander kompensiert werden, und es ist stets nur eine kleine Bilanz auszugleichen; durch eigene Anstalten zur Abrechnung dieser Differenzen wird dafür gesorgt, daß tatsächlich nur der Betrag der Bilanz mit Bargeld beglichen werden muß. Absolut genommen sind aber die für Börsenzwecke erforderlichen Zirkulationsmittel namentlich in Zeiten starker Spekulation bedeutend, da gerade in erregten Spekulationszeiten die Spekulation meist einseitig gerichtet ist und daher die Bilanz, die auszugleichen bleibt, stark anwächst.

Es entsteht nun die Frage nach der Art der Börsentätigkeit und ihrer Funktion. Wir haben gesehen, daß die Börsentätigkeit auf dem Wechselmarkt mit der Tätigkeit der Banken übereinstimmt. Ebenso ist der Kauf von Wertpapieren zu Anlagezwekken keine spezifische Funktion der Börse. Die Wertpapiere können ebensogut auf der Bank gekauft werden wie auf der Börse und werden es auch in der Tat in immer höherem Maße. Die spezifische Börsentätigkeit ist vielmehr die Spekulation.

Die Spekulation erscheint zunächst als Kauf und Verkauf. Es ist aber nicht Kauf von Waren, sondern von Zinstiteln. Damit der produktive Kapitalist seinen Profit realisiert, muß sein Warenkapital in Geld verwandelt werden, also seine Ware verkauft sein. Nimmt ihm die Verkaufsfunktion ein anderer Kapitalist ab, so muß ihm der Industrielle einen Teil seines Profites abtreten.

Der ganze in der Ware steckende Profit wird erst beim Verkauf an den Konsumenten definitiv realisiert. Die Ware wird dabei vom Produzenten zum Konsumenten bewegt, wobei es natürlich unsinnig ist, dabei an die örtliche Bewegung zu denken (man denke nur an den Häuserverkauf) und den Handel mit dem Transport zu verwechseln. Bei Kauf und Verkauf handelt es sich nicht um Lokalereignisse, sondern um ökonomische Vorgänge, Eigentumsübertragungen. Bei allen nicht intensiven Vorgängen handelt es sich auch um räumliche Veränderung. Aber wer sieht das Wesen des Theatervergnügens im Aufsuchen des Theaterraumes?

Die Ware fällt schließlich der Konsumtion anheim und verschwindet damit vom Markt. Der Zinstitel ist dagegen seiner Natur nach ewig. Er fällt nie in dem Sinne aus der Zirkulation wie die Ware. Selbst wenn er zu Anlagezwecken dem Markt momentan entzogen ist, kann er doch jederzeit auf den Markt zurückkehren und kehrt tatsächlich nach längerer oder kürzerer Zeit in größerer oder geringerer Anzahl dorthin zurück. Für die Spekulation selbst ist aber die Entfernung des Zinstitels vom Markte und damit aus der Zirkulation weder Zweck noch Wirkung. Das eigentliche Spekulationspapier ist beständig auf der Börse in Zirkulation. Es ist ein Hin- und Herbewegen, ein Kreisen und keine Fortbewegung.

Der Warenkauf und -verkauf ist ein gesellschaftlich notwendiger Vorgang. Durch ihn erfüllt sich in der kapitalistischen Wirtschaft die Lebensbedingung der Gesellschaft, er ist eine Conditio sine qua non dieser Gesellschaft. Die Spekulation ist dies keineswegs in gleicher Weise. Sie betrifft nicht das kapitalistische Unternehmen, weder den Betrieb noch sein Produkt. Der Besitzwechsel, die stete Zirkulation, ist für das einmal gegründete Unternehmen ohne Einfluß. Die Produktion und ihr Ertrag wird nicht dadurch berührt, daß die Anweisungen auf den Ertrag die Hände wechseln; ebensowenig wird der Wert des Ertrages geändert durch die Preisänderungen der Aktien. Umgekehrt ist es cet. par. der Wert des Ertrages, der diese Preisänderungen bestimmt. Der Kauf und Verkauf dieser Zinsanweisungen ist also ein rein wirtschaftliches Phänomen, eine reine Verschiebung in der privaten Eigentumsverteilung, ohne jede Einwirkung auf die Produktion oder die Realisierung des Profits (wie beim Warenverkauf). Die Gewinne oder Verluste der Spekulation entstehen also nur aus den Differenzen der jeweiligen Bewertungen der Zinstitel. Sie sind nicht Profit, nicht Anteil am Mehrwert, sondern entspringen nur aus Schwankungen der Bewertungen des

Mehrwertanteiles, der aus dem Unternehmen auf die Aktienbesitzer entfällt, Schwankungen, die, wie wir noch sehen werden, durchaus nicht aus Veränderung im wirklich realisierten Profit zu entstehen brauchen. Es sind reine Differenzgewinne[28]. Während die Kapitalistenklasse als solche sich einen Teil der Arbeit des Proletariats ohne Äquivalent aneignet und so ihren Profit erzielt, gewinnen die Spekulanten nur voneinander. Der Verlust des einen ist der Gewinn des anderen. Les affaires, c'est l'argent des autres.

Die Spekulation besteht in der Ausnützung der Preisänderung. Aber nicht in der Ausnützung der Preisänderung der Waren. Dem Spekulanten ist es im Gegensatz zum produktiven Kapitalisten gleichgültig, ob die Preise sinken oder steigen. Ihm handelt es sich nicht um Warenpreise. Diese kommen für ihn nicht in Betracht, sondern nur die Preise seiner Zinstitel. Diese hängen aber ab von der Größe des Profits, einer Größe, die steigen oder fallen kann, bei gleichbleibenden, sinkenden oder steigenden Preisen. Denn für den Profit entscheidend ist nicht die absolute Preishöhe der produzierten Ware, sondern das Verhältnis ihres Kost- zu ihrem Verkaufspreis. Aber es ist dem Spekulanten auch nicht wesentlich, ob der Profit steigt oder ob er fällt; es kommt ihm nur auf die Veränderung an und darauf, diese vorauszusehen. Sein Interesse ist durchaus ein anderes als das des produktiven Kapitalisten sowohl als auch des Geldkapitalisten, der einen möglichst stabilen, sich womöglich stets erhöhenden Ertrag wünscht. Die Warenpreiserhöhungen haben nur dann Einfluß auf die Spekulation, wenn sie Index eines erhöhten Profits sind. Es sind die Veränderungen im Profit, die vorausgehen müssen, respektive erwartet werden, die die Spekulation bestimmen. Der Profit aber, der da produziert wurde, wird verteilt ohne Rücksicht auf die Spekulation. Der Profit verteilt sich ja auf die Eigentümer des produktiven Kapitals oder auf die Eigentümer der Profittitel. Der Spekulant aber als solcher zieht seinen Ge-

[28] Wohlgemerkt: Wir sprechen hier durchaus nicht von den sogenannten Differenzgeschäften, wobei die tatsächliche Lieferung der Effekten nicht erfolgt und die Spekulation durch Zahlung der Kursdifferenzen abgeschlossen wird. Vielmehr ist jeder Spekulationsgewinn Differenzgewinn in ökonomischem Sinne. Die Technik des zugrunde liegenden Börsengeschäftes ist dafür ebenso gleichgültig wie der Umstand, daß den Kapitalisten und zum Teil auch den Ökonomen aller kapitalistische Gewinn als Differenz erscheint, ganz gleich, ob es sich um industriellen oder kommerziellen Profit, Grundrente, Zins oder Spekulationsgewinn handelt.

winn durchaus nicht aus dem erhöhten Profit; er kann ebenso gewinnen durch einen Fall des Profits; er rechnet überhaupt nicht auf die Profiterhöhung, sondern nur auf die Preisveränderungen der Profittitel infolge der Profitsteigerung oder -senkung. Er behält nicht die Profittitel in der Hoffnung, erhöhte Profite einzustecken – das tut der Anlagekapitalist –, sondern er sucht zu gewinnen durch Kauf und Verkauf seiner Profittitel. Sein Gewinn besteht aber nicht in irgendeiner Anteilnahme am Profit – er gewinnt ja eventuell auch bei fallendem Profit –, sondern an der Preisveränderung, daran, daß er in einem gegebenen Zeitpunkt billiger kaufen kann, als er früher verkauft, oder teurer verkaufen, als er früher gekauft hat. Würden alle Teilnehmer der Spekulation in gleicher Richtung handeln, würden also alle gleichzeitig die Profittitel höher oder niedriger bewerten[29], so könnten überhaupt keine Spekulationsgewinne entstehen. Sie entstehen nur dadurch, daß entgegengesetzte Bewertungen sich bilden, von denen nur eine sich als richtig herausstellen kann. Die Differenz, die zwischen den Bewertungen der Profittitel zu einem gegebenen Zeitpunkt zwischen Käufern und Verkäufern entsteht, bildet den Spekulationsgewinn des einen, den Spekulationsverlust des anderen. Der Gewinn des einen ist hier der Verlust des anderen, ganz im Gegensatz zum Profit des produktiven Kapitalisten; denn der Profit der Kapitalistenklasse ist kein Verlust der Arbeiterklasse, die unter normalen kapitalistischen Verhältnissen nicht mehr als den Wert ihrer Arbeitskraft zu erhalten hat.

Es sind nun die Momente zu untersuchen, die die Spekulation bei ihren Operationen berücksichtigt. Das Hauptobjekt der Spekulation sind die nicht fest verzinslichen Papiere. Hier hängen die Preisveränderungen im wesentlichen von zwei Faktoren ab. Von der Höhe des Profits und von der Höhe des Zinsfußes. Der Profit ist zwar im allgemeinen theoretisch gegeben durch die Durchschnittsprofitrate. Aber diese ist nur der Ausdruck einer unzähligen Reihe von Einzelprofiten, deren Höhe von dem Durchschnittsniveau durchaus abweichen kann. Die Höhe des individuellen Profits ist aber für den Außenstehenden völlig un-

[29] Und nicht nur in gleicher Richtung, sondern auch in gleicher Zeit und gleichem Grade. Denn Spekulationsgewinn entsteht auch dann, wenn einer ein Papier zu einem höheren Preise in einem späteren Zeitpunkt kauft, zu dem ein anderer verkauft, oder wenn einer einen höheren Preis gibt als ein zweiter, der zu diesem Preise schon verkauft.

erkennbar. Neben den allgemeinen Bestimmungsgründen der Profitrate: Größe des Mehrwerts und Größe des vorgeschossenen Kapitals, spielen hier alle Zufälligkeiten der Variationen der Marktpreise, der Ausnützung der Konjunktur durch individuelles Geschick der Unternehmer eine entscheidende Rolle. Nach außen tritt nur der Marktpreis der Ware in Erscheinung; das entscheidende Moment, das Verhältnis des Marktpreises zum Kostpreis, bleibt nach außen unerkennbar, ist oft den Unternehmern selbst erst am Schluß einer Umschlagsepoche nach genauer Berechnung bekannt. Abgesehen von der wirklichen Größe des Profits, spielen eine Reihe von mehr oder weniger willkürlichen Momenten eine Rolle, die auf den Ertrag einwirken, der wirklich zur Verteilung auf die Zinstitel gelangt: Höhe der Abschreibungen, der Tantiemen, Bemessung der Reserven etc. Die letzteren Momente geben zugleich der Leitung des Unternehmens die Macht, die Höhe des Ertrages bis zu einem gewissen Umfang willkürlich festsetzen zu können und so die Kurse zu beeinflussen. Aber jedenfalls ist der eine Faktor der Preisbestimmung und der in praxi entscheidende für die Masse der Spekulanten durchaus unberechenbar. Bei den geringfügigen Preisdifferenzen, um die es sich manchmal handelt, und bei der Größe des Ausschlages, den eine Veränderung des Profits durch seine Kapitalisierung im Kurse bewirkt, ist mit einer allgemeinen, mehr oder weniger oberflächlichen Kenntnis des Unternehmens noch sehr wenig getan. Umgekehrt gibt die intime Kenntnis den Eingeweihten eine große Sicherheit und die Befähigung, ihre Kenntnis fast risikolos zu Spekulationsgewinnen auszunützen.

Anders steht es mit dem zweiten Preisbestimmungsgrund, dem Zinsfuß. Wir haben gesehen, daß zur Betätigungsmöglichkeit der Spekulation eine Divergenz der Meinungen über die voraussichtliche Kursgestaltung bestehen muß, wie sie sich etwa aus der Ungewißheit über den künftigen Profit ergibt. Der Zinsfuß ist dagegen ähnlich wie der Marktpreis der Ware in jedem gegebenen Moment eine gegebene Größe, also allen Spekulanten gleich bekannt.

Aber auch seine Veränderung läßt sich in ihrer Richtung wenigstens mit annähernder Wahrscheinlichkeit vorausbestimmen, abgesehen von plötzlichen, mehr oder weniger starken Perturbationen, wie sie außerordentliche, direkt auf den Geldbedarf einwirkende Ereignisse, Kriegs- oder Revolutionsausbruch, kosmische Katastrophen, mit sich bringen. Zudem tritt die Intensität der Wirkung von Zinsfußveränderungen auf die Kurse zurück; niedriger Zinsfuß herrscht gewöhnlich in Zeiten der Depression, wo die Spekulation matt, das Vertrauen gering ist und das Kursniveau der Industriepapiere trotz des niedrigen Zinsfußes tief steht. Umgekehrt wird zur Zeit der Hochkonjunktur und der entfesselten Spekulation der hohe Zinsfuß durch die Erwartung gesteigerter Kursgewinne überwunden. Ist somit der Zinsfuß und seine Gestaltung ein sichereres Moment als die Vorausberechnung des Profits, so ist es im Wesen die Gestaltung des letzteren, die die Richtung der Spekulation angibt und ihre Intensität bestimmt. Es ist also gerade das unsichere, unberechenbare Moment, das die Spekulanten in Rechnung ziehen sollen. Mit anderen Worten: irgendeine sichere Voraussicht ist der Spekulation unmöglich, sie tappt bei ihren Operationen im dunkeln. Die Börsenspekulation hat den Charakter von Spiel und Wette. Aber diese Wette wird zur Wette à coup sûr für die Eingeweihten.

Wie bei allen Preisen kann man auch bei den Kursen neben den eigentlichen Bestimmgründen des Preises jene gelegentlichen unterscheiden, die im veränderten Verhältnis von Nachfrage und Angebot zum Ausdruck kommen. Für die Spekulation, der es nur auf die Preisänderung und nicht auf deren Gründe ankommt, sind diese natürlich gleichgültig. Anderseits liegt es im Wesen der Spekulation, mit ihren stets wechselnden Stimmungen und Erwartungen – ein Wechsel, der aus ihrer Unsicherheit notwendig sich ergibt – selbst ein stets wechselndes Verhältnis von Angebot und Nachfrage zu schaffen, das wieder preisändernd wirkt; jede Preisänderung aber ist auf diesem Gebiet wieder der Anstoß für neue Spekulationen, neue Engagements und Positionsänderungen, mit neuem Wechsel für Nachfrage und Angebot. So schafft die Spekulation in den Papieren, deren sie sich bemächtigt, einen stets aufnahmebereiten Markt, gibt so die Möglichkeit für andere kapitalistische Kreise, ihr fiktives Kapital in wirkliches zu verwandeln, schafft also den Markt für den Umsatz des fiktiven Kapitals und damit Möglichkeit des steten Wechsels der Anlagen im fiktiven Kapital und seiner steten Rückverwandlung in Geldkapital.

Die Unsicherheit der Spekulation schafft aber auch ein anderes Phänomen, die Möglichkeit der Beeinflussung der Spekulationsrichtung, des »Mitnehmens« der kleinen Spekulanten durch die großen. Da der Spekulant nichts weiß (oft im allgemeinen, aber jedenfalls nichts im besonderen[30]), so folgt er äußeren Anzeichen, der Stimmung, der allgemeinen Strömung des Marktes. Diese Stimmung kann aber erzeugt werden und wird in der Tat erzeugt von den großen Spekulanten, die zudem mit mehr oder minderem Recht als eingeweiht gelten. Ihre Spekulationen werden von den Kleinen nachgemacht. Sie befestigen durch umfangreiche Käufe den Markt und erhöhen das Kursniveau, indem ihre gesteigerte Nachfrage die Preise hinauftreibt. Ist die Bewegung im Gange, so steigert sich die Nachfrage durch die Käufe aller jener, welche in ihrem Gefolge zu spekulieren glauben, und die Preise erhöhen sich weiter, obwohl die Beteiligung der Großen bereits aufgehört hat. Diese können jetzt je nach ihrem Zweck ihren Gewinn allmählich realisieren oder das erhöhte Kursniveau mehr oder minder lang behaupten. Hier erzeugt die Verfügung über das größere Kapital unmittelbar die Überlegenheit auf dem Markt, da die Marktrichtung selbst durch die Anwendungsart dieses Kapitals bestimmt wird. Während auf dem Gebiet der Produktion der Vorteil des größeren Kapitals in der billigeren Produktion, also in der Senkung des Preises besteht, wird hier die Preisänderung direkt durch die Einwirkung des Kapitals hervorgerufen. Diesen Umstand können die Großhändler in Effekten, die Banken, benützen, um die Spekulation in eine bestimmte Richtung zu drängen. Sie geben ihrer zahlreichen Klientel Winke für Kauf und Verkauf bestimmter Wertpapiere und erzielen somit gewöhnlich eine ihnen im voraus bekannte Ver-

---

[30] Dafür nur ein schlagendes Beispiel: »Dieser Tage tauchte die Meldung auf, der Phönix habe einen recht bedeutenden Auftrag auf Stahlröhren für amerikanische Rechnung erhalten; genannt wurde ein Wert von mehreren Millionen Mark. Leichten Herzens schenkte die Börse der Meldung Glauben und setzte die Kurse unserer heimischen Montanpapiere, vor allem aber Phönixaktien in die Höhe. Wußte sie doch, daß es in den Vereinigten Staaten zurzeit nicht unwesentlich besser aussieht als vor Monaten ... Aber draußen im Lande, in den Industrierevieren, da wird man sich wohl eins ins Fäustchen über jene abenteuerliche Meldung gelacht haben, die an der Berliner Börse eine so gute Stimmung auslöste, und besonders wohl im Direktorium des Phönix. Wird da einem Unternehmen ein Auftrag, ja ein Millionenauftrag und obendrein noch für amerikanische Rechnung angedichtet, das überhaupt keine Tonne Stahlröhren produziert, ja nicht einmal eine Beteiligungsziffer für Röhren im deutschen Stahlwerksverband besitzt. Also ein plumper Schwindel.« »Berliner Tageblatt« vom 15. Juli 1909.
Wenn also Herr Arnhold (Deutsche Börsenenquete, Teil I, S. 444) von spekulativer Denktätigkeit spricht, so ist das mehr eine Spekulation auf die Denkungstätigkeit der Zuhörer. Übrigens muß er selbst das Zufällige und die Regellosigkeit der Spekulation für die Masse der Kleinen und der Mitläufer aus dem Publikum zugeben.

schiebung des Verhältnisses von Angebot und Nachfrage, was für sie, wie ein jedes Vorauswissen der Spekulationsrichtung, gewinnbringend ist. Zugleich aber zeigt sich die Wichtigkeit dieser Mitgeher, der Außenseiter oder des Publikums. Für die berufsmäßige Spekulation mögen sich Gewinne und Verluste gegenseitig aufheben; das große Publikum aber, das nur der Richtung folgt, die die großen Spekulanten anzeigen und in dieser Richtung verharrt, wenn sich jene bereits mit ihrem realisierten Gewinn zurückgezogen haben, diese Naiven, die glauben, daß für sie jetzt der Moment gekommen sei, um teilzunehmen an den Früchten der Hochkonjunktur, sie sind es, die die Verluste zu tragen haben, und bei jedem Umschlag der Konjunktur oder auch nur bei jedem Umschlag der Börsenstimmung die Differenzen zahlen müssen, deren Einsackung die »produktive Tätigkeit« der Spekulation ausmacht.

Aber daß die Spekulation unproduktiv ist, daß sie den Charakter von Spiel und Wette trägt und in der Volksmeinung ganz richtig so eingeschätzt wird, dies alles sagt nichts gegen die Notwendigkeit der Spekulation auf Basis der kapitalistischen Gesellschaft oder zum mindesten in einer bestimmten Epoche der kapitalistischen Entwicklung. Es ist überhaupt ein apologetischer Kniff, alles, was in der kapitalistischen Gesellschaft notwendig ist, als produktiv auszugeben; vielmehr schließt die kapitalistische Produktion infolge ihrer Anarchie, infolge des Antagonismus zwischen den Eigentümern der Produktionsmittel und ihren Anwendern, in der Art ihrer Distribution von vornherein eine große Summe von Ausgaben und Aufwendungen ein, die keine Erhöhung des Reichtums bedeuten, in einer organisierten Gesellschaft in Wegfall kommen und in diesem Sinne unproduktiv[31] sind. Ihre Notwendigkeit in der kapitalistischen Gesellschaft zeugt nicht für ihre Produktivität, sondern nur gegen die Organisation dieser Gesellschaft.

Die Spekulation ist aber notwendig für die Erfüllung der Funktionen der Börse, die nun näher zu betrachten sind.

---

31 Über den Begriff der produktiven Arbeit im engeren Sinne siehe Marx, »Theorien über den Mehrwert«, S. 368 ff., Bd. I.

2. *Die Funktionen der Börse*

Die Funktion der Börse ändert sich im Laufe der wirtschaftlichen Entwicklung. In ihren Anfängen dient die Börse dem Umsatz von Geldsorten und Wechseln. Dazu war nur nötig die Ansammlung freier Geldkapitalien, die in diesen Wechseln angelegt werden. Später wird sie zum Markt des fiktiven Kapitals. Dieses entwickelt sich zuerst mit der Entwicklung des Staatskredits. Die Börse wird zum Markt der Staatsanleihen. Aber umwälzend wirkt erst die Verwandlung von industriellem Kapital in fiktives Kapital, also das immer stärkere Eindringen der Aktiengesellschaft in die Industrie. Einerseits dehnt sich damit das der Börse zur Verfügung stehende Material rasch und unbegrenzt aus, anderseits ist das Vorhandensein der Börse als stets aufnahmebereiter Markt die Voraussetzung für die Verwandlung von industriellem in fiktives Kapital und der Reduktion der Dividende auf Zins.

Mit der Entstehung dieses Marktes des fiktiven Kapitals ist die Möglichkeit der Spekulation gegeben. Anderseits ist die Spekulation nötig, um diesen Markt stets aufnahmebereit zu machen und dadurch erst dem Geldkapital als Geldkapital die Möglichkeit zu geben, sich stets in fiktives Kapital und aus fiktivem Kapital wieder in Geldkapital zu verwandeln. Denn dadurch, daß durch Kaufen und Verkaufen Differenzgewinne gemacht werden können, ist der fortwährende Anreiz zum Kaufen und Verkaufen gegeben, ist also das beständige Dasein eines aufnahmebereiten Marktes verbürgt. Es ist die wesentliche Funktion der Börse, diesen Markt für die Anlage des Geldkapitals herzustellen. Denn dadurch wird die Anlagemöglichkeit des Kapitals als Geldkapital erst in weitem Umfang gegeben. Denn damit Kapital als Geldkapital fungieren kann, muß es erstens eine ständige Revenue – Zins – abwerfen, zweitens muß die Hauptsumme selbst zurückfließen oder, falls sie nicht tatsächlich zurückfließt, doch jederzeit gegen Verkauf der Zinsforderung zurückfließbar gemacht werden können. Die Börse erst hat die Mobilisierung des Kapitals möglich gemacht. Diese Mobilisierung ist juristisch nichts anderes als eine Umwandlung und zugleich eine Verdoppelung des Eigentumsrechts[32]. Das Eigentum an den wirklichen Produktionsmitteln geht über von den Einzel-

[32] Nach der Terminologie Karners liegt Funktionswandel eines Rechtsinstituts ohne gleichzeitigen Normwandel vor. (Siehe »Marxstudien«, I., S. 81.)

personen an eine juristische Gesellschaft, die zwar aus der Gesamtheit dieser Einzelpersonen besteht, in der aber die Einzelperson als solche durchaus nicht mehr das Eigentumsrecht an deren Vermögen hat. Die Einzelperson hat vielmehr nur einen Anspruch auf den Ertrag; ihr Eigentum, das einst tatsächliche, unumschränkte Verfügung über die Produktionsmittel und damit die Leitung der Produktion bedeutete, ist jetzt in einen bloßen Ertragstitel umgewandelt und ihr die Verfügung über die Produktion benommen. Ökonomisch aber besteht die Mobilisierung in der Möglichkeit für den Kapitalisten, sein angelegtes Kapital jederzeit in der Form von Geld zurückziehen und auf andere Sphären übertragen zu können. Je höher die organische Zusammensetzung des Kapitals wurde, desto weniger konnte dieser Wechsel sich durch tatsächliche Veränderungen der Anlage des produktiven Kapitals in seinen stofflichen Elementen vollziehen. Die Tendenz zur Ausgleichung der Profitrate findet in stets höherem Maße Widerstand an der steigenden Unmöglichkeit, das produktive Kapital, dessen Hauptbestandteil vom fixen Kapital gebildet wird, aus einem Produktionszweig zurückzuziehen. Die tatsächliche Bewegung der Ausgleichung vollzieht sich nur langsam, allmählich und annähernd, hauptsächlich durch die Anlage des neu zu akkumulierenden Mehrwerts in den Anlagesphären mit höherer Profitrate und der Unterlassung von Neuanlagen in solchen mit niedrigerer Rate. Umgekehrt ist die Zinsrate im Gegensatz zur Profitrate in jedem gegebenen Moment gleich und allgemein. Die Gleichheit alles Kapitals – und diese besteht für den individuellen Kapitalisten nicht in der Gleichheit der Wertsumme, sondern in der Gleichheit des Ertrages gleich großer Werte – findet ihren adäquaten Ausdruck erst in der Allgemeinheit und Gleichheit der Zinsrate. Die Gleichgültigkeit des Kapitalisten gegen den Gebrauchswert, gegen die jeweilige konkrete Anlagesphäre seines Kapitals, die Tatsache, daß das Kapital nichts ist als Mehrwert heckender Wert, nur in diesem Quantitätsverhältnis in Betracht kommt, nur Profittitel ist, führt bei tatsächlicher Verschiedenheit des Ertrages (Profits) zu einer verschiedenen Bewertung der gleichen Kapitalwerte. Von zwei Kapitalien vom Wert 100, von denen das eine 10, das andere 5 Profit abwirft, wird das erste doppelt so hoch bewertet als das zweite. Die Verschiedenheit des Profits, den das individuelle Kapital abwirft, führt einerseits durch das Streben des individuellen Kapitalisten nach möglichst hohem Profit für sein Kapital zur Konkurrenz der Kapitalien um die Anlagesphären und damit zur Tendenz der Ausgleichung der Profitraten (und vorher der Mehrwertraten) und zur Herstellung der allgemeinen Durchschnittsprofitrate und anderseits, da diese Ungleichheit der individuellen Profitraten ständig sich neu erzeugt und ständig die Bewegung der Kapitalien hervorruft, wird diese Ungleichheit ständig für den individuellen Kapitalisten überwunden durch die Bewertung seines Kapitals nach dem zum Zinsfuß kapitalisierten Ertrag. Damit diese Bewertung praktisch wird, die Kapitalisten qua Kapitalisten wirklich gleich sind, die Gleichheit alles dessen, was Profit trägt, endlich verwirklicht werde, muß dieses Kapital auch jederzeit nach diesem Bewertungsmaßstab realisiert werden können, und zwar realisiert werden in der gesellschaftlich gültigen Form – als Geld. Erst dann ist die Gleichheit der Profitrate für jeden individuellen Kapitalisten verwirklicht. Diese Verwirklichung ist zugleich die Umkehrung des tatsächlichen Verhältnisses. Das Kapital erscheint nicht mehr als bestimmte Größe und diese entscheidend über die Größe des Profits. Vielmehr erscheint der Profit als bestimmte Größe fixiert und danach die Größe des Kapitals bestimmt; eine Bestimmung, die bei der Gründung der Aktiengesellschaft praktisch wird, die Erzielung des Gründungsgewinnes ermöglicht und dessen Höhe bestimmt. Die wirklichen Verhältnisse erscheinen auf den Kopf gestellt. Was Wunder, daß jenen Ökonomen, die die ökonomischen Verhältnisse mit Börseaneraugen ansehen, umgekehrt die Darstellung der wirklichen Verhältnisse als Verkehrtheit erscheint!

Die Gleichheit alles Kapitals realisiert sich so in seiner Bewertung nach seinem Ertrag. Realisiert aber und damit wirklich werden diese so bewerteten Kapitalien eben auf der Börse, dem Markte der kapitalisierten Zinstitel, des fiktiven Kapitals. Treibt so die innere Gesetzmäßigkeit des Kapitalismus, sein Bedürfnis, alle in der Gesellschaft vorhandenen Werte als Kapital in den Dienst der Kapitalistenklasse zu stellen und für jeden Kapitalsteil den gleichen Ertrag zu erhalten, zur Mobilisierung des Kapitals und damit zu seiner Bewertung als bloßes zinstragendes Kapital, so erfüllt die Börse die Funktion, diese Mobilisierung zu ermöglichen, indem sie den Ort für die Übertragung und den Mechanismus derselben schafft.

Die Mobilisierung des Kapitals verwandelt in steigendem Maße das kapitalistische Eigentum in Ertragsanweisungen und macht dadurch den kapitalistischen Produktionsprozeß in wachsendem Umfang unabhängig von der Bewegung des kapitalistischen Eigentums. Denn der Handel mit diesen Ertragstiteln, der auf der Börse vor sich geht, bedeutet eine Eigentumsbewegung. Diese Eigentumsübertragung kann aber jetzt unabhängig von der Bewegung der Produktion und ohne Einfluß auf diese vor sich gehen. Die Eigentumsbewegung ist jetzt verselbständigt und wird nicht mehr durch Produktionsvorgänge bestimmt. Während früher Eigentumsbewegung zugleich Übertragung der kapitalistischen Unternehmerfunktion bedeutete und andererseits Wechsel der Unternehmerfunktion Wechsel des Eigentums bedingte, ist das jetzt nicht mehr der Fall. Und während früher der Hauptgrund zur Änderung der Eigentumsverteilung geänderte Produktionsergebnisse waren, die Eigentumsverteilung ein Produkt der industriellen Konkurrenz, treten zu diesen fortwirkenden Ursachen andere, die aus dem Mechanismus der Zirkulation der Zinstitel fließen und Eigentumsbewegungen hervorrufen können, die ohne jeden Einfluß auf die Produktion bleiben, wie sie ohne Änderung in den Produktionsverhältnissen entstanden sind.

In der Warenzirkulation gehen Güterübertragung und Eigentumsübertragung Hand in Hand. In der einfachen Warenproduktion erscheint die Güterübertragung als das Wesentliche, als der Antrieb des Prozesses der Eigentumsübertragung, diese nur als das Mittel, jene zu vollziehen. Denn bestimmendes Motiv der Produktion ist noch der Gebrauchswert, die Bedarfsdeckung. In der kapitalistischen Warenzirkulation bedeutet die Güterzirkulation zudem die Realisierung des Profits, der in der Produktion entstanden ist und Trieb des ökonomischen Handelns bildet. Innerhalb der kapitalistischen Gesellschaft bedeutet zugleich die Übertragung der Ware Arbeitskraft auf den Kapitalisten Vermehrung des kapitalistischen Eigentums durch Mehrwerterzeugung. Bei der Zirkulation der Effekten aber handelt es sich um Eigentumsübertragung, Zirkulation bloßer Eigentumstitel ohne gleichzeitige Güterübertragung. Die Eigentumsbewegung findet hier statt ohne gleichzeitige Güterbewegung. Hier hat das kapitalistische Eigentum jeden unmittelbaren Zusammenhang mit dem Gebrauchswert verloren. Der Markt für diese Zirkulation des Eigentums an sich ist die Börse.

Die Mobilisierung selbst, die Schaffung des fiktiven Kapitals, ist an und für sich bereits eine wichtige Ursache der Entstehung kapitalistischen Eigentums außerhalb des Produktionsprozesses. Entstand früher kapitalistisches Eigentum wesentlich durch Akkumulation von Profit, so gibt jetzt die Schaffung des fiktiven Kapitals die Möglichkeit des Gründungsgewinnes. Damit wird der Profit zu einem großen Teil in die Hände der konzentrierten Geldmächte geleitet, die allein imstande sind, dem industriellen Kapital die Form von fiktivem Kapital zu verleihen. Dieser Profit fließt ihnen aber nicht, wie die Dividende der Aktionäre, als jährliche, zersplitterte Revenue zu, sondern kapitalisiert als Gründungsgewinn, als eine relativ und absolut betrachtet große Summe, die in Geldform sofort als neues Kapital fungieren kann. Ein jedes neue Unternehmen zahlt so von vornherein einen Tribut an seine Gründer, die nichts dafür getan haben und nie etwas mit ihm zu tun zu haben brauchen. Es ist ein Vorgang, der in der Hand der großen Geldmächte aufs neue große Geldsummen konzentriert.

Und ein Konzentrationsprozeß des Eigentums, unabhängig von dem Konzentrationsprozeß in der Industrie, geht auch an der Börse vor sich. Es sind die großen Kapitalisten, die die Kenntnis besitzen von den Vorgängen in den Aktiengesellschaften, die die Gestaltung der Geschäftsergebnisse übersehen und daher die Richtung der Kursentwicklung vorauswissen können. Ihnen erlaubt es auch ihre große Kapitalsmacht, durch entsprechende Käufe und Verkäufe die Kursgestaltung selbst zu beeinflussen und daraus den entsprechenden Gewinn zu ziehen. Ferner gestattet ihnen ihre Kapitalsmacht die Interventionen, wofür sie sich noch so preisen lassen, die Aufnahme der Papiere zu Zeiten einer Krisis oder einer Panik, die sie dann, sobald normale Verhältnisse wieder eingetreten sind, mit Gewinn verkaufen können[33]. Kurz, sie sind es, die Bescheid wissen, und »alle Schwan-

---

[33] Vielleicht das bedeutendste Beispiel aus neuester Zeit ist die Aufnahme der Tennessee Steel and Coal Company während der Panik im Herbst 1907 durch den Stahltrust, dessen bedeutendste Konkurrentin diese Kompagnie war. Im »Berliner Tageblatt« vom 17. November 1907 schreibt darüber eine entrüstete Feder: »Von gut informierter Seite wird jetzt bestätigt, daß die beiden vor einigen Tagen nach Washington gesandten Vertreter J. Pierpont Morgans – E. H. Gary (Steel Trust) und H. C. Frick – dem Präsidenten Roosevelt folgendes Ultimatum stellten: entweder die Aufsaugung der Tennessee Steel and Coal Company durch den Morganschen Trust ruhig gewähren zu lassen und zu versprechen, daß von der Regierung keine präventive Aktion vorgenommen werde in Gemäßheit der bestehenden Antitrustgesetze, oder die schlimmste Panik zu erleben, die sich je im Lande abgespielt hat, mit wahrscheinlicher Suspendierung jeder Bank.

kungen des Geschäftes sind vorteilhaft für den, der Bescheid weiß«, wie schon der schlaue Bankier Samuel Gurney dem Komitee des Oberhauses versicherte[34].

Für die Funktion der Börse, dem industriellen Kapital durch Verwandlung in fiktives Kapital für den individuellen Kapitalisten den Charakter von Geldkapital zu verleihen, ist die Größe des Marktes wesentlich, da ja der Geldkapitalcharakter davon abhängt, daß die Aktien und Obligationen jederzeit wirklich und ohne größeren Kursverlust verkauft werden können. Daher die Tendenz zur möglichst großen Konzentration aller Geschäfte an einem einzigen Markt; so werden die Bank- und Börsengeschäfte immer mehr im Zentralpunkt des wirtschaftlichen Lebens, in der Hauptstadt, konzentriert, während die Provinzbörsen immer mehr an Bedeutung verlieren. In Deutschland überragt die Berliner Börse weit alle anderen. Neben Berlin kommen nur noch die Börsen in Hamburg und Frankfurt in Betracht, deren Bedeutung aber im Rückgang befindlich ist.

Während nach der kleinbürgerlichen Theorie die Aktien die »Demokratisierung des Kapitals« bedeuten sollen, sucht die kleinbürgerliche Praxis – immer noch vernünftiger – den Aktienbesitz auf die Kapitalisten zu beschränken. Die Vertreter der großkapitalistischen Praxis schließen sich bereitwilligst diesen Warnungen an, in dem angenehmen Bewußtsein, daß sie nicht allzuviel nützen werden. »Wer festen Zins zum Leben braucht,« meint der Sachverständige Arnhold, »der darf keine Aktien kaufen.«[35] Die schwankenden Erträgnisse einer Aktie, wird dann im folgenden ausgeführt, sind für den, der seine Zinsen zum

---

Diese waghalsig im erregtesten und bedrohlichsten Moment der wirtschaftlichen Katastrophe auf den Staatspräsidenten gerichteten Feuerwaffen konnten naturgemäß ihre Wirkung nicht verfehlen. Der Präsident mußte, der Not gehorchend, der Börse seine Macht ausliefern. Er wurde brutal gezwungen, selbst seine höchsten Pflichten als erster Staatsbeamter augenblicklich abzuschwören und die bestehenden Gesetze außer acht zu lassen. Die höchste Exekutivgewalt war unschädlich gemacht, und der brave Morgan konnte für die »Rettung« der Trust Company of America und der Lincoln Trust Company das Monopol für Eisen und Stahl in der Union für seinen Steel Trust einstreichen. Wenige Tage später ist ihm in seiner Rettertätigkeit ein weiterer Coup gelungen, er nahm C. W. Morses Coastwise Steamship Combination.

Dies kennzeichnet die augenblickliche Lage der von selbstlosen Patrioten, wie George Washington, Benjamin Franklin, Jefferson und anderen hervorragenden Männern begründeten Republik der United States of America.«

[34] Marx, »Kapital«, III, S. 435.

[35] Stenographischer Bericht der deutschen Börsenenquete 1893. I. S. 190.

Leben braucht, nur eine Quelle von Kapitalverlusten, weil ihn hohe Dividenden meist zu einer Erhöhung seines Etats veranlassen; er benützt hohe Kurse nicht zum Verkauf, sondern tut das in der Regel erst dann, wenn er durch kleine Dividenden und niedrige Kurse ängstlich geworden ist (und das wird er immer, weil er keinen Einblick in die wirkliche Lage des Geschäftes hat und daher dem Kurs, dem »Urteil« der Börse, glauben muß) oder aus sonstwelchen Anlässen verkaufen muß.

3. Die Börsengeschäfte

Börsengeschäfte sind Kauf- und Verkaufgeschäfte, die sich von anderen essentiell unterscheiden durch die Ware mit der und nicht durch die Weise in der gehandelt wird. Nicht die Technik der Geschäfte, sondern ihr Inhalt ist ökonomisch entscheidend und die Beschreibung dieser technischen Einzelheiten gehört in ein Handbuch für praktische Kaufleute mehr als in eine theoretische Abhandlung. Nun insofern die Art der Abwicklung der Geschäfte gewisse Resultate erleichtert, die aus dem Inhalt der Geschäfte sich ergeben, wird sie auch allgemein von Wichtigkeit und Interesse.

Die eigenartigen Bestimmungen über die Abwicklung der Börsengeschäfte – die Börsenusancen – verfolgen vor allem die Ermöglichung weitestgehender Kreditbenützung, der Begrenzung des Risikos und der größten Beschleunigung der Umsätze.

Die Kreditbenützung ist im weitesten Maße schon ermöglicht durch die Natur der »Waren«, mit denen gehandelt wird. Diese sind im vorhinein Geldanweisungen entweder direkt wie die Wechsel etc. oder indirekt wie die kapitalistischen Profitanweisungen. Als solche Geldanweisungen sind die Börsenwerte einander gleich, fungibel, nur quantitativ verschieden. Auch sogenannte qualitative Unterschiede der Börsenpapiere, wie die zwischen festverzinslichen Papieren und den Aktien, ebenso wie Unterschiede in der Sicherheit der Papiere, werden durch den Börsenhandel stets in quantitative Unterschiede verwandelt und können auch gar nicht anders als in Verschiedenheiten der Bewertung zum Ausdruck kommen. Nur daß hier die Verschiedenheit des Preises nicht wie bei verschiedener Qualität derselben Ware sich in erster Linie aus der Verschiedenheit der Produktionskosten erklärt, sondern ausschließlich zustande kommt durch ein verschiedenes Verhältnis von Nachfrage und Angebot. Wenn meinethalben eine Zuckeraktie und eine Eisenbahnaktie gleichen Ertrag liefern, so mag der Kurs der Eisenbahnaktie höher sein, weil mehr Leute die Eisenbahnaktie kaufen wollen, die nach ihrer Meinung größere Stabilität in ihrem Erträgnis versprechen mag. Der qualitative Unterschied der Sicherheit des Ertrages ist in der Verschiedenheit des Kurses quantitativ ausgedrückt. Diese Fungibilität der Börsenwerte läßt nun die Möglichkeit zu, daß die Kauf- und Verkaufgeschäfte durch gegenseitige Kompensation zum größten Teil erledigt werden und nur ein geringer Teil durch Bezahlung der Differenzen beglichen zu werden braucht. Mit dem Abschluß des Geschäftes ist so zugleich Kreditgewährung verbunden, das Geld fungiert nur als Rechengeld und nur ein geringer Betrag ist dann zur Barzahlung nötig. Damit aber diese Zahlungen auf das geringste Maß reduziert werden können, sind eigene Anstalten zur Kompensation der aus den Kauf- und Verkaufgeschäften resultierenden Forderungen vorhanden[36]. Dazu ist aber nötig, daß die Preise, zu denen die Börsengeschäfte abgeschlossen werden, bekannt sind; die Kursfestsetzung ist daher öffentlich. Zugleich wird durch diese öffentliche Kursfestsetzung erst die Funktion der Börse erfüllt, der Markt zu sein, wo jederzeit zu einem bekannten Preis diese Börsenwerte gehandelt werden können. Da so der jederzeit realisierbare Preis festgesetzt wird, ist auch die andere Form der Kreditgewährung, die eigentliche Belehnung, im Gegensatz zur früheren Form der Zahlungskompensation wesentlich erleichtert, da der Kreditgeber genau den Preis des Objekts, das er belehnt, kennt. Der Spekulant verpfändet dem Geldgeber die Papiere, die er mit dem geliehenen Geld bezahlt. Zugleich entsteht so eine neue und sichere Art zur zinstragenden Verwendung von Geldkapital in der Lombardierung der Börsenpapiere. Die Kreditgewährung gestattet dem Spekulanten, schon geringfügige Preisschwankungen auszunützen, indem er so seine Operationen weit über sein

[36] So besteht zum Beispiel in London »seit 1874 das Stock Exchange Clearing, durch welches für die bedeutendsten Effektengattungen die jeweiligen Umsätze soweit als möglich kompensiert werden, so daß nur für den etwa verbleibenden Rest ein Scheck ausgestellt wird. Für die Umsätze auf der Fondsbörse ist das Ergebnis, daß nur zirka 10 Prozent derselben per Scheck zu bezahlen sind, während 90 Prozent der gegenseitigen Verpflichtungen sich durch einfachen Ausgleich erledigen«. (Jaffé, »Das englische Bankwesen«, Leipzig 1904, S. 95.) Ähnliche Einrichtungen existieren auch an den anderen Börsenplätzen.

eigenes Vermögen ausdehnen kann und damit auch kleine Preisschwankungen durch den Umfang seiner Geschäfte lukrativ macht. Umgekehrt wieder dadurch, daß der Spekulation durch den Kredit gestattet wird, ihre Geschäfte auszudehnen, jederzeit die Marktlage auszunützen, bewirkt sie, da die spekulativen Operationen stets von Gegenoperationen begleitet werden, eine Verringerung der Preisschwankungen. Die Kreditausnützung steigert gleichzeitig die Überlegenheit des großen Spekulanten; die Wucht seines Vermögens wird ums Vielfache vermehrt durch die Ausnützung des Kredits, der viel rascher wächst als das Vermögen.

Eine weitere Eigentümlichkeit der Börsengeschäfte ist die Schnelligkeit, mit der sie geschlossen werden, die eine gewisse Formlosigkeit des Geschäftsabschlusses bedingt. Diese Schnelligkeit entspringt wesentlich aus dem Bedürfnis der Spekulation, geringe, kurz dauernde Preisschwankungen ausnützen zu können. Bei dem schnellen Wechsel des Verhältnisses von Nachfrage und Angebot und der Schnelligkeit der Kursvariationen ist diese möglichste Beschleunigung des Geschäftsabschlusses von großer Wichtigkeit. Denn für die Spekulation bedeutet jeder neue Umschlag eine neue Verwertungsmöglichkeit, neuen Kursgewinn; deshalb wird jede zeitraubende Formalität perhorresziert, denn hier gilt tatsächlich für viele das Wort: Zeit ist Geld. Daher auch die Abneigung gegen jede gesetzliche Fristbestimmung, gegen jede gesetzliche Intervention überhaupt, die stets mit Zeitverlust verbunden ist.

Die Vorteile des Kredits werden am besten ausgenützt durch den Terminhandel. Das Termingeschäft verlegt die Erfüllung aller Geschäfte auf den gleichen Zeitpunkt. Da diese Geschäfte vor allem von der Spekulation gemacht werden, stehen sich Kauf- und Verkaufgeschäfte gegenüber, die sich zum größten Teil gegenseitig kompensieren. Geld ist nur nötig zum Ausgleich der Differenzen (und auch diese Zahlungen finden statt zum großen Teil durch Kreditgeld oder Überschreibungen in den Büchern der Banken) oder zur Begleichung einseitiger Käufe und Verkäufe, die aber der großen Menge der sich kompensierenden Geschäfte gegenüber relativ gering sind. Auch hier entfaltet der Kredit seine markterweiternde Wirkung. Der Terminhandel erlaubt eine große Ausdehnung der Operationen; die Papiere, die auf Termin gehandelt werden, finden jederzeit ihren Markt; es ist daher jederzeit möglich, durch Kauf oder Verkauf seine Spekulation zu beendigen, seinen Gewinn zu realisieren oder seinen

Verlust zu begrenzen, außer im Zeitpunkt katastrophenartiger Erschütterungen des Marktes. Da es ferner bei der Terminspekulation nicht auf den Besitz der Papiere ankommt, sondern auf die Erzielung des Differenzgewinns und die Papiere jederzeit verkauft werden können, so ist die Größe des Engagements begrenzt nicht durch den Preis der Papiere, sondern nur durch die Summe der Differenzen, die aus der Spekulation entstehen können. Zugleich sind die wirklich existierenden, am Markte vorhandenen Papiere nur nötig, soweit sich die Spekulationsgeschäfte – Kauf und Verkauf – nicht gegenseitig aufheben. Die Größe des eingegangenen Engagements ist also auch unabhängig von der Größe der Preissumme der wirklich vorhandenen Papiere und kann diese um das Vielfache übertreffen. Zugleich ist durch die typische Beschaffenheit der Schlußbedingungen für die Schnelligkeit der Geschäftsabwicklung in vollkommenster Weise gesorgt.

Die größere Vereinfachung auf dem Terminmarkt, die erhöhte Möglichkeit der Kompensation verringert das Kapital, das für das Eingehen der Spekulation nötig ist. Es erweitert damit den Kreis der Personen, die sich an der Spekulation beteiligen können, und vergrößert den Umfang der einzelnen Engagements. Der Terminmarkt wird gegenüber dem Kassenmarkt erweitert. Zugleich aber absorbiert er weniger Mittel zur Aufrechterhaltung und Fortführung der Spekulation und wirkt dadurch weniger intensiv auf den Zins des der Spekulation zur Verfügung gestellten Kapitals. Da aber stets ein großer Teil der Spekulation mit geliehenem Kapital gemacht wird, für die Weiterführung der Spekulation der Zins auf dieses Kapital bestimmend einwirkt, wird der Terminmarkt im allgemeinen die Tendenz zur stetigeren Fortführung der Spekulation haben. Aus dieser größeren Stetigkeit folgt wieder eine geringere Variation im Verhältnis von Nachfrage und Angebot und damit ein geringerer Ausschlag der Kursschwankungen. Zugleich genügen bei dem größeren Umfang der Transaktionen auch viel geringere Schwankungen, um die Spekulanten zu ihren Aktionen zu veranlassen. In gleicher Richtung wirkt der Umstand, daß durch den Terminhandel auch der Verkauf der Papiere zu Spekulationszwecken ermöglicht ist und dadurch einem einseitigen Zunehmen des Angebots besser entgegengewirkt werden kann als auf dem Kassenmarkt[37].

---

37 »Die Formen des Börsenverkehrs sind aber nicht nur für die Ermittlung der Preise von Bedeutung; die Bedingungen für die Eingehung und Ab-

Der Terminhandel gibt die Möglichkeit, erst später fällige Kapitalien schon früher zu vorher feststehenden Kursen anzulegen oder die erst später benötigten Kapitalien sich zu günstigen Umständen vorher zu beschaffen. Dazu kommt die bereits erwähnte Erweiterung des Marktes, die der Terminhandel durch die Leichtigkeit der Kreditgewährung und des Geschäftsabschlusses überhaupt gewährt. Er ist aufnahmefähiger als der Kassenmarkt. Er erleichtert so das Emissionsgeschäft, indem die Emissionshäuser ihre Bestände allmählich und ohne Kursrückgang veräußern können[38]. Der Terminhandel ist auch für die Funktion der Arbitrage, des Ausgleiches von Kursdifferenzen an verschiedenen Börsenplätzen die gegebene Form.

Die Spekulation verlangt einen gewissen Vorrat von Papieren, der für ihre Zwecke zur Verfügung gestellt ist. Ist ein Papier überwiegend in »festen« Händen, das heißt ist es als Anlagepapier dem Markt dauernd entzogen, so ist es für die Spekulation ungeeignet. Ebenso sind Papiere, deren Gesamtbetrag gering ist, ungeeignete Objekte der Spekulation. Kleine Käufe und Verkäufe können das Kursniveau sehr stark beeinflussen und geben einigen wenigen Kapitalisten die Möglichkeit, durch Ankaufen des gesamten »Materials« ihren Gegenspekulanten Monopolpreise diktieren zu können. Die Spekulation setzt eben einen großen, nicht allzu leicht zu beherrschenden Markt voraus; das Monopol ist der Tod der Spekulation.

Mit den Spekulationsgeschäften sind, wie wir gesehen haben, immer auch Kreditgeschäfte verbunden. Bei der Spekulation steht ja nicht die Gesamtsumme des Kurswertes der angekauften Papiere in Frage, sondern nur die Größe der möglichen Kursvariationen. Der Kreditgeber wird bei Verpfändung des Papiers bis zu einem solchen Betrag mit der Kreditgewährung gehen

---

wicklung von Börsengeschäften sind mehr als bloße juristisch-technische Hilfsmittel des Börsenverkehrs, sie sind auch Faktoren der Preisbildung selbst, deren Wichtigkeit nicht verkannt werden darf, wenn auch in letzter Linie Bedarf und Vorrat, Angebot und Nachfrage entscheiden. Ob ein Effekt oder eine Ware per Kasse oder auch auf Termin, ob auf längere oder kürzere Termine, in welchen Schlußeinheiten, in welcher Type eine Ware, in welcher Börsengruppe: Kulisse oder Schranken, ein Wertpapier gehandelt wird und andere formale Einrichtungen mehr: das sind sehr einflußreiche Momente, nicht bloß für die richtige Ermittlung der Preise, sondern auch für ihre Bildung, und jede Veränderung in ihnen beeinflußt die Kurse, in der die Preise auf einem organisierten Markt zeitlich verlaufen.« Landesberger: Die Reform der landwirtschaftlichen Börsen in Deutschland. »Zeitschrift für Volkswohlfahrt, Sozialpolitik und Verwaltung.« XI. Band (1902), S. 36.

[38] Deutsche Börsenenquete. I. Bericht der Kommission. S. 75 ff.

können, daß er gegen Kursveränderungen gedeckt ist. Ist der Kurs eines Papiers, in dem verhältnismäßig geringe Schwankungen vorkommen, 110, so wird beispielsweise der Spekulant jederzeit gegen Verpfändung des Papiers 90 erhalten können und braucht daher nur 20 selbst vorzuschießen.

Diese Form der Kreditgewährung ist die gewöhnlichste Art, in der Börsenkommissionsgeschäfte, Bankiers und Banken ihren Kunden die Beteiligung an den Börsengeschäften ermöglichen. Die Entziehung oder Erschwerung dieses Kredits ist ein beliebtes Mittel, diese Kunden »aus ihren Engagements zu werfen«, den Fortgang ihrer Spekulationen unmöglich zu machen, sie zu zwingen, zu jedem Preis ihre Papiere loszuschlagen und so durch dieses plötzliche Angebot die Kurse zu werfen, zugleich ein Mittel für die Kreditgeber, diese Papiere zu billigen Preisen sich zu verschaffen. Auch hier ist die Kreditgewährung ein Mittel zur Expropriation der kleinen Schuldner.

Anders ist die Kreditgewährung für die eigentliche große Spekulation geregelt. Hier verschaffen sich die Spekulanten die nötigen Gelder auf dem Wege des Reports. Formell besteht das Reportgeschäft in einem Kauf- und Verkaufgeschäft. Will der Haussespekulant seine Papiere über den Ultimo hinaus halten bis zum nächsten Termin, weil er hofft, daß in der Zwischenzeit die Papiere weiter steigen werden, so verkauft er diese Papiere an einen Geldkapitalisten und kauft sie für den nächsten Termin zurück. In dem Unterschied des Verkauf- und Kaufpreises ist für den Geldgeber die Verzinsung seines Geldes enthalten. Das ist aber nur nominell, in Wirklichkeit hat einfach der Geldgeber für diese bestimmte Zeit das Papier aufgenommen und ist an Stelle des Spekulanten getreten; er unterscheidet sich aber von ihm dadurch, daß er kein Risiko übernimmt, auch keinen Spekulationsgewinn machen will, sondern sein Geld für diese Zeit angelegt hat und dafür den Zins realisiert. Es ist aber hier die Form, in welcher dieser Vorschuß geleistet wird, von Wichtigkeit. Denn dadurch, daß hier das Kreditgeschäft die Form eines Kaufgeschäftes hat, geht in der Zwischenzeit das Eigentum an den Papieren auf den Kreditgeber über. Dies ermöglicht ihm, in der Zwischenzeit die Papiere nach Gutdünken zu benützen. Dies kann wichtig werden, sobald es sich um industrielle Aktien handelt. Es kann sich bei einer Bank darum handeln, sich zur Zeit einer Generalversammlung durch großen Aktienbesitz entscheidenden Einfluß auf deren Beschlüsse zu sichern. Durch den Report ist sie imstande, sich vorübergehend in den Besitz der Aktien zu setzen und damit die Aktiengesellschaft zu beherrschen. Indem eine Bank die Reportierung durch Herabsetzung des Reportsatzes erleichtert, wird es ihr ein leichtes, von der Spekulation diese Papiere zu erhalten. Die Banken pflegen dabei sich oft gegenseitig zu unterstützen, indem sie die Konkurrenz um die Reportierung bei einem bestimmten Papier in einem gegebenen Zeitraum auszuschalten[39]. Dadurch gewinnen die Aktien gleichsam doppelte Funktion. Sie dienen einerseits als Objekt der Spekulation und Unterlage für ihre Differenzgewinne. Gleichzeitig dienen sie auch den Banken in ihrem Bestreben, sich in den Aktiengesellschaften beherrschenden Einfluß zu verschaffen und ihren Willen in den Generalversammlungen zur Geltung zu bringen, ohne dabei genötigt zu sein, dauernd ihre Gelder in den betreffenden Aktien festlegen zu müssen[40].

Die Größe der Börsenspekulation ist unter sonst gleichen Umständen wesentlich abhängig von der Größe des den Spekulanten zur Verfügung stehenden Geldes. Denn wie oft die Papiere umgesetzt werden – und jeder dieser Umsätze bringt Differenzgewinne – ist von der Zahl der vorhandenen Papiere natürlich unabhängig. Daher der Einfluß der Banken auf die Börsenspekulation, die durch Gewährung oder Versagen des Kredits den Umfang der Spekulation in hohem Maße beeinflussen können. Die größte Inanspruchnahme des Kredits erfolgt nun auf dem

[39] Dies kann auch zu anderen Zwecken geschehen. »Auf dem Kontinent wird (von den Banken) nicht selten eine eigene Reportpolitik getrieben. Es kommt vor, daß Banken, wenn sie zum Beispiel eine größere Emission vorbereiten, den Report herabsetzen, um Haussestimmung zu erzeugen, sie können ja den Verlust, den sie dadurch erleiden, durch Kursgewinn bei der Emission kompensieren.« Philippovich, Grundriß der politischen Ökonomie. II. Band. 2. Teil. S. 181.

[40] Vergleiche Deutsche Börsenenquete, III, S. 1930, die Aussage des Sachverständigen König. Er hält den Terminhandel für die Industrie für unerwünscht und begründet dies folgendermaßen: »Alle diese Papiere, die im Ultimohandel sind, schwimmen an der Börse herum, zum großen Teil in Händen, die sich dauernd nicht für die Sache selbst interessieren, sondern nur ein Interesse haben an den Aktien, aber nicht an den Werken als Werken, die ein Interesse daran haben, die Aktien von oben nach unten oder von unten nach oben zu bringen; bei den Einrichtungen, die bei dem Ultimohandel bestehen, ist es außerordentlich leicht für jemand, auf die Werke einzuwirken und an dem Ultimo desjenigen Monats, wo eine Generalversammlung stattfinden soll, sich ein großes Quantum Aktien zu sichern im Wege des Reports. Man tritt als Eigentümer von ein paar Millionen Aktien auf, die einem gar nicht gehören, tritt auf einmal vor die soliden Aktionäre, die gar nichts ahnen; auf einmal werden sie überrumpelt und ihnen die schönsten Sachen oktroyiert, von denen sie gar nichts geahnt haben.«

Wege des Reportgeschäftes. In diesem werden meistens bedeutende flottante Kapitalien angelegt[41] und diese Anlagen sind von Einfluß auf die Bildung der Sätze für tägliches Geld und – in Zeiten geringerer Geldflüssigkeit – auf die Diskontsätze und damit auf die Goldbewegung. Durch die Einschränkung der Kreditgewährung können daher die Banken unmittelbaren Einfluß auf die Höhe des Zinses nehmen. Es ist dies möglich, weil hier die Kreditgewährung in ganz anderem Maße in dem Belieben der Banken steht. Es handelt sich hier um rein finanzielle Transaktionen, die wegfallen können, ohne auf den Gang der Volkswirtschaft von entscheidendem Einfluß zu sein. Anders bei der Kreditgewährung an die Kommerziellen und Industriellen, wo eine plötzliche und übertriebene Kreditentziehung zum Zusammenbruch und zur akutesten Krise führen muß.

Mit der Entwicklung des Bankwesens geht eine Änderung in der Struktur des Handels in Wertpapieren vor sich. Anfangs ist der Bankier nur Kommissionär, der für den Kunden das Geschäft besorgt. Je mehr aber die Kapitalskraft und das Interesse der Bank an den Aktienkursen wächst, desto mehr geht sie zum Eigenhandel über. Ein großer Teil der Umsätze wird jetzt nicht mehr auf der Börse vollzogen, sondern die Bank gleicht die von ihren Kunden an sie gelangenden Aufträge untereinander aus und nur der Betrag, der sich nicht ausgleicht, wird auf der Börse besorgt oder aus den eigenen Beständen der Bank gedeckt. Es steht also bis zu einem gewissen Grade im Belieben der Bank, welche Summen sie auf der Börse zum Kauf oder Verkauf bringt; die Bank hat darin ein Mittel, die Kursentwicklung zu beeinflussen. So hört die Bank auf, bloße Vermittlerin des Effektenhandels zu sein, und treibt Eigenhandel. »Das Bankgeschäft ist heute tatsächlich kein Kommissionsgeschäft mehr, es ist das Geschäft des Eigenhandels geworden.«[42]

Zugleich entzieht die Großbank der Börse einen Teil ihrer Funktion und wird selbst zum Markt für die Effekten; der Börse bleibt nur ein Restbetrag übrig, der bei den Banken nicht zum Ausgleich kommt[43]. »Eine Großbank stellt in sich ein Quantum

---

[41] Siehe die Aussage von Meier (Börsenenquete, II. Bd., S. 1608), der die starke Entwicklung des Termingeschäftes in England darauf zurückführt, daß dort jederzeit bedeutende flottante Kapitalien für das Reportgeschäft zur Verfügung stehen.

[42] Die Börsenenquete, I. Bd., S. 347. Aussage von Arnhold.

[43] Vergleiche zum Beispiel folgende Äußerungen eines »hervorragenden Mitgliedes der Berliner Bankwelt«, die das »Berliner Tageblatt« vom 25. Fe-

von Angebot und Nachfrage dar, wie es früher ein bedeutender Börsenplatz allein repräsentierte.«[44]

Mit der fortschreitenden Konzentration des Bankwesens wächst die Macht der Großbanken über die Börse außerordentlich, besonders in den Zeiten, wo die Beteiligung des großen Publikums an der Börsenspekulation geringer ist. »Wie sich die Verhältnisse an der Börse entwickelt haben, muß man ja heute, statt von einer Tendenz der Börse, viel eher von einer Tendenz der Großbanken reden, weil diese die Börse immer mehr zu ihrem abhängigen Werkzeug gemacht haben und deren Bewegungen nach ihrem eigenen Belieben lenken. Wie im vergangenen Frühjahre die viel erörterte ungünstige Konjunkturprognose einer Großbank den äußeren Anstoß zu dem damaligen plötzlichen Kursrückgang gegeben hatte, dessen innere Ursachen allerdings natürlich viel tiefer lagen, so sind es in dieser Woche umgekehrt Stimulationen und Beruhigungsversuche der Hautebanque gewesen, die die Stimmung der Börse ausgewechselt und sie, die bisher nur für die ungünstigen Momente Aufmerksamkeit hatte, jetzt auch für die günstigen empfänglich gemacht haben.«[45]

Zu diesem starken Einfluß auf die Kursentwicklung kommt aber hinzu, daß die Banken durch ihre zunehmende Verbindung mit der Industrie die Verhältnisse der einzelnen Unternehmungen genau kennen, die Ergebnisse voraussehen, eventuell unter Umständen deren Höhe nach ihren Wünschen beeinflussen können, alles Momente, die den Banken gestatten, bei ihren Spekulationen mit großer Sicherheit zu operieren.

---

bruar 1908 wiedergibt: »Vergessen Sie nicht, daß zu dem offiziellen Kassenkurs nur ein relativ kleiner Teil der Gesamtumsätze getätigt wird. Die Konzentration im deutschen Bankgewerbe hat es mit sich gebracht, daß ein wesentlicher Teil der Kauf- und Verkaufsorders in den Büros der Großbanken zur Kompensation gelangt. An der Berliner Börse werden eigentlich nur noch die ›Spitzen‹ reguliert.«
Die gleiche Erscheinung auch in Österreich: In der Generalversammlung des Wiener Giro- und Kassenvereines klagt ein Aktionär: »Infolge des Umstandes, daß das kommerzielle Leben der Monarchie sich immer mehr bei den Banken konzentriert, so daß alle schwächeren Privathäuser verschwinden müssen, benötigt der Umsatz an der Börse in sehr vielen Fällen gar nicht die Vermittlung des Arrangementbüros. Jede Bank ist ein Giro- und Kassenverein ohne Spesen und Beamten. Das Prosperieren des Effektengeschäftes bei den Banken ist verbunden mit einer Einschränkung der Vermittlung des Arrangements durch den Giro- und Kassenverein.« »Neue Freie Presse« vom 1. Februar 1905.

[44] Berliner Jahrbuch für Handel und Industrie 1905.

[45] »Frankfurter Zeitung« vom 21. Juni 1907.

Mit dieser Entwicklung der Großbanken ist natürlich ein Rückgang in der Bedeutung der Börsen verbunden[46].

Auf der Börse erscheint das kapitalistische Eigentum in seiner reinen Form als Ertragstitel, in den das Ausbeutungsverhältnis, die Aneignung der Mehrarbeit, begrifflos verwandelt ist. Das Eigentum hört auf, irgendein bestimmtes Produktionsverhältnis auszudrücken, und wird eine Ertragsanweisung, die ganz unabhängig erscheint von irgendeiner Tätigkeit. Das Eigentum ist losgelöst von jeder Beziehung zur Produktion, zum Gebrauchswert. Der Wert jedes Eigentums erscheint bestimmt vom Wert des Ertrages, eine rein quantitative Beziehung. Die Zahl ist alles und die Sache nichts. Die Zahl allein ist das Wirkliche und da das Wirkliche keine Zahl ist, so ist der Zusammenhang mystischer als der Glaube der Pythagoräer. Alles Eigentum ist Kapital und Nichteigentum, Schulden sind, wie jede Staatsanleihe beweist, ebenso Kapital und alles Kapital ist gleich und verkörpert sich in den bedruckten Papierzetteln, die auf der Börse hoch- und niedergehen. Die wirkliche Wertbildung ist ein Vorgang, der ganz der Sphäre der Eigentümer entrückt bleibt und auf völlig rätselhafte Weise ihr Eigentum bestimmt.

Die Größe des Eigentums scheint nichts zu tun zu haben mit der Arbeit; ist schon in der Profitrate der unmittelbare Zusammenhang von Arbeit und Kapitalertrag verhüllt, so vollends in der Zinsrate. Die scheinbare Verwandlung alles Kapitals in zinstragendes Kapital, das die Form des fiktiven Kapitals mit sich

---

[46] So schreibt die »Frankfurter Zeitung« am 28. Jänner 1906:
»Von einer wirklichen Ultimo-Liquidation ist heutzutage kaum die Rede. Es werden allerdings noch Prolongationssätze bekanntgegeben, aber die Mehrzahl der Schiebungen wird innerhalb der großen Banken reguliert, die auch ihre eigenen Sätze notieren dürften. Über die Höhe der schwebenden Engagements läßt sich überhaupt kein Urteil abgeben, weil, wie gesagt, in der Börsenliquidation nur der kleinste Teil aller Engagements zur Verrechnung gelangt.«
Anders steht es zum Teil mit den auswärtigen Börsen. Namentlich die New-Yorker Börse hat als Mittel der Eigentumsübertragung, das heißt der Expropriation, größere Bedeutung als die europäischen Börsen. Hier wirkt auch die eigentümliche Geldverfassung in Verbindung mit der Börsentechnik mit. Die New-Yorker Börse kennt nur das Kassengeschäft, in der Art, daß die Differenzen täglich reguliert werden müssen. Bei stärkeren Kursbewegungen, besonders wenn diese sich in ein und derselben Richtung bewegen, entsteht so eine starke Nachfrage nach Geld. Ist der Geldmarkt angespannt, so ist die amerikanische Notenbankgesetzgebung mit ihrer mangelnden Elastizität ein ausgezeichnetes Mittel, exorbitante Zinssätze zu produzieren, die die kleinen Spekulanten nicht bezahlen können. Dies ist der Moment für die großen Geldgeber, sie »aus der Spekulation zu werfen« und bei der Zwangsliquidation die Papiere billig zu erwerben.

bringt, löscht vollends jede Einsicht in den Zusammenhang aus. Es erscheint absurd, den Zins, der stets wechselt und in der Tat unabhängig von den unmittelbaren Vorgängen in der Produktion wechseln kann, in Zusammenhang mit der Arbeit zu bringen. Er erscheint als Folge des Kapitalseigentums als solchen, als τόνος, Frucht des mit Produktivität begabten Kapitals. Es ist wechselnd, unbestimmt, und mit ihm wechselt der »Wert des Eigentums«, eine verrückte Kategorie. Dieser Wert erscheint ebenso rätselhaft, unbestimmt, wie die Zukunft. Der bloße Zeitablauf scheint Zinsen zu bringen und Böhm-Bawerk macht aus diesem Schein seine Theorie des Kapitalzinses.

9. Kapitel

Die Warenbörse

Für den Effektenhandel ist die Börse die Geburtsstätte. Mit ihr entwickeln sich die Effektenbanken, die einerseits Konkurrenten der Börse sind, andererseits die Börse als ihr Vermittlungsorgan gebrauchen. Für den Effektenhandel ist das Termingeschäft unwesentlich, es erleichtert ihn, hat aber keinen entscheidenden Einfluß auf die Höhe des Preises. Anders steht es beim börsenmäßigen Warenhandel[47].

Auf der Effektenbörse vollzieht sich der Umsatz von Effekten; diese Umsätze erfüllen die Funktion der Mobilisierung des Kapitals. Im Verkauf der Aktien vollzieht sich für den individuellen Kapitalisten die Rückverwandlung fiktiven Kapitals (das seinerzeit einmal in industrielles Kapital verwandelt worden war) in Geldkapital. Es sind Umsätze eigener Natur, die mit dem Warenhandel nichts gemeinsam haben als die Form von Kauf und Verkauf, die allgemein ökonomische Form von Wert- und Eigentumsübertragung. Ganz anders der Warenhandel; hier vollzieht sich die Realisierung des in der Produktion erzeugten industriellen und kommerziellen Profits; zugleich erfüllt sich durch die Warenzirkulation der Stoffwechsel der Gesellschaft. Warenbörse und Effektenbörse unterscheiden sich daher von vornherein schon so wie Waren und Effekten. Ihre Zusammenwerfung als »Börse« muß Verwirrung stiften, wenn man diesen grundlegenden Unterschied außer acht läßt und noch dazu Spekulation und Handel identifiziert. Der Begriff des börsenmäßigen Warenhandels, also der spezifischen Eigenschaften der Warenbörse, zum Unterschied von anderem »Handel« bedarf daher näherer Prüfung.

---

[47] Herr Russel von der Diskontogesellschaft definiert: »Das Wesen der kaufmännischen Spekulation liegt darin, eine entsprechende Änderung der Konjunktur wahrzunehmen und unter Umständen dieselbe sich durch den Terminhandel schon im voraus zu sichern.« Börsenenquete, I., S. 417.

Gewöhnlich nennt man allen Handel börsenmäßig, der an einer Börse, einem von zahlreichen Kaufleuten besuchten Ort, vor sich geht. Doch ist es klar, daß es nur einen handelstechnischen, aber keinen ökonomischen Unterschied ausmachen kann, ob die Kaufleute ihr Geschäft auf ihren Kontors erledigen oder an einem dritten Ort, eben der Börse. Die Schnelligkeit der Geschäftsabschlüsse, die Übersicht der Marktlage können dadurch vermehrt werden; doch sind dies bloß handelstechnische und nicht ökonomische Unterschiede.

Der Unterschied bleibt selbst dann ein bloß handelstechnischer, wenn eine sonst wichtige Funktion des Kaufmannes dadurch überflüssig wird, daß die Prüfung und Feststellung des Gebrauchswertes für das einzelne Geschäft in Wegfall kommt, indem nur Waren einer festgesetzten Qualität geliefert werden dürfen. Ob diese Lieferungsbedingungen erfüllt sind oder nicht, darüber haben dann in Streitfällen eigene sachverständige Börsenorgane zu befinden. Jedoch bleibt der Wegfall dieser Funktion eine Vorbedingung des Börsenwarenhandels, der aber nur dann gegeben ist, wenn andere ökonomische Kriterien hinzutreten.

Die Ware geht also in den Börsenhandel ein als Ware bestimmter Qualität. Sie ist börsenmäßig als festgesetzter Gebrauchswert, als Standardware. Als solche ist jedes Quantum durch das andere gleich große ersetzbar, als Quantum von gleichem Gebrauchswert ist die Ware fungibles Gut geworden. Die Warenmengen unterscheiden sich innerhalb des Börsenhandels nur quantitativ. Je nach der Natur der Ware und den Bestimmungen der Börse gilt ein bestimmtes Quantum – soundso viel Kilogramm, soundso viel Sack – als Einheit bei den Geschäftsabschlüssen. Für den börsenmäßigen Handel geeignet sind also nur Waren, die von Natur aus oder durch verhältnismäßig einfache, wenig kostspielige Maßregeln fungibel sind.

Daß aber Waren fungibel sind, ist eine natürliche Eigenschaft des Gebrauchswertes, welche die eine Warenart besitzt, die andere nicht. Zum börsenmäßigen Handel gehört aber mehr. Beim gewöhnlichen Handel geht die Ware zum Produktionspreis des Fabrikanten an den Kaufmann über und wird von ihm – um den Handelsprofit vermehrt – an den Konsumenten verkauft. Börsenmäßig wird der Handel erst dann, wenn außer dem Handel noch Raum bleibt für Differenzgewinn, für Gewinn aus Spekulation. Voraussetzung aber für die Spekulation sind häufige

Preisdifferenzen, Preisfluktuationen. Zum börsenmäßigen Handel geeignet sind also solche Waren, die größeren Preisschwankungen in verhältnismäßig kürzeren Zeiträumen unterliegen. Dies sind vor allem Bodenfrüchte, Getreide, Baumwolle, dann Halb- und eventuell auch Ganzfabrikate, bei denen das Rohmaterial starken Preisschwankungen unterliegt und den Preis des Produkts entscheidend beeinflußt, zum Beispiel Zucker.

Nach den Angaben von Robinow[48] hat sich der Terminhandel zuerst in England in Metallen, Talk etc. entwickelt. Erst mit der Einführung des Telegraphen und der Dampferlinien dehnte sich der Terminhandel aus auf überseeische Produkte, deren Gewinnung sich nicht über ein ganzes Jahr hinaus erstreckt, sondern nur wenige Monate dauert, die mit einem Male auf den Markt geworfen werden, während der Konsum sich über das ganze Jahr verteilt. Ursache des Terminhandels ist also die kurze Dauer der Produktionszeit gegenüber der Länge der Zirkulationszeit, die durch den ununterbrochenen Konsum erzeugt wird. Zur Einführung des Terminhandels im Effektengeschäft drängt die Fungibilität der umgesetzten Objekte, die an sich als kapitalisierte Ertragsanweisungen, also Repräsentanten von Geld, fungibel sind. Die Einführung des Warenterminhandels ist bedingt durch spezifische Umschlagsbedingungen, zum Beispiel durch die Differenz zwischen Zirkulations- und Produktionszeit. Erst das Bedürfnis des Terminhandels führt zu der oft nur durch künstliche Mittel erreichbaren Herstellung von völlig fungiblen Waren, das heißt Waren, von denen jedes Quantum denselben Gebrauchswert wie jedes andere hat[49].

Hören die Preisschwankungen auf, etwa durch Kartellierung, wie zum Beispiel bei Petroleum, so hört auch der Börsenhandel in diesen Produkten auf oder wird rein nominell.

Ein drittes Moment von Wichtigkeit, das mit den vorigen unmittelbar zusammenhängt, ist dies, daß die Preisschwankungen durch ein Anpassen des Angebots an die Nachfrage nicht in jedem Moment ausgeglichen werden können. Auch hier ist die Anpassung am schwierigsten bei den Ernteprodukten. Ist einmal geerntet, so ist damit das Angebot bestimmt und kann erst nach

---

[48] Börsenenquete, II., S. 2072.

[49] Diese Künstlichkeit ist Quelle vieler Mißbräuche und Hemmungen, die dort wegfallen, wo wirkliche und stets leicht konstatierbare Fungibilität vorhanden, wie zum Beispiel beim Spiritus (Alkoholgrad) und zum Teil beim Zucker (Polarisationsgrad).

längerer Zeit der Nachfrage angepaßt werden. Ein letzter Umstand, der noch zu erwähnen bleibt, ist der, daß die Warenmengen, die in den Börsenhandel eingehen, groß genug sein müssen, um die Gefahr einer Ringbildung, eines Corners, der Regel nach auszuschließen, da die Herstellung eines Monopolpreises die Preisänderung und damit die Spekulation stillsetzt.

Die Eigenheit des börsenmäßigen Handels ist nun die, daß die Festlegung des Gebrauchswertes der Ware diese Ware für jedermann zur reinen Verkörperung des Tauschwertes, zum bloßen Preisträger macht. Jedes Geldkapital ist unmittelbar in der Lage, sich in diese Ware zu verwandeln. Es können daher Kreise außerhalb des bisherigen berufsmäßigen, sachverständigen Handels zum Kauf und Verkauf dieser Waren herangezogen werden. Diese Waren sind unmittelbar geldgleich; die Prüfung ihres Gebrauchswertes ist dem Käufer abgenommen; sie unterliegen nur beständigen, mehr oder weniger geringen Schwankungen ihres Preises[50]. Da sie Weltmarktwaren sind, ist ihre Absatzfähigkeit und daher ihre Rückverwandelbarkeit in Geld jederzeit gesichert; es handelt sich immer nur um Gewinn oder Verlust der Preisdifferenzen. Sie sind daher ebenso geeignete Spekulationsobjekte geworden wie sonstige Geldanweisungen, zum Beispiel Effekten. Beim Terminhandel gilt so die Ware nur als Tauschwert. Sie wird zum bloßen Repräsentanten von Geld, während sonst Geld Repräsentant des Warenwertes ist. Der Sinn des Handels, der Warenzirkulation, ist verlorengegangen und damit auch die Charaktere und der Gegensatz von Ware und Geld. Dieser Gegensatz erscheint erst wieder, wenn die Spekulation zu Ende, weil sie ein Corner verhindert und plötzlich an Stelle der profanen Ware, die nicht zu haben ist, Geld treten muß. Wie das Geld in der Zirkulation nur eine verschwindende

50 »Diese spezielle Form des Termingeschäftes ist also nicht nur zur Erleichterung des effektiven Handels geschaffen, sondern sie dient im letzten Grunde dazu, den Kapitalisten oder Spekulanten, das heißt dem Besitzer von zurzeit anderweitig ungebundenem Kapital die Möglichkeit zu geben, dies vorübergehend (oder dauernd) in der betreffenden Warenbranche anzulegen, auch wenn ihm Kenntnis der Ware und der äußeren Technik dieses Handelszweiges fehlt. Dieser Kapitalist ... unterscheidet sich also von dem Getreidehändler prinzipiell durch das Motiv seiner Tätigkeit.« Letzterer will Getreide umsetzen, ersterer an den Schwankungen des Preises gewinnen. Der Kapitalist nimmt dabei zugleich das Risiko auf sich. (Fuchs, »Der Warenterminhandel« in Schmollers »Jahrbuch für Gesetzgebung etc.«, 1891, 1. Heft, S. 71.) Dazu ist jedoch zu bemerken, daß das Gewinnstreben natürlich gemeinsames Motiv aller kapitalistischen Aktionen ist, verschieden ist nur die Art, wie der Gewinn erzielt werden kann.

Rolle spielt, so innerhalb der Warenspekulation die Ware. Wie in der Zirkulation viel mehr Geld rechnungsmäßig umgesetzt wird, als vorhanden ist, so setzt die Spekulation weit größere Warenmengen um, als in Wirklichkeit existieren[51].

Damit beim Warenterminhandel schließlich eine wirkliche Fortbewegung vom Produzenten zum Konsumenten vor sich gehe, also wirklich Handels- und nicht bloß Spekulationsoperationen erfolgen – und für die Möglichkeit der Spekulation ist der Handel die notwendige Voraussetzung – ist es notwendig, daß am Anfang der Kette der Zeitgeschäfte der Produzent (oder der Kaufmann als dessen Repräsentant) und am Ende der Konsument (zum Beispiel der Müller) stehe. Man kann die Sache so betrachten, daß ein Teil der Ware stets zur Verfügung der Spekulation bleibt. Es ist das nichts anderes als ein gewisser Vorrat, dessen Zusammensetzung natürlich beständig wechselt; dieser müßte sonst anderswo gelagert und unter Verfügung anderer kapitalistischer Agenten, nicht der Spekulanten, sondern der Produzenten oder Kaufleute, eventuell auch der Konsumenten stehen. Dieser Vorrat muß stets eine gewisse Größe haben, um die Gefahr eines Corners, einer Ringbildung, zu vermeiden.

Indem die Spekulation sich dieser Waren bemächtigt, entsteht eine große Reihe neuer Transaktionen von Käufen und Verkäufen. Diese Kette von Kauf- und Verkaufgeschäften ist rein spekulativ; ihr Zweck ist die Erzielung von Differenzgewinn. Es sind keine Handelsoperationen, sondern Spekulationsumsätze. Die Kategorien von Kauf und Verkauf haben hier nicht die Funktion der Warenzirkulation, nicht die Aufgabe, die Ware von der Produktion zur Konsumtion gelangen zu lassen, sondern sie sind gleichsam imaginär geworden. Der Zweck ist die Erzielung eines Differenzgewinnes. Die Ware erreicht die Börse bereits mit dem Aufschlag des normalen Handelsprofits. Denn der Händler verkauft sie an der Börse. Hat es der Fabrikant getan, so hat er eben selbst zugleich als eigener Kaufmann fungiert und den Handelsprofit selbst eingesteckt. Die Börse kauft und verkauft nur spekulativ, die Spekulanten machen nicht Profit, son-

[51] So berichtet Offermann von der Wollbörse in Havre, daß dort 1892 2000 Ballen effektiv und 16 300 Ballen auf dem Terminmarkt verkauft wurden. Desgleichen sei auch in Baumwolle der Terminhandel zehnmal größer als der Effektivhandel. Bei einer Ernte von 8 bis 9 Millionen Ballen wurden zirka 100 Millionen auf dem Terminmarkt umgesetzt. (Börsenenquete, S. 3368.)

dern Differenzgewinn. Der Gewinn des einen ist der Verlust des anderen. Aber diese Kette beständiger Transaktionen sichert die beständige Verwandelbarkeit der börsenmäßigen Ware in Geld, gestattet daher bis zu einem gewissen Grad, das Geld in dieser Ware anzulegen und es jederzeit durch ihren Verkauf zu realisieren. Die börsenmäßige Ware wird also zum geeigneten Pfandobjekt vorübergehend freiliegender Gelder. Die Banken können also diese Waren bis zu einem gewissen Grad ihres Preises belehnen oder sie reportieren. Dadurch ergibt sich eine neue Verwendungsart des Bankkapitals. Das Bankkapital beteiligt sich am Handel; aber es tut dies nur in der ihm eigenen adäquaten Form als zinstragendes Kapital. Die Waren, in die es sein Geld verwandelt hat, sind jederzeit in Geld rückwandelbar. Und eine gut geleitete Bank wird nie mehr Geld in diesen Waren festlegen, als sie jederzeit, auch im ungünstigsten Fall, realisieren kann. Das Vorhandensein einer Börse, einer unaufhörlichen Kette von Käufen und Verkäufen, die die Spekulation ausmachen, sichert der Bank jederzeit die Möglichkeit, ihr Geld zu realisieren. Das Geld ist also nicht festgelegt, ist für die Bank Geldkapital, bankmäßig angelegtes Kapital geblieben und bringt daher nur Zinsen. Das Eingreifen des Bankkapitals aber gibt wieder der Spekulation sowohl als dem Handel die Möglichkeit zur Ausdehnung ihrer Operationen. Um die Ware zu kaufen, ist jetzt der Besitz des vollen Geldpreises nicht nötig. Man braucht nur so viel Geld wie ausreicht, alle etwa im Bereich der Möglichkeit liegenden Differenzen decken zu können, den Rest stellt die Bank. Für die Spekulation bedeutet das nur Ausdehnung ihrer Operationen. Da aber infolge des Wachsens der gehandelten Massen schon geringe Differenzen genügen, um Kauf und Verkauf dem Spekulanten nahezulegen, wird sich die Zahl der Umsätze einerseits vermehren, andererseits aber die Größe der jedesmaligen Differenzen verringern.

Anders und interessanter liegt die Frage des Einflusses des Bankkapitals auf den Handel. Auch der Handel kann jetzt die Ware belehnen lassen. Für dieses Kapital hat er nur Zins zu zahlen. Durch den Handel selbst aber entsteht kein Profit. Der Handel realisiert nur so viel Durchschnittsprofit wie der Größe des angewandten Kapitals entspricht. Er braucht aber jetzt, da ihm nun Kredit in größerem Umfang zur Verfügung steht, nur mehr ein geringeres Eigenkapital, um dieselben Mengen umzusetzen. Der Handelsprofit auf dieses Kapital wird sich also jetzt auf eine größere Warenmenge verteilen. Der durch den Handel verursachte Aufschlag auf die Ware wird sich also vermindern. Da der Handelsprofit aber nur Abzug ist vom industriellen Profit, so wird dieser um das gleiche steigen. Der Preis der Ware für den Konsum wird derselbe bleiben. Das Eingreifen des Bankkapitals hat zur Folge also erstens Steigen des industriellen Profits, zweitens Sinken des Handelsprofits in seiner Gesamtheit und berechnet auf die einzelne Ware und drittens Verwandlung eines Teiles des Handelsprofits in Zins. Das letztere ist die notwendige Folge davon, daß ein Teil des Handelskapitals ersetzt ist durch Bankkapital. Möglich gemacht aber hat diese Ersetzung der börsenmäßige Warenhandel.

Der Zins – dies sei hier eingeschaltet – ist – Konsumtionskredit ausgenommen – immer ein Stück Profit oder Bodenrente. Jedoch ist folgendes noch zu merken. In der Produktion tätiges Leihkapital wirkt als industrielles Kapital, produziert also Profit. Es erhält nur Zins und vermehrt daher den Profit des industriellen Kapitalisten um die Differenz zwischen dem Durchschnittsprofit und dem Zins auf den Betrag des ausgeliehenen Kapitals. Im Handel, wo kein Profit produziert wird, sondern nur für das Handelskapital die Durchschnittsprofitrate aus der allgemeinen Profitmasse bezahlt werden muß, wirkt das Bankkapital anders. Es erhält seinen Zins, aber es produziert keinen Profit für den Händler. Dieser erhält vielmehr jetzt den Durchschnittsprofit für sein um den Betrag des Bankkapitals verringertes Handelskapital plus dem Zins, den er an das Bankkapital weiterzahlt. Zur Besorgung des Handels ist jetzt weniger kommerzielles Kapital nötig, daher auch weniger Profit auf dieses Kapital. Dieser ersparte Profit bleibt seinem Erzeuger, dem industriellen Kapital. Das Bankkapital wirkt hier so wie irgendein Fortschritt, der Handelskosten erspart. Der Unterschied in der Wirkung rührt einfach daher, daß industrielles Kapital Mehrwert erzeugt, kommerzielles nicht.

In derselben Richtung wirkt ein anderer Umstand. Der börsenmäßige Terminhandel schafft für die von ihm ergriffenen Waren einen stets aufnahmebereiten Markt. Der Produzent oder der Importeur kann daher jederzeit die Ware verkaufen. Das bedeutet aber eine Verkürzung der Zirkulationszeit seines Kapitals. Wir wissen aber bereits, daß jede Verkürzung der Zirkulationszeit Freisetzung von Kapital bedeutet. So vermindert der Terminhandel auch auf diese Weise das zur Zirkulation der Ware, also zu Handelsoperationen erforderliche Kapital, das nicht zur Produktion, sondern nur zur Realisierung des Profits diente.

Die adäquate Form jeder Spekulation ist der Terminhandel. Da jede Spekulation die Ausnützung von Preisdifferenzen ist und diese sich in der Zeit abspielen, andererseits aber für jede Spekulation die Zeit, in der sie keine Käufe oder Verkäufe macht, bloßer Verlust ist, da die Spekulation nicht Produktion ist, so muß sie jede Preisdifferenz, auch die künftige, sofort benützen können. Sie muß also in jedem Augenblick für jeden künftigen Augenblick kaufen oder verkaufen können, eben das, was das Wesen des Terminhandels ausmacht. Indem die Spekulation dies tut, schafft sie einen Preis für jeden Moment des Jahres. Damit aber gibt sie dem Fabrikanten und Händler die Möglichkeit, die zufälligen Folgen der Preisentwicklung für sich auszuschalten, sich gegen die Preisschwankungen zu versichern, das Risiko für die Preisänderungen auf die Spekulation abzuwälzen. Der Rohzuckerfabrikant, der heute Rüben kauft, weiß, daß er für dieselben sage 100 000 Mk. zahlen kann, wenn er den Rohzucker bereits heute an der Börse für denjenigen Termin, an dem er den Rohzucker wird liefern können, sage um 130 000 Mk. wird verkaufen können. Verkauft er also heute den Rohzucker um diesen Preis, so ist er von allen unterdes erfolgenden Preisschwankungen unabhängig, er hat seinen Profit sichergestellt. Der Terminhandel ist so das Mittel für die Industriellen und Kommerziellen, sich auf ihre reine Funktion zu beschränken. Ein Teil des Reservekapitals, das zur Sicherung gegen diese Schwankungen notwendig war und in der industriellen, respektive kommerziellen Sphäre festlag, wird hiemit frei. Ein Teil davon dient jetzt zur Börsenspekulation. Hier aber ist es konzentriert und infolgedessen kann es geringer sein, als das Kapital war, das in den Händen der einzelnen Industriellen und Kaufleute zersplittert war.

Der kapitalistische Profit entsteht in der Produktion; er wird realisiert durch die Zirkulation. Es ist das naturgemäße Streben der Produzenten sowohl als der Händler, sich diesen Profit zu sichern gegen die Zufälle, die aus den Preisschwankungen während der Zirkulation entstehen, wenn die Produktion längst abgeschlossen und der Profit damit für den Produzenten, respektive den Händler, der die Ware bereits gekauft hat, eine gegebene Größe ist. Diesem Streben dient in einem bestimmten Stadium der Entwicklung und für jene Waren, bei denen infolge natürlicher Ursachen (zum Beispiel infolge der Abhängigkeit des Ausfalles der Produktion von Witterungsverhältnissen) diese Schwankungen besonders groß und unübersehbar sind, der Terminhandel. Er gleicht die aus der Spekulation stammenden Schwankungen möglichst aus, kann dies aber nur durch Erzeugung kleinerer und häufigerer Oszillationen, die die Spekulation hervorbringt. Diese Spekulation – gänzlich sinnlos vom gesellschaftlichen Standpunkt aus – erscheint notwendig, weil sie für den notwendigen Umfang der Beteiligung von Käufern und Verkäufern sorgt, so daß immer die nötigen Warenquanta gehandelt werden können. Diese Versicherung gegen Preisschwankungen bringt den Marktpreis in stetig größere Annäherung zum Produktionspreis. Es bildet sich eine eigene Klasse von Kapitalisten, die Spekulanten, heraus, die diese Preisschwankungen auf sich nehmen. Die Frage ist, wie verwertet sich deren Kapital?

Wir haben bei der Effektenspekulation gesehen, daß dieses Kapital Differenzgewinn erzielt. Der Gewinn des einen ist der Verlust des anderen. Es sind dabei in der Regel die Großen, die warten können und selbst Einfluß auf die Kurse nehmen, und die Eingeweihten[52], die Bescheid wissen, die den Gewinn machen auf Kosten der Kleinen und der Outsiders. Das Problem ist nur, ob der Spekulation außerdem eine Risikoprämie zufällt.

Die Risikoprämie ist zwar sehr häufig berufen, aber um so weniger untersucht worden. Festzuhalten ist zunächst, daß die Risikoprämie nicht Entstehungs- und daher auch nicht Erklärungsgrund des Profits sein kann. Der Profit ist in der Produktion erzeugt und ist gleich dem Mehrwert, der in dem Mehrprodukt der Arbeiter, das der Kapitalistenklasse nichts gekostet hat, enthalten ist. Verschiedenes Risiko, das heißt verschiedene Sicherheit, den in der Produktion erzeugten Profit durch die Zirkulation realisieren zu können, kann nur eine verschiedene Verteilung des Profits bewirken, so daß Zweige mit höherem Risiko, das sich aber auch wirklich in höherem Verlust ausdrücken muß,

[52] Allerdings darf man sich von den Eingeweihten beim Warenterminhandel keine besonderen Vorstellungen machen. »Wenn es so wäre, daß man aus den Berichten ersehen könnte, wie der Markt ferner gehen wird und welcher Preis angemessen ist, so wäre das eine herrliche Sache. Ich kann aus alter Erfahrung nur sagen: Gefühl ist alles. Informiert sein, ist ganz wundervoll, ein Schlagwort, nur es wird nichts daraus, und die Kaufleute irren sehr häufig . . . Der Kaufmann ist so unwissend wie der Landwirt, und wenn er alle Berichte studiert, ist er erst recht dumm geworden, und es kommt gewöhnlich anders«, gesteht der aufrichtige Händler Damme. (Deutsche Börsenenquete, II., S. 2858.)

höhere Preise erzielen, so daß die Profitrate auf ihr Kapital doch schließlich gleich der Durchschnittsprofitrate ist. Es ist klar, daß, soweit in einem Produktionszweig mit besonderen Umständen, die den Ertrag vermindern, zu rechnen ist, diese Umstände ausgleichend in die Höhe der Preise eingehen müssen, damit die Gleichheit der Profitrate gewahrt werde. In den Preis optischer Linsen gehen auch die Kosten für jene Gläser ein, die beim Guß durchschnittlich verderben. Sie gehören eben zu den Produktionskosten. Ebenso gehen Beschädigungen oder Verderb, die Waren auf ihrer Reise zum Markt durchschnittlich erfahren, in den Preis ein. Anders steht es aber mit dem Risiko, das aus Vorgängen entspringt, die nur zufällig während der Zirkulation vorgehen, aber die Produktionskosten selbst alterieren. Ist zum Beispiel ein Produkt noch auf dem Markte, das mit alten Maschinen hergestellt wurde, während neue erlauben, es in der Hälfte der Zeit herzustellen, so existiert für dieses »Risiko« kein Ausgleich. Der Verkäufer dieses Produkts wird den Verlust zu tragen haben.

Ähnlich sind nun die Bedingungen für die Produkte, die zumeist auf dem Börsenterminmarkt gehandelt werden. Die Unsicherheit rührt daher, daß für den Preis zum Beispiel des deutschen Getreides nicht nur der Ausfall der deutschen Ernte, also die deutschen Produktionskosten, die sich im Preise unmittelbar ausdrücken würden, bestimmend sind, sondern ebenso die amerikanischen, indischen, russischen etc. Produktionskosten. Für diese Preisgestaltung aber gibt es keinen Ausgleich im Preis des deutschen Getreides[53].

Sofern aber in der Zirkulation große, unvorhergesehene Schwankungen auftreten, muß in einem solchen Produktionszweig ein Reservefonds von den Kapitalisten gehalten werden, um Verluste aus Preisschwankungen ausgleichen und die Produktion kontinuierlich fortführen zu können. Dieser Reservefonds ist ein Teil des notwendigen Zirkulationskapitals und für ihn wird der Durchschnittsprofit berechnet. Der auf ihn entfallende Profit kann als Risikoprämie bezeichnet werden. Dieser Reservefonds wird aber auch durch den Terminhandel für die produktiven Kapitalisten nicht überflüssig. Denn der Terminhandel beseitigt durchaus nicht die Schwankungen der Preise, die

---

[53] Der Schutzzoll gleicht diesen Preis nicht aus, sondern erhöht nur den deutschen um einen Betrag über den Weltmarktpreis, der dem Getreideproduzenten auch bei niedrigem Weltmarktpreis noch Profit bringen soll.

aus einem Wechsel der Produktionsbedingungen folgen. Die Wirkung des Weltmarktes auf den inländischen Preis muß der Produzent tragen.

Die Versicherung der Börse bezieht sich nur auf Schwankungen, die während der Zirkulation auftreten. Der Müller sichert sich den Preis, zu dem er heute sein Mehl verkauft hat, indem er heute Getreide kauft. Der Getreidehändler sichert sich seinen Gewinn, indem er das Getreide, das er heute gekauft hat, an der Börse für einen bestimmten Termin verkauft. Die Versicherung besteht darin, daß er sich den bestimmten, den bestehenden Preis sichert für einen späteren Termin, an dem er seine Verpflichtung effektiv erfüllen wird. Mit anderen Worten: Kauf und Verkauf haben sich für den Händler oder Produzenten Zug um Zug vollzogen, statt daß nur einseitig Kauf oder Verkauf stattgefunden hätte. Dies setzt aber einmal einen stets bereiten, großen, aufnahmefähigen Markt voraus, wie ihn der Terminhandel schafft; sodann aber Agenten, die ihrerseits diese Sicherung nicht vornehmen, sondern die Gestaltung des späteren Termines abwarten, eben Spekulanten, die dem sich versichernden Händler das Risiko abnehmen. Ihr Gewinn ist also keine Risikoprämie, sondern nur Differenzgewinn, dem ein entsprechender Verlust entgegenstehen muß. Eben dieser Charakter des Spekulationsgewinnes hat zur Folge, daß die Berufsspekulation nur gedeiht, wenn zahlreiche Außenstehende teilnehmen, die die Verluste tragen. Ohne Beteiligung des »Publikums« gedeiht die Spekulation nicht[54].

Die fortschreitende Konzentration macht diese Versicherung allmählich unnötig. Einen gewissen Umfang des Handelsgeschäftes gegeben, gleichen sich günstige und ungüstige Chancen aus. Das große Handelshaus macht die »Versicherung in sich« und verzichtet auf den Terminmarkt. Dazu kommt, daß die kleinen Spekulanten[55] allmählich sich zurückziehen müssen, da sie im-

[54] Über die Beteiligung am Terminhandel überhaupt sagt Herr Kämpf, Vorsitzender der Berliner Handelskammer: »Wenn die Wogen hoch gehen, die ganze Welt. Wenn sie nicht hoch gehen, dann sind es die reicheren Leute, die derartige Geschäfte machen.« (Börsenenquete, II., S. 813.)

[55] Köstlich ist das Zwiegespräch zwischen Herrn v. Gamp und Herrn Horwitz über den Schmerz, den der Kaufmann bei dem Gedanken an die Verluste der kleinen Leute zu empfinden sittlich verpflichtet sei: Das liegt nicht in der Natur des Kaufmannes. Schaffen sie entweder den Kaufmann ab oder lassen sie ihm die Natur, die ihm nun einmal eigen ist. (Börsenenquete, III., S. 2459.)
Für die ethische Nationalökonomie erfüllt die Börse überhaupt nur die Funktion einer moralischen Bedürfnisanstalt. Ihre sonstigen Funktionen bleiben ihr verborgen.

mer öfter die Zeche zahlen mußten. Die Entwicklung des Aktienwesens und die Effektenspekulation entzieht sie der Warenbörse. Schließlich machen die Syndikate und Truste der Spekulation in jenen Waren, die sie beherrschen, radikal ein Ende.

Fragt man, für welche Schichten der Terminhandel nötig ist, so kann man sagen, daß seine Notwendigkeit für den mittleren Händler wohl am dringendsten ist. Für den Produzenten trifft die Notwendigkeit so weit zu, als dieser wichtige Handelsfunktionen sonst selbst vollziehen müßte. Dieses wird dann der Fall sein, wenn die Weiterverarbeitung schon großkapitalistisch ist, während die Erzeugung des Rohmaterials noch stark zersplittert ist. Hier vollzieht die Börse die notwendige Konzentration der Produkte. Dies gilt zum Beispiel für die Zeit der Entwicklung der modernen Handelsmüllerei. Die Warenbörse vollzieht rascher und radikaler diese Konzentration, als wenn sich erst ein Großhandel entwickeln müßte. Für den Handel ist der Terminmarkt besonders in jenen Produkten erwünscht, wo die Zirkulationszeit lang, die Produktion über einen großen Kreis von schwer übersehbaren Produktionsstätten zersplittert, ihre Ergebnisse schwer vorauszusehen und inkonstant, die Zirkulationsschwankungen der Preise daher bedeutend und unregelmäßig sind.

Ist der Terminhandel einmal etabliert, dann wird die Beteiligung sowohl für die Händler als auch für die Produzenten immer mehr zur Notwendigkeit, weil der Terminmarkt für die Preisgestaltung maßgebend wird. Dagegen nimmt die Einschränkung des Terminhandels auf die Berufshändler dem Terminhandel seine wichtigste Funktion: die Versicherungsmöglichkeit durch Abwälzen der Verluste aus Preisschwankungen auf die Spekulation.

Da die Spekulanten das Spekulationsobjekt nicht dauernd behalten wollen, so geht schon daraus hervor, daß jeder Spekulant immer sowohl Käufer als Verkäufer ist. Der Baissespekulant, der Verkäufer einer Ware, wird ihr Käufer, um sich zu decken.

Er ist aber Käufer und Verkäufer zu einem verschiedenen Zeitpunkt und nützt die Preisschwankungen innerhalb dieses Zeitpunktes aus, während die Versicherung des Effektivgeschäftes gerade darin besteht, diesen Schwankungen auszuweichen und daher den Käufern die Bewertung desselben Zeitpunktes durch gleichzeitigen Verkauf und den Verkäufen durch gleichzeitigen Kauf zugrunde zu legen.

Der Spekulant nützt zunächst die Preisschwankungen aus, die nicht er, sondern der Effektivverkehr geschaffen hat. Diese Preisschwankungen können sowohl aus zufälligem Verhältnis von Angebot und Nachfrage als auch aus tiefer liegenden Veränderungen der Produktionskosten der Ware hervorgegangen sein. Die Nachfrage und das Angebot der Spekulation verändert sodann selbst wieder dieses Preisniveau und bewirkt Schwankungen, die sich aber schließlich stets kompensieren müssen, eben weil jeder Spekulant sowohl Käufer als Verkäufer ist. Das hindert natürlich nicht, daß eine Zeitlang eine Spekulationsrichtung, zum Beispiel Kauf, also Haussespekulation, überwiegen kann; solange diese Einseitigkeit anhält, steht der Preis über dem Niveau, das aus dem bloßen Effektivgeschäft sich ergeben würde. So bewirkt die Spekulation häufigere und deshalb vielfach auch geringere Preisoszillationen, die sich auf die Dauer gegenseitig kompensieren.

Der Terminhandel konzentriert das ganze Geschäft an einem Ort und gibt den dortigen Großhändlern das Übergewicht über die Provinzialhändler, die allmählich verschwinden[56]. Aber an dem Börsenplatz selbst gibt er die Möglichkeit des Eindringens früher außenstehender Elemente, die den alten Häusern Konkurrenz machen. Daher ist die Neueinführung des Terminhandels oft dem Widerstand der alten Berufshändler begegnet. Der Terminhandel ist bis zu einem gewissen Grade weniger qualifiziert als der alte Berufshandel und die Beteiligung des Bankkapitals erlaubt kapitalsschwächeren Elementen die Teilnahme. Aber auch hier findet auf der neuen Basis eine Konzentration statt; im allgemeinen hat man den Eindruck, daß die Beteiligung der reinen Spekulation und der außenstehenden Elemente an den Terminmärkten eher im Abnehmen begriffen ist[57].

Umgekehrt bedeutet die Abschaffung des Terminhandels die Verstärkung der Position der Großhändler, die das Versicherungsgeschäft entbehren können.

---

[56] Siehe Börsenenquete, Bericht der Kommission, S. 90.

[57] »Aus dem Kaffeehandel haben sich die kleinen und unberufenen Elemente zurückgezogen, er steht unter Führung großer Konsortien.« (Börsenenquete, S. 2065.) Dies aus der Erfahrung erklärlich, die der Sachverständige van Gülpen in die Worte faßt: »Es läßt sich mit großer Kapitalsgewalt außerordentlich viel ausrichten, wenn sie auf vereinzelte Artikel dirigiert wird.« Die großen Londoner Getreidefirmen sind Gegner der Einführung des Terminhandels, durch den der Handel demokratisiert und ihre beherrschende Stellung aufgehoben würde. (Ebenda, S. 3542.)

Eine Gefahr des Terminhandels besteht in der Möglichkeit des »Schwänzens«. Der Käufer hat das Recht, sich die Ware auf Rechnung des Verkäufers auf der Börse zu kaufen, wenn der Verkäufer am Lieferungstage die Ware nicht abgeliefert hat. Ist diese Ware nicht in genügendem Verhältnis zur Nachfrage vorhanden, weil der Käufer die verfügbaren Vorräte bereits früher hat ankaufen lassen, so entstehen sehr hohe, fiktive, vom Willen der Käufer abhängige Preise; die Verkäufer sind dann den Käufern völlig preisgegeben. Die »Schwänze« ist um so leichter, je geringer der Vorrat der Ware. Dies kann auch künstlich herbeigeführt werden, wenn die Lieferungsbedingungen für den Terminhandel hohe Ansprüche an die Qualität der Ware stellen. Umgekehrt ist die Herabsetzung der Lieferungsqualitäten ein Mittel, das »Schwänzen« zu erschweren. Die »Schwänze« läßt sich gewöhnlich nur unter besonderen Umständen und für kurze Zeit herbeiführen, zum Beispiel wenn die Getreidevorräte gering sind, weil die neue Ernte noch nicht stattgefunden, die alten Vorräte aber bereits zumeist verkauft sind. Die außerordentlichen Preise bewirken aber gewöhnlich das Erscheinen von Vorräten, die man schon der Konsumtion anheimgefallen glaubte, auf dem Markte. Übersteigen die neuen Zufuhren die Aufnahmefähigkeit der Käufer, so bricht die »Schwänze« zusammen. Im allgemeinen bedeuten aber auch gelungene »Schwänzen« nur die Expropriation der außenstehenden Spekulationsgruppen und beeinflussen den effektiven Handel und die wirklichen Preise der Ware in geringem Maße.

Das deutsche Börsengesetz vom 22. Juni 1896 hat bekanntlich den Terminhandel zum Teil aufgehoben, zum Teil erschwert. Der Getreidehandel erfuhr, namentlich seit die Rechtsprechung auch das handelsrechtliche Lieferungsgeschäft bedrohte, eine starke Einschränkung. So wurde »der Kreis der am Lieferungshandel beteiligten Personen ein immer kleinerer, und zwar so klein, daß er für die Zwecke des Lieferungshandels kaum mehr ausreicht«. Dadurch wurden nun auch die Versicherungsgeschäfte wesentlich erschwert. Was waren nun die Folgen? »Es gibt nun schon einige sehr große Firmen, die wegen der Schwierigkeiten, welche damit verbunden sind, eine Preissicherung an der Terminbörse ganz entbehren zu können glauben, und dieselben haben dabei, unterstützt durch einige Jahre stabilerer, ja sogar steigender Preise, nicht unerhebliche Gewinne erzielt. Im allgemeinen halten jedoch die soliden Firmen ein solches Verfahren für eine sehr gefährliche Spekulation und begnügen sich lieber mit einem kleineren, aber sicheren Gewinn ... Es ist ganz unverkennbar, daß bei der heutigen Sachlage die oben erwähnten zwei bis drei großen Firmen auch einen immer wachsenden Anteil des ganzen Geschäftes an sich reißen. Durch die Gesetzgebung wird hier die Konzentration ebenso begünstigt, wie eine solche im Bankgewerbe auf dieselbe Weise zutage getreten ist. Es ist sehr zu bezweifeln, ob diese Entwicklung denjenigen, welche das Gesetz als einen so großen Erfolg preisen, wirklich auf die Dauer gefallen wird. Für die Erzielung möglichst günstiger Preise wird wohl jedenfalls eine vielseitige Konkurrenz den Landwirten weit bessere Garantien bieten, als wenn schließlich ein paar Riesenfirmen die Preise diktieren können[58]«.

»Die Provinzhändler sind um so mehr am Lieferungsgeschäft interessiert, als sich ihnen durch den Terminverkauf die Möglichkeit bietet, die Ware günstig zu lombardieren, da dieselbe schon zu einem festen Preise verkauft ist und daher nicht mehr durch einen Preissturz an Wert verlieren kann. So wird dann der Händler wieder kapitalkräftig und imstande, neue Posten Getreide den Produzenten zu guten Preisen abzunehmen«.[59]

Durch Verkürzung der Zirkulationszeit für die produktiven Kapitalisten und Abnahme des Risikos durch die Spekulation können auch Rückwirkungen auf die Produktion erfolgen. Vor Einführung des Terminhandels war es hauptsächlich ein Teilproduzent, der das Risiko zu tragen hatte; fällt dies und die Notwendigkeit der Lagerung der Ware, die jetzt ebenfalls an dem Börsenplatz konzentriert ist, fort, so genügt die reine Produktionsfunktion nicht mehr; der Teilnehmer wird Vollunternehmer durch Kombination seines Betriebes mit einem zweiten. Er kann das um so eher, da ja jetzt ein Teil seines Zirkulations- und Reservekapitals frei geworden ist. So werden die Wollkämmer überflüssig, weil das Risiko, das sie früher trugen, nun auf

[58] H. Ruesch, »Der Berliner Getreidehandel unter dem deutschen Börsengesetz.« Conrads »Jahrbuch für Nationalökonomie und Statistik«, III. Folge, XXXIII. Bd., 1907, 1. Heft, S. 53.

[59] Ebenda, S. 87. Vergleiche auch die Voraussage dieser Entwicklung bei Landesberger: »Die allergrößten Getreidehändler beteiligen sich bezeichnenderweise am Terminhandel nicht, sie machen die Versicherung in sich. Die Aufhebung des Terminhandels muß daher mit derselben Notwendigkeit dazu führen, den Getreidehandel in den Händen der kapitalstärksten Häuser zu konzentrieren, mit der das Verbot des Terminhandels in gewissen Sorten von Wertpapieren diesen Zweig des Effektenhandels in die Hände der deutschen Großbanken gespielt hat.« (Loc. cit., S. 45.)

den Terminhandel überwälzt ist. Sie werden nun selbst Spinner; oder die Spinner gliedern sich umgekehrt Wollkämmereien an[60].

Der Terminhandel erspart den Produzenten Zirkulationskapital erstens durch Verkürzung ihrer Zirkulationszeit, zweitens durch Reduzierung der Selbstversicherung (Reservefonds) gegen Preisschwankungen. Das verstärkt die Kapitalskraft der großen Unternehmungen, die vor allem die Vorteile des Terminmarktes genießen. Das so frei gewordene Kapital wird zu Produktionskapital.

Bei der Arbeitsteilung der Unternehmungen ist nicht allein der technische Gesichtspunkt ausschlaggebend, sondern auch der kommerzielle; manche Teilprozesse, zu denen vor allem die Verarbeitung von Rohstoffen zu Halbfabrikaten gehört, bleiben nur deshalb als solche verselbständigt, weil die Teilproduzenten zugleich wichtige kommerzielle Funktionen erfüllen. Sie übernehmen die Rohstoffe vom Produzenten oder von den Importeuren, mit denen sie das Risiko der Preisschwankungen teilen. Die Selbständigkeit wird überflüssig, wenn sich der Fabrikant auch ohne diese Vermittlung durch den Terminmarkt vor Risiko schützen kann. Er gliedert dann seinem eigenen Betrieb diese Verarbeitung des Rohstoffes an. Es ist der Wegfall der kommerziellen Funktion, der die technische Selbständigkeit überflüssig macht. Es liegt auch hier die Tendenz nach Ausschaltung des Zwischenhandels vor. Die Warenbörsen scheinen allerdings zunächst die Handelsoperationen noch zu vermehren, jedoch wissen wir bereits, daß diese Käufe und Verkäufe Umsätze nicht des Handels, sondern der Spekulation darstellen.

Wir haben gesehen, daß der Terminhandel Mittel ist, um Bankkapital sich am Warenhandel beteiligen zu lassen, zunächst durch Kreditgewährung, sei es in Form der Lombardierung oder des Reportgeschäftes. Die Bank kann aber ihre große Kapitalsmacht und ihre Übersicht über den Markt auch ausnützen, um mit ziemlicher Sicherheit sich an der eigentlichen Spekulation zu beteiligen. Ihre umfassenden, sich über eine Reihe von Terminmärkten erstreckenden Verbindungen geben ihr außer besserer Übersicht über den Markt zunächst Gelegenheit zu sicheren Arbitrageoperationen, die bei dem großen Umfang, in denen sie ausgeführt werden, erheblichen Gewinn bringen. Die Bank wird solche Spekulationsgeschäfte um so sicherer ausführen können, in

[60] Börsenenquete, III., S. 3373 ff. Aussage Offermanns.

je größerem Umfang sie über die Ware verfügt und damit Einfluß auf die Größe der Zufuhr nehmen kann. So entsteht das Streben, über die Waren, die auf dem Terminmarkt gehandelt werden, immer mehr die Verfügung zu bekommen. Die Bank sucht die Ware direkt vom Produzenten unter Ausschluß anderer Händler zu erhalten. Sie läßt sich entweder kommissionsweise den Verkauf übertragen – und sie kann für diesen Verkauf in Konkurrenz mit dem Händler einen viel geringeren Profit beanspruchen als dieser, weil sie noch Spekulationsgewinn machen kann und weil sie mit Kredit in viel höherem Maße arbeiten kann – oder sie kauft die Ware für eigene Rechnung. Die Bank benützt dabei den Einfluß, den sie durch ihre sonstigen geschäftlichen Beziehungen auf die Industrie besitzt, um sich an Stelle des Kaufmannes dem Industriellen darzubieten. Ist die Bank einmal im Besitz des Absatzes, so werden dadurch die gegenseitigen Beziehungen der Bank zur Industrie enger. Die Bank ist an der Preisgestaltung der Ware nicht nur als Spekulant interessiert, ein hoher Preis ist ihr erwünscht im Interesse des Unternehmens, zu dem sie auch Kreditbeziehungen aller Art hat. Zugleich sucht sie, da sie ja Interesse an möglichst großer Verfügung über die Ware hat, mit möglichst viel Unternehmungen Verbindung und wird so an dem ganzen Industriezweig interessiert. Ihr Interesse aber ist es, diesen Industriezweig möglichst gegen Depressionen zu schützen; sie wird ihren Einfluß benützen, um die Kartellierung zu beschleunigen, die ja allerdings die spekulative Tätigkeit der Bank auf dem inneren Markt (nicht auf dem Weltmarkt) überflüssig macht, sie aber durch Anteilnahme am Kartellprofit in verschiedener Form dafür reichlich entschädigt. Es ist eine Entwicklung, die sich namentlich dann vollzieht, wenn aus historischen Ursachen die Bildung eines starken und leistungsfähigen Großhandels, sei es überhaupt, sei es in dem betreffenden Produktionszweig, ausgeblieben ist. So sind in Österreich die Banken auf dem Wege des Handels in die Zuckerindustrie, mit geringem Erfolg in die Petroleumindustrie eingedrungen und Träger der Kartellierungsbestrebungen in diesen Industriezweigen geworden, die stark in ihrer Abhängigkeit stehen. So wird hier durch den Terminhandel eine Entwicklung, die ja die allgemeine Tendenz ist, begünstigt, um schließlich den Terminhandel selbst wieder aufzuheben.

Die monopolistischen Verbände beseitigen die Warenbörsen vollständig. Das ist ja selbstverständlich, da sie die Preise für längere Zeit festsetzen und daher die Ausnützung der Preisschwankungen unmöglich machen. Die »Verteilung in der Zeit« geht natürlich ohne weiteres vor sich, was höchstens Herrn Professor Ehrenberg überraschen kann. Das deutsche Kohlensyndikat und der Stahlwerksverband haben die Börsennotierungen von Essen und Düsseldorf zu rein nominellen gemacht. »So besteht die Essener Kohlenbörse lediglich in – einer Mappe mit Kohlennotierungen, die jedesmal vom Kohlensyndikatsgebäude zum Essener Saalbau getragen wird, während die ganze sogenannte Düsseldorfer Produktenbörse in – einem Schreibebrief besteht, den ein Industrieller regelmäßig dem Vorstand der Düsseldorfer Börse zugehen läßt[61].«

Das gleiche gilt für das Termingeschäft in Spiritus. »Es ist hier ganz richtig bemerkt, daß ein Teil des Handels durch die Zentrale (für Spiritusverwertung) seine Bedeutung verloren hatte und daß ein Teil des Zwischenhandels in dem Syndikat keinen Raum mehr fand. Es ist das der Teil, der sich in der Hauptsache mit dem Börsengeschäft befaßt. Das Kommissionsgeschäft, die Makler, alle die Händler, die nicht direkt mit Produzenten in Verbindung stehen, sind allerdings durch das Zustandekommen des Syndikats überflüssig geworden und sind dadurch ausgeschaltet[62].« Die effektiven Händler werden vom Spiritussyndikat in Agenten verwandelt, mit fester Provision (30 bis 40 Pf.) und ihre Zahl, wie es scheint, ziemlich stabil gehalten – 1906 waren es 202 – die 40 Prozent der Erzeugung absetzten.

Soweit die Gewinne der Produktenbörse aus Handelsprofit stammen, fallen sie bei Ausschaltung der Börse den Produzenten zu. Dies ist auch der Fall bei jenen Gewinnen, die aus der Verschiedenheit der Produktionszeit (der »Dauer der Kampagne«) und der Konsumzeit entstehen. So sind zum Beispiel für Spiritus die Sommerpreise höher als die Winterpreise. Die Produktion geht am Ende der Kampagne in die Hände des Handels über. Die Sommerpreise sind schon deswegen höher, weil Lagerungskosten, Zinsverluste usw. berechnet werden müssen. Aber die Brenner müssen am Ende der Kampagne möglichst bald verkaufen. Das Angebot ist hier drängend. Umgekehrt findet während des Sommers keine Produktion statt. Das Angebot kann hier

[61] »Berliner Tageblatt« vom 19. Oktober 1907.

[62] Kontradiktorische Verhandlungen der deutschen Kartellenquete über die Verbände in der deutschen Spiritusindustrie. Aussage des Geschäftsführers der Zentrale für Spiritusverwertung, Bourzutschky.

nicht mehr vermehrt werden und die Händler sind kapitalskräftig genug, um die Ware nicht in ungünstigen Zeiten loszuschlagen. Hier spielt der Unterschied der Kapitalskraft der Händler einerseits, denen auch hier das Bankkapital für Reportierung oder Lombardierung zur Verfügung steht, und der Kapitalskraft der oft kleinen Produzenten eine Rolle in der Preisbestimmung, allerdings nicht für den Preis, den der Konsum zu zahlen hat, sondern für den, den der Händler dem Produzenten zahlt. Auch diese Verhältnisse werden durch ein Kartell der Produzenten zuungunsten der Händler und zugunsten der Produzenten geändert. Sehr prägnant drückt dies Herr Stern, der Geschäftsführer der Zentrale für Spiritusverwertung aus, wenn er sagt: »Das Syndikat läßt die Preissteigerung nach Schluß der Brennkampagne den Brennern zugute kommen, der freie Markt der Spekulation.«

Gerade auf dem Gebiete der landwirtschaftlichen Produktion hat die Kartellierung – und die landwirtschaftlichen Produktions»genossenschaften« sind häufig nichts anderes als Kartellkeime oder Kartelle im kleinen – große Vorteile, weil gerade für die landwirtschaftliche Produktion die kapitalistische Regelung durch den Preis am unangemessensten ist, die Anarchie der kapitalistischen Gesellschaft mit den natürlich-technischen Bedingungen gerade der landwirtschaftlichen Produktion unvereinbar ist, wie ja der Kapitalismus überhaupt das Ideal einer rationellen Landwirtschaft im Gegensatz zur Industrie nicht durchsetzen kann. Dieser Widerspruch, in den die kapitalistische Preisgestaltung zu den natürlich-technischen Bedingungen landwirtschaftlicher Produktion gerät, wird aber durch das Vorhandensein eines Terminmarktes, der die Preisänderungen kontinuierlich macht, auf die Spitze getrieben. Was Schuld der kapitalistischen Produktionsweise überhaupt, wird so dem Terminhandel mit seinen oft dramatischen, durch die Spekulation hervorgerufenen oder doch übertriebenen Änderungen der Preisrichtung angekreidet. Demagogisch ausgenützt, kann daher leicht bei den landwirtschaftlichen Produzenten eine heftige Bewegung gegen den Terminhandel hervorgerufen werden[63].

---

[63] Sehr richtig sagt Landesberger: »Der Kampf der Landwirtschaft gegen den Terminhandel findet seine Erklärung auch in wichtigen Tatsachen der Wirtschaft. Die Landwirtschaft steht mehr als irgendein anderer Produktionszweig im Banne zeitlich und örtlich gegebener Produktionsbedingungen. Das heißt, der Faktor Produktionskosten ist bei ihr weniger veränderlich

Soweit ein Kartell imstande ist, die Anarchie einzuschränken, soweit wirkt es gerade auf landwirtschaftlichem Gebiet besonders günstig. Es liegt im Charakter der Landwirtschaft, daß die Produktionsmengen der einzelnen Jahre je nach den natürlichen Bedingungen außerordentlich variieren. Diese Produktionsmengen beeinflussen aber unmittelbar den Preis. Eine überschüssige Produktionsmenge übt starken Preisdruck und vermehrt in diesem Jahr die Konsumtion. Infolge der gedrückten Preise wird im nächsten Jahr die Produktion beschränkt. Tritt dazu etwa eine schlechte Ernte, so tritt Mangel ein, der Preis schnellt in die Höhe, die Konsumtion wird stark eingeschränkt. Die zersplitterte Produktion ist gegen diese Erscheinungen ziemlich machtlos. Das Kartell aber hat auf die Preisgestaltung viel größeren Einfluß, da es die Möglichkeit hat, rechtzeitig Vorräte anzulegen und in Verbindung mit der Produktionskontingentierung allzu starken Schwankungen vorzubeugen. Freilich benützt das kapi-

---

als in anderen Wirtschaftszweigen. Es hängt dies zusammen mit der Bindung des Kapitals in der Landwirtschaft, mit der Bodenverschuldung, mit der natürlichen Schwierigkeit, die wichtigsten Defensivwaffen anderer Produktionszweige gegen ungünstige Konjunkturen: Spezialisierung der Produktion, temporäre Ausdehnung und Einschränkung des Betriebes, auch nur annähernd im gleichen Umfang oder mit gleichem Erfolg anzuwenden. Der außerpersönliche Faktor alles Wirtschaftslebens, die Konjunktur, hat in keinem anderen Produktionszweige ein gleiches Übergewicht über den persönlichen Faktor: Produktionskosten. Und die Konjunktur ist für die mitteleuropäische Landwirtschaft seit mehreren Jahrzehnten überwiegend ungünstig. Die Konjunktur aber wird durch den Terminhandel vermittelt. Der Handel, der die Konjunktur nicht umgehen kann, der an beiden Polen seines Wirtschaftsprozesses, bei Anschaffung und Veräußerung von der Konjunktur ergriffen wird, ist gezwungen, auf sie mit einer spezifischen Funktion zu reagieren. Das Organ für diese Funktion ist der Terminhandel, seine Aufgabe, die Weltkonjunktur ökonomisch erfaßbar zu machen, sie möglichst klar zu vermitteln. Der Terminhandel in seiner vollkommensten Gestalt, von allen Irrungen und Mißbräuchen befreit, müßte die Konjunktur getreulich widerspiegeln. Aber in diesem Spiegel würde die Landwirtschaft überwiegend eine ihr ungünstige Konjunktur erblicken. Und daher das natürliche Bestreben, den Spiegel zu zertrümmern.« (Landesberger, l. cit., S. 44 ff.)

Daß das Verbot des Terminhandels in einem Staate durch Ausnützung des Terminhandels in einem anderen für die kapitalskräftigen Händler und Spekulanten umgangen wird, ist bekannt. So sagt zum Beispiel der Baumwollindustrielle Dr. Kuffler: »In Bremen, wo fast das ganze Baumwollimportgeschäft für Zentraleuropa gemacht wird, besteht kein Terminhandel, und doch wird jeder einzelne Abschluß auf Termin basiert, nämlich in Liverpool oder in New York.« (Siehe den Bericht über die Verhandlungen der Gesellschaft österreichischer Volkswirte in »Zeitschrift für Volkswirtschaft, Sozialpolitik und Verwaltung«, XI. Bd., S. 83.) Ebenso hat das Verbot des Getreideterminhandels in Österreich nur die Übertragung der Spekulation nach Budapest bewirkt.

talistische Kartell diese Macht, um dauernd Höchstpreise zu erzielen durch eine dementsprechende Einschränkung der Produktion. Aber für die landwirtschaftliche Produktion schafft es stabilere Verhältnisse.

So sagt der eben angeführte Geschäftsführer Stern: »Das Syndikat kann die Überschüsse bis zu einem sehr weitgehenden, wenn auch nicht unbeschränkten Maße aufbewahren. Der freie Markt läßt, sowie die Überschüsse zu stark werden, sofort einen Preissturz eintreten und hört damit erst auf, wenn das Produkt weit unter den Herstellungswert sinkt. Das Syndikat kann den Auslandspreis vom Inlandspreis trennen, der freie Markt ist, wenn Überschüsse vorhanden und auf Ausfuhr angewiesen sind, in der Preislage für das gesamte Erzeugnis vom Erlös für den Export abhängig. Ein Beispiel: 1893/94 ist ein Überschuß von 20 Millionen Liter vorhanden gewesen, keineswegs ein bedrohlicher Überschuß, der aber den Durchschnittspreis des Jahres auf 31 Mk. drückte. Das Syndikat hätte in diesem Jahre 10 Millionen mehr exportiert, und wenn es auf diese 10 Millionen 5 oder 8 Mk. im Preise, gleich 500 000 bis 800 000 Mk. verloren hätte, so hätte es dem Brennergewerbe eine große Entwertung erspart; denn wenn ich annehme, daß die Preise dann 5 Mk. auf die ganze Produktion höher gewesen wären, so hätten wir mit 500 000 bis 800 000 Mk. Verlust die ganze Produktion von etwa 300 Millionen Liter um 15 Millionen Mark im Werte gehoben.

Die Börse hat wesentliche Bestände nicht aufkommen lassen und sehr schnell ein etwaiges Plus durch ein Minus der Produktion ausgeglichen. Die Bestände, die am Schluß einer Kampagne (am 30. Spetember eines Jahres) vorhanden waren, betrugen während der Dauer des freien Marktes in Spiritus regelmäßig zirka 30 Millionen; mehrere Male bleibt der Bestand darunter, und zwar am weitesten einmal um 9 Millionen; ein einziges Mal aber steigt diese Ziffer wesentlich, nämlich um 15 Millionen im Jahre 1893/94. Diese Ziffern, diese 10 Millionen hin und her, sie sind nur 3 bis 5 Prozent der Produktion und diese 3 bis 5 Prozent genügen, um den Preis auf das äußerste zu drücken. Selbst kleine Bestände machen den Spekulanten nervös; er stößt sie ab, wenn er glaubt, daß eine gute Ernte bevorsteht. Das scheinbare Gleichmaß der Börse war nichts anderes im Grunde als Ängstlichkeit und Nervosität.« Den Grund, warum ihm der Ausgleich durch die Börse nicht recht ist, gibt er gleich darauf an: »Der Ausgleich wird von der Börse durch billige Preise erzielt.«

Seine Auftraggeber, die kartellierten Brenner und Spiritusfabrikanten, können aber nur einen Ausgleich zu hohen Preisen brauchen[64].

Manche Verfechter des Terminhandels behaupten auch, daß er eine Gewähr für eine genauere Preisbestimmung sei. Der Terminmarkt umfasse eine größere Zahl von sachverständigen Interessenten, die Resultate so vieler sachverständiger Meinungen müsse im allgemeinen richtiger sein als die einer geringeren Anzahl. Aber die Eigenschaft, Getreidehändler zu sein, verleiht dem Menschen noch nicht die mystische Fähigkeit, den künftigen Ernteertrag voraussehen zu können, und diese Fähigkeit besitzt weder einer noch unendlich viele Getreidehändler. Mag also für Börsenbesucher das Wort »Verstand ist stets bei wenigen nur gewesen« nicht gelten, so besitzen sie doch – so viele alttestamentarische Eigenschaften sie sonst haben mögen – sicher nicht die Prophetengabe. In Wirklichkeit sind Terminpreise nur spekulativ. Selbst ein Syndikat wie das Spiritussyndikat, das auf die inländische Preisbestimmung ja unmittelbaren Einfluß hat und daher viel eher in der Lage wäre, Terminofferten abzugeben, gibt sie nur ungern ab. So sagt der Geschäftsführer der Spirituszentrale, Untucht: »Mit den Terminofferten hat es immer gewisse Schwierigkeiten gehabt. Wenn es nach uns gegangen wäre, wären wir lieber mit den Terminofferten zurückhaltender gewesen ... Wenn jemand ein Produkt offeriert, muß er, um den Preis normieren zu können, vorher wissen, welche Mengen ihm zur Verfügung stehen. Wir können das natürlich erst wissen, wenn die Kampagne schon etliche Monate vorgeschritten ist. Auch dann sind wir Täuschungen nicht ganz enthoben, denn erst die Produktion der Frühjahrsmonate gibt immer den Ausschlag dafür, ob die Produktion der Kampagne groß oder klein ist; dies namentlich, wenn die Situation etwas unübersichtlich ist.« Man wird aber zugeben, daß die Informationen der Zentrale, die die ganze Produktion übersieht und der zirka 80 Prozent der Produktion unterstehen, ganz anders geartet sind als die der Börsenbesucher.

Der Grund, der zum Verlangen nach Terminpreisen führt, ist der, daß die weiterverarbeitende Industrie in dem Moment, wo sie Offerten abzugeben hat, dazu die Preise des Rohmaterials

---

64 Anderseits zeigt dies aber auch, wie unvollkommen die Börse ihre angebliche Funktion des zeitlichen Ausgleichs erfüllt.

kennen muß. Wenn nun der Zeitpunkt der Kampagne des Rohmaterials nicht zusammenfällt mit den Bestellungsterminen der weiterverarbeitenden Industrie, so entsteht bei Waren mit stärkeren Preisschwankungen das Bedürfnis nach Terminpreisen. Der Weiterverarbeiter wälzt damit das Risiko auf seinen Rohmateriallieferanten ab. Syndikate aber benützen ihre Stärke, um das Risiko wieder von sich abzuwälzen, sei es, daß sie die Preise stabil halten oder daß sie die Terminpreise so hoch ansetzen, daß für sie ein Risiko gleichfalls in Wegfall kommt. Herr Untucht spricht es auch direkt aus: »Da wir uns ungewissen Verhältnissen gegenüber befinden, haben wir die Vorsicht (sic!) beobachtet, daß wir die Preise eher etwas zu hoch griffen als zu niedrig.« Und in der Denkschrift des Syndikats wird bemerkt: »Während solche Terminofferten in den ersten vier Jahren des Syndikats zeitig zu Beginn des neuen Geschäftsjahres ausgegeben wurden, wird seit 1904/05 der Grundsatz befolgt, die allgemeinen Lieferungspreise erst zu notieren, sobald ein gewisser Anhalt für die Entwicklung der Produktion vorliegt.«

In der deutschen Börsenenquete halten die außerhalb der Geschäftswelt stehenden Mitglieder (wie Geheimrat Wiener und der freikonservative Abgeordnete v. Gamp) das Effektivgeschäft für legitim, das Börsendifferenzgeschäft für illegitim; eine Unterscheidung, die ebenso regelmäßig von den Geschäftsleuten zurückgewiesen wird. Die ersten können eben nicht begreifen, daß bei allen kapitalistischen Transaktionen der Gebrauchswert völlig gleichgültig und nur meistens eine traurige Notwendigkeit (conditio sine qua non) ist. Das reine Differenzgeschäft ist in Wirklichkeit der vollendetste Ausdruck der Tatsache, daß für den Kapitalisten nur der Tauschwert wesentlich ist. Gerade das Differenzgeschäft ist so das legitimste Kind der kapitalistischen Grundstimmung; es ist das Geschäft an sich, bei dem von der profanen Erscheinungsform des Wertes – dem Gebrauchswert – abstrahiert ist; es ist nur natürlich, daß dieses ökonomische Ding an sich den nichtkapitalistischen Erkenntnistheoretikern schlechthin als transzendent erscheint und sie es dann in ihrem Ärger als Schwindel bezeichnen[65]. Sie sehen nicht, daß hinter der empiri-

---

[65] Es ist also ganz richtig, wenn der Sachverständige Simon meint (Börsenenquete, II., S. 1584): »Der Wunsch nach Differenz ist der eigentliche Begründer jedes gewerblichen Unternehmens.« Wenn dagegen der Reichbankpräsident Koch einwendet, bei Kaufgeschäften liege zum Unterschied von Differenzgeschäften die Absicht zugrunde, eine Ware aus einer Hand in die

schen Realität eines jeden kapitalistischen Geschäfts die transzendentale Tatsache eines solchen Geschäfts an sich steht, die erst jene empirische Realität erklärt. Das Merkwürdige dabei ist, daß den Verteidigern des Gebrauchswertes, sobald sie mit der Börse zu tun bekommen, der Begriff des Gebrauchswertes selbst verlorengeht. Als effektiv gilt ihnen jetzt jedes Geschäft, ob es sich um Umsatz von Ertragstiteln oder Waren handelt, in gleicher Weise, wenn nur die Papiere oder die Waren wirklich abgeliefert werden. Sie übersehen dabei vollkommen, daß die Effektenzirkulation für den Stoffwechsel der Gesellschaft völlig gleichgültig ist, während die Warenzirkulation ihre Lebensbedingung ist.

Zu welchen Verrücktheiten die Gleichgültigkeit gegenüber dem Gebrauchswert führen kann, dafür ein Beispiel. Um die Ware fungibel zu machen, muß sie bestimmte festgesetzte Bedingungen erfüllen, also in bestimmter Menge ein bestimmtes Gewicht besitzen, bestimmte Farbe, bestimmten Geruch etc. aufweisen. Nur dann entspricht sie dem »Typ«, der zur Erfüllung der Lieferung geeignet ist. Beim Kaffeetermingeschäft in Hamburg war der Typ ein ziemlich schlechter. Bessere Sorten wurden also durch Zusatz von schwarzen Bohnen, Steinen etc. verschlechtert. In Berlin war der Typ besser. Die Zusätze, die in Hamburg gemacht wurden, mußten in Berlin erst mühsam entfernt werden, um den Kaffee lieferbar zu machen. Wohl das merkwürdigste Beispiel von kapitalistischen Unkosten[66]. Es kommt aber noch besser. In Hamburg hatte sich ein Corner gebildet. Es trat Mangel an lieferbarer Ware ein. Lieferbar war aber nur der mit Steinen etc. versetzte Kaffee. Bessere Sorten bedangen daher, da sie nicht der Lieferungsqualität entsprachen, ein Aufgeld. Mit

---

andere gehen zu lassen, so trifft diese Erwiderung vollständig daneben und wird auch von Simon gar nicht verstanden. Denn der Unterschied zwischen den beiden Geschäften besteht nur darin, daß diese Differenz einmal durch den Durchschnittsprofit, das anderemal durch Differenzgewinn im kategorischen Sinn gebildet wird.

Die bürgerliche Ökonomie verwechselt fortwährend die gesellschaftlichen Funktionen der wirtschaftlichen Handlungen mit den Motiven der Handelnden und schiebt die Erfüllung dieser Funktionen den Handelnden als deren Motiv unter, wovon diese natürlich nichts wissen. Sie sieht also gar nicht das spezifische Problem der Ökonomie: diesen funktionellen Zusammenhang der wirtschaftlichen Handlungen, durch den sich das gesellschaftliche Leben erfüllen muß, als Ergebnis ganz anderer Motive aufzudecken und aus der notwendigen Funktion selbst die Motivation der kapitalistischen Produktionsagenten zu verstehen.

[66] Die Börsenenquete, II. Bd., S. 2079.

anderen Worten, man mußte für die Lieferung besserer Qualität Strafe zahlen. Es entspricht das aber nur konsequent angewandter kapitalistischer Logik; denn es handelt sich für den Käufer, das Mitglied des Corners, gar nicht um den Gebrauchswert, sondern nur um den Tauschwert. Dieser bestimmt die ganze wirtschaftliche Aktion, die eben nicht Gebrauchswerterzeugung oder Vermittlung ist, sondern nur Erzielung von Gewinn[67].

Die Apologeten der kapitalistischen Produktionsweise suchen die Notwendigkeit ihrer einzelnen Erscheinungen zu beweisen, indem sie die aus der kapitalistischen Produktion folgende spezifisch ökonomische und daher historische Form identifizieren mit dem technischen Inhalt, der gegenüber der transitorischen Form dauernd notwendig ist, und aus dieser falschen Identifizierung dann auf die Notwendigkeit der Form zurückschließen. So betonen sie emphatisch die Notwendigkeit der Oberleitung und Beaufsichtigung jedes gesellschaftlichen Arbeitsprozesses, um daraus sofort die Notwendigkeit der kapitalistischen Leitung, die aus dem Privateigentum an den Produktionsmitteln entspringt, und damit die Notwendigkeit dieses Privateigentums überhaupt zu beweisen. So fassen sie den Handel nicht als spezifischen Zirkulationsakt, sondern als Verteilung der Güter an die Konsumenten auf. So erklärt Ehrenberg[68] den Handel als Verteilung über den Raum, die Spekulation als Verteilung über die Zeit. Und da die Verteilung natürlich bei einem gewissen Grade der technischen Entwicklung immer notwendig ist, so ist Handel und Spekulation immer notwendig, ihre Beseitigung

---

67 Börsenenquete, S. 2135. Im folgenden noch ähnliche Beispiele für Getreide und Spiritus, wo zum Beispiel rektifizierter Spritus nicht an Stelle von rohem geliefert werden kann.

68 »Handel und Spekulation sind besondere Produktionsarten, gleich der Urproduktion und dem stoffverarbeitenden Gewerbe: Der Handel ist diejenige Produktionsart, welche die Aufgabe hat, die örtliche Knappheit der Natur an wirtschaftlichen Gütern zu überwinden. Die Spekulation dagegen hat die gleiche Aufgabe hinsichtlich der zeitlichen Güterknappheit. Privatwirtschaftlich betrachtet, nützt der Handel örtliche, die Spekulation zeitliche Preisunterschiede aus.«

»Die Börsenmeinung beeinflußt die Preise auf Grund von Nachrichten aller Art, die an der Börse zusammenströmen, wahren und falschen Nachrichten, solchen über schon erfolgte und solchen über erst erwartete Tatsachen. Letztere werden schon im voraus von der Börsenmeinung auf ihre Tragweite abgeschätzt (»eskomptiert«). Wenn sie auf solche Weise niedrige Preise benützt, um Vorräte für die Zukunft zu schaffen, hohe Preise, um die Verfügung über künftige Vorräte wie über gegenwärtige zu ermöglichen, so wirkt sie produktiv, anderenfalls nicht.« Richard Ehrenberg: Artikel »Börsenwesen« im »Handwörterbuch der Staatswissenschaften«. 2. Auflage.

eine Unmöglichkeit, eine Utopie. Identifiziert man noch dazu »notwendig« mit »produktiv«, so kommt man mit Ehrenberg zu dem grotesken Resultat, daß die Spekulation ebenso ein Produktionszweig ist wie die Landwirtschaft. Warum auch nicht, da der Boden und eine Aktie in gleicher Weise Geld tragen! Es wird dabei der Handel einfach mit dem Transport und der Arbeit des Einpackens, Zerteilens etc. verwechselt, die Spekulation mit der Lagerung identifiziert, Operationen, die natürlich bei jeder technisch entwickelten Produktionsweise nötig sind. Aber auch ein ganz anders als Ehrenberg ernst zu nehmender und scharfsinniger Mann wie Professor Lexis[69] gerät bei seinen Aussagen über den Terminhandel in Verlegenheit; denn auch er übersieht die spezifisch ökonomische Formbestimmtheit des börsenmäßigen Warenterminhandels zum Unterschied vom Warenhandel. Er übersieht die spezifische Rolle der Spekulation und sucht den Terminhandel als Notwendigkeit zu erweisen, indem er ihn als wirklichen Handel nachzuweisen sucht.

Sein Gegner Gamp hat dann leichtes Spiel, darauf hinzuweisen, daß der Terminhandel eine Unsumme von Warenumsätzen schafft, die für die Verteilung vom Produzenten zum Konsumenten gar nichts leisten. Lexis weist darauf hin, daß es beim Terminhandel leichter sei, Käufer zu finden. Das ist richtig, nur ist dieser »Käufer« gewöhnlich nicht der Konsument, sondern selbst wieder »Verkäufer«, nämlich selbst Spekulant. Es ist aber falsch, den Handel und gar den Termin»handel«, die Terminspekulation, aus einem absoluten Distributionsbedürfnis herleiten zu wollen; der Handel erfüllt nur das Distributionsbedürfnis in einer kapitalistischen Gesellschaft, und seine Notwendigkeit ist nur transitorisch selbst innerhalb der kapitalistischen Gesellschaft, wie die Ausschaltung des Handels durch die Syndikate und Truste beweist. Wer nun gar den Handel als »produktiv«, das heißt als Profit nicht bloß realisierend, sondern erzeugend ansieht, gerät vollends in Verlegenheit: er preist als einen Vorzug der Kartellierung die Ersparung von Handelskosten, was ja nur Vorteil sein kann, wenn die Handelsoperationen Unkosten darstellen, also unproduktiv sind.

Die Notwendigkeit des Terminhandels besteht in Wirklichkeit einmal darin, daß er den produktiven Kapitalisten, Industriellen und Kommerziellen erlaubt, ihre Zirkulationszeit auf Null her-

---

[69] Siehe Die Börsenenquete, II., S. 3523 ff.

abzusetzen und sich damit gegen die Preisschwankungen während der Zirkulationszeit zu versichern, diese auf die Spekulation, die diese spezifische Funktion zu erfüllen hat, abzuwälzen. Zweitens erlaubt der Terminhandel, einen Teil der Handelsfunktionen statt von kommerziellem Kapital von Geld- (Bank-) Kapital erfüllen zu lassen; für diesen Teil der Operationen wird nicht Durchschnittsprofit, sondern Zins erzielt; um die Differenz steigt der industrielle Profit (Unternehmergewinn). Drittens gestattet der Terminhandel, was ja mit dem zweiten Punkt zusammenhängt, die Verwandlung von Geldkapital in Handelskapital unter Beibehaltung des Geldkapitalcharakters und eröffnet so dem Bankkapital die Möglichkeit, sein Herrschaftsgebiet über Handel und Industrie zu erweitern und einem immer größeren Teil des produktiven Kapitals den Charakter von Geldkapital, das in der Verfügung der Bank ist, zu erhalten.

10. Kapitel

Bankkapital und Bankgewinn

Die Mobilisierung des Kapitals eröffnet den Banken ein neues Gebiet ihrer Tätigkeit: die Emission und die Spekulation. Theoretisch ist es dabei nicht von Belang, ob diese Tätigkeiten mit der der Zahlungs- und Kreditvermittlung in einer Bank verbunden sind oder von verschiedenen Bankinstituten besorgt werden. Wichtig ist nur die Unterscheidung der einzelnen Funktionen nach ihrer ökonomischen Bedeutung. Die moderne Entwicklung führt übrigens überall in immer steigendem Grade zur Zusammenfassung dieser Funktionen, sei es in einem Unternehmen, sei es durch die Beherrschung mehrerer, verschiedene und also sich ergänzende Funktionen erfüllender Unternehmungen durch denselben Kapitalisten oder dieselbe Kapitalistengruppe. Das Moment, das zur Zusammenfassung führt, ist in letzter Instanz dies, daß in allen diesen Funktionen das Kapital als Geldkapital im spezifischen Sinn auftritt, als Leihkapital, das stets wieder aus seiner jeweiligen Anlage als Geld zurückgezogen werden kann. Aber auch wo diese Zusammenfassung in einem Unternehmen nicht erfolgt ist, ist es zum Teil dasselbe Geldkapital, das alle verschiedenen Funktionen erfüllt, indem es von der einen dieser Unternehmungen den anderen zur Verfügung gestellt wird.

Erst nach der Analyse dieser verschiedenen Funktionen ist es möglich geworden, zu untersuchen, aus welchen Quellen der Gewinn des Bankkapitals fließt und welche Gestaltung in der Sphäre des Bankkapitals das Verhältnis zwischen Gewinn und Kapital – sowohl dem eigenen der Bank als dem ihr zur Verfügung stehenden fremden – annehmen muß.

Wir wissen, daß der Profit in der Produktion entsteht und in der Zirkulation realisiert wird; ebenso wissen wir, daß die Ausführung der Zirkulationsoperationen, der Kauf und Verkauf der Waren, zuschüssiges Kapital erfordert. Ein Teil dieser Operationen wird den Industriellen von den Kommerziellen abgenommen und zur selbständigen Funktion einer Abteilung des gesellschaftlichen Kapitals, des Warenhandlungskapitals. Das von den Kaufleuten angewandte Kapital wirft Durchschnittsprofit ab, der nichts anderes ist als ein Teil des von den Industriellen in der Produktion erzeugten Profits, also pro tanto Abzug von dem Profit bildet, der sonst den Industriellen zufiele[70]. Ebenso erfordert die Zirkulation eine Reihe von Geldtransaktionen, Vorrathaltung, Bereitstellung und Versenden von Geld, Einziehen und Auszahlung von Rechnungen etc. Diese Operationen, also die Kassenführung, können konzentriert und durch diese Konzentration Arbeit, die Zirkulationskosten darstellt, erspart werden. Infolge der Konzentration wird zur Ausführung dieser Arbeit auch ein geringeres Kapital nötig sein. »Die rein technischen Bewegungen, die das Geld durchmacht im Zirkulationsprozeß des industriellen Kapitals und, wie wir jetzt hinzusetzen können, des Warenhandlungskapitals (da dies einen Teil der Zirkulationsbewegung des industriellen Kapitals als seine eigene und eigentümliche Bewegung übernimmt) – diese Bewegung verselbständigt zur Funktion eines besonderen Kapitals, das sie und nur sie, als ihm eigentümliche Operationen ausübt, verwandeln dies Kapital in Geldhandlungskapital. Ein Teil des industriellen Kapitals und näher auch des Warenhandlungskapitals bestände nicht nur fortwährend in Geldform, als Geldkapital überhaupt, sondern als Geldkapital, das in diesen technischen Funktionen begriffen ist. Von dem Gesamtkapital sondert sich nun ab und verselbständigt sich ein bestimmter Teil in Form von Geldkapital, dessen kapitalistische Funktion ausschließlich darin besteht, für die gesamte Klasse der industriellen und kommerziellen Kapitalisten diese Operationen auszuführen. Wie beim Warenhandlungskapital, trennt sich ein Teil des im Zirkulationsprozeß in der Gestalt von Geldkapital vorhandenen industriellen Kapitals ab und verrichtet dieses Operationen des Reproduktionsprozesses für das gesamte übrige Kapital. Die Bewegungen dieses Geldkapitals sind also wiederum nur Bewegungen eines verselbständigten Teiles des in seinem Reproduktionsprozeß begriffenen industriellen Kapitals.«[71] »Der Geldhandel

[70] Über das Nähere siehe »Kapital« III, 1. Teil, 4. Abschnitt: Verwandlung von Warenkapital und Geldkapital in Warenhandlungskapital und Geldhandlungskapital.

[71] Marx, »Kapital« III, S. 327.

in der reinen Form, worin wir ihn hier betrachten, das heißt getrennt vom Kreditwesen, hat es also nur zu tun mit der Technik eines Moments der Warenzirkulation, nämlich der Geldzirkulation und den daraus entspringenden verschiedenen Funktionen des Geldes ... Es ist augenscheinlich, daß die Masse des Geldkapitals, womit die Geldhändler zu tun haben, das in Zirkulation befindliche Geldkapital der Kaufleute und Industriellen ist und daß die Operationen, die sie vollziehen, nur die Operationen jener sind, die sie vermitteln. Es ist ebenso klar, daß ihr Profit nur ein Abzug vom Mehrwert ist, da sie nun mit schon realisierten Werten (selbst wenn nur in Form von Schuldforderungen realisiert) zu tun haben.«[72] Die Kassenführung fällt im Laufe der Entwicklung den Banken zu. Die Größe des dazu erforderlichen Kapitals ist durch die technische Natur der Operationen und ihre jeweilige Ausdehnung jeweils gegeben. Auf dieses Kapital realisieren die Banken ebenso wie die Händler auf das Warenhandlungs- und die Industriellen auf das Produktionskapital den Durchschnittsprofit[73]. Dies ist aber auch der einzige Teil des Bankkapitals, dessen Gewinn Durchschnittsprofit im kategorischen Sinn darstellt. Der Gewinn auf das übrige Bankkapital ist davon wesensverschieden.

Als Vermittlerin des Kredits arbeitet die Bank mit dem ganzen ihr zur Verfügung stehenden eigenen und fremden Kapital. Ihr Bruttogewinn besteht aus dem Zins für das ausgeliehene Kapital; ihr Reingewinn – nach Abzug der Unkosten – aus der Differenz der ihr bezahlten Zinsen und der Zinsen, die sie ihrerseits für die Depositen zahlt. Dieser Gewinn ist also nicht Profit im kategorischen Sinn, und seine Höhe ist nicht durch die Durchschnittsprofitrate gegeben. Er stammt ebenso wie der eines anderen Geldkapitalisten aus dem Zins. Die vermittelnde Stellung der Bank im Kreditverkehr erlaubt ihr nicht nur, wie ein anderer Geldkapitalist, bloß an dem eigenen Kapital, sondern auch an dem ihrer Gläubiger zu gewinnen, denen sie einen niedrigeren Zins zahlt, als sie selbst von ihrem Schuldner verlangt. Die-

---

[72] Ebenda, S. 334.

[73] Zur Veranschaulichung diene folgende schematische Berechnung. Gesetzt das Produktionskapital sei gleich 1000. Es erzeuge einen Profit von 200. Das Warenhandlungskapital betrage in übertriebener Proportion 400, das Geldhandlungskapital 100. Der Profit verteilt sich auf ein Gesamtkapital von 1500; die Durchschnittsprofitrate beträgt daher 15 Prozent. Den Industriellen fällt vom Gesamtprofit von 200 zu: 150, den Kommerziellen 40 und den Geldhändlern 10.

ser Zins ist nur ein Teil oder ein Abzug von dem in seiner Höhe bereits gegebenen gesellschaftlichen Durchschnittsprofit. Dieser Gewinn geht aber keineswegs wie der des Kaufmanns- und Geldhandlungskapitals selbst in die Bestimmung der Höhe der Durchschnittsprofitrate ein.

Die Höhe des Zinses hängt von Angebot und Nachfrage nach Leihkapital im allgemeinen ab, von dem das Bankkapital nur ein Teil ist. Diese Höhe des Zinses bestimmt den Bruttogewinn. Um möglichst große Verfügung über das Geldkapital zu erhalten, vergüten die Banken ihrerseits Zins auf die Depositen. Ceteris paribus hängt die Verfügung einer Bank über das Geldkapital ab von der Höhe des von ihr auf die Depositen gezahlten Zinses. Die Konkurrenz um die Depositen zwingt so die Banken, einen möglichst hohen Zins zu vergüten. Die Differenz zwischen dem Zins, den sie als Gläubiger erhalten, und dem Zins, den sie als Schuldner vergüten, bildet den Reingewinn der Banken.

Der Vorgang ist also der: Primär setzt sich durch Nachfrage und Angebot des Leihkapitals überhaupt der Zinsfuß fest und dieser bestimmt den Bruttogewinn der Banken, den sie durch das Verleihen der ihnen zur Verfügung stehenden eigenen oder fremden Gelder erhalten. Dabei ist es sowohl für die Bildung der Höhe der Zinsrate als auch für die Größe des Bruttogewinns völlig gleichgültig, in welchem Verhältnis die eigenen zu den fremden Mitteln der Bank stehen. Nur daß von den fremden Geldern bloß ein Teil wirklich den Banken zur Verfügung steht, während ein anderer als Reserve gehalten werden muß, wobei diese Reserve, die keine Zinsen trägt, im Vergleich zu der gesamten Summe minimal ist. Die Konkurrenz der Banken untereinander bestimmt die Höhe der Zinsen, die die Banken ihrerseits für die Depositen vergüten müssen, und von dieser Höhe hängt dann bei gegebenem Bruttogewinn und gegebenen Unkosten der Reingewinn ab. Man sieht, das Gegebene ist hier nicht das eigene Kapital der Banken. Denn nicht vom Eigenkapital, sondern von dem ihnen überhaupt zur Verfügung stehenden Leihkapital hängt der Gewinn der Banken ab. Dieser ist also das Gegebene und nach ihm muß sich das Ausmaß des Eigenkapitals der Banken richten. Die Banken können von dem gesamten Leihkapital so viel in ihr eigenes umwandeln als ihr Gewinn erlaubt. Für das Kapital ist aber der Bankbetrieb eine Anlage wie jede andere. Es wird in diese Sphäre nur strömen, wenn es in dieser die gleiche Verwertungsmöglichkeit finden wird wie in einer industriellen oder kommerziellen Sphäre. Sonst würde das Kapital aus dieser Sphäre abfließen. Anderseits ist aber der Gewinn der Bank das Gegebene. Das Eigenkapital der Bank muß also so bemessen werden, daß der Gewinn, auf das Eigenkapital berechnet, gleich dem Durchschnittsprofit auf dieses Kapital ist. Gesetzt den Fall, eine Bank habe die Verfügung über ein Leihkapital von 100 Millionen Mark. Sie macht damit einen Bruttogewinn von 6 Millionen und einen Reingewinn von 2 Millionen. Das Eigenkapital der Bank kann dann bei einer Profitrate von 20 Prozent 10 Millionen betragen, während ihr 90 Millionen als Depositen zur Verfügung stehen werden. Dies erklärt auch, warum bei Gründung oder Kapitalvermehrung von Aktienbanken Raum für Gründergewinn bleibt, während doch das Bankkapital nicht Unternehmergewinn (industriellen Profit) erzeugt, sondern nur Zins realisiert. Denn da der Bankgewinn gleich ist der Durchschnittsprofitrate, die Aktionäre aber bloß Zins zu erhalten brauchen, so ergibt sich die Möglichkeit von Gründergewinn. Hat die Bank auf dem Geldmarkt eine beherrschende Stellung, so kann sie den Gründergewinn ganz oder teilweise selbst machen. Er verstärkt dann ihre Reserven. Die Reserven sind natürlich Eigenkapital der Bank, nur daß buchmäßig sich der Gewinn auf das geringere Nominalkapital verteilt. Die Reserven erlauben der Bank wieder, einen größeren Teil ihres Kapitals industriell zu fixieren.

Der Umstand, daß die Teilung in eigenes und fremdes Kapital hier für den Gewinn gleichgültig ist, ein festes Verhältnis zwischen der Größe des eigenen und des durch das Eigenkapital attrahierten fremden Kapitals nicht existiert, läßt das Ausmaß des eigenen Kapitals zunächst willkürlich erscheinen und gibt die Möglichkeit, es so zu bemessen, daß der Gewinn, obwohl nicht selbst Durchschnittsprofit, doch gleich dem Durchschnittsprofit wird. Ist das Bankwesen bereits stark entwickelt und das freie Leihkapital bereits in der Verfügung der Banken, so ist die Neugründung von Banken sehr erschwert, da diesen nicht genügend fremdes Kapital zur Verfügung stehen würde oder dieses erst nach einem heftigen Konkurrenzkampf mit der Gesamtheit der anderen Banken – eine Konkurrenz, deren Erfolg sehr zweifelhaft wäre – herangezogen werden müßte.

Es verhält sich eben mit dem Bankkapital ganz anders als mit dem Industrie-, aber auch anders als mit dem kommerziellen und Geldhandlungskapital. In diesen Sphären ist das Ausmaß des Kapitals technisch gegeben, durch die objektiven Bedingungen des Produktions- und Zirkulationsprozesses bestimmt. Die Größe des industriellen Kapitals hängt ab von der Entwicklung des Produktionsprozesses überhaupt, von dem Ausmaß der vorhandenen Produktionsmittel, wozu auch die Naturkräfte und ihre Ausnützungsmöglichkeiten gehören, und der vorhandenen Arbeiterbevölkerung. Ihre Anwendung und der Ausbeutungsgrad der Arbeiterschaft bestimmt die Größe des Profits, der sich in gleicher Weise auf das industrielle, kommerzielle und Geldhandlungskapital verteilt, wobei das Kapital in den beiden letzteren Sphären gleichfalls technisch durch die Bedingungen der auszuführenden Zirkulationsoperationen gegeben ist. Da die Zirkulation nicht Profit erzeugt, also Unkosten darstellt, besteht zugleich die Tendenz, das hier verwandte Kapital auf sein Minimum zu reduzieren. Dagegen ist das Bankkapital, das eigene und das fremde, nichts anderes als Leihkapital und dieses Leihkapital in Wirklichkeit nichts anderes als Geldform des produktiven Kapitals, wobei es wichtig ist, daß es zum größten Teil bloße Form ist, also rein rechnungsmäßig existiert.

Das gleiche Verhältnis zwischen Bankgewinn und Größe des Eigenkapitals finden wir bei der Betrachtung des Gewinnes, der aus der Emissions- und der Spekulationstätigkeit fließt.

Der Gründungs- oder Emissionsgewinn ist weder Profit noch Zins, sondern kapitalisierter Unternehmergewinn. Seine Voraussetzung ist die Verwandlung des industriellen in fiktives Kapital. Die Höhe des Emissionsgewinnes ist bestimmt erstens durch die Durchschnittsprofitrate und zweitens durch den Zinsfuß. Durchschnittsprofit minus Zins bestimmen den Unternehmergewinn, der zum herrschenden Zinsfuß kapitalisiert den Gründungsgewinn bildet; in keiner Weise ist der Gründungsgewinn abhängig von der Höhe des Eigenkapitals der Bank. Die Verwandelbarkeit von industriellem in fiktives Kapital hängt nur ab von der Menge des verleihbaren Kapitals überhaupt, das unter Beibehaltung der Form von zinstragendem Kapital zur Umwandlung in produktives Kapital bereit ist. Es muß genügend Geld vorhanden sein zur Anlage in Aktien. Dabei ist zu unterscheiden: Verwandlung bereits vorhandenen industriellen Kapitals in Aktienkapital bindet nur so viel Geld als zur Zirkulation der Aktien auf dem Effektenmarkt notwendig ist; dies hängt selbst wieder davon ab, ob diese Aktien mehr als Anlagepapiere in »festen Händen« bleiben oder als Spekulationspapiere rege umgesetzt werden. Oder aber die Ausgabe von Aktienkapital bedeutet zugleich die Neugründung oder Erweiterung der Unternehmung. Dann braucht es so viel Geldkapital als nötig, um die Umsätze $G - < {}^{A}_{Pm} - P \ldots W' - G'$ zu vollziehen und zweitens, um die der Aktien selbst auszuführen. Die Menge des vorhandenen Leihkapitals bestimmt zugleich die Höhe des Zinsfußes, der entscheidend ist für die Kapitalisierung und damit die Größe des Emissionsgewinnes. Dieser ist also unabhängig von der Höhe des Eigenkapitals der Bank. Die Summe des Emissionsgewinnes muß aber auf die Dauer gleich sein der Durchschnittsprofitrate auf das eigene Kapital der Bank. Anderseits wird die Bank die Tendenz haben, ihr Eigenkapital auszudehnen, weil damit einmal ihr Kredit, sodann ihre Sicherheit wächst.

Analog verhält es sich bei dem Spekulationsgewinn. Auch die Beteiligung an der Spekulation hängt nicht von der Teilung des den Banken zur Verfügung stehenden Kapitals in eigenes und fremdes ab, sondern von der Größe der Gesamtsumme.

Wir wissen aber bereits, daß sowohl aus der Tätigkeit der Kreditvermittlung als aus der Finanzierung und Spekulation Tendenzen zur Konzentration erwachsen und mit diesen zugleich das Streben, einen möglichst großen Teil des Kapitals als Eigenkapital zu halten. Denn das eigene Kapital kann nicht wie das ausgeliehene jederzeit zurückverlangt werden, kann also mit viel größerer Sicherheit in industriellen Anlagen fixiert werden. Namentlich das Gründungsgeschäft bedeutet ja Festlegung des Geldkapitals für kürzere oder längere Zeit in der Industrie, bis durch Verkauf der Aktien das Geldkapital wieder der Bank zurückgeflossen ist. Sodann bedeutet Vergrößerung des Eigenkapitals die Möglichkeit größerer dauernder Beteiligung und schließlicher Beherrschung der Industrieunternehmungen und stärkerer Beeinflussung der Waren- und Effektenspekulation. Die Bank hat daher die Tendenz, sobald es der Gewinn aus Zins und Emissionsgewinn erlaubt, ihr Kapital beständig zu vergrößern.

Die Möglichkeit der Umwandlung des fremden in eigenes Kapital steht aber auch, abgesehen von der Notwendigkeit, das vergrößerte Kapital entsprechend zu verwerten, durchaus nicht im Belieben der Bank. Die Bank sucht ihr Eigenkapital zu vergrößern, um es industriell fixieren zu können, um Emissionsgewinn zu machen und die Industrie beherrschen zu können. Denn für die Vermittlung des Zahlungskredits allein wäre die Vergrößerung des Eigenkapitals über eine gewisse Grenze hinaus unnötig, da hier die Verfügung über die fremden Gelder ausschlaggebend bleibt, die Bank das zur Zahlungsvermittlung dienende Kapital stets in schlagfertiger Form halten, anderen als Zinsgewinn darauf nicht machen kann. Allein es ist nicht so, daß, weil die Bank jetzt einen größeren Teil des überhaupt verleihbaren Geldes als eigenes Kapital hält, sie deshalb allein schon ein größeres Kapital industriell festlegen kann. Sondern umgekehrt. Weil nur ein Teil des verfügbaren Leihkapitals überhaupt für die Zahlungsvermittlung (den Zirkulationskredit) notwendig ist, steht der andere Teil für industrielle Anlagen (Kapitalkredit) zur Verfügung. Diese Teilung des überhaupt verfügbaren Leihkapitals für die Zwecke des Zirkulationskredits und des Kapitalkredits besitzt ihre eigenen objektiv bedingten Bestimmungen, die sich aus dem jeweiligen Stand des Produktions- und Zirkulationsprozesses ergeben; sind die Grenzen auch elastisch, so dürfen sie doch nicht von den Banken außer acht gelassen werden, soll nicht die stete Erhaltung der Geldform des Bankkapitals unmöglich, also die Zahlungsfähigkeit der Bank gefährdet werden. Dagegen ist diese Teilung des verfügbaren Leihkapitals davon unabhängig, welcher Teil als Eigenkapital und welcher als fremdes Kapital den Banken zur Verfügung steht. Die Bank will aber ihr Eigenkapital vergrößern, um es industriell fixieren zu können; die Grenze für diese Umwandlungsmöglichkeit fremden in eigenes Kapital bildet jener Teil des überhaupt verfügbaren Kapitals, der für Kapitalskredit zur Verfügung steht. Innerhalb dieser Grenze geht die Tendenz der Bankentwicklung dahin, einen stets wachsenden Teil des Leihkapitals in Eigenkapital der Bank zu verwandeln. Es hängt somit die Größe des Eigenkapitals durchaus nicht von dem Willen der Bank allein, auch nicht von der Verwertungsmöglichkeit des vergrößerten Kapitals allein ab.

Die Vermehrung des Bankkapitals bedeutet zunächst nur eine juristische Transaktion, keine ökonomische Funktionsänderung. Die Bank kann ihr Kapital, das ja die Form von Geldkapital haben muß, nur vermehren, indem sie fremdes Geldkapital in ihr eigenes verwandelt. Da bei entwickeltem Geldwesen alles verfügbare Geld bei den Banken gesammelt ist, so bedeutet die Vermehrung des Bankkapitals zunächst nichts anderes, als daß ein Teil der Depositen, die die Bank zur Verfügung gehabt hat, jetzt, etwa durch den Weg der Aktienausgabe, in Bankkapital verwandelt wird.

Diese Verwandlung fremden in eigenes Geldkapital der Bank läßt natürlich Nachfrage und Angebot von Geldkapital ganz unverändert und hat daher keine Wirkung auf den Zinsfuß[74].

Vermehrung des industriellen Kapitals hat unter sonst gleichen Umständen Vermehrung der Profitmasse zur Folge, da ja das industrielle Kapital im Produktionsprozeß Mehrwert heckt. Vermehrung des Bankkapitals läßt die von den Banken erzielte gesamte Zinsmasse natürlich ganz unverändert; denn diese hängt bei gleichbleibender Nachfrage ab von dem Angebot an Leihkapital, das in keiner Weise durch die geänderte Verteilung des Leihkapitals zwischen Banken und Privaten, also durch die bloße Eigentumsänderung alteriert wird. Was sich ändert, ist nur die Berechnung des Reingewinnes der Bank, der bei vermehrtem Eigenkapital prozentual geringer erscheint.

Industrielles, kommerzielles und Geldhandlungskapital sind bestimmte Teile des gesellschaftlichen Kapitals, die in einem gegebenen Moment in einem bestimmten Verhältnis zueinander existieren müssen. Abstrakt genommen, könnte aber alles gesellschaftliche Kapital zugleich Bankkapital sein. Denn Bankkapital bedeutet nur das den Banken zur Verfügung gestellte Kapital, und es steht an sich nichts im Wege, daß alles Kapital durch dic Banken hindurchgeht. Der größte Teil dieses Bankkapitals ist natürlich fiktiv, nur Geldausdruck für wirklich produktiv fungierendes Kapital oder nur kapitalisierter Mehrwertstitel. Die Vermehrung des Bankkapitals ist also nicht Voraussetzung der Vermehrung des Gewinns wie in der Industrie. Vielmehr ist bei der Bank der Gewinn das Gegebene. Steigt der Gewinn, so wird die Bank ihr Eigenkapital vermehren, weil das vermehrte Kapital ihr erlaubt, in größerem Umfang sich an der Verwandlung ihres Bankkapitals in industrielles zu beteiligen, ohne ihre Sicherheit zu gefährden. Daß es wesentlich die industrielle Kreditgewährung, die Beteiligung an Industrieunternehmungen durch Aktienbesitz und die Emissionstätigkeit ist, die die Vergrößerung des eigenen Kapitals der Bank veranlassen, beweist die Tatsache, daß die reinen Depositenbanken Englands

---

[74] Es ist daher eine ganz kindische Vorstellung, zu erwarten, daß die Vermehrung des Eigenkapitals einer Notenbank, zum Beispiel der Deutschen Reichsbank, eine Verbilligung des Zinsfußes herbeiführen müßte.

ihr Kapital trotz der riesig gestiegenen Umsätze nicht vermehren und daher sehr hohe Dividenden verteilen.

Man darf sich also die Sache nicht so vorstellen, als ob der Zufluß oder Abfluß von Bankkapital etwa in der Weise auf den Gewinn der Banken einwirken würde, daß der Zinsfuß sich veränderte. Vielmehr verändert sich nur die Verteilung des Gewinns, indem dieser bald auf ein größeres, bald auf ein kleineres eigenes Kapital repartiert werden muß.

Es ist dabei von einer gewissen Wichtigkeit, daß die Vermehrung des Bankkapitals in Form des Aktienkapitals, also des fiktiven Kapitals vor sich geht.

Wir haben gesehen, daß die Verwandlung von Geld in fiktives Kapital den Charakter des individuellen Kapitalisten als Geld- oder Leihkapitalisten unverändert läßt. Das Geld, das jetzt in fiktives Kapital verwandelt wird, wird Bankkapital bleiben, daher auch ökonomisch Geldkapital. Ein Teil dieses Bankkapitals wird in industrielles Kapital verwandelt, wobei diese Verwandlung auf doppelte Weise vor sich gehen kann. Die Bank gewährt dem industriellen Unternehmen Kredit, hat also einfach ihr Kapital diesem geliehen, oder die Bank übernimmt Aktien des Industrieunternehmens, die sie jetzt, da die Größe ihres Kapitals es erlaubt, dauernd in Besitz behält. In diesem Fall war die Wirkung der Vermehrung des Bankkapitals die, daß das Geldkapital zuerst in Bankkapital und erst dieses in produktives verwandelt wird. Statt daß die privaten Geldkapitalisten direkt ihr Geld in Industrieaktien anlegen, legten sie es in Bankaktien an, und erst die Bank verwandelte es, indem sie Industrieaktien kaufte, in industrielles Kapital. Der Unterschied ist aber der, daß die Bank nicht nur Vermittlerin dieser Operation ist, sondern als Eigentümerin des Bankkapitals auch Miteigentümerin des Industrieunternehmens geworden ist. Und dieses Eigentumsrecht der Bank ist ganz anders wirksam als das der einzelnen Aktionäre. Und so besteht eine Tendenz, das verfügbare Geldkapital der Privaten zunächst in möglichst großem Umfang in Bankkapital und erst dieses in industrielles zu verwandeln. Dabei hat Verdoppelung des fiktiven Kapitals stattgefunden. Geldkapital wird fiktiv in das Kapital der Bankaktien umgewandelt und geht damit in Wirklichkeit über in das Eigentum der Bank; dieses Bankkapital wird jetzt fiktiv in Industrieaktien verwandelt und in Wirklichkeit in die Elemente des produktiven Kapitals, Produktionsmittel und Arbeitskraft.

Die Dividendenpolitik der Banken, die mit großem fremden Kapital (Depositen) arbeiten, muß stabiler sein als die von Industrieunternehmungen. Dies besonders dann, wenn die Depositen von Kreisen herrühren, die nur aus äußeren Anzeichen, wie es die Stabilität der Dividende ist, auf die gute oder schlechte Leitung schließen können und bei schwankender Dividendenpolitik ihre Depositen zurückziehen. Es handelt sich hier also um die Depositen der nichtkapitalistischen Kreise. Das Industrieunternehmen ist in der Dividendenpolitik unabhängiger. Einmal, weil seine Kreditgeber ohnehin meist genauen Einblick in die Zahlungsfähigkeit haben. Sodann, weil der Kredit, den es beständig in Anspruch nimmt, der Zahlungskredit, durch die Waren, die es produziert, gedeckt sein muß, während anderer Kredit nicht beständig wie bei den Banken, sondern nur in längeren Zeiträumen in Anspruch genommen wird. Diese größere Unabhängigkeit erlaubt einmal Beeinflussung der Aktienkurse und damit für die Eingeweihten Spekulationsgewinn auf der Börse, dann aber auch leichtere Anpassung an Konjunkturschwankungen und die Bedürfnisse der Akkumulation, Schwankungen und Anpassungen, die für das Industrieunternehmen mehr ins Gewicht fallen als für die Banken.

Anderseits ist die größere Stetigkeit in der Dividendenpolitik für die Banken leichter durchzuführen als für die industriellen Unternehmungen, weil die Konjunkturschwankungen auf die Bankgewinne nicht so stark und nicht so einseitig einwirken wie auf den Profit. Einmal hängt ein großer Teil des Bankgewinns nicht so sehr ab von der absoluten Höhe der Zinsrate, sondern von der Differenz zwischen dem Zins auf das ausgeliehene und das geschuldete Kapital. Diese Differenz ist aber, besonders wenn die Bankkonzentration bereits einigermaßen fortgeschritten ist, viel konstanter als die Schwankungen in der absoluten Höhe des Zinses. Sodann entstehen im Laufe der Konjunktur günstige und ungünstige Momente, die sich zum Teil miteinander kompensieren. Am günstigsten ist die Periode ansteigender Prosperität mit allmählich anziehendem Zinsfuß, starkem Kapitalbedarf der Industrie und daher lebhafter Emissionstätigkeit und hohem Gründergewinn. Zugleich steigen die Gewinne aus der Kassenführung und der Vermittlung des Zahlungskredits sowie der Börsenspekulation. In der Hochkonjunktur steigt der Zinsfuß und auch die Differenz zwischen dem erhaltenen und vergüteten Zins. Dagegen nimmt die Emissionstätigkeit und der

Gründergewinn ab. Der Kapitalbedarf der Industrie wird mehr durch Bankschulden als durch Aktien- oder Obligationenausgabe befriedigt, zugleich wird die Effektenspekulation gewöhnlich schon einige Zeit vor der Krise durch den hohen Zinsfuß eingeschränkt. In der ersten Zeit der Depression, wenn der Zinsfuß am niedrigsten, ist der Zeitpunkt für die Ausgabe von festverzinslichen Papieren am günstigsten. Der Gewinn der Banken aus der Übernahme von Staats- und Stadtanleihen etc. nimmt stark zu, ebenso der Gewinn durch Verkauf festverzinslicher Papiere aus den eigenen Beständen zu jetzt erhöhten Kursen. Ein Teil der von der Industrie früher eingegangenen Bankschulden wird in Aktien- und Obligationenkapital verwandelt, da der Geldmarkt flüssig ist, und liefert neuen Emissionsgewinn, Momente, die die geringeren Einnahmen aus dem Zinsgewinn der Kreditvermittlung mehr oder weniger kompensieren.

Die Konkurrenz, die die Banken untereinander führen, führen sie nicht mit ihrem eigenen Kapital allein, sondern mit dem Gesamtkapital, das ihnen zur Verfügung steht. Die Konkurrenz auf dem Geldmarkt ist aber eine wesentlich andere als auf dem Warenmarkt. Der wichtigste Unterschied ist zunächst, daß auf dem Geldmarkt das Kapital Geldform hat, auf dem Warenmarkt das Kapital erst aus Warenkapital in Geldkapital verwandelt werden muß. Letzteres schließt aber auch ein, daß diese Verwandlung mehr oder weniger mißlingen, das Warenkapital also entwertet werden kann und so statt Profit Verlust entsteht. Bei der Konkurrenz der Waren handelt es sich um die Realisierung des Kapitals, nicht nur um seine Verwertung. Bei der Konkurrenz des Geldkapitals ist das Kapital als solches gesichert, es handelt sich nur um seinen Verwertungsgrad, um die Höhe des Zinses. Der Zins aber wird in einer Weise bestimmt, die dem einzelnen Konkurrenten wenig Spielraum läßt. Es ist vor allem die Diskontpolitik der zentralen Geldinstitute, die hier für alle anderen ausschlaggebend ist und ihnen nur innerhalb einer verhältnismäßig engen Grenze Spielraum gibt. Dies ist zunächst wichtig für die reinen Kreditgeschäfte, die aktiven sowohl als die passiven der Banken. Hier ist die Konkurrenz verhältnismäßig gering. Je geringer aber der Spielraum ist, desto größere Rolle spielt das quantitative Moment der Größe des Geschäftskreises. Nur wenn dieser sehr groß, kann eine Herabsetzung der Provisionen, eine Erhöhung des Zinses auf die Depositen gegeben werden. Bei gleich großen Unternehmungen müssen aber die Bedingungen auch annähernd die gleichen sein. Ferner fällt auf dem Gebiete der Kreditvermittlung der Extraprofit fort, außer dem einzigen der in der Ersparnis und der Leichtigkeit, Verluste zu vermeiden und das Risiko zu verteilen, bei sehr großen Unternehmen gegenüber kleineren liegt. Dagegen spielt hier der Extraprofit, wie er in der Industrie aus technischen patentierten Neuerungen quillt und so wichtig für den Konkurrenzkampf ist, keine Rolle.

Eine größere Rolle als bei der Kreditvermittlung spielt die Konkurrenz bei dem Finanzgeschäft, also den Emissionen. Hier erlaubt die Größe des Gründergewinns einen weiten Spielraum für die gegenseitige Unterbietung. Aber auch hier sind keine allzu weiten Grenzen. Vielmehr entscheiden hier weniger die Bedingungen der Banken, als vielmehr der Grad der Abhängigkeit der Industrie durch vorher gewährte Kredite.

Bei der Frage der Konkurrenz ist in der Industrie die technische und die ökonomische Seite zu trennen. Bei den Banken spielt die technische Verschiedenheit eine ganz geringe Rolle, die Technik ist bei Banken gleicher Art dieselbe. (Banken verschiedener Art konkurrieren direkt überhaupt nicht miteinander.) Es gibt hier im vorhinein nur einen ökonomischen Unterschied, der rein quantitativ ist und nur in der Größe des werbenden Kapitals besteht.

Es ist aber dieser ganz eigenartige Charakter der Konkurrenz, welcher den Banken erlaubt, in so verschiedener und wechselnder Weise bald miteinander zu konkurrieren, bald zu kooperieren. Etwas Ähnliches finden wir nur bei gleich großen Unternehmungen bisweilen auch in der Industrie in der fallweisen Verständigung für ein bestimmtes Geschäft, zum Beispiel bei Submissionen. Dort aber ist es viel häufiger Vorläufer des Kartells, also der dauernden Kooperation unter Ausschluß der Konkurrenz.

Ist der allgemeine Zinsfuß die Schranke für die Konkurrenz in der Kreditvermittlung, so die Durchschnittsprofitrate auf dem Gebiete des Zahlungsverkehrs. Gerade hier ist aber die Größe des Umsatzes entscheidend für die Höhe der Provision und bedingt eine starke Überlegenheit der Großbanken.

Das banktechnische Prinzip größter Sicherheit macht die Banken im vorhinein der Konkurrenz abgeneigt. Der Ausschluß der Konkurrenz in der Industrie durch die Kartelle, die Erzielung eines »stetigen Gewinns« liegt ihnen daher besonders nahe.

Der Bankgewinn ist nicht Profit. Aber die Summe des Gewinns muß auf das Eigenkapital der Bank berechnet gleich sein der Durchschnittsprofitrate. Ist er geringer, so werden Kapitalien dem Bankgeschäft entzogen, ist er höher, so werden neue Banken entstehen. Da das Bankkapital stets Geldform hat oder jederzeit zu einem großen Teil leicht in Geldform rückverwandelbar ist, so ist hier eine Ausgleichung am raschesten möglich.

Daher gibt es auch keine »Überproduktion« von Bankkapital. Vielmehr führt eine zu starke Vermehrung des eigenen Bankkapitals wieder zu einem Abfluß und anderer Anlage, aber nicht etwa zu einem allgemeinen Krach mit Entwertung etc., wie wir es in industriellen Sphären beobachten. Der Bankkrach ist nur Folge einer industriellen Überproduktion oder Überspekulation und erscheint als Mangel an Bankkapital in Geldform; darin, daß Bankkapital festgeritten ist in einer Form, die nicht als Geld sofort realisierbar ist.

Mit der Entwicklung des Bankwesens, mit der immer enger werdenden Verflechtung der Beziehungen zwischen Bank und Industrie verstärkt sich die Tendenz, einerseits die Konkurrenz der Banken untereinander immer mehr auszuschalten, anderseits alles Kapital in der Form von Geldkapital zu konzentrieren und es erst durch die Vermittlung der Banken den Produktiven zur Verfügung zu stellen. In letzter Instanz würde diese Tendenz dazu führen, daß eine Bank oder eine Bankengruppe die Verfügung über das gesamte Geldkapital erhielte. Eine solche »Zentralbank« würde damit die Kontrolle über die ganze gesellschaftliche Produktion ausüben[75].

---

[75] Mit dem Banksystem ist »allerdings die Form einer allgemeinen Bankführung und Verteilung der Produktionsmittel auf gesellschaftlicher Stufenleiter gegeben, aber auch nur die Form ... Es stellt den industriellen und kommerziellen Kapitalisten alles disponible und selbst potentielle, nicht bereits aktiv engagierte Kapital der Gesellschaft zur Verfügung, so daß weder der Verleiher noch der Anwender dieses Kapitals dessen Eigentümer oder Produzenten sind. Es hebt damit den Privatcharakter des Kapitals auf und enthält so an sich, aber auch nur an sich, die Aufhebung des Kapitals selbst ...
Endlich unterliegt es keinem Zweifel, daß das Kreditsystem als ein mächtiger Hebel dienen wird während des Überganges aus der kapitalistischen Produktionsweise in die Produktionsweise der assoziierten Arbeit; jedoch nur als ein Element im Zusammenhang mit anderen großen organischen Umwälzungen der Produktionsweise selbst. Dagegen entspringen die Illusionen über die wunderwirkende Macht des Kredit- und Bankwesens, im sozialistischen Sinn, aus völliger Unkenntnis der kapitalistischen Produktionsweise und des Kreditwesens als einer ihrer Formen. Sobald die Produktionsmittel aufgehört haben, sich in Kapital zu verwandeln, hat der

Im Kredit tritt neben die sachliche die persönliche Beziehung, er erscheint als unmittelbar persönlich-gesellschaftliche Beziehung gegenüber den dinglich-gesellschaftlichen der übrigen ökonomischen Kategorien, dem Geld zumal: der Vulgaris redet vom »Vertrauen«. Und ebenso ist er in seiner Vollendung dem Kapitalismus entgegengesetzt, ist er Organisation und Kontrolle gegenüber der Anarchie. Er entspringt daher aus dem Sozialismus, der der kapitalistischen Gesellschaft angepaßt wird, er ist der schwindelhafte, kapitalistisch adaptierte Sozialismus. Er sozialisiert das Geld der anderen für den Gebrauch der wenigen. In seinem Beginn eröffnet er dem Kreditritter plötzlich die gewaltigsten Perspektiven: die Schranken der kapitalistischen Produktion – die Privatvermögen – erscheinen gefallen; die gesamte Produktivkraft der Gesellschaft scheint dem einzelnen zur Verfügung gestellt. Ihm schwindelt und er schwindelt.

Die ersten Pioniere des Kredits sind die Romantiker des Kapitalismus wie Law und Pereire; es dauert einige Zeit, bis der nüchterne Kapitalist die Oberhand gewinnt und Gunderman Saccard besiegt.

Kredit als solcher keinen Sinn mehr ... Solange anderseits die kapitalistische Produktionsweise fortdauert, dauert das zinstragende Kapital als eine ihrer Formen fort und bildet in der Tat die Basis ihres Kreditsystems ...« Marx, »Kapital«, III, S. 620 f.

Inhalt

EVA
Europäische
Verlagsanstalt

Rudolf Hilferding

Das Finanzkapital

Band II

Eingeleitet von Eduard März

basis

3. unveränderte Auflage 1974 der Ausgabe in der Reihe
»Politische Ökonomie. Geschichte und Kritik«

Druck Wagner Druckerei, Nördlingen
ISBN 3 434 45014 9
Printed in Germany

III. Abschnitt

Das Finanzkapital und die Einschränkung der freien Konkurrenz

11. Kapitel

Hindernisse in der Ausgleichung der Profitraten und ihre Überwindung

Der Zweck der kapitalistischen Produktion ist der Profit. Die Erzielung möglichst großen Profits ist Motiv für jeden Einzelkapitalisten, wird die Maxime seines ökonomischen Handelns, die aus den Bedingungen des kapitalistischen Konkurrenzkampfes mit Notwendigkeit entspringt. Denn der Einzelkapitalist kann sich nur behaupten, wenn er ständig danach strebt, seinen Konkurrenten nicht nur gleich, sondern auch überlegen zu bleiben. Dies kann er nur, wenn es ihm gelingt, seinen Profit über den Durchschnitt zu steigern, also Extraprofit zu erzielen[1].

Das subjektive Streben nach möglichst hohem Profit, das alle individuellen Kapitalisten beseelt, hat aber zum objektiven Re-

---

[1] Hobbes faßt dieses Streben allgemein: Die allgemeine Neigung der Menschheit ist »das beständige und rastlose Begehren von Macht über Macht, welches nur mit dem Tode aufhört«. »Und die Ursache davon ist nicht immer, daß einer hofft auf ein intensiveres Vergnügen, als er schon erreicht hat, oder daß er nicht zufrieden sein kann mit einer mäßigen Macht; sondern weil er nicht die Macht und Mittel zum Wohlleben, welche er zur Verfügung hat, sichern kann, ohne die Erwerbung von mehr.« (Leviathan, ch. XI.)

Das kapitalistische Motiv – Profit um des Profits willen – ist von Zola, dem großen Personifikator sozialer Kategorien, in Gunderman dargestellt, dessen sämtliche Konsumbedürfnisse auf Milch reduziert sind und der trotzdem stets weiter wuchert. Daher auch sein Sieg – der Sieg des kapitalistischen Prinzips – über Saccard, bei dem die Profitsucht getrübt ist durch dem Kapital fremden Einschlag – durch Machtstreben, Kulturideen und persönliche Luxusbedürfnisse. In Gunderman ist der Typus des Kapitalisten in seiner begriffslosen Form als Geldarbitrageur und Börsenspekulant am besten gefaßt, viel richtiger als bei Ibsens Gabriel Borkmann (wo das gesellschaftliche Bedürfnis durch den Kapitalismus vergewaltigt wird). Denn Borkmann geht vom gesellschaftlichen Bedürfnisse aus statt vom Profitinteresse, also von einem dem Kapitalisten fremden Motiv. In den Kapitalistendramen ist dieser Widerspruch zwischen Gesellschafts- und Profitinteresse stets das tragische Motiv und daher so oft ihre unrealistische Wirkung. Der richtige Kapitalist taugt – anders als der Geizhals, bei dem das persönliche Elend unter Umständen tragisch wirken kann – nicht zur dramatischen Figur, sondern nur zur Episode im Roman.

sultat die Tendenz zur Herstellung der gleichen Durchschnittsprofitrate für alle Kapitale[2].

Das Resultat wird zu erreichen gesucht durch die Konkurrenz der Kapitalien um die Anlagesphären, durch das beständige Hinströmen von Kapital in Sphären mit überdurchschnittlicher und das beständige Abströmen aus Sphären mit unterdurchschnittlicher Höhe der Profitrate. Diese ständige Ab- und Auswanderung findet aber Hindernisse, die mit der Höhe der kapitalistischen Entwicklung zunehmen.

Die Entwicklung der Produktivkraft der Arbeit, der technische Fortschritt, erscheint darin, daß dieselbe Masse lebendiger Arbeit eine immer mehr anschwellende Masse von Produktionsmitteln in Bewegung setzt. Dieser Prozeß spiegelt sich ökonomisch in der immer höheren organischen Zusammensetzung des Kapitals, in dem immer größeren Anteil, den der konstante Kapitalteil gegenüber dem variablen innerhalb des Gesamtkapitals bildet[3]. In dieser Änderung der Proportion c : v drückt sich die Änderung des Bildes aus, das die Manufaktur und frühkapitalistische Fabrik mit ihren in wenig ausgedehnten Arbeitsstätten um wenige und kleine Arbeitsmaschinen zusammengedrängten Arbeiterscharen darbot, im Vergleich mit dem der modernen Fabrik, wo hinter den riesenhaften Leibern der Automaten die

---

[2] Aus den Motiven der handelnden Wirtschaftsobjekte, die selbst aber durch die Natur der wirtschaftlichen Beziehungen determiniert werden, läßt sich nie mehr als die Tendenz zur Herstellung der Gleichheit der ökonomischen Bedingungen ableiten: gleiche Preise für gleiche Waren, gleicher Profit für gleiches Kapital, gleicher Lohn und gleiche Ausbeutungsrate für gleiche Arbeit. Aber zu den quantitativen Beziehungen selbst komme ich auf diese Weise, ausgehend von den subjektiven Motiven, nie. Ich muß vielmehr bereits die Größe des gesellschaftlichen Gesamtprodukts kennen, bei dessen Verteilung jene Gleichheitstendenzen wirksam werden, um die quantitativen Bestimmungen der einzelnen Teile finden zu können. Aus psychologischen Faktoren lassen sich nie quantitativ bestimmte Resultate ableiten.

[3] Wie stark in modernen Walzwerken der Anteil der lebendigen Arbeit herabgedrückt worden ist, dafür folgendes: »Durch die Hebetische allein wurde beim Schienenwalzen die Bedienungsmannschaft von 15 bis 17 auf 4 bis 5 Mann herabgesetzt. In Amerika fielen die Löhne per Tonne Fabrikat in Cents

	von 1890	bis 1901
für Schienenwalzer	von 15	auf weniger als 1
für Drahtwalzer	von 212	auf weniger als 12
für Wärmer der Drahtknüppel	von 80	auf weniger als 5

(Hans Gideon Heymann, »Die gemischten Werke im deutschen Großeisengewerbe«, Stuttgart 1904, S. 23.)

kleinen Menschen, kaum hie und da sichtbar werdend, immer wieder zu verschwinden scheinen.

Die technische Entwicklung bringt aber zugleich auch eine Änderung innerhalb der Bestandteile des konstanten Kapitals mit sich. Es wächst der Bestandteil des fixen Kapitals rascher als der des zirkulierenden. Als Illustration diene folgendes:

»Die technischen Fortschritte im Hochofenprozeß haben zu immer größerem Betriebe, zu immer stärkerer Kapitalkonzentration gezwungen. Nach Lürmann (»Die Fortschritte im Hochofenbetrieb seit 50 Jahren.« Düsseldorf 1902) ist seit 1852 der kubische Inhalt der Hochöfen im Verhältnis von 1 : 4,8, die Leistungsfähigkeit per Hochofen von 1 : 33,3, per Tonne des Hochofeninhaltes von 1 : 7 gestiegen. 1750 produzierten 14 schlesische Holzkohlenhochöfen zusammen 25 000 Zentner Roheisen, im Jahre 1799 waren die beiden Königshütter Kokshochöfen zusammen auf 40 000 Zentner im Jahre projektiert. Oechelhäuser rühmt 1852 eine Tagesleistung von 50 000 bis 60 000 preußische Pfund. Die letzten Rekorde per Tag und Ofen sind: Gewerkschaft Deutscher Kaiser (Thyssen) mit 518 Tonnen; Ohio Steel Co. No. 3 mit 806 Tonnen; das heißt, der amerikanische Ofen produziert in etwa 30 Stunden das gleiche, was ein schlesischer Ofen früher in einem Jahre leisten sollte, und in 36 Stunden das Quantum, das vor 150 Jahren 14 schlesische Öfen in einem Jahre herstellten.

Dementsprechend sind die Anlagekosten per Ofen enorm gestiegen. die erwähnten Königshütter Öfen waren alles in allem auf 40 000 Taler veranschlagt; das macht etwa 20 000 Mk. Anlagekapital per Tonne Tagesproduktion. 1887 war man nach Wedding bei Anlagekosten von fast 1 Million per Ofen auf 5400 bis 6000 Mk. per Tonne Tagesproduktion herunter. Neuerdings sind die Kosten per Tonne Tagesproduktion durch die vielen neuen Apparate und die fast vollständige Verdrängung der Handarbeit wieder auf rund 10 000 Mk. gestiegen, das heißt, ein normaler 250-Tonnen-Ofen im Ruhrrevier kostet heute 2½ Millionen, die amerikanischen Riesenöfen haben schon bis 6 Millionen Mark verschlungen.

Außer im Siegerland und in Oberschlesien finden sich heute in Deutschland kaum noch Öfen mit einer täglichen Leistungsfähigkeit unter 100 Tonnen. Die jährliche Minimalproduktion eines neu zu errichtenden Ofens muß mithin mindestens auf 30 000 bis 40 000 Tonnen veranschlagt werden, aber der Betrieb mehrerer Öfen bietet große Vorteile, daher das Streben, die Zahl der zu einem Hochofenbetrieb gehörigen Öfen stetig zu mehren. Ebenso wie die Generalkosten (Direktion, Laboratorium, Ingenieure) verteilen sich die Kosten der notwendigen Reservemaschinerie (Gebläsemaschinerie, Winderhitzer) auf eine viel größere Produktion. Dann kann man nur bei Vereinigung mehrerer Öfen mit einem Ofen jahrein, jahraus die gleiche Roheisensorte herstellen. Dadurch fällt einmal das lästige Umsetzen der Öfen von einer Roheisensorte auf die andere hinweg und dann wird es möglich, die Ofenkonstruktion im Hinblick auf die zu erzeugende Roheisensorte zu spezialisieren. Endlich wird die Ausnützung der modernen Erfindungen (rationelle Anfuhr der Rohstoffe, Gießmaschine, Mischer, Gichtgasmaschinen) erst bei hohen Produktionsziffern und mehreren Öfen wirtschaftlich rationell.« (Heymann a. a. O., Seite 13 ff.)

Gegenüber dieser Sphäre mit höchster organischer Zusammensetzung ist es gar interessant, eine Industriesphäre zu vergleichen, bei der die Maschinenanwendung gleichfalls einen hohen Grad erreicht hat, wo aber infolge der anderen technischen Bedingungen die organische Zusammensetzung weitaus niedriger ist. »Die Größe des für die Schuhfabrikation erforderlichen Kapitals wollen wir uns an dem Beispiel einer Fabrik vor Augen führen, die täglich 600 bis 800 Paar Schuhe, zur Hälfte randgenäht, zur anderen Hälfte durchgenäht, herstellt.

Gebäude	100 000 Mk.
Grund und Boden	50 000 Mk.
Dampfmaschine (50 PS)	21 000 Mk.
Elektrische Anlagen	20 000 Mk.
Fabrikationsmaschinen und sonstige Einrichtungen	80 000 Mk
Leisten	25 000 Mk.
Stehendes Kapital	296 000 Mk.

Nehmen wir nun an, daß das umlaufende (Betriebs-) Kapital etwa zweimal im Jahre umgesetzt wird, so erhalten wir:

Rohstoffe für 1/2 Jahr	350 000 Mk.
Arbeitslöhne für 1/2 Jahr	100 000 Mk.
Sonstige Unkosten für 1/2 Jahr	90 000 Mk.
Umlaufendes Kapital	540 000 Mk.

Wir werden also sagen können, daß neben einem stehenden Kapital von rund 300 000 Mk. ein umlaufendes Kapital von 500 000 Mk. nötig ist, daß also für diese Fabrik, welche 180 bis 200 Arbeiter beschäftigen würde, etwa 800 000 Mk. Gesamtkapital erforderlich wäre.« (Karl Rehe, »Die Deutsche Schuhgroßindustrie«. Jena 1908. S. 54.)

Dagegen: »So würde heute alles in allem ein großes kombiniertes Thomaswerk von 300 000 bis 400 000 Tonnen Produktion, das in Westdeutschland neu gegründet werden soll und Mineralfelder wie Grund und Boden kaufen muß, mindestens kosten:

1000 Hektar Minettefelder	10 000 000 Mk.
6 Kohlenfelder im Ruhrrevier	3 000 000 Mk.
Kohlengrube mit 1 000 000 Tonnen Förderung, einschließlich Kokereien	12 000 000 Mk.
Hochofenanlage	10 000 000 Mk.

Stahl- und Walzwerke		15 000 000 Mk.
Grund und Boden, Bahnanschlüsse, Arbeiterwohnungen usw. auf dem Eisenwerk		5 000 000 Mk.
	Insgesamt	55 000 000 Mk.

Dazu gehören etwa 10 000 Arbeiter. Entsprechend werden in Amerika 20 bis 30 Millionen Dollar Anlagekapital für ein Stahlwerk der doppelten Leistungsfähigkeit (2500 Tonnen täglich) als notwendig bezeichnet.« Dagegen steckte in der ganzen Nassauer Eisenindustrie 1852 an Kapital 1 235 000 fl. (Heymann a. a. O., S. 26.)

Dieses riesige Anschwellen des fixen Kapitals bedeutet aber eine stets erschwerte Übertragbarkeit der einmal gemachten Kapitalsanlagen. Während das zirkulierende Kapital nach Ablauf jeder Umschlagsperiode in Geld rückverwandelt ist und daher in jedem anderen Produktionszweig angelegt werden kann, ist das fixe Kapital durch eine größere Reihe von Umschlagsperioden im Produktionsprozeß fixiert; sein Wert überträgt sich allmählich auf das Produkt und fließt ebenso allmählich in Geldform zurück. Der Umschlag des Gesamtkapitals verlängert sich. Je größer das fixe Kapital, je mächtiger sein Umfang, desto gewichtiger fällt es bei Anlagen in die Waagschale, desto größeren Teil des Gesamtkapitals bildet es und desto größer ist die Schwierigkeit, den darin gebundenen Wert ohne die größten Verluste zu realisieren und das Kapital dann auf eine günstigere Sphäre zu übertragen. Dadurch wird aber die Konkurrenz des Kapitals um die Anlagesphären modifiziert. An Stelle der alten rechtlichen Schranken der mittelalterlichen Bevormundung sind neue ökonomische entstanden, die die Freizügigkeit des Kapitals beschränken, eine Beschränkung freilich, die nur bereits in Produktionskapital verwandelte Kapitalien trifft, nicht aber erst neu anzulegende. Eine zweite Schranke besteht darin, daß die technische Entwicklung zugleich die Stufenleiter der Produktion ausdehnt, daß der anschwellende Umfang des konstanten und insbesondere des fixen Kapitals eine absolut immer größere Kapitalsumme erfordert, um überhaupt die Produktion entsprechend erweitern oder neue Unternehmen errichten zu können. Die allmählich akkumulierten Summen aus dem Mehrwert reichen lange nicht aus, um in selbständige Kapitalien verwandelt zu werden. Es wäre so denkbar, daß auch der Zufluß von neuem Kapital ungenügend wird oder verspätet kommt. Die Freizügigkeit des Kapitals ist aber eine Bedingung der Herstellung der gleichen Profitrate. Diese Gleichheit wird verletzt, wenn Zu-

oder Abfluß des Kapitals nicht ungehindert erfolgen kann. Da die Tendenz nach der Gleichheit des Profits zunächst individuelles Streben des Kapitalisten nach möglichst hohem Profit ist, so muß die Schranke zunächst individuell beseitigt werden. Dies geschieht durch die Mobilisierung des Kapitals.

Das Kapital zu zentralisieren, genügt die Schaffung der Kapitalassoziation. Durch die Mobilisierung wird aber gleichzeitig der Kreis des assoziierbaren Kapitals erweitert. Denn sie macht die stete Rückverwandlung industriellen Kapitals, einschließlich des fixen Kapitals in Geldkapital möglichst unabhängig von dem wirklichen Rückfluß nach Ablauf der Umschlagsperiode, während der das fixe Kapital zu funktionieren hat. Natürlich ist diese Rückverwandlung nicht möglich auf gesellschaftlicher Stufenleiter, sondern nur gegeben für eine Anzahl stets wechselnder Kapitalisten. Diese stete Rückverwandelbarkeit in Geld gibt aber dem Kapital die Rückflußart von Leihkapital – Geldkapital, das, für einige Zeit vorgeschossen, als um den Zins vermehrte Geldsumme zurückkehrt. Es macht daher Geldsummen für die industrielle Anlagesphäre geeignet, die sonst nicht als industrielles Kapital fungiert hätten.

Es sind Geldsummen, die für ihre Besitzer für längere oder kürzere Zeit brachliegen müßten oder als reines Leihkapital vorübergehend angelegt würden. Diese Summen wechseln beständig in ihrer Zusammensetzung, kontrahieren und expandieren sich, stets ist aber eine gewisse Summe solch momentan brachliegenden Geldes vorhanden. Diese kann in industrielles Kapital verwandelt und damit fixiert werden. Der stete Wechsel dieser Geldsumme drückt sich aus in dem steten Besitzwechsel der Aktien. Die Verwandlung in industrielles Kapital geschieht natürlich nur einmal und ein für allemal. Das brachliegende Kapital ist definitiv in Geldkapital, dieses in Produktionskapital verwandelt worden. Die neuen Geldsummen, die nunmehr aus diesen Fonds brachliegenden Geldes einströmen, fungieren als Kaufmittel für die Aktien, dienen jetzt nur mehr als Zirkulationsmittel für deren Umsatz. Für die Besitzer des ursprünglich in industrielles Kapital verwandelten Geldes bewerkstelligen sie aber den Rückfluß ihres Geldes, das sie nun wieder anderen Zwecken zur Verfügung stellen können, nachdem es für sie auch in der Zwischenzeit als Kapital fungiert hat. Nebenbei ist zu bemerken, daß mit der Steigerung der Aktienkurse ceteris paribus auch das zu ihrem Umsatz nötige Geld zunehmen muß und daß dann mehr Geld in diese Zirkulation eingehen kann, als ursprünglich in industrielles verwandelt wurde. Dabei ist zu beachten, daß in der Regel der Kurs der Aktien größer ist, als der Wert des industriellen Kapitals, in das das Geld verwandelt wurde. Die Mobilisierung des Kapitals läßt natürlich den Produktionsprozeß unberührt. Sie berührt nur das Eigentum, schafft nur die Form für die Übertragung des kapitalistischen fungierenden Eigentums, die Übertragung von Kapital als Kapital, als Profit heckende Geldsumme. Da sie die Produktion unberührt läßt, ist diese Übertragung in der Tat nur Übertragung der Eigentumstitel auf den Profit. Dem Kapitalisten handelt es sich aber nur um den Profit. Die Sphäre, in der der Profit produziert wurde, ist ihm gleichgültig. Der Kapitalist macht nicht eine Ware, sondern er macht in einer Ware – Profit.

Eine Aktie ist somit so gut wie eine andere, wenn sie unter sonst gleichen Umständen gleichen Profit bringt. Jede Aktie wird somit bewertet nach dem Profit, den sie bringt. Der Kapitalist, der Aktien kauft, kauft um dieselbe Geldsumme gleichgroßen Anteil am Profit wie jeder andere. Individuell ist somit durch die Mobilisierung des Kapitals für jeden einzelnen Kapitalisten die Gleichheit der Profitrate verwirklicht. Aber auch nur individuell, indem die wirklich bestehenden Ungleichheiten nur für ihn bei dem Ankauf der Aktien ausgelöscht werden. In Wirklichkeit bestehen diese Ungleichheiten fort und ebenso die Tendenz zu ihrer Ausgleichung.

Denn die Mobilisierung des Kapitals läßt die wirkliche Bewegung des Kapitals zur Ausgleichung der Profitrate unberührt. Es bleibt ja das Streben des Kapitalisten nach möglichst großem Profit. Dieser erscheint jetzt in der größeren Dividende und dem erhöhten Kurswert der Aktien. Damit wird dem neuanzulegenden Kapital deutlich der Weg gewiesen. Die Höhe des erzielten Profits, früher das Geschäftsgeheimnis des einzelnen Unternehmens, erscheint jetzt mehr oder minder adäquat ausgedrückt in der Höhe der Dividende und erleichtert damit für das Anlage suchende Kapital die Erscheinung, welchen Produktionszweigen es sich zuzuwenden habe. Wird zum Beispiel in der Eisenindustrie mit einem Kapital von einer Milliarde 200 Millionen Profit gemacht und in einer anderen Industrie mit demselben Kapital ein Profit von 100 Millionen, so mag der Kurswert der Eisenaktien – wenn wir eine Kapitalisierung zu 5 Prozent annehmen – 4 Milliarden betragen, der der anderen 2 Milliarden und damit für die individuellen Besitzer der Unterschied ausgelöscht sein. Das hindert aber nicht das neue Kapital, in der Eisenindustrie Anlage zu suchen, wo es überdurchschnittlichen Profit machen kann. Gerade durch das Aktienwesen wird der Zufluß in diese Sphären erleichtert. Nicht nur weil, wie schon bemerkt, das Hindernis, das aus der Größe des Kapitals entspringt, dadurch leicht überwunden wird, sondern der Extraprofit dieser Sphäre verspricht kapitalisiert auch besonders hohen Gründergewinn und reizt die Banken zur Betätigung in diesem Produktionszweig an. Die Verschiedenheit der Profitraten tritt hier in der verschiedenen Höhe der Gründergewinne in Erscheinung; sie wird ausgeglichen, indem die neu akkumulierten Mehrwertmassen den Sphären mit höchstem Gründergewinn zuströmen.

Ebenso läßt die Mobilisierung des Kapitals die Schwierigkeiten, die sich der Ausgleichung der Profitrate entgegenstellen, unberührt. Dagegen räumt die zugleich mit der Mobilisierung sich entwickelnde Assoziation des Kapitals die Schranken hinweg, die aus der Größe des neuanzulegenden Kapitals entspringen; durch die Vereinigung der Geldsummen wird mit dem wachsenden Reichtum der kapitalistischen Gesellschaft die Größe des Unternehmens kein Hindernis für dessen Ausführung. So wird die Ausgleichung der Profitrate immer mehr nur möglich durch Einwanderung neuen Kapitals in die Sphären, wo die Profitrate über dem Durchschnitt steht, während die Abwanderung des Kapitals aus den Produktionszweigen mit viel fixem Kapital nur schwer möglich ist. Hier vollzieht sich die Verminderung des Kapitals nur durch allmähliches Absterben alter Einrichtungen oder aber durch Vernichtung von Kapital im Falle des Bankerotts.

Zugleich ergibt sich mit der Ausdehnung der Stufenleiter der Produktion eine weitere Schwierigkeit. Ein neuerrichteter Betrieb muß in einer hochkapitalistischen Sphäre im vorhinein eine große Ausdehnung haben; seine Errichtung wird mit einem Schlage die Produktion dieser Sphäre gewaltig steigern. Die Gebote der Technik erlauben nicht jene Nuancierung in der Steigerung der Produktion, die die Aufnahmefähigkeit des Marktes vielleicht erforderte. Die starke Vermehrung der Produktion überkompensiert die Wirkung auf die Profitrate; stand diese vorher über dem Durchschnitt, so sinkt sie jetzt unter ihn.

So entstehen der Tendenz zur Ausgleichung der Profite Hemmungen, die sich mit der Entwicklung des Kapitalismus steigern.

Diese Hemmungen wirken verschieden stark auf die verschiedenen Sphären ein, je nach der Zusammensetzung des Kapitals, insbesondere je nach der Größe des Raumes, den das fixe Kapital innerhalb des Gesamtkapitals einnimmt. Am stärksten wird sich diese Wirkung geltend machen gerade in den entwickeltsten Sphären kapitalistischer Produktion, in den schweren Industrien. Hier spielt das fixe Kapital weitaus die größte Rolle, hier wird der Abfluß einmal angelegten Kapitals am schwierigsten.

Wie wirkt dies nun auf die Profitrate in diesen Sphären? Es wäre folgende Argumentation denkbar: In diesen Industrien ist ein sehr bedeutendes Anfangskapital nötig, der Besitz so großer Anfangskapitalien ist beschränkt, daher wird auch die Konkurrenz in diesen Sphären geringer, der Profit höher sein. Das Argument übersieht, daß das nur zutrifft für die Zeit, wo das Kapital noch individuell fungierte. Die Assoziationsmöglichkeit des Kapitals überwindet spielend diese Schranke. Die Größe des Kapitals ist kein Hindernis für dessen Aufbringung. Dagegen ist der Ausgleich durch Kapitalabfluß hier fast ausgeschlossen und ebenso ist die Kapitalvernichtung hier sehr erschwert. Diese entwickelten Industrien sind zugleich diejenigen, in denen die Konkurrenz die kleinen Betriebe am raschesten ausgemerzt hat oder wo es solche überhaupt nicht gegeben hat (wie in manchen Zweigen der Elektrizitätsindustrie). Es herrscht nicht nur der Großbetrieb, sondern diese kapitalstarken Großbetriebe werden einander immer gleichwertiger, die technischen und ökonomischen Unterschiede, die einzelnen von ihnen eine Überlegenheit im Konkurrenzkampf gewähren würden, werden immer geringer. Es ist kein Kampf von Starken mit Schwachen, in dem diese vernichtet und damit der Überfluß an Kapital in dieser Sphäre beseitigt würde, sondern ein Kampf zwischen Gleichen, der lange unentschieden bleiben mag, allen Kämpfenden gleiche Opfer auferlegt. Diese Unternehmen müssen alle den Kampf auszuhalten suchen, da sonst das ganze gewaltige Kapital, das in jedem einzelnen steckt, entwertet würde. Die Entlastung dieser Sphäre durch Kapitalvernichtung ist so sehr erschwert. Zugleich wirkt hier jedes neue Unternehmen vermöge der großen Produktionsfähigkeit, die es von vornherein besitzen muß, mit großer Wucht auf die Zufuhr. Es wird gerade in diesen Sphären sich sehr leicht ein Zustand herausbilden, in dem durch längere Zeit die Profitrate unter dem Durchschnitt steht. Dieser Zustand wird um so gefährlicher, je niedriger die Durchschnittsprofitrate steht. Mit dem Fall der Profitrate, der die Entwicklung der kapitalistischen Produktion begleitet, wird der Spielraum, innerhalb dessen eine Produktion noch profitabel ist, stets verengt. Ist die Profitrate nur 20 Prozent, während sie früher einmal 40 Prozent war, so reicht schon ein viel geringerer Preisdruck hin, um den Profit ganz verschwinden zu lassen, den Zweck der kapitalistischen Produktion zu vereiteln. So werden gerade diese Industrien mit ihren großen fixen Kapitalmassen immer empfindlicher gegen die Konkurrenz und den durch sie bewirkten Fall der Profitrate, während gleichzeitig gerade für sie die Schwierigkeit wächst, die einmal stattgehabte Verteilung des Kapitals zu ändern. So wird gerade in ihnen – freie Konkurrenz vorausgesetzt – leicht eine unterdurchschnittliche Profitrate entstehen können, die nur sehr allmählich, durch stockenden Zufluß neuen Kapitals, während der Konsum sich allmählich mit dem Wachstum der Bevölkerung hebt, sich ausgleichen würde. Diese Tendenz kann noch dadurch verstärkt werden, daß neue Kapitalien (Aktienkapital) im vorhinein mit unterdurchschnittlichem Profit rechnen können.

Anderseits wird geringerer als der Durchschnittsprofit in jenen Sphären herrschen, in denen noch das individuelle Kapital dominiert und das erforderliche Kapital verhältnismäßig gering ist. Hierher drängen sich die Kapitalien, die in den entwickelten Sphären nicht mehr konkurrenzfähig sind, deren geringer Umfang aber andererseits ihren Besitzern nicht erlaubt, sie als Zins oder Dividende tragendes Kapital anzulegen. Es sind das die Sphären des Kleinhandels und der kleinkapitalistischen Produktion mit ihrem erbitterten Konkurrenzkampf, mit ihrer fortwährenden Vernichtung alten Kapitals, das alsbald wieder durch neues ersetzt wird, Sphären, die besiedelt sind von jenen Elementen, die immer mit einem Fuß im Proletariat stehen, in denen der Bankerott eine stete Erscheinung ist, während nur wenige von ihnen sich allmählich zu größeren Kapitalisten entwickeln. Es sind das diejenigen Zweige der Produktion, welche immer mehr in den verschiedensten Formen vom großen Kapital in indirekte Abhängigkeit gebracht werden.

Neben der Überfüllung dieser Sphären der Produktion kommt noch ein anderer Umstand hinzu, um hier die Profitrate zu senken. Es herrscht erbitterte Konkurrenz um den Absatz und diese Konkurrenz auszufechten werden große Summen aufgewandt, um den Umschlag zu beschleunigen und den Absatz zu vergrößern. Eine große Reklame wird entfaltet, eine große Anzahl von

Reisenden ausgeschickt. Um jeden Kunden kämpfen zehn Reisende. Dies alles erfordert Geld, das das Kapital dieser Sphären anschwellt, aber, da es nicht produktiv angewandt wird, den Profit nicht vermehrt, sondern die Profitrate, da sie jetzt auf dieses größere Kapital berechnet werden muß, senkt.

So sehen wir, wie sich an den beiden Polen kapitalistischer Entwicklung aus ganz verschiedenen Ursachen eine Tendenz zur Senkung der Profitrate unter ihren Durchschnitt ergibt. Diese Tendenz löst nun ihrerseits dort, wo die Kapitalskraft hinreichend stark ist, die Gegentendenz zu ihrer Überwindung aus. Diese Gegentendenz führt schließlich zur Aufhebung der freien Konkurrenz und damit zur Tendenz, die Ungleichheit der Profitrate dauernd zu gestalten, bis schließlich diese Ungleichheit selbst beseitigt wird durch die Beseitigung der Trennung der Produktionssphären[4].

Die Tendenz, die so innerhalb des industriellen Kapitals gerade in seinen entwickelten Sphären entsteht, wird gefördert durch die Interessen des Bankkapitals.

Wir haben gesehen, daß die Konzentration in der Industrie gleichzeitig eine Konzentration der Banken herbeiführt, die aus den eigenen Entwicklungsbedingungen des Bankgeschäftes heraus noch verstärkt wird. Wir sehen ferner, wie das Bankkapital durch das Aktienwesen den industriellen Kredit erweitern kann und, durch die Aussicht auf Gründungsgewinn geleitet, immer größeres Interesse an der Finanzierung gewinnt. Der Gründungsgewinn ist aber unter sonst gleichen Umständen abhängig von der Höhe des Profits. Das Bankkapital wird so direkt interessiert an dieser Höhe. Mit der Konzentration der Banken wächst aber zugleich der Umkreis der industriellen Unternehmungen, an denen die Bank als Kreditgeberin und Finanzinstitut beteiligt ist.

Während das industrielle Unternehmen, das technisch oder ökonomisch überlegen ist, die Aussicht hat, nach einem Konkurrenzkampf siegreich den Markt zu behaupten, den eigenen

---

[4] Die Tendenz zur Ausgleichung der Profitrate ist wichtig, um die Bewegung der kapitalistischen Produktion zu verstehen und die Wirkungsweise des Wertgesetzes als Bewegungsgesetzes zu begreifen. Denn das Wertgesetz beherrscht nicht direkt die einzelnen Tauschakte, sondern nur ihre Gesamtheit, von denen der einzelne Tauschakt nur ein durch die Gesamtheit bedingter Teil. Anderseits ist die individuelle Ungleichheit der Profite wichtig für die Distribution des Gesamtprofits, für die Akkumulation und Konzentration, schließlich für die Kombination, Fusion, Kartell und Trust.

Absatz zu vergrößern und nach Verdrängung der Gegner für längere Zeit Extraprofite einzuheimsen, die es für die Verluste des Konkurrenzkampfes mehr als entschädigen, sind die Erwägungen der Bank anderer Natur. Der Sieg dieses Unternehmens ist die Niederlage anderer, an denen die Bank gleichfalls interessiert war. Die anderen Unternehmen haben starken Kredit in Anspruch genommen und das geliehene Kapital ist jetzt gefährdet. Der Konkurrenzkampf selbst war eine Zeit des Verlustes für alle Unternehmungen. Die Bank mußte ihre Kredite einschränken, auf gewinnbringende Finanzgeschäfte verzichten. Der Sieg des einen Unternehmens entschädigt sie dafür durchaus nicht. Ein so starkes Unternehmen ist ein Widerpart, an dem die Bank nicht allzuviel verdienen kann. Sobald die konkurrierenden Werke ihre Kunden sind, hat die Bank von deren Konkurrenz daher nur Nachteile zu erwarten. Daher ist das Streben der Banken nach Ausschaltung der Konkurrenz zwischen Werken, an denen sie beteiligt ist, ein absolutes. Jede Bank aber hat auch das Interesse an möglichst hohem Profit. Dieser wird unter sonst gleichen Umständen wieder den höchsten Stand erreichen bei völliger Ausschaltung der Konkurrenz in einem Industriezweig. Daher das Streben der Banken nach Herstellung des Monopols. Es treffen so die Tendenzen des Bankkapitals mit denen des Industriekapitals nach Ausschaltung der Konkurrenz zusammen. Zugleich aber erhält das Bankkapital immer mehr Macht, dieses Zeil durchzusetzen, selbst gegen den Willen einzelner Unternehmungen, die, auf ihre besonders günstige Einrichtung gestützt, den Konkurrenzkampf vielleicht noch vorziehen würden. Der Unterstützung des Bankkapitals hat es so das Industriekapital zu danken, wenn der Ausschluß der Konkurrenz schon in einem Stadium der ökonomischen Entwicklung stattfindet, wo ohne Mitwirkung des Bankkapitals die freie Konkurrenz noch weiter bestanden hätte[5].

---

[5] Es ist kein Zweifel, daß die andersartige Entwicklung des Bankwesens in England, das den Banken viel geringeren Einfluß auf die Industrie gewährt, mit ein Grund ist, der die Kartellierung in England erschwert und die englischen Kartelle, falls sie zustande kommen, meist nur zu losen Preisvereinbarungen werden läßt, die in guter Konjunktur außerordentlich hohe Preise durchsetzen, um während der Depression zusammenzubrechen. (Siehe die zahlreichen Beispiele für solche Zusammenbrüche bei Henry W. Macrosty »The Trust Movement in British Industry«. London 1907. S. 63 ff.) Die Verbesserungen in der Organisation der englischen Industrie, namentlich die Ausdehnung der Kombination in den letzten Jahren, sind zurückzuführen auf die amerikanische und deutsche Konkurrenz. Das Weltmarktmonopol

Neben diesen allgemeinen Tendenzen zur Einschränkung der Konkurrenz machen sich Tendenzen geltend, die aus bestimmten Phasen der industriellen Konjunktur entspringen. Zunächst ist zu bemerken, daß in der Depressionsperiode der Antrieb, den Profit zu erhöhen, sich besonders stark geltend machen wird. Während der Prosperität übersteigt die Nachfrage das Angebot. Man ersieht dies schon daraus, daß in dieser Zeit die Produktion lange Zeit vor ihrer Herstellung verkauft wird[6].

Es sei nebenbei bemerkt, daß die Nachfrage in dieser Zeit häufig spekulativen Charakter annimmt. Es wird gekauft in Erwartung, daß die Preise weiter steigen werden. Die Erhöhung des Preises, die die konsumtive Nachfrage einschränkt, ist umgekehrt ein Stachel für die spekulative Nachfrage. Übersteigt aber die Nachfrage das Angebot, so bestimmen die unter den schlechtesten Bedingungen produzierenden Unternehmungen den Marktpreis. Die unter besseren Bedingungen produzierenden realisieren Extraprofit. Die Unternehmer sind eine geschlossene Einheit auch ohne Vertragsabschluß. Umgekehrt in der Depression, wo jeder auf eigene Faust zu retten sucht, was noch zu retten ist, jeder rücksichtslos gegen den anderen operiert. »Die Seite der Konkurrenz, die momentan die schwächere, ist zugleich die, worin der einzelne unabhängig von der Masse seiner Konkurrenten und oft direkt gegen sie wirkt und gerade dadurch die Abhängigkeit des einen von dem anderen fühlbar macht, während die stärkere Seite stets mehr oder minder als geschlossene Einheit dem Widerpart gegenübertritt. Ist für diese bestimmte Sorte Waren die Nachfrage größer als die Zufuhr, so überbietet – innerhalb gewisser Grenzen – ein Käufer den anderen und verteuert so die Ware für alle über den Marktpreis, während auf der anderen Seite die Verkäufer gemeinsam zu einem hohen

---

hatte die englische Industrie rückständig gemacht. Der beste Beweis für die Notwendigkeit der Konkurrenz innerhalb des kapitalistischen Systems.
Übrigens zeitigt die englische Bankentwicklung auch noch ein anderes Phänomen. In Deutschland und den Vereinigten Staaten sind es zu einem großen Teil die Bankdirektoren, die durch Personalunion die Interessengemeinschaften der Industrie zum Ausdruck bringen, in England spielt das eine geringere Rolle; dort vollzieht sich die Personalunion durch die Direktoren der industriellen Aktiengesellschaften.

[6] So war Mitte Juni 1907 die Produktion deutscher und englischer Spinnereien vielfach schon für das I. Quartal 1908 verkauft. Die deutschen Kohlenverbraucher haben im Jänner 1907 feste Abschlüsse bis März 1908, also auf 15 Monate, mit dem Kohlensyndikat gemacht. (»Frankfurter Zeitung«, 16. VII. 1907.)

Marktpreis zu verkaufen suchen. Ist umgekehrt die Zufuhr größer als die Nachfrage, so fängt einer an, wohlfeiler loszuschlagen, und die anderen müssen folgen, während die Käufer gemeinsam darauf hinarbeiten, den Marktpreis möglichst tief unter den Marktwert herabzudrücken. Die gemeinsame Seite interessiert jeden nur, solange er mehr mit ihr gewinnt als gegen sie. Und die Gesamtheit hört auf, sobald die Seite als solche die schwächere wird, wo dann jeder einzelne auf eigene Hand sich möglichst gut herauszuwinden sucht. Produziert ferner einer wohlfeiler und kann er mehr losschlagen, sich größeren Raumes vom Markt bemächtigen, so tut er es, und so beginnt die Aktion, die nach und nach die anderen zwingt, die wohlfeilere Produktionsart einzuführen und die die gesellschaftlich notwendige Arbeit auf ein neues geringeres Maß reduziert. Hat eine Seite die Oberhand, so gewinnt jeder, der ihr angehört; es ist als hätten sie ein gemeinschaftliches Monopol geltend zu machen. Ist eine Seite die schwächere, so kann jeder für seinen eigenen Teil suchen, der stärkere zu sein (zum Beispiel, wer mit weniger Produktionskosten arbeitet) oder wenigstens so gut wie möglich davonzukommen, und hier schert er sich den Teufel um seinen Nebenmann, obgleich sein Wirken nicht nur ihn, sondern auch alle seine Kumpane mit berührt[7].«

Es entsteht so ein Widerspruch: Die Einschränkung der Konkurrenz ist am leichtesten möglich, wenn sie am wenigsten nötig ist, weil der Vertrag nur den bestehenden Zustand sanktioniert, nämlich während der Prosperität. Umgekehrt ist während der Depression, wo die Einschränkung der Konkurrenz am nötigsten, der Abschluß des Vertrages zugleich am schwierigsten. Dieser Umstand erklärt, warum sich die Kartelle viel leichter in der

---

[7] Marx, »Kapital« III, S. 203 f.
Sehr charakteristisch ist auch die nachfolgende Stelle, die Marx zitiert und die ich hier in Übersetzung folgen lasse: Wenn jeder Mann einer Klasse niemals mehr haben könnte als einen bestimmten Teil oder einen aliquoten Teil der Gewinne und des Besitzes der ganzen Klasse, so würde er leicht zu Vereinbarungen geneigt sein, um die Gewinne zu erhöhen (das tut er, bemerkt Marx dazu, sobald das Verhältnis von Nachfrage und Zufuhr es erlaubt); dies bedeutet Monopol. Aber sobald jedermann denkt, daß er irgendwie den absoluten Betrag seines eigenen Anteils vermehren könnte, obwohl durch ein Vorgehen das den Gesamtbetrag vermindert, wird er es oft tun; das bedeutet Konkurrenz. (An Inquiry into those principles respecting the nature of demand etc. London 1811, S. 105.)
Während der Prosperität ist der Anteil (given share) gegeben, er ist gleich dem ganzen Produkt das vom Einzelunternehmer erzeugt werden kann. In der Depression dagegen muß er um seinen Absatz kämpfen.

Prosperitätsepoche oder wenigstens nach Überwindung der Depression bilden und in der Depression, namentlich wenn sie nicht straff organisiert sind, so oft zusammenbrechen[8].

Ebenso ist klar, daß die monopolistischen Vereinigungen in Zeiten guter Konjunktur den Markt viel wirksamer beherrschen werden als in Depressionszeiten[9].

Neben den Tendenzen, welche dauernde Senkung der Profitrate und ihr Durchschnittsniveau hervorrufen und die nur überwunden werden können durch Beseitigung ihrer Ursache, der Konkurrenz, gibt es auch eine Senkung der Profitrate in einem Industriezweig, die entsteht durch eine Erhöhung des Profits in einem anderen Industriezweig. Entspringt jene aus dauernd wirksamen Ursachen, so diese aus Bedingungen des industriellen Zyklus. Tritt jene schließlich in allen entwickelten kapitalistischen Produktionszweigen ein, so betrifft diese nur bestimmte Produktionszweige. Entsteht endlich jene aus der Konkurrenz innerhalb eines Industriezweiges, so diese aus dem Verhältnis von Industriezweigen, von denen der eine das Rohmaterial des anderen liefert.

---

[8] »Die Erfahrung hat gelehrt, daß, wenn auch die Kartelle als »Kinder der Not« bezeichnet werden und die Bestrebungen zum Zusammenschluß der Berufsgenossen zumeist in den Zeiten niedergehender wirtschaftlicher Konjunkturen oder Krisen ihren günstigsten Nährboden haben, dennoch das Zustandekommen eines Kartells am leichtesten bei günstiger geschäftlicher Lage und bei Hochkonjunktur sich ermöglichen läßt, denn die Aussicht auf die Erhaltung günstiger Preise, verbunden mit starker Nachfrage, bildet die stärkste Triebfeder zur Vereinigung gemeinsamer Interessen. Das Bestreben dagegen, um jeden, auch den niedrigsten Preis Aufträge zu erlangen und diese dem Konkurrenten wegzunehmen, erschwert ein gemeinsames Vorgehen.« Dr. Völcker in seinem Referat über den Verband deutscher Druckpapierfabriken. Kontradikt. Verh. Siehe auch über die Geschichte der Kartelle Heinrich Cunow: »Die Kartelle in Theorie und Praxis«, Neue Zeit, XXII., 2, S. 210.

[9] So sagt auch Levy, nachdem er angeführt hat, daß der Preis der Stahlschienen in den Vereinigten Staaten trotz aller Schwankungen sowohl des Weltmarktpreises als des Rohmaterials sich vom Mai 1901 bis zum Sommer 1905 unverändert auf 28 Dollar gehalten hat: »Es scheint, als ob diese Organisation, der Pool, stets in schlechten Zeiten an Macht verloren habe, um sie in guten Zeiten wieder zu gewinnen.«

»So bricht im Jahre 1892 der Rail pool über Streitigkeiten der Carnegie und Illinois Steel Company, der beiden Hauptelemente im Pool, zusammen, in dem Augenblicke, wo die Preise sinken. So bricht weiter im Jahre 1897, nachdem sich der kurze Aufschwung von 1896 verlaufen hatte, der zweite Pool zusammen. Es folgt die allgemeine Demoralisation des Marktes, welche wieder zu Ende des Jahres 1898 die Produzenten zu einer gemeinschaftlichen Maßnahme schreiten läßt: der Neugründung des Schienenkartells.« (Hermann Levy: »Die Stahlindustrie in den Vereinigten Staaten.« Berlin 1905. S. 201.)

Während der Prosperität findet Ausdehnung der Produktion statt. Diese Ausdehnung wird dort am raschesten erfolgen, wo die Kapitalien verhältnismäßig gering, die Ausdehnung der Produktion in kurzer Zeit und an vielen Punkten vor sich gehen kann. Diese rasche Steigerung der Produktion wirkt bis zu einem gewissen Grade der Steigerung der Preise entgegen. Dies ist der Fall in einem großen Teil der Industrie der Fertigfabrikate. Dagegen ist die Ausdehnung der Produktion in der extraktiven Industrie nicht ebenso rasch möglich. Die Fertigstellung eines neuen Schachtes, die Anlegung neuer Hochöfen braucht relativ lange Zeit[10]. In der ersten Zeit der Prosperität wird die steigende Nachfrage durch intensivere Ausnützung der alten Produktionsmöglichkeiten befriedigt. In der Hochkonjunktur wächst aber die Nachfrage der Fertigindustrien rascher als die Produktion der extraktiven Industrien. Infolgedessen steigen die Preise des Rohmaterials rascher als die der Fertigfabrikate. In der extraktiven Industrie steigt so die Profitrate auf Kosten der weiterverarbeitenden Industrie und diese kann zudem noch durch Rohmaterialmangel an der Ausnützung der Konjunktur verhindert werden.

Umgekehrt in der Depression. Der Abfluß und die Produktionseinschränkung ist in den Zweigen, die das Rohmaterial liefern, schwieriger und verlustreicher als in der Sphäre der Fertig-

---

10 Im Ruhrrevier dauert eine Zechenanlage fünf bis sieben Jahre. In den Vereinigten Staaten die Inbetriebsetzung reiner Stahl- und Walzwerke zwei Jahre, mit Hochöfen noch länger. (Heymann a.a.O., S. 221.)
Der hier beschriebene Vorgang ist eine reine Konkurrenzerscheinung. Seine Analyse fiel daher nicht mehr in das Untersuchungsgebiet des »Kapital«. Doch hat Marx gelegentlich auf eine analoge Erscheinung in einem anderen Zusammenhang hingewiesen: »Es ist in der Natur der Sache begründet, daß pflanzliche und tierische Stoffe, deren Wachstum und Produktion bestimmten organischen, an gewisse natürliche Zeiträume gebundenen Gesetzen unterworfen sind, nicht plötzlich in demselben Maß vermehrt werden können, wie zum Beispiel Maschinen und anderes fixes Kapital, Kohlen, Erze etc., deren Vermehrung, die sonstigen Naturbedingungen vorausgesetzt, in einem industriell entwickelten Land in kürzester Frist vor sich gehen kann. Es ist daher möglich, und bei entwickelter kapitalistischer Produktion unvermeidlich, daß die Produktion und Vermehrung des Teiles des konstanten Kapitals, das aus fixem Kapital, Maschinerie etc. besteht, einen bedeutenden Vorsprung gewinnt vor dem Teil desselben, der aus organischen Rohstoffen besteht, so daß die Nachfrage nach diesen Rohstoffen schneller wächst als ihre Zufuhr und daher ihr Preis steigt.« (Marx, »Kapital« III, S. 128) Die hier geschilderte Diskrepanz ist Folge der verschiedenen Länge der Umschlagszeit. Entspringt sie bei den organischen Rohstoffen natürlichen Ursachen, so bei den anorganischen der Größe des Kapitals, besonders seines fixen Bestandteiles.

fabrikation. In jenen bleibt daher die Profitrate länger unter ihrem Durchschnitt, ein Moment, das auch noch dazu beiträgt, in der weiterverarbeitenden Industrie die Profitrate auf ihre Norm zu bringen, während in der Rohmaterialherstellung die Depression länger und schwerer ist.

Wie schwer und langdauernd solche Depressionszustände bei freier Konkurrenz sein können, zeigt die Krise der Eisen- und Stahlindustrie in den Vereinigten Staaten von 1874 bis 1878. Roheisen in Philadelphia fiel nach 1873 von Dollar 42,75 auf schließlich Dollar 17,63 im Jahre 1878[11].

Die kolossalen Schwankungen der Preise während des Verlaufes eines industriellen Zyklus illustrieren auch folgende Zahlen, wobei zu bemerken, daß die Produktionskosten des Roheisens sich während dieser Zeit im allgemeinen verbilligt haben:

Base-Erz Nr. 1 Bessemer-Hämatit fällt von 6 Dollar im Jahre 1890 Jahr für Jahr bis auf Dollar 2,90 im Jahre 1895. Mesabi-Bessemer wird im Jahre 1894 mit Dollar 2,25, Nicht-Bessemer mit Dollar 1,85 verkauft. Dann kommt eine kurze Periode des Aufschwunges in der Stahlindustrie... Sofort steigen die genannten Erze auf Dollar 4—, 3,25 und 2,40[12]. Bessemer-Roheisen in Pittsburg kostete in Dollar 1887: 21,37, 1897: 10,13, 1902: 20,67, 1904: 13,76. Englisches bestes Roheisen 1888: 10,86, 1895: 11,30, 1900: 20,13, 1903: 13,02[13].

Für die Gestalung der Preisverhältnisse der Rohmaterialien zu denen des fertigen Roheisens beim Rückgang der Konjunktur gibt Levy[14] folgende instruktive Tabelle:

»Es betrug

im Jahre	Preis von 2240 lbs. Bessemer Roheisen	Preis von 2240 lbs. Lake Superior-Erz	Preis von 2000 Pounds Koks	Preis von 4122 lbs. Erz + 2423 lbs. Koks	Differenz des Preises vom Roheisen und den Kosten von Erz + Koks
	Dollar	Dollar	Dollar	Dollar	Dollar
1890	18.8725	6.00	2.0833	13.56	5.31
1891	15.9500	4.75	1.8750	11.01	4.94
1892	14.3667	4.50	1.8083	10.47	3.90
1893	12.8692	4.00	1.4792	9.15	3.72
1894	11.3775	2.75	1.0583	6.34	5.04
1895	12.7167	2.90	1.3250	6.94	5.78
1896	12.1400	4.00	1.8750	9.63	2.51
1897	10.1258	2.65	1.6167	6.84	3.29

[11] Levy, ebenda, S. 31.
[12] Ebenda, S. 98.
[13] Ebenda, S. 121.
[14] a.a.O., S. 136.

Wir sehen aus diesen Zahlen, in welche Lage nach 1890 diejenigen Betriebe gerieten, welche ganz auf den Zulauf von Kohle und Erz angewiesen waren. Der Preis der Rohmaterialien sank nach 1890 zwar beträchtlich, aber die Differenz zwischen den Kosten derselben und dem Preise des fertigen Produktes sank noch stärker, so daß sich die Lage der Verbraucher wesentlich verschlechterte. Es war die alte Tendenz: die Preise für Roheisen gingen schneller und stärker herab als die der Rohmaterialien, eben jene Tendenz, welche, wie wir ausführten, zur Kombinierung der Betriebe führte.«

Dieser Unterschied in der Profitrate muß überwunden werden, und er kann nur überwunden werden durch Vereinigung der extraktiven mit der weiterverarbeitenden Industrie: durch die Kombination.

Der Anstoß zur Kombination wird verschieden sein je nach der Phase der Konjunktur. In Prosperitätszeiten wird der Anstoß von den weiterverarbeitenden Werken kommen, die die hohen Rohmaterialpreise oder gar den Rohmaterialmangel dadurch überwinden. In der Depression werden die Hersteller des Rohmaterials sich weiterverarbeitende Werke angliedern, um nicht das Rohmaterial unter dem Produktionspreis verkaufen zu müssen. Sie werden es selbst verarbeiten und am Fertigprodukt mit höherem Profit realisieren. Allgemein gefaßt: es besteht die Tendenz, daß der jeweils schlechter rentierende Betriebszweig sich den besser rentierenden angliedert[15].

Je nach der Art und Weise, wie die Kombination entsteht, mag man also unterscheiden: die aufsteigende Kombination; zum Beispiel ein Walzwerk, das sich Hochöfen und Kohlenzechen angliedert. Die absteigende Kombination: eine Kohlengrube kauft Hochöfen und Walzwerke an. Die gemischte Kombination: ein Stahlwerk gliedert sich einerseits Kohlenzechen, andererseits Walzwerke an.

Es ist also die Verschiedenheit der Profitrate, die zur Kombination führt. Für das kombinierte Werk sind die Schwankungen der Profitrate aufgehoben, während das reine Werk seinen Profit zugunsten des zweiten Werkes vermindert sieht.

---

[15] Heymann, a.a.O., S. 223.
In Amerika war es der Eisenbahnbedarf, der selbst wieder vom Ernteausfall abhing, der über die Konjunktur in der Eisenindustrie in den ersten Stadien ihrer Entwicklung entschied. Daher der rasche Wechsel und die Größe des Preisausschlages während der Konjunktur und der frühe Drang zur Kombination in den Vereinigten Staaten (Vergleiche Levy, a.a.O., S. 77.)

Ein anderer Vorteil der Kombination entspringt aus der Ersparung des Handelsprofits. Dieser kann ausgeschaltet werden und um diesen Betrag vermehrt sich der industrielle Profit.

Die Ausschaltung des Handelsprofits ist möglich durch die fortgeschrittene Konzentration. Die Funktion des Handels, die in den einzelnen kapitalistischen Betrieben zersplitterte Funktion zu konzentrieren und so den anderen industriellen Kapitalisten die Befriedigung ihres Bedarfes in dem ihnen entsprechenden Quantum zu ermöglichen, ist nicht mehr notwendig. Ein Weber zieht es vor, beim Garnhändler die verschiedenen Arten Garn in den verschiedenen Qualitäten und Quantitäten zu dekken, statt mit einer ganzen Reihe von Spinnern Transaktionen abzuschließen. Ebenso verkauft der Spinner lieber die ganze Produktion auf einmal an einen Händler, statt an eine Reihe von Webern. Dadurch werden Zirkulationszeit und Zirkulationsunkosten erspart, das Reservekapital verringert.

Anders, sobald es sich um große konzentrierte Betriebe handelt, die gleichartige Güter (Massengüter) produzieren, wo die Produktion des einen den Bedarf des anderen deckt. Hier wird der Handel überflüssig. Der Händler und sein Profit kann beseitigt werden und er wird beseitigt durch die Kombination dieser Unternehmungen. Diese Beseitigung des Handelsprofits ist der Kombination eigentümlich gegenüber der Vereinigung gleichartiger Betriebe, wo natürlich keine Handelsbeziehungen bestanden haben. Der Handelsprofit ist aber nur Teil des Gesamtprofits. Sein Wegfall erhöht pro tanto den industriellen Profit. Solange die kombinierten Werke mit den reinen Werken konkurrieren, gibt ihnen der erhöhte Profit eine Überlegenheit in der Konkurrenz.

Wären die Profitraten beider Werke gleich, und zwar gleich der Durchschnittsprofitrate, so bedeutete die Kombination zunächst keine Überlegenheit, da immer nur die Durchschnittsprofitrate realisiert werden könnte. Aber die Kombination gleicht Konjunkturunterschiede aus und bewirkt daher für das kombinierte Werk eine größere Stetigkeit der Profitrate. Zweitens bewirkt sie die Möglichkeit technischer Fortschritte und damit die Erlangung von Extraprofit gegenüber dem reinen Werk. Viertens stärkt sie die Stellung des kombinierten Werkes gegenüber dem reinen im Konkurrenzkampf zur Zeit einer starken Depression, wenn die Senkung der Rohmaterialpreise nicht Schritt hält mit der Senkung der Fabrikatspreise.

Die Kombination, die zugleich eine Einschränkung der gesellschaftlichen Arbeitsteilung bedeutet, während sie neuen Ansporn gibt für die Arbeitsteilung innerhalb des neuen Gesamtbetriebes, die auch immer mehr die Arbeit der Leitung erfaßt, begleitet von Anfang an die kapitalistische Produktionsweise. »Endlich kann die Manufaktur, wie sie teilweise aus der Kombination verschiedener Handwerke entspringt, sich zu einer Kombination verschiedener Manufakturen entwickeln. Die größeren englischen Glashütten zum Beispiel fabrizieren ihre irdenen Schmelztiegel selbst, weil von deren Güte das Gelingen oder Mißlingen des Produkts wesentlich abhängt. Die Manufaktur eines Produktionsmittels wird hier mit der Manufaktur des Produkts verbunden. Umgekehrt kann die Manufaktur des Produkts verbunden werden mit Manufakturen, worin es selbst wieder als Rohmaterial dient oder mit deren Produkten es später zusammengesetzt wird. So findet man zum Beispiel die Manufaktur von Flintglas kombiniert mit der Glasschleiferei und der Gelbgießerei, letztere für die metallische Einfassung mannigfacher Glasartikel. Die verschiedenen kombinierten Manufakturen bilden dann mehr oder minder räumlich getrennte Departements einer Gesamtmanufaktur, zugleich voneinander unabhängige Produktionsprozesse, jeder mit eigener Teilung der Arbeit. Trotz mancher Vorteile, welche die kombinierte Manufaktur bietet, gewinnt sie auf eigener Grundlage keine wirklich technische Einheit. Diese entsteht erst bei ihrer Verwandlung in den maschinenmäßigen Betrieb[16].«

Die kolossale Beschleunigung, die die Kombination in der neuesten kapitalistischen Entwicklungsphase erfährt, ist geschuldet den starken Antrieben, die aus ökonomischen Ursachen insbesondere aus der Kartellierung entstanden sind. Dies schließt aber zugleich ein, daß die aus ökonomischen Ursachen entstandene Kombination sehr bald Gelegenheit zu technischen Verbesserungen des Produktionsprozesses bietet, man denke zum Beispiel an die Verbindung der Hochöfen mit der Weiterverarbeitung, die erst die rationelle Ausnützung der Hochofengase als motorischer Kraft gestattet hat. Diese technischen Vorteile, einmal gegeben, werden wiederum treibendes Motiv für die Durchführung der Kombination dort, wo die bloßen ökonomischen Ursachen diese noch nicht herbeigeführt hätten.

---

16 Marx, »Kapital« I, S. 368.

Unter Kombination verstehen wir also die Verbindung solcher kapitalistischer Unternehmungen, von denen das eine das Rohmaterial für das andere liefert, und unterscheiden diese Verbindung, die aus der Verschiedenheit der Profitraten in verschiedenen Industriesphären entspringt, von der Vereinigung von Unternehmungen in demselben Industriezweig. Diese entsteht zu dem Zweck, durch die Aufhebung der Konkurrenz die Profitrate in dieser Sphäre über ihren unterdurchschnittlichen Stand zu erhöhen. Im ersten Fall werden die Profitraten in den Industriezweigen, denen die Unternehmungen vor ihrer Vereinigung angehört haben, nicht alteriert. Ihr Unterschied bleibt bestehen und verschwindet nur für das kombinierte Unternehmen. Im zweiten Fall erwartet man die Erhöhung des Profits in diesem Industriezweig infolge Verminderung der Konkurrenz. Theoretisch tritt diese bereits ein bei Vereinigung zweier Unternehmungen, sei es, daß das Aufhören der Konkurrenz nur für die beiden Unternehmungen von Wirksamkeit ist, sei es, daß die vereinigten Unternehmungen groß genug sind, um auf dem Markte eine dominierende Stellung einzunehmen und diese zu Preiserhöhungen zu benützen, wodurch auch für die übrigen Unternehmungen die Wirkung der Konkurrenz verringert ist. Es kann allerdings auch der Fall eintreten, daß die vereinigten Unternehmungen ihre verstärkte Position zunächst zur Niederkonkurrierung ihrer Gegner benützen und die Erhöhung der Profitrate erst eintritt, wenn dieses Ziel erreicht ist.

Die Vereinigung der Unternehmungen kann in doppelter Form stattfinden. Entweder die Unternehmungen behalten formell ihre Selbständigkeit und ihre Gemeinsamkeit wird nur durch Vertrag festgelegt. Wir haben es sodann mit einer Interessengemeinschaft zu tun. Gehen aber die Unternehmungen in ein neues Unternehmen auf, so nennen wir dieses eine Fusion.

Sowohl Interessengemeinschaft als Fusion können nun entweder partiell sein – sie lassen dann die freie Konkurrenz in dem betreffenden Industriezweig bestehen – oder sie können monopolistisch sein[17].

---

[17] Es ist dabei zu beachten, daß man es bereits dann mit einer monopolistischen Vereinigung zu tun hat, wenn diese für die Preisbestimmung auf dem Markte ausschlaggebend ist. Daß daneben noch einige selbständige Unternehmungen existieren, die in ihren Preisen sich immer nach der Preisfestsetzung der Vereinigung richten, ändert nichts an der Tatsache, daß in diesem Produktionszweig die freie Konkurrenz im theoretisch-ökonomischen

Eine Interessengemeinschaft möglichst aller Unternehmungen zum Zweck, durch möglichst vollständige Ausschließung der Konkurrenz die Preise und damit den Profit zu erhöhen, ist das Kartell. Das Kartell ist also eine monopolistische Interessengemeinschaft.

Eine Fusion mit demselben Zweck, der durch dasselbe Mittel erreicht werden soll, ist der Trust. Der Trust ist also eine monopolistische Fusion[18].

Interessengemeinschaft und Fusion können ferner entweder homogen sein, das heißt Unternehmungen desselben Produktionszweiges umfassen, oder kombiniert sein, das heißt Unternehmungen aufeinanderfolgender Produktionszweige umfassen. Wir sprechen daher von partiellen homogenen oder kombinierten Fusionen und Interessengemeinschaften oder von homogenen oder kombinierten Kartellen und Trusts. Dabei ist zu beachten, daß Interessengemeinschaften heute häufig nicht durch formelle Verträge, sondern durch Personalunionen, die kapitalistische Abhängigkeitsverhältnisse auszudrücken pflegen, entstehen können. Fusionen und Interessengemeinschaften sind nicht nur in der Sphäre der Industrie möglich, sondern ebenso im Handel und bei den Banken. Alle diese Verbindungen gehen in einer und derselben Sphäre vor sich und wir bezeichnen sie als homosphärische Vereinigungen. Es können aber auch Vereinigungen geschaffen werden, die zum Beispiel ein Handelsunternehmen mit einer Bank vereinigen. So wenn eine Bank eine Warenabteilung einrichtet oder ein Warenhaus eine Depositenbank eröffnet. Ebenso mag ein Industrieunternehmen ein Handelsunternehmen errichten; so errichten zum Beispiel häufig Schuhfabriken in den Großstädten Schuhwarengeschäfte unmittelbar für den Absatz an den letzten Konsumenten. Wir sprechen dann von heterosphärischen Vereinigungen.

Dabei ist zu bemerken, daß ebensowenig wie in der Natur die Arten, so in der Industrie die verschiedenen Zweige etwas Festes sind. Die Kombination, allgemein durchgeführt gedacht, stellt nur einen umfassenden Industriezweig aus früher geschiedenen zusammen. Man kann sich sehr gut vorstellen, daß die

---

Sinne nicht mehr existiert. Um aber pedantische Bedenken nicht zu verletzen, nenne ich solche Vereinigungen nicht totale Interessengemeinschaften oder Fusionen, sondern monopolistische. (Siehe auch Liefmann, »Kartelle und Truste«. 1905, S. 12.)

[18] Liefmann, a.a.O., S. 13.

Eisenindustrie einen einzigen Industriezweig bilden wird, zu dem die Kohlen- und Erzförderung ebenso gehört wie die Herstellung von Schienen und Drahtstiften, da jedes einzelne Eisenwerk all diese Produktionsarten umfaßt und die reinen Werke verschwunden sind. Innerhalb dieses Industriezweiges sind dann alle Arten zur Verringerung der Konkurrenz von der Interessengemeinschaft bis zum Trust möglich.

Die partielle Kombination, sei es in Form der Interessengemeinschaft oder der Fusion, schränkt die Konkurrenz nicht ein, sie stärkt das kombinierte Werk nur in der Konkurrenz gegenüber den reinen Werken; dagegen hat die homogene Vereinigung immer eine Verminderung der Konkurrenz zur Folge, wenn es sich um eine partielle, oder eine Aufhebung, wenn es sich um eine totale Vereinigung handelt. Kombination, Fusion und Trust gewähren neben den ökonomischen Vorteilen technische Vorteile, die dem größeren Betrieb gegenüber dem kleineren innewohnen. Diese Vorteile sind verschieden, je nach der Natur der Betriebe und der Industriezweige.

Diese technischen Vorteile können auch allein für sich genügend sein, um zu Kombinationen und Fusionen zu führen; dagegen entspringen Interessengemeinschaften und Kartelle nur aus rein ökonomischen Vorteilen.

All diese Vereinigungen von Industrieunternehmungen werden in der Regel vorbereitet durch das gemeinsame Interesse, das eine Bank mit den Unternehmungen verbindet. Eine Bank, die zum Beispiel an einer Kohlenzeche stark interessiert ist, wird ihren Einfluß auf ein Eisenwerk benützen, um dieses zum Kunden der Zeche zu machen. Der Keim einer Kombination. Oder ihr Interesse an zwei gleichartigen Unternehmungen, die sich auf verschiedenen Märkten erbitterte Konkurrenz machen, bewegt die Bank zu dem Versuch, eine Verständigung herbeizuführen; die homogene Interessengemeinschaft oder die Fusion ist auf dem Wege.

Diese Bankintervention beschleunigt und erleichtert einen Prozeß, der in der Entwicklungsrichtung der industriellen Konzentration gelegen ist. Sie führt ihn aber durch andere Mittel herbei. Das Resultat des Konkurrenzkampfes wird vorweggenommen. Einerseits wird dadurch unnütze Vernichtung und Vergeudung von Produktivkräften erspart. Andererseits aber erfolgt zunächst jene Eigentumskonzentration nicht, die Resultat des Konkurrenzkampfes war. Der Besitzer der anderen Fabrik wird nicht expropriiert. Wir haben Betriebs-, respektive Unternehmungskonzentration ohne Eigentumskonzentration. Wie an der Börse reine Eigentumskonzentration ohne Betriebskonzentration, so geht jetzt in der Industrie eine Betriebskonzentration ohne Eigentumskonzentration vor sich, der sinnfällige Ausdruck dafür, daß sich die Funktion des Eigentums von der Funktion der Produktion immer mehr gelöst hat.

Dagegen bedeutet für die Bank die Vermittlung dieser Vorgänge einerseits größere Sicherung ihres kreditierten Kapitals und zweitens Gelegenheit zu gewinnbringenden Transaktionen, Aktienumtausch, Neuausgabe von Aktien und dergleichen. Denn die Vereinigung dieser Unternehmungen bedeutet für diese erhöhten Profit. Ein Teil dieses erhöhten Profits wird kapitalisiert von der Bank angeeignet. Nicht nur als Kredit-, sondern vor allem auch als Finanzinstitut ist die Bank so an den Vereinigungsvorgängen interessiert.

Die zunehmende Konzentration wird aber auch zugleich zu einem Hemmnis ihres weiteren Fortschritts. Je größer, stärker und gleichartiger die Betriebe, desto geringer die Aussicht, durch Niederkonkurrierung des zweiten den eigenen Betrieb vergrößern zu können. Zugleich hält der niedrige Stand der Profitrate die Befürchtung, die ohnehin gedrückten Preise durch Vermehrung der Produktion noch weiter zu senken, von der Ausdehnung, die sonst aus technischen Rücksichten vielleicht wünschenswert wäre, zurück. Die Vorteile größerer Produktion sind aber bei der gedrückten Lage des Marktes nicht zu entbehren. Da bietet sich der Ausweg, den größeren Betrieb zu schaffen durch die Vereinigung bisher getrennter Unternehmungen: durch die Fusion.

Wie groß muß der Anteil einer monopolistischen Vereinigung an der Gesamtproduktion sein, um den Marktpreis beherrschen zu können? Die Frage läßt sich nicht allgemein für alle Produktionszweige beantworten. Doch erhalten wir für die Beantwortung einen Anhaltspunkt, wenn wir uns das schon früher erwähnte verschiedene Verhalten der Konkurrenten in Zeiten guter und schlechter Konjunktur vergegenwärtigen. In guter Konjunktur, wenn die Nachfrage das Angebot übersteigt, wird der Preis des Produkts ohnedies der höchstmögliche sein; in solchen Perioden verkaufen die Außenseiter eher über, nicht unter dem Kartellpreis. Anders in Zeiten schlechter Konjunktur bei überwiegendem Angebot. Dies ist der Moment, wo es sich zeigen muß, ob die Vereinigung den Markt beherrscht. Dies wird aber dann der Fall sein, wenn ihre Produktion zur Versorgung des Marktes unbedingt nötig ist. Sie wird erst verkaufen, wenn ihr Preis bewilligt ist, und dieser Preis muß bewilligt werden, da die Zufuhr durch das Kartell dem Markte eben unentbehrlich ist. Das Kartell wird zu diesem Preise das dem Markte fehlende Quantum verkaufen können. Dann aber muß es die Produktion so stark einschränken, daß es den Markt nicht überlastet, während die Außenseiter ihre ganze Produktion absetzen könnten. Eine solche Preispolitik ist am ehesten möglich erstens in jenen Produktionszweigen, wo die Einschränkung keine allzu schweren Opfer auferlegt, also besonders dort, wo die lebendige Arbeit einen Hauptposten bildet – der Verderb des konstanten Kapitals keine allzu große Rolle spielt. Beides ist der Fall in der extraktiven Industrie. Erz und Kohle nützen sich nicht ab und die lebendige Arbeit spielt eine große Rolle. Zweitens dort, wo die Einschränkung der Konsumtion während der schlechten Konjunktur gering ist.

Wo aber beides nicht möglich, muß das Kartell, um seinen Absatz aufrechtzuerhalten, Preisermäßigungen gegenüber den Outsidern machen. Es ist dann der Moment gekommen, wo das Kartell, das nicht die Gesamtproduktion beherrscht, die Herrschaft über den Markt verliert und die freie Konkurrenz sich wieder herstellt.

Die Notwendigkeit, die Produktion einzuschränken und damit die Produktionskosten für das verminderte Produkt zu erhöhen, die Profitrate zu vermindern, wirkt so der Tendenz entgegen, die Preise auch in ungünstigen Zeiten zu halten, worin sich ja die Beherrschung des Marktes ausdrückt. Diese Einschränkung kann aber das Kartell vermeiden, wenn es nur die durchschnittliche Nachfrage befriedigt, die Befriedigung der Konjunkturnachfrage aber den Outsidern überläßt. Dies ist aber nur dann möglich, wenn diese erstens nicht mehr produzieren können, als diese zusätzliche Nachfrage der guten Konjunktur erfordert – denn sonst bestände die Gefahr, daß der Absatz des Kartells eingeengt wird – zweitens aber, daß diese Außenseiter zu höheren Kosten als das Kartell produzieren. Denn nur dann wird eine für das Kartell noch immer profitable Preisgestaltung diese Konkurrenten aus dem Markte werfen und den Absatz des Kartells sichern. Mit anderen Worten: die Outsider sind es wesentlich, auf die alle Lasten der Konjunkturschwankungen abgewälzt werden. Das Kartell realisiert während der Hochkonjunktur hohe Extraprofite, während der Depression normalen Profit, während die Konkurrenten ausgeschaltet werden. Unter solchen Bedingungen ist es durchaus im Interesse der monopolistischen Vereinigung, das Bestehen von Outsidern nicht völlig zu verhindern, wozu sie infolge ihrer Überlegenheit oft die Macht hat.

Wann werden aber die dazu erforderlichen Bedingungen ungünstigerer Produktion für die Outsider erfüllt sein? Dies kann schon dann der Fall sein, wenn die Größe und technische Einrichtung der monopolistischen Vereinigung ihr diese Überlegenheit sichert. Aber häufig wird diese eine vorübergehende oder nicht genug große sein. Anders aber, wenn es sich um Kartelle handelt, die über günstigere natürliche Produktionsbedingungen verfügen, bei denen also zu dem ökonomischen sich das natürliche Monopol gesellt, Kartelle also, die besonders günstige Kohlen- oder Erzgruben oder Wasserfälle sich gesichert haben, während die Outsider ungünstiger gestellt sind. Dann werden diese zunächst die Produktion überhaupt nicht in einem Maße ausdehnen können, der dem Kartell den Absatz seiner Produkte unmöglich macht, sie werden aber dann überhaupt nur produzieren können, wenn die hohen Preise der Hochkonjunktur ihnen die Produktion zu ihren höheren Selbstkosten gestattet.

Ein ausgezeichnetes Beispiel bietet die Politik des Stahltrusts. Die Corporation könnte ihre Produktion mit Leichtigkeit steigern. Sie tut es nicht, um nicht während der Depression die Last der Überproduktion tragen zu müssen. »Den kombinierten Großunternehmungen in der Roheisenindustrie erscheint es wünschenswert, einen Grundstock in der Produktion zu haben, welcher immer Absatz findet. Um dies zu erreichen, läßt man in Zeiten lebhafter Nachfrage die nichtkombinierten Outsiders mit hohen Produktionskosten sich ruhig vermehren und gibt ihnen durch Zukauf sogar noch zu tun. Nun werden rückständige Betriebe wieder bei steigenden Preisen rentabel, die Spekulationslust führt zur Entstehung neuer nichtkombinierter Betriebe, kurz, die Produktion wird zu steigenden Produktionskosten im Vergleich zu den bisher niedrigsten vermehrt. Dies dauert so lange, bis die steigende Nachfrage gesättigt ist und die Preise wieder sinken. Nun verschwinden die zur Zeit der Hochkonjunktur in Betrieb gesetzten Hochöfen, soweit sie unter hohen Produktionskosten arbeiten, als Verkäufer vom Markte, da sie bald keine Überschüsse mehr zu verzeichnen haben. Nur die billigst arbeitenden bleiben noch übrig, weil sie noch mit Überschüssen produzieren können: vor allem der Trust, die großen kombinierten Unternehmungen und der und jener besonders begünstigte »reine« Hochofen.

So bilden jene Großunternehmungen, vor allem die Corporation, den Grundstock einer Produktion, welche in ihrer großen Masse in schlechten wie in guten Zeiten mit Überschüssen arbeiten kann und auch Absatz findet. Das Entstehen einer größeren Outsiderkonkurrenz schadet der Corporation in guten Zeiten nicht, denn würde sie den steigenden Bedarf selbst decken wollen, so würde sie beim Rückgang desselben die Überproduktion am eigenen Leibe stärker spüren, während diese so in erster Linie die Outsider trifft.«[19]

Etwas anders liegen die Verhältnisse zum Beispiel beim Rheinisch-Westfälischen Kohlensyndikat. Hier sind die Außenseiter von keiner großen Bedeutung. Es betrug im Jahre 1900 im Oberbergamtsbezirk Dortmund der Anteil an der Gesamtproduktion bei den Syndikatszechen 87 Prozent, bei den nichtsyndizierten 13 Prozent. Das Syndikat beherrscht so den Markt und die Preise. Es zog daher vor, die Hochkonjunkturpreise von 1900

---

[19] Levy, a.a.O., S. 156 ff.
Levy illustriert dann das Gesagte durch folgende Zahlen der Roheisenproduktion, in der allerdings auch die Produktion von Gießerei- und Puddeleisen eingeschlossen ist, an der die Corporation nur minimal beteiligt ist. Als Illustrationsfaktum für das oben Ausgeführte sind sie aber schlagend. Es betrug die Roheisenproduktion:

im Jahre	der Corporation gross tons	der Independents gross tons	Anteile der Corporation an der Gesamtproduktion in Prozenten
1902	7 802 812	9 805 514	44,3
1903	7 123 053	10 693 538	39,9
1904	7 210 248	9 286 785	43,9

Es nimmt im Jahre 1903 die Produktion im Gegensatz zu der von 1902 sogar ab, die der Outsider dagegen stark zu, so daß der Anteil der Corporation an der Gesamtproduktion von 44,3 auf 39,9 Prozent sinkt. Im Depressionsjahr 1904 stieg aber die Produktion der Corporation noch etwas, während die der Outsider um die enorme Quantität von 1 400 000 Tonnen und damit unter die Produktion von 1902 fiel.
Im Vorbeigehen sei bemerkt, wie oberflächlich die Ansicht derer ist, die jeden Outsider eines Kartells als moralisches Scheusal und ökonomischen Verbrecher behandeln wollen. Dieser Standpunkt ist sogar vom Profitinteresse des Kartells aus lächerlich, geschweige denn vom geellschaftlichen Gesichtspunkte aus, weil gerade die Konkurrenz der Außenseiter für die technische und organische Fortbildung der monopolistischen Vereinigung sehr wertvoll sein kann, ganz abgesehen von den Konsumenteninteressen.

auch während der Krise von 1901 zu halten und die Produktion einzuschränken. Daher konnten die Außenseiter 1901 und 1902 ihre Förderung etwas vermehren, während der Anteil des Syndikats, dem die Hochhaltung der Preise wichtiger war, zurückging[20].

Anders aber muß sich die Politik der monopolistischen Vereinigungen dort gestalten, wo die Vermehrung der Produktion keine Beschränkung durch natürliche Monopole findet, die Produktion also weit über das Ausmaß einer zusätzlichen Konjunkturnachfrage vermehrbar ist und diese Vermehrung zu denselben oder gar geringeren Kosten möglich ist. Dann wird allerdings die Marktbeherrschung wesentlich davon abhängen, ob die Vereinigung den weitaus größten Teil der Produktion beherrscht, soll nicht die schlechte Konjunktur das Kartell für die Beteiligten wertlos machen und es eventuell sprengen.

Das Vorhandensein oder Fehlen eines natürlichen Monopols wirkt so entscheidend auf die Preisbildung und die Produktionskosten, damit aber auch auf Bestand und Dauer der monopolistischen Vereinigung, auf den Grad ihrer Macht zur Marktbeherrschung. Es bestimmt entscheidend die Größe des Anteils an der Produktion, den die Vereinigung in ihrer Hand haben muß, um den Markt beherrschen zu können.

Die Sicherheit, die Herrschaft über den Markt zu behaupten, kann verschieden groß sein. Sie wird dort am höchsten sein, wo es gelingt, das ökonomische Monopol durch ein natürliches zu sichern. Dabei hat die einmal bestehende monopolistische Vereinigung großen Vorsprung wegen ihrer großen Kapitalskraft, die ihr erlaubt, auch außerordentlich bedeutende Mittel auf längere Zeit festzulegen. Die Festigkeit der Rohstoffsyndikate beruht wesentlich auf ihrer Monopolisierung der Naturbedingungen der Produktion, die ihnen zudem meist durch die Berggesetzgebung außerordentlich erleichtert wird.

Ein gesetzliches Monopol als Stütze des ökonomischen gewährt den monopolistischen Vereinigungen der Besitz von Patenten. Auch hier sind sie wegen ihrer großen Kapitalkraft leichter in der Lage als einzelne Konkurrenten, neue Patente zu erwerben und so ihre monopolistische Stellung zu stärken[21].

---

20 Siehe »Kontradiktorische Verhandlungen über deutsche Kartelle«. Heft 1, Berlin 1903, Franz Siemenroth, S. 80, Ausage von Kirdorf.

21 Anderseits kann wieder der Besitz von Patenten den Zusammenschluß unter bestimmten Umständen erschweren, wenn der dadurch erzielte Extra-

Eine Zwischenstufe zwischen einem natürlichen und gesetzlichen Monopol und einem nur ökonomischen Monopol bildet das Monopol an den Verkehrsmitteln. Daher das Streben der Trusts, die Herrschaft über die Verkehrswege zu Wasser und zu Lande zu erhalten. Die Verstaatlichung der Verkehrsmittel verringert die Monopolfestigkeit und bewirkt so bis zu einem gewissen Grade eine Verlangsamung der Konzentration der Unternehmungen und des Eigentums.

Das ökonomische Monopol selbst wird um so gefestigter sein, je größer das Kapital, nötig, um ein neues Unternehmen ins Leben zu rufen, und je inniger die Verbindung der Banken mit der monopolistischen Vereinigung, da ohne die Hilfe einer Bank oder gar gegen den Willen der Banken ein großes industrielles Unternehmen heute kaum noch existenzfähig ist.

---

profit hoch genug ist, um die Aufrechterhaltung der Konkurrenz vorteilhaft erscheinen zu lassen.

»Jeder Zweig der Textilmaschinenindustrie umfaßt nur wenige Namen. Acht große Firmen in Lancashire fabrizieren Baumwollmaschinerie und monopolisieren nicht nur den heimischen Markt, sondern exportieren darüber hinaus über 4 1/2 Millionen Pfund jährlich. Wiederholt wurden Anregungen für eine Verschmelzung der Interessen gemacht, aber sie sind stets gescheitert. Mechanische Industrien führen von selbst zu Erfindungen, die, wenn patentiert, ein Monopol für eine Reihe von Jahren schaffen, und solange es in Kraft ist, ist ein Patent ein Argument gegen Zusammenschluß. Die Abneigung, einen weltberühmten Namen, namentlich wenn er durch individuelle Unternehmungslust und Erfindungsgeist geschaffen worden, einer unpersönlichen anonymen Vereinigung zu opfern, muß gleichfalls als wirksames Abschreckungsmittel gelten.« (Macrosty, loc. cit., S. 48).

Hier ist das kleine Monopol der Feind des größeren. Doch kann auch gerade der Wunsch, die Patente auszutauschen, den Anlaß zu Interessengemeinschaften geben. Hierher gehören Vereinbarungen in der deutschen chemischen Industrie und die der Deutschen Allgemeinen Elektricitätsgesellschaft mit der amerikanischen Westinghouse Co.

12. *Kapitel*

Kartelle und Trusts

Die Einteilung der Art und Weise, wie sich Vereinigungen kapitalistischer Unternehmungen bilden, ist nach drei Gesichtspunkten getroffen worden.

Die Unterscheidung zwischen homogenen und kombinierten Vereinigungen betrifft die technische Eigenart der Vereinigung. Wir haben gesehen, wie die Entstehung dieser Vereinigungen verschiedene Ursachen hat, verschiedenen technischen und ökonomischen Ursachen entspringt.

Die Unterscheidung zwischen partiellen und monopolistischen Vereinigungen beruht in ihrer verschiedenen Stellung auf dem Markte, darauf, ob sie die Preise beherrschen oder umgekehrt von den Preisen beherrscht werden. Die Preisbeherrschung ist dabei nicht abhängig davon, daß alle Unternehmungen derselben Art vereinigt sind. Es genügt die Beherrschung jenes Teiles der Produktion, der in allen Phasen der Konjunktur für die Marktzufuhr unentbehrlich ist, wobei die Kosten dieser Produktion geringer sein müssen als die Kosten der Outsider. Nur dann wird die während einer Krise notwendige Einschränkung auf die Outsider entfallen und die Preise brauchen bloß bis zum Produktionspreis des Kartells herabgesetzt zu werden.

Die Unterscheidung zwischen Interessengemeinschaft und Fusion schließlich beruht auf der Verschiedenheit der formalen Organisation. Die Interessengemeinschaft beruht auf Vertrag zweier oder mehrerer bisher voneinander unabhängiger Unternehmen; bei der Fusion gehen zwei oder mehrere Unternehmen in ein neues Unternehmen auf. Dieser Gegensatz ist aber nur ein solcher der Organisationsform; er sagt aber nichts über den inhaltlichen Unterschied aus; dieser selbst hängt vielmehr ab von dem Inhalt des Vertrages, auf dem die Interessengemeinschaft beruht. Jedenfalls beschränkt der Vertrag in irgendwelchen Punkten die Selbständigkeit der Unternehmungen; die Fusion hebt die Selbständigkeit auf. Aber zwischen Beschränkung und Aufhebung ist nur ein gradueller Unterschied. Je mehr der Vertrag die Selbständigkeit der in Interessengemeinschaft befindlichen Unternehmungen einschränkt, desto mehr nähern sie sich in ihren ökonomischen Wirkungen der Fusion. Die Einschränkung der Selbständigkeit einer Unternehmung kann aber wieder in verschiedener Weise vor sich gehen. Zunächst kann die Organisation des Unternehmens vertraglich festgesetzt werden, indem etwa die Unternehmungsleitung sich der Aufsicht eines gemeinsamen Organs unterwerfen muß, das gewisse Arten der Konkurrenz auf dem Gebiete der Zirkulation einschränkt, indem es gemeinsame Zahlungstermine und -bedingungen etc. festgesetzt, also die sogenannten »Konditionen« vereinheitlicht. Dann können Einschränkungen festgelegt werden, die sich auf das ökonomische und betriebliche Verhalten beziehen.

Der Inhalt des Vertrages der monopolistischen Interessengemeinschaft ist aber schon durch ihren Zweck bestimmt. Dieser ist Profiterhöhung durch Preiserhöhung. In einfachster Form wird diese erreicht durch eine Preisvereinbarung. Aber die Preise sind nichts Willkürliches. Sie hängen zunächst ab von Angebot und Nachfrage. Die bloße Preisvereinbarung wird sich nur durchführen lassen zur Zeit der Prosperität, wo die Preise steigende Tendenz haben, und nur in einem beschränkten Umfang. Der erhöhte Preis reizt zu Produktionserweiterungen. Das Angebot steigt, und schließlich läßt sich die Preisvereinbarung nicht aufrechterhalten, spätestens bei Eintritt der Depression wird ein solches Kartell gesprengt[22].

---

[22] Es ist diese Form der Kartelle, die Engels im Auge gehabt hat, wenn er schreibt: »Die Tatsache, daß die rasch und riesig anschwellenden modernen Produktivkräfte den Gesetzen des kapitalistischen Warenaustausches, innerhalb deren sie sich bewegen sollen, täglich mehr über den Kopf wachsen – diese Tatsache drängt sich heute auch dem Bewußtsein der Kapitalisten selbst mehr und mehr auf. Dies zeigt sich namentlich in zwei Symptomen. Erstens in der neuen allgemeinen Schutzzollmanie, die sich von der alten Schutzzöllnerei besonders dadurch unterscheidet, daß sie gerade die exportfähigen Artikel am meisten schützt. (Die Tatsache ist sehr richtig, aber ihre Erklärung findet sie nur, wenn man den modernen Schutzzoll in Zusammenhang mit den Kartellen betrachtet.) Zweitens in den Kartellen (Trusts) der Fabrikanten ganzer großer Produktionssphären zur Regulierung der Produktion und damit der Preise und Profite. Es ist selbstredend, daß diese Experimente nur bei relativ günstigem ökonomischen Wetter durchführbar sind. Der erste Sturm muß sie über den Haufen werfen und beweisen, daß, wenn auch die Produktion einer Regelung bedarf, es sicher nicht die Kapitalistenklasse ist, die dazu berufen ist.

Soll also das Kartell Bestand haben, so muß der Vertrag weitergehen, er muß ein solches Verhältnis des Angebots zur Nachfrage bewirken, daß der festgesetzte Preis auf dem Markte auch eingehalten bleibt. Er muß also das Angebot regeln, die Produktion kontingentieren. Die Einhaltung dieser Bestimmungen ist nun zwar im Interesse des Gesamtkartells, nicht immer aber in dem der einzelnen Mitglieder, die durch Erweiterung ihrer Produktion ihre Produktionskosten herabsetzen können und daher oft das Bestreben haben, die Kartellbestimmungen zu umgehen. Die sicherste Gewähr gegen Umgehung der Bestimmungen aber ist dann gegeben, wenn der Verkauf der Produkte nicht mehr durch die Mitglieder selbst, sondern durch ein zentrales Verkaufsbüro des Kartells besorgt wird.

Aber die Sicherheit der Kontrolle ist nicht die einzige Wirkung dieser Maßregel. Die direkten Beziehungen des einzelnen Unternehmens zu seinen Kunden sind jetzt für die Dauer der Kartellierung aufgehoben, die kommerzielle Selbständigkeit des Einzelunternehmens damit beseitigt. Das Kartell bindet jetzt seine Mitglieder nicht mehr durch bloßen Vertrag, dessen Bestimmungen jederzeit leicht gebrochen oder umgangen werden können, sondern durch eine gemeinsame ökonomische Einrichtung. Der Austritt aus einem solchen Kartell erfordert erst neue Anknüpfung von Beziehungen zu den Kunden, Wiederherstellung der alten Absatzwege, Versuche, die vielleicht auch fehlschlagen, jedenfalls nur mit Opfern erkauft werden können. Damit ist zugleich eine größere Festigkeit, eine längere Dauer des Kartells gewährleistet. Das Kartell, das so aus einem rein vertragsmäßigen Gebilde durch Aufhebung der kommerziellen Selbständigkeit der Unternehmungen zu einer kommerziellen Einheit wird, nennt man ein Syndikat. Soll aber das Syndikat möglich sein, so muß es den Abnehmern gleich sein, von welchem der kartellierten Werke sie kaufen. Das setzt wieder eine gewisse Gleichartigkeit der Produktion voraus. Diese ist somit Voraussetzung für das Zustandekommen der engeren, dauernden und strafferen Organisation, wie sie das Syndikat darstellt. Es ist dabei zu bemerken, daß die Kartellierung von Spezialartikeln überhaupt schwieriger ist, da die Erzeuger Extraprofit aus der Verwendung ihrer Spezialmarken, Patente und dergleichen er-

Inzwischen haben diese Kartelle nur den Zweck, dafür zu sorgen, daß die Kleinen noch rascher von den Großen verspeist werden.« (Marx, »Kapital« III., 1., S. 130, Anm. F. E.

zielen, der Ausschluß der Konkurrenz für sie zunächst weniger wichtig ist. Das ist erst dann der Fall, wenn die Kartellierung in den Industrien, die ihnen Rohmaterial liefern, sie gleichfalls zur Kartellierung oder zur Kombination zwingt. Anderseits sorgt die Kartellierung zugleich für größere Vereinfachung der Produktion[23].

Etwas vereinfacht und schematisiert ergäbe sich also folgende Entwicklung des Vertragsinhalts monopolistischer Interessengemeinschaften, wobei natürlich auch die eine oder andere Entwicklungsstufe übersprungen werden kann. Zunächst als loseste Form, als Vorstufe gleichsam das »Konditionenkartell« (Grunzel). Darauf folgt die gemeinsame Regelung der Preise; um aber die Preise einhalten zu können, muß das Angebot entsprechend festgesetzt werden. Die Preisregelung, soll sie nicht etwa unbeständig und vorübergehend sein, fordert also Festsetzung der Produktion. Sollen aber keine Umgehungen des Vertrages möglich sein, so wird dies am sichersten verhindert, wenn der Absatz nicht dem Einzelunternehmen überlassen bleibt, sondern von einem gemeinsamen Organ der Unternehmungen, einem Verkaufsbüro, besorgt wird. Damit verliert das Unternehmen seine kommerzielle Selbständigkeit, die direkte Beziehung zu seinen Kunden. Die Einhaltung des Vertrages ist auch gesichert, wenn die Profite nicht dem Unternehmen, das sie wirklich gemacht hat, zufallen, sondern nach einem vorher festgesetzten Schlüssel auf die Gesamtheit der Beteiligten aufgeteilt werden. Ebenso kann der Einkauf der Rohmaterialien gemeinsam erfolgen. Schließlich können auch Eingriffe in die technische Selbständigkeit des

---

[23] »Das Kartell will Massengut, dessen Qualität, Form, Material usw. keine erheblichen Differenzen mehr aufweist. Allerdings kann hier ebenso künstlich nachgeholfen werden, wie dies bei den Warenbörsen geschieht, die ebenfalls eine gewisse Vertretbarkeit der Waren voraussetzen und deshalb durch spezielle Usancen festsetzen, welche Eigenschaft eine Ware aufweisen muß, wenn sie im Börsengeschäft lieferbar sein soll. Die Kartelle erreichen das gleiche Ziel dadurch, daß sie entweder nur gewisse Standardartikel herausgreifen, von denen der Geschäftsgang in der Branche hauptsächlich abhängt oder indem sie bestimmte Typen aufstellen, nach denen alle Fabrikanten ihre Erzeugnisse anfertigen müssen, so daß dann die Qualitätsunterschiede wegfallen. Das internationale Spiegelglaskartell unterwarf beispielsweise der Vereinbarung nur Spiegelglas in der Dicke von 10 bis 15 Millimeter.
Das österreichisch-ungarische Bindfadenkartell wiederum hat von allen zu erzeugenden Sorten Qualitätsmuster aufgelegt und alle Teilnehmer verpflichtet, ihre Waren nach diesen Mustern zu erzeugen. Desgleichen hat das österreichisch-ungarische Jutekartell für die zu erzeugenden Jutesäcke bestimmte Typen aufgestellt.« Grunzel, »Über Kartelle«, Leipzig 1902. S. 32 ff.

Einzelbetriebes erfolgen. Schlecht ausgestattete Betriebe können stillgelegt werden, Betriebe für bestimmte Produkte spezialisiert werden[24], für die sie, sei es durch ihre technische Einrichtung, sei es durch ihre günstige Lage zu den Absatzgebieten besonders bevorzugt sind. All dies kann durch Vertragsabschließungen, also in Interessengemeinschaften erfolgen. Aber eine solche Interessengemeinschaft ist nur mehr durch eine gewisse Schwerfälligkeit ihrer Organisation unterschieden von der Fusion. Die Frage Kartell oder Trust als sich ausschließende Gegensätze ist also falsch gestellt. Die Selbständigkeit der Unternehmungen kann auch in Kartellform so sehr eingeschränkt werden, daß der Unterschied gegenüber dem Trust verschwindet. Die Frage ist vielmehr, welche Vorteile die Einschränkung der Selbständigkeit bietet. Insofern die Einschränkung der Selbständigkeit Vorteile bietet, besitzt sie der Trust von vornherein, während es beim Kartell von der Natur und den Wirkungen des Vertrages abhängt, auf dem es beruht[25].

Die monopolistische Vereinigung ist ökonomische Herrschaftsorganisation und die Analogie mit den staatlichen Herrschaftsorganisationen liegt daher nahe. Das Verhältnis von Kartell, Syndikat und Trust findet dann sein Gleichnis in dem Verhältnis von Staatenbund, Bundesstaat und Einheitsstaat. Die Redeweise,

---

[24] Daß auch Kartelle einen gewissen Einfluß auf die Produktion und Technik der Betriebe ausüben, beweist zum Beispiel folgende Äußerung von Schalterbrand, dem Vorsitzenden des Direktoriums des Deutschen Stahlwerkverbandes: »Wir haben weiter zu prüfen: Wie werden wir bei dauerndem Bestehen des Verbandes den Absatz leiten können, um ihn möglichst vorteilhaft zu placieren, welche Arbeitsteilung können wir einführen, um billiger zu produzieren in der Richtung, daß nicht jedes Werk alle Erzeugnisse zu produzieren hat?« (Kontrad. Verh., 10. Heft, S. 236.) Weitgehende Arbeitsteilung in den einzelnen Unternehmungen hat auch das österreichische Maschinenkartell durchgeführt. Die Profite fließen in die gemeinsame Kasse und werden quotenmäßig aufgeteilt.

[25] Wenn also Grunzel meint (l.c., S. 14), »Kartell und Trust sind nicht dem Grade, sondern dem Wesen nach sehr verschieden; es ist mir noch kein Fall bekannt, daß in den drei Dezennien der so lebhaften Kartellbewegung in Europa die eine Form in die andere übergegangen wäre,« so nimmt er eben die juristische Form für das Wesen. Daß der Übergang vom Kartell zum Trust nicht häufig ist, beweist eben nur, daß beide Formen denselben Inhalt haben. Dabei darf nicht übersehen werden, daß die fortschreitende Einschränkung der Selbständigkeit der kartellierten Unternehmungen sie ständig den Trusts nähert. Die Verschiedenheit der Form hängt aber mit anderen Umständen zusammen, vor allem mit der Entwicklung des Bankwesens und seinem Verhältnis zur Industrie und zum Teil mit Eingriffen in die Gesetzgebung. Die Förderung der Trustform durch die amerikanische Antikartellgesetzgebung ist bekannt.

die das Kartell als »demokratisch« im Gegensatz zum Trust anpreist, erscheint in ihrer vollen Lächerlichkeit, wenn man sie sich auf den seligen Deutschen Bund angewendet denkt.

Bei der Preisfestsetzung ist der Trust dem Kartell überlegen. Das Kartell ist gezwungen, bei der Preisfestsetzung auszugehen von dem Produktionspreis des am teuersten produzierenden Werkes, während für den Trust nur ein einheitlicher Produktionspreis existiert, in dessen Produktionskosten sich die Kosten besser und schlechter eingerichteter Betriebe ausgleichen. Der Trustpreis kann so festgesetzt werden, daß die erzeugte Produktenmenge möglichst groß ist; die Größe des Umsatzes gleicht den geringen Profit auf das einzelne Stück aus. Der Trust kann ferner die Stillegung minder rentabler Betriebe viel leichter durchführen als das Kartell. Er kann bei Einschränkung der Produktion diese nur in den am teuersten arbeitenden Unternehmungen eintreten lassen und so die Produktionskosten senken und umgekehrt bei Erweiterung die Produktion der technisch vollkommensten Betriebe steigern; das Kartell muß in der Regel die vergrößerte Produktion gleichmäßig auf seine Unternehmungen verteilen. So entstehen durch die Preisfestsetzungen des Kartells Extraprofite für die technisch besser eingerichteten Unternehmungen, die nicht durch die Konkurrenz ausgeglichen werden, da das Kartell diese ja ausschließt, und die daher den Charakter einer Differentialrente anzunehmen scheinen. Der Unterschied gegen die Bodenrente besteht aber darin, daß das schlechteste Werk keineswegs wie der schlechteste Boden zur Befriedigung des Marktes notwendig ist. Es kann ausgeschaltet werden, wenn seine Produktion an besser eingerichtete Werke übertragen wird. Da der Kartellpreis aber zunächst aufrechterhalten wird, bedeutet die Vergrößerung der Produktion für die billiger produzierenden Werke Extraprofit. So wird es profitabel, die Produktion der teurer produzierenden Werke abzulösen. Die »Differentialrente« ist aber dann verschwunden und es existiert nur der hohe Kartellprofit.

Gerade bei dem Rohstoffkartell ist die Verschiedenheit zwischen den Produktionskosten bedeutend, weil hier bestimmend in den Produktionspreis eingeht die Höhe der Boden-(Bergwerks)rente. Daher ist hier einerseits die Tendenz zur Stillegung minder rentabler (im spezifischen Sinne des Wortes: geringere Bodenrente abwerfender) Betriebe am stärksten, anderseits die Neigung, die Preise hochzuhalten, was wieder relativ stärkere

Produktionseinschränkung bedeutet. Das natürliche Monopol erlaubt zugleich, diese Tendenz durchzusetzen. Die hohen Rohmaterialpreise wirken zurück auf die Preise, damit aber auch auf die Quantität der Produktion der weiterverarbeitenden Industrie.

13. Kapitel

Die kapitalistischen Monopole und der Handel

Die kapitalistischen Vereinigungen in der Industrie haben auch eine Rückwirkung auf die Zirkulation und ihre Vermittlung durch den Handel. Wir sprechen hier vom Handel als spezifischer ökonomischer Kategorie, betrachten ihn also losgelöst von den Funktionen des Wägens und Teilens sowohl als von der Funktion des Transportes. Die Warenproduktion macht den allseitigen Stellenwechsel der Ware nötig und dieser vollzieht sich durch Kauf und Verkauf. Werden diese zu selbständigen Funktionen eines Kapitals, so ist dieses Kapital Handels- oder kommerzielles Kapital. Es ist klar, daß durch die Verselbständigung dieser Operationen, die sonst vom Produzenten selbst vollzogen werden müßten, die Handelsoperationen nicht zu Wert erzeugenden Operationen werden, der Händler nicht zum Produzenten wird. Die Verselbständigung des Handels bewirkt aber Konzentration von Kauf und Verkauf, Ersparnis an Aufbewahrungs- und Erhaltungskosten etc. Der Handel bedeutet somit eine Verringerung der sonst nötigen Zirkulationskosten und damit eine Verringerung der Unkosten der Produktion. Aber um den Handel betreiben zu können, ist eine Geldsumme notwendig, die in Waren verwandelt werden muß. In der kapitalistischen Gesellschaft nimmt nun jede Geldsumme Kapitalcharakter an. Sollen die Handelsfunktionen verselbständigt werden, so muß das im Handel angelegte Geld Kapital werden, also Profit bringen. Es ist aber klar, daß dieser Profit nicht durch den Handel, durch den bloßen Prozeß des Kaufens, um zu verkaufen, entsteht, er wird im Handel nur angeeignet. Die Größe des Profits ist gegeben durch die Größe des Kapitals. Denn in entwickelter kapitalistischer Gesellschaft bringt gleichgroßes Kapital gleichen Profit. Dieser Profit selbst aber ist Abzug von dem in der Produktion erzeugten Profit. Die Industriellen müssen von dem Profit, den sie in erster Hand vereinigen, den Kommerziellen einen solchen Teil abtreten, der genügt, um das für den Handel notwendige Kapital dem Handel wirklich zuzuführen.

Der Handel, der vor Verallgemeinerung der Warenproduktion, also vor der kapitalistischen Entwicklung da ist, also – ebenso wie das Wucher- und Geldhandlungskapital – älter ist als das industrielle Kapital, ist selbst Ausgangspunkt der kapitalistischen Entwicklung. Er vereinigt in sich den größten Teil des Geldreichtums der Gesellschaft. Er bringt durch den Kredit, immer ein wichtiges Mittel zur Herstellung kapitalistischer Abhängigkeitsverhältnisse – vielfach noch in Form von Warenkredit – die alte handwerksmäßige Produktion von sich in Abhängigkeit, schafft die ersten Anfänge der kapitalistischen Hausindustrie auf der einen Seite, die Anfäne der Manufaktur auf der anderen Seite. Die Entwicklung des industriellen Kapitals löst diese Abhängigkeit der Produktion vom Handel und verselbständigt beide, indem es den Handel isoliert, von der Produktion loslöst.

Die Entwicklung des Handels selbst wird durch zwei Momente bestimmt. Einerseits durch die handelstechnischen Bedingungen selbst. Der Handel sammelt und konzentriert einmal die Produkte aus den verschiedenen Produktionsstätten und verkauft schließlich an den letzten Konsumenten. Je zerstreuter sie wohnen, desto mehr müssen sich die Verkäufe schließlich zersplittern, nicht nur quantitativ, sondern auch der Zeit und dem Orte nach. Der Charakter der letzten Verkäufe hängt ab von den Einkommensverhältnissen der letzten Käufer und von ihrer örtlichen Konzentration, beides Momente, die von der sozialen Entwicklung und Struktur des Landes abhängen. Gerade handelstechnisch ist die Überlegenheit des großen gegenüber dem kleinen Betrieb evident. Die Kosten eines Kaufes und Verkaufes, die Buchführung darüber, wachsen nicht entfernt mit der Größe der umgesetzten Wertsummen. Dic Tendenz zur Konzentration ist damit gegeben. Aber anderseits liegt es in der Natur des Handels, daß, je näher er dem Konsumenten kommt, sich die Verkäufe desto mehr örtlich und zeitlich zersplittern. Je nach dem Stadium der Annäherung an die Konsumtion finden sich so gewisse Grenzen für die Größe des Betriebes, Grenzen, die durchaus elastisch sind, mit dem Grad der Entwicklung eines Landes sich erweitern, aber immerhin verschiedene Größe des Geschäftsumfanges bedingen. In jedem dieser Stadien setzt sich die Tendenz zum größeren Betrieb durch, aber mit verschiedener

Stärke und Schnelligkeit. Die Notwendigkeit der örtlichen Dezentralisation wird überwunden durch Filialenbildung eines und desselben großen Geschäftes. Anderseits erlaubt die Konzentration in großen Warenhäusern zu konzentrieren. Dies ist jedoch nur die erste Stufe der Konzentration. Das handelstechnische Bedürfnis verbindet die Warenhäuser selbst zu großen Einkaufsorganisationen, die große Gruppen von Warenhäusern vereinigen und sie zum größeren oder geringeren Teil finanziell beherrschen, während anderseits die enormen finanziellen Bedürfnisse großer Warenhäuser sie wieder in enge Beziehungen zu den Banken drängen[26].

Zugleich aber mit der Konzentration geht auch im Detailhandel die Tendenz zur Aufhebung seiner Selbständigkeit vor sich, indem die Produzenten der Konsumtionsmittelindustrien selbst den Absatz ihrer Produkte besorgen. Diese Entwicklung ist am fortgeschrittensten dort, wo ein Trust den selbständigen Handel völlig ausgeschaltet hat, wie zum Beispiel der amerikanische Tabaktrust[27].

---

[26] Anfang Juli 1908 ging folgende Notiz durch verschiedene Blätter: Jüngst wurde bekannt, daß die Schweizer Warenhausgruppe Braun in Zürich unter Beteiligung eines deutschen Konsortiums in eine Kommanditgesellschaft umgewandelt worden ist. Daß Warenhäuser »gegründet« werden, gehört nicht mehr zu den seltenen Erscheinungen, die Schweizer Gründung verdient aus anderen Ursachen allgemeine Beachtung. Die Führung des deutschen Konsortiums hat die Firma Hecht, Pfeiffer u. Komp. in Berlin, die zu den bedeutendsten deutschen Exportfirmen zu zählen ist. Dieses Haus hat sich zu einem Einkaufskonzern für viele Warenhäuser in verschiedenen Ländern entwickelt. Das Abkommen mit dem Schweizer Warenhaus Braun geht dahin, daß die Firma Hecht, Pfeiffer u. Komp. ihren gesamten Einkauf in Zukunft besorgt und auch die Zahlungen für Einkäufe von Braun direkt leistet. Die Firma unterhält eine weitverzweigte Einkaufsorganisation und ist im Anfang vorigen Jahres in Interessengemeinschaft mit der Hamburger Firma M. I. Emdens Söhne getreten, die so eng ist, daß die Firma Hecht, Pfeiffer u. Komp. auch im Inland jetzt den Einkauf für die an die Emdensche Zentrale angeschlossenen 200 Geschäfte leitet. Darüber hinaus unterhält dieser Konzern auch Beziehungen zu einem New Yorker Warenhaus, für das nach Angabe des »Konfektionär« in Deutschland jährlich für etwa 60 Millionen Mark eingekauft wird. Die wirtschaftliche Überlegenheit der Großwarenhäuser, die nicht zuletzt in den Vorteilen besteht, die der Masseneinkauf ermöglicht, hat zur Gründung von Einkaufszentralen geführt, die die meisten von ihnen versorgten Geschäfte wohl auch in finanzieller Abhängigkeit erhalten.

[27] Siehe die interessante Zusammenstellung bei Algernon Lee, Die Vertrustung des Kleinhandels in den Vereinigten Staaten. »Neue Zeit«, 27. Jahrgang, Bd. 2, S. 654 ff. Die Zigarrenhändler hatten sich, um ihre Unabhängigkeit zu wahren, in einer Independent Cigar Stores Company genannten Händlervereinigung organisiert. Der Tabaktrust gründete dagegen die United Cigar Stores Company mit zwei Millionen Dollar Kapital. »Diese

Anderseits findet diese Konzentrationsbewegung auch Hindernisse, die sie verlangsamen. Ein Handelsbetrieb kleineren Umfanges ist leicht zu eröffnen, je kleiner, desto leichter, zumal hier die Kreditgewährung, da es sich nur um Kredit für Warenkapital handelt, verhältnismäßig ausgedehnt ist, namentlich dann, wenn diese Kreditgewährung von seiten des Produzenten erfolgt, für den sie ein Konkurrenzmittel im Kampf um den Absatzmarkt ist. In diesen Kleinbetrieben herrscht eine niedrige Profitrate, die diesen Händler zu einem bloßen Agenten des Kapitalisten macht, dessen Produkte er absetzt. An seiner Verdrängung besteht kein starkes ökonomisches Interesse.

Neben diesen handelstechnischen Momenten, die eine Rolle spielen, wo es sich um Produkte handelt, die an den letzten Konsumenten direkt abzusetzen sind – also in dem Detailhandel – spielt aber die Rückwirkung der industriellen Verhältnisse dort eine Hauptrolle, wo es sich um den Warenumsatz zwischen den industriellen Kapitalisten selbst und zwischen diesen und den Großhändlern handelt. Und hier wirkt die industrielle Konzentration zurück auf die Entwicklung des Handels, der sich ihr anpassen muß. Je konzentrierter die industriellen Betriebe, desto größer ihre Produktion, desto kapitalkräftiger müssen auch die Händler sein, die diese Produktion umsetzen. Ferner:

Gesellschaft kaufte viele bestehende Detailgeschäfte auf und etablierte viele andere mit besseren Waren, reicherer Auswahl und entsprechendem Äußeren als irgendein Konkurrenzgeschäft. Die Preise wurden reduziert und zuletzt ein Prämiensystem eingeführt, das der Gesellschaft dauernde Kundschaft sicherte. Der Kampf währte nicht lange. Innerhalb eines Jahres war die Independent Cigar Stores Company gezwungen, zu den vom Trust diktierten Bedingungen an die United Cigar Stores Company auszuverkaufen. Mit ihrer Opposition hatten die Kleinhändler nur ihr Schicksal beschleunigt... Auch besteht nicht der geringste Zweifel, daß der Trust auf dem eingeschlagenen Wege bleiben wird, wahrscheinlich sogar mit beschleunigtem Tempo, bis er alles im Detailhandel dieses Industriezweiges Besiegenswerte besiegt hat.«

Lee berichtet dann über die Konzentration im Detailhandel mit Kaffee, Tee, Milch, Eis, Brennmaterialien, Spezereien etc. und faßt die Konzentrationstendenzen schließlich treffend folgendermaßen zusammen: »Die Konzentration geht vor sich, und die Klasse der unabhängigen Kleinhändler verliert festen Boden nach folgenden fünf verschiedenen, jedoch zum selben Ziele führenden Richtungen hin:

1. Einige der industriellen Truste dehnen, nachdem sie die Oberherrschaft in der Produktion erlangt haben, ihre Operationen auf das Gebiet des Kleinhandels aus, verdrängen den kleinen Kaufmann vollständig und setzen ihre Produkte direkt an die Konsumenten ab.

2. Einige der großen Produktionsgesellschaften benützen zwar noch den Kleinhändler, um ihre Waren an die Konsumenten zu bringen, behandeln ihn aber eher als Agenten denn als unabhängigen Kaufmann.

je geringer mit wachsender Konzentration die Zahl der industriellen Betriebe, desto überflüssiger werden überhaupt die Händler, desto einfacher muß es erscheinen, daß die großen konzentrierten Produktionsstätten direkt miteinander in Verbindung treten, ohne Dazwischenkunft eines selbständigen Händlers. Die Konzentration in der Industrie bewirkt so nicht nur Konzentration, sondern auch Überflüssigmachung des Handels. Es geschehen weniger Umsätze, da der Einzelumsatz größer wird, und bei diesen Umsätzen wird die Dazwischenkunft eines selbständigen Kapitalisten immer häufiger ausgeschaltet. Damit wird aber auch ein Teil des im Handel befindlichen Kapitals überflüssig und kann aus der Zirkulationssphäre verschwinden.

Das im Handel befindliche Kapital ist zunächst gleich dem Wert des gesellschaftlichen Jahresprodukts, gebrochen durch die Umschlagszahl des kommerziellen Kapitals, multipliziert mit der Anzahl von Zwischenstadien, die es durchläuft, bis es zum letzten Konsumenten kommt. Aber dieses Kapital ist nur rechnungsmäßig so groß. Der größte Teil dieses Kapitals besteht nur in Kredit. Das Kaufmannskapital dient ja nur zur Warenzirkulation; wir wissen aber bereits, daß diese zum größten Teil vollführt werden kann ohne Zuhilfenahme von wirklichem Geld.

---

3. In den Großstädten haben die Warenhäuser schon einen großen Teil des Kleinhandels den kleinen Kaufleuten entzogen, und dieser Prozeß macht immer größere Fortschritte; manche dieser Läden repräsentieren ein Kapital von Hunderttausenden oder selbst Millionen Dollar, vielfach gehören mehrere einer einzigen Gesellschaft, und der Anfang ist bereits gemacht, um das Prinzip der Konzentration auf dem Gebiete der Warenhäuser in noch verstärkterem Maße zum Ausdruck zu bringen. Sie wurden dadurch in engere Berührung mit den einzelnen Gruppen der Hochfinanz, des Großhandels und der industriellen Truste gebracht.

4. Die großen Geschäftshäuser, welche ihre Aufträge ausschließlich oder fast ausschließlich per Post empfangen, schädigen in den Landdistrikten das Gebiet des Kleinhändlers in demselben Maße, wie die Filialen dies in den Städten tun; die enorme Entwicklung des Telephons und der Straßenbahnen sowie die Ausdehnung der freien Postablieferung auf dem Lande haben diesem Handelsgebiet ein weites Feld geöffnet, und in vielen Fällen gehören diese Postversandgeschäfte derselben Gesellschaft, die in der Stadt eine oder mehrere Filialen hat.

5. Innerhalb der Reihen der Kleinhändler selbst arbeitet die Konkurrenz darauf hin, daß das Konzentrationsprinzip in verschärftem Maße zur Geltung kommt, genau wie sie es zu Beginn der kapitalistischen Ära auf industriellem Gebiet getan hat. Manche Kaufleute wissen sich irgendeinen Vorteil vor ihren Konkurrenten zu sichern, werden dadurch in den Stand gesetzt, ihr Geschäft zu vergrößern, wodurch ihnen neue Vorteile erwachsen, und verkleinern somit das Geschäftsgebiet ihrer Konkurrenten.«

Vergleiche auch Werner Sombart, Der moderne Kapitalismus, II. Bd., 22. Kapitel: »Die Bestrebungen zur Ausschaltung des Detailhandels«.

Es ist gegenseitiger Kredit, der von den produktiven Kapitalisten einander gegeben wird und sich gegenseitig ausgleicht. Das wirkliche Kaufmannskapital ist viel geringer und nur davon erhält der Kaufmann Profit. Der Profit des Industriellen ist abhängig von dem gesamten Kapital, ganz gleich, ob es dem Industriellen gehört oder ob es ihm kreditiert ist, denn es ist Produktionskapital. Der Profit des Kaufmannes hängt nur ab von dem wirklich verwandten Kapital, denn dieses ist nicht Produktionskapital, sondern vollzieht nur die Funktionen von Geld- und Warenkapital. Der Kredit bedeutet hier nicht eine bloße Eigentumsscheidung und damit eine Teilung des Profits, sondern eine absolute Verringerung des Kapitals und damit des auf die kommerzielle Klasse entfallenden, von den industriellen Kapitalisten an diese zu zahlenden Profits. Der Kredit vermindert hier direkt die Unkosten der Zirkulation ebenso wie etwa das Papiergeld.

Der Handelsprofit ist aber ein Teil des in der Produktion erzeugten gesamten Mehrwertes. Je größer der Teil ist, der dem Handelskapital zufällt, desto geringer unter sonst gleichen Umständen der Anteil der Industriellen. Es besteht also ein Interessengegensatz zwischen Industrie- und Handelskapital.

Aus diesen entgegengesetzten Interessen entspringt ein Kampf, der schließlich mit der Überwindung des einen Teiles endet durch Entstehung kapitalistischer Abhängigkeitsverhältnisse. In diesen Interessenkämpfen des Kapitals entscheidet die größere oder geringere Kapitalsmacht. Diese ist jedoch nicht bloß quantitativ zu fassen.

Wir sehen in der ganzen bisherigen Darstellung, daß auch die Form des Kapitals von Bedeutung ist. Verfügung über Geldkapital gibt unter sonst gleichen Verhältnissen die größte Übermacht, weil die Industriellen sowohl als die Kommerziellen mit der Entwicklung des Kreditwesens immer mehr auf das Geldkapital angewiesen sind. So vollzieht sich auch das Abhängigwerden von Industrie und Handel in verschiedenen Formen.

Solange freie Konkurrenz herrschte, konnte der Handel den Konkurrenzkampf unter den Industriellen zu seinem Vorteil ausnützen. Dies besonders in jenen Industriezweigen, wo die Produktion noch verhältnismäßig stark zersplittert, die Konzentration im Handel bereits stärker fortgeschritten war. In demselben Sinne wirkten auch die Kreditverhältnisse. Solange der Kredit noch vorwiegend Zahlungskredit war, die Banken vor allem für das Kaufmannskapital Kredit zur Verfügung stellten, war auch die finanzielle Überlegenheit öfter auf Seite der Händler. Sie benützten diese Überlegenheit, um beim Einkauf auf die Preise der Produzenten zu drücken und ihnen Lieferungs- und Zahlungsbedingungen aufzuerlegen, die ihnen erlaubten, von den Vorteilen der Hochkonjunktur den Rahm abzuschöpfen und die Verluste der Depression zum Teil auf die Produzenten abzuwälzen. Es ist die Zeit, in der die Klagen der Industriellen über die Diktatur der Kaufleute immer aufs neue laut werden. Das Vorgehen der Händler dient den Industriellen dann später als einer der Rechtfertigungsgründe für den Abschluß von Kartellen. Dies ändert sich gründlich mit der Änderung des Verhältnisses der Banken zur Industrie und dem Entstehen der kapitalistischen Vereinigungen in der Industrie.

Die partiellen industriellen Vereinigungen vermindern zunächst den Handel. Die kombinierten direkt, indem sie Handelsoperationen überhaupt überflüssig machen. Die homogenen wirken wie die Konzentration in der Industrie überhaupt. Die monopolistischen Vereinigungen aber haben die Tendenz, die Selbständigkeit des Handels völlig aufzuheben. Wir haben gesehen, daß eine wirkliche Kontrolle über den Markt erst dann möglich ist, wenn die Waren von einer Zentralstelle aus verkauft werden. Aber diese muß, um die Produktion in ihrem Industriezweig regeln zu können, die jeweilige Größe des Absatzes beurteilen können. Zudem ist die Größe der Konsumtion immer abhängig von der Höhe der Preise. Die Preisfestsetzung muß also bis zum letzten Stadium von der monopolistischen Vereinigung aus geschehen, sie darf nicht von ihr unabhängigen Faktoren überlassen werden. Dies sind aber zunächst die Händler. Die Ausnutzung der Marktlage, der Hauptvorteil des Kartells, würde zu einem großen Teil den Händlern zufallen, wenn ihnen die spezifischen Handelsoperationen überlassen würden, wozu ja auch die Preisfestsetzung gehört. Sie könnten spekulativ die Produkte aufhäufen und – namentlich bei günstiger Konjunktur – zu höheren Preisen verkaufen. Dies hätte einerseits Einschränkung der Produktion zur Folge, für die das Kartell nicht durch den höheren Profit entschädigt würde, anderseits aber würde die Kartelleitung auch den Markt falsch beurteilen, wenn sie diese spekulative, vielleicht irrige Händlernachfrage allein zum Maßstab ihrer Produktion machen müßte. Die monopolistische Vereinigung wird also die Tendenz verfolgen, die Selbständigkeit des Handels aufzuheben. Nur dann wird das Kartell seinen Einfluß auf die Preisfestsetzung voll ausnützen können.

Wir haben aber gesehen, daß die Kartellierung bereits eine innige Verbindung von Industrie und Bankkapital darstellt; in der Regel wird das Kartell über die größere Macht verfügen. Es wird dann dem Handel seine Gesetze diktieren können. Der Inhalt dieser Gesetze wird aber dahin gehen, dem Handel seine Selbständigkeit zu nehmen, ihm die Preisfestsetzung zu entziehen. Die Kartellierung wird also den Handel als Anlagesphäre des Kapitals aufheben. Sie schränkt die Handelsoperationen ein, beseitigt einen Teil derselben und vollzieht den übrigen Teil durch eigene Lohnarbeiter, Verkaufsagenten des Kartells. Dabei kann sehr wohl ein Teil der bisherigen Händler zu solchen Verkaufsagenten gemacht werden. Das Kartell schreibt ihnen dann genau die Einkaufs- und Verkaufspreise vor, deren Differenz die Provision dieser »Händler« bildet. Die Höhe dieser Provision ist aber nicht mehr bestimmt durch die Höhe des Durchschnittsprofits, sie ist ein Lohn, den das Kartell festsetzt. Wenn aber die kapitalistischen Machtverhältnisse anders liegen, so wird sich auch das Verhältnis von Handel und Kartell etwas anders gestalten können. Es ist möglich, daß die Bedingungen für die Konzentration im Handel günstiger waren als in der Industrie. Dann steht einigen wenigen Händlern eine Anzahl verhältnismäßig kapitalschwacher Unternehmungen gegenüber, die für den Absatz ihrer Produkte auf diese Händler angewiesen sind. Die Händler können dann ihre Kapitalskraft benutzen, um durch finanzielle Beteiligung an diesen Unternehmungen einen Teil ihres Kapitals als industrielles Kapital anzuwenden. Die Abhängigkeit der Industrie können sie dazu benutzen, um diese Unternehmungen zu zwingen, billiger an sie zu verkaufen. Sie erhöhen so ihren kommerziellen Profit auf Kosten des industriellen.

Solche Abhängigkeitsverhältnisse entwickeln sich in neuester Zeit ziemlich rasch in gewissen Konsumtionsmittelindustrien, die an ein großes kapitalistisches Warenhaus verkaufen.

Es sind Abhängigkeitsverhältnisse, die auf höherer kapitalistischer Stufenleiter den Vorgang widerspiegeln, der zur Entstehung kapitalistischer Hausindustrie geführt hat, wobei der Kaufmann den Handwerker verlegte. Aber ähnliche Verhältnisse können sich auch mitunter vorfinden in Industrien, die kartellfähig sind. Hier kann das Handelskapital, das vielleicht an einer ganzen Reihe solcher Unternehmungen beteiligt ist, dann eine analoge Rolle spielen wie sonst das Bankkapital.

In diesen Fällen nehmen dann die Händler direkt teil an dem Kartell. Sie tun dies aber, weil sie in der Tat schon vorher in Form von finanziellen Beteiligungen auch an der Produktion beteiligt waren[28]. Sachlich wird dadurch nichts geändert. Auch hier verliert der Handel den Einfluß auf die Preisfestsetzung, er hört auf, der Markt für die Industriellen zu sein, die jetzt direkt mit den Konsumenten in Verbindung treten.

Die monopolistische Vereinigung bewirkt so eine Ausschaltung des selbständigen Handels. Sie macht einen Teil der Handelsoperationen vollständig überflüssig und verringert die Unkosten für den Rest.

In derselben Richtung wirkt auch die Verringerung jener Zirkulationskosten, die aufgewendet werden, um den Konsumenten speziell für das Produkt eines bestimmten Unternehmens zu gewinnen auf Kosten des Absatzes anderer Unternehmungen. Diesem Zweck dienen vor allem die Ausgaben für Reisende, soweit ihre Zahl durch Zersplitterung der Produktion in die einzelnen Unternehmungen bedingt ist, und die Ausgaben für Reklame. Diese Ausgaben stellen Unkosten der Zirkulation dar. Für den einzelnen Unternehmer bringen sie Profit, sofern es ihm gelingt,

---

[28] Für die Organisation des böhmischen Braunkohlenhandels ist es charakteristisch, daß der Verkaufskommissionär zugleich Bergwerksbesitzer und Anteileigner der von ihm vertretenen Gesellschaften ist. Die beiden Kohlenkommissionsfirmen J. Petschek und Ed. J. Weinmann haben in Aussig Organisationen gebildet, »welche den Vertrieb der Braunkohle für die großen böhmischen Gesellschaften besorgen ... Auch in Aussig waren die beiden Kohlenfirmen ursprünglich nur die Zwischenhändler. In diesem Verhältnis griff am Beginn der neunziger Jahre eine Änderung Platz, welche von der mächtigen Entwicklung der Brüxer Bergbaugesellschaft ihren Ausgang nahm. Den Verschleiß für diese Gesellschaft hatte seit altersher die Firma Weinmann. Die Brüxer Gewerkschaft erwarb zu sehr billigen Preisen die inundierten Ossegger Schächte und schwang sich hiedurch zum ersten Unternehmen der böhmischen Braunkohlenindustrie auf. Inzwischen hatte sich ein Besitzwechsel in den Brüxer Aktien vollzogen; die Majorität war an ein Syndikat unter Führung der Firma Petschek übergegangen, und als Ausdruck der geänderten Machtverhältnisse wurde der Kohlenverschleiß an diese Firma übertragen. So war ein neues Verhältnis geschaffen; der Kohlenkommissionär war auch Großaktionär des Unternehmens, er schloß die Verkaufsverträge gleichsam mit sich selbst ab und hatte auf Geschäftsführung und Produktion den entscheidenden Einfluß. Den gleichen Weg mußte auch die Konkurrenzfirma einschlagen; auch sie wußte sich durch Aktienbesitz einen maßgebenden Einfluß und ein dauerndes Interesse an den von ihr vertretenen Unterhandlungen zu schaffen«. (»Neue Freie Presse«, 25. Februar 1906.)

seinen Umsatz über das sonst mögliche Maß hinaus zu steigern. Aber dieser Profit ist der Verlust der anderen Unternehmer, auf deren Kosten er seinen Umsatz vergrößert hat. Für die Produktionssphäre stellen sie einen Abzug von dem sonst auf sie entfallenen Profit dar. Die Kartellierung verringert diese Kosten ganz außerordentlich, beschränkt die Reklame auf die bloße Bekanntmachung und die Reisenden auf jene Zahl, die zur Bewegung der überdies verringerten, vereinfachten und beschleunigten Handelsoperationen nötig sind.

Eine eigentümliche Entwicklung zeigt sich in Österreich. Hier hat sich der eigentliche kapitalistische Großhandel aus historischen Ursachen nur unvollkommen entwickelt. In Sphären, die Massengüter produzieren, und besonders dort, wo auch die Spekulation eine Rolle spielt, wie zum Beispiel im Zuckerhandel, hat die Bank die Funktionen des Großhandels übernommen. Das Bankkapital konnte das um so leichter, als ja dadurch nur geringe Mengen von Kapital festgelegt wurden. Das Bankkapital ist dann sowohl als Händler wie als Kreditgeber an der Kartellierung interessiert. In Österreich ist daher der direkte und bewußte Einfluß des Bankkapitals auf die Kartellierung am leichtesten nachzuweisen. Die Bank behält dann auch weiter die Verkaufsfunktionen für das Kartell und bezieht dafür eine feste Provision. In neuerer Zeit zeigen sich auch in Deutschland ähnliche Tendenzen. So hat der Schaaffhausensche Bankverein eine eigene Warenabteilung für den Verkauf kartellierter Produkte errichtet[29].

[29] So bezeichnet die »Neue Freie Presse« (18. Juni 1905) die Übernahme einer großen Prager Zuckerfirma durch die Kreditanstalt als symptomatisch, und fährt dann fort:
Der Zuckerhandel ist diesen Bestrebungen fast gänzlich zum Opfer gefallen. Noch zu Beginn der neunziger Jahre war der Vertrieb der meisten böhmischen Zuckerfabriken die Domäne der reichen Prager Zuckerkaufleute, die aus der Vermittlung des Absatzes für die Rechnung der Erzeuger einen ansehnlichen Nutzen zogen, vielfach auch das Geschäft für eigene Rechnung pflegten und durch ihre großen Abschlüsse sowie durch die Verbindung mit den ausländischen Märkten eine spezifische Erscheinung des Platzes bildeten. Das Zuckergeschäft der Banken beschränkte sich auf den kommissionsweisen Verkauf für die eigenen Fabriken und auf die Kreditgewährung im Rahmen der normalen Banktätigkeit. Im Laufe des letzten Jahrzehnts sind manche dieser privaten Zuckerfirmen ganz zurückgetreten oder an die Banken übertragen worden, andere haben ihr Geschäft notgedrungen sehr eingeschränkt, und von den früheren Magnaten des Zuckerhandels ist nur eine einzige große Handelsfirma in Prag zurückgeblieben, die jetzt noch dreizehn Zukkerfabriken vertritt und jährlich viele hunderttausend Meterzentner der weißen Ware umsetzt. Die allergrößten privaten Zuckerfabriken, die ihre

Resultat des ganzen Prozesses ist also eine Verminderung des kommerziellen Kapitals. Ist aber das Kapital verringert, so auch der darauf entfallende Profit, der, wie wir wissen, ein Abzug des industriellen Profits ist. Diese Verringerung des Handelskapitals ist eine Verringerung von Unkosten. Wie wirkt das auf die Preise? Der Preis des Produkts ist bestimmt durch den Kostpreis plus dem Gesamtprofit. Die Teilung dieses Profits in Unternehmergewinn, Zins, Handelsprofit und Rente läßt den Preis vollständig unberührt. Daß das Kartell jetzt an Stelle des Händlers getreten, daß ein Teil der Handelsoperationen fortgefallen ist, bedeutet nur, daß der Industrielle jetzt keinen Teil seines Profits mehr an die Kommerziellen abzutreten hat. Der Preis des Ge-

---

Produktion auf beide Reichshälften ausdehnen, nehmen die Vermittlung beim Absatz gar nicht in Anspruch, sondern besorgen sich den Großverkauf selbst. Die mittleren und kleineren Unternehmungen sind in mehr oder minder innige Verbindung mit den Banken getreten, welche ihnen die nötigen Kredite gewähren, die Ware für sie an den Export sowie den Kleinhandel im Inland verkaufen, vielfach aber selbst das volle Risiko des Zuckerabsatzes übernehmen. So ist der ehemals große und reiche Zwischenhandel in Zucker ganz aus seiner Stellung hinausgedrängt worden, und zwei Dritteile des Absatzes der böhmischen Zuckerfabriken nehmen ihren Weg durch die Zuckerabteilungen der Prager Institute. (Die aber nur meist Filialen der Wiener Banken sind.)
Ihren Ausgang hat diese Umbildung des Zuckerhandels von der Kreditgewährung und der Errichtung neuer Zuckerfabriken gefunden. In den achtziger und neuziger Jahren sind in Böhmen und Mähren zahlreiche neue Fabriken, darunter die großen Exportfirmen an der Elbe, entstanden; sie wurden zumeist mit fremdem Kapital gebaut, und die Banken, welche die nötigen Mittel aufbrachten, bedangen sich die Übertragung des kommissionsweisen Verkaufs des Produktes der neuen Erzeugungsstätten aus. Namentlich waren die kleinen und mittleren Rohzuckerfabriken, die seit dem Abschluß des Kartells wie Pilze aus dem Boden emporschossen, vielfach mit ungenügendem Kapital fundiert und deshalb ganz auf ihre Kreditgeber angewiesen. Aber auch bestehende Etablissements bedurften zu ihrer Modernisierung und Erweiterung großer Mittel und traten zu den Geldquellen in ein näheres Verhältnis, das zumeist auch auf die Übertragung des ganzen Vertriebes hinauslief. So haben die Prager Filialen der Wiener Banken, aber auch einzelne Lokalinstitute im Zuckergeschäft festen Fuß gefaßt und dorthin den Schwerpunkt ihrer Tätigkeit verlegt. Die Länderbank vertritt fünfzehn Fabriken ... Die Anglobank besorgt den kommissionellen Verkauf von elf Rohzuckerfabriken; bei der Kreditanstalt ist die geschäftliche Abwicklung für fünf große Unternehmungen konzentriert; die Živnostenská banka ist die Verkaufsstelle für zahlreiche ländliche Zuckerfabriken. Die Banken kaufen den Rohzuckerfabriken ihre Erzeugung ab und übertragen sie an die Raffinerien; sie übernehmen ferner von den Raffinerien die weiße Ware zur Placierung an den inländischen und ausländischen Verkaufsstellen. Als im Laufe der Jahre der Export eine immer größere Bedeutung für die österreichischen Fabriken gewann, nahm auch die Tätigkeit der Banken einen anderen Charakter an. Die Ausfuhr bedang ein fortwährendes Operieren auf den verschiedenen auswärtigen Märkten, die bescheidene Provision aus

samtprodukts bleibt für den Konsumenten derselbe[30]. Die Zirkulationsunkosten bildeten einen Abzug vom Profit, die Verringerung dieser Kosten bedeutet, daß der industrielle Profit, der Unternehmergewinn, um den Betrag steigt, der durch die Verminderung der Handelskosten freigeworden ist. Es ist nur der Aberglaube an den Veräußerungsprofit, der Glaube, daß der Händler Profit macht einfach durch einen Aufschlag auf seinen Kostpreis, der bei manchen Schriftstellern die Hoffnung weckt,

---

dem Kommissionsgeschäft trat mehr in den Hintergrund gegenüber den großen Gewinnen aus den Arbitragen und spekulativen Transaktionen ... Mit dem internationalen Geschäft war aber der Handel auf eigene Rechnung eng verbunden, da die wenigsten inländischen Fabrikanten in der Lage waren, solche, oft notwendigerweise auf längere Zeit ausgedehnte Operationen auf sich zu nehmen. So trat als letztes Glied in den Zuckerhandel die feste Übernahme durch die Banken; die Fabriken verkauften ihr Produkt an ihre Bankverbindung, die ihrerseits den Nutzen durch die möglichst günstige Verwertung auf den Märkten des Inlandes und Auslandes suchte. Der Handel für eigene Rechnung ist gewiß noch nicht die allgemeine Regel, und einzelne ängstliche Institute halten sich von ihm prinzipiell zurück; neben dem kommissionsweisen Verkauf nimmt er aber bereits einen großen Raum ein, und es ist nicht zu leugnen, daß sich die geschäftliche Entwicklung in dieser Richtung bewegt.

Ein größeres Warengeschäft haben noch jene Banken, welche mit Kartellen in inniger Verbindung stehen und den Vertrieb für die von ihnen kontrollierten Industrien leiten. So hat die Länderbank den Verkauf für das Kartell der Zündhölzchenfabriken, der Sirupfabriken, der Emailgeschirrfabriken, der Buntpapierfabriken, der Stärkefabriken und einzelner chemischer Industrien, der Bankverein steht zu den Pappendeckelfabriken in ähnlichen Beziehungen, auch die Kreditanstalt hat den Verkauf für die vereinigten Messingwerke inne. Es sind dies durchwegs nur Kommissionsbeziehungen, die keinen engeren Handel bergen: durch die Kartellierung und Konzentrierung des Absatzes im Zentralverkaufsbüro ist aber doch der Zwischenhandel aus diesen Positionen verdrängt worden. Der Nutzen im Warenkommissionsgeschäft ist durch die Konkurrenz der Banken geringer geworden und erreicht nur mehr eine mäßige Quote der früheren ansehnlichen Provisionen. Die Schmälerung der Gewinne aus dem regulären Bankgeschäft hat bei einzelnen Instituten, die Warenabteilungen besitzen, den Gedanken angeregt, den Properhandel in Waren in stärkerem Maße zu pflegen, und manche Anzeichen deuten darauf hin, daß in dieser Richtung neuerliche Versuche zur Ausgestaltung des Geschäftes unternommen werden dürften.

30 Im einzelnen können Preisverschiebungen erfolgen je nach dem verschiedenen Verhältnis von Industrie- und Handelskapital in den einzelnen Sphären. Gesetzt in einer Sphäre, zum Beispiel im Maschinenbau, sei das Produktionskapital gleich 1000, das Handelskapital gleich 200. Bei einer Durchschnittsprofitrate von 20 Prozent werden 40 Handelsprofit gemacht. Der Preis für den Konsumenten ist gleich 1000 + 200 (der Preis, um den die Industriellen ihr Produkt an den Kaufmann absetzen) plus 240 (die dem Kaufmann sein Kapital plus Profit ersetzen), also im ganzen gleich 1440. In der Textilindustrie entfalle aber auf ein Produktionskapital von 1000 ein Kaufmannskapital von 400. Der Preis des Produkts wäre dann 1680. Gesetzt den Fall, es gelänge dem Kartell in beiden Fällen das Handelskapital auszuschalten und die Handelsunkosten auf die Hälfte zu reduzieren, so würden die Ma-

die Verringerung der Handelskosten könnte irgendwie den Preis der Produkte für den Konsumenten senken[31].

Die Verringerung der Handelsoperationen bedeutet auch das Freiwerden von bisher in der kommerziellen Sphäre beschäftigtem Kapital, das nun nach neuer Verwertung sucht. Unter Umständen kann dies den Drang nach Kapitalexport verstärken.

Daß die Kartelle aber der Form nach den Handel beibehalten, liegt in ihrem eigenen Interesse. Kirdorf, der Gebieter des Kohlensyndikats, sagt darüber: »... Will man zu den untersten Quellen des Verbrauches gehen, bis zum einzelnen Abnehmer, so muß man einen gewaltigen Apparat haben; dann kommen die erhöhten Verwaltungskosten, die den Vorteil des Preises durch direkte Lieferung entschieden übersteigen, und man bekommt einen so teuren Betrieb, daß er nicht zu ertragen ist, und ein so umfangreiches Beamtenpersonal, daß man es nicht mehr übersehen und kontrollieren kann. Deshalb ist und bleibt der solide Zwischenhandel in einem gewissen Umfang eine absolute Notwendigkeit und kann niemals ausgeschaltet werden«[32].

In der Tat aber handelt es sich nicht mehr um Händler, Kaufleute, sondern um Agenten der Syndikate, deren Selbständigkeit

---

schinenbauer auf das Kapital von 1100 einen Profit von 340, die Textilfabrikanten auf ihr Kapital von 1200 einen solchen von 480 machen. Die Ungleichheit der Profitraten kann zu Ausgleichsvorgängen führen, die dann in Preisveränderungen erscheinen. Was aber die Konsumenten der Textilprodukte gewännen, würden die Maschinenkäufer verlieren. Im allgemeinen wird aber diese Ausgleichung infolge der Kartellierung nur schwierig und unvollständig erfolgen.

Anders steht die Sache, wenn der selbständige Handel durch Konsumvereine, Großeinkaufsgesellschaften, landwirtschaftliche Einkaufsgenossenschaften etc. ersetzt wird. Dies bedeutet nur, daß an Stelle der Aktion der Handelskapitalisten die der organisierten Konsumenten selbst tritt, denen daher auch der Handelsprofit zufällt. Zugleich bedeutet die vermehrte Konzentration Ersparung von Zirkulationsunkosten.

[31] Der Großhändler Engel sagt ganz richtig: »Das Streben des Syndikats geht dahin, zu monopolisieren und den Großhandel einfach auszuschließen. Der Verleger kauft natürlich dadurch nicht billiger; denn wenn nicht so gerechnet würde: den Nutzen, den der Großhandel hat, will ich als Fabrik, als Syndikat selbst haben – dann hätte die ganze Bewegung keinen Zweck.« »Kontradiktorische Verhandlungen über den Verband deutscher Druckpapierfabriken.« Heft IV, S. 114.

Dasselbe gilt zum Beispiel auch vom Kohlensyndikat. Es »benützt diese Monopolisierung des Speditions- und Großhandelsgeschäftes auch, um ohne eine ausdrückliche Erhöhung der Kohlenpreise durch Steigerung der Schlepp- und Transportlöhne die kleinen Konsumenten zu besteuern, beziehungsweise dafür zu sorgen, daß die höheren Preise, die diese bezahlen müssen, nicht wie bisher dem Handel, sondern den Produzenten zugute kommen«. Liefmann, Kartelle und Trusts. Seite 98.

[32] »Kontradiktorische Verhandlungen«, I., S. 236.

ebenso fiktiv ist wie die des Hausindustriellen, der selbständiger Meister tituliert wird. Nur daß, während die Hausindustrie durch technische Änderung der Produktion von einem gewissen Punkt an unrentabel wird, dies beim Handel weniger in Betracht kommt. Ob fix entlohnter Agent oder »selbständiger« Kaufmann, der in Wirklichkeit auf eine Provision gesetzt ist, deren Schwankungen durch territoriale Abgrenzung des Verkaufsgebietes und die Festsetzung der vom Syndikat beherrschten Preisdivergenzen so gering sind, daß im Effekt das Einkommen des Händlers ziemlich dasselbe ist wie das eines Agenten, macht ökonomisch keinen Unterschied. Die Fiktion der Selbständigkeit, die durch die andere Entlohnungsart – und in diesem Falle handelt es sich um Lohn, das Einkommen des »Kaufmannes« besteht aus dem Profit auf sein Kapital und dem Lohn, den das Syndikat einem Agenten zahlen müßte – geschaffen wird, erspart aber dem Syndikat Überwachungskosten oder Kontrollausgaben, etwa wie der Akkordlohn gegenüber dem Zeitlohn. Im übrigen wird bei solchem Handel das nötige Kapital außerordentlich reduziert; das Eigenkapital des Händlers braucht nur gering zu sein, da die Stetigkeit der Kartellpreise und das örtliche Monopol jedes Risiko vermindern. Diese Umsätze können also hauptsächlich mit Kredit erledigt werden, indem der Händler das Geld für die Bezahlung zum größten Teil kreditiert bekommen kann; für diesen Teil des Kapitals ist nur Zins zu entrichten. Das Syndikat hat nur das Interesse, die Zahl der Händler zu verringern, da sein eigener Absatz dadurch vereinfacht wird, und die Provision in der Tat dem Arbeitslohn für die kaufmännische Tätigkeit, die als hochqualifiziert gewertet wird, anzunähern. Wie weit diese Fiktion der Selbständigkeit dabei unterhalten wird, ist ökonomisch gleichgültig. Daß das momentane Ausmaß der Verdrängung des Zwischenhandels nichts Definitives ist, sondern nur »mit Rücksicht auf die historische Entwicklung des Kohlenhandels« geboten war, sagt Kirdorf selbst[33], wie er selbst auch betont, daß es vollständig zutage liege, »daß der Kohlenhandel, wie er sich bei der früheren Zersplitterung des Bergbaues in dieser großen Zahl entwickelt hat, nicht nötig ist«.

Diese Verhältnisse sind von den großen Kohlenhändlern trotz aller sichtbaren Zurückhaltung auch offen dargelegt worden; für

[33] Loco. cit., S. 235.

unseren Zweck genügen einige Zitate. Großhändler Vowinkel (Düsseldorf) führt aus:[34] »Wenn ich eben sage, eigentliche Kaufleute sind wir nicht mehr, so begründe ich das wie folgt. Das Kohlensyndikat schreibt uns erstens vor, welche Sorten wir kaufen, zweitens zu welchem Preise wir sie kaufen, drittens das Absatzrevier, wohin wir verkaufen dürfen, viertens die Verkaufspreise, zu welchen wir verkaufen dürfen. Da bleibt von der Freiheit des Handelns natürlich nicht viel mehr übrig. Aber ich glaube, daß das Kohlensyndikat absolut den Verhältnissen nach nicht anders kann ... In Zukunft müssen wir Großkaufleute uns klarmachen, daß es nicht anders geht und daß wir allmählich weniger werden. Diese Tatsache besteht in einer so starken Weise, daß es heute unmöglich ist, überhaupt ein Großhandelsgeschäft in größerem Maßstab zu beginnen, weil die Quanten dafür nicht vorhanden sind. Auch ist das gegenwärtige Geschäft in der Weise beschränkt, daß es absolut unmöglich ist, sich auszudehnen.«

Diese »Kaufleute« sind jeder Selbständigkeit beraubt. Denn wie Kohlenhändler Bellwinkel (Dortmund) sagt, hat »bei jeder Verkaufsvereinigung das Syndikat durch einen Herrn seines Vorstandes Sitz und Stimme im Aufsichtsrat« und ist »ferner berechtigt, die sämtlichen Bücher zu jeder Zeit einzusehen.« Er sagt sehr richtig: »Die Bewegungsfreiheit ist uns allerdings schließlich genommen; wir sind mehr eine Art Vertreter geworden.«

Und die Prognose für die Zukunft ist noch schlechter. Diese stellt Herr Vowinkel folgendermaßen:[35] »Das Syndikat hat eine bewundernswerte Organisation geschaffen, von der ich mir denken könnte, daß der Großhandel bis auf einen ganz kleinen Bruchteil ausgeschaltet würde. Was berechtigt dann den Großhandel überhaupt? Es wird schließlich für den Großkaufmann nur noch übrig bleiben, daß er seinen Absatz findet beim Kleinverbraucher, beim Kreditbedürftigen, daß er für den Ausgleich durch große Lagerung von Kohlen zu Zeiten schlechten Absatzganges sorgt. Das sind die Punkte, die ihn in Zukunft überhaupt noch berechtigen, und es würde wahrscheinlich sein, daß der Kohlenhandel von einer Abnahme von 45 Prozent, wie wir heute morgen gehört haben, auf mindestens 20 Prozent herunterginge.«

[34] Ebenda, S. 228 ff.
[35] S. 230.

Hier ist ganz richtig beschrieben, daß die spezifisch kommerzielle, den Zirkulationsvorgang W-G-W vermittelnde Funktion überflüssig wird und nur erhalten bleibt die für die Vermittlung des Konsums unter jeder Gesellschaftsordnung mit Massenproduktion stets notwendige Funktion des Einteilens des Produkts, seiner Aufbewahrung und Lagerung. Der kaufmännische Vertrieb aber hat als solcher aufgehört; er ist ganz automatisch geworden, klagt Herr Vowinkel[36].

Wie aber allmählich der Großhändler durch den Agenten des Syndikats ersetzt wird, legt Vowinkel gleichfalls ausführlich dar. Richtig bezeichnet er die Teilhaberschaft an einer solchen Verkaufsvereinigung als »Sinekure«. Diese hängt ganz von der Gnade des Syndikats ab. Nach dem Tode der jetzigen Teilhaber wird schließlich ihr festgelegter Anteil am Absatz an das Syndikat zurückgehen: »das Syndikat wird der Beteiligte. Damit ist vollständig klargemacht, daß eigentlich dieses Untersyndikat (gemeint ist die Händlervereinigung) schließlich an das Hauptsyndikat übergeht«.[37]

Das Monopol der großen Händler oder der Verkaufsvereinigungen gibt diesen auch die Macht, die kleineren Händler von sich in Abhängigkeit zu bringen, ihnen die Verkaufspreise vorzuschreiben, kurz, sie wieder ihrerseits zu ihren Agenten zu machen. So sagt zum Beispiel Kohlengroßhändler Heidmann (Hamburg): »Da ich in meinen Büchern fand, daß die Schulden dieser Leute (nämlich kleinerer Händler, die von ihm die Kohlen beziehen) immer mehr anschwollen, habe ich ihnen gesagt: ihr bekommt Kohlen nur noch, wenn ihr mindestens den und den Preis nehmt.«[38]

Von den Großhändlern des oberschlesischen Gebietes sagt Stadtrat Dr. Rive: »Die Herren Großhändler, mit denen wir es hier zu tun haben, also die ersten Ranges (die Firmen César Wollheim und Friedländer), haben selbstverständlich schon eine ganze Reihe Großhändler zweiten Ranges im Gefolge, die – dies darf man offen behaupten – ohne weiteres von ihnen abhängig sind; und die Großhändler zweiten Ranges haben die Händler ersten, zweiten und letzten Ranges hinter sich. Einer hängt vom anderen ab, und die ersten Großhändler stehen mit der Konvention (gemeint die oberschlesische Kohlenkonvention)

---

36 S. 229.
37 Ebenda, S. 230.
38 »Kontradiktorische Verhandlungen«, II. Heft, S. 455.

wenn auch nicht vertragsmäßig, so doch freiwillig im Einklang.«

Es mag hier kurz darauf hingewiesen werden, daß sich die selbständige Stellung der beiden Kohlenfirmen in Oberschlesien daraus erklärt, daß diese den Handel mit den Zechen in ihren Händen lange schon vor Abschluß der Konvention innegehabt hatten. Die Zechen waren meist Privatbesitz und die beiden Firmen waren zum Teil finanziell an ihnen beteiligt. Sie hatten nicht nur die Absatzorganisation in der Hand, sondern auch Anteile am Bergwerkseigentum, sei es direkt, sei es als Gläubiger.

Die Aktienform hat in Rheinland-Westfalen die Zechen vom Handel im vorhinein unabhängig gemacht. Vielleicht war auch der Handel im Westen deshalb weniger konzentriert, weil das unbestrittene Absatzgebiet dort größer, die Konkurrenz daher weniger scharf war; wichtiger dürfte noch gewesen sein, daß die Zechen im Westen jünger sind als die alten Privatzechen Oberschlesiens. Daher behaupten in Oberschlesien zwar nicht der Handel, aber die beiden mächtigsten Handelsfirmen ihre Stellung. Sie werden eben zur Handelsorganisation des Kartells (nicht formell, da das eher in der Form geschieht, daß das Kartell sich nicht um den Handel kümmert, sondern den Absatz der Grube überläßt, aber doch in der Tat). Sie werden dies nicht als »Händler«, sondern wegen ihrer Kapitalstärke, während der unbedeutendere, weil nicht so konzentrierte Handel des Westens seine Stellung verliert und auch der Großhändler »mehr oder weniger Agent« wird, wie Oberbergrat Dr. Wachler sagt[39].

Die Unterordnung des Handels unter das Syndikat erleichtert diesem auch die Unterbindung der ausländischen Konkurrenz, die in stärkerem Maße als die inländische Fabrikation auf die Vermittlung des Handels angewiesen ist. So sagt der Kaufmann Klöckner (Duisburg): »Die Handelsfirmen, die den Verkauf des Gießereieisens vermitteln, müssen allerdings bei dem Roheisensyndikat Bedingungen unterschreiben, nach denen sie verpflichtet sind, kein ausländisches Eisen zu führen, respektive nach Deutschland hereinzubringen.«[40]

---

[39] Ebenda, II. Heft, S. 380.

[40] Hübsch ist die heuchlerische Phraseologie des braven Syndikatsagenten: »Wir haben das als Handelsfirmen auch für richtig gehalten; denn wir sind in der Hauptsache dazu da, das inländische Geschäft zu fördern und zu schützen.« Die Ausplünderung des Inlandes, die Hinderung der Verarbeitung durch Fabrikation von künstlicher Kohlen-, Koks- und Eisennot, die Hochhaltung der inländischen Preise durch Verschleuderung ins Ausland, das ist die nationale Gesinnung der Profitsucht.

Mit dieser Übermacht der kartellierten Industrie kontrastiert umgekehrt die Abhängigkeit kleiner Fabrikanten in noch nicht kartellfähigen Industrien vom kapitalstarken Händler, eine Abhängigkeit, die besonders drückend wird, wenn sie durch Kreditgewährung gesteigert wird.

»Viele kleine Fabrikanten sind auch geschäftlich vollständig in den Händen der Händler; wir haben leider sehr viele Fabrikanten in unserer Fertigwarenindustrie, die zu kapitalschwach sind und eigentlich nicht auf eigenen Füßen stehen, sondern gezwungen sind, um ihren Betrieb aufrechtzuerhalten, ihre Waren zu jedem Preis loszuschlagen. Dann wird die Ware von einem Händler abgenommen oder gar Vorschuß darauf gegeben, und dieser hat den kleinen Fabrikanten dann für absehbare Zeit in der Hand; er kann ihm nachher seine ganze Geschäftsführung vorschreiben.«[41] Herr Gerstein spricht von der Kleineisenindustrie und sieht in dem Widerstand der Händler einen wichtigen Grund, der die Kartellierung erschwert.

Anderseits kann die Kartellierung der Fertigindustrien allein diesen für die Preisausnützung nicht viel nützen. »Wenn die Fabrikanten der Fertigwarenindustrien sich zusammenschließen, und wenn sie die Preise so stellen, daß ihnen ein bescheidener Nutzen bleibt, dann haben wir leider sehr oft die Erfahrung gemacht, daß ihnen die Großindustrie einen Knüppel zwischen die Beine wirft und die Artikel, die sie selbst benötigt, in ihren eigenen Werkstätten anfertigt, wobei sie dann selbstverständlich mit ganz anderen Selbstkosten zu rechnen hat wie die Fabrikanten, die in bezug auf die Beschaffung ihrer Rohmaterialien auf die Preise der Kartelle der Großindustrie angewiesen sind. Diese Herstellung der benötigten Artikel im eigenen Betriebe geht ja, wie wir gehört haben, sehr weit. Herr Direktor Fuchs hat mir gestern noch gesagt, es treten große Werke: Bochum, der Dortmunder Verein, die Königs- und Laurahütte – Waggons gehören ja nicht zur Kleineisenindustrie, aber doch zu den Fertigfabrikaten – als Konkurrenten der reinen Waggonfabriken auf. Da habe ich geantwortet, daß nicht nur die letzteren darunter leiden, sondern auch die Betriebe der Kleineisenindustrie, die Fabrikanten von Waggonbeschlagteilen; denn die großen Stahlwerke machen nicht nur die fertigen Waggons, sondern alles, was

41 Aussage des Handelskammersekretärs Gerstein (Hagen). »Kontradiktorische Verhandlungen«, 6. Sitzung, Halbzeugverband, S. 444.

dazu gehört: Puffer, Kreuze, Kuppelungen, kurzum alle Teile selber. Die Königs- und Laurahütte macht für ihre Waggons alles, von den Rädern bis zu dem letzten Stück, vielleicht ausgenommen Federn, Schrauben und Nieten. Auch die Dortmunder Union verfertigt fast sämtliche Beschlagteile für ihre Waggonfabrik und auch andere Kleineisenindustrieartikel, zum Beispiel Schrauben für Eisenbahnoberbau.«[42]

Wenn aber der Handel durch seinen Einfluß auf die kleineren Kapitalisten die Kartellierung hemmt, sucht er auf der anderen Seite diesen Einfluß zu verstärken, indem er selbst Ringe schließt. Auch dafür führt Gerstein einige Beispiele an. Die großen Eisenwarenhandlungen Berlins zum Beispiel sind zu einer Vereinigung zusammengeschlossen, die auf die Preisbildung großen Einfluß hat. Die Danziger Handlungen haben eine Firma gemeinsam aufgekauft und sich dann zu einer Eisenhändlervereinigung, einer Gesellschaft mit beschränkter Haftung, zusammengeschlossen. Der Verband deutscher Eisenwarenhändler mit dem Sitz in Mainz hat Bestimmungen über den Einkauf von Waren getroffen. Die Mitglieder des Verbandes lassen sich von ihren Lieferanten einen Revers unterschreiben, »nach welchem diese sich verpflichten, nicht an Bazare zu verkaufen«. Die Mitglieder des Verbandes verpflichten sich, nicht zu kaufen von solchen Fabrikanten, die selbst an Konsumenten liefern und das ist stellenweise schon so weit gegangen, daß man die großen Staatsbahnen unter dic Konsumenten gerechnet hat und den Fabrikanten hat untersagen wollen, direkt an die Staatsbahnen verschiedene Artikel zu liefern[43].

Ein gutes Beispiel dafür, daß größere Kapitalmacht leicht zu Abhängigkeitsverhältnissen führt, etwa auch in der Form, daß der Großhändler den Handelsprofit auf Kosten des industriellen vergrößert und das auf ihn fallende, durch eigene Spekulation eventuell erst selbst geschaffene Risiko abwälzt, ist das folgende: »Dagegen steht die Spekulation in Druckpapier dem Streben

---

[42] Aussage Gersteins, ebenda, S. 445.

[43] Ebenda, S. 447.
Wie rigoros anderseits große Werke ihren kleineren Lieferanten gegenüber bisweilen verfahren, zeigt die Aussage Gersteins (ebenda, S. 556). »Ein großes Hüttenwerk mit Zechenbesitz hat gedruckte Bedingungen für den Bezug ihrer Werkzeugmaterialien, in denen eine Offerte verlangt wird, und da heißt es weiter: Menge: Unser Bedarf für das Kalenderjahr 1904 ohne Verpflichtung für uns zur Abnahme eines bestimmten Quantums. Lieferung auf unseren Abruf.«

des Syndikats nach stabilen Preisen und Anpassung des Angebots an die Nachfrage im Wege. Papier im allgemeinen und Druckpapier im besonderen ist kein Spekulationsartikel, und nach den Vorgängen, die beobachtet wurden von fast allen Papierfabriken Deutschlands, sind allemal diejenigen Großhändler, welche im Falle weichender Tendenz der Papierpreise in blanco und ohne Rücksicht auf die Herstellungskosten des Papiers dasselbe verkaufen, gerade die, welche nachher beim Einkauf den um Bestellungen verlegenen Papierfabrikanten in der unwürdigsten Art im Preise drücken. Es ging dies und geht dies heute noch so weit, daß derartige Händler mit unwahren Behauptungen den im Gebirge sitzenden, vom Papiermarkt abgeschnittenen Papierfabrikanten zu einem weit unter den Marktpreis liegenden Verkaufspreis nötigen.

Umgekehrt sind aber dieselben Großhändler im Falle steigender Tendenz auf dem Papiermarkte immer wieder diejenigen, die unter Anwendung aller Künste und Überredungen den Papierfabrikanten zu einem großen Abschluß, beziehungsweise Verkauf großer Quantitäten Papier drängen, ohne daß sie selbst es bereits weiterverkauft hätten. In diesem Fall sind dann in erster Linie die Drucker die Geschädigten, die dem Händler seine geglückte Spekulation über Gebühr zu bezahlen haben; in zweiter Linie sind aber regelmäßig bei recht schnell vorübergehenden Hochkonjunkturen die Papierfabrikanten auch die Geschädigten, weil ohne weiters der betreffende Händler nach eingetretener Abwärtsbewegung der Marktpreise wiederum auf den Preis drückt oder aber, wenn er das Papier selbst nicht abnehmen kann, den Papierfabrikanten ruhig auf der Ware sitzen läßt. Nur in den allerseltensten Fällen entschließt sich ein Papierfabrikant, eine Feststellungsklage oder überhaupt eine gerichtliche Klage dieserhalb gegen den Händler zu richten, immer in der Erwägung, daß er die Kundschaft des Händlers sich nicht verscherzen will für späterhin.«[44]

Die Herstellung des Syndikats ändert die Situation mit einem Schlage. Den zersplitterten Händlern tritt die vereinigte Industrie entgegen. Die Kapitalsmacht ist jetzt auf seiten der Industriellen. Aber nicht nur dies. Es erscheint jetzt der Händler als das, was er ist, als entbehrliches Hilfsmittel gegenüber der un-

[44] »Kontradiktorische Verhandlungen über den Verband deutscher Druckpapierfabriken«, Heft IV, Aussage des Direktors Reuther, S. 110 ff.

entbehrlichen Produktion; es erscheint gleichsam die Überlegenheit der Naturnotwendigkeit der Produktion über die kapitalistische Notwendigkeit der Distribution durch den Handel. Das Syndikat reduziert ihn auf seine »legitimen Grenzen«. »Als legitimer Handel wird angesehen, wenn der Händler auf Grund sicherer Einkaufspreise unter Zuschlag eines auskömmlichen Nutzens das Papier weiterverkauft und dabei diejenigen Bedingungen einhält, die von den Papiermachern als zulässige und für den Papierverkauf handelsübliche hingestellt werden.« So wird der Papierhändler zu dem auf feste Provision gesetzten Agenten des Syndikats. Seine Freiheit wird ihm genommen und laut erschallen seine Klagen über unwürdige Behandlung; sehnsüchtig erzählt er von den guten alten Zeiten des doux commerce. Unter den aufgelegten Bedingungen aber empfindet er als härteste, daß er von nun an ausschließlich vom Syndikat beziehen muß und von niemand anderem. Die Ausnützung der Konkurrenz unter den Produzenten ist ihm versagt, und er selbst wird ein Werkzeug, das Syndikat zu befestigen, das Monopol, das ihn einschnürt, zu verewigen. Er muß alle Hoffnung fahren lassen, denn über der Tür, die zur Verkaufsstelle des Syndikats führt, steht mit Lettern, die ihm so fürchterlich sind, wie dem Sünder die Worte Dantes über der Höllenpforte: Kauft nur bei Syndikalisten und verkauft nur zu vom Syndikat bestimmten Preisen. Es ist das Ende des kapitalistischen Kaufmanns[45].

Ein Mittel, die Spekulation beim Handel auszuschließen, ist auch der Abschluß langfristiger Verträge. So setzt das Kohlensyndikat seine Preise stets für ein ganzes Jahr unabänderlich fest und weicht von dieser »fundamentalen Regel« unter keinen Umständen ab[46].

---

[45] »Das Syndikat hat sich also die Aufgabe gestellt, diesen so gearteten Großhandel im Druckpapiergeschäft zu beseitigen. Nachdem es gelungen war, durch den Zusammenschluß des Syndikats eine große Anzahl von Agenten, die sich neben anderen Papieren auch mit dem Vertrieb von Druckpapier beschäftigten, auszuschalten, war immer noch eine große Anzahl von Händlern vorhanden, die sich mit Druckpapier beschäftigten, und so stellte sich das Syndikat es auch zur Aufgabe, nicht allein den sich mit Spekulation befassenden Firmen die Hergabe von Druckpapier zu weigern, sondern es auch zu verhüten, daß neue Händler auf dem Plan im Druckgeschäft erschienen. Das Syndikat weigerte daher schon in vielen Fällen jeden Verkauf von Druckpapier an Papierhandlungsfirmen, die erst während des Bestehens des Syndikats ihren Handel auf Druckpapier ausdehnen wollen.« (Ebenda, S. 111.)

[46] »Kontradiktorische Verhandlungen«, 1, S. 94 ff.
Das deutsche Kokssyndikat hat seine Abnehmer im Herbst 1899 gezwungen,

Tempora mutantur! In der Börsenenquete des Jahres 1893 ist die Spekulation die höchste Blüte und tiefste Wurzel des Kapitalismus. Alles ist Spekulation: Fabrikation, Handel, Differenzgeschäfte; jeder Kapitalist ist Spekulant, ja der Proletarier, der überlegt, wo er seine Arbeitskraft am besten verkaufen soll – ein Spekulant. In der Kartellenquete ist die Heiligkeit der Spekulation vergessen. Sie ist das Böse schlechtweg, aus dem Krisen, Überproduktion, kurz alle Schäden der kapitalistischen Gesellschaft folgen. Beseitigung der Spekulation ist die Parole. An die Stelle des Ideals der Spekulation tritt die Spekulation auf das Ideal des »stabilen Preises«, des Todes der Spekulation. Börse und Handel sind jetzt spekulativ, verwerflich, werden beseitigt zugunsten des industriellen Monopols. Der industrielle Profit aggregiert sich den Handelsprofit, wird selbst kapitalisiert zum Gründergewinn, zur Beute der als Finanzkapital zur höchsten Kapitalform gelangten Dreieinigkeit. Denn das industrielle Kapital ist Gott Vater, das das Handels- und Bankkapital als Gott Sohn entlassen hat, das Geldkapital ist der Heilige Geist; sie sind drei, aber doch eins im Finanzkapital.

Die Sicherheit des Kartellgewinnes im Gegensatz zur Unsicherheit des Spekulationsgewinnes spiegelt sich wider in der Verschiedenheit der Psychologie ihrer Vertreter und in der Bestimmtheit ihres Auftretens. Der Kartellmagnat fühlt sich als Herr der Produktion, sein Wirken liegt klar am Tage. Seinen Erfolg verdankt er der Organisation der Produktion, der Ersparung von Unkosten. Er fühlt sich als Vertreter der gesellschaftlichen Notwendigkeit gegenüber der individuellen Anarchie und betrachtet seinen Profit als gebührenden Lohn für seine organisatorische Tätigkeit. Daß ihm die Früchte einer Organisation zufallen, die nicht sein Werk allein ist, erscheint seinem kapitalistischen Denken nur selbstverständlich. Er ist Vertreter einer neuen

---

für die zwei Jahre 1900 und 1901 ihren Bedarf zu decken. Nebenbei sei bemerkt, daß das Syndikat dabei seine Macht benutzte, um die Preise für 1900, die bereits im Februar 1899 auf 14 Mk. festgesetzt waren, auf 17 Mk. für beide Jahre zu erhöhen. Unter der Drohung, daß sie sonst keinen Koks bekämen, ließen sich die Hütten zum Abschluß bewegen.
Die Sache ist auch deshalb interessant, weil sie zeigt, wie wenig Syndikate auf die Krisen Einfluß nehmen können. Die Abschlüsse wurden 1899 gemacht, also zirka 27 Monate früher. Mitte 1900 ließ die Konjunktur nach und 1901 war ein Krisenjahr, aber die Höchstpreise für Koks waren gesichert. Die Krise wurde dadurch in ihrer Wirkung für die weiterverarbeitende Industrie außerordentlich verschärft. (»Kontradiktorische Verhandlungen«, 3. Sitzung, S. 638, 655, 664).

Zeit. »The day of the individual«, herrscht Havemeyer die Verteidiger des Alten an, »has passed; if the mass of the people profit at the expense of the individual, the individual should and must go.«[47] Es ist der Sozialismus, den er meint, und siegestrunken merkt er nicht, daß zu den Individuen, die gehen müssen, eines Tages auch er und seinesgleichen gehören könnten. Der Kartellmagnat kennt keine Skrupel, und wenn Havemeyer mit erfreulicher Offenheit erklärt, er kümmere sich nicht für 2 Cents um die Ethik der anderen[48], so betont Herr Kirdorf nicht minder stolz das Recht des Herrn im eigenen Hause. Ihrer Ethik aber ist das schlimmste Verbrechen: der Bruch der Solidarität, die freie Konkurrenz, das Sichausschließen von der Bruderschaft des Monopolgewinnes. Gesellschaftliche Ächtung und wirtschaftliche Vernichtung sind ihm gebührende Strafe[49]. Es wurden Listen verschickt, worin die nicht beitretenden Brenner durch fetten Druck hervorgehoben wurden[50].

Ganz anders das Auftreten des Spekulanten. Er erscheint bescheiden, schuldbewußt. Sein Gewinn ist nur Verlust der anderen. Mag er auch notwendig sein, so ist seine Notwendigkeit doch nur ein Beweis für die Unvollkommenheit der kapitalistischen Gesellschaft. Die Quelle seines Gewinnes bleibt unklar. Der Spekulant ist ja kein Produzent, der Werte schafft. Übersteigt sein Gewinn ein gewisses Maß, so kämpft die Bewunderung des Erfolges sofort mit dem Verdacht; er fühlt sich der Öffentlichkeit gegenüber nie sicher und fürchtet stets ein neues Börsengesetz. Er entschuldigt sich und bittet, nicht allzu streng mit ihm ins Gericht zu gehen: »Es ist das Erbteil aller menschlichen Einrichtungen: fehlerhaft und sündhaft sind sie immer.«[51]

---

[47] Industrial Commission. »Preliminary Report on Trusts and Industrial Combinations«, S. 223.

[48] Industrial Commission, S. 63. »I do not care two cents for your ethics«. Er fügt hinzu, daß es richtiges Geschäftsprinzip sei, billige Preise zu erstellen, um die Konkurrenz auszuschließen. Denn, wie er später meint, die Trusts sind nicht ein Geschäft für die Gesundheit der Konkurrenten. »Trusts are not in the business for their health.« S. 223.

[49] Man höre die Strafandrohung der Deutschen Agrarkorrespondenz (Nr. 8 vom Jahre 1899), die dem Bund der Landwirte nahesteht:
»Der Deutsche Brenner, der den Beitritt zur Gesellschaft versagt, verwirkt den Anspruch auf berufliche Achtung, man sollte diese Herren für immer stigmatisieren. Wäre solch ein fairer Herr, wenn man später seinen Geldbeutel recht derb angreift, nicht fühlbarer gestraft, als durch das sowieso ihm gebührende Pfui.«

[50] »Kontradiktorische Verhandlungen.« Aussage von Generalsekretär Köpke.

[51] Deutsche Börsenquete, I., S. 464. Worte des Generalkonsuls Russel von der Diskontogesellschaft.

Und er ist glücklich, wenn er Gläubige findet, wie den Herrn Professor van der Borght, der ihn also tröstet:

»Es liegt in der Natur des Menschen, daß die Spielsucht von Zeit zu Zeit besonders lebhaft wird«, und seine Angreifer mit der Versicherung zur Milde stimmt: »All diese ungünstigen Wirkungen sind in letzter Linie auf die unausrottbaren Schwächen und Leidenschaften der menschlichen Natur zurückzuführen.«[52]

Aber freilich, allzu hart darf man keinem Kapitalisten zusetzen. Eben noch hatte er gestanden: »Geld hat eine moralisch zersetzende Gewalt, und der moralische Charakter ändert sich sehr schnell mit der Vergrößerung des Einkommens«[53], da läuft ihm die Galle über. Die ganze Zeit über hat er sich schon geärgert über das ganz konfessionswidrige Unverständnis, das Herr Professor Cohn seiner schönen Seele entgegenbringt. Er hat mit großer Geduld es hingenommen, daß die eingehendsten Erörterungen des Herrn Professors über die Funktion der Börse keine größere Klarheit brachten und mit gelassener Gutmütigkeit hört er dafür die interessanten Eröffnungen an, die Professor Cohn über die Funktion der preußischen Universitäten zu machen hat. Aber zu arg darf man es doch nicht treiben. Er hat sicher nichts dagegen, wenn der Professor proklamiert: Zweck der Universität ist, zwischen Börse und Sozialdemokratie zu stehen, die ethische Berechtigung der Börse zu erweisen und sie zu verteidigen. Wenn aber der gelehrte Herr fortfährt: »Wären die Universitäten nicht da, so würden diese Gegensätze aufeinanderplatzen«, so macht ihn dieser Casus von Größen- und anderem Wahn doch lachen. An den Ernst des Professors mag er doch nicht glauben, und so geht die Zunge mit ihm durch: »Daß Börsen ethische Zwecke verfolgen, gebe ich zu (man merkt, er bleibt auch jetzt noch Spekulant), aber dazu sind sie nicht gegründet worden, sondern aus – Eigennutz. Soll der Kaufmann Börsen gründen, um Wohltätigkeitsanstalten daraus zu machen?«[54] Die ethische Nationalökonomie aber hat darauf keine Antwort und Herr Professor Cohn gleicht in diesem Moment einem begossenen Pudel, aber einem, in dem kein Mephistopheles steckt.

---

52 »Handwörterbuch der Staatswissenschaften«, S. 181 ff.

53 Deutsche Börsenquete, II. Bd., S. 2151. Aussage von Van Gülpen. Und nicht nur dann: »Wenn sie ihm (dem Provinzialbankier) das Leben sauer machen, so muß er mehr als er es bisher vielleicht getan hat, schwindelhafte Papiere vertreiben«, versichert Herr V. Guaita. (Ebenda, S. 959.)

54 Deutsche Börsenenquete, II. S. 2169.

14. Kapitel

Die kapitalistischen Monopole und die Banken

Verwandlung des Kapitals in Finanzkapital

Die Entwicklung der kapitalistischen Industrie entwickelt die Konzentration im Bankwesen. Das konzentrierte Banksystem ist selbst ein wichtiger Motor zur Erreichung der höchsten Stufe kapitalistischer Konzentration in den Kartellen und Trusts. Wie wirken nun diese wieder zurück auf das Banksystem? Das Kartell oder der Trust ist ein Unternehmen von größter Kapitalkraft. In den gegenseitigen Abhängigkeitsbeziehungen kapitalistischer Unternehmungen entscheidet vor allem die Kapitalstärke darüber, welches Unternehmen von dem anderen in Abhängigkeit gerät. Eine weit fortgeschrittene Kartellierung wirkt von vornherein dahin, daß auch die Banken sich zusammenschließen und sich vergrößern, um dem Kartell oder Trust gegenüber nicht in Abhängigkeit zu geraten. Die Kartellierung selbst befördert so den Zusammenschluß der Banken, wie umgekehrt der Zusammenschluß der Banken die Kartellierung. An dem Zusammenschluß der Stahlwerke zum Beispiel ist eine ganze Reihe von Banken interessiert, die zusammenwirken, um den Zusammenschluß herbeizuführen, selbst gegen den Willen einzelner Industrieller.

Umgekehrt kann eine Interessengemeinschaft, die zunächst von den Industriellen herbeigeführt wird, zur Folge haben, daß auch zwei bisher konkurrierende Banken gemeinsame Interessen bekommen und zunächst auf einem bestimmten Gebiet gemeinsam vorgehen. In ähnlicher Weise wirken industrielle Kombinationen auf die Erweiterung der industriellen Sphäre einer Bank hin, die bisher vielleicht bloß auf dem Gebiet der Rohmaterialindustrie sich betätigt hat und durch die Kombination gezwungen wird, diese Tätigkeit auch auf die weiterverarbeitende Industrie zu erstrecken.

Das Kartell selbst aber setzt eine Großbank voraus, die imstande ist, dem gewaltigen Zahlungs- und Produktionskredit einer ganzen Industriesphäre stets zu genügen.

Aber das Kartell bewirkt auch eine weitere Intensivierung der Beziehungen zwischen Bank und Industrie. Indem die freie Konkurrenz in der Industrie aufgehoben wird, findet zunächst eine Steigerung der Profitrate statt. Diese gesteigerte Profitrate spielt eine wichtige Rolle. Wo der Ausschluß der Konkurrenz durch Fusion zustande kommt, wird ein neues Unternehmen gegründet. Dieses Unternehmen kann auf erhöhten Profit rechnen. Dieser erhöhte Profit kann kapitalisiert werden und Gründergewinn bilden[55]. Dieser spielt beim Zustandekommen der Trusts in doppelter Hinsicht eine wichtige Rolle. Erstens ist seine Erlangung ein sehr wichtiges Motiv für die Banken, die Monopolisierung zu fördern. Zweitens aber kann ein Teil des Gründergewinnes dazu verwendet werden, um widerstrebende, aber doch wichtige Elemente durch Bezahlung eines höheren Kaufpreises zum Verkauf ihrer Fabriken, also zur Ermöglichung des Zustandekommens des Kartells zu bewegen. Man kann das vielleicht so ausdrücken: Das Kartell übt eine Nachfrage aus auf die Unternehmungen eines Industriezweiges; diese Nachfrage steigert bis zu einem gewissen Grad ihren Preis[56], dieser erhöhte Preis wird mit einem Teil des Gründergewinns bezahlt.

Die Kartellierung bedeutet auch eine größere Sicherheit und Gleichmäßigkeit des Ertrages der kartellierten Unternehmungen. Die Gefahren der Konkurrenz, die dem Einzelunternehmen früher so oft lebensgefährlich wurden, sind ausgeschaltet. Da-

---

[55] Der amerikanische Zuckertrust wurde 1887 von Havemeyer durch Verschmelzung von 15 kleinen Gesellschaften, die ihr Kapital auf zusammen 6 1/2 Millionen Dollars angaben, gegründet. Das Aktienkapital des Trusts wurde auf 50 Millionen Dollars festgesetzt. Der Trust erhöhte sofort die Preise für raffinierten und drückte die Preise für Rohzucker. Eine Untersuchung, die 1888 eingeleitet wurde, ergab, daß der Trust an einer Tonne raffinierten Zuckers ungefähr 14 Dollars verdiente, was ihm die Auszahlung von 10 Prozent Dividende auf das volle Aktienkapital, also ungefähr 70 Prozent auf das bei Gründung der Gesellschaft wirklich einbezahlte, ermöglichte. Außerdem konnte sich der Trust noch gelegentlich die Zahlung von Extradividenden und die Rücklage enormer Reserven leisten. Heute hat der Trust 90 000 000 Dollars Aktienkapital. Die Hälfte sind Vorzugsaktien, berechtigt zu 7 Prozent kumulativ, die andere Hälfte sind Stammaktien, die gegenwärtig ebenfalls 7 Prozent bringen. (»Berliner Tageblatt« vom 1. Juli 1909.) Zahllose Beispiele auch in den Reports der Industrial Commission on Trusts and Industrial Combinations.

[56] Es handelt sich dabei um den »Preis des Kapitals«, der gleich ist dem kapitalisierten Profit.

durch aber steigen einmal die Aktien dieser Unternehmungen im Kurse, was wieder bei Neuemissionen erhöhten Gründergewinn bedeutet. Weiters aber ist die Sicherheit für das in diesen Unternehmungen investierte Kapital eine bedeutend vermehrte. Dies erlaubt den Banken, den industriellen Kredit weiter auszudehnen und so in höherem Maße als bisher Anteil zu nehmen an dem industriellen Profit. So verengern sich durch die Kartellierung die Beziehungen zwischen Banken und Industrie noch weiter, während gleichzeitig die Verfügung über das in der Industrie angelegte Kapital immer mehr den Banken zufällt.

Wir haben gesehen, wie im Beginn der kapitalistischen Produktion das Geld der Banken zwei Quellen entstammt. Einmal den Geldern der nichtproduktiven Klassen, das zweitemal dem Reservekapital der industriellen und kommerziellen Kapitalisten. Wir haben weiter gesehen, wie die Entwicklung des Kredits dahin geht, nicht nur das gesamte Reservekapital der Kapitalistenklasse, sondern auch den größten Teil des Geldes der nichtproduktiven Klassen der Industrie zur Verfügung zu stellen. Die heutige Industrie wird mit anderen Worten mit einem Kapital betrieben, das weitaus größer ist, als das Gesamtkapital im Eigentum der industriellen Kapitalisten. Mit der kapitalistischen Entwicklung wächst auch beständig die Summe des Geldes, das von der nichtproduktiven Klasse den Banken und durch diese den Industriellen zur Verfügung gestellt wird. Die Verfügung über diese der Industrie unentbehrlichen Gelder gehört den Banken. Mit der Entwicklung des Kapitalismus und seiner Kreditorganisation wächst so die Abhängigkeit der Industrie von den Banken. Anderseits können die Banken die Gelder der nichtproduktiven Klassen nur heranziehen und den stets wachsenden Grundstock derselben zu dauernder Verfügung behalten, wenn sie diese Gelder verzinsen. Dies konnten sie, solange diese Gelder nicht zu umfangreich waren, durch ihre Verwendung zu Spekulationskredit und Zirkulationskredit. Mit dem Wachstum dieser Gelder einerseits, mit der abnehmenden Bedeutung der Spekulation und des Handels anderseits mußten sie immer mehr in industrielles Kapital verwandelt werden. Ohne die ständige Ausdehnung des Produktionskredits wäre die Verwendbarkeit der Depositen, damit aber auch die Verzinsung der Bankdepositen längst viel tiefer gesunken. Dies ist in der Tat zum Teil in England der Fall, wo die Depositenbanken nur Zirkulationskredit vermitteln, der Depositenzins daher minimal ist. Daher das beständige Abströmen der Depositen in industrielle Anlagesphären durch Aktienkauf. Hier macht das Publikum direkt, was bei der Verbindung von Industrie- und Depositenbank die Bank tut. Für das Publikum ist das Resultat dasselbe, da der Gründergewinn ihm auf keinen Fall zufällt. Für die Industrie bedeutet es aber eine geringere Abhängigkeit vom Bankkapital in England im Vergleich zu Deutschland.

Die Abhängigkeit der Industrie von den Banken ist also die Folge der Eigentumsverhältnisse. Ein immer wachsender Teil des Kapitals der Industrie gehört nicht den Industriellen, die es anwenden. Sie erhalten die Verfügung über das Kapital nur durch die Bank, die ihnen gegenüber den Eigentümer vertritt. Anderseits muß die Bank einen immer wachsenden Teil ihrer Kapitalien in der Industrie fixieren. Sie wird damit in immer größerem Umfang industrieller Kapitalist. Ich nenne das Bankkapital, also Kapital in Geldform, das auf diese Weise in Wirklichkeit in industrielles Kapital verwandelt ist, das Finanzkapital. Den Eigentümern gegenüber behält es stets Geldform, ist von ihnen in Form von Geldkapital, zinstragendem Kapital, angelegt und kann von ihnen stets in Geldform zurückgezogen werden. In Wirklichkeit aber ist der größte Teil des so bei den Banken angelegten Kapitals in industrielles, produktives Kapital (Produktionsmittel und Arbeitskraft) verwandelt und im Produktionsprozeß fixiert. Ein immer größerer Teil des in der Industrie verwendeten Kapitals ist Finanzkapital, Kapital in der Verfügung der Banken und in der Verwendung der Industriellen.

Das Finanzkapital entwickelt sich mit der Entwicklung der Aktiengesellschaft und erreicht seinen Höhepunkt mit der Monopolisierung der Industrie. Der industrielle Ertrag gewinnt einen sicheren und stetigeren Charakter, damit gewinnt die Anlagemöglichkeit von Bankkapital in der Industrie immer weitere Ausdehnung. Aber die Verfügung über das Bankkapital hat die Bank und die Herrschaft über die Bank die Besitzer der Majorität der Bankaktien. Es ist klar, daß mit zunehmender Konzentration des Eigentums die Besitzer des fiktiven Kapitals, das die Macht über die Banken, und desjenigen, das die Macht über die Industrie gibt, immer mehr identisch werden. Dies um so mehr, als wir gesehen haben, wie die Großbank immer mehr auch die Verfügungsgewalt über das fiktive Kapital gewinnt.

Haben wir gesehen, wie die Industrie immer mehr in Abhängigkeit gerät vom Bankkapital, so bedeutet das durchaus nicht, daß auch die Industriemagnaten abhängig werden von Bankmagnaten. Wie vielmehr das Kapital selbst auf seiner höchsten Stufe zum Finanzkapital wird, so vereinigt der Kapitalmagnat, der Finanzkapitalist, immer mehr die Verfügung über das gesamte nationale Kapital in der Form der Beherrschung des Bankkapitals. Auch hier spielt die Personalunion eine wichtige Rolle.

Mit der Kartellierung und Trustierung erreicht das Finanzkapital seine höchste Machtstufe, während das Handelskapital seine tiefste Erniedrigung erlebt. Ein Kreislauf des Kapitalismus hat sich vollendet. Bei Beginn der kapitalistischen Entwicklung spielt das Geldkapital als Wucherkapital und als Handelskapital eine bedeutende Rolle sowohl für die Akkumulation des Kapitals als auch bei der Verwandlung der handwerksmäßigen Produktion in kapitalistische. Dann aber beginnt der Widerstand der »produktiven«, das heißt der Profit ziehenden Kapitalisten, also der Kommerziellen und Industriellen gegen die Zinskapitalisten[57].

Das Wucherkapital wird dem Industriekapital untergeordnet. Als Geldhandlungskapital vollzieht es die Geldfunktionen, die sonst die Industriellen und Kommerziellen bei der Metamorphose ihrer Waren selbst hätten vollziehen müssen. Als Bankkapital vermittelt es die Kreditoperationen unter den Produktiven. Die Mobilisierung des Kapitals und die stets stärkere Ausdehnung des Kredits ändert allmählich die Stellung der Geldkapitalisten vollständig. Die Macht der Banken wächst, sie werden die Gründer und schließlich die Beherrscher der Industrie, deren Profit sie als Finanzkapital an sich reißen, ganz wie einst der alte Wucherer in seinem »Zins« den Arbeitsertrag des Bauern und die Rente des Grundherrn. Der Hegelianer könnte von Negation der Negation sprechen: Das Bankkapital war die Negation des Wucherkapitals und wird selbst vom Finanzkapital negiert. Dieses ist die Synthese des Wucher- und Bankkapitals und eignet sich auf einer unendlich höheren Stufe der ökonomischen Entwicklung die Früchte der gesellschaftlichen Produktion an.

Ganz anders aber die Entwicklung des Handelskapitals. Die Entwicklung der Industrie drängt es von der herrschenden Stel-

---

[57] In der Tat war der »Wucher ein Hauptmittel für die Akkumulation des Kapitals, das heißt seine Anteilnahme an den Revenuen des Grundbesitzes. Aber das industrielle und kommerzielle Kapital gehen mehr oder minder Hand in Hand mit den Grundbesitzern gegen diese altmodische Form des Kapitals«. Marx, »Theorien über den Mehrwert«. I. Band, S. 345.

lung über die Produktion, die es in der Manufakturperiode inne hatte, allmählich zurück. Aber dieser Rückgang bleibt definitiv und die Entwicklung des Finanzkapitals reduziert den Handel absolut und relativ und verwandelt den einst so stolzen Kaufmann in einen Agenten der vom Finanzkapital monopolisierten Industrie.

15. Kapitel

Die Preisbestimmung der kapitalistischen Monopole Geschichtliche Tendenz des Finanzkapitals

Die partiellen Vereinigungen bedeuten eine weitere Stufe der Konzentration; sie unterscheiden sich von der früheren Form der Konzentration durch Vernichtung des schwächeren Unternehmens dadurch, daß hier nicht gleichzeitig mit der Betriebsvereinigung und Unternehmungsvereinigung auch eine Eigentumsvereinigung stattfinden muß; sie bedeuten aber keine prinzipielle Änderung in den Konkurrenzverhältnissen. Insofern sie niedrigere Kosten haben als die anderen Unternehmungen oder sie selbst vor ihrer Vereinigung, sind sie im Konkurrenzkampf stärker; sind die Vereinigungen genug zahlreich und ausgedehnt, so daß sie den größten Teil der Produktion herstellen, so werden ihre Produktionskosten ausschlaggebend für die Preise werden. Diese Vereinigungen haben so die Tendenz, preissenkend zu wirken. Dies hindert nicht, sondern dies ist sogar vorausgesetzt, daß die Vorteile der Vereinigung den vereinigten Unternehmungen Extraprofit abwerfen können.

Anders die monopolistischen Vereinigungen, die Kartelle und Trusts. Ihr Zweck ist die Erhöhung der Profitrate, und sie können das erreichen zunächst durch Erhöhung der Preise, wenn sie imstande sind, die Konkurrenz auszuschalten. Hier entsteht nun die Frage nach dem Kartellpreis. Man wirft gewöhnlich diese Frage zusammen mit der nach dem Monopolpreis schlechthin und streitet darüber, ob die monopolistische Vereinigung wirklich ein Monopol sei oder wodurch dieses beschränkt, ob daher die Preise dieser Vereinigungen wirklich gleich oder niedriger sein müssen als Monopolpreise. Diese selbst aber seien bestimmt durch das gegenseitige Abhängigkeitsverhältnis der Produktionskosten und der Stufenleiter der Produktion einerseits, dem Preis und der Größe des Absatzes anderseits. Der Monopolpreis sei gleich jenem Preis, der einen so großen Absatz zulasse, daß die

Stufenleiter der Produktion die Produktionskosten nicht so sehr verteuere, daß dadurch der Profit auf die Einheit zu sehr abnähme. Ein höherer Preis senke den Absatz und damit die Stufenleiter der Produktion, erhöhe daher die Kosten und senke den Profit per Einheit; ein niederer senke den Profit so stark, daß auch die Masse des Absatzes kein Äquivalent für den erniedrigten Preis mehr biete.

Das Unbestimmte und Unmeßbare unter der Herrschaft von Monopolpreisen ist die Nachfrage. Wie diese auf die Erhöhung des Preises reagiere, kann nicht angegeben werden. Der Monopolpreis läßt sich zwar empirisch festsetzen, seine Höhe aber nicht objektiv theoretisch erkennen, sondern nur psychologisch, subjektiv begreifen. Die klassische Ökonomie, wozu wir auch Marx rechnen, hat daher den Monopolpreis, den Preis der Güter, die nicht beliebig vermehrbar sind, aus ihren Deduktionen ausgeschaltet. Umgekehrt ist es die Lieblingsbeschäftigung der psychologischen Schule, Monopolpreise zu »erklären«, wobei sie am liebsten, von einem beschränkten Gütervorrat ausgehend, alle Preise als Monopolpreise erklären möchte.

Die klassische Ökonomie faßt den Preis als Erscheinungsform der anarchischen gesellschaftlichen Produktion, seine Höhe als abhängig von der gesellschaftlichen Produktionskraft der Arbeit. Das objektive Preisgesetz setzt sich aber nur durch durch die Konkurrenz. Wenn die monopolistischen Vereinigungen die Konkurrenz aufheben, so heben sie damit das einzige Mittel auf, wodurch sich ein objektives Preisgesetz verwirklichen kann. Der Preis hört auf, eine objektiv bestimmte Größe zu sein, er wird ein Rechenexempel derjenigen, die ihn mit Willen und Bewußtsein bestimmen, wird an Stelle eines Resultats Voraussetzung, an Stelle eines Objektiven ein Subjektives, an Stelle eines vom Willen und dem Bewußtsein der Beteiligten Unabhängigen und Notwendigen ein Willkürliches und Zufälliges. Die Verwirklichung der Marxschen Konzentrationslehre, die monopolistische Vereinigung, scheint damit zur Aufhebung der Marxschen Werttheorie zu werden.

Sehen wir näher zu! Die Kartellierung ist ein historischer Prozeß, und sie ergreift die kapitalistischen Produktionszweige in einer zeitlichen Reihenfolge je nach den Bedingungen, die für die Kartellierung gegeben sind. Wir haben gesehen, wie die Entwicklung des Kapitalismus dahin geht, diese Bedingungen immer mehr für alle Produktionszweige zu verwirklichen. Unter sonst gleichen Umständen – also bei gleichem Entwicklungsgrade des Einflusses der Banken auf die Industrie, in gleicher Phase des industriellen Zyklus, bei gleicher organischer Zusammensetzung des Kapitals – wird ein Industriezweig desto geeigneter für die Kartellierung sein, je größer der Kapitalumfang der Einzelunternehmung und je geringer die Zahl der Unternehmungen in diesem Produktionszweig ist.

Gesetzt, diese Bedingungen seien zuerst in der Gewinnung der Eisenerze erreicht. Der Eisenerzbergbau sei kartelliert und erhöhe die Preise. Die nächste Folge ist die Erhöhung der Profitrate für die Bergbauunternehmer. Aber die erhöhten Verkaufspreise des Eisenerzes bedeuten für die Roheisenproduzenten Erhöhung ihrer Kostpreise. Die Verkaufspreise des Roheisens werden aber dadurch zunächst nicht berührt. Auf dem Roheisenmarkt hat sich durch die Kartellierung der Erzgruben nichts geändert. Das Verhältnis von Angebot und Nachfrage und damit die Preise bleiben die gleichen. Die Erhöhung der Profitrate des Kartells hat also zur Folge die Senkung der Profitrate der Roheisenproduzenten. Was bedeutet das aber?

Theoretisch können folgende Folgen eintreten: Das Kapital fließt aus der Sphäre niedrigerer Profitrate zu der höherer Profitrate. Bisher in der Roheisenproduktion verwendetes Kapital wird jetzt zum Betrieb von Erzbergwerken gebraucht. Für den Erzbergbau würde so Konkurrenz entstehen, die um so fühlbarer wäre, da die Eisenproduktion eingeschränkt worden wäre. Die Erzpreise würden sinken, die Roheisenpreise steigen und nach einigen Schwankungen der frühere Zustand wieder hergestellt sein, nachdem wahrscheinlich inzwischen das Kartell gesprengt worden wäre. Wir wissen aber bereits, daß die Aus- und Einwanderung von Kapital gerade in solchen Produktionszweigen kaum übersteigbare Schranken finden würde. Dieser Weg zur Ausgleichung der Profitrate ist also nicht gangbar.

Die Kartellpreise sind nur für diejenigen Roheisenproduzenten von Bedeutung, die das Erz auf dem Markte kaufen müssen. Um den Wirkungen des Kartells zu entgehen, genügt es, daß die Roheisenwerke selbst sich Erzgruben angliedern. Damit sind sie vom Kartell unabhängig geworden und ihre Profitrate wird die normale Höhe einnehmen. Diejenigen Unternehmungen, die so zuerst zu kombinierten Unternehmungen werden, werden zudem Extraprofit machen gegenüber den anderen, die die teuren Rohmaterialien und den Handelsprofit der Erzhändler zahlen müssen. Aber dasselbe gilt auch von den Erzgruben, die zur Roheisenproduktion übergehen, auch sie werden als kombinierte den reinen Werken in der Konkurrenz überlegen sein. So erweist sich zunächst das Kartell als stärkster Antrieb zur Kombination und damit zu einer weiteren Konzentration. Diese wird sich besonders stark geltend machen in den Industriezweigen, die die Abnehmer und Weiterverarbeiter der Kartellprodukte sind.

Wir haben im früheren gesehen, wie die Tendenz zur Kombination durch gewisse Konjunkturerscheinungen hervorgerufen oder verstärkt wird. Durch die Kartellierung wird diese Tendenz gesteigert und zugleich modifiziert. Eine monopolistische Vereinigung mag während einer Krise ihre Preise hochhalten, während das ihren nichtkartellierten Abnehmern unmöglich sei. Dann tritt für diese zu den Wirkungen der Krise noch die Unmöglichkeit, ihre Produktionskosten zu vermindern durch billigeren Einkauf des Rohmaterials. In solchen Zeiten wird einerseits bei den Nichtkartellierten der Drang, sich aus eigenen Gruben billiges Rohmaterial zu schaffen, besonders stark sein. Gelingt dies aber nicht, so wird eine ganze Reihe von sonst lebensfähigen, technisch gut ausgestatteten Betrieben nicht weiterexistieren können. Sie müssen Bankrott machen oder sich zu billigem Preis von einer Erzgrube ankaufen lassen, für die die Erwerbung des Werkes zu dem niedrigen Preis die Sicherheit künftiger Rentabilität bedeutet.

Noch ein anderer Weg steht den Roheisenindustriellen offen. Der vereinigten Macht der Erzgrubenbesitzer standen die Roheisenproduzenten vereinzelt gegenüber. Sie waren daher machtlos gegenüber der Verteuerung des Rohmaterials. Aber ebenso machtlos waren sie, als es galt, die Preiserhöhung ihres Rohmaterials in dem Preis des Eisens zum Ausdruck zu bringen. Das ändert sich, sobald sie sich selbst zum Kartell vereinigen. Dann sind sie imstande, dem Erzgrubenkartell geschlossen gegenüberzutreten und ihre Macht als Abnehmer geltend zu machen. Anderseits aber können sie beim Verkauf ihrer Produkte jetzt selbst preisbestimmend auftreten und die Profitrate über die Norm erhöhen. In der Tat werden beide Wege eingeschlagen, sowohl die Kombination als die Kartellierung, und das Resultat des Prozesses wird die kombinierte monopolistische Vereinigung von Erz- und Eisenproduzenten sein.

Es ist klar, daß dieser Prozeß sich dann weiter fortpflanzen muß auf die weiteren Abnehmer des Roheisens und eine kapitalistische Produktionssphäre nach der anderen ergreifen wird. So entfalten die Kartelle ihre propagandistische Kraft. Die Kartellierung bedeutet zunächst eine Änderung der Profitrate. Diese Änderung ist erfolgt auf Kosten der Profitrate der anderen kapitalistischen Industrien. Die Ausgleichung dieser Profitraten auf ein gleiches Niveau kann nicht erfolgen durch die Wanderung des Kapitals. Denn die Kartellierung bedeutet ja, daß die Konkurrenz des Kapitals um seine Anlagesphären gehemmt ist. Die Behinderung der Freizügigkeit des Kapitals durch ökonomische Ursachen und durch Eigentumsverhältnisse (Monopol an Rohstoffen) ist ja die Voraussetzung der Aufhebung der Konkurrenz auf dem Markte zwischen den Verkäufern. Die Ausgleichung kann nur erfolgen durch Anteilnahme an der erhöhten Profitrate durch Selbstkartellierung oder durch Ausschaltung derselben durch Kombination. Beides bedeutet erhöhte Konzentration und daher Erleichterung der Weiterkartellierung.

Ist aber die Weiterkartellierung aus irgendwelchen Gründen ausgeschlossen: wie wirkt dann der Kartellpreis, und können wir dann über seine Höhe etwas aussagen?

Wir haben gesehen, wie die durch Erhöhung des Kartellpreises bewirkte Erhöhung der Profitrate durch nichts anderes bewirkt werden kann als durch die Erniedrigung der Profitrate in anderen Industriezweigen. Der Kartellprofit ist zunächst nichts anderes als Anteilnahme, Aneignung des Profits anderer Industriezweige. Nun besteht, wie wir bereits wissen, in Industriezweigen mit geringem Kapital und starker Zersplitterung der Betriebe die Tendenz einer Senkung der Profitrate unter ihren gesellschaftlichen Durchschnitt. Die Kartellierung bedeutet eine Verstärkung dieser Tendenz, eine weitere Herabdrückung der Profitrate in diesen Zweigen. Wie weit diese Herabdrückung gehen kann, hängt ab von der Natur dieser Produktionssphäre. Eine zu starke Herabdrückung wird beantwortet werden mit Auswanderung von Kapital aus diesen Sphären. Diese Auswanderung ist wegen der technischen Natur des Kapitals in diesen Sphären nicht allzu schwer.

Aber um so schwieriger wird die Frage, wohin dieses Kapital sich wenden soll, da auch die anderen Sphären kleiner Kapitalanlage in gleicher Weise von den kartellierten Industrien ausgebeutet werden[58]. Und so wird schließlich in diesen Industrien

[58] Zugleich ändert sich der Charakter des Kartellprofits. Er besteht aus unbezahlter Arbeit, aus Mehrwert, aber zum Teil aus Mehrwert, den die Arbeiter fremder Kapitalisten produziert haben.

der Profit der scheinbar noch selbständigen Kapitalisten zu reinem Aufsichtslohn, diese Kapitalisten selbst zu Angestellten des Kartells, zu Zwischenkapitalisten oder Zwischenunternehmern, analog den Zwischenmeistern des Handwerks.

Der Kartellpreis ist so in der Tat abhängig von der Nachfrage. Aber diese selbst ist kapitalistische Nachfrage. Der Kartellpreis muß also theoretisch schließlich gleich dem Produktionspreis sein plus der Durchschnittsprofitrate. Aber diese selbst hat sich geändert. Sie ist verschieden für die große kartellierte Industrie und für die kleinen von ihr in Abhängigkeit geratenen Sphären der Kleinindustrie, dessen Kapitalisten sie eines Teiles des Mehrwertes beraubt, um sie auf einen bloßen Gehalt zu beschränken.

Aber diese Preisbestimmung selbst ist – wie das isolierte oder partielle Kartell selbst – nur provisorisch.

Die Kartellierung bedeutet eine Änderung in der Durchschnittsprofitrate. Die Profitrate steigt in den kartellierten Industrien und sinkt in den nichtkartellierten. Diese Verschiedenheit führt zur Kombination und Weiterkartellierung. Für die außerhalb der Kartellierung befindlichen Industrien sinkt die Profitrate. Der Kartellpreis wird um den Betrag über den Produktionspreis der kartellierten Industrien steigen, um den er in den nichtkartellierten unter ihren Produktionspreis gefallen ist. Sofern in den nichtkartellierten Industrien Aktiengesellschaften vorhanden sind, kann der Preis nicht sinken unter $k + z$, Kostpreis plus Zins, da sonst keine Anlage von Kapital möglich wäre. Die Erhöhung des Kartellpreises findet also ihre Grenze an der Möglichkeit der Senkung der Profitrate in nichtkartellierten Industrien. Innerhalb dieser findet eine Ausgleichung der Profitrate zu einem niedrigeren Niveau statt durch die hier bestehende Konkurrenz des Kapitals um die verschiedenen Anlagesphären.

Die Erhöhung des Kartellpreises läßt den Preis der nichtkartellierten Produkte nicht unverändert. Diese Änderung rührt her von der Ausgleichung der Profitrate innerhalb der nichtkartellierten Industrien. Würde die nichtkartellierte Industrie eine Einheit bilden, so bliebe der Preis der nichtkartellierten Produkte unverändert. Derselbe Preis würde nur eine geringere Profitrate als früher bedeuten, da der Preis der Rohmaterialien, also der Kostpreis, gestiegen ist. War der Preis früher 100, die Profitrate 20 Prozent, so sinkt sie jetzt auf 10 Prozent, weil durch die Kartellierung der Kostpreis, der früher 80 war, jetzt auf 90 gestiegen ist. Da aber in den einzelnen nichtkartellierten Industrien je nach ihrer organischen Zusammensetzung in verschiedener Weise durch die Kartellierung der Kostpreis steigt, so muß eine Ausgleichung stattfinden. Diejenigen Industrien, die größere Mengen von durch das Kartell verteuertem Rohmaterial verbrauchen, müssen die Preise ihrer Produkte erhöhen, diejenigen, die weniger verbrauchen, werden eine Verminderung ihrer Preise erfahren. Mit anderen Worten: Industrien mit überdurchschnittlicher[59] organischer Zusammensetzung ihres Kapitals werden eine Erhöhung, Industrien mit unterdurchschnittlicher Zusammensetzung des Kapitals eine Senkung des Produktionspreises erfahren, während dieser in Industrien mit durchschnittlicher Zusammensetzung unverändert bleibt. Gewöhnlich hat man nur die Preiserhöhung im Auge und bildet sich dann sofort ein, jede Erhöhung der Produktionskosten sei ohne weiters auf die Konsumenten abwälzbar. Aber die Erhöhung der Produktionskosten führt unter bestimmten Umständen sogar eine Senkung des Preises herbei.

Aber die Preisgestaltung weist noch einige andere Eigentümlichkeiten auf. Gesetzt, das Kapital der nichtkartellierten Industrien betrage 50 Milliarden. Bei einer Profitrate von 20 Prozent beträgt der Produktionspreis 60 Milliarden. Davon würden die nichtkartellierten Industrien 50 Milliarden kaufen. Ihr Produktionspreis betrüge dann bei gleicher Profitrate ebenfalls 60 Milliarden. Der Wert des Gesamtprodukts also 120 Milliarden. Aber die kartellierten Industrien haben ihre Profitrate erhöht und die der nichtkartellierten Industrien dadurch gesenkt. Die Profitrate der Nichtkartellierten betrage so nur 10 Prozent. Ihr Profit ist reduziert, weil sie für Rohmaterial nicht 50, sondern 55 Milliarden zahlen müssen. (Ich vernachlässige hier das variable Kapital, das in diesem Beispiel nichts zur Sache tut.) Wenn aber das Kartell für 50 Milliarden 55 bekommt, so muß es für 60 Milliarden 66 erhalten. Die Preise müssen ja nicht nur für die kapitalistischen Konsumenten, sondern für alle Konsumenten gleich sein. Nach unserer Voraussetzung müssen also die letzten 10 Milliarden, die direkt an die Konsumenten gehen, nicht um 10, sondern um 11 Milliarden verkauft werden. Die Konsumenten kaufen also die Masse der nichtkartellierten Produkte zu den alten Preisen, die kartellierten Produkte zu erhöhten Preisen. Ein Teil

[59] Hier ist nicht die durchschnittliche organische Zusammensetzung des gesellschaftlichen Gesamtkapitals gemeint, sondern nur die der nichtkartellierten Industrien.

des Kartellprofits stammt also von den Konsumenten, womit hier alle nichtkapitalistischen Kreise, die abgeleitetes Einkommen beziehen, gemeint sind. Die Konsumenten werden aber vielleicht ihre Konsumtion bei den erhöhten Preisen einschränken. Und hier kommen wir zur zweiten Schranke des Kartellpreises. Die Preiserhöhung muß erstens den nichtkartellierten Industrien eine Profitrate lassen, die die Fortführung der Produktion ermöglicht. Sie darf aber zweitens auch die Konsumtion nicht zu stark verringern. Die zweite Schranke selbst hängt wieder ab von der Größe des Einkommens, über die die nicht direkt produktiven Klassen verfügen. Da aber für die kartellierten Industrien in ihrer Gesamtheit die produktive Konsumtion eine weit größere Rolle spielt als die unproduktive, so ist die erste Schranke im allgemeinen die eigentlich bestimmende.

Die Verringerung des Profits in den nichtmonopolisierten Industrien bedeutet aber eine Verlangsamung ihrer Entwicklung. Die Senkung der Profitrate bedeutet, daß neues Kapital diesen Sphären nur langsam zuströmen wird. Zugleich aber wird, da die Profitrate gesunken ist, ein um so erbitterterer Kampf um den Absatz stattfinden, der hier um so gefährlicher wirkt, da schon eine relativ kleine Preissenkung den niedrigen Profit aufhebt. Gleichzeitig tritt noch eine andere Wirkung ein: Wo es der Übermacht der kartellierten Industrien gelingt, den Profit auf einen bloßen Aufsichtslohn zu reduzieren, da ist kein Raum mehr für die Bildung von Aktiengesellschaften, da sowohl Gründergewinn als Dividenden erst aus dem Ertrag über den Aufsichtslohn hinaus gezahlt werden können. So wirkt die Kartellierung hindernd auf die Entwicklung der nichtkartellierten Industrien. Gleichzeitig verschärft sie in ihnen die Konkurrenz und damit die Konzentrationstendenz, bis diese Industrien schließlich selbst kartellfähig werden oder fähig, von einer bereits kartellierten Industrie angegliedert zu werden.

Die freie Konkurrenz erzwingt die ständige Erweiterung der Produktion infolge Einführung verbesserter Technik. Für die Kartelle bedeutet die Einführung besserer Technik gleichfalls Erhöhung des Profits. Sie müssen sie zudem einführen, weil sonst die Gefahr besteht, daß der neuen Technik sich ein Outsider bemächtigte und sie im neu entstehenden Konkurrenzkampf gegen das Kartell anwenden würde. Ob dies möglich, hängt von dem Charakter des Monopols ab, das das Kartell sich geschaffen hat. Ein Kartell, das auch die Naturbedingungen seiner Produktion monopolisiert hat – wie zum Beispiel die Berwerkssyndikate – oder dessen Produktion höchste organische Zusammensetzung aufweist, so daß ein neues Unternehmen außerordentlicher Kapitalskraft bedürfte, die nur die Banken zur Verfügung stellen könnten, die aber gegen das Kartell nichts unternehmen wollen – ein solches Kartell ist gegen neue Konkurrenz in hohem Maße geschützt. Da bedeutet die Verbesserung der Technik einen Extraprofit, der nicht durch die Konkurrenz schließlich zum Verschwinden gebracht würde, so daß die Preise der Ware sinken müßten. Die Einführung der verbesserten Technik kommt dann den Konsumenten nicht zugute, sondern nur diesen straff organisierten Kartellen und Trusts. Die verbesserte Technik könnte aber größeres Ausmaß der Produktion bedingen und deren Absatz wieder eine Senkung des Preises erfordern, ohne die Ausdehnung der Konsumtion nicht erfolgen würde. Dies kann der Fall sein, muß es jedoch nicht; es wäre auch möglich, daß zum Beispiel der Stahltrust diese verbesserte Technik in einigen Betrieben anwendete, deren Produktion dann ausreichte, um den ganzen Bedarf zu den bisherigen Preisen zu decken, während er dafür andere Betriebe stillegte. Die Preise blieben dieselben, die Produktionskosten wären gefallen und der Profit gestiegen. Eine Produktionsausdehnung hätte nicht stattgefunden, die verbesserte Technik hätte Arbeiter freigesetzt, die keine Aussicht auf Beschäftigung fänden. Ein ähnliches Resultat könnte auch bei der Kartellorganisation eintreten. Die größten Werke führen die Verbesserung ein und dehnen damit ihre Produktion aus; damit sie das innerhalb des Kartells tun können, kaufen sie kleineren Werken ihre Beteiligung ab und legen sie still. Die verbesserte Technik ist angewendet worden und hat auch Konzentration bewirkt, dagegen keine Ausdehnung der Produktion.

Die Kartellierung bedeutet außergewöhnliche Extraprofite[60], und wir haben gesehen, wie diese Extraprofite kapitalisiert und

---

[60] Eine interessante Form nimmt der Kartellextraprofit in folgendem Fall an. Die Lieferung von Schuhmaschinen für die deutsche Industrie lag bis in den neunziger Jahren fast ausschließlich in den Händen Amerikas. Die nach Deutschland liefernden amerikanischen Schuhmaschinenfabriken haben sich zu der »Deutschen Vereinigten Schuhmaschinengesellschaft (D. V. S. G.)« zusammengeschlossen. Die Maschinen werden nicht käuflich abgegeben, sondern gegen eine bestimmte Pacht vermietet. Wünscht ein Schuhfabrikant eine Maschine zu beziehen, so wird ein Vertrag auf 5 bis 20 Jahre abgeschlossen. »In diesem verpflichtet sich die liefernde Firma zur Aufstellung der Maschine, zur kostenlosen Ausführung von Reparaturen und Anbringung aller Neuerungen sowie zur Lieferung von Ersatzteilen zu mäßigen Preisen. Dagegen

als konzentrierte Kapitalmassen den Banken zufließen. Gleichzeitig aber bedeuten die Kartelle eine Verlangsamung der Kapitalanlage. In den kartellierten Industrien, weil die erste Maßregel des Kartells die Einschränkung der Produktion ist, in den nichtkartellierten, weil die Senkung der Profitrate zunächst von weiteren Kapitalanlagen zurückschreckt. So wächst einerseits rapid die Masse des zur Akkumulation bestimmten Kapitals, während sich anderseits seine Anlagemöglichkeit kontrahiert. Dieser Widerspruch verlangt seine Lösung und findet sie im Kapitalexport. Der Kapitalexport selbst ist nicht eine Folge der Kartellierung. Er ist eine Erscheinung, die von der kapitalistischen Entwicklung unzertrennlich ist. Aber die Kartellierung steigert plötzlich den Widerspruch und schafft den akuten Charakter des Kapitalexports.

Es entsteht aber die Frage, wo die Grenze der Kartellierung eigentlich gegeben ist. Und diese Frage muß dahin beantwortet werden, daß es eine absolute Grenze für die Kartellierung nicht gibt. Vielmehr ist eine Tendenz zu stetiger Ausbreitung der Kartellierung vorhanden. Die unabhängigen Industrien geraten, wie wir gesehen haben, immer mehr in Abhängigkeit von kartellierten, um schließlich von ihnen annektiert zu werden. Als Resultat des Prozesses ergäbe sich dann ein Generalkartell. Die ganze kapitalistische Produktion wird bewußt geregelt von einer Instanz, die das Ausmaß der Produktion in allen ihren Sphären

---

zahlt der Schuhfabrikant eine einmalige Grundtaxe, die etwa dem Herstellungspreis der Maschine entspricht, und außerdem fortlaufend eine bestimmte Abgabe per 1000 Umdrehungen der Maschine ... Die Abgaben ... bedeuten einen Betrag von 15 bis 25 Pf. per Paar Stiefel, die der Fabrikant an die D. V. S. G. entrichtet, einen Tribut, von dessen Größe wir uns erst einen Begriff machen, wenn wir erfahren, daß zum Beispiel für 1907 drei Erfurter Schuhfabriken mit zusammen 885 Arbeitern, die vorwiegend jene Maschinen benützen, 61 300 Mk. für die einjährige Benützung gezahlt haben.« Karl Rehe, »Die deutsche Schuhgroßindustrie«, S. 32. Das Interessante besteht hier darin: Die Benützung der Maschinen gewährt den deutschen Fabrikanten Extraprofit, weil sie ihren Konkurrenten dadurch überlegen werden. Der amerikanische Trust zwingt sie, einen Teil dieses Extraprofits (nicht den ganzen, sonst entfiele das Motiv zur Anwendung dieser Maschinerie) an ihn abzutreten. Die Stipulierung einer jährlichen Rente erleichtert einmal den Ankauf der Maschinerie und steigert die Abhängigkeit der Fabrikanten vom Trust, da er an diese Maschine gebunden ist. Alle Verbesserungen dieser Maschinerie werden sofort angewandt und steigern den Extraprofit, damit den Umsatz des Fabrikanten, damit aber auch die Abgabe an den Trust, der so einen Teil des fremden Extraprofits in eigenen verwandelt. Den Nutzen aus der verbesserten Technik heimsen so zum größten Teil der Trust, zu einem geringeren die Anwender der Maschinen und nur zum kleinsten Teil die Konsumenten ein.

bestimmt. Dann wird die Preisfestsetzung rein nominell und bedeutet nurmehr die Verteilung des Gesamtprodukts auf die Kartellmagnaten einerseits, auf die Masse aller anderen Gesellschaftsmitglieder anderseits. Der Preis ist dann nicht Resultat einer sachlichen Beziehung, die die Menschen eingegangen sind, sondern eine bloß rechnungsmäßige Art der Zuteilung von Sachen durch Personen an Personen. Das Geld spielt dann keine Rolle. Es kann völlig verschwinden, da es sich ja um Zuteilung von Sachen handelt und nicht um Zuteilung von Werten. Mit der Anarchie der Produktion schwindet der sachliche Schein, schwindet die Wertgegenständlichkeit der Ware, schwindet also das Geld. Das Kartell verteilt das Produkt. Die sachlichen Produktionselemente sind wiederproduziert worden und werden zu neuer Produktion verwendet. Von dem Neuprodukt wird ein Teil auf die Arbeiterklasse und die Intellektuellen verteilt, der andere fällt dem Kartell zu zu beliebiger Verwendung. Es ist die bewußt geregelte Gesellschaft in antagonistischer Form. Aber dieser Antagonismus ist Antagonismus der Verteilung. Die Verteilung selbst ist bewußt geregelt und damit die Notwendigkeit des Geldes vorüber. Das Finanzkapital in seiner Vollendung ist losgelöst von dem Nährboden, auf dem es entstanden. Die Zirkulation des Geldes ist unnötig geworden, der rastlose Umlauf des Geldes hat sein Ziel erreicht, die geregelte Gesellschaft, und das Perpetuum mobile der Zirkulation findet seine Ruh'.

Die Tendenz zur Herstellung eines Generalkartells und die Tendenz zur Bildung einer Zentralbank treffen zusammen und aus ihrer Vereinigung erwächst die gewaltige Konzentrationsmacht des Finanzkapitals. Im Finanzkapital erscheinen alle partiellen Kapitalformen zur Totalität vereinigt. Das Finanzkapital erscheint als Geldkapital und besitzt in der Tat dessen Bewegungsform G-G', geldtragendes Geld, die allgemeinste und begriffloseste Form der Kapitalbewegung. Als Geldkapital wird es in den beiden Formen des Leihkapitals und des fiktiven Kapitals den Produktiven zur Verfügung gestellt. Die Vermittlung besorgen die Banken, die zugleich einen immer größeren Teil in eigenes Kapital zu verwandeln suchen und dem Finanzkapital damit die Form von Bankkapital geben. Dieses Bankkapital wird immer mehr die bloße Form – Geldform – des wirklich fungierenden Kapitals, das heißt des industriellen Kapitals. Zugleich wird die Selbständigkeit des kommerziellen Kapitals immer mehr beseitigt, während die Trennung des Bankkapitals und des produktiven Kapitals im Finanzkapital aufgehoben wird. Innerhalb des industriellen Kapitals selbst werden die Schranken der einzelnen Sphären durch fortschreitende Vereinigung früher getrennter und selbständiger Produktionszweige aufgehoben, die gesellschaftliche Arbeitsteilung – das heißt die Teilung in die verschiedenen Sphären der Produktion, die nur durch die Tauschaktion als Teile des ganzen gesellschaftlichen Organismus verbunden sind – stetig verringert, während anderseits die technische Arbeitsteilung innerhalb der vereinigten Betriebe immer weiter getrieben wird.

So erlischt im Finanzkapital der besondere Charakter des Kapitals. Das Kapital erscheint als einheitliche Macht, die den Lebensprozeß der Gesellschaft souverän beherrscht, als Macht, die unmittelbar entspringt aus dem Eigentum an den Produktionsmitteln, den Naturschätzen und der gesamten akkumulierten vergangenen Arbeit, und die Verfügung über die lebendige Arbeit als unmittelbar entspringend aus den Eigentumsverhältnissen. Zugleich erscheint das Eigentum, konzentriert und zentralisiert in der Hand einiger größter Kapitalsassoziationen, unmittelbar entgegengesetzt der großen Masse der Kapitallosen. Die Frage nach den Eigentumsverhältnissen erhält so ihren klarsten, unzweideutigsten, zugespitztesten Ausdruck, während die Frage nach der Organisation der gesellschaftlichen Ökonomie durch die Entwicklung des Finanzkapitals selbst immer besser gelöst wird.

IV. Abschnitt

Das Finanzkapital und die Krisen

16. Kapitel

Die allgemeinen Bedingungen der Krise

Es ist empirisches Gesetz, daß die kapitalistische Produktion in einen Kreislauf von Prosperität und Depression gebannt ist. Der Übergang von einer Phase zur anderen vollzieht sich kritisch. In einem bestimmten Moment der Prosperität tritt in einer Reihe von Produktionszweigen Absatzstockung ein, infolgedessen sinken die Preise; Absatzstockung und Preissenkung verbreiten sich, die Produktion wird eingeschränkt; dieses Stadium dauert kürzere oder längere Zeit; die Preise und Profite sind niedrig; allmählich beginnt sich die Produktion auszudehnen, Preise und Profite steigen; der Umfang der Produktion ist größer als je zuvor, bis die Wendung aufs neue eintritt. Die periodische Wiederkehr dieses Vorganges stellt die Frage nach seinen Ursachen, die eine Analyse des Mechanismus der kapitalistischen Produktion ergeben muß.

Die allgemeine Möglichkeit der Krise ist gegeben mit der Verdoppelung der Ware in Ware und Geld. Dies schließt ein, daß der Fluß der Warenzirkulation eine Unterbrechung erfahren kann, indem das Geld, statt zur Zirkulation der Waren verwendet zu werden, als Schatz gerinnt. Der Prozeß W_1-G-W_2 stockt, weil das G, das die Ware W_1 realisiert hat, nicht selbst W_2 realisiert. W_2 bleibt unverkäuflich und damit ist die Absatzstockung gegeben.

Solange aber das Geld nur als Zirkulationsmittel fungiert, sich die Ware unmittelbar gegen Geld und dieses gegen Ware umsetzt, braucht die Verwandlung des Geldes in Schatz nur ein vereinzelter, isolierter Vorgang zu sein, der die Unverkäuflichkeit einer Ware bedeutet, aber nicht eine allgemeine Absatzstockung. Dies ändert sich mit der Entwicklung der Funktion des Geldes als Zahlungsmittel, weiter mit der Entwicklung des Zirkulationskredits. Stockung des Verkaufes bedeutet jetzt, daß die bereits versprochene Zahlung nicht geleistet werden kann.

Dieses Zahlungsversprechen hat aber, wie wir gesehen haben, als Zirkulations- oder Zahlungsmittel für eine ganze Reihe anderer Umsätze gedient. Die Zahlungsunfähigkeit des einen macht auch die anderen zahlungsunfähig. Die Verkettung der Zahlungspflichtigen, die das Geld als Zahlungsmittel bewirkt hat, ist gesprengt, und die Stockung auf dem einen Punkt setzt sich auf alle anderen fort; sie wird allgemein. So entwickelt der Zahlungskredit eine Solidarität der Produktionszweige und gibt die Möglichkeit, daß die partielle Absatzstockung in eine allgemeine umschlägt.

Aber diese allgemeine Möglichkeit der Krise ist nur ihre allgemeine Bedingung: Ohne Geldzirkulation und die Entwicklung des Geldes in seiner Funktion als Zahlungsmittel ist auch die Krise unmöglich. Aber Möglichkeit ist noch lange nicht Wirklichkeit.

Die einfache Warenproduktion oder, besser gesagt, die vorkapitalistische Warenproduktion kennt überhaupt keine Krisen; die Störungen der Wirtschaft sind keine ökonomisch-gesetzmäßigen Krisen, sondern Katastrophen, die aus besonderen, natürlichen oder historischen Ursachen, wie Mißwachs, Dürre, Seuchen, Kriegen, entspringen. Ihr Gemeinsames ist, daß sie entspringen aus einem Defizit der Reproduktion, aber durchaus nicht aus Überproduktion irgendwelcher Art. Es ist dies selbstverständlich, wenn wir bedenken, daß diese Produktion ja immer noch wesentlich Produktion für den Selbstbedarf ist, daß Produktion und Konsumtion als Mittel und Zweck verbunden, die Warenzirkulation eine verhältnismäßig geringe Rolle spielt. Denn erst die kapitalistische Produktion verallgemeinert die Warenproduktion, läßt möglichst alle Produkte die Form der Ware annehmen und macht – das ist das Entscheidende – den Verkauf der Ware zur Vorbedingung der Wiederaufnahme der Reproduktion[1].

---

[1] Abgesehen von den Resten früherer Eigenproduktion, wie sie sich namentlich in der bäuerlichen Wirtschaft erhalten, spielt Eigenproduktion auch in der kapitalistischen Gesellschaft eine Rolle, dort, wo das Produkt des Unternehmens selbst wieder zu einem Element der Reproduktion wird; so das Getreide zur Aussaat, die Kohle beim Kohlenbergwerk etc. Mit der Zunahme der Kombination wächst der Umfang dieser Art Eigenproduktion. Sie ist deshalb Eigenproduktion, weil die Ware nicht für den Markt bestimmt, sondern als Element des konstanten Kapitals in demselben Betrieb verwendet wird. Sie ist aber toto coelo verschieden von der auf Deckung des Bedarfs gerichteten Eigenproduktion früherer Gesellschaftsformationen, da sie nicht der Konsumtion, sondern der Warenproduktion dient.

Diese Verwandlung der Produkte in Waren bewirkt aber die Abhängigkeit der Produzenten vom Markte und macht aus der im Prinzip schon in der einfachen Warenproduktion vorhandenen Regellosigkeit der Produktion infolge der Selbständigkeit der Privatwirtschaften erst jene Anarchie in der kapitalistischen Produktion, die mit der Verallgemeinerung der Warenproduktion, mit der Ausweitung der lokalen und zersplitterten Märkte zum umfassenden Weltmarkt, die zweite allgemeine Bedingung der Krisen herstellt.

Die dritte allgemeine Bedingung der Krisen stellt der Kapitalismus her durch die Trennung der Produktion von der Konsumtion. Er trennt einmal den Produzenten von seinem Produkt und reduziert ihn auf jenen Teil des Wertprodukts, der ein Äquivalent für den Wert der Arbeitskraft darstellt. Er schafft so in den Lohnarbeitern eine Klasse, deren Konsumtion in keinem unmittelbaren Verhältnis zur Gesamtproduktion steht, sondern nur zu dem Teil der Gesamtproduktion, der gleich ist dem Lohnkapital. Das Produkt, das die Lohnarbeiter erzeugen, ist aber nicht ihr Eigentum. Ihre Produktion dient daher nicht dem Zweck ihrer Konsumtion. Umgekehrt ist ihre Konsumtion und deren Ausmaß abhängig von der Produktion, auf die sie keinen Einfluß haben. Die Produktion des Kapitalisten dient aber nicht der Bedarfsdeckung, sondern dem Profit. Die Realisierung und Vermehrung des Profits ist der immanente Zweck kapitalistischer Produktion. Das bedeutet, daß für das Geschick der Produktion, für ihr Ausmaß, ihre Verminderung oder Vermehrung, nicht die Konsumtion und deren Wachstum das Entscheidende ist, sondern die Realisierung des Profits. Es wird produziert, um einen bestimmten Profit zu erzielen, einen bestimmten Verwertungsgrad des Kapitals zu erhalten. Die Produktion wird damit abhängig nicht von der Konsumtion, sondern von dem Verwertungsbedürfnis des Kapitals, und eine Verschlechterung der Verwertungsmöglichkeit bedeutet eine Einschränkung der Produktion.

Es bleibt auch in der kapitalistischen Produktionsweise ein allgemeiner Zusammenhang zwischen Produktion und Konsumtion, der ja als natürliche Bedingung allen Gesellschaftsformationen gemeinsam ist. Während aber in der Bedarfdeckungswirtschaft die Konsumtion die Ausdehnung der Produktion bestimmt, die unter diesen Verhältnissen ihre Schranke nur findet an dem erreichten Stand der Technik, wird in der kapitalistischen Produktion umgekehrt die Konsumtion bestimmt durch das Ausmaß der Produktion. Dieses aber ist begrenzt durch die jeweilige Verwertungsmöglichkeit, durch den Verwertungsgrad des Kapitals, durch die Notwendigkeit, daß das Kapital und sein Zuwachs eine bestimmte Profitrate abwerfen. Die Ausdehnung der Produktion stößt hier an eine rein gesellschaftliche, nur aus dieser bestimmten Gesellschaftsstruktur entspringende und nur dieser eigentümliche Schranke. Die Krisenmöglichkeit entspringt zwar schon aus der Möglichkeit der ungeregelten Produktion, also der Warenproduktion überhaupt, aber ihre Wirklichkeit nur aus einer ungeregelten Produktion, die zugleich das unmittelbare Verhältnis von Produktion und Konsumtion, das andere Gesellschaftsformationen auszeichnet, aufhebt und zwischen Produktion und Konsumtion die Bedingung der Verwertung des Kapitals zu jeweils bestimmter Rate einschiebt.

Der Ausdruck Überproduktion von Waren ist überhaupt an sich so nichtssagend, wie der Ausdruck »Unterkonsumtion«. Man kann von einer Unterkonsumtion streng genommen nur in physiologischem Sinne sprechen; der Ausdruck hat dagegen keinen Sinn in der Ökonomie, wo er nur besagen könnte, daß die Gesellschaft weniger konsumiert, als sie produziert hat. Es ist aber nicht einzusehen, wieso das möglich, wenn nur in der richtigen Proportion produziert worden. Da das Gesamtprodukt gleich ist dem konstanten Kapital plus dem variablen plus dem Mehrwert ($c+v+m$), v ebenso wie m konsumiert werden, die Elemente des verbrauchten konstanten Kapitals sich gegenseitig ersetzen müssen, so kann die Produktion ins Unendliche ausgedehnt werden, ohne zur Überproduktion von Waren zu führen, das heißt dazu, daß mehr Waren, bei denen in diesem Zusammenhang und für diese Auffassung nur der Gebrauchswert in Betracht käme, mehr Güter also produziert werden als konsumiert werden könnten[2].

---

2 »Es ist eine reine Tautologie, zu sagen, daß die Krisen aus Mangel an zahlungsfähiger Konsumtion oder an zahlungsfähigen Konsumenten hervorgehen. Andere Konsumenten als zahlende kennt das kapitalistische System nicht, ausgenommen die sub forma pauperis oder die des »Spitzbuben«. Daß Waren unverkäuflich sind, heißt nichts, als daß sich keine zahlungsfähigen Käufer für sie fanden, also Konsumenten (sei es nun, daß die Waren in letzter Instanz zum Behuf produktiver oder individueller Konsumtion gekauft werden). Will man aber dieser Tautologie einen Schein tieferer Begründung dadurch geben, daß man sagt, die Arbeiterklasse erhalte einen zu geringen Teil ihres eigenen Produkts, und dem Übelstand werde mithin abgeholfen, sobald sie größeren Anteil daran empfängt, ihr Arbeitslohn

Zudem ist eines klar: Da die Krisen in ihrer periodischen Aufeinanderfolge Produkt der kapitalistischen Gesellschaft sind, so muß ihre Ursache im Kapitalcharakter gelegen sein. Es muß sich um eine Störung handeln, die aus dem spezifischen Charakter der Gesellschaft entspringt. Die enge Basis, die die Konsumtionsverhältnisse der kapitalistischen Produktion bieten, ist aber deshalb allgemeine Bedingung der Krise, weil die Unmöglichkeit, sie zu erweitern, eine allgemeine Voraussetzung der Absatzstokkung ist. Wäre die Konsumtion beliebig ausdehnbar, so wäre Überproduktion nicht möglich. Aber unter kapitalistischen Verhältnissen bedeutet Ausdehnung der Konsumtion Verminderung der Profitrate. Denn Ausdehnung der Konsumtion der breiten Massen ist gebunden an die Steigerung des Arbeitlohnes. Diese bedeutet aber Verminderung der Mehrwertsrate und daher Verminderung der Profitrate. Steigt daher die Nachfrage nach Arbeitern durch die Akkumulation so stark, daß eine Verminderung der Profitrate eintritt, so daß (als äußerste Grenze) das vermehrte Kapital keinen größeren Profit abwerfen würde als das unvergrößerte, so muß die Akkumulation unterbleiben, da ja der Zweck der Akkumulation, Vergrößerung des Profits, nicht erreicht würde. An diesem Punkte tritt eben die eine notwendige Voraussetzung der Akkumulation, die nach Erweiterung der Konsumtion, in Widerspruch mit der anderen Bedingung, der nach Realisierung des Profits. Die Verwertungsbedingungen rebellieren gegen die Konsumtionserweiterung, und da sie die entscheidenden sind, steigert sich der Widerspruch bis zur Krise. Aber deshalb ist die enge Basis der Konsumtion doch eben nur eine allgemeine Bedingung der Krise, die aus der Konstatierung der »Unterkonsumtion« durchaus nicht erklärt wird. Am wenigsten ist daraus der periodische Charakter der Krise zu erklären, da eine Periodizität aus einer ständigen Erscheinung überhaupt nicht erklärt werden kann. So steht es auch durchaus nicht

folglich wächst, so ist nur zu bemerken, daß die Krisen jedesmal gerade vorbereitet werden durch eine Periode, worin der Arbeitslohn allgemein steigt und die Arbeiterklasse realiter größeren Anteil an dem für Konsumtion bestimmten Teil des jährlichen Produkts erhält. Jene Periode müßte – von dem Gesichtspunkt dieser Ritter vom gesunden und »einfachen« (!) Menschenverstand – umgekehrt die Krise entfernen. Es scheint also, daß die kapitalistische Produktion vom guten oder bösen Willen unabhängige Bedingungen einschließt, die jene relative Prosperität der Arbeiterklasse nur momentan zulassen, und zwar immer nur als Sturmvogel einer Krise.« Dazu bemerkt Engels in der Anmerkung: »Ad notam für etwaige Anhänger der Rodbertusschen Krisentheorie.« Marx, »Kapital« II, S. 409 f.

im Widerspruch zu der früher angeführten Stelle, wenn Marx meint:

»Die gesamte Warenmasse, das Gesamtprodukt, sowohl der Teil, der das konstante und variable Kapital ersetzt, wie der, der den Mehrwert darstellt, muß verkauft werden. Geschieht das nicht, oder nur zum Teil, oder nur zu Preisen, die unter den Produktionspreisen stehen, so ist der Arbeiter zwar exploitiert, aber seine Exploitation realisiert sich nicht als solche für den Kapitalisten, kann mit gar keiner oder nur teilweiser Realisation des abgepreßten Mehrwerts, ja mit teilweisem oder ganzem Verlust seines Kapitals verbunden sein. Die Bedingungen der unmittelbaren Exploitation und die ihrer Realisation sind nicht identisch. Sie fallen nicht nur nach Zeit und Ort, sondern auch begrifflich auseinander. Die einen sind nur beschränkt durch die Produktivkraft der Gesellschaft, die anderen durch die Proportionalität der verschiedenen Produktionszweige und durch die Konsumtionskraft der Gesellschaft. Diese letztere ist aber bestimmt weder durch die absolute Produktionskraft noch durch die absolute Konsumtionskraft, sondern durch die Konsumtionskraft auf Basis antagonistischer Distributionsverhältnisse, welche die Konsumtion der großen Masse der Gesellschaft auf ein nur innerhalb mehr oder minder enger Grenzen veränderliches Minimum reduziert. Sie ist ferner beschränkt durch den Akkumulationstrieb, den Trieb nach Vergrößerung des Kapitals und nach Produktion von Mehrwert auf erweiterter Stufenleiter. Dies ist Gesetz für die kapitalistische Produktion, gegeben durch die beständigen Revolutionen in den Produktionsmethoden selbst, die damit beständig verknüpfte Entwertung von vorhandenem Kapital, den allgemeinen Konkurrenzkampf und die Notwendigkeit, die Produktion zu verbessern und ihre Stufenleiter auszudehnen, bloß als Erhaltungsmittel und bei Strafe des Unterganges. Der Markt muß daher beständig ausgedehnt werden, so daß seine Zusammenhänge und die sie regelnden Bedingungen immer mehr die Gestalt eines von den Produzenten unabhängigen Naturgesetzes annehmen, immer unkontrollierbarer werden. Der innere Widerspruch sucht sich auszugleichen durch Ausdehnung des äußeren Feldes der Produktion. Je mehr sich aber die Produktivkraft entwickelt, um so mehr gerät sie in Widerstreit mit der engen Basis, worauf die Konsumtionsverhältnisse beruhen. Es ist auf dieser widerspruchsvollen Basis durchaus kein Widerspruch, daß Übermaß von Kapital verbunden ist mit wachsendem Übermaß von Bevölkerung; denn obgleich, beide zusammengebracht, die Masse des produzierten Mehrwerts sich steigern würde, steigert sich eben damit der Widerspruch zwischen den Bedingungen, worin dieser Mehrwert produziert, und den Bedingungen, worin er realisiert wird.«[3]

Die periodische Krise ist dem Kapitalismus eigentümlich, sie kann also nur abgeleitet werden aus besonderen kapitalistischen Eigentümlichkeiten[4].

Die Krise ist ganz allgemein eine Zirkulationsstörung. Sie erscheint als massenhafte Unverkäuflichkeit der Ware, als Unmöglichkeit der Realisierbarkeit des Warenwertes (respektive ihres Produktionspreises) in Geld. Sie kann daher nur erklärt werden aus den spezifisch kapitalistischen Bedingungen der Warenzirkulation, nicht aus den Bedingungen einfacher Warenzirkulation.

Das spezifisch Kapitalistische aber an der Warenzirkulation ist dies, daß die Waren als Produkt vom Kapital, als Warenkapital produziert sind und als solche realisiert werden müssen. Diese Realisierung schließt daher Bedingungen ein, die nur dem Kapital als solchem zukommen, und das sind eben seine Verwertungsbedingungen.

Die Analyse dieser Verwertungsbedingungen sowohl vom Standpunkt des individuellen als – was hier vor allem wichtig – vom Standpunkt des gesellschaftlichen Kapitals hat Marx im II. Band des »Kapital« geliefert und damit einen Versuch durchgeführt, der außer von Quesnay in der politischen Ökonomie nicht einmal begonnen wurde. Wenn Marx einmal den »Tableau économique« Quesnays den genialsten Einfall nennt, dessen sich die politische Ökonomie bisher schuldig gemacht habe, so ist seine eigene Analyse des gesellschaftlichen Produktionsprozesses sicher die genialste Durchführung des genialen Einfalls, wie überhaupt die so unbeachteten Analysen des II. Bandes vom Standpunkt sozusagen der reinen ökonomischen Vernunft die glänzendsten in dem erstaunlichen Werke sind. Vor allem aber

---

3 »Kapital« III, S. 254 f.

4 »Es handelt sich aber darum, die weitere Entwicklung der potentiellen Krisis – die reale Krisis kann nur aus der realen Bewegung der kapitalistischen Produktion, Konkurrenz und Kredit dargestellt werden – zu verfolgen, soweit sie aus den Formbestimmungen des Kapitals hervorgeht, die ihm als Kapital eigentümlich und nicht in seinem bloßen Dasein als Ware und Geld eingeschlossen sind.« (Marx, »Theorien über den Mehrwert«, II, S. 513.)

ist eine Erkenntnis der Krisenursachen nur möglich, wenn man sich die Ergebnisse der Marxschen Analyse vergegenwärtigt[5].

Die Gleichgewichtsbedingungen des gesellschaftlichen Reproduktionsprozesses

Wenn wir die wichtigsten Ergebnisse der Marxschen Analyse kurz rekapitulieren, so ergibt sich folgendes:

Wir setzen bei dieser Betrachtung zunächst gleichbleibende Stufenleiter der kapitalistischen Produktion, also einfache Reproduktion voraus und sehen ebenso ab von Wert- oder Preisveränderungen.

Das Gesamtprodukt, also auch die Gesamtproduktion der Gesellschaft, zerfällt in zwei große Abteilungen:

1. Produktionsmittel, Waren, welche eine Form besitzen, worin sie in die produktive Konsumtion eingehen müssen oder wenigstens eingehen können.

2. Konsumtionsmittel, Waren, welche eine Form besitzen, worin sie in die individuelle Konsumtion der Kapitalisten- und Arbeiterklasse eingehen.

In jeder Abteilung zerfällt das Kapital in zwei Bestandteile: variables (v) und konstantes (c) Kapital. Letzteres zerfällt wieder in fixes und in zirkulierendes konstantes Kapital.

Der Wertteil c, der das in der Produktion verzehrte konstante Kapital darstellt, deckt sich nicht mit dem Wert des in der Produktion angewendeten konstanten Kapitals. Das fixe Kapital hat nur einen Teil seines Wertes auf das Produkt übertragen. In folgendem sehen wir zunächst von dem fixen Kapital ab.

Das Gesamtwarenprodukt sei nun durch folgendes Schema verkörpert:

I 4000 c + 1000 v + 1000 m = 6000 Produktionsmittel.

II 2000 c + 500 v + 500 m = 3000 Konsumtionsmittel.

Gesamtwert = 9000, wovon das in seiner Naturalform fortfungierende fixe Kapital nach der Voraussetzung ausgeschlossen ist.

Wenn wir nun die auf Grundlage einfacher Reproduktion, wo also der ganze Mehrwert unproduktiv konsumiert wird, not-

---

[5] Es ist das Verdienst Tugan-Baranowskis, auf die Bedeutung dieser Untersuchungen für das Krisenproblem in seinen bekannten »Studien zur Theorie und Geschichte der Handelskrisen in England« hingewiesen zu haben. Merkwürdig ist nur, daß es erst eines solchen Hinweises bedurfte.

wendigen Umsätze untersuchen und dabei zunächst die sie vermittelnde Geldzirkulation unbeachtet lassen, so ergeben sich uns von vornherein drei große Anhaltspunkte:

1. Die 500 v, Arbeitslohn der Arbeiter, und die 500 m, Mehrwert der Kapitalisten der Abteilung II, müssen in Konsumtionsmittel verausgabt werden. Aber ihr Wert existiert in den Konsumtionsmitteln zum Wert von 1000, die in den Händen der Kapitalisten, Abteilung II, die vorgeschossenen 500 v ersetzen und die 500 m repräsentieren. Arbeitslohn und Mehrwert der Abteilung II werden also innerhalb Abteilung II gegen Produkt von II umgesetzt. Damit verschwinden aus dem Gesamtprodukt (500 v + 500 m) II = 1000 Konsumtionsmittel.

2. Die 1000 v + 1000 m der Abteilung I müssen ebenfalls in Konsumtionsmitteln verausgabt werden, also in Produkt von Abteilung II. Sie müssen sie also austauschen gegen den von diesem Produkt noch übrigen, dem Belauf nach gleichen, konstanten Kapitalteil, 2000 c. Dafür erhält Abteilung II einen gleichen Betrag von Produktionsmitteln, Produkt von I, worin der Wert von 1000 v + 1000 m von I verkörpert. Damit verschwinden aus der Rechnung 2000 II c und (1000 v + 1000 m) I.

3. Es bleiben noch 4000 I c. Diese bestehen in Produktionsmitteln, die nur in Abteilung I vernutzt werden können, zum Ersatz ihres verzehrten konstanten Kapitals dienen und daher durch gegenseitigen Austausch zwischen den einzelnen Kapitalisten von I ebenso ihre Erledigung finden wie die (500 v + 500 m) II durch Austausch zwischen den Arbeitern und Kapitalisten, respektive zwischen den einzelnen Kapitalisten von II.

Eine besondere Rolle spielt der Ersatz des fixen Kapitals. Ein Wertteil des konstanten Kapitals ist übertragen von den Arbeitsmitteln auf das Arbeitsprodukt; diese Arbeitsmittel fahren fort, als Elemente des produktiven Kapitals zu fungieren, und zwar in ihrer alten Naturalform; es ist ihr Verschleiß, der Wertverlust, den sie nach und nach erleiden während ihrer in bestimmter Periode fortdauernden Funktion, der als Wertelement der vermittels derselben produzierten Waren wieder erscheint.

Das Geld nun, soweit es den Warenwertteil vergoldet, der gleich ist dem Verschleiß von fixem Kapital, wird nicht wieder rückverwandelt in den Bestandteil des produktiven Kapitals, dessen Wertverlust es ersetzt. Es schlägt nieder neben dem produktiven Kapital und verharrt in seiner Geldform.

Dieser Geldniederschlag wiederholt sich, bis die aus einer größeren oder geringeren Anzahl von Jahren bestehende Reproduktionsepoche abgelaufen ist, während deren das fixe Element des konstanten Kapitals unter seiner alten Naturalform fortfährt, im Produktionsprozeß zu fungieren. Sobald das fixe Element, Baulichkeiten, Maschinerie etc., ausgelebt hat, nicht länger im Produktionsprozeß fungieren kann, existiert sein Wert neben ihm, vollständig ersetzt in Geld – der Summe der Geldniederschläge, der Werte, die vom fixen Kapital allmählich übertragen worden auf die Waren, in deren Produktion es mitgewirkt und die durch den Verkauf der Waren in Geldform übergegangen. Dies Geld dient dann dazu, das fixe Kapital (oder Elemente desselben, da die verschiedenen Elemente desselben verschiedene Lebensdauer haben) in natura zu ersetzen und so diesen Bestandteil des produktiven Kapitals wirklich zu erneuern. Dies Geld ist also Geldform eines Teiles des konstanten Kapitalwerts, des fixen Teils desselben.

Diese Schatzbildung ist also selbst ein Element des kapitalistischen Reproduktionsprozesses, Reproduktion und Aufspeicherung – in Geldform – des Wertes des fixen Kapitals oder seiner einzelnen Elemente bis zu der Zeit, wo das fixe Kapital ausgelebt und folglich seinen ganzen Wert an die produzierten Waren abgegeben hat und nun in natura ersetzt werden muß. Dies Geld verliert aber nur seine Schatzform und tritt daher erst aktiv wieder ein in den durch die Zirkulation vermittelten Reproduktionsprozeß des Kapitals, sobald es rückverwandelt wird in neue Elemente des fixen Kapitals, um die abgestorbenen zu ersetzen. Damit aber keine Störung der einfachen Reproduktion stattfinde, muß der Teil des fixen Kapitals, der jährlich abstirbt, gleich sein dem, der jährlich zu erneuern ist.

Betrachten wir zum Beispiel den Umsatz von (1000 v + 1000 m) I gegen 2000 c II. In diesen 2000 c sind 200 fixes Kapital zu ersetzen. Es tauschen sich also 1800 c, die nur in zirkulierendes konstantes Kapital zu verwandeln sind, um in 1800 (v + m) I; die 200, die von I übrigbleiben und die Naturalform von fixem Kapital haben, müssen nun ebenfalls von II bezogen werden; sie können aber nur bezogen werden, wenn Kapitalisten von II 200 in Geld vorrätig haben, um 200 fixes Kapital von I zu kaufen; denn 200 müssen in Geld von anderen Kapitalisten II ersetzt und festgehalten werden in Geldform als Verschleiß für ihr fixes Kapital. Es werden also Kapitalisten, die aus früheren Jahren den Verschleiß ihres fixen Kapitals sukzessive in Geld aufgeschatzt haben, in diesem Jahre ihr fixes Kapital in natura erneuern; sie kaufen um 200 Geld den Rest von I (v + m) = 200. I kauft um andere 200 Geld den Rest der Konsumtionsmittel von den anderen Kapitalisten II, die dies Geld, das für sie Verschleiß ihres fixen Kapitals bedeutet, ihrerseits aufschatzen. Der Teil des Kapitalisten II also, der in diesem Jahre sein fixes Kapital in natura erneuert, liefert das Geld, womit die anderen Kapitalisten II ihren Verschleißteil vergolden und als Geld festhalten können. Es muß also eine konstante Proportion zwischen absterbenden und zu erneuerndem fixen Kapital angenommen werden. Ferner aber muß auch angenommen werden, daß die Proportion zwischen absterbendem (und daher zu erneuerndem) fixen Kapital und dem in alter Naturalform fortwirkenden konstant bleibt. Denn stiege das absterbende fixe Kapital auf 300, so hätte das zirkulierende Kapital abgenommen. II c hätte jetzt weniger zirkulierendes Kapital und könnte die Produktion nicht auf gleicher Stufenleiter fortsetzen. Ferner würde auch, wenn das fixe Kapital auf 300 stiege, II aber nur 300 Geld für Erneuerung des Kapitals in natura auszugeben hat, 100 fixes Kapital in I unverkäuflich sein.

Es kann also Mißverhältnis in der Produktion von fixem und zirkulierendem Kapital auftreten bei bloßer Erhaltung des fixen Kapitals, wenn nur – was in Wirklichkeit auch stets der Fall – die Proportion des jährlich absterbenden fixen Kapitals zu dem weiterfungierenden wechselt.

Ebenso sah man vorhin, daß zur Ermöglichung einfacher Reproduktion bestimmte Proportionsverhältnisse erfüllt sein müssen. I (v + m) mußte gleich sein II c. Die Erfüllung dieser Proportion wird infolge der Anarchie der kapitalistischen Gesellschaft stets gestört. Um die Produktion ständig in Gang zu halten, ist ein gewisses Maß von Überproduktion stets notwendig, um für plötzlich auftretende Bedürfnisse sowie für die fortwährenden Schwankungen des Bedarfes stets gerüstet zu sein. Beständig finden aber gewisse Störungen und Unregelmäßigkeiten im Rückfluß des umschlagenden Kapitalwertes statt. Um diese Unregelmäßigkeiten zu überwinden, müssen die Kapitalisten, wie einerseits über Warenvorrat, so anderseits stets über Geldvorrat verfügen, um über diesen Warenvorrat immer entsprechend verfügen und Störungen ausgleichen zu können. Dieser Ausgleich erfordert also zuschüssiges Geld, Reservegeldkapital;

dieses muß notwendig in Geldform gehalten werden, weil ja gerade der Umschlag des Warenkapitals es ist, der gestört werden kann, andere Waren und zu einem früheren Zeitpunkt dem Kapitalisten zur Verfügung stehen müssen. Nur in der Geldform aber hat der Wert die Form des allgemeinen Äquivalents, kann er sich jederzeit in beliebig andere Waren verwandeln. Auch hier entspringt die Notwendigkeit des Geldes aus der Anarchie der kapitalistischen Produktionsweise.

»Ist die kapitalistische Form der Reproduktion einmal beseitigt, so kommt die Sache darauf hinaus, daß die Größe des absterbenden und daher in natura zu ersetzenden Teils des fixen Kapitals (hier des in der Erzeugung der Konsumtionsmittel fungierenden) in verschiedenen sukzessiven Jahren wechselt. Die zur jährlichen Produktion der Konsumtionsmittel nötige Masse von Rohstoffen, Halbfabrikaten und Hilfsstoffen – sonst gleichbleibende Umstände vorausgesetzt – nimmt deswegen nicht ab; die Gesamtproduktion der Produktionsmittel müßte also in einem Fall zunehmen, in anderen abnehmen. Diesem kann nur abgeholfen werden durch fortwährende relative Überproduktion; einerseits ein gewisses Quantum fixes Kapital, das mehr produziert wird, als direkt nötig ist, anderseits, und namentlich Vorrat von Rohstoff etc., der über die unmittelbaren jährlichen Bedürfnisse hinausgeht (dies gilt ganz besonders von Lebensmitteln). Solche Art Überproduktion ist gleich mit Kontrolle der Gesellschaft über die gegenständlichen Mittel ihrer eigenen Reproduktion. Innerhalb der kapitalistischen Gesellschaft aber ist sie ein anarchisches Element.«[6]

Diese relative Überproduktion muß innerhalb gewisser Grenzen auch in der kapitalistischen Gesellschaft beständig stattfinden und findet ihren Ausdruck in einem stets vorhandenen Warenvorrat, der zum Ausgleich von Störungen dient. Ihm entspricht auf der anderen Seite eine Reserve von Geldkapital zur Verfügung der industriellen Kapitalisten, die ihnen die Möglichkeit gibt, falls Störungen eintreten, aus dem Warenvorrat die nötigen Elemente zur Fortführung ihrer Produktion sich zu verschaffen. Dieses Reservegeldkapital, das allen Kapitalisten zur Sicherung gegen momentane Störungen auch in normalen Zeiten zur Verfügung stehen muß, ist nicht zu verwechseln mit dem Reservegeldkapital, das notwendig wird, wenn der Absatz der

---

[6] Marx, »Kapital« II, S. 465.

Waren stockt. Die Zeiten der Prosperität sind einerseits solche, in denen die Produktion stark und rasch erweitert wird, anderseits früheres Reservegeldkapital in produktives verwandelt wird; das Reservegeldkapital vermindert sich, und seine Verminderung bedeutet den Wegfall des die Störungen ausgleichenden Moments; dies ist daher eine Ursache der Krise.

Anderseits ist festzuhalten, daß die Notwendigkeit solcher relativer Überproduktion nicht auf der kapitalistischen Gesellschaft, sondern auf der Natur des Reproduktionsprozesses beruht, sobald jene Produktionselemente, die in der kapitalistischen Gesellschaft als fixes Kapital erscheinen, einen größeren Umfang erreicht haben. Diese aus technisch natürlichen Umständen notwendige »Überproduktion« ist in Wirklichkeit bloße Vorratsbildung und als solche auch einer geregelten Bedarfsdekkungswirtschaft eigen und nicht zu verwechseln mit der allgemeinen Überproduktion während der Krise. Innerhalb der kapitalistischen Gesellschaft aber bildet auch diese Überproduktion ein unter Umständen krisenverschärfendes Moment.

Die Gleichgewichtsbedingungen des kapitalistischen Akkumulationsprozesses

Verlangt schon die einfache Reproduktion, die in der kapitalistischen Gesellschaft, für die die Akkumulation des Kapitals Lebensbedingung ist, in Wirklichkeit nicht vorkommt, was natürlich nicht ausschließt, daß im Laufe des industriellen Zyklus ein Jahr nicht nur gleichbleibende, sondern sogar verminderte Reproduktion aufweist, bestimmte komplizierte Proportionsverhältnisse, so werden diese noch komplizierter, falls der Akkumulationsprozeß ungestört vor sich gehen soll. Marx gibt folgendes Schema:

I Produktion der Produktionsmittel: 4000 c + 1000 v + 1000 m = 6000.

II Produktion der Konsumtionsmittel: 1500 c + 750 v + 750 m = 3000.

Gesamtwert des gesellschaftlichen Produktes = 9000.

Angenommen nun, daß I die Hälfte seines Mehrwertes = 500 akkumuliert, die andere Hälfte als Revenue verzehrt.

Wir haben dann folgende Umsätze: 1000 v + 500 m, die als Revenue verausgabt werden, werden von I umgesetzt gegen

1500 c II. II ersetzt sich so sein konstantes Kapital und liefert I die von ihm zu verbrauchenden Konsumtionsmittel, ein Umsatz, dem wir schon ganz analog in der Analyse der einfachen Reproduktion begegnet sind. Von den 500 I m, die noch übrig sind und in Kapital verwandelt werden sollen, müssen bei gleichbleibender organischer Zusammensetzung 400 in konstantes und 100 in variables verwandelt werden. Die 500 existieren in Produktionsmitteln, und zwar müssen 400 davon in solchen existieren, die I für Vergrößerung seines konstanten Kapitals benötigt. I schlägt also diese 400 zu seinem konstanten Kapital. Der Rest von 100 m ist in variables Kapital, also in Lebensmitteln zu verwandeln; es muß also von II gekauft werden, und da er in Produktionsmitteln existiert, muß II sie zur Vergrößerung seines eigenen konstanten Kapitals benützen.

Wir haben dann für I ein Kapital von 4400 c + 1100 v = 5500.

II hat jetzt für konstantes Kapital 1600 c; es muß zu deren Bearbeitung weitere 50 v in Geld für Ankauf neuer Arbeitskraft zuschießen, so daß sein variables Kapital von 750 auf 800 wächst. Diese Ausdehnung des konstanten wie variablen Kapitals von II um zusammen 150 wird bestritten aus seinem Mehrwert; von den 750 II m bleiben also nur 600 m als Konsumtionsfonds der Kapitalisten II, deren Jahresprodukt sich nun verteilt wie folgt:

II 1600 c + 800 v + 600 m (Konsumtionsfonds) = 3000.

Wir haben nun folgendes Schema:

I 4400 c +	1100 v +	500 Konsumtionsfonds	=	6000
II 1600 c +	800 v +	600 Konsumtionsfonds	=	3000
		Summe	=	9000

wie oben.

Davon sind Kapital:

$$\left.\begin{array}{l}\text{I } 4400\text{ c} + 1100\text{ v (Geld)} = 5500\\ \text{II } 1600\text{ c} + 800\text{ v (Geld)} = 2400\end{array}\right\} = 7900,$$

während die Produktion begann mit

$$\left.\begin{array}{l}\text{I } 4000\text{ c} + 1000\text{ v} = 5000\\ \text{II } 1500\text{ c} + 750\text{ v} = 2250\end{array}\right\} = 7250.$$

Wir sehen hier eine Reihe neuer komplizierter Bedingungen. Einmal müssen in I die 500 m, die zu akkumulieren sind, in solchen Produktionsmitteln produziert sein, daß $^4/_5$ davon zu konstantem Kapital für I, $^1/_5$ zu konstantem Kapital für II geeignet sind. Sodann hängt der Grad der Akkumulation in II ab von der Akkumulation in I. In I wird die Hälfte des Mehrwertes akkumuliert, in II ist dies unmöglich; von dem Mehrwert von 750 kann nur 150, also nur $^1/_5$ akkumuliert werden, während $^4/_5$ konsumiert werden müssen.

Betrachten wir nun den Fortgang der Akkumulation:

Wird mit dem vermehrten Kapital nun wirklich produziert, so erhalten wir am Ende des nächsten Jahres:

$$\left.\begin{array}{l} \text{I } 4400\,c + 1100\,v + 1100\,m = 6600 \\ \text{II } 1600\,c + 800\,v + 800\,m = 3200 \end{array}\right\} = 9800.$$

Wird in derselben Weise fortakkumuliert, so erhalten wir dann im Jahre darauf:

$$\left.\begin{array}{l} \text{I } 4840\,c + 1210\,v + 1210\,m = 7260 \\ \text{II } 1760\,c + 880\,v + 880\,m = 3520 \end{array}\right\} = 10\,780.$$

In diesem Beispiel war vorausgesetzt, daß die Hälfte des Mehrwertes I akkumuliert, und I $(v + {}^1/_2\,m)$ = II c.

I $(v + m)$ muß, soll akkumuliert werden, immer größer sein als II c, denn ein Teil von I m kann eben nicht in II c verwandelt werden, sondern muß als Produktionsmittel dienen. Dagegen kann I $(v + {}^1/_2\,m)$ größer oder kleiner sein als II c. Nähere Ausführungen sind für unseren Zweck unnötig[7].

Die gesteigerte Produktion erfordert eine gesteigerte Goldmenge zu ihrem Umsatz. Diese gesteigerte Goldmenge muß, bei gleicher Umlaufgeschwindigkeit und vom Kredit abgesehen, von der Goldproduktion geliefert werden. Die kapitalistische Produktion würde hier an eine natürliche Schranke stoßen. Das Kreditsystem schiebt diese Schranke außerordentlich zurück, schafft sie aber nicht ganz aus der Welt.

Betrachten wir nun noch einen Augenblick die notwendige Voraussetzung, damit jene Zirkulationsprozesse, die die Akkumulation in sich schließen, vor sich gehen können. Wir haben in unserem Beispiel angenommen, daß I 500 m akkumuliert und davon 400 in konstantes Kapital verwandelt werden. Durch welche Zirkulationsprozesse wird dies möglich, mit welchem Geld kauft I die 400?

Betrachten wir zunächst die Akkumulation eines einzelnen Kapitalisten. Damit dieser den Mehrwert in Kapital verwandeln kann, muß der Mehrwert zuvor eine bestimmte Größe erreicht haben. Eine Reihe Jahre hindurch muß also der Mehrwert, der am Ende des Jahres in Geld verwandelt wurde, in Geld-

---

[7] Siehe die weiteren Beispiele bei Marx, »Kapital« II, S. 508 ff.

form aufgeschatzt werden. Sowohl die Kapitalien der verschiedenen Industriezweige als auch innerhalb dieser die individuellen Kapitale befinden sich auf verschiedenen Stufen des Prozesses der sukzessiven Verwandlung von Mehrwert in Kapital. Ein Teil der Kapitalisten verwandelt daher beständig sein zu entsprechender Größe angewachsenes potentielles Geldkapital in produktives Kapital, während ein anderer noch beschäftigt ist mit der Aufschatzung seines potentiellen Geldkapitals. Kapitalisten, diesen beiden Kategorien angehörig, treten sich also gegenüber, die einen als Käufer, die anderen als Verkäufer und jeder der beiden in dieser exklusiven Rolle.

A verkaufe zum Beispiel 600 (= 400 c + 100 v + 100 m) an B (der mehr als einen Käufer repräsentieren mag). Er hat für 600 Waren verkauft, gegen 600 in Geld, wovon 100 Mehrwert darstellen, die er der Zirkulation entzieht, sie aufschatzt als Geld; aber diese 100 Geld sind nur die Geldform des Mehrprodukts, das der Träger eines Wertes von 100 war.

Die Schatzbildung ist überhaupt keine Produktion, also von vornherein auch kein Inkrement der Produktion. Die Aktion des Kapitalisten dabei besteht nur darin, daß er das durch Verkauf des Mehrprodukts von 100 ergatterte Geld der Zirkulation entzieht, festhält und mit Beschlag belegt. Diese Operation findet nicht nur statt auf Seite des A, sondern auf zahlreichen Punkten der Zirkulationsperipherie von anderen A', A", A"', Kapitalisten, die alle ebenso emsig an dieser Sorte Schatzbildung arbeiten. Diese zahlreichen Punkte, wo Geld der Zirkulation entzogen wird und sich in zahlreichen individuellen Schätzen, respektive potentiellen Geldkapitalien aufhäuft, scheinen ebenso viele Hindernisse der Zirkulation, weil sie das Geld immobilisieren und es seiner Zirkulationsfähigkeit für längere oder kürzere Zeit berauben.

A vollbringt aber diese Schatzbildung nur, sofern er – mit Bezug auf sein Mehrprodukt – nur als Verkäufer, nicht hintennach als Käufer auftritt. Seine sukzessive Produktion von Mehrprodukt – dem Träger seines zu vergoldenden Mehrwerts – ist also die Voraussetzung seiner Schatzbildung. Obgleich also A Geld für seinen Mehrwert der Zirkulation entzieht und es aufschatzt, wirft er anderseits Ware in sie hinein, ohne ihr andere Ware dafür zu entziehen, wodurch B, B', B" etc. ihrerseits befähigt werden, Geld hineinzuwerfen und dafür nur Ware ihr zu entziehen.

»Wie vorher bei Betrachtung der einfachen Reproduktion, finden wir hier wieder, daß der Umsatz der verschiedenen Bestandteile des jährlichen Produktes, das heißt ihre Zirkulation (die zugleich Reproduktion des Kapitals, und zwar seine Wiederherstellung in seinen verschiedenen Bestimmtheiten – konstantes, variables, fixes, zirkulierendes Geldkapital – umfassen muß) keineswegs bloßen Kauf von Ware voraussetzt, der sich durch nachfolgenden Verkauf, oder Verkauf, der sich durch nachfolgenden Kauf ergänzt, so daß tatsächlich nur Umsatz von Ware gegen Ware stattfände (das Geld also bloßes Zirkulationsmittel und damit relativ überflüssig wäre, R. H.), wie die politische Ökonomie, namentlich die Freihandelsschule seit den Physiokraten und Adam Smith annimmt (verführt durch polemische Interessen im Kampfe gegen Monetar- und Merkantilsystem, R. H.). Wir wissen, daß das fixe Kapital, nachdem die Anlage dafür einmal gemacht, während seiner ganzen Funktionszeit nicht erneuert wird, sondern in der alten Form fortwirkt, während sein Wert sich allmählich in Geld niederschlägt.«[8] Was hier das Geld überhaupt erst ermöglicht, ist diese Trennung und Verselbständigung der Wertzirkulation gegenüber der Beständigkeit der technischen Funktion im Produktionsprozeß. Gesellschaftlich ist diese Trennung nicht möglich, und es muß jedesmal so viel fixes Kapital geliefert werden wie altes verschleißt. Individuell aber wird der Verschleißwertteil Jahre hindurch in Geldform festgehalten. »Wir sahen nun, daß die periodische Erneuerung des fixen Kapitals II c – welcher gesamte Kapitalswert II c sich umsetzt in Elemente zum Wert von I (v + m) – voraussetzt einerseits bloßen Kauf des fixen Teils von II c, der sich aus Geldform in Naturalform rückverwandelt und welchem entspricht bloßer Verkauf von I m; anderseits voraussetzt bloßen Verkauf von seiten II c, Verkauf des fixen (Verschleiß-)Wertteils desselben, der sich in Geld niederschlägt und welchem entspricht bloßer Kauf von I m. Damit sich hier der Umsatz normal vollziehe, ist vorauszusetzen, daß bloßer Kauf seitens II c dem Wertumfang nach gleich sei dem bloßen Verkauf seitens II c ... Sonst wird die einfache Reproduktion gestört; bloßer Kauf hier muß gedeckt werden durch bloßen Verkauf dort. Ebenso ist hier vorauszusetzen, daß der bloße Verkauf des schatzbildenden Teils A, A', A" etc. von I m in Gleichgewicht stehe mit dem bloßen

---

[8] Marx, »Kapital« II, S. 489 f.

Kauf des Teils B, B', B" von I m, der seinen Schatz in Elemente von zusätzlichem produktivem Kapital verwandelt. Soweit das Gleichgewicht dadurch hergestellt wird, daß der Käufer nachher und für den gleichen Wertbetrag als Verkäufer auftritt und umgekehrt, findet Rückfluß des Geldes statt an die Seite, die es beim Kauf vorgeschossen, die zuerst verkauft hat, ehe sie wieder kaufte. Das wirkliche Gleichgewicht mit Bezug auf den Warenumsatz selbst, den Umsatz der verschiedenen Teile des jährlichen Produkts, ist aber bedingt durch gleichen Wertbetrag der gegeneinander umgesetzten Waren.«

»Soweit aber bloß einseitige Umsätze stattfinden, Masse bloßer Käufe einerseits, Masse bloßer Verkäufe anderseits – und wir haben gesehen, daß der normale Umsatz des jährlichen Produkts auf kapitalistischer Grundlage diese einseitigen Metamorphosen bedingt – ist das Gleichgewicht nur vorhanden unter der Annahme, daß der Wertbetrag der einseitigen Käufe und der Wertbetrag der einseitigen Verkäufe sich decken.« In allen diesen einseitigen Transaktionen wirkt aber das Geld nicht als bloßer Vermittler von Warenaustausch, sondern als Initiator oder Beendiger eines Prozesses, wo auf der einen Seite nur die Ware, auf der anderen Seite nur der Warenwert in seiner verselbständigten Form – Geld – steht, ist also das Geld notwendig, damit überhaupt diese einseitigen Prozesse vor sich gehen können.

»Die Tatsache, daß die Warenproduktion die allgemeine Form der kapitalistischen Produktion ist, schließt bereits die Rolle ein, die das Geld nicht nur als Zirkulationsmittel, sondern als Geldkapital in derselben spielt, und erzeugt gewisse, dieser Produktionsweise eigentümliche Bedingungen des normalen Umsatzes, also des normalen Verlaufs der Reproduktion, sei es auf einfacher, sei es auf erweiterter Stufenleiter, die in ebenso viele Bedingungen des anormalen Verlaufs, Möglichkeiten von Krisen umschlagen, da das Gleichgewicht – bei der naturwüchsigen Gestaltung dieser Produktion – selbst ein Zufall ist.«[9]

Die Kapitalisten A, A', A" bilden durch den Verkauf ihres Mehrprodukts den Schatz, zuschüssiges potentielles Geldkapital. Dieses Mehrprodukt besteht in unserem Fall aus Produktionsmitteln von Produktionsmitteln, die in der Hand von B, B', B" als solche fungieren. Erst in ihrer Hand fungiert dies Mehrprodukt als zuschüssiges konstantes Kapital; aber es ist dies vir-

---

[9] Marx, »Kapital« II, S. 490 f.

tualiter schon, bevor es verkauft wird, in der Hand der Schatzbildner A, A', A" (I). Betrachten wir bloß den Wertumfang der Reproduktion seitens I, so befinden wir uns noch innerhalb der Grenzen der einfachen Reproduktion. Der Unterschied liegt nur in den anderen Gebrauchswerten, die erzeugt wurden. Es wurden innerhalb des gleichen Wertumfanges mehr Produktionsmittel für Produktionsmittel statt solcher für Konsumtionsmittel produziert. Ein Teil von I m, der früher ganz bei der einfachen Reproduktion gegen II c ausgetauscht wurde, also aus Produktionsmitteln für Konsumtionsmittel bestehen mußte, besteht nun aus Produktionsmitteln für Produktionsmittel, um als solche dem konstanten Kapital I einverleibt werden zu können. Es folgt also, daß – bloß dem Wertumfang nach betrachtet – innerhalb der einfachen Reproduktion das materielle Substrat der erweiterten Reproduktion produziert wird.

Es ist einfach direkt in Produktion von Produktionsmitteln, in Schöpfung von virtuellem zuschüssigem Kapital I verausgabte Mehrarbeit der Arbeiterklasse I.

Die Bildung von virtuellem zusätzlichem Geldkapital seitens A, A', A" (I) – durch sukzessiven Verkauf ihres Mehrprodukts, das ohne alle kapitalistische Geldausgabe gebildet – ist also hier die bloße Geldform von zuschüssigen produzierten Produktionsmitteln I. »Produktion auf großer Stufenleiter von zuschüssigem virtuellen Geldkapital – auf zahlreichen Punkten der Zirkulationsperipherie – ist also nichts als Resultat und Ausdruck vielseitiger Produktion von virtuell zusätzlich produktivem Kapital, dessen Entstehung selbst keine zusätzlichen Geldausgaben seitens der industriellen Kapitalisten voraussetzt.«[10]

»Die sukzessive Verwandlung dieses virtuell zusätzlichen produktiven Kapitals in virtuelles Geldkapital (Schatz) seitens A, A', A" etc. (I), die durch den sukzessiven Verkauf ihres Mehrprodukts bedingt ist – also durch wiederholten einseitigen Warenverkauf ohne ergänzenden Kauf – vollzieht sich in wiederholter Entziehung von Geld aus der Zirkulation und ihr entsprechende Schatzbildung. Diese Schatzbildung – ausgenommen wo der Goldproduzent der Käufer – unterstellt in keiner Weise zusätzlichen Edelmetallreichtum, sondern nur veränderte Funktion von bisher umlaufendem Geld. Eben fungierte es als Zirkulationsmittel, jetzt fungiert es als Schatz, als sich bildendes, vir-

[10] Marx, »Kapital« II, S. 493.

tuell neues Geldkapital. Bildung von zusätzlichem Geldkapital und Masse des in einem Lande befindlichen edlen Metalls stehen also in keiner ursächlichen Verbindung miteinander.

Es folgt daher ferner: Je größer das bereits in einem Lande fungierende produktive Kapital (eingerechnet die ihm inkorporierte Arbeitskraft, die Erzeugerin des Mehrprodukts), je entwickelter die Produktivkraft der Arbeit und damit auch die technischen Mittel rascher Ausweitung der Produktion von Produktionsmitteln – je größer daher auch die Masse des Mehrprodukts nach seinem Wert wie nach der Masse der Gebrauchswerte, worin er sich darstellt – desto größer ist

1. das virtuell zusätzliche produktive Kapital in der Form von Mehrprodukt in der Hand von A, A', A" etc. und

2. die Masse dieses in Geld verwandelten Mehrprodukts, also des virtuell zuschüssigen Geldkapitals in den Händen von A, A', A". Wenn also Fullarton zum Beispiel nichts von der Überproduktion im gewöhnlichen Sinne wissen will, wohl aber von Überproduktion von Kapital, nämlich Geldkapital, so beweist dies wieder, wie absolut wenig selbst die besten bürgerlichen Ökonomen vom Mechanismus ihres Systems verstehen.«[11]

»Wenn das Mehrprodukt, direkt produziert und angeeignet durch die Kapitalisten A, A', A" (I), die reale Basis der Kapitalakkumulation, das heißt der erweiterten Reproduktion ist, obgleich es aktuell erst in dieser Eigenschaft fungiert in den Händen von B, B', B" etc. (I) – so ist es dagegen in seiner Geldverpuppung – als Schatz und bloß sich nach und nach bildendes virtuelles Geldkapital – absolut unproduktiv, läuft dem Produktionsprozeß in dieser Form parallel, liegt aber außerhalb desselben. Es ist ein Bleigewicht (dead weight) der kapitalistischen Produktion. Die Sucht, diesen als virtuelles Geldkapital sich aufschatzenden Mehrwert sowohl zum Profit wie zur Revenue brauchbar zu machen, findet im Kreditsystem und in den »Papierchens« das Ziel ihres Strebens. Das Geldkapital erhält dadurch in einer anderen Form den enormsten Einfluß auf den Verlauf und die gewaltige Entwicklung des kapitalistischen Produktionssystems.

Das in virtuelles Geldkapital umgesetzte Mehrprodukt wird seiner Masse nach um so größer sein, je größer die Gesamtsumme des bereits fungierenden Kapitals war, aus dessen Funktion es

[11] Marx, »Kapital« II, S. 493.

hervorgegangen. Bei der absoluten Vergrößerung des Umfanges des jährlich reproduzierten virtuellen Geldkapitals ist aber auch dessen virtuellen Segmentation leichter, so daß es rascher in einem besonderen Geschäft angelegt wird, sei es in der Hand desselben Kapitalisten, sei es in anderen Händen (zum Beispiel Familienmitgliedern, bei Erbteilen etc.). Segmentation von Geldkapital meint hier, daß es ganz vom Stammkapital losgetrennt wird, um als neues Geldkapital in einem neuen selbständigen Geschäft angelegt zu werden.«[12].

Die Verkäufer des Mehrprodukts A, A', A" (I) haben dasselbe als direktes Ergebnis des Produktionsprozesses erhalten. Die B, B', B" müssen es erst durch einen Zirkulationsakt erwerben. Das dazu erforderliche Geld haben sie früher ebenso gebildet wie jetzt A, A', A" durch Verkauf ihrer respektiven Mehrprodukte; sie sind jetzt ans Ziel gelangt. Ihr als Schatz aufgehäuftes, nur virtuelles Geldkapital fungiert nun effektiv als zusätzliches Geldkapital.

Das Geld, das zu diesen Umsätzen des Mehrprodukts nötig ist, muß sich in den Händen der Kapitalistenklasse befinden. Bei der einfachen Reproduktion kehrte das Geld, das nur zur Verausgabung als Revenue in Konsumtionsmitteln diente, zu den Kapitalisten zurück, im Maß, wie sie es vorgeschossen zum Umsatz ihrer respektiven Waren; hier erscheint dasselbe Geld wieder, aber mit veränderter Funktion. Die A's und die B's (I) liefern sich abwechselnd das Geld zur Verwandlung von Mehrprodukt in zusätzliches virtuelles Geldkapital und werfen abwechselnd das neugebildete Geldkapital als Kaufmittel in die Zirkulation zurück.

Das einzige, was hierbei vorausgesetzt ist, daß die im Lande befindliche Geldmasse (Umlaufgeschwindigkeit etc. als gleich gesetzt) hinreicht sowohl für aktive Zirkulation – also dieselbe Voraussetzung, die, wie wir sahen, auch bei einfacher Warenzirkulation erfüllt sein muß. Nur die Funktion der Schätze ist hier verschieden.

Die schematische Darstellung ist natürlich stark vereinfacht. Es ist klar, daß Proportionsverhältnisse, wie sie zwischen den Produktionsmittel- und Konsumtionsmittelindustrien in ihrer Gesamtheit herrschen müssen, in analoger Weise für jeden ein-

---

12 Marx, »Kapital« II, S. 494.

zelnen Produktionszweig vorhanden sein müssen. Aber zugleich zeigen diese Schemata, daß in der kapitalistischen Produktion sowohl Reproduktion auf einfacher als auf erweiterter Stufenleiter ungestört vor sich gehen kann, wenn nur diese Proportionen erhalten bleiben. Umgekehrt kann Krise auch bei einfacher Reproduktion eintreten bei Verletzung der Proportion, zum Beispiel zwischen abgestorbenem und neu anzulegendem Kapital. Es folgt also durchaus nicht, daß die Krise in der der kapitalistischen Produktion immanenten Unterkonsumtion der Massen ihre Ursache haben muß. Eine allzu rasche Ausdehnung der Konsumtion würde an sich ebenso wie Gleichbleiben oder Verringerung der Produktion der Produktionsmittel zur Krise führen müssen. Ebensowenig folgt aus den Schematen an sich die Möglichkeit einer allgemeinen Überproduktion von Waren, vielmehr läßt sich jede Ausdehnung der Produktion als möglich zeigen, die überhaupt bei den vorhandenen Produktivkräften stattfinden kann.

17. Kapitel

Die Ursachen der Krise

Betrachtet man die Kompliziertheit der Proportionalitätsverhältnisse, die in der doch anarchischen Produktion erfüllt sein müssen, so ist man zunächst versucht, die Frage aufzuwerfen, wer für die Erhaltung dieser Verhältnisse Sorge trägt. Es ist klar, daß diese Funktion das Preisgesetz erfüllen muß, da ja die Preise die kapitalistische Produktion regulieren, Änderungen der Preise für Erweiterung oder Einschränkung, für Aufnahme einer neuen Produktion etc. maßgebend sind. Auch daraus ergibt sich die Notwendigkeit eines objektiven Wertgesetzes als einzig möglichen Regulators der kapitalistischen Wirtschaft. Die Störung dieser Proportionen muß sich also erklären lassen durch die Störung in der spezifischen Regulierung dieser Produktion, also durch eine Störung in den Preisgestaltungen, so daß die Preise die Notwendigkeiten der Produktion nicht mehr richtig erkennen lassen. Da diese Störung periodisch ist, muß auch die Störung im Preisgesetz als periodisch auftretend nachgewiesen werden.

Was den Kapitalisten interessiert, ist nicht die absolute Höhe des Preises seines Produkts, sondern das Verhältnis des Marktpreises zu dem Kostpreis, mit anderen Worten, die Höhe des Profits. Von dieser Höhe hängt ab, in welchen Produktionszweigen er sein Kapital anlegt. Sinkt der Profit beträchtlich, so werden Neuanlagen ganz unterlassen. Dies besonders, wo es sich um ausgedehnte Anlage von fixem Kapital handelt, da so angelegtes Kapital ja für lange Zeit festgelegt ist und der Preis des fixen Kapitals für die Berechnung der Profitrate entscheidend ist.

Nun wissen wir, daß die organische Zusammensetzung des Kapitals sich ändert. Aus technischen Ursachen wächst der konstante Kapitalteil rascher als der variable. Es wächst ferner der fixe Kapitalteil rascher als der zirkulierende. Die relative Verminderung des variablen Kapitalteiles hat aber eine Senkung der Profitrate zur Folge. Die Krise bedeutet Absatzmangel. Absatzmangel setzt in der kapitalistischen Gesellschaft voraus: Aufhören von Neuanlage von Kapital; dieses wieder setzt voraus Sinken der Profitrate; dieses Sinken der Profitrate ist gegeben durch die Änderung der organischen Zusammensetzung des Kapitals, die bei der Neuanlage dieses Kapitals stattgefunden hat; die Krise bedeutet nichts anderes als den Moment, wo das Sinken der Profitrate eintritt. Aber der Krise geht die Prosperitätsperiode voraus, in der die Preise und die Profite hoch sind. Wie tritt diese kapitalistische Weltwende ein, dieser Übergang von der Seligkeit fieberhaft angespannter Tätigkeit, hoher Profite und gesteigerter Akkumulation zur Trostlosigkeit der Absatzstockung, verschwundener Profite und massenhaft brachliegenden Kapitals?

Jeder industrielle Zyklus beginnt mit einer Ausdehnung der Produktion, deren Gründe je nach den konkreten historischen Momenten im einzelnen variieren, im allgemeinen aber sich auf Eröffnung neuer Märkte, Entstehen neuer Produktionszweige, Einführung neuer Technik, steigenden Bedarf infolge Bevölkerungsvermehrung zurückführen lassen. Es entsteht vermehrte Nachfrage, die zunächst in den einzelnen Produktionszweigen ein Steigen der Preise und Profite bewirkt. Infolgedessen wird die Produktion in diesen Sphären ausgedehnt und ihre gesteigerte Produktion bedeutet gesteigerte Nachfrage in den Sphären, die für diese Zweige die Produktionsmittel liefern. Neuanlage von fixem Kapital, Ersatz der alten und technisch überholten Anlagen findet in größerem Umfang statt. Der Prozeß verallgemeinert sich, jeder Industriezweig schafft durch seine Ausdehnung Nachfrage für die anderen, die Produktionssphären alimentieren sich gegenseitig, die Industrie wird der Industrie bester Kunde.

So beginnt der Zyklus mit der Erneuerung und dem Anwachsen des fixen Kapitals, die den Hauptgrund bilden für die beginnende Prosperität, während der die Erweiterungen fortdauern zugleich mit der größten Anspannung aller vorhandenen Produktivkräfte. »In demselben Maße also, worin sich mit der Entwicklung der kapitalistischen Produktionsweise der Wertumfang und die Lebensdauer des angesammelten fixen Kapitals entwickelt, entwickelt sich das Leben der Industrie und des industriellen Kapitals in jeder besonderen Anlage zu einem vieljährigen, sage im Durchschnitt zehnjährigen. Wenn einerseits die Entwicklung des fixen Kapitals dieses Leben ausdehnt, so wird es anderseits abgekürzt durch die beständige Umwälzung der Produktionsmittel, die ebenfalls mit der Entwicklung der kapitalistischen Produktionsweise beständig zunimmt. Mit ihr daher auch der Wechsel der Produktionsmittel und die Notwendigkeit ihres beständigen Ersatzes infolge des moralischen Verschleißes, lange bevor sie physisch ausgelebt sind. Man kann annehmen, daß für die entscheidensten Zweige der großen Industrie dieser Lebenszyklus jetzt im Durchschnitt ein zehnjähriger ist. Doch kommt es hier nicht auf die bestimmte Zahl an. So viel ergibt sich: Durch diesen eine Reihe von Jahren umfassenden Zyklus von zusammenhängenden Umschlägen, in welchen das Kapital durch seinen fixen Bestandteil gebannt ist, ergibt sich eine materielle Grundlage der periodischen Krisen, worin das Geschäft aufeinanderfolgende Perioden der Abspannung, mittleren Lebendigkeit, Überstürzung, Krise durchmacht. Es sind zwar die Perioden, worin Kapital angelegt wird, sehr verschiedene und auseinanderfallende. Indessen bildet die Krise immer den Ausgangspunkt einer großen Neuanlage. Also auch – die ganze Gesellschaft betrachtet – mehr oder minder eine neue materielle Grundlage für den nächsten Umschlagzyklus.«[13]

Das Steigen der Profitrate findet aber zu Beginn der Prosperität noch aus einer anderen Ursache als dem eben geschilderten Steigen der Nachfrage statt. Gleichzeitig und infolge des Steigens der Nachfrage verkürzt sich zunächst die Umschlagszeit des Kapitals. Es verkürzt sich die Arbeitsperiode, weil die Einführung technischer Verbesserungen raschere Fertigstellung des Produkts erlaubt, die Hilfsarbeiter zum Beispiel im Bergbau auf das Minimum zugunsten der eigentlichen Förderung beschränkt werden, die Maschinerie durch Beschleunigung der Laufzeit, vor allem aber durch Verlängerung der Arbeitszeit (Wegfall der Feierschichten, Überstunden, Einstellung neuer Arbeiter) intensiver ausgenutzt wird etc. Ferner verkürzt sich die Umlaufszeit; der Absatz geht flott von statten; häufig wird die Zirkulationszeit gleich Null, da auf Bestellung gearbeitet wird; für eine Reihe bedeutender Industriezweige nimmt der Absatz auf den nahe gelegenen inländischen Märkten im Verhältnis zu dem Absatz auf entfernteren ausländischen zu, was wieder Verkürzung der Zirkulationszeit bedeutet. Dies alles bewirkt wieder eine Erhöhung der Jahresrate des Profits, da das produktive Kapital und

---

[13] Marx, »Kapital« II, S. 185 f.

damit auch das Mehrwert produzierende variable Kapital rascher umschlägt.

Die Verkürzung der Umschlagszeit bedeutet zugleich eine relative Verringerung des vom Industriellen vorzuschießenden Geldkapitals im Verhältnis zum produktiven Kapital. Einmal wird das vorhandene produktive Kapital ohne Mehrausgabe von Geldkapital oder wenigstens ohne entsprechende Mehrausgabe besser ausgenützt durch Verkürzung der Arbeitsperiode infolge Beschleunigung der Laufzeit der Maschinerie, überhaupt durch intensivere Ausnützung der vorhandenen Produktionselemente. Dann aber verkürzt sich die Zirkulationszeit und damit der Umfang des Kapitals, das während der Zirkulationszeit vom Kapitalisten neben dem eigentlichen in der Produktion fungierenden Kapital gehalten werden muß. Es verringert sich so das nur zu Zirkulationszwecken, also unproduktiv verwendete Kapital im Verhältnis zu dem Profit produzierenden, im Produktionsprozeß fungierenden Kapital. Die Verkürzung der Zirkulationszeit und der schnellere Umschlag verringert zugleich den als Warenvorrat brachliegenden Teil des Kapitals, das nur Unkosten verursacht. So steigt die Jahresrate des Mehrwerts und Profits und letztere noch stärker durch Verringerung des zu Zirkulationszwecken dienenden Kapitals. Zugleich steigt die Mehrwertmasse und damit auch die Möglichkeit der Akkumulation.

So bedeutet die industrielle Prosperität nichts anderes als Verbesserung der Verwertungsbedingungen des Kapitals. Aber dieselben Umstände, die zunächst zur Prosperität führen, schließen Potenzen in sich, die die Verwertungsbedingungen allmählich verschlechtern, bis schließlich der Punkt eintritt, wo die Neuanlage von Kapital gehemmt und die Absatzstockung eklatant wird.

Wenn das Steigen der Nachfrage zum Beispiel in der ersten Phase des industriellen Zyklus Erhöhung der Profitrate bedeutet, so findet diese Erhöhung doch nur unter Umständen statt, die ein späteres Sinken der Profitrate vorbereiten. Während der Prosperität findet starke Neuanlage von Kapital statt, eine Neuanlage, die dem neuesten Stand der Technik entsprechen muß. Wir wissen aber, daß technische Verbesserungen sich in höherer organischer Zusammensetzung des Kapitals ausdrücken. Höhere organische Zusammensetzung aber bedeutet Sinken der Profitrate, Verschlechterung der Verwertungsbedingungen des Kapitals. Und zwar sinkt die Profitrate aus zwei Gründen. Einmal weil das variable Kapital im Verhältnis zum Gesamtkapital abgenommen, also dieselbe Mehrwertrate sich in einer geringeren Profitrate ausdrückt. Zweitens weil je größer der Anteil des fixen Kapitals gegenüber dem zirkulierenden, desto größer die Umschlagszeit des Kapitals; Verlängerung der Umschlagszeit bedeutet aber ebenfalls Sinken der Profitrate.

Dazu kommen andere Umstände, die die Umschlagszeit verlängern; auf dem Höhepunkt der Prosperität kann die Arbeitsperiode sich verlängern, weil Mangel an Arbeitskräften, besonders an qualifizierten, eintreten kann, abgesehen auch von Lohnkämpfen, die in solchen Perioden häufiger zu sein pflegen; Störungen im Arbeitsprozeß können sich auch ergeben aus allzu intensiver Ausnützung des konstanten Kapitals, zum Beispiel aus allzu großer Beschleunigung der Laufzeit der Maschinerie, die auch durch Einstellung ungeübter Arbeiter geschädigt werden kann, oder aus Vernachlässigung von Reparaturen und Hilfsarbeiten, um die kurze Zeit industrieller Hochspannung ja nicht ungenützt vorübergehen zu lassen. Zugleich verlängert sich im weiteren Verlauf die Umlaufszeit. Der Bedarf des inländischen Marktes ist befriedigt, weiter entfernte auswärtige Märkte müssen aufgesucht werden. Der Absatz der Waren, ihre Rückverwandlung in Geld verlängert sich; alles Momente, die ein Sinken der Profitrate in der zweiten Phase der Prosperität herbeiführen.

Dazu kommen andere Momente. Während der Prosperität steigt die Nachfrage nach Arbeitskraft, deren Preis sich erhöht. Dies bedeutet Verringerung der Mehrwert- und damit der Profitrate. Es steigt ferner allmählich der Zinsfuß über sein normales Niveau aus Gründen, die noch anzuführen sind, und es sinkt infolgedessen die Rate des Unternehmergewinnes. Allerdings steigt dafür (ein Umstand, der gewöhnlich vernachlässigt wird) der Gewinn des Bankkapitals. Aber die Banken sind in dieser Periode nicht mehr in der Lage, das Geld für den Zweck der Produktionserweiterung zur Verfügung zu stellen. Einmal steht in dieser Periode die Spekulation sowohl in Waren als in Effekten in höchster Blüte und stellt sehr gesteigerte Anforderungen an den Kredit. Dann aber reicht, wie wir noch sehen werden, der Zirkulationskredit, den sich die Produktiven untereinander gewähren, nicht aus, um den gesteigerten Ansprüchen zu genügen, und auch hier müssen die Banken eintreten. Deshalb werden die Banken die Tendenz haben, ihren Gewinn in der flüssigen Form, in Geldform, festzuhalten und damit wird die Verwandlung in produktives Kapital, also die wirkliche Akkumulation und Erweiterung des Reproduktionsprozesses gehemmt. Es bedeutet dies gleichzeitig eine Störung des Produktionsprozesses, da infolge der Hemmung der Rückverwandlung des Geldkapitals, das die Banken durch den gestiegenen Zinsfuß an sich gezogen haben und in Geldform festhalten, ein Teil des für die erweiterte Reproduktion bestimmten produktiven Kapitals pro tanto unverkäuflich bleibt. So bedeutet die Verringerung des Unternehmergewinnes gleichfalls für die ganze Kapitalistenklasse eine steigende Ungunst der Verwertungsbedingungen, eine Verringerung der Akkumulation.

Die Krise tritt nun in dem Augenblick ein, wo sich die zuletzt beschriebenen Tendenzen der sinkenden Profitrate durchsetzen gegenüber den Tendenzen, die infolge der gestiegenen Nachfrage Steigen der Preise und des Profits bewirkt haben. Es fragt sich hier zweierlei: einmal, wie sich diese Tendenzen, die der Prosperität ein Ende bereiten, in der und durch die kapitalistische Konkurrenz durchsetzen. Sodann, warum dieses Durchsetzen kritisch und nicht lytisch, plötzlich und nicht allmählich erfolgt. Die letztere Frage ist allerdings von geringerer Bedeutung, da der Wechsel von Prosperität und Depression für die Wellenbewegung der Konjunktur das Entscheidende ist und die Plötzlichkeit dieses Wechsels erst in zweiter Reihe steht.

So viel ist klar: wäre die Preissteigerung während der Prosperität allgemein und gleichmäßig, so bliebe sie rein nominell. Stiegen alle Waren um 10 Prozent oder 100 Prozent, so ließe das ihr relatives Austauschverhältnis unverändert[14]. Die Erhöhung der Preise hätte dann auch keine Beeinflussung der Produktion zur Folge; es würde keine Verschiebung in der Verteilung des Kapitals auf die verschiedenen Produktionszweige, keine Änderung in den Proportionsverhältnissen auftreten. Erfolgt die Produktion in den richtigen Proportionen, wie dies früher schematisch dargestellt worden ist, so brauchten diese keine Änderung zu erfahren und infolgedessen auch keine Störungen aufzutreten. Anders aber, wenn sich aus der Natur der Preissteigerung Momente

---

[14] Auf den ersten Blick scheint die Prosperitätsperiode gekennzeichnet durch allgemeine und gleichmäßige Preissteigerung, die Depressionsperiode durch ebensolche Preissenkung. Dies der Grund, warum in einer Wertänderung des Geldes so lange und so beharrlich die Ursache der Krise gesucht wurde. Der Aberglaube an die Quantitätstheorie findet darin seine festeste Stütze.

anführen lassen, die eine solche Gleichmäßigkeit ausschließen. Die geänderte Preisgestaltung wird dann auch eine Änderung in der Proportionalität der Produktionszweige herbeiführen können, da ja die Preis- und Profitänderung bestimmend auf die Verteilung des Kapitals auf die verschiedenen Produktionszweige einwirkt. Diese Möglichkeit wird zur Wirklichkeit, wenn sich zeigen läßt, daß die Preissteigerung mit Notwendigkeit eine Verschiebung der Verhältnisse der Kapitalverteilung mit sich führen muß. Und in der Tat lassen sich auch Momente nachweisen, die diese Gleichmäßigkeit verhindern.

Die Änderung der organischen Zusammensetzung des Kapitals, die in letzter Instanz das Sinken der Profitrate bewirkt, wird, von technischen Revolutionen abgesehen und zunächst nur den Durchschnitt der beständigen technischen Änderung betrachtet, am größten sein, wo die Anwendung von Maschinerie, von fixem Kapital überhaupt am größten. Denn je größer die bereits angewendete Masse Maschinerie, Wissenschaft etc., desto größer und häufiger die Möglichkeit rationellerer Einrichtung, verbesserter Technik, wissenschaftlicherer Verfahrungsweisen. Desto stärker werden hier die Tendenzen zu höherer organischer Zusammensetzung wirksam sein. Die höhere organische Zusammensetzung des Kapitals ist aber nur der ökonomische Ausdruck gestiegener Produktivität. Diese bedeutet geringeren Preis für die gleiche Warenmenge. Die neu angelegten Kapitale arbeiten daher zunächst mit Extraprofit. Das Kapital wird daher in diese Anlagen strömen. Schon hier macht sich ein Moment der Störung geltend. Je größer der in diesen Neuanlagen zu machende Extraprofit, desto mehr Kapital strömt in diese Sphären. Eine Korrektur kann erst eintreten, bis die neuen Produkte dieser Sphären auf den Markt kommen und ihr Überangebot den Preis senkt[15]. Unterdessen hat die Nachfrage dieser Sphären den Preis

[15] »Unzweifelhaft ist gerade in Lothringen-Luxemburg die wirtschaftliche Entwicklung im Bergbau und Eisengewerbe eine viel zu rasche gewesen, die um so schärfer wirkte, als die neuen Werke spät in Betrieb kamen und somit lange Zeit in der Hochkonjunktur die Nachfrage mit verstärken helfen. Als aber die neuen Werke in die Produktion mit eintraten, und das war Ende 1899, beziehungsweise Frühjahr 1900, da war der Höhepunkt der Entwicklung bereits überschritten, so daß sie nunmehr das Angebot mit vermehrten ... Indem sie also aus der Reihe der Konsumenten ausschieden und nunmehr mit ihrer eigenen Produktion auf dem Markt erschienen, war die Produktionsfähigkeit immens gesteigert worden und eine Überproduktion unausbleiblich.« Die Störungen im deutschen Wirtschaftsleben während der Jahre 1900 ff., 2. Band, »Montan- und Eisenindustrie«, S. 48.

von Produkten anderer Sphären gleichfalls erhöht und dort Kapitalzufuhr bewirkt, wenn auch in geringerem Maß, da dort wegen geringerer technischer Verbesserungen der Extraprofit geringer ist. Es hat dies wieder zur Folge, daß hier die Preissteigerung, da die Kapitalvermehrung nicht in gleicher Proportion zugenommen hat, verhältnismäßig stärker ist. In der ersten Produktionssphäre ist der Extraprofit bedeutend, in der zweiten geringer; dies gleicht sich allmählich aus durch Verringerung des Extraprofits durch stärkere Kapitalszufuhr dort und durch Preiserhöhung infolge relativ geringerer Zufuhr hier.

Mit der Entwicklung der kapitalistischen Produktion wächst der Umfang des fixen Kapitals und mit diesem Wachstum geht Hand in Hand eine wachsende Differenzierung der verschiedenen Industrien in bezug auf den Umfang des angewendeten fixen Kapitals.

Je größer aber der Umfang des fixen Kapitals, desto länger die Zeit, nötig, um Neuanlagen herzustellen, desto größer auch daher der Unterschied der Zeit, während der in einzelnen Industriezweigen die Produktion erweitert werden kann. Je länger aber die Zeit zur Neuanlage, desto schwieriger die Anpassung an die Bedürfnisse der Konsumtion; desto länger bleibt das Angebot hinter der Nachfrage zurück, desto stärker steigen hier die Preise und desto allgemeiner wird in solchen Industrien der Akkumulationsdrang.

Je größer die Masse des fixen Kapitals, desto länger dauert es, bis die neuen Änderungen getroffen, die Leistungsfähigkeit gesteigert wird. Bis zu diesem Zeitpunkt aber wird das Angebot hinter der Nachfrage zurückbleiben. Die Vermehrung der Hochöfen, die Anlage neuer Kohlenschächte, die Fertigstellung neuer Eisenbahnen dauert länger als die Vermehrung der Textilprodukte oder der Papierfabrikation. Während also mit der Höhe der organischen Zusammensetzung die Ursachen sich mehren, welche auf die Dauer eine Senkung der Profitrate erzeugen müssen, tritt gerade in diesen Sphären während der guten Konjunktur infolge der geänderten Konkurrenzverhältnisse, der Verschiebung des Verhältnisses von Angebot und Nachfrage, dadurch, daß das Angebot langsamer wächst als die Nachfrage, zunächst ein stärkeres Steigen der Preise ein als in anderen Produktionszweigen. Der Profit nimmt nicht nur nicht ab, sondern die Veränderung der organischen Zusammensetzung ist zunächst begleitet von steigenden Preisen und steigenden Profiten; und zwar werden die Preise im allgemeinen die Tendenz haben, um so mehr zu steigen, je höher entwickelt die organische Zusammensetzung. Das Kapital strömt aber in die Sphären höheren Profits. Es wird daher das zu akkumulierende Kapital vor allem in diese Sphären abgelenkt werden, und diese Ablenkung wird so lange dauern, bis die Neuanlagen vollendet sind und die stärkere Konkurrenz der neuen Betriebe sich geltend macht. Es besteht so die Tendenz zu einer Überanlage, Überakkumulation des Kapitals in den Sphären höchster organischer Zusammensetzung im Vergleich zu denen niedrigerer Zusammensetzung. Ein Mißverhältnis, das erscheint, wenn die Produkte der ersten Sphären auf den Markt gelangen. Der Absatz dieser neuen Produkte ist dadurch gehindert, daß die Produktion in den Sphären niederer Zusammensetzung nicht in gleicher Weise, nicht gleich rasch, sondern schneller, dafür aber weniger intensiv vermehrt wurde. Dies erklärt, warum die Krisen am stärksten sich äußern in den technisch entwickeltsten Produktionszweigen, also in den früheren Perioden vor allem in der Textil(Baumwoll)industrie, später in den schweren Industrien. Die Krise ist im allgemeinen dort am stärksten, wo der Umschlag des Kapitals am längsten und die technischen Verbesserungen und Neuerungen am größten, was zumeist der Fall, wenn die organische Zusammensetzung am höchsten.

Die Krise selbst bringt zunächst Preis- und Profitsenkung unter das normale Niveau, das heißt unter die Produktionspreise und den Durchschnittsprofit, mit sich. Die Produktion kontrahiert sich, die schwächeren Betriebe gehen zugrunde, und nur diejenigen setzen schließlich den Betrieb fort, die auch bei gesunkenen Preisen den Durchschnittsprofit erzielen. Dieser Durchschnittsprofit hat aber jetzt ein anderes Niveau. Er entspricht nicht mehr der organischen Zusammensetzung am Ausgangspunkt des industriellen Zyklus, sondern der geänderten, höheren organischen Zusammensetzung des Kapitals.

Umgekehrt findet in den Industrien mit geringerem Umfang des fixen Kapitals raschere Anpassung an die Konsumtion statt, bleibt das Steigen der Preise innerhalb engerer Grenzen (von Preisschwankungen des Rohmaterials abgesehen) und wird die Akkumulation weniger angestachelt. Es ist dies ein weiterer Grund zur Entstehung von Disproportionalität, von Konzentrierung des neu anzulegenden Kapitals auf diejenigen Produktionszweige, wo die Preise am raschesten und höchsten steigen, und zugleich der Grund, warum im allgemeinen die Krisen eine um so stärkere Wirkung haben, je umfangreicher das fixe Kapital überhaupt und in jenen Produktionszweigen, wo das fixe Kapital den größten Umfang besitzt.

Dazu kommt, daß je größer der Umfang der Kapitalsmasse ist, die der Stand der Technik in einem bestimmten Moment für einen bestimmten Produktionszweig erfordert, desto schwieriger eine genaue quantitative Anpassung der Vermehrung der Produktion an die vermehrte Konsumtion wird. Es ist technisch irrationell und deshalb unökonomisch, etwa die Stahlproduktion zu vermehren durch Neuanlage eines kleinen Stahlwerkes. Die Technik bestimmt hier den Grad der Vermehrung aus eigener Machtvollkommenheit, ohne sich darum kümmern zu können, ob das Maß der Vermehrung mit den Ansprüchen der Konsumtion übereinstimmt. Die Vermehrung in den schweren Industrien kann, wenn einmal die vorhandenen Produktivkräfte voll ausgenützt sind – und die Variationen in den Ausnützungsmöglichkeiten sind ein wichtiger Faktor, um geringere Schwankungen in der Nachfrage auszugleichen – nur im großen Maßstab, sprunghaft erfolgen, nicht in dem bescheidenen Umfang der Anfangsepochen des Kapitalismus. Auch hier ist die Anpassungsmöglichkeit der leichteren Industrien bei weitem größer und deshalb hier die Preissteigerung in der Zwischenzeit geringer.

Zu diesen Mißverhältnissen der Preisgestaltung, die sich aus der Verschiedenheit der organischen Zusammensetzung ergeben, treten andere, die aus natürlichen Umständen entspringen. Wir haben gesehen, daß eine Tendenz zur Überakkumulation in den Sphären höherer organischer Zusammensetzung besteht. Diese Sphären sind einerseits starke Verbraucher von Rohstoff, dann aber liefern sie auch Rohstoffe und Halbfabrikate (Eisen, Kohle) für andere Industrien. Hier können nun Störungen der Proportionalität auftreten. »Man hat gesehen, daß, nachdem die Waren in Geld verwandelt, verkauft sind, ein bestimmter Teil dieses Geldes wieder in die stofflichen Elemente des konstanten Kapitals rückverwandelt werden muß, und zwar in den Verhältnissen, wie sie der bestimmte technische Charakter jeder gegebenen Produktionssphäre erheischt. Hier ist in allen Zweigen – vom Arbeitslohn ... abgesehen – das wichtigste Element der Rohstoff mit Einschluß der Hilfsstoffe, die namentlich wichtig in Produktionszweigen, wo kein eigentlicher Rohstoff eingeht, wie in Bergwerken und der extraktiven Industrie überhaupt ...

Steigt der Preis des Rohstoffes, so mag es unmöglich sein, ihn nach Abzug des Arbeitslohnes aus dem Wert der Ware vollständig zu ersetzen. Heftige Preisschwankungen bringen daher Unterbrechungen, große Kollisionen und selbst Katastrophen im Reproduktionsprozeß hervor. Es sind namentlich eigentliche Agrikulturprodukte, der organischen Natur entstammende Rohstoffe, die solchen Wertschwankungen infolge wechselnder Ernteerträge – hier noch ganz vom Kreditsystem abgesehen – unterworfen sind ...

Ein zweites, das nur der Vollständigkeit wegen hier erwähnt wird – da die Konkurrenz wie das Kreditsystem hier noch außer dem Kreis unserer Betrachtungen liegen – ist dies: Es ist in der Natur der Sache begründet, daß pflanzliche und tierische Stoffe, deren Wachstum und Produktion bestimmten organischen, an gewisse natürliche Zeiträume gebundenen Gesetzen unterworfen sind, nicht plötzlich in demselben Maße vermehrt werden können, wie zum Beispiel Maschinen und anderes fixes Kapital, Kohle, Erz etc., deren Vermehrung, die sonstigen Naturbedingungen vorausgesetzt, in einem industriell entwickelten Land in kürzester Frist vor sich gehen kann. Es ist daher möglich, und bei entwickelter kapitalistischer Produktion sogar unvermeidlich, daß die Produktion und Vermehrung des Teiles des konstanten Kapitals, der aus fixem Kapital, Maschinerie etc. besteht, einen bedeutenden Vorsprung gewinnt vor dem Teil desselben, der aus organischen Rohstoffen besteht, so daß die Nachfrage nach diesen Rohstoffen schneller wächst als ihre Zufuhr und daher ihr Preis steigt ...

Das Steigen führt in der Tat nach sich: 1. daß diese Rohstoffe aus größerer Entfernung zugeführt werden, indem der steigende Preis größere Transportkosten deckt; 2. daß die Produktion derselben vermehrt wird, ein Umstand, welcher der Natur der Sache nach, aber vielleicht erst ein Jahr später die Produktenmasse wirklich vermehren kann; und 3. daß allerlei früher unbenutzte Surrogate vernutzt und ökonomischer mit den Abfällen umgegangen wird. Wenn das Steigen der Preise anfängt, sehr merklich auf die Ausdehnung der Produktion und die Zufuhr zu wirken, ist meist schon der Wendepunkt eingetreten, wo infolge des länger fortgesetzten Steigens des Rohstoffes und aller Waren, in die er als Element eingeht, die Nachfrage fällt und daher auch eine Reaktion im Preise des Rohstoffes eintritt. Abgesehen von den Konvulsionen, die dies durch Entwertung von

Kapital in verschiedenen Formen bewirkt, treten noch andere gleich zu erwähnende Umstände ein.

Zunächst ist aber schon aus dem bisher Gesagten klar: Je entwickelter die kapitalistische Produktion und je größer daher die Mittel plötzlicher und anhaltender Vermehrung des aus Maschinerie usw. bestehenden Teils des konstanten Kapitals, je rascher die Akkumulation (wie namentlich in Zeiten der Prosperität), desto größer die relative Überproduktion von Maschinerie und anderem fixen Kapital und desto häufiger die relative Unterproduktion der pflanzlichen und tierischen Rohstoffe, desto markierter das vorher beschriebene Steigen ihres Preises und der diesem entsprechende Rückschlag. Desto häufiger sind also die Revulsionen, die in dieser heftigen Preisschwankung eines der Hauptelemente des Reproduktionsprozesses ihren Grund haben.«[16]

»Je mehr wir daher in der Geschichte der Produktion der unmittelbarsten Gegenwart näher rücken, um so regelmäßiger finden wir, namentlich in den entscheidenden Industriezweigen, den stets sich wiederholenden Wechsel zwischen relativer Teuerung und daraus entspringender späterer Entwertung der der organischen Natur entlehnten Rohstoffe.«[17]

Zu diesen Störungen treten andere, die sich aus der Art ergeben, wie das fixe Kapital reproduziert wird. Wir haben gesehen, daß bei einfacher Reproduktion das abgestorbene fixe Kapital gleich sein muß dem neu anzulegenden. In der Tat wird diese Bedingung nie streng erfüllt sein. Es muß also auf der einen Seite zur Ausgleichung stets ein Überschuß an fixem Kapitalbestandteil, also Warenvorrat vorhanden sein, dem auf der anderen Seite Reservegeldkapital entspricht. Ein gewisser Vorrat und eine gewisse Schatzansammlung ist Bedingung der Reproduktion, die sonst stets an einem oder dem anderen Punkte ins Stocken geraten würde. Solche geringe Ausgleichungen werden auch erleichtert durch die Elastizität des Kapitals selbst, die erlaubt, durch Forcierung der Produktion, Überstundenarbeit etc. gewisse drängende Bedürfnisse zu befriedigen. Die fieberhafte Anspannung aller Produktionspotenzen vermindert sowohl den Warenvorrat auf der einen als den Geldvorrat auf der anderen Seite (relativ und absolut) und beseitigt damit ein Moment, das in

[16] Marx, »Kapital« III, I. Teil, S. 127 ff. Siehe auch Marx »Theorien über den Mehrwert«, II, S. 515 ff.

[17] Marx, »Kapital« III, I. Teil, S. 131.

normalen Zeiten zur Ausgleichung von Störungen dient. Die Verminderung des Reservegeldkapitals wird im Stadium vor der Krise absolut, einerseits weil die Nachfrage der industriellen Kapitalisten nach Geldkapital jetzt am höchsten ist, anderseits weil infolge der beginnenden Verlangsamung der Rückflüsse und damit des Zirkulationskredits die Nachfrage nach Geld als Zahlungsmittel rasch zunimmt. Eine weitere Störung im Absatz kann nicht durch Heranziehung von Reservegeldkapital ausgeglichen werden und führt deshalb zum Bankrott.

Eine weitere Störung der Proportionalität kann erfolgen, indem das Verhältnis der Produktion zur Konsumtion sich ändert. Während der Prosperität steigen die Preise und damit der Profit. Das Steigen der Warenpreise muß stärker sein als das Steigen des Arbeitslohnes, denn sonst könnte der Profit nicht steigen. Es steigt also der Anteil der Unternehmerklasse an dem Neuprodukt rascher als der der Arbeiter. Absolut vermehrt sich die Konsumtion, da sowohl die Unternehmer als die Arbeiter ihre Konsumtion ausdehnen werden. Noch schneller vermehrt sich die Akkumulation, da gerade jetzt der Akkumulationsstachel am schärfsten wirkt, wenn es auch immer eine gewisse Zeit dauert, bis die Luxuskonsumtion zunimmt. Diese ist sehr elastisch und paßt sich leicht dem starken Akkumulationsdrang an. So findet eine Verschiebung statt; ein relativ größerer Teil des Profits dient der Akkumulation, ein relativ kleinerer der Konsumtion. Das heißt aber, daß die Konsumtion nicht Schritt hält mit dem Steigen der Produktion. Es kommt hierzu noch jener sich gleichbleibende Teil der Konsumtion, der auf die in festem Gehalt stehenden oder die nicht aus der Produktion unmittelbar alimentierten und deshalb von deren Schwankungen nur indirekt und mittelbar berührten Einkommensschichten entfällt.

So entstehen im Ablauf der Konjunkturperiode Disproportionalitätsverhältnisse durch Störungen der Preisgestaltung. Denn all die erwähnten Momente bedeuten Abweichungen der Marktpreise von den Produktionspreisen und dadurch Störungen in der Regulierung der von der Preisgestaltung in ihrem Ausmaß und ihrer Richtung abhängigen Produktion. Daß diese Störungen schließlich zur Absatzstockung führen müssen, ist klar. Ihre Durchsetzung ist begleitet und vermittelt durch Krediterscheinungen, die nunmehr zu analysieren sind.

18. Kapitel

Die Kreditverhältnisse im Ablauf der Konjunktur

Zu Beginn der Prosperität herrscht niedriger, nur langsam und allmählich steigender Zinsfuß. Das Leihkapital ist reichlich. Die Erweiterung der Produktion und damit der Zirkulation steigert zwar die Nachfrage nach Leihkapital. Aber die gesteigerte Nachfrage findet leichte Befriedigung. Denn einmal steht dafür das während der Depression brachliegende Geldkapital zur Verfügung. Zweitens aber dehnt sich zu Beginn der Prosperität gleichzeitig der Zirkulationskredit aus. Das in Geldkapital rückzuverwandelnde Warenkapital der Industriellen und Kommerziellen ist zwar gestiegen, sowohl was die Masse als was die Preise der Waren anbelangt. Aber die dafür notwendigen Zirkulationsmittel liefert die vermehrte Menge des Kreditgeldes. Es wächst die Masse des Kreditgeldes und gleichzeitig verkürzt sich mit dem rascheren Umschlag des produktiven Kapitals die Umlaufzeit des Kreditgeldes. Das vermehrte Angebot von Leihkapital, das durch die vermehrte Schaffung des Kreditgeldes gegeben ist, befriedigt die gestiegene Nachfrage nach Leihkapital ohne Steigerung des Zinsfußes.

In dieser Periode wächst das Angebot von Leihkapital auch deshalb, weil durch die Verkürzung der Umlaufzeit das durch die Länge der Umlaufzeit in seinem Ausmaß bestimmte Geldkapital, das die Produktiven während der Zirkulationszeit ihres Kapitals zur Verfügung haben müssen, sich verringert und als Leihkapital auf den Geldmarkt kommt.

Mit der Dauer der Prosperität ändern sich diese Verhältnisse und die Allmählichkeit der Änderung drückt sich aus im allmählichen Steigen des Zinsfußes.

Wir haben gesehen, daß während der Prosperität erstens die Umschlagszeit des Kapitals sich verlängert, zweitens Disproportionalität der Produktionszweige sich ausbildet. Die Verlängerung der Umschlagszeit, also die Verlangsamung des Absatzes, bedeutet aber zugleich Verlangsamung der Umlaufgeschwindigkeit des Kreditgeldes. Ein Dreimonatswechsel kann bei Verfall nicht eingelöst werden, wenn die Ware, deren Geldform er repräsentiert, erst in vier Monaten gezahlt wird. Der Wechsel muß prolongiert oder bar bezahlt werden. Die Prolongation bedeutet Inanspruchnahme von Kredit, Kapitalkredit von seiten der Bank, also vermehrte Nachfrage nach Bankkredit. Die Nachfrage nach Bankkredit wird allgemein sein, weil ja die Notwendigkeit der Prolongierung nicht einen einzelnen Kapitalisten, sondern in einem bestimmten Durchschnitt die ganze Klasse der produktiven Kapitalisten trifft. Sowohl die vermehrte Nachfrage nach Bankkredit, die ja eben nur die Folge des Umstandes ist, daß der Zirkulationskredit, den sich die Produktiven untereinander geben, nicht mehr ausreicht, als auch die vermehrte Nachfrage nach Bargeld wirkt unmittelbar steigernd auf den Zinsfuß.

Dieselbe Wirkung hat die zunehmende Disproportionalität, die ebenfalls Absatzstockung bedeutet. Ware muß durch Ware ersetzt werden, damit das Kreditgeld seine Funktion, Bargeld zu ersetzen, erfüllen kann. Stockt der gegenseitige Warenumsatz, so muß das Kreditgeld durch Bargeld ersetzt werden. Der Wechsel kann bei Verfall nicht eingelöst werden, weil die Ware, die er repräsentiert, nicht verkauft worden. Soll er doch eingelöst werden, so kann er das nur durch Inanspruchnahme von Bankkredit, der jetzt an Stelle des Zirkulationskredits getreten ist. Für den Industriellen ist es aber ein gleichgültiger Umstand, ob die Einlösung des Wechsels, für den er seine Ware verkauft hat, auf dem Wege des Zirkulationskredits erfolgt, also in letzter Linie durch den Ersatz seiner Ware durch eine andere, oder ob auf dem Wege des Bankkredits, also ohne daß seine Waren endgültig durch andere Ware ersetzt ist. Er muß zwar jetzt etwas erhöhten Zins zahlen, aber er weiß erstens nicht, was das zu bedeuten hat, und verstünde er es, es würde nichts ändern und ihm nichts helfen. Noch sind die Preise und die Profite hoch. Noch hat er durch die Einlösung seines Wechsels das Geldkapital nötig, um die Produktion im gleichen Umfang fortführen zu können. Daß das Geldkapital, mit dem er jetzt arbeitet, nicht mehr verwandelte Form seines eigenen Warenkapitals darstellt, das in Wirklichkeit noch gar nicht abgesetzt ist, ist ihm verhüllt. Er weiß nicht, daß er jetzt die Produktion fortführt mit zuschüssigem Geldkapital, das ihm der Bankier zur Verfügung stellt.

Es ist dies aber ein Umstand von größter Bedeutung. Die beginnende Disproportionalität muß sich in Bildung von Warenvorrat äußern. Auf irgendeinem Punkt des Zirkulationsprozesses der Ware muß Stockung stattfinden. Dieser Warenvorrat müßte auf den Markt drücken, wenn die Ware verkauft werden müßte, um mit dem erlösten Geld die Produktion weiterführen zu können.

Diese Wirkung und damit die Wirkung auf Preis und Profit wird vermieden, da den Produktiven von den Banken Geldkapital zur Verfügung gestellt wird. So verhüllt der Kredit dic beginnende Disproportionalität. Die Produktion wird unverändert weitergeführt, in gewissen Zweigen, wo die Preise besonders hoch stehen, noch stark erweitert, weil die Heranziehung von Geldkapital verhütet, daß die Waren einen Druck auf den Markt ausüben und die Preise ins Wanken bringen. Die Produktion erscheint noch völlig gesund, obwohl die Disproportionalität der Produktionszweige bereits ausgebildet ist.

Die Änderungen in der Höhe des Zinsfußes, die primär durch Änderungen der Proportionalitätsverhältnisse während des Konjunkturablaufes bedingt sind, beeinflussen ihrerseits aufs stärkste die Vorgänge der Gründungen, der Waren- und der Effektenspekulation und damit die Gestaltung der Börsengeschäfte. Zu Beginn der Prosperität ist der Zinsfuß niedrig; dies bewirkt unter sonst gleichen Umständen hohen Kurs des fiktiven Kapitals. Bei jenem Teil des fiktiven Kapitals, das feste und gesicherte Erträgnisse abwirft, also zum Beispiel bei den Schuldtiteln des Staates und öffentlicher Körperschaften, bei manchen Arten von Pfandbriefen etc. steigt der Kurs unmittelbar infolge des Sinkens des Zinsfußes. Bei den Aktien wirkt dem Steigen des Kurses infolge des gesunkenen Zinsfußes die Minderung der Dividende und die größere Unsicherheit des Ertrages entgegen. Die Prosperität beseitigt diese Gegentendenz; die Aktienkurse steigen bei fortdauerndem niedrigen Zinsfuß, weil die Erträgnisse und deren Sicherheit zunehmen. Zugleich steigt die Spekulation, die die steigenden Kurse für sich zu eskomptieren trachtet und damit vermehrt sich die Nachfrage nach Aktien und der Kurs steigt weiter. Die Ausdehnung der Produktion bedeutet zugleich vermehrte Gründungstätigkeit. Neue Aktiengesellschaften werden gegründet, bestehende vermehren ihr Kapital. Die Emissionstätigkeit der Banken wird lebhaft. Der hohe Kurs der Aktien und der niedrige Zinsfuß bedingen hohe Emissionsgewinne.

Die neuen Aktien werden von der Börse rasch aufgenommen und leicht an das Publikum, das heißt an Kapitalisten, die Leihkapital zur Verfügung haben, abgesetzt. Es ist die Periode, wo die Gründungstätigkeit am lebhaftesten und die Gewinne der Banken aus der Emissionstätigkeit am größten. Die Geldflüssigkeit begünstigt die Spekulation, die ja für ihre Operationen auf die Inanspruchnahme von Kredit angewiesen ist. Da der Zins niedrig, können auch kleine Schwankungen im Kurs, wie sie während der ersten Periode der Prosperität noch vorherrschen, von der Spekulation bereits ausgenützt werden. Die Börsentätigkeit ist lebhaft, die Umsätze bedeutend bei verhältnismäßig geringen Schwankungen, die sich aber insgesamt schließlich zu einer Erhöhung des Kursniveaus summieren. Das erhöhte Kursniveau, das aus der Vermehrung der Masse der Effekten und aus dem Steigen der Kurse sich ergibt, einerseits, die Vermehrung der Umsätze anderseits bedeuten größere Inanspruchnahme von Kredit zur Ausgleichung der Bilanzen, die größere Beträge erfordern werden, und dies um so mehr, da in solchen Perioden die Spekulation à la hausse die Baissespekulation überwiegt, die Käufe die Verkäufe übertreffen und die schließlich auszugleichende Bilanz vergrößert wird. Der erhöhten Nachfrage nach Kredit, den die Börse ausübt, steht aber hier – anders wie bei den Produktiven, wo die steigende Nachfrage zunächst durch Ausdehnung des Zirkulationskredits befriedigt wird – kein vermehrtes Angebot gegenüber. Die vermehrte Nachfrage wirkt also unmittelbar erhöhend auf den Zinsfuß ein und verstärkt die aus den Produktionsvorgängen kommenden Tendenzen zur Erhöhung des Zinses.

Ähnlich sind die Vorgänge auf dem Gebiet der Warenspekulation. Sie sucht gleichfalls die steigenden Preise für sich zu eskomptieren und die Tendenz zum Steigen zu verstärken. Einerseits werden Waren, deren Preis auf dem einen Markt hoch steht, aus anderen Märkten herbeigeschafft und so verstärkte Zufuhr bewirkt. Da der eine Importeur nichts vom anderen weiß, ist ohne weiters die Möglichkeit gegeben, daß die Zufuhr die Nachfrage schließlich übersteigt und Überhandel stattfindet. Anderseits sucht die Spekulation auf dem Waren- ähnlich wie auf dem Effektenmarkt die Preissteigerung zu erhalten und womöglich noch zu vermehren. Die Waren werden möglichst lange vom Markt zurückgehalten, um die Preise zu erhöhen; es ist die Zeit, wo sich Ringe und Corner bilden, die durch Schaffung künstlicher Warenknappheit die Preise hinaufzutreiben suchen. Um die Waren zurückhalten zu können, ist wieder Inanspruchnahme von Kredit nötig, die wieder Steigerung des Zinsfußes zur Folge hat.

Inzwischen hat sich die industrielle Prosperität verallgemeinert und zur Hochkonjunktur gesteigert. Preise und Profite stehen am höchsten. Die Aktienkurse sind gestiegen infolge des steigenden Ertrages. Die Spekulation, die im ganzen und großen bisher mit Gewinn abgeschlossen hat, hat sich beständig ausgedehnt. Die Spekulationsgewinne entfalten ihre propagandistische Kraft. Die Beteiligung des Publikums an den Börsenumsätzen wächst und ermöglicht dadurch der berufsmäßigen Spekulation die Ausdehnung ihrer Operationen auf dem Rücken des Publikums. Der Zinsfuß ist hoch; sollen die Umsätze der Spekulation gewinnbringend sein, so müssen auch die Veränderungen in den Kursen bedeutender werden, soll nicht der Gewinn der Spekulation durch den erhöhten Zins verschlungen werden; aber diese Schwankungen werden jetzt auch deshalb bedeutend, weil die Nachrichten aus der Industrie nicht mehr unbedingt günstig lauten, weil neben steigenden Gewinnen hie und da Stillstand eintritt, der Absatz nicht mehr so flott ist und der Kredit anfängt, schwierig zu werden, da den Banken die Begünstigung der Spekulation gefährlich zu erscheinen beginnt, zumal da mit der stärkeren Beteiligung des Publikums die Kreise zunehmen, die ohne eigene Mittel oder doch weit über den Umfang ihrer Mittel hinaus ihre Spekulationen betreiben. Analoge Vorgänge spielen sich auch auf dem Warenmarkt ab.

Der steigende Zinsfuß aber hat die Tendenz, die Kurse zu erniedrigen. Es muß also schließlich der Punkt eintreten, wo die Spekulation in ihrem Bestreben, die Preise zu erhöhen, zum Stillstand kommen muß. Dies wird beschleunigt, wenn der Spekulation ein Teil des Kredits, den sie bisher in Anspruch genommen, entzogen wird. Wir haben gesehen, wie im Fortgang der Prosperität die Produktiven immer größere Ansprüche an die Banken stellen müssen. Zu den dort angegebenen Gründen kommt jetzt noch ein anderer. Der Zinsfuß ist entscheidend für die Höhe des Gründergewinnes. Der hohe Zinsfuß der Hochkonjunktur vermindert den Gründergewinn und schränkt deshalb die Emissionstätigkeit ein. Dazu kommt, daß die Spekulation in diesem Zeitpunkt schon gesättigt ist, eine Vermehrung der Effekten zu den bisherigen hohen Kursen nicht vertragen würde. Die Banken stünden vor der Gefahr, die neuen Aktien nicht oder nur zu relativ niedrigen Kursen abstoßen zu können.

Die Bedürfnisse der Industrie werden jetzt von den Banken selbst befriedigt; sie geben keine Aktien aus, sondern gewähren Bankkredite, die von den Produktiven zu dem herrschenden hohen Zinsfuß verzinst werden müssen. Je stärker aber die Inanspruchnahme der Banken durch die Industrie ist, desto geringer die Mittel, die sie der Spekulation zur Verfügung stellen können; die Spekulation muß sich einschränken. Das aber bedeutet Verringerung der Nachfrage, Fallen der Kurse. Aber der gegebene Kursstand war die Grundlage für den der Spekulation gewährten Kredit; jetzt müssen also Zuschüsse auf die verpfändeten oder sonst als Grundlage des Kredits dienenden Papiere geleistet werden, Zuschüsse, die von vielen Spekulanten und besonders von den Mitläufern aus dem Publikum nicht geleistet werden können. So kommt es zu Zwangsverkäufen der gepfändeten Aktien, zu einem plötzlich vermehrten Angebot, das den Kurs der Papiere rasch senkt. Diese Senkung wird verstärkt durch die Drehung, die die berufsmäßige Spekulation vornimmt, die die kritische Lage des Marktes erfaßt hat und sich nun auf die Baissespekulation wirft. Das Sinken der Kurse bedeutet neues Einschränken des Kredits, neue Zwangsverkäufe, aus dem Sinken wird ein Sturz, die Börsenkrise, die Panik und Deroute ist eingetreten. Die Wertpapiere sind massenhaft entwertet und fallen rasch unter das Niveau, das ihren wirklichen Erträgnissen bei normaler Höhe des Zinsfußes entspricht. Diese entwerteten Papiere werden jetzt von Großkapitalisten und Banken aufgekauft, um, wenn die Panik vorüber, die Kurse wieder gestiegen, zu erhöhtem Preise verkauft zu werden, bis im Kreislauf des nächsten Zyklus der Prozeß der Expropriation eines Teiles der Spekulanten und der Prozeß der Eigentumskonzentration in den Händen des Geldkapitals sich von neuem vollzieht und so die Funktion der Börse sich erfüllt, als Mittel der Eigentumskonzentration auf dem Wege der Konzentration des fiktiven Kapitals zu dienen.

Die Börsenkrise wird so unmittelbar hervorgerufen durch die Änderungen, die sich auf dem Geldmarkt und in den Kreditverhältnissen vollziehen. Da ihr Eintreten unmittelbar nur von der Höhe des Zinsfußes abhängt, kann sie also bereits einige Zeit vor dem Eintreten der allgemeinen Handels- und Industriekrise erfolgen. Sie ist aber nur ein Symptom, ein Vorzeichen der letzteren, denn die Veränderung auf dem Geldmarkt ist ja bedingt von jenen Änderungen in der Produktion, die zur Krise führen.[18]

Ähnliche Vorgänge wie bei der Effektenspekulation spielen sich bei der Warenspekulation ab, nur daß hier der Natur der Sache nach der Zusammenhang mit den Produktionsverhältnissen ein engerer ist. Auch hier erschweren das Steigen des Zinses und die Einschränkung des Kredits die Zurückhaltung der Ware und damit das Aufrechterhalten der Preise. Zugleich aber bewirkt der hohe Preisstand Anspannung der Produktion, Vermehrung der Zufuhr und Zurückhaltung des Konsums, bis schließlich der Zusammenbruch erfolgt. Handelt es sich um eine Ware, deren Preisstand zugleich auf den Kurs führender Börsenpapiere von Einfluß ist, wie zum Beispiel der Kupferpreis für den Kurs der Kupferaktien, so kann der Zusammenbruch der Warenspekulation zugleich das Zeichen sein für den Zusammenbruch der Börsenspekulation.

Die Änderung der Geldmarktverhältnisse wirkt auch bestimmend ein auf Höhe und Art des Bankgewinns. Zu Beginn der Prosperität herrscht niedriger Zinsfuß und hoher Emissionsgewinn. Wir haben gesehen, daß beide im Verlauf der Konjunktur entgegengesetzte Richtung einschlagen. Ferner steigt während der ganzen Dauer der Konjunktur der Gewinn der Bank aus der Provision, die sie als Vermittlerin des Zirkulationskredits zieht; es steigt der Profit des Geldhandlungskapitals, da die Zahlungsgeschäfte für die Produktiven sich ausdehnen, und es steigt vor allem mit dem Steigen des Zinsfußes der Anteil des Bankkapitals, erstens an dem Profit der Produktiven auf Kosten des Unternehmergewinns und zweitens an dem Gewinn der Spekulanten auf Kosten des Differenzgewinns. Je höher der Zinsfuß, desto höher auch der Anteil des Finanzkapitals an den Früchten der Hochkonjunktur. Mit der Dauer der Prosperität steigert sich so der Anteil des Geldkapitals an dem Profit des produktiven Kapitals.

Zugleich haben wir gesehen, wie im Verlauf der Konjunktur der Bankkredit immer stärker in Anspruch genommen wird von

---

[18] Wir betrachten hier natürlich nur die Börsenkrise, die als ein Moment in der allgemeinen Handelskrise auftritt. Börsen- und Spekulationskrisen können auch isoliert stattfinden; so entsteht oft eine Börsenkrise in den ersten Anfängen der industriellen Prosperität, wenn die Spekulation den beginnenden Aufschwung vorzeitig eskomptiert. Dies war zum Beispiel 1895 in Wien der Fall.

dem Moment an, wo der Zirkulationskredit seine Höchstgrenze erreicht. Die Inanspruchnahme des Bankkredits erfolgt, weil die Ausdehnung der Produktion Ausdehnung der Zirkulation bedeutet und diese vermehrte Zirkulationsmittel erfordert. Es tritt so stetig zunehmende Erschöpfung der Bankreserven ein, die schließlich auf die Inanspruchnahme der Zentralnotenbank zurückwirken muß. Denn die Verlangsamung des Absatzes bedeutet Verlangsamung des Wechselumlaufes, also Einschränkung des Zirkulationskredits, für den der Bankkredit eintreten muß. Aber der Prozeß der Disproportionalität mit allen seinen Folgen geht weiter, und seine Wirkung auf den Bankkredit wird verschärft durch die wachsenden Anforderungen der Spekulation. So tritt allmählich Anspannung des Bankkredits ein, bis zu dem Punkte, wo die Banken den Kredit nicht mehr ausdehnen können, um ihre Reserven nicht allzusehr zu verringern. Die Zirkulation, die nicht mehr durch Kredit erweitert werden kann, erfordert jetzt Bargeld, das also in die Zirkulation in erhöhtem Maße einströmen und die Reserve verringern wird, was wieder die Banken um so mehr zur Einschränkung der Kreditgewährung zwingen muß. Diese Einschränkung bedeutet aber für die Industrie, daß die Störungen aus der Disproportionalität nicht mehr ausgeglichen werden können, weil das dazu nötige Geldkapital nicht mehr zur Verfügung steht. Es müssen die Waren losgeschlagen werden, um Zahlungsmittel zu erhalten, die auf dem Wege des Kredits nicht mehr zu erhalten sind. Das Sinken der Preise beginnt. Aber das bisherige Preisniveau lag allen Kredittransaktionen zugrunde. Preissenkung bedeutet, daß auch der Wechsel, der gegen diese Ware gezogen worden ist, nicht aus dem Erlös der Ware bezahlt werden kann. Es entsteht Nachfrage zum Zweck der Bezahlung in demselben Moment, wo das Angebot sich einschränkt. Denn der Zirkulationskredit nimmt rapid ab, da das Sinken der Preise die Wechsel entwertet und die Wechseleingänge verringert. Zugleich kann der Bankkredit nicht ausgedehnt werden, da das Sinken der Preise die Sicherheit der Zahlungsfähigkeit der Produktiven in Frage stellt. So führt die Nachfrage nach Zahlung zur Unmöglichkeit ihrer Befriedigung. Die Kreditpressung steigt auf das äußerste. Nicht nur ist der Zins aufs höchste gestiegen, sondern es ist überhaupt kein Kredit zu erhalten, da die Erschütterung des Kredits bewirkt, daß alle, die über Bargeld verfügen, es für eigene Zahlungen reservieren. Es gibt nur einen Weg, Zahlungsmittel zu erhalten, die Verwandlung von Ware in Geld. Alles will verkaufen, aber ebendeswegen niemand kaufen. Die Preise stürzen sprunghaft, aber die Waren bleiben unverkäuflich. Die Absatzstockung ist absolut, damit aber der Zirkulationskredit vernichtet; so überaus stark die Zirkulation auch kontrahiert ist – die Ausschaltung des Kreditgeldes verringert die Masse der Zirkulationsmittel noch mehr; an Stelle des Kreditgeldes muß Bargeld treten; die Nachfrage nach Zahlungsmitteln wird zur stürmischen Nachfrage nach Bargeld.

Es hängt von den konkreten Verhältnissen ab, welche Folgen diese Nachfrage nach sich zieht; der Preissturz der Waren schädigt die Zahlungsfähigkeit der Industriellen auf das schwerste und macht daher die Rückzahlung des Bankkredits zweifelhaft. Hat die Bank ihre Mittel festgelegt in Krediten an zahlungsunfähige Industrielle, so zieht deren Bankrott den ihren nach sich; der Kredit, den sie in Form von Depositen oder bei eigener Notenausgabe in der Annahme ihrer Noten genoß, wird plötzlich vernichtet. Es findet ein Run auf ihre Kassen statt; die Depositen werden in bar zurückverlangt, während nur ein Minimum derselben nicht ausgeliehen ist. Die Depositen sind verloren, und die Panik kann sich von hier aus auf die anderen Banken fortpflanzen und sie nacheinander zur Sperrung ihrer Kassen zwingen. Die Bankkrise ist ausgebrochen. Der Sturz des Kreditsystems, der Umschlag ins Monetarsystem, wie Marx es nennt, läßt jetzt nur mehr Bargeld als einziges Zirkulationsmittel gelten. Aber die Masse des Bargeldes reicht für die Zirkulation nicht aus, um so weniger, da gleichzeitig massenhaft Aufschatzung des Bargeldes infolge der Panik stattfindet. Die Folge ist das Entstehen von Bargeldagio; der Eigenwert des Geldes (auch bei Goldwährung natürlich, wie überdies die letzte amerikanische Krise wieder gezeigt hat) verschwindet, und der Kurs des Geldes ist bestimmt durch den gesellschaftlich notwendigen Zirkulationswert.

Eine gewaltige Entwicklung liegt zwischen den Funktionen des Geldes als Zirkulations- und Zahlungsmittel und der Funktion als Leihkapital.

Das Geld in seiner goldglänzenden Erscheinung ist die erste heiße Liebe des jungen Kapitalismus. Die merkantilistische Theorie ist sein Liebesbrevier. Es ist eine starke und große Leidenschaft, verklärt von allem Schimmer der Romantik. Um des heißersehnten Besitzes der Geliebten willen verrichtet er alle

Heldentaten, entdeckt er neue Weltteile, führt immer erneute Kriege, errichtet den modernen Staat und vernichtet aus romantischer Schwärmerei die Grundlage aller Romantik, das Mittelalter. Er kommt zu Jahren und zur Vernunft. Die klassische Theorie lehrt ihn den romantischen Schein geringschätzen und sich im eigenen Heim, der kapitalistischen Fabrik, eine solide Häuslichkeit gründen. Mit Schrecken sieht er auf die opfervollen Torheiten seiner Jugend, die ihn das häusliche Glück verachten ließen. Ricardo lehrt ihn die Schäden seiner kostspieligen Liaison mit dem Golde. Mit ihm beklagt er die Unproduktivität des »high price of bullion«. Auf Papier, Banknoten und Wechsel schreibt er jetzt die Absagebriefe an die Geliebte. Allerdings, gewisse Ansprüche sucht er sich zu wahren, und die Currencyschule fordert vom bescheideneren Papier, es solle sich nach den Gewohnheiten der glänzenderen Vorgängerin richten. Und immer raffinierter werden die Bedürfnisse des älter Gewordenen. Er hat seine Jugend genossen, die kostspielige und anstrengende Leidenschaft ist nicht mehr sein Gefallen; mystische Schauer steigen in ihm auf: nur der Glaube macht selig. John Law verkündet das neue Evangelium: der Blasierte verachtet das Fleisch und nimmt seine Zuflucht zum Geist; nochmals durchlebt er die höchsten Wonnen; da durchschüttelt den lange Entbehrenden plötzlich altes Verlangen; das Vertrauen in die Befriedigung durch den Glauben allein ist plötzlich verschwunden; gierig verlangt es ihn nach Gewißheit, ob seine Kraft noch erhalten. Der Kredit kracht zusammen, und der plötzlich Verlassene kehrt verzweifelnd zu seiner ersten Liebe zurück: zum Golde. Geschüttelt von dem Fieber der Krise ist kein Opfer zu groß, um die Geliebte zu erlangen. Schon glaubt er sich von ihrer Herrschaft befreit, da erlebt er die schrecklichste Enttäuschung und erkennt, von Panik durchschüttelt, schaudernd seine Abhängigkeit. Doch es sind heilsame Krisen. Allmählich lernt er denn den Charakter der Gefürchteten verstehen, von der er doch nicht lassen kann. Das vergebliche Bemühen zu verzichten freilich gibt er auf, und eifersüchtiger als je sucht er sie festzuhalten und namentlich ihre gefährliche Neigung zu Auslandsreisen zu verhindern. Doch immer mehr befestigt sich seine Herrschaft, immer weniger läßt er sich jetzt von der goldenen Fessel einschnüren. Die einst so anspruchsvolle Geliebte lernt sich bescheiden und begnügt sich zuletzt mit der Rolle, in Reserve zu bleiben, wenn den Unverbesserlichen neue Enttäuschung seine Zuflucht zu ihr nehmen läßt. Wenn auch ihre Ansprüche steigen und sie sich manchmal ganz versagt, so dauert es nicht lange und der alte Zustand kehrt wieder. Die Alleinherrschaft hat das Gold endgültig verloren ...

Die Geldkirse erscheint nicht als absolute Notwendigkeit der Krise und kann fehlen. Auch während der Krise geht ja der Warenumsatz, wenn auch außerordentlich kontrahiert, fort. In diesem Umfang kann die Zirkulation mit Kreditgeld fortgeführt werden. Es kann dies um so eher der Fall sein, als die Krise nicht alle Produktionszweige gleichzeitig mit gleicher Wucht treffen muß. Die Absatzstockung wird vielmehr gerade erst durch die Komplikation mit der Bank- und Geldkrise aufs äußerste getrieben.

Wird aber der Zirkulation das notwendige Kreditgeld zur Verfügung gestellt, so kann die Geldkrise vermieden werden, indem von einer Bank, deren Kredit unerschüttert geblieben, den Industriellen gegen Sicherheit das Kreditgeld gewährt wird. In der Tat sind Geldkrisen auch vermieden worden, wenn solche Ausdehnung der Zirkulationsmittel möglich war. Die Geldkrisen sind stets nur entstanden, wenn die Banken, deren Kredit unerschüttert geblieben, verhindert wurden, Kreditgeld zur Verfügung zu stellen. Dies war der Fall in England 1847 und 1857; die beginnende Geldkrise wurde durch Suspension des Bankakts, der die Notenausgabe, also das Kreditgeld, ganz willkürlich auf den Goldschatz + 14 Millionen Pfund reduzierte, beseitigt. In Amerika, wo das Gesetz in noch verrückterer Form die Kreditzirkulation hindert, wenn sie am dringendsten ist, hat die Geldkrise 1907 eine klassische Vollendung erreicht.

Betrachtet man die Vorgänge auf dem nationalen Markt, so erfolgt die Verringerung der Bargeldreserve nicht nur durch den Abfluß in die inländische Zirkulation, sondern auch durch Abfluß nach außen. Wir haben gesehen, daß zum Ausgleich der internationalen Zahlungsbilanz das Gold als Weltgeld fungiert. Es lassen sich nun Tendenzen nachweisen, die dahin gehen, in dem Lande, wo die Hochkonjunktur am stärksten, das Eintreten der Krise also am nächsten ist, die Zahlungsbilanz zu verschlechtern. Die Hochkonjunkturpreise sollizitieren die Wareneinfuhr und treiben den Import weit über sein normales Maß, während die Exporttätigkeit, da die Aufnahmefähigkeit des inländischen Marktes noch immer bedeutend erscheint, nicht in gleichem Umfange wächst, für manche wichtige Exportwaren, Erze, Kohle etc. sich auch absolut stark verringern kann.

Es kommt hinzu, daß in hochentwickelten kapitalistischen Ländern auf der Importseite Naturprodukte, Konsumtionswaren und Rohstoffe überwiegen, auf der Exportseite industrielle Fabrikate. Die ersteren sind aber in viel höherem Maße Gegenstand der Spekulation. Dies bewirkt schon, von allem anderen abgesehen, die viel größere Rolle, die hier der Handel und damit die Unübersichtlichkeit des Marktes spielt. Daher ist Überimport in relativ viel höherem Maße und größerem Umfang möglich als Überexport. Die Handelsbilanz, also der wichtigste Teil der Zahlungsbilanz, verschlechtert sich und verlangt eine größere Goldmenge zu ihrem Ausgleich.

Anders gestalten sich die Vorgänge auf dem Geldmarkt. Einmal sind die Zinssätze in dem Lande, wo die Hochkonjunktur am stärksten, auch am höchsten. Es werden also viele ausländische Gelder dauernd oder vorübergehend dort angelegt. Sodann ist die Effekten- und auch die Warenspekulation, soweit es sich um börsenmäßige Spekulation handelt, in höchster Blüte und zieht auch aus dem Ausland Spekulanten heran, es werden also auch zu diesem Zwecke, zum Ankauf von Effekten, große Geldsummen in das Land fließen. Die konkrete Gestaltung der Zahlungsbilanz wird jeweils von den Kreditverhältnissen im internationalen Handelsverkehr abhängen. England, dessen Krisen stets starker Goldausgang voranzugehen pflegt, gibt verhältnismäßig viel Kredit für die Bezahlung der von ihm exportierten Waren und nimmt selbst wenig Kredit in Anspruch für die importierten Waren. Das Mißverhältnis, das, wie wir gesehen haben, in der Handelsbilanz aufzutreten die Tendenz hat, wird dadurch noch vergrößert.

Die Verschlechterung der Handelsbilanz kann für sich allein schon genügen, um Goldausgang hervorzurufen, und jede Verminderung der Goldreserve in dem Moment der Hochspannung des Kredits wirkt alarmierend, steigert den Zinsfuß noch weiter, erschüttert das Vertrauen, schränkt vor allem die Spekulation ein und kann damit den Anstoß zur Börsenkrise geben. Die Wirkung der Verschlechterung der Handelsbilanz kann noch verstärkt werden durch Verschiebung der Zahlungsbilanz. Die Hochkonjunktur ist internationale Erscheinung, wenn sie auch in den verschiedenen Ländern verschiedene Grade und Schattierungen in ihrer Intensität und zeitliche Unterschiede in ihrem Ablauf aufweist. Gesetzt, die Hochkonjunktur habe in den Vereinigten Staaten zuerst eingesetzt und dort ihren höchsten Gipfel erreicht, während in England die Konjunktur erst ihrem Höhepunkt sich nähere. Die höheren Zinssätze und die stärkere Spekulation haben viel englisches Kapital nach Amerika gezogen. Jetzt machen sich aber auch in England immer gebieterischer die Ansprüche an den Geldmarkt geltend, erreichen auch hier Zins und Spekulation eine hohe Stufe. Es werden daher jetzt Gelder, die bisher im amerikanischen Geldmarkt angelegt waren, zurückgezogen und in England angelegt, gerade in einem Moment, wo auch die Handelsbilanz Amerikas sich verschlechtert hat. So verstärkt sich der Goldabfluß und führt in Amerika zur Einschränkung des Kredits und damit zur Auslösung der Börsenkrisis. Die Börsenkrise selbst, die der Handelskrise vorausgeht, verschlechtert die Verhältnisse der Zahlungsbilanz zunächst noch weiter. Die ausländischen Gelder, die in der Spekulation angelegt waren, werden sofort zurückgezogen, natürlich jene, die zurückgezogen werden können, das heißt diejenigen, die nicht in den Effekten festgelegt sind, sondern im Report- und Lombardgeschäft ihre Verwendung fanden. Zu Beginn der Krise suchen sich auswärtige Spekulanten auch der sinkenden Papiere zu entledigen und zu diesen Verkäufen kommen die Zwangsverkäufe derjenigen, deren Haussespekulation jetzt zusammenbricht. Soweit das Ausland daran beteiligt ist, verschlechtert der Verkauf der Effekten die Zahlungsbilanz.

Gleichzeitig aber kommen andere Faktoren ins Spiel, die eine Wendung bringen können. Die Börsenkrise und die vielleicht sich anschließende Bankkrise bedeuten eine starke Erschütterung des Kredits. Der Zinsfuß steigt zu außerordentlicher Höhe und bewirkt die Anlage auswärtigen Geldkapitals. Die Entwertung der Effekten läßt sie den ausländischen Kapitalisten preiswert erscheinen, und der starke Effektenexport verbessert gleichfalls die Zahlungsbilanz. Zugleich bessert sich die Handelsbilanz; die Erschütterung des Kredits setzt der Warenspekulation ein Ende, bald zeigt es sich, daß der inländische Markt überfüllt ist, die Preise fallen, die Handelskrise setzt ein, der Import stockt, während der Export – solange es die Situation der Auslandsmärkte, wo die Krise noch nicht eingesetzt hat, gestattet – forciert wird, um Zahlungsmittel zu erhalten.[19] Die Bankerotte beginnen. Soweit aber die Bankerotte diejenigen treffen, die für importierte

---

[19] So wurde während der letzten amerikanischen Geldkrise der Export von Baumwolle und Getreide nach Europa mit allen Kräften forciert, um Gold aus Europa ziehen zu können.

Waren Zahlungen an ausländische Industrielle zu machen haben, wird durch solche Zahlungen durch den Bankerott ein Strich gemacht und so weit die nationale Zahlungsbilanz verbessert.[20] So hört die Ausfuhr von Gold je nach den konkreten Umständen kürzer oder länger vor Ausbruch der Krise auf, um während der Krise und nachher einem Goldzufluß Platz zu machen. Der Wechsel von Goldausfuhr und Goldeinfuhr bedeutet so in dieser Periode der Krise zugleich den Wechsel des Schauplatzes, den die Krise für ihre Wirksamkeit wählt.

Ein stärkerer Goldabfluß wird stets eine Wirkung auf den Zinsfuß haben in einem Moment, wo infolge bereits sich ausbildender Disproportionalitätsverhältnisse der Zirkulationskredit nicht mehr in gleichem Umfang mit den Zirkulationsbedürfnissen ausdehnbar ist. Aber die konkrete Wirkung wird sehr beeinflußt durch die Bankgesetzgebung. Das Wesen einer falschen Bankgesetzgebung ist, daß sie die Ausdehnung des Zirkulationskredits gewaltsam einschränkt und nicht ihre aus den ökonomischen Gesetzen sich ergebende rationelle Grenze erreichen läßt. Sie tut dies, indem sie den Zirkulationskredit gewaltsam in irgendein Verhältnis zu Wertgrößen setzt, mit denen er in Wirklichkeit seiner ökonomischen Natur nach nicht das geringste zu tun hat. Wir wissen, daß die Banknote nichts anderes ist als die umgewandelte Form des Wechsels und dieser nichts anderes als eine Geldform des Warenwertes. Setzt man nun die Banknote in ein Verhältnis nicht zu den Wechseln, also in letzter Instanz zu den in Zirkulation befindlichen Warenwerten, was durch die sogenannte bankmäßige Bedeckung der Noten, solange sie streng durchgeführt wird, geschieht, sondern zum Metallschatz wie in England oder gar zu Staatsschuldenobligationen wie in den Vereinigten Staaten, wo die Verrücktheit ihren Gipfelpunkt erklommen hat und Schulden als größte Sicherheit für Kreditgewährung gelten – eine Verrücktheit, die aus der verrückten Form des fiktiven Kapitals erklärlich ist – so schafft man künstlich Beschränkungen im Angebot von Leihkapital, die natürlich sofort auf den Zinsfuß wirken müssen. In England, wo die Noten-

---

[20] Was natürlich eine alte Erfahrung ist. Ein ungenannter »Continental Merchant« sagte das schon den Mitgliedern des berühmten Bullion-Committee (1810): »In fact, I only know of two means to liquidate an unfavourable balance of trade, it is either by Bullion or bankruptcy.« (Ich kenne in der Tat nur zwei Mittel, durch die eine ungünstige Handelsbilanz beglichen werden kann, entweder durch Goldsendung oder durch Bankerott.) (Report, S. 101.)

menge gesetzlich fixiert ist und daher der Bedarf der Zirkulation nur durch Metallgeld befriedigt werden kann (denn jede Note über 14 Millionen Pfund[21] hinaus ist nur Repräsentant des Goldes in den Kellern der Bank, ist also ökonomisch wirkliches Gold), muß daher jeder stärkere Goldabfluß unmittelbar eine Gefahr für die Zirkulation werden. Die Bank kann im selben Maße, als das Gold abfließt – zum Beispiel zur Ausgleichung einer vermehrten Getreideeinfuhr infolge Mißernte in England – nicht mehr dieselbe Menge Wechsel in ihre Noten verwandeln, obwohl die Verhältnisse noch völlig gesund sein mögen und der Kredit unerschüttert ist. Sie muß daher bei jedem Goldabfluß, mag sie auch sicher sein, daß er nur temporär bleibt, sofort zum Schutz ihres Goldschatzes den Zinsfuß erhöhen und so den Kredit verteuern, eine Maßregel nebenbei, die auf Kosten des Unternehmergewinnes den Gewinn des Leihkapitals, also auch ihren eigenen, steigert. Zweitens aber wird die Konvertibilität der Wechsel in Banknoten, also in gesetzliches, und wäre dies auch nicht der Fall, doch allgemein anerkanntes Zahlungsmittel zweifelhaft. Die Zirkulation von Kreditgeld, die die gewachsene Zirkulation erfordert, wird so gewaltsam gehemmt, obwohl in dem Stand der Produktion nicht die geringste Veranlassung dazu gegeben ist, und so künstlich unter Umständen eine völlige Unterbrechung der Zirkulation des Kreditgeldes mit ihren Folgen der Geld- und Bankkrise erzeugt, einer falschen Theorie zuliebe, deren Umsetzung in die Praxis dem Leihkapital allerdings nicht nur theoretische Vorteile bringt.

Noch toller sind die Verhältnisse in Amerika, wo die Ausdehnung der Notenzirkulation nur möglich ist durch Ausdehnung des Ankaufes von Staatsschulden durch die Banken. Da deren Menge begrenzt ist, so führt die gesteigerte Nachfrage sofort zu außerordentlichen Kurssteigerungen, die den Banken selbst bei hohem Zins die Ausgabe von Banknoten unprofitabel erscheinen lassen. Zudem bewirkt das Unterlassen des Ankaufes und damit der Ausdehnung der Notenzirkulation exorbitante Zinssteigerungen, welche den Banken und Bankkapitalisten nicht nur außerordentliche Gewinne gewähren, sondern sie überhaupt zu Herren des Geldmarktes machen und ihnen die Diktatur geben nicht nur über die Spekulation und die Börse, sondern durch

[21] Dies zur Zeit Peels; heute kann der Betrag der ungedeckten Noten zirka 18 1/2 Millionen betragen.

Vermittlung des Aktienwesens und der Kreditgewährung auch über die Produktion. Es ist dies auch einer der Gründe, warum die amerikanischen Börsen für die Konzentration des Eigentums in der Hand einiger Geldkapitalisten so ungeheure Bedeutung gewonnen haben. Bliebe diese Bankgesetzgebung erhalten, so würde für die Vereinigten Staaten die Tilgung ihrer Staatsschuld geradezu die Zerstörung ihrer Notenzirkulation bedeuten, ein Wahnwitz, der aber zugleich Methode hat – eine ausgezeichnete Methode zum Geldmachen für das Leihkapital – und deshalb auch allen Heilungsversuchen erfolgreich trotzt.

Die Einschränkungen der Bankgesetzgebung sind nur deshalb in einem gewissen Grade erträglich geworden, weil – mit durch sie verursacht – die Notenzirkulation gerade in England und Amerika, wo die Einschränkungen am stärksten und schädlichsten, durch Ausbildung anderer Arten der Kreditgeldzirkulation eingeschränkt, die gesetzlichen Bestimmungen also etwas weniger fühlbar gemacht wurden. Dazu gehört die Ausbildung des Clearing- und des Scheckverkehrs. Der Clearingverkehr bewirkt die direkte Kompensation der Wechsel, die in dem Umfang, in dem sie sich kompensieren, ihre Geldfunktion erfüllen, also nicht erst der Verwandlung in die Banknote bedürfen. Dasselbe leistet der Scheck. Der Scheck lautet auf das eigene Depositum. Aber dieses Depositum existiert nicht in Wirklichkeit, da die Bank es ausgeliehen hat. Zahle ich mit Scheck auf dieses nicht existierende Depositum, so ist es dasselbe, als zahlte ich mit einer Banknote, die ebenfalls keine Metalldeckung hat, sondern ebenso wie die ausgeliehenen Depositen nur bankmäßige Sicherheiten als Unterlage hat. Ökonomisch ist es der gleiche Inhalt, wenn auch die Form, die die Bankgesetzgeber zum Glück allein sehen, noch so verschieden erscheint. In England kommt zu diesen Ersparungsmitteln der Notenzirkulation – und eben der Umstand, daß die einen Formen des Kreditgeldes für die anderen eintreten können, beweist ihre Wesensgleichheit – noch die Gewißheit, daß das famose Bankgesetz, in dem Augenblick, wo die Gefahr droht, es könnte Wirksamkeit erlangen, sofort suspendiert würde.

Die Wirkungen der Notengesetzgebung können auch die Tendenzen, die in den Veränderungen der Zahlungsbilanz während der Krise zum Ausdruck kommen, abschwächen, unter Umständen ganz aufheben. Wir haben gesehen, daß die Zahlungsbilanzveränderungen sich stets abspielen auf einer Grundlage, die durch die Gestaltung der Handelsbilanz gegeben ist. Diese selbst ist abhängig einmal von natürlichen Produktionsverhältnissen, dann vom Stand und Alter der ökonomischen Entwicklung. Ein Land mit alter ökonomischer Entwicklung, mit außerordentlich starker, rein industrieller Entfaltung, überwiegendem Export von Produktionsmitteln und geringerer Rohstoffproduktion wird eine passive Handelsbilanz aufweisen. England könnte seinen Export von Produktionsmitteln nur dann so stark entwikkeln, wenn es – das erste Land entwickelter kapitalistischer Produktion – seine Produktionsmittel nicht nur als Waren, sondern als Kapital exportierte, das heißt die Produktionsmittel nicht ans Ausland verkaufte, sondern sie als eigene Kapitalsanlage ins Ausland schickte; so zum Beispiel wenn England Südamerika eine Eisenbahnanleihe bewilligte und die Südamerikaner den Erlös der Anleihe zum Ankauf von Maschinen, Lokomotiven etc. aus England verbrauchten. Ein solcher Export, der zugleich Kapitalexport ist, wird unabhängig von dem gleichzeitigen Warenimport. Handelte es sich um einfachen Warenexport, so könnte auf die Dauer zum Beispiel Südamerika nur Produktionsmittel aus England beziehen, wenn es diese mit eigenen Waren bezahlen könnte, da Südamerika nicht genug Geld angesammelt hat, um etwa aus reinen Metallbeständen die Produktionsmittel in diesem Umfang zu bezahlen. In der Tat ist ein großer Teil des internationalen Handels solcher Warenaustausch und gleicht sich in diesem Umfang auch aus. Durch den Export der Waren als Kapital wird aber der Export in seinem Umfang unabhängig von der Warenproduktion des noch unentwickelten Landes, und findet seine Grenzen nur in dessen kapitalistischer Entwicklungsmöglichkeit einerseits, in der Kapitalakkumulation, dem Überschuß an produktivem Kapital in dem entwickelten Lande anderseits. Dies ist ja gerade der Grund für die Schnelligkeit kapitalistischer Expansion. So steigern die entwickeltsten kapitalistischen Länder einerseits ihre industrielle Produktion und anderseits ihren Export weit über den Import aus den unentwickelten Ländern. Daher die passive Handelsbilanz, der auf der anderen Seite eine aktive Zahlungsbilanz entspricht, da diese Länder ständig Zahlungen, den Profit aus dem exportierten Kapital, zu empfangen haben.

Je nach der konkreten, quantitativen Gestaltung der Handels- und Zahlungsbilanz werden die Tendenzen, die die Goldeinfuhr und -ausfuhr bestimmen, nun ihren Effekt ausüben. Wenn die Vereinigten Staaten keineswegs so regelmäßig wie England während der früheren Krisen Goldabfluß zeigen, so wirken hier wesentlich zwei verschiedene Momente. Einmal jene Hindernisse für die Entwicklung des Zirkulationskredits, die aus der Notengesetzgebung herstammen. Da der Zinsfuß in Amerika dadurch über das europäische Niveau gesteigert wird, weil sein beengter Zirkulationskredit nicht ausreicht, zieht Amerika ständig europäisches Geldkapital an sich, und es hängt ganz von der Stärke der Kreditpressung in Europa ab, ob es gelingt, dieses Geldkapital in Zeiten der Hochkonjunktur wieder nach Europa zurückzuleiten und Goldausfuhr aus Amerika zu erzeugen.

Dann aber kann die Gestaltung der amerikanischen Handelsbilanz modifizierend eingreifen. Amerika ist ein Land mit überwiegendem Rohstoffexport. Gute Ernte vorausgesetzt, wird sich gerade während der Hochkonjunktur die amerikanische Handelsbilanz außerordentlich verbessern, da zum Beispiel die Preise der Baumwolle, des Kupfers, eventuell auch des Getreides steigen werden, und diese Verbesserung der Handelsbilanz kann die Tendenzen, die zur Entstehung des Goldabflusses führen, abschwächen oder aufheben oder auf einen späteren Zeitpunkt verschieben und damit eventuell auch den Eintritt der Krise, für den aber das Eintreten von Goldabfluß keine Conditio sine qua non bedeutet.

Es sei in diesem Zusammenhang noch betont, daß die Macht der Nationalbanken, sich gegen Goldabfluß zu schützen, ganz verschieden ist, je nach den Gründen, aus denen das Gold für Exportzwecke gefordert wird. Herrscht zum Beispiel in Berlin ein Bankdiskont von 5 Prozent, in Paris ein solcher von 3 Prozent, so werden französische Bankhäuser darin ein Motiv finden, Geld von Frankreich nach Deutschland zu übertragen, um den höheren Zinsfuß auszunützen. Dasselbe kann der Fall sein, wenn zum Beispiel in Berlin eine lebhaftere Börsenspekulation herrscht, an der sich französische Häuser beteiligen wollen. Solche Goldübertragungen entspringen nicht aus zwingender ökonomischer Notwendigkeit, sondern es handelt sich dabei um gewissermaßen willkürliche Bewegungen des Geldkapitals. An sich könnten diese Kapitalien auch in Frankreich bleiben, wenn sie mit einer geringeren Zinsrate oder geringerem Börsengewinn zufrieden wären. Diese Goldbewegungen können daher durch geeignete bankpolitische Maßnahmen auch verhindert werden. Das Nächstliegende ist, diese Geldsummen dadurch im Lande zu behalten, daß man ihnen höheren Zins gewährt, also den

Bankdiskont hinaufsetzt. Zugleich bewirkt dies eine Ausgleichung der Zinssätze. Die Bank kann aber auch solche Goldentnahmen direkt verhindern, wenn sie die Einlösung in Gold verweigern kann. Die Österreichisch-ungarische Bank, deren Barzahlung suspendiert ist, hat dazu das gesetzliche Recht; die Bank von Frankreich, die auch in Silber zahlen kann, kann ebenfalls die Goldzahlung verweigern, eventuell auch in der Form, daß sie von ihrer Berechtigung, eine Goldprämie zu berechnen, Gebrauch macht[22] und durch diese Verteuerung den Vorteil aus der Zinsdifferenz aufhebt und damit das Motiv zur Goldausfuhr beseitigt. Der Bank von England und der Deutschen Reichsbank stehen keine solchen direkten Mittel zur Verfügung, doch sucht wenigstens die letztere durch indirekten Druck auf die Goldexporteure bei angespannten Geldverhältnissen den Goldexport einzuschränken, eine Politik, die, wenn sie auf diese Fälle der Goldausfuhr beschränkt bleibt, übrigens für die nationale Volkswirtschaft durchaus rationell ist. Zugleich ist diese tatsächliche Beschränkung der Freizügigkeit des Geldkapitals, respektive des Goldabflusses eine der Ursachen, die die internationale Ausgleichung der nationalen Zinssätze auf dasselbe Niveau verhindern.

Ganz anders aber, wenn Goldnachfrage zum Beispiel bei der Deutschen Reichsbank entsteht, weil Deutsche in England Waren oder Effekten zu bezahlen haben. Die Deutschen werden zunächst Sterlingwechsel auf der Berliner Börse kaufen; übersteigt aber der Wechselkurs die Parität, so werden sie mit Gold zahlen wollen. Verweigert die Reichsbank dann die Hergabe von Gold, so würden sich die deutschen Schuldner, die ja zahlen müssen, wollen sie nicht bankerott erklärt werden, aufs neue Sterlingwechsel verschaffen müssen; ihre Nachfrage würde den Wechselkurs über die Parität steigern, was eine Entwertung der deutschen Valuta bedeutete, die zu verhindern oberste Aufgabe der Bankpolitik ist.

Es kann also Goldabfluß, der aus bloßen Finanztransaktionen entspringt, verhindert werden; diese Finanztransaktionen

---

[22] »Die Bank von Frankreich berechnet sehr oft bei Geldentnahme eine Prämie, die bei starker Nachfrage für das Ausland bis zu 8, ja bis zu 10 Promille hinaufgesetzt wird, und da das Ausland nur Gold gebrauchen kann, so muß der Diskonteur diesen Betrag dem heimischen Diskont hinzurechnen. Im allgemeinen kann man sicher sein, daß bei hohen Auslanddiskonten und erheblich tieferem Pariser Stand die Goldprämie zur Anwendung gelangt. Sie verteuert in der Höhe von 5 Promille bei einem Dreimonatwechsel den Zins um 2 Prozent im Jahre.« Sartorius, S. 263.

müssen dann eben unterbleiben; dagegen ist es nicht möglich, Goldabfluß zu verhindern, der zur Begleichung von bereits eingegangenen effektiven Verpflichtungen aus dem Waren- oder Effektenverkehr nötig ist, ohne die Valuta zu entwerten.

19. Kapitel

Geldkapital und produktives Kapital während der Depression

Betrachten wir die Akkumulationsvorgänge nach der Krise, so geht zunächst die folgende Reproduktionsperiode auf verengter Stufenleiter vor sich. Die gesellschaftliche Produktion erfährt eine Einschränkung. Es macht dabei wegen der »Solidarität der Produktionszweige« keinen Unterschied, ob die Überproduktion in der einen oder anderen Sphäre ausgebrochen war. Die Überproduktion in den leitenden Sphären bedeutet allgemeine Überproduktion. Es findet also keine produktive Akkumulation, keine vermehrte Rückverwandlung von Profit in Kapital, keine vermehrte Anwendung von Produktionsmitteln statt. Die produktive Akkumulation ist also verschwunden. Wie steht es aber mit der individuellen Akkumulation und mit der der einzelnen Industriesphären? Die Produktion geht ja, wenn auch auf verengtem Maßstab, weiter vor sich. Ebenso sicher ist, daß für eine große Anzahl von Unternehmungen, vor allen den technisch leistungsfähigsten innerhalb der einzelnen Sphären, dann in den Sphären, die unbedingt notwendige Lebensmittel produzieren, deren Konsum nicht allzu stark verringert werden kann, Profit erzielt wird. Ein Teil dieses Profits kann akkumuliert werden. Nun ist die Profitrate gesunken, und ihr Sinken mag auch die Akkumulationsrate vermindern. Ebenso ist die Profitmasse gesunken, und auch dies verringert die Akkumulationsmöglichkeit. Erzielt ferner ein Teil der Kapitalistenklasse Profit, so erleidet ein anderer Verluste, die gedeckt werden müssen durch Zusatzkapital, falls es nicht zum Bankerott kommen soll. Nun wird aber während der Depression die wirkliche Produktion nicht erweitert. Findet also Akkumulation statt, so kann es sich nur um Akkumulation in Geldform handeln. Woher fließt den akkumulierenden Kapitalisten das Geld zu?

Vergegenwärtigen wir uns nochmals das Schema der Reproduktion:

I 4000 c + 1000 v + 1000 m = 6000.
II 2000 c + 500 v + 500 m = 3000.

Es wäre das die durch die Krise bereits verringerte Produktion. Die Kapitalisten aber produzieren kein Geld, sondern Waren. Sollen sie Geld in die Hand bekommen, und zwar über jene Summen hinaus, über die sie bereits verfügten – denn sonst fände ja keine Geldakkumulation statt –, so müssen sie die Waren in Geld verwandeln, aber die Rückverwandlung in Ware unterlassen. Will II aus seinen 500 m sage 250 akkumulieren, so muß es die Lebensmittel verkaufen (und zwar die einen Mitglieder der Klasse II an andere derselben Abteilung, da die Umsätze von II m innerhalb der Klasse II erfolgen), ohne selbst den anderen Mitgliedern ihre Waren abzukaufen; es bleiben also innerhalb Klasse II 250 m unverkäuflich. Gelingt den einen der Verkauf, so bleiben die anderen auf ihren Waren sitzen; es tritt dann eine andere Verteilung des Geldkapitals ein; die Verkäufer bekommen das Geld von den Käufern; für diese aber kehrt es nicht zurück, da sie ja ihre 250 Waren nicht verkaufen können.

Das gleiche Resultat erhalten wir, wenn wir annehmen, daß die Kapitalisten der Gruppe I die Hälfte ihres Mehrwertes akkumulieren. Sie können dann 1000 v + 500 m, die die Gestalt von Produktionsmitteln haben, an II c verkaufen. Diese zahlen dafür 1500 in Geld. Da aber I m jetzt nicht 2000 Lebensmittel kauft, sondern 500 in Geld festhält, so kann II c jetzt nur 1500 verkaufen; es bleiben ihm also 500 in Lebensmitteln zurück und es hat 500 in Geld weniger, die in den Händen von I akkumuliert bleiben. Schießt aber nicht II c für 1000 Geld zum Ankauf der Produktionsmittel vor, sondern unterstellen wir, daß I den Prozeß beginnt, so wird I um 1500 Lebensmittel kaufen, II kauft um das Geld Produktionsmittel um 1500 zurück und für I bleiben 500 Produktionsmittel unverkäuflich; seine Akkumulationshoffnung hat sich nicht realisiert. II schränkt die Produktion weiter ein und beginnt die Reproduktion mit 1500 c und vermindert entsprechend sein variables Kapital; hat es 2000 in Geld besessen, um den Umsatz mit I c zu vermitteln, so hat es jetzt nur 1500 verwendet, während 500, die früher als Geldkapital fungierten, brachliegen; dazu kommt die Verminderung des Geldes, das als variables Kapital vorgeschossen wurde.

Es zeigt sich, daß reine Geldakkumulation auf gesellschaftlichem Maßstab unter Voraussetzung einer verringerten oder gleichbleibenden Produktion nicht möglich ist. Es kann nur individuelle Akkumulation stattfinden, was aber nur bedeutet, daß die Akkumulation der einen nur veränderte Verteilung des Geldkapitals der anderen ist, eine Änderung, die aber ihrerseits zu neuen Störungen der Reproduktion führen muß. Es ändert nichts daran, wenn wir die Klasse der Goldproduzenten selbst betrachten; hier ist allerdings unmittelbare Geldakkumulation möglich; diese Geldakkumulation aber findet ihre Schranken unmittelbar an der Größe des akkumulierten Profits, der in diesem einen Produktionszweig gemacht wird. Um den Betrag dieses akkumulierten Geldes vermindert sich gleichzeitig der Absatz der anderen Industrien, da ja das Geld akkumuliert und in Schatzform festgehalten wird. Wie immer man übrigens diesen Faktor in Rechnung stellen will, er ist quantitativ zu unbedeutend, um allgemeine Akkumulation zu bedeuten.

Der Kredit führt in diesen Verhältnissen keine Änderung herbei: 2000 (m + v) I müssen an die 2000 c II verkauft werden. Geldakkumulation würde aber bedeuten, daß zwar I 2000 verkauft, aber nur 1500 von II zurückkauft. Ob nun diese Umsätze durch Kredit vermittelt werden oder nicht, I kann 500 in Geld oder Kreditgeld oder Anweisung auf künftige Produktion nur akkumulieren, wenn II 2000 von I kauft. Dies kann II aber nur, wenn es entweder mit seinen Waren dafür zahlt, was nach der Voraussetzung unmöglich ist, oder aber aus einem Geldreservefonds, wobei dann I nur akkumuliert, was II verliert. Es ist also nicht richtig, daß das brachliegende Kapital in der Depressionszeit aus in Geld- oder Kreditform akkumuliertem Geldkapital besteht. Es ist durch die Einschränkung der Produktion freigesetztes Geldkapital, das früher zur Bewerkstelligung der Umsätze gedient hat und bei der Verringerung der Produktion überflüssig geworden ist. Seine Brachlegung entspricht der Brachlegung des Produktionskapitals. Die Produktivkräfte sind infolge der Einschränkung der Produktion nur zu einem Bruchteil ausgenützt. Das neuproduzierte konstante Kapital liegt auf Lager und findet keine Verwendung in der Produktion; das Geldkapital und die Möglichkeiten der vorhandenen Kreditorganisation sind im Verhältnis zum eingeschränkten Umsatz zu groß geworden, es liegt müßig in den Banken und wartet auf Verwendung, deren Voraussetzung die Ausdehnung der Produktion ist.

Es ist übrigens auch eine merkwürdige Vorstellung, daß die Krisentheoretiker gerade auf das Brachliegen des Geldkapitals

als auf den stärksten Antrieb zu Vergrößerung der Reproduktion hinweisen[23]. Als ob nicht der Stillstand der Maschinerie mit seiner Gefahr des materiellen und moralischen Verschleißes, die geringere Ausnützung des fixen Kapitals überhaupt, die nicht nur Gewinnentgang, sondern fortwährenden Verlust bedeutet, ein viel stärkerer Antrieb zur Ausdehnung der Produktion wäre als die geringere Verzinsung des Geldkapitals. Es handelt sich nicht darum, daß das Motiv zur Akkumulation nach der Krise unter dem Einfluß der Geldflüssigkeit verstärkt wird, sondern darum, ob die Erweiterung der Reproduktion objektiv möglich ist oder nicht. Gewöhnlich tritt sofort nach der Krise starke Geldflüssigkeit ein, und trotzdem kann es Jahre dauern, bis die Prosperität voll einsetzt[24].

Es ist ganz amüsant zu sehen, wie die Meinungen der Handelsschriftsteller in der bürgerlichen Presse mit den jeweiligen Konjunkturerscheinungen wechseln. Die letzte Krise wurde in den deutschen Zeitungen fast ausschließlich auf die Geldteuerung oder den Mangel an Geldkapital zurückgeführt. Jetzt, wo trotz der anhaltenden internationalen Geldflüssigkeit die Depression andauert, kommt man allmählich zur Entdeckung, daß die Prosperität nicht allein vom Stand des Geldmarktes abhängt[25].

Die falschen Ansichten über die Ursachen der Geldflüssigkeit während der Depression und ihre Bedeutung für deren Überwindung beruhen in letzter Instanz darauf, daß über den ökonomischen Formbestimmtheiten die materielle Bestimmtheit der gesellschaftlichen Produktion, wie sie die Marxsche Analyse im

---

[23] Dieser aus ökonomischen Erscheinungen selbst entspringenden Versuchung ist nicht nur Tugan-Baranowski, sondern auch Otto Bauer in seiner so scharfsinnigen und anregenden Darstellung der Marxschen Krisentheorie erlegen. (»Neue Zeit«, XXIII., 1., S. 133 ff.)

[24] Dies war zum Beispiel der Fall in der Depressionsperiode nach 1890. Das ganze Jahr 1893 war ein solches mit außerordentlich reichlichem Geldangebot und niedrigem Zins. Ende Februar 1894 betrug der Londoner Bankdiskont 2 Prozent, der Privatdiskont Mitte März 1 Prozent. Mitte Jänner 1895 stand der Londoner Privatdiskont zwischen 1/2 und 7/8 Prozent. Trotz der langandauernden und ungewöhnlich starken Geldflüssigkeit setzte der Aufschwung aber erst in der zweiten Hälfte des Jahres 1895 ein.

[25] Überhaupt nimmt neuerdings im Zusammenhang mit der Vernachlässigung theoretischer Betrachtungsweise die Unsitte stark überhand, aus einigen Beobachtungen weniger Jahre allgemeine Folgerungen abzuleiten und die Erscheinungen einer Teilphase eines industriellen Zyklus, bestenfalls eines bestimmten, eigenartig charakterisierten Zyklus zu allgemeinen »Gesetzen« zu erheben. Andere lehnen dafür jede allgemeine Erkenntnis ab und trösten sich mit der Lebensweisheit des qui vivra, verra. Sie reduzieren bewußt nationalökonomische Erkenntnis auf einen Hintertreppenwitz.

II. Band des »Kapital« aufzeigt, übersehen wird. Man operiert nur mit den ökonomischen Begriffen, Kapital, Profit, Akkumulation etc. und glaubt die Lösung des Problems zu besitzen, wenn man die quantitativen Beziehungen aufgezeigt hat, auf Grund deren einfache und erweiterte Reproduktion möglich ist oder aber Störungen auftreten müssen. Man übersieht dabei, daß diesen quantitativen Beziehungen zugleich qualitative Bedingungen entsprechen, daß nicht nur Wertsummen sich gegenüberstehen, die miteinander ohne weiters kommensurabel sind, sondern auch Gebrauchswerte bestimmter Art, die bestimmte Eigenschaften in der Produktion und Konsumtion erfüllen müssen; daß bei der Analyse der Reproduktionsprozesse nicht nur Kapitalteile im allgemeinen einander gegenüberstehen, so daß etwa ein Zuviel oder Zuwenig von industriellem Kapital durch einen entsprechenden Teil des Geldkapitals »ausgeglichen« werden kann, auch nicht nur fixes oder zirkulierendes Kapital, sondern daß es sich zugleich um Maschinen, Rohstoffe, Arbeitskraft ganz bestimmter (technisch bestimmter) Art handelt, die als Gebrauchswerte dieser spezifischen Art vorhanden sein müssen, um Störungen zu vermeiden[26].

In Wirklichkeit finden wir bei der Krise auf der einen Seite brachliegendes industrielles Kapital, Baulichkeiten, Maschinen etc., auf der anderen brachliegendes Geldkapital. Dieselbe Ursache, die das industrielle Kapital brachlegt, legt das Geldkapital brach; das Geld kommt nicht in Zirkulation, fungiert nicht als Geldkapital, weil das industrielle Kapital nicht fungiert; das Geld ist unbeschäftigt, weil die Industrie unbeschäftigt ist; der »Phönix« stellt die Produktion nicht ein, weil ihm Kapital mangelt (Geldkapital), noch nimmt er sie auf, weil jetzt Geldkapital im Überfluß zur Verfügung steht; vielmehr ist das Geld im

---

[26] Auf die Spitze getrieben ist diese Verwechslung in der Krisentheorie Tugan-Baranowskis. Diese sieht nur die spezifischen ökonomischen Formbestimmtheiten kapitalistischer Produktion und übersieht dabei die aller Produktion, welch immer ihre historische Form, gemeinsamen natürlichen Bedingungen und kommt daher zur sonderbaren Vorstellung einer Produktion, die nur für die Produktion vorhanden ist, während die Konsumtion nur als ein lästiges Akzidenz erscheint. Ist dies schon »Wahnsinn«, so hat es doch »Methode«, und zwar marxistische, da eben diese Analyse der historischen Formbestimmtheit der kapitalistischen Produktion spezifisch marxistisch ist. Es ist verrückt gewordener Marxismus, aber doch Marxismus, was die Tugansche Theorie zugleich so sonderbar und so anregend macht. Tugan fühlt dies übrigens selbst, wenn er es auch nicht weiß. Daher seine so heftige Polemik gegen den »gesunden Menschenverstand« seiner Gegner.

Überfluß vorhanden, weil die Produktion reduziert ist. Der »Mangel« an Geldkapital ist nur Symptom der Stockung des Zirkulationsprozesses infolge bereits erfolgter Überproduktion.

Der Kredit ersetzt das Geld erstens als Zirkulationsmittel, zweitens erleichtert er die Geldübertragung. Aber theoretisch kann man von ihm zunächst abstrahieren, indem man die nötige Metallmenge für rein metallische Zirkulation unterstellt.

Die Erklärung der Konjunkturerscheinungen aus den Veränderungen des Zinsfußes, statt umgekehrt der Erklärung der Erscheinungen auf dem Geldmarkt aus den Verhältnissen der Produktion, ist fast allen modernen Krisentheoretikern eigen[27]. Die Gründe dafür sind leicht zu finden. Die Erscheinungen auf dem Geldmarkt liegen offen zutage, werden täglich in den Zeitungen besprochen und wirken bestimmend auf den Gang der Börse und der Spekulation ein. Zudem erscheint das Angebot von Leihkapital in jedem Moment als bestimmte Größe und muß auch so erscheinen, denn sonst bliebe es unerklärlich, wie Nachfrage und Angebot den Zins bestimmen können. Daß das Angebot des Leihkapitals vom Stand der Produktion abhängt, und zwar erstens von ihrem Umfang und zweitens von der Proportionalität der Produktionszweige, die bestimmend auf die Zirkulationszeit der Waren und damit auf die Umlaufsgeschwindigkeit des Kreditgeldes einwirkt, wird übersehen, wie überhaupt der funktionelle Unterschied von Zirkulationskredit und Kapital-(Bank-)Kredit übersehen wird; dies um so mehr, da dieser Unterschied durch die Banknotenausgabe verwischt erscheint, aller Kredit mit der Entwicklung des Bankwesens als Bankkredit erscheint. Wird dieser Unterschied aber übersehen, dann erscheint die Entwicklung der Geldmarkterscheinungen in einem ganz anderen Licht; das Abhängigkeitsverhältnis scheint jetzt einfach nur darin zu bestehen, daß die Ausdehnung der Produktion mehr Kapital erfordert. Kapital wird mehr oder weniger unklar mit Geldkapital identifiziert. Die Produktion wird ausgedehnt, die Nachfrage nach Geldkapital steigt, der Zinsfuß geht in die Höhe. Schließlich tritt Mangel an Geldkapital ein, der hohe Zinsfuß bringt den Gewinn der Produktion zum Schwin-

[27] Und nicht erst seit heute. »Die Oberflächlichkeit der politischen Ökonomie zeigt sich unter anderem darin, daß sie die Expansion und Kontraktion des Kredits, das bloße Symptom der Wechselperioden des industriellen Zyklus zu deren Ursache macht.« Marx, »Kapital« I, S. 662.

den, die Neuanlagen hören auf und die Krise beginnt. Dann wird während der Depression Geldkapital akkumuliert, statt es gleich in Anlagekapital zu verwandeln – eine begriffslose Vorstellung, da Maschinen, Docks, Eisenbahnen nicht aus Gold produziert werden. Der Zinsfuß sinkt, die Geldkapitalisten werden mit dem niedrigen Zins unzufrieden und legen das Geld wieder in der Produktion an, die Prosperität hat aufs neue begonnen.

Abgesehen von der barbarischen Verwechslung, die dieser Vorstellung der Ökonomen zugrunde liegt, die, weil sie Geld, Maschinen und Arbeitskraft Kapital nennen, nun sofort das eine Kapital, nämlich Geld, sich in das andere, nämlich in Maschinerie etc. und Arbeitskraft, oder, wie sie auch sagen, das Zirkulationskapital in Anlagekapital sich verwandeln lassen, übersieht diese famose »Theorie«, daß auch rein rechnerisch ihre Behauptungen Nonsens sind. Die Variationen des Zinsfußes sind in entwickelten kapitalistischen Ländern Variationen von höchstens 5 Prozent, wenn wir Schwankungen der offiziellen Diskontsätze von 2 bis 7 Prozent zugrunde legen, wobei unserer Meinung nach das Ausmaß dieser Schwankungen durch die einengende Bankgesetzgebung oder durch Mängel der Diskontpolitik noch über das ökonomisch rationelle Maß hinaus gesteigert wird. Nun wird das Geldkapital von den Produktiven in Anspruch genommen, um die Produktion zu erweitern; das heißt, der entliehene Wert, in Produktivkapital verwandelt, verwertet sich, wirft Profit ab. Dessen Höhe hängt ceteris paribus ab von den Preisen. Die Schwankungen der Warenpreise während der Konjunkturperiode sind aber ganz andere als Schwankungen von 5 Prozent. Jeder Blick auf eine Preistabelle sagt, daß solche von 50 und 100 Prozent und mehr nichts Seltenes sind. Nun mögen die Profite nicht im selben Umfang steigen, weil die Kostpreise zunehmen. Aber jedenfalls sind auch die Steigerungen des Profits der Industriellen während Prosperität und Hochkonjunktur unvergleich größer als 5 Prozent. Würden die Profite der Industriellen nicht aus anderen Gründen zum Sinken kommen, ein Zinsfuß von 7 Prozent würde die Akkumulation wirklich nicht zum Stehen bringen. Würde zum Beispiel das rheinisch-westfälische Kohlensyndikat zu Hochkonjunkturpreisen seine ganze Förderung absetzen können, so würde es keinen Moment Bedenken tragen, auch einen Zins von 10 Prozent für das ausgeliehene Kapital, das ja nur einen Teil seines Kapitals ausmacht, zu bezahlen, da es auch für diesen Teil über den Zins hinaus noch Unternehmergewinn verdienen würde[28].

Die merkwürdige Vorstellung, daß der Zins allmählich den Unternehmergewinn auffräße, wird noch befestigt durch die absolute Begriffslosigkeit, die über Kategorien wie Profit, Unternehmergewinn, Aufsichtslohn, Zins, Dividende etc. herrscht. Mit der Verbreitung der Aktiengesellschaft ist diese Begriffslosigkeit noch gewachsen. Die Dividende erscheint als Zins, aber als ein merkwürdig schwankender Zins gegenüber dem in jedem Moment fixierten des Leihzinses. Der Unterschied von Leihkapital und produktivem Kapital erscheint jetzt nicht mehr als der von zinstragendem und profitproduzierendem Kapital. Vielmehr erscheinen beide als zinstragendes Kapital. Nur daß das »flüssige« Kapital immer einen in jedem Moment bestimmten Zins abwirft, der täglich auf der Börse notiert wird, während das »fixe« Kapital einen Zins abwirft, den man nur aus der Dividendenerklärung erfährt. Die Verschiedenheit in der Gewißheit des Ertrages wird dann noch auf die Verschiedenheit des »flüssigen«, das heißt Geldkapitals, und des »fixen«, das heißt industriellen Kapitals zurückgeführt. Verwechselt man so alle qualitativen Unterschiede, dann ist es kein Wunder, daß man über die quantitativen die merkwürdigsten Vorstellungen produziert und sich einbildet, in den Schwankungen des Zinsfußes eine genügende Erklärung gefunden zu haben, um den Mechanismus des Konjunkturumschwunges erklären zu können.

---

[28] Daß hoher Zins noch keine Krisis erzeugt, dafür folgendes Beispiel: Im Jahre 1864 war Englands Zahlungsbilanz passiv. Infolge des amerikanischen Bürgerkrieges stockte die Baumwollzufuhr; dafür vermehrte sich die Zufuhr der Baumwolle aus Ostindien und Ägypten und schwellte die Einfuhr aus diesen Ländern an: für Ostindien von 15 Millionen Pfund (1860) auf 52 Millionen Pfund (1864), für Ägypten von 10 Millionen Pfund auf beinahe 20 Millionen Pfund. Die Bank erhöhte ihren Diskont, um den Abfluß von Metall zu hindern. Während des Jahres 1864 schwankte der Diskont von 6 Prozent bis 9 Prozent. Trotzdem beschränkte sich die Krise ausschließlich auf den Geldmarkt; auf dem Warenmarkt fand nur unbedeutendes Steigen statt und trotz einer Diskonthöhe, welche in früheren Zeiten nur während einer äußeren Geldklemme anzutreffen war, haben Handel und Industrie keine bedeutenden Erschütterungen erfahren«. »Trotz des fortdauernden Baumwollhungers war der englische Handel während dieser ganzen Zeit keineswegs gedrückt.« (Tugan-Baranowski, loc. cit., S. 139.)

20. Kapitel

Die Änderungen im Krisencharakter Kartelle und Krisen

Die Entwicklung der kapitalistischen Produktion bringt auch gewisse Änderungen in den Erscheinungsformen der Krisen hervor, deren Betrachtung wir uns jetzt zuzuwenden haben. Dabei kann es sich aber nur um den Versuch handeln, die allgemeinen Entwicklungslinien zu ziehen, während es Aufgabe der historischen Einzeldarstellung ist, die Änderungen in den Krisen für jedes einzelne Land in vergleichender Darstellung nachzuweisen.

Hier kann nur versucht werden, das Allgemeine in dem Besondern aufzuzeigen, was um so schwieriger ist, als mit dem Fortschreiten des Kapitalismus die internationale Verflechtung der Wirtschaftsvorgänge immer inniger wird, und daher auch bei den Krisen die Erscheinungen des einen Landes mit all seinen Besonderheiten des zeitlichen, technischen und organisatorischen Entwicklungsstadiums zurückwirken auf die Krise des anderen Landes.

So sind zum Beispiel die Erscheinungen der jüngsten europäischen Krise von 1907 nur zu verstehen aus der Rückwirkung der amerikanischen Krise; der besondere Charakter der amerikanischen Krise, welche die Erscheinungen der Geld- und Bankkrise in höchster, in Europa schon lange nicht mehr erreichter Vollendung zeigte, hatte spezifische Erscheinungen an den europäischen Geldmärkten zur Folge, die in manchen Einzelheiten und Verschärfungen ohne diese Rückwirkung vielleicht vermieden worden wären.

Anderseits ist es ebenso unmöglich, allgemeine Gesetze über die Veränderung der Krisen aus der Krisengeschichte eines einzigen Landes, zum Beispiel Englands, abzuleiten, weil eben die kapitalistische Krise eine Weltmarkterscheinung – und je länger desto mehr – ist und die Krisen eines einzigen Landes durch die Besonderheiten der kapitalistischen Entwicklung in diesem Lande auch bestimmte Modifikationen erfahren können, deren Verallgemeinerung irreführen muß[29].

Wollen wir also die Veränderungen in den Krisenerscheinungen feststellen, so müssen wir sie zugleich theoretisch ableiten können, um die Gewißheit zu haben, daß es sich nicht um besondere, einer Phase des Kapitalismus entsprechende, im ganzen also vielleicht zufällige Erscheinungen handelt, sondern um Tendenzen, die aus dem Wesen der kapitalistischen Entwicklung erwachsen.

Der Kapitalismus entwickelt sich in einer Gesellschaft, in der die Warenproduktion einen verhältnismäßig noch geringen Raum einnimmt. Erst seine Ausdehnung bringt die Verallgemeinerung der Warenproduktion mit sich, die Herstellung des nationalen und des beständig in Ausdehnung begriffenen Weltmarktes. Mit der Ausdehnung des Marktes entwickeln sich auch die Bedingungen, unter denen Krisen stattfinden können. Solange die kapitalistische Produktion sich über einen breiten Unterbau der Produktion für den Selbstbedarf und einer handwerksmäßig gebundenen, für den lokalen Markt bestimmten, nichtkapitalistischen Warenproduktion erhebt, treffen die Krisen mit ihrer ganzen Wucht nur den kapitalistischen Überbau. Sie treffen damit Produktionszweige, deren Absatz fast vollständig zum Stocken gebracht werden kann, weil die notwendige Zirkulation, diejenige, die zum Stoffwechsel der Gesellschaft unbedingt erforderlich ist, durch die handwerksmäßige Produktion, der Rest des Bedarfes durch die Produktion für den Selbstbedarf gedeckt wird. Die Krise kann hier in dem kapitalistisch betriebenen Bereich der Produktion die größten Verheerungen mit sich bringen, indem sie den Absatz für einige Zeit vollständig unmöglich macht, vorausgesetzt, daß die Krisenursachen nur sonst stark genug sind, um die Produktion lahmzulegen, was, wie wir noch sehen werden, in dieser Periode auch der Fall ist.

Mit der Entwicklung der kapitalistischen Produktion wird die handwerksmäßige Produktion und die für den Selbstbedarf im großen Umfang vernichtet. Die Krise trifft jetzt eine Produktion, deren Einschränkung begrenzt wird durch die Notwendigkeit, den relativ und absolut bedeutend größeren gesell-

[29] Ein Fehler übrigens, dem Tugan-Baránowski in seinen Schlüssen aus seiner ausgezeichneten und zuverlässigen Darstellung der englischen Krisengeschichte nur nicht immer entgangen zu sein scheint.

schaftlichen Bedarf zu decken. Mit dem Fortschreiten der Produktion wächst auch jener Anteil, der unter allen Umständen fortgeführt werden muß und dessen Fortführung die fast völlige Stockung des Produktions- und Zirkulationsprozesses einschränkt. Es erscheint dies darin, daß die der Konsumtion dienenden Industriezweige von der Krise verhältnismäßig schwächer getroffen werden und um so schwächer, je notwendiger die Lebensmittel, je geringer daher die Schwankungen in ihrer Konsumtion.

Änderungen in den Krisenerscheinungen müssen auch eintreten infolge der Fortschritte der kapitalistischen Konzentration. Mit dem Umfang des Einzelunternehmens wächst seine Widerstandskraft. Je kleiner der Betrieb, desto wahrscheinlicher ist es, daß der Zusammenbruch der Preise völligen Bankrott nach sich zieht. Der kleine Unternehmer verliert vielleicht seinen ganzen Absatz; der Preissturz und die Arbeitsstockung machen die Verwandlung seines Warenkapitals in Geldkapital unmöglich. Er kann seinen Zahlungsverpflichtungen nicht nachkommen, da er auch nicht über Reservekapital verfügt und besonders in Krisenzeiten keinen Kredit erhält. Die Krise führt so zum massenhaften Zusammenbruch der noch kleinkapitalistischen Unternehmungen, zum Versagen des Kredits, zu massenhaftem Bankrott, Zahlungseinstellungen, Bankbrüchen und damit zur Panik. Es kommt dazu, daß auch die technischen Unterschiede größer sind. Modernen Betrieben stehen noch alte, zum Teil noch handwerksmäßige oder der Manufakturperiode angehörende Betriebe gegenüber, die der Preissturz völlig unmöglich macht. Aber ihr massenhafter Zusammenbruch reißt auch technisch an sich lebensfähige Unternehmer in das Verderben hinein[30].

---

[30] »Die Krise von 1857 und noch mehr die von 1873 traf eine große, übergroße Zahl von Unternehmungen (scil. in der Eisenindustrie), die sich untereinander an Leistungsfähigkeit nicht sehr weit unterschieden; im allgemeinen Zusammenbruch stürzten dadurch viele Werke, die, an und für sich rein technisch betrachtet, lebensfähig und lebenswert waren. Die Krise von 1900 fand neben den Riesenbetrieben der grundlegenden Industrien viele Betriebe von nach heutigen Begriffen veralteter Organisation, die »reinen« Werke, die von der Welle der Hochkonjunktur mit auf die Höhe gehoben waren. Der Preisfall, der Rückgang des Bedarfs brachten diese »reinen« Werke in eine Notlage, von der bei den kombinierten Riesenbetrieben zum Teil überhaupt nicht, zum Teil nur ganz kurze Zeit die Rede war. Dadurch führte die jüngste Krisis in ganz anderem Maße zur industriellen Konzentration als die früheren, als die von 1873, die zwar eine Auslese schuf, aber bei dem Stand der Technik keine derartige, daß ein Monopol der siegreich hervorgegangenen Unternehmungen geschaffen wurde. Ein solches dauern-

Anders steht der moderne Großbetrieb der Krise gegenüber; seine Produktion ist so groß, daß ein Teil auch während der Krise fortgeführt werden kann. Der amerikanische Stahltrust mag gezwungen sein, seine Produktion in der Krise auf die Hälfte zu vermindern; aber unter ein bestimmtes Minimum braucht er seine Produktion nicht einzuschränken. Mit der Konzentration der Betriebe wächst so der Umfang, in dem sie ihre Produktion aufrechterhalten können.

Mit der Entwicklung der kapitalistischen Produktion wächst also absolut und relativ der Umfang jenes Teiles der Produktion, der unter allen Umständen fortgeführt wird. Damit wächst aber auch der Umfang der Warenzirkulation, der während der Krise unberührt bleibt, damit aber auch der darauf beruhende Zirkulationskredit. Die Zerstörung des Kredits braucht also gleichfalls keine so vollständige zu sein wie in den Krisen der Frühperiode des Kapitalismus. Aber auch die Entwicklung der Kreditkrise auf der einen Seite zur Bankkrise, auf der anderen zur Geldkrise ist erschwert durch die Änderungen der Kreditorganisation einerseits, der Verschiebungen der Verhältnisse zwischen Handel und Industrie anderseits.

Die Kreditkrise entwickelt sich zur Geldkrise, wenn der Zusammenbruch des Kredits plötzlichen Mangel an Zahlungsmitteln erzeugt[31]. Dieser Mangel aber entsteht um so schwerer, je

---

des Monopol haben aber in hohem Grade die Riesenwerke der heutigen Großeisen- und Elektrizitätsindustrie, in geringerem die der Maschinenbranche und gewisser Metall-, Verkehrs- und anderer Gewerbe durch ihre komplizierte Technik, ihre großangelegte Organisation und ihre Kapitalsstärke. Wenn dies für manche »leichteren« Gewerbezweige nicht zutrifft und für diese die Wirkung einer Krise sich gegen früher nicht prinzipiell geändert hat, so wird dadurch nur noch verständlicher, daß die neueste Entwicklung des Bankwesens so sehr im Zeichen jener anderen Industrien steht.« Jeidels, loc. cit., S. 108.

31 Und zwar bedarf es nur dieser Bedingung, welch tiefere Ursachen immer ihr Eintreten bewirkt haben. Bei Schilderung des Amsterdamer Börsenkrachs von 1773 heißt es von den Folgen eines großen Bankrotts: »Man wußte nicht, wie hoch er sich belaufen würde, nicht, was für andere Häuser durch diesen Fall würden zerstört werden. Die allgemeine Ungewißheit verjagte den Kredit, und in einem Augenblick war kein bares Geld mehr zu finden. Der fürchtete, seine Wechsel zurückgeschickt zu sehen, andere besorgten, von den Summen, welche sie zu fordern hatten, nichts zu erhalten, andere suchten sich die allgemeine Not zunutze zu machen, und so paßten alle nur auf die Gelegenheit, zu den niedrigsten Preisen einzukaufen, jeder fürchtete sich, sein bares Geld auszugeben und so hörte die Zirkulation fast gänzlich auf.« (»Der Reichtum von Holland.« Aus dem Französischen, 2 Bände, Leipzig 1778, I, S. 444 ff., zitiert bei Sartorius von Waltershausen, a.a.O., S. 377.)

größer einmal der Umfang der Produktion ist, der unter allen Umständen fortgeführt wird. Denn in demselben Umfang kann das Kreditgeld seine Funktionen weiter erfüllen. Sodann je größer der Umfang der durch Kredit zu erledigenden Transaktionen ist und je mehr der kommerzielle durch den Bankkredit ersetzt ist. Denn die Erschütterung des Bankkredits ist schwieriger als die des Kredits eines einzelnen Industriellen. Entscheidend ist aber, daß der Mangel an Zahlungsmitteln überhaupt nicht eintritt, weil einmal die Entwicklung des Kredits den Bedarf an Zahlungsmitteln auch während der Krise herabdrückt, da zum Beispiel der Scheck- und Clearingverkehr fortdauert. Dann aber können diese Zahlungsmittel zur Verfügung gestellt werden durch die Notenbanken, deren Kredit auch während der Krise unerschüttert bleibt. Wir haben gesehen, daß die Notenzirkulation begründet ist auf der Wechselzirkulation. Diese kontrahiert sich einmal, weil ihre Unterlage, die Warenzirkulation sich kontrahiert. Sie kontrahiert sich aber stärker als die Warenzirkula-

---

Damit vergleiche man folgende Schilderung des Zustandes der deutschen Börsen bei Kriegsausbruch 1870. Am 4. Juli 1870 war die Berliner Börse vortrefflicher Stimmung gewesen, während der folgenden Tage wurde sie schwankend, am 8. Juli stark beunruhigt, am 11. Juli kopflos. Die Panik dauerte 8 bis 10 Tage, dann wurde nach wiedergewonnenem Selbstvertrauen der Abwärtsbewegung Halt geboten ... Wie mit einem Zauberschlage war das Geld an der Börse verschwunden. Der Diskont bei der preußischen Bank stieg bis auf 9 Prozent, in Leipzig für Lombarddarlehen auf 10 Prozent, in Lübeck 9 Prozent, in Bremen 8 Prozent. Wo war nun das Geld geblieben, das wenige Tage vorher reichlich zu 3 Prozent und $3^1/_2$ Prozent zu haben war? Daß es der Staat zu Mobilmachungszwecken aufgesogen hatte, war schon bei der damaligen Dezentralisation des Notenbankwesens in Deutschland, außerdem wegen der Bestände in den Händen der vielen keine Noten ausgebenden Banken und der Privatbankiers ausgeschlossen. Das meiste Geld war geblieben, wo es war, es wurde aber aus dem Kasten nicht hinausgelassen, und wer welches einziehen konnte, legte es zu dem übrigen. So wurde aus München zum Beispiel berichtet: »Es gab einen Moment, wo für das beste Papier und gegen die größten Sicherheiten nicht 500 fl. aufzutreiben waren; dagegen glaubten selbst Privatleute sich eine Barreserve für äußerste Fälle unter großen Opfern verschaffen zu müssen.« In Frankfurt a. M. »waren die Bankiers nur darauf bedacht, ihre Guthaben einzuziehen, indem auch das Publikum die bei ihnen hinterlegten Gelder ungesäumt zurückverlangte; wie das rapide Anwachsen des Giroguthabens bei der Bank zeigte, suchte man sich auf beiden Seiten eine starke Barreserve zu verschaffen, um allen Eventualitäten gegenüber gerüstet zu sein«.
Über Bargeldagio wird aus Hannover folgendes mitgeteilt: »Jeder Bankier, an der Spitze die Hannoversche Bank, dachte bloß an sich ... Kassenanweisungen und Noten der deutschen Privatbanken waren verfemt und 5 Prozent damno mußte sich der solide Mann, dem es um Kurant- oder preußische Scheine zu tun war, gefallen lassen, 10 Prozent und mehr mußte der Bauer zahlen, der sie in Angst um jeden Preis los sein wollte.«

tion, weil der kommerzielle Kredit erschüttert ist. Die Bank ersetzt jetzt den kommerziellen Kredit durch ihren eigenen in dem Umfang, als es die wirkliche Warenzirkulation erlaubt. Sie kann das in diesem Umfang, weil die Fortdauer der Warenzirkulation ihr die Gewißheit gibt, daß ihre Forderungen gesichert sind. Für den wirklichen Bedarf der Zirkulation kann sie also ihr Kreditgeld zur Verfügung stellen und die Nachfrage nach Zahlungsmitteln befriedigen. Damit aber schränkt sie die Nachfrage nach Zahlungsmitteln auf ihren wirklichen, für die Zirkulation notwendigen Bedarf ein und verhütet jene fast unbegrenzte Nachfrage, die, aus der Furcht entsprungen, auch gegen die besten Sicherheiten keine Zahlungsmittel zu erhalten, über den wirklichen Bedarf hinausgeht und zur Aufschatzung in großem Maßstab, also wieder zur Verringerung der Zahlungsmittel führt. Um die Notenbank zu diesem Vorgehen instand zu setzen, ist notwendig, einmal daß ihr Kredit unerschüttert ist, was bei einer gutgeleiteten Notenbank eine sehr leicht zu erfüllende Bedingung ist, sodann daß die vermehrte Notenausgabe nicht die Konvertibilität gefährdet. Diese Bedingung wird erfüllt durch das der Bank schon durch ihr Selbsterhaltungsinteresse diktierte Vorgehen, ihre Noten während der Krise nur gegen unbedingte Sicherheit zu gewähren, wodurch sie die Garantie erhält, daß sie wirklich nur das Zirkulationsbedürfnis in den während der Krise gegebenen Grenzen erfüllt. Zweitens, daß diese Konvertibilität gegen unvorhergesehene Zufälle geschützt ist durch eine hinreichende Reserve von Bargeld, vor allem durch Gold. Diese

---

Und wie dieser Zustand in verkleinertem Maße alle typischen Züge der jüngsten amerikanischen Geldkrise aufweist, so war auch das Heilmittel dasselbe: »In der Periode der Geldklemme in der zweiten Hälfte des Juli suchte man sich durch verschiedene Maßregeln zu helfen. In Bremen beschlossen Senat und Bürgerschaft gewissen fremden Goldmünzen den Charakter des gesetzlichen Zahlungsmittels beizulegen, was aber nicht viel half, da dieses Geld ebenso wie das der Stadtwährung in den Kassen zurückgehalten wurde, in Stuttgart wurde ein Kassenverein gegründet, welcher seine zu 3 Prozent verzinslichen und in sechs Monaten zurückzahlbaren Scheine zu 50 bis 500 fl. in Umlauf setzte. In München gab die Hypotheken- und Wechselbank ähnliche Schuldverschreibungen in den Verkehr, in Frankfurt a. M. gewährten angesehene Bankhäuser der dortigen Notenbank eine Kollektivgarantie. Sobald es möglich war, wurde Edelmetall aus dem Ausland bezogen. Die Bank- und Importhäuser Bremens waren Ende Juli in der Lage, über bedeutende Summen in Sovereigns zu verfügen, Frankfurt ließ Gold aus England, Silber aus Wien kommen. Diese Maßregeln erwiesen sich gegen die Geldklemme im Zahlungsverkehr leidlich wirksam, waren aber nicht imstande, dem Leihmarkt Kapital zuzuführen, um den staatlichen Bedürfnissen genügen zu können.« Sartorius, a.a.O., S. 323 ff.

Bedingung aber wird mit der Entwicklung der kapitalistischen Produktion erfüllt durch die gestiegene Goldproduktion, durch die Ansammlung des Goldes in den Banken und die Beschränkung der Funktion dieses Goldes darauf, als Reserve zu dienen. Durch die Entwicklung des Kredits wird das Gold immer mehr beschränkt auf die Funktion, dem Ausgleich der internationalen Zahlungsbilanz zu dienen. Steigt auch der Umfang der internationalen Zahlungen absolut kolossal, so steigt durch die Entwicklung des international fungierenden Kreditgeldes die bar zu begleichende Bilanz nicht in gleichem Umfang und nicht in demselben Verhältnis wie die angesammelte Goldreserve in Ländern alter kapitalistischer Entwicklung. Und dies setzt die Notenbanken in den Stand, den erhöhten Ansprüchen während der Krise nachzukommen. Voraussetzung ist natürlich, daß sie in ihren ökonomischen Funktionen nicht gehemmt werden durch gesetzlichen Zwang, wie dies in England durch die Peelsakte, in den Vereinigten Staaten durch die unsinnigen Deckungsvorschriften geschieht, und dort auch Geldkrisen in typischem Sinn erzeugt hat.

Das Ausbleiben der Geldkrise bewahrt aber den Kredit vor vollständigem Zusammenbruch und ist damit zugleich eine Vorbeugung für die Entstehung der Bankkrise. Der Run auf die Banken unterbleibt, die Depositenentziehung wird keine akute und vollständige, und die Banken können, wenn sie sonst zahlungsfähig sind, ihren Verpflichtungen nachkommen. Soweit aber die Bankkrise entspringt nicht als Folge der Kredit- und Geldkrise, sondern primär aus Festlegung der Bankmittel und Verlusten aus Kreditgewährungen, hat auch hier die kapitalistische Entwicklung Tendenzen, die eine Milderung der Krise für das Kapital erzeugen.

Die große Rolle spielt auch hier die Bankkonzentration. Sie gestattet durch den riesig erweiterten Geschäftsumkreis und durch die Ausdehnung über verschiedene nationale Wirtschaftsgebiete mit verschiedener kapitalistischer Entwicklungsstufe eine viel größere Verteilung des Risikos. Sodann aber geht diese zunehmende Konzentration der Banken zugleich mit einer Änderung ihrer Stellung zu der Spekulation, dem Handel und der Industrie vor sich. Zunächst bedeutet die Bankkonzentration eine Machtverschiebung zugunsten der Bank schon vermöge ihrer großen Kapitalskraft. Diese Kraft ist nicht nur quantitativ bedeutender als die der Schuldner der Bank, sondern die Überlegenheit der Bank ist eine qualitative dadurch, daß die Bank über das Kapital in seiner stets schlagfertigen Form, der Geldform verfügt. Diese Überlegenheit aber verhütet, daß eine große, gut geleitete Bank in solche Abhängigkeit von dem Schicksal eines einzigen oder einiger weniger Unternehmungen gerät, bei denen sie ihre Mittel festgelegt hat, daß sie in deren Zusammenbruch während der Krise unrettbar mitverstrickt wird.

Untersucht man die Ursachen, die die Entstehung der Bankkrise erschweren, im einzelnen, so ist zunächst zu erwähnen, daß die Spekulation an Ausdehnung und Bedeutung sehr viel verloren hat, und zwar sowohl die Waren- als die Effektenspekulation. Unter Warenspekulation verstehen wir hier nicht nur die börsenmäßige Spekulation, sondern vor allem jene des Warenhandels, die Nachfrage der Waren von seiten der Händler, in der Erwartung, daß die Preise weitersteigen werden, und die Ansammlung größerer Warenlager, um durch Zurückhalten des Angebots die Preise weiter zu steigern. Diese Spekulation geht zurück einmal mit der Ausschaltung des Handels überhaupt, mit der Zunahme des direkten Verkehrs zwischen Produzenten und Konsumenten und mit der Verwandlung der Händler in auf feste Provision gesetzte Agenten der Syndikate und Trusts. Dies verhindert bis zu einem gewissen Umfang, daß in der Hochkonjunktur die Preise durch den Handel spekulativ weit über die Preisfestsetzungen der Produzenten hinaus gesteigert werden, daß flotter Absatz noch vorgetäuscht wird, während in Wirklichkeit die effektive Nachfrage bereits zu stocken begonnen hat[32].

Wo aber der Großhandel – und nur um diesen handelt es sich in diesem Zusammenhang – seine alte Stellung nicht an die Industrie oder die Warenabteilungen von Großbanken verloren hat, weist er selbst starke Konzentration auf und schränkt die Beteiligung kapitalsschwacher oder ganz außenstehender Ele-

---

[32] Insofern ist nachfolgende Bemerkung von Marx für die heutigen Verhältnisse einzuschränken: »Bei dem modernen Kreditsystem verfügt es (das Kaufmannskapital) über einen großen Teil des Gesamtgeldkapitals der Gesellschaft, so daß es seine Einkäufe wiederholen kann, bevor es das schon Gekaufte definitiv verkauft hat ... Außer der Trennung von W-G und G-W, die aus der Natur der Ware folgt, wird hier also eine fiktive Nachfrage geschaffen ... Daher das Phänomen in den Krisen, daß sie nicht zuerst sich zeigen und ausbrechen beim Detailverkauf, der es mit der unmittelbaren Konsumtion zu tun hat, sondern in den Sphären des Großhandels und der Banken, die diesem das Geldkapital der Gesellschaft zur Verfügung stellen.« (»Kapital« III, I. Teil, S. 316.)

mente stark ein. Wo aber infolge besonderer Bedingungen der börsenmäßige Warenhandel noch eine besondere Rolle spielt, werden die Bewegungen der Spekulation immer mehr beherrscht von den Banken, denen die Entwicklung der Kreditorganisation immer mehr die Verfügung über das gesamte Geldkapital gibt und die imstande sind, die Spekulationsbewegungen nicht über gewisse Grenzen hinausgelangen zu lassen.

Schließlich wirkt auf die Einschränkung der Warenspekulation die Entwicklung der Transportmittel, die die Entfernung vom Markte gerade für die der Spekulation besonders unterliegenden Waren stark verkürzt hat, sowie die des Nachrichtendienstes, der über den Stand der Märkte jeden Moment unterrichtet. Die Ansammlung von unverkäuflichen Produkten auf entfernten Märkten, während an den Produktionsstätten die Produktion in altem oder gesteigertem Umfang weitergeht, ist viel schwieriger. Dann aber spielt infolge der Verringerung des relativen Anteils der Konsumtionsmittel die Spekulation in Kolonialprodukten, die bei den älteren englischen Krisen oft so verhängnisvoll war, eine viel geringere Rolle, wozu die Sicherheit und Regelmäßigkeit in der Zufuhr, die Genauigkeit und Schnelligkeit in der Marktberichterstattung das ihrige beiträgt. Dazu kommt, daß die Warenspekulation an Bedeutung verliert mit dem immer größer werdenden Umfang, den die Produktionsmittelindustrien annehmen, deren Produkte nicht der Spekulation unterliegen, weil die Produktion immer mehr Kundenproduktion wird.

In derselben Richtung der Erschwerung einer Entstehung von Bankkrisen wirken die Änderungen der Krisenerscheinungen in der Industrie und die Entwicklung der Bankenherrschaft über die Industrie. Wir haben gesehen, daß die wachsende Konzentration die industriellen Unternehmungen gegen die äußerste Wirkung der Krise, den völligen Bankrott, widerstandsfähiger macht. Diese Widerstandsfähigkeit wird erhöht durch die Organisationsform der Aktiengesellschaft, die zugleich, wie wir gesehen haben, den Einfluß der Banken auf die Industrie außerordentlich steigert. Denn die Aktiengesellschaft erhöht die Widerstandsfähigkeit des Unternehmens. Sie ermöglicht die Fortführung auch bei fehlendem Ertrag und selbst bei Verlusten, weil Kapitalzufuhr hier leichter möglich ist als beim Einzelbetrieb. Zweitens ist es bei der Aktiengesellschaft leichter möglich, Reserven anzusammeln und in guten Jahren Vorsorge für schlechte zu treffen. Drittens unterliegt die Anwendung der

Mittel und vor allem die Verwendung des ausgeliehenen Kapitals leichterer und daher schärferer Kontrolle. Die Banken kontrollieren unmittelbar die Verwendung der von ihnen durch Kredit unterstützten Gesellschaften. Die Kontrolle wird immer systematischer durchgeführt, je mehr die Tendenzen dahin gehen, die Industrie in Abhängigkeit von den Banken zu führen. Die Ausnützung des Kredits zu anderen als den Zwecken des Unternehmens selbst wird verhindert. In den älteren Krisen spielt der Umstand eine große Rolle, daß die Einzelunternehmer sich an der Spekulation in hohem Maße beteiligen und dazu ihr Betriebskapital verwenden, während sie ihren Betrieb mit Leihkapital weiterführen. Das verhindert jetzt die kontrollierende Bank.

Es ist also eine doktrinäre Auffassung, die das notwendige und unumgängliche, weil den Gesetzen der kapitalistischen Entwicklung entspringende Eindringen der Banken in die Industrie als eine Gefahr für die Banken bekämpft und demgegenüber das organisatorisch zurückgebliebene englische Bankwesen mit seiner Arbeitsteilung in Depositenbanken und Spekulationsbanken als das Ideal ansieht, das, wenn nötig, durch gesetzlichen Zwang erreicht werden muß. Diese Auffassung nimmt einmal den Schein des englischen Bankwesens für Wirklichkeit, indem sie übersieht, daß auch in England die Banken ihre angesammelten Gelder Industrie, Handel und Spekulation zur Verfügung stellen. Daß das in England durch Mittelspersonen, in Deutschland und in wieder etwas modifizierter Form in den Vereinigten Staaten direkt geschieht[33], erklärt sich aus bestimmten historischen Ursachen. Das englische Verfahren ist aber rückständig und übrigens auch im Verschwinden begriffen, weil es die Kontrolle des verliehenen Bankkapitals erschwert und deshalb die Ausdehnung des Bankkredits selbst hindert.

Schließlich, und hier können wir uns mit dem Hinweis auf das in dem Kapital über die Börse Gesagte begnügen, spielt auch die Effektenspekulation als ein die Bankkrise verursachendes Moment eine stets geringere Rolle. Immer mehr werden die Spekulationsbewegungen mit der wachsenden Macht der Banken von diesen beherrscht und nicht mehr die Banken von den Spekulationsbewegungen. Mit der Bedeutung der Börse im allgemeinen

---

[33] Daran ändert auch nichts, daß sich manchmal zwischen die Bank und das Unternehmen eine eigene Gründungsgesellschaft (Trustgesellschaft) schiebt, da diese von der Bank unmittelbar abhängig bleibt.

geht noch rascher ihre Rolle als krisenverschärfende Ursache zurück.

Mit der abnehmenden Rolle der Spekulation geht parallel auch eine Änderung in der Psychologie des kapitalistischen Publikums. Primitiv wie diese Psychologie des Spekulanten trotz aller Bemühungen seiner Bewunderer, in seine Psyche alle divinatorischen Fähigkeiten und romantischen Weltverbesserungspläne hineinzugeheimnissen, in Wirklichkeit ist, läßt sich die Änderung in dem Verhalten des spekulierenden Publikums aus dem Gemeinplatz des kapitalistischen Normalmenschen erklären: durch Schaden wird man – weniger dumm. Jene Massenpsychosen, wie sie die Spekulation zu Beginn der kapitalistischen Ära erzeugt, jene seligen Zeiten, wo sich jeder Spekulant als Gott fühlte, der aus nichts eine Welt schafft, scheinen unwiderbringlich dahin. Der Tulpenschwindel mit seinem idyllischen Untergrund poetischer Blumenliebhaberei, der Südseeschwindel mit seiner abenteuerlich-anregenden Phantastik unerhörter Entdeckungen, die Lawschen Projekte mit ihren Welteroberungsabsichten, sie weichen der unverhüllten Jagd nach dem Differenzgewinn, die mit dem Krach von 1873 ihr Ende findet. Seitdem ist der Glaube an die Wundermacht des Kredits und der Börse geschwunden, der schöne katholische Kultus ist trotz Bontoux der nüchternen Aufklärung erlegen, die nicht an die unbefleckte Empfängnis durch den Geist der Spekulation mehr glauben will, sondern das Natürliche natürlich nimmt und den Glauben den Dummen läßt, die noch immer nicht alle werden. Die Börse hat ihre Gläubigen verloren und nur ihre Priester behalten, die aus dem Glauben der anderen ihr Geschäft machen. Da der Glaube zum Geschäft geworden, wird das Geschäft des Glaubens immer geringer. Der holde und einträgliche Wahnsinn ist verflogen, die Tulpen längst verblüht und die Kaffeestaude liefert noch Handelsprofit, aber keinen rechten Spekulationsgewinn mehr. Die Prosa hat die Poesie des Gewinns erschlagen.

Die angeführten Momente lassen die Ursachen erkennen, die eine Änderung in den Krisenerscheinungen herbeiführen, soweit sie durch die Massenhaftigkeit der Bankrotte, durch die akuten Erscheinungen der Börsen-, Bank-, Kredit- und Geldkrise erzeugt sind. Sie schließen das Entstehen solcher Krisen durchaus nicht aus, aber sie erklären, warum diese schwerer eintreten. Ob sie eintreten, hängt von der Schwere der Störungen und der Plötzlichkeit ihres Eintretens ab. Ob diese so groß werden, daß sie etwa eine der Großbanken Deutschlands zu Falle bringen können – normale Leitung vorausgesetzt – ist eine quaestio facti und nicht eine Frage der Theorie. Aber all diese Momente lassen das Eintreten der industriellen Krise selbst, den Umschwung von Prosperität und Depression unberührt. Die Frage entsteht, ob die große Änderung in der Organisationsform der Industrie, ob die Monopole durch ihre behauptete Aufhebung der regulierenden Kraft des kapitalistischen Mechanismus, der freien Konkurrenz, qualitative Änderungen in den Konjunkturerscheinungen verursachen können.

Wir wissen, daß die Kartelle eine Verschiebung des Preisniveaus hervorbringen können. Sie schaffen ein verschiedenes Niveau des Profits in den kartellierten und den unkartellierten Produktionszweigen. Auf dieser veränderten Basis spielen sich dann die Konjunkturerscheinungen ab, die dann selbst durch die Kartelle gewisse Modifikationen erfahren. Aber den Kartellen wurde und wird zum Teil auch jetzt andere Wirkung zugeschrieben. Sie sollen nicht nur eine Modifikation der Krisenwirkung bedeuten, sondern imstande sein, die Krisen gänzlich zu beseitigen, da sie die Produktion regulieren und das Angebot jederzeit der Nachfrage anzupassen vermögen.

Diese Ansicht übersieht gänzlich die innere Natur der Krisen. Nur wenn die Krisenursache einfach in einer aus der Unübersichtlichkeit des Marktes folgenden Warenüberproduktion gesehen wird, kann es plausibel werden, daß die Kartelle die Krisen durch Einschränkung der Produktion beseitigen können.

Daß die Krise mit Warenüberproduktion identisch sei oder sie zur »Ursache« habe, erscheint als unumstößliche Gewißheit. Ist es ja die auf der Oberfläche liegende handgreifliche Tatsache. Die Preise sind niedrig, weil das Angebot die Nachfrage übersteigt, also weil eben zu viel Waren da sind, und jeder Blick auf die Marktberichte zeigt, daß die Warenlager überfüllt, die Waren unverkäuflich sind, daß also in der Tat Überproduktion an Waren besteht. Die Kartelle aber sind imstande, für den ganzen Industriezweig Einschränkungen der Produktion vorzunehmen; was früher das blinde Preisgesetz bewirkte, das eine ganze Anzahl von Betrieben durch das Sinken der Preise zum Stillstand und Bankrott brachte, diese segensreiche Einschränkung der Produktion besorgt jetzt rascher und schmerzloser der assoziierte Verstand der kartellierten Leiter der Produktion. Ja, noch mehr. Da das Kartell die Preise festsetzen, jeden Moment für die

»Übereinstimmung von Nachfrage und Angebot sorgen« kann, die Spekulation ausschaltet, den Handel genau kontrolliert und überwacht, wenn nicht direkt übernimmt, warum sollte es nicht möglich sein, durch genaue Anpassung der Produktion an den Bedarf die Krisen gänzlich aus der Welt zu schaffen, geringe Störungen des Wirtschaftslebens aber rasch und ohne große Erschütterungen zu beseitigen?

Es wär zu schön gewesen, es hat nicht sollen sein. Wer die Krisen einfach einer Überproduktion von Waren gleichsetzt, übersieht gerade die Hauptsache: den kapitalistischen Charakter der Produktion. Die Produkte sind nicht nur Waren, sondern Produkte von Kapital und die Überproduktion während der Krise ist nicht einfache Warenüberproduktion, sondern Überproduktion von Kapital. Das heißt aber nichts anderes, als daß das Kapital in der Produktion in einem Maße angelegt ist, daß seine Verwertungsbedingungen mit seinen Realisationsbedingungen in Widerspruch geraten sind, so daß der Absatz der Produkte nicht mehr den Profit abwirft, der eine weitere Ausdehnung, eine weitere Akkumulation möglich macht. Der Warenabsatz stockt, weil die Ausdehnung der Produktion aufhört. Wer daher die kapitalistische Krise einfach mit Warenüberproduktion gleichsetzt, bleibt bei der Analyse der Krisen in den ersten Anfängen stecken. Daß es sich nicht um bloße Warenüberproduktion handeln kann, wird schon daraus ersichtlich, daß einige Zeit nach der Krise der Markt für eine viel größere Menge von Waren aufnahmefähig sich erweist. Jede folgende Prosperitätsperiode übergipfelt die frühere um ein Bedeutendes, obwohl weder der Bevölkerungszuwachs noch das Wachsen des zur Konsumtion zur Verfügung stehenden Einkommens eine solche vermehrte Aufnahmefähigkeit erklären würde. Es handelt sich aber auch um ganz andere Faktoren als um die bloße Konsumtionsfähigkeit.

Die Störungen in der Preisregulierung, die schließlich zu den Disproportionalitätsverhältnissen und damit zu dem Widerspruch zwischen den Verwertungs- und Realisationsbedingungen führen, werden durch die Kartelle nicht vermindert, sondern verschärft.

Die Kartelle bewirken, daß die Konkurrenz außerhalb eines Produktionszweiges aufhört oder, besser gesagt, latent wird, daß die preissenkenden Wirkungen der Konkurrenz innerhalb dieser Sphäre nicht zur Geltung kommen; sie bewirken zweitens, daß die Konkurrenz der kartellierten Sphären auf Grund einer höheren Profitrate vor sich geht gegenüber den nicht kartellierten Industrien. Aber sie können nichts ändern an der Konkurrenz der Kapitalien um die Anlagesphären, an den Wirkungen der Akkumulation auf die Preisgestaltung und deshalb die Entstehung von Disproportionalitätsverhältnissen nicht verhindern.

Wir haben gesehen, daß während der Prosperität die Konkurrenz innerhalb derselben Produktionssphäre keine preissenkenden Wirkungen ausübt; die Nachfrage übersteigt ja das Angebot, und in solchem Falle besteht Konkurrenz unter den Käufern, nicht unter den Verkäufern.

Erst wenn das Angebot die Nachfrage übersteigt, tritt Konkurrenz der Verkäufer ein, und die Preise beginnen zu sinken. Daß aber die Kartelle der Preisgestaltung folgen und sie nicht bestimmen, ergibt sich aus dem Mechanismus der Produktion. Gesetzt, die Kartelle bleiben in der Prosperitätsperiode bei niedrigen Preisen; dann findet kein Steigen der Profite, keine vermehrte Akkumulation statt; blieben die Preise der kartellierten Industrien niedrig, während die der nicht kartellierten stiegen, so flösse Kapital aus der kartellierten Industrie ab; es wäre sehr bald Überproduktion von Kapital in den nicht kartellierten, Unterproduktion in den kartellierten Produktionszweigen, schärfste Disproportionalität, die zur allgemeinen Krise führte, wie ja Krise möglich ist auch bei gleichbleibender Produktion und sogar bei verminderter. In Wirklichkeit wäre das Kartell längst gesprengt, weil es das Profitstreben nicht befriedigt, sondern gehemmt, also das Motiv seines Bestehens aufgehoben hätte. Die teilweise Regelung, das heißt die Zusammenfassung eines Industriezweiges in ein Unternehmen bleibt eben ohne Einfluß auf die Proportionalitätsverhältnisse der Gesamtindustrie zueinander. Die Anarchie der Produktion wird nicht aufgehoben durch quantitative Verminderung der einzelnen Elemente bei gleichzeitiger Verstärkung ihrer Wirksamkeit und deren Intensität; sie kann überhaupt nicht ratenweise oder graduell aufgehoben werden. Geregelte und anarchische Produktion sind nicht quantitative Gegensätze, so daß durch Anstückelung von immer mehr »Regelung« aus der Anarchie bewußte Organisation würde. Sondern ein solcher Umschlag kann nur plötzlich stattfinden durch die Unterstellung der gesamten Produktion unter die bewußte Kontrolle. Wer diese Kontrolle ausübt und wem die Produktion gehört, ist eine Frage der Macht. An sich wäre ein Generalkartell ökonomisch denkbar, das die Gesamtproduktion leitete und damit die Krisen beseitigte, wenn auch ein solcher Zustand sozial und politisch eine Unmöglichkeit ist, da er an dem Interessengegensatz, den er auf die äußerste Spitze treiben würde, zugrunde gehen müßte. Aber von den einzelnen Kartellen eine Aufhebung der Krisen erwarten, zeigt nur von der Einsichtslosigkeit in die Ursache der Krisen und den Zusammenhang des kapitalistischen Systems.

Ebensowenig wie die Kartelle das Entstehen von Krisen verhindern können, können sie sich ihren Wirkungen entziehen. Identifiziert man allerdings die Krise mit Überproduktion von Waren, so wäre das Heilmittel einfach. Das Kartell vermindert die Produktion, vollzieht also in beschleunigtem Tempo, vielleicht auch in größerem Umfang das, was die Krise durch Erzeugen von Bankrott und Betriebseinschränkungen auch ohnehin bewirkt hätte. Die sozialen Wirkungen, namentlich die Arbeitslosigkeit und Lohnsenkung, blieben natürlich dieselben. Die kartellierten Kapitalisten aber könnten die Preise hochhalten, da ja das Angebot stark eingeschränkt wurde. Die Preise blieben hoch, der Profit hätte sich zwar vermindert, weil der Absatz geringer und auch die Produktionskosten gestiegen wären. Nach einiger Zeit würde der Markt die überschüssigen Produkte aufgenommen haben und die Prosperität könnte einsetzen. Jedoch diese Argumentation ist so einfach, wie sie falsch ist. Es handelt sich als Vorbedingung für das Wiedereinsetzen der Prosperität um zwei Bedingungen, einmal um die Herstellung der Proportionalität, die nötig ist, damit die Depression aufhöre, sodann um die Erweiterung der Produktion, denn nur das bedeutet ja Prosperität. Die beschriebene Kartellpolitik aber würde das Eintreten dieser Bedingungen gerade erschweren. Die Einschränkung der Produktion bedeutet Aufhören aller neuen Kapitalanlage; das Hochhalten der Preise verschärft dic Wirkung der Krise für alle nicht kartellierten oder nicht so fest kartellierten Industrien. Hier wird der Profit noch stärker fallen, respektive Verluste noch größer sein, infolgedessen hier noch stärkere Einschränkung der Produktion erzwungen werden. Dadurch wird die Disproportionalität nur wieder verstärkt; der Absatz der kartellierten Industrie leidet noch weiter, es zeigt sich, daß trotz der starken Einschränkungen die »Überproduktion« noch andauert, ja sich noch verschärft hat. Eine weitere Einschränkung der Produktion bedeutet aber weiteres Brachlegen von Kapital bei gleichbleibenden »Generalunkosten«, also weiteres Steigen der Selbstkostenpreise und daher neue Verminderung des Profits, selbst bei Aufrechterhaltung der hohen Preise. Deren Höhe lockt Außenseiter an; diese können mit niedrigeren Anlage- und Arbeitskosten rechnen, da ja alle Preise gefallen sind, sie werden daher konkurrenzfähig und beginnen das Kartell zu unterbieten. Das Kartell kann die Preise nicht mehr halten und der Preissturz greift auf die kartellierte Industrie über. Die künstlichen Eingriffe werden korrigiert und die Preisgestaltung folgt den Gesetzen, die die Kartelle vergebens für sich auszuschalten trachteten[34]. Auf Grundlage der neuen Preisgestaltung vollzieht sich eine neue Verteilung des Kapitals in die verschiedenen Produktionssphären und allmählich stellen sich wieder Proportionalitätsverhältnisse ein; die Depression ist überwunden. Die Prosperität kann beginnen, sobald technische Neuerungen oder neue Märkte erhöhte Nachfrage hervorrufen, welche Neuanlage von produktivem Kapital, vor allem von fixem Kapital hervorruft.

Die Kartelle heben also die Krisenwirkungen nicht auf. Sie modifizieren sie insofern, als sie die Wucht der Krise auf die nicht kartellierten Industrien abwälzen. Der Unterschied der Profitrate in kartellierten und nicht kartellierten Industrien, der im Durchschnitt um so größer ist, je fester das Kartell und je gesicherter sein Monopol, wird geringer während der Prosperität und größer während der Depression. Das Kartell mag auch imstande sein, den Profit während der ersten Zeit der Krise und Depression länger aufrechtzuerhalten als freie Industrien und für diese die Wirkung der Krise zu verschärfen. Dieser Umstand ist deshalb nicht bedeutungslos, weil gerade während der Krise und in der ersten Zeit danach die Lage der Industriellen am schwersten und ihre Selbständigkeit am gefährdetsten ist. Daß sie gerade in dieser Zeit durch die Kartellpolitik keine Erleichterung erhalten durch Verringerung der Preise ihrer Rohmaterialien etc., ist ein Moment, das für die Verschlechterung der Lage in den nicht kartellierten Industrien und die schnellere Herbeiführung der Konzentration von Bedeutung ist.

---

[34] Das oben Ausgeführte wird illustriert durch das Verhalten des Stahltrusts. Er schränkte 1907/08 seine Produktion aufs äußerste ein, um die Preise aufrechtzuerhalten. Ein Jahr später und der Eisenmarkt war deroutiert und zog in seine Deroute alle übrigen Metallmärkte hinein.

V. Abschnitt

Zur Wirtschaftspolitik des Finanzkapitals

21. Kapitel

Die Wandlung in der Handelspolitik

Das Finanzkapital bedeutet die Vereinheitlichung des Kapitals. Die früher getrennten Sphären des industriellen, kommerziellen und Bankkapitals sind jetzt unter die gemeinsame Leitung der hohen Finanz gestellt, zu der die Herren der Industrie und der Banken in inniger Personalunion vereint sind. Diese Vereinigung selbst hat zur Grundlage die Aufhebung der freien Konkurrenz des Einzelkapitalisten durch die großen monopolistischen Vereinigungen. Damit ändert sich naturgemäß auch das Verhältnis der Kapitalistenklasse zur Staatsmacht.

Die bürgerliche Staatsauffassung entsteht im Kampfe gegen die merkantilistische Politik, im Kampfe gegen die zentralisierte und privilegierende Staatsmacht. Sie vertritt das Interesse der beginnenden kapitalistischen Manufaktur und Fabrik gegenüber den Privilegien und Monopolen der großen Handels- und Kolonialkompagnien einerseits, des zunftartig abgeschlossenen handwerksmäßigen Gewerbes anderseits. Der Kampf gegen die Staatseinmischung konnte aber nur geführt werden, wenn nachgewiesen wurde, daß diese staatliche Gesetzgebung für das Wirtschaftsleben überflüssig und schädlich sei. Gegenüber den Staatsgesetzen mußte die Eigengesetzlichkeit der Wirtschaft und ihre Überlegenheit über die staatliche Gesetzgebung nachgewiesen werden[1].

---

[1] Da die Aufdeckung der wirtschaftlichen Gesetze den Inhalt der politischen Ökonomie bildet, so wird der Kampf gegen die merkantilistische Wirtschaftspolitik zu der einen mächtigen Triebkraft der Entwicklung der theoretischen Ökonomie. Die andere früher einsetzende und noch mehr unmittelbar auf den Grund gehende Triebkraft war die Bemühung um das Kardinalproblem der wirtschaftlichen Gesetzgebung zu Beginn des modernen Kapitalismus, die Frage nach der richtigen Geldverfassung. Es ist das Problem des Geldes, das Petty stellt, was ihn zum Begründer der klassischen Ökonomie macht, weil es unmittelbar zum Wertproblem und damit zu dem Grundgesetz der politischen Ökonomie führt.

So gründet sich die Politik des Bürgertums auf die Nationalökonomie und der Kampf gegen den Merkantilismus wird zum Kampf um die wirtschaftliche Freiheit und dieser wieder wird zum Kampf um die Freiheit der Person gegen die staatliche Bevormundung erweitert. Wie sich diese Auffassungen zur Weltanschauung des Liberalismus erhöhen, ist hier nicht weiter zu verfolgen. Nur darf vielleicht darauf hingewiesen werden: Wo, wie in England, der Kampf um die wirtschaftliche Freiheit zu einer Zeit siegt, die die moderne wissenschaftliche Auffassung noch nicht kennt, bezieht der Liberalismus diese auch nicht in sein Weltbild; die revolutionäre Umwälzung aller moralischen und religiösen Anschauungen, wie sie der französische Liberalismus entwickelt, wird in England nie zum Gemeinbewußtsein des Volkes, während umgekehrt sich der wirtschaftliche Liberalismus in England stärker durchsetzt als irgendwo auf dem Kontinent.

Doch auch in England ist der Sieg des Laisser-faire nicht vollständig: das Gebiet des Bankwesens bleibt ausgeschlossen, und die Theorie der Bankfreiheit unterliegt den praktischen Bedürfnissen der Beherrscher der Bank of England. Noch weniger gewinnt die Theorie der Manchesterleute Einfluß auf den tatsächlichen Gang der auswärtigen Politik, die die Exekutive des englischen Welthandels im 19. Jahrhundert so gut geblieben ist, wie sie es im 17. und 18. Jahrhundert gewesen. Auf dem Kontinent reduziert sich die Praxis völlig auf die Durchführung der Gewerbefreiheit und bleibt eine innerpolitische Maxime, während die Handelspolitik sehr natürlicherweise schutzzöllnerisch bleibt. Denn die englische Freihandelspolitik beruhte auf dem Vorsprung der kapitalistischen Entwicklung und der daraus folgenden technischen und ökonomischen Überlegenheit der englischen Industrie. Dieser Vorsprung war durchaus nicht allein natürlichen Ursachen geschuldet, spielten diese auch eine bedeutende Rolle; solange namentlich das moderne Transportsystem noch nicht entwickelt war, mußten die Wasserfracht und die Frachtersparnis durch das Zusammenfallen von Erz und Kohle entscheidende Bedeutung gewinnen. Es darf aber darüber nicht vergessen werden, daß auf der anderen Seite kapitalistische Entwicklung Akkumulation von Kapital ist und daß die schnellere Akkumulation in England zu einem wesentlichen Teil geschuldet ist: einerseits dem Ausgang der Machtkämpfe mit Spanien, Holland und Frankreich um die Herrschaft zur See und damit um die Herrschaft über die Kolonien, anderseits der raschen Proletarisierung durch den Sieg des Großgrundeigentums über den Bauern.

Englands industrieller Vorsprung steigerte sein Interesse am Freihandel, wie vorher der Vorsprung kapitalistischer Entwicklung Holland eine freihändlerische Politik hatte einschlagen lassen[2]. Im Innern bewirkte die Entfaltung der Industrie, die Vermehrung der Bevölkerung und deren Konzentration in den Städten sehr bald, daß die eigene landwirtschaftliche Erzeugung nicht genügte. Infolgedessen wurde der Preis des Getreides bestimmt durch die damals vor der Umwälzung des Transportwesens noch besonders hohen Transportkosten und durch die dann wirksam werdenden Zölle. Übrigens hatten die Grundbesitzer schon in der Übergangszeit, als nur gute Ernten die Einfuhr unnötig machten, schlechte, aber sie ungewöhnlich steigertten, durch das System der Exportprämien für die periodische Fabrikation von Hungersnotpreisen gesorgt, und die enge Basis des englischen Geldwesens bewirkte, daß auf die Verteuerung der Lebensmittel die Geldkrise folgte. Dieses ganze System stand nun in schärfstem Gegensatz zu den industriellen Interessen; eine Einfuhr fremder Industrieprodukte hatten die Fabrikanten nicht zu fürchten, da ihre Unternehmen technisch und ökonomisch weit überlegen waren; die Getreidepreise waren aber der wichtigste Bestandteil des »Preises der Arbeit«; dieser aber spielte bei dem Kostpreis der Industriellen eine um so bedeutendere Rolle, da ja die organische Zusammensetzung des Kapitals noch gering, der Anteil der lebendigen Arbeit am Wert des Gesamtprodukts daher verhältnismäßig höher war. Das offen ausgesprochene Motiv der englischen Zollkampagne war ja auch die Verbilligung des Kostpreises durch Verbilligung einerseits des Rohmaterials, anderseits des Preises der Arbeitskraft.

---

[2] »Die Blüte des holländischen Supremats in Handel und Seefahrt liegt in der Zeit von der Gründung der Ostindischen Kompagnie bis zu den Kriegen mit Cromwell und Karl II. 1600 bis 1675; am Schluß dieser Periode schätzte Colbert die gesamte Handelsmarine der europäischen Staaten auf 20 000 Seeschiffe, von denen 16 000 allein auf die Holländer, die man daher die Frachtfuhrleute Europas nannte, gekommen wären. Ein unermeßliches Kolonialreich in Asien, in Süd- und Nordamerika, in Afrika wurde geschaffen, ein großes Assekuranzgeschäft entstand; Amsterdams Börse war die erste, dort war der Weltmarkt des Geldes, dessen niedriger Zinsfuß der Industrie und dem Handel immer von neuem zustatten kam. Die Fischerei mit Herings- und Walfischfang wurde von keiner anderen Nation erreicht. Die Handelspolitik war die freiheitlichste jener Zeit. Es gab keine Konkurrenten, die Holland zu fürchten gehabt hätte.« Sartorius, loc. cit., S. 369.

Ebenso war das englische industrielle und Handelskapital an dem Freihandel der anderen Länder interessiert, dagegen hatte es nur geringes Interesse an dem Besitz der Kolonien. Soweit diese die Absatzmärkte für Industrieprodukte und die Einkaufsmärkte für seine Rohstoffe waren, hatte England mit keiner nennenswerten Konkurrenz zu rechnen, sobald nur diese Gebiete unter Freihandelsregime standen. Die Forderung einer aktiven Kolonialpolitik, die sehr kostspielig war, die Steuern erhöhte und das parlamentarische Regime im Heimatland schwächte, trat zurück hinter die Propaganda des Freihandels. Allerdings blieb das Aufgeben der Kolonien eine platonische Forderung radikaler Freihändler. Denn die wichtigste Kolonie, Indien, kam nicht nur als Markt in Betracht; ihre Beherrschung sicherte auch einer großen und einflußreichen Klasse reiche Einkünfte als »Tribut für gute Regierung«[3]. Zudem aber war auf diesem wichtigen Markt die »Sicherheit« eine Bedingung des Absatzes, und es war fraglich, ob die Aufgabe der englischen Herrschaft nicht das Wiederaufleben alter Kämpfe mit sich bringen müßte, die die Absatzmöglichkeiten verschlechtern würden[4].

Ganz anders lag das handelspolitische Interesse am Kontinent. Hier waren vor allem die agrarischen Rohstofflieferanten, die exportierenden Grundbesitzer, freihändlerisch, da der Freihandel den Absatz der eigenen Produkte vergrößerte und den Bezug der Industrieprodukte verbilligte. Dagegen lag das Interesse der Industriellen umgekehrt. Der Schutzzoll auf landwirtschaftliche Produkte kam nicht in Frage; aber die übermäch-

---

[3] Die Summe der Pensionen allein, die aus Indien alljährlich nach England fließen, wird heute mit jährlich 320 Millionen Mark berechnet. Dazu kommen die enormen Beträge zur Bezahlung der englischen Beamten, zur Erhaltung der Armee und zur Führung eines Teiles der englischen Kolonialkriege in Asien.

[4] »Dagegen gab England trotz Cobden seine eigenen Kolonien nicht auf. Der leitende liberale Staatsmann jener Tage, Lord John Russel, mochte die Meinung seiner Partei zum Ausdruck bringen, wenn er die Zeit der Loslösung für noch nicht gekommen erklärte. England habe inzwischen alles zu tun, um die Kolonien zur Selbstregierung zu erziehen. In der Tat verzichtete England unter dem Einfluß der Manchesterlehre auf die bisherige Auffassung, welche in den Kolonien nutzbaren Besitz erblickte. Noch Sir Robert Peel hatte gesagt: »In jeder unserer Kolonien besitzen wir ein zweites Irland.« Nunmehr gründete England die Beziehungen zu seinen überseeischen Siedlern auf Freiwilligkeit und gab ihnen parlamentarische Verfassungen. Damit wurden die Manchesterleute – ohne es zu wollen – Neubegründer des britischen Reiches, welches durch Rotröcke nicht zusammenzuhalten gewesen wäre.« Schultze-Gävernitz, Der britische Imperialismus. S. 75.

tige englische Konkurrenz verhinderte oder verlangsamte die eigene industrielle Entwicklung. Galt es ja erst die Anfangsschwierigkeiten zu überwinden, Herr zu werden über alle Hemmnisse, die der Mangel geschulter Arbeiter, Werkführer und Ingenieure mit sich brachte, die Rückständigkeit der Technik auszugleichen, die kaufmännische Organisation zu schaffen, die Entwicklung des Kredits zu fördern, die Proletarisierung durch Niederkonkurrierung des Handwerks und Auflösung der alten Bauernwirtschaft zu beschleunigen, kurz alles einzuholen, was den englischen Vorsprung begründete. Dazu trat das fiskalische Interesse an den Zolleinnahmen, das zur Zeit, wo das System der indirekten Besteuerung erst in den Anfängen steckte und seinem Ausbau der naturalwirtschaftliche Zustand weiter Länder unüberwindbare Hindernisse entgegensetzte, noch mehr in Betracht kam als heute. Volkswirtschaftlich schienen zudem in jener Periode die Zolleinnahmen der kontinentalen Staaten, sofern sie auf Industrieprodukte gelegt waren, nicht schädlich zu sein. Zwar mußte der inländische Konsument das Produkt zum Beispiel der englischen Industrie um den Betrag des Zolles teurer bezahlen, aber diese Differenz floß in die Staatskasse. Dagegen bewirkt heute der Schutzzoll, daß über den an die Staatskasse fließenden Betrag hinaus gewaltige Summen von den inländischen Konsumenten an die Industriellen und Grundbesitzer entrichtet werden müssen. Umgekehrt beginnt heute in England das fiskalische Interesse mit in den Vordergrund zu treten, weil das unterdessen ausgebaute Steuersystem bei den politischen Machtverhältnissen der Klassen sich nur schwer und nur unter großem Widerstand vervollständigen läßt.

Soweit aber der Kolonialbesitz in Frage kam, mußten die Kolonialstaaten auch hier die übermächtige englische Konkurrenz fürchten, sobald sie die schützenden Zollschranken und Privilegien niederrissen.

So nahm die Zollpolitik der industriellen Klassen auf dem Kontinent und in England verschiedene Richtung, die sich aus der industriellen Vorherrschaft des englischen Kapitalismus erklärt. Theoretisch gerechtfertigt wurde das kontinentale und amerikanische Schutzzollsystem durch Carey und List. Lists System ist keine Widerlegung der Freihandelstheorie, wie sie etwa Ricardo formuliert hat. Es ist nur eine Wirtschaftspolitik, die das Freihandelssystem erst möglich machen soll dadurch, daß es die Entwicklung einer nationalen Industrie ermöglicht, für die dann das Freihandelssystem das angemessenste ist. Lists Erziehungszölle sollten nur diesem Zweck dienen und List forderte daher niedrige Zölle, um die Differenz zwischen dem Vorsprung Englands und der Zurückgebliebenheit Deutschlands auszugleichen, und Zölle auf Zeit, da ja seine Politik bewirken mußte, daß schließlich die Zölle überflüssig würden.

Diese Zollpolitik der Entwicklung des Kapitalismus wird in ihr Gegenteil verkehrt durch die Zollpolitik des entfalteten Kapitalismus.

Lists System war eingestandenermaßen das System für kapitalistisch rückständige Länder. Das Gesetz der Heterogenität der Zwecke aber bewährte wieder einmal seine Wirksamkeit. Nicht das Freihandelsland England, sondern die Schutzzolländer Deutschland und die Vereinigten Staaten wurden zu Musterländern kapitalistischer Entwicklung, sobald man als Maßstab den Grad der Zentralisation und Konzentration des Kapitals annimmt, also den Grad der Kartell- und Trustentwicklung, der Herrschaft der Banken über die Industrie, kurz der Verwandlung allen Kapitals in Finanzkapital. In Deutschland bewirkte der rasche Aufschwung der Industrie nach dem Fall der inneren Zollschranken und besonders nach der Gründung des Reiches eine völlige Verschiebung der handelspolitischen Interessen. Das Aufhören des Exports von landwirtschaftlichen Produkten machte aus den Grundbesitzern Interessenten des Schutzzolls. Mit ihnen verbanden sich die Schutzzollinteressenten aus der Industrie, und es waren gerade die Vertreter der schweren Industrie, besonders der Eisenindustrie, die gegenüber der stärkeren englischen Konkurrenz den Schutzzoll forderten. Es war ein Industriezweig mit hoher organischer Zusammensetzung, der die Erhöhung der Lebensmittelpreise, die übrigens damals noch mäßig war und in ihren Wirkungen durch die beginnende amerikanische landwirtschaftliche Konkurrenz aufgehoben wurde, leicht tragen konnte. Anderseits litt die Industrie außerordentlich stark unter den Folgen der Krise. Die englische Konkurrenz war um so schwerer zu ertragen, als die deutsche Eisenindustrie aus natürlich-technischen Gründen hinter der englischen zurückgeblieben war, namentlich vor der Erfindung der Entphosphorisierung des Roheisens. Dazu kam, daß gerade in Industrien mit sehr hoher organischer Zusammensetzung und besonders starkem Anteil des fixen Kapitals der Vorsprung früherer Entwicklung schwer einzuholen ist. Für die Schutzzollpolitik war auch ein

Teil des Bankkapitals, das in Deutschland schon frühzeitig, von allem Anfang an mit der Entwicklung der schweren Industrie innig verbunden war. Gegner der Schutzzollpolitik waren der Teil des industriellen Kapitals, der in Exportindustrien angelegt war, und das Handelskapital. Der Sieg des Schutzzolls aber im Jahre 1879 bedeutete den Beginn einer Wandlung in der Funktion des Schutzzolls, indem aus dem Erziehungszoll allmählich ein Kartellschutzzoll wurde[5].

Es ist kein Zweifel, daß der Ausschluß der ausländischen Konkurrenz die Kartellbildung außerordentlich fördert. Direkt, weil die Verminderung der Konkurrenten ihren Zusammenschluß erleichtert. Indirekt, weil der Schutzzoll in seiner realen Gestaltung und seinem Ursprung nach, da er in diesem Stadium in Europa und in den Vereinigten Staaten von den mächtigen Kapitalisten der Rohstoff- und Halbfabrikatenproduktion getragen wird, in der Regel für diese Industrien günstiger ist als für die exportierenden Fertigindustrien, die auf dem Weltmarkt mit solchen Produkten Englands zu konkurrieren hatten, deren Kostpreis nicht durch Schutzzoll erhöht war. Gerade dieser Umstand mußte die Industrien, die der Produktion von Produktionsmitteln dienen, in ihrer Entwicklung begünstigen, ihnen alles Kapital, das sie zur technischen Ausgestaltung benötigen, zur Verfügung stellen, ihren Fortschritt zu hoher organischer Zusammensetzung, damit aber auch ihre Konzentration und Zentralisation beschleunigen und so die Vorbedingungen für ihre Kartellierung schaffen.

Zugleich war es wieder ein Umstand, der ursprünglich in der Zurückgebliebenheit der deutschen kapitalistischen Entwicklung gelegen war, der schließlich zu einer Ursache der organisatorischen Überlegenheit der deutschen über die englische Industrie wurde. Die englische Industrie hat sich sozusagen organisch aus kleinen Anfängen allmählich zu ihrer späteren Größe entwickelt. Aus Kooperation und Manufaktur wurde die Fabrik und diese entwickelte sich zuerst hauptsächlich in der Textilindustrie, einer Industrie, die verhältnismäßig wenig umfangreiches Kapital er-

[5] Siehe Rudolf Hilferding, »Der Funktionswandel des Schutzzolles.« »Neue Zeit«, XX/2, und Robert Liefmann, »Schutzzoll und Kartelle«. Jena, 1903. Reichhaltiges Illustrationsmaterial bei Hermann Levy, »Einfluß der Zollpolitik auf die wirtschaftliche Entwicklung der Vereinigten Staaten«, Conrads Jahrbücher 1909, und »Entwicklungsgeschichte einer amerikanischen Industrie«, Conrads Jahrbücher 1905.

forderte. Organisatorisch blieb es in der Hauptsache beim Einzelbetrieb; der Einzelkapitalist, nicht die Aktiengesellschaft dominierte und der kapitalistische Reichtum blieb in der Hand der industriellen Einzelkapitalisten. Es entstand so allmählich mit wachsender Beschleunigung eine Klasse reicher kapitalstarker industrieller Unternehmer, deren Eigentum die Produktionsstätten waren. Als später namentlich durch die Entwicklung der großen Transportunternehmungen die Aktiengesellschaften zu größerer Bedeutung gelangten, da waren es diese großen Industriellen hauptsächlich, die Aktionäre wurden. Es war industrielles Kapital auch seiner Entstehung und seinem Eigentum nach, das in diesen Aktiengesellschaften angelegt wurde. Ebenso wie das industrielle und Kaufmannskapital war auch das Bankkapital, und dasjenige, welches sich mit Emissionsgeschäften befaßte, ausschließlich in den Händen einzelner Kapitalisten, während die Aktienbanken nur dem Zirkulationskredit dienten, also auf die Industrie keinen größeren Einfluß nahmen. Ebensowenig aber die Emissionsbankiers, die ja dadurch aufgehört hätten, Bankiers zu sein, und Industrielle wenigstens teilweise geworden wären. Dieses Überwiegen der Ansammlung des Kapitals in den Händen der Einzelkapitalisten, eine der früheren und sozusagen organischen Entwicklungen des englischen Kapitalismus, fehlte auf dem Kontinent wie in den Vereinigten Staaten. Dazu kam, daß aus den Kolonien, und namentlich aus Indien, wie aus der Ausnützung der englischen Handelsmonopole ebenfalls große Summen sich in den Händen einzelner aufgehäuft hatten, was in Deutschland und Amerika völlig fehlte.

Als dann in Deutschland die politischen Hindernisse kapitalistischer Entfaltung durch den Zollverein und dann durch die Reichsgründung endlich überwunden und die Bahn für den Kapitalismus frei war, da konnte natürlich die kapitalistische Entwicklung nicht nachträglich die englische durchlaufen. Vielmehr mußte das Bestreben dahingehen, technisch und ökonomisch die in dem fortgeschrittenen Lande bereits erreichte Stufe im eigenen Lande womöglich zum Ausgangspunkt zu nehmen. In Deutschland fehlte jedoch jene Akkumulation von Kapital in den Händen einzelner, nötig, um in den höchstentwickelten Industrien die Produktion auf der in England erreichten Stufenleiter zu führen, wenn das Unternehmen ein Einzelunternehmen sein sollte. So erhielt hier die Aktiengesellschaft neben ihrer der deutschen wie der englischen Form gemeinsamen Funktion noch die neue, das Mittel zu sein, das nötige Kapital aufzubringen, das infolge der geringeren Akkumulation nicht nur der einzelne industrielle Kapitalist nicht besaß, sondern auch nicht die industrielle Kapitalistenklasse als Ganzes. Während in England die Aktiengesellschaft, besonders in ihren Anfängen, wesentlich reiche Kapitalisten vereinigte, sollte die Aktiengesellschaft in Deutschland den Industriellen auch das nötige Kapital zur Verfügung stellen, ihnen das Geld der anderen Klassen für ihre Unternehmen zuführen. Das ließ sich aber durch die direkte Aktienemission nicht in dem Umfang erreichen wie durch die Vermittlung der Banken, in denen alles brachliegende Geld der Kapitalisten selbst, dann aber auch das Geld der anderen Klassen konzentriert und der Industrie zur Verfügung gestellt werden konnte. Derselbe Grund, der in der Industrie die Aktienform begünstigte, ließ auch die Banken als Aktienbanken entstehen. Die deutschen Banken hatten also von vornherein die Aufgabe, den deutschen industriellen Aktiengesellschaften das nötige Kapital zur Verfügung zu stellen, also nicht nur für Zirkulations-, sondern auch für Kapitalkredit zu sorgen. Von vornherein mußte also das Verhältnis der Banken zur Industrie in Deutschland und – zum Teil in anderen Formen – in den Vereinigten Staaten ein ganz anderes werden als in England. Entsprang diese Verschiedenheit vor allem der rückständigeren, später einsetzenden kapitalistischen Entwicklung Deutschlands, so wurde diese innige Verbindung zwischen industriellem und Bankkapital umgekehrt zu einem wichtigen Moment in der Entwicklung zu höheren kapitalistischen Organisationsformen in Deutschland und Amerika[6]. Dieses Zusammenfallen der Schutzzollpolitik mit der Fi-

---

[6] Daß die analoge Entwicklung in Frankreich ausblieb, die durch die Gründung des Crédit mobilier angebahnt wurde, erklärt sich aus jenen Ursachen, die die industrielle Entfaltung Frankreichs überhaupt verhindert haben. Dazu gehört die für kapitalistische Entwicklung ungünstige Bodenverteilung mit ihren Folgen, dem Zweikindersystem und dem Mangel einer ausreichenden industriellen Reservearmee, die übermäßige Schutzzollpolitik und die übermäßige Kapitalausfuhr, die selbst wieder in dem auf dem Kleinbürgertum, Kleinbauerntum und der Luxusindustrie beruhenden Rentnertum ihre Ursachen hat.
Den Zusammenhang zwischen Nationalisierung des Kapitals einerseits und der Verstärkung des Einflusses der Banken auf die Industrie infolge mangelnder Kapitalkraft der deutschen Industriellen selbst beleuchtet eine Aussage Alexanders in der Deutschen Börsenenquete (Teil I, S. 449). Danach befand sich eine Anzahl von Kohlenzechen, wie Herne, Bochum etc., bis vor kurzem (1892) im Besitz französischer und belgischer Aktionäre. Gleichzeitig fand eine Konzentration der Zechen statt. Die Vermittlung im An-

nanzierung der Industrie durch die Banken mußte bei rasch sich entwickelnder industrieller Entfaltung bald jene Kartellierungstendenzen schaffen, die selbst wieder neue Schutzzollinteressen schufen, da sich die Funktion des Schutzzolles selbst dadurch änderte.

Der alte Schutzzoll hatte die Aufgabe, neben der Ausgleichung etwa vorhandener ungünstiger Naturumstände, das Entstehen einer Industrie innerhalb der geschützten Grenzen zu beschleunigen. Er sollte die in Entwicklung begriffene heimische Industrie vor der Gefahr bewahren, durch übermächtige Konkurrenz der schon entwickelten ausländischen Industrie gehemmt oder vernichtet zu werden. Seine Höhe brauchte nur eine mäßige zu sein, eben groß genug, um den Vorsprung der fremden Industrie auszugleichen. Er konnte keineswegs ein prohibitiver sein, da die einheimische Industrie den Bedarf noch nicht zu decken vermochte. Und er war vor allem nicht als dauernder gedacht. Hatte er erst seine Funktion als »Erziehungszoll« erfüllt, war die heimische Industrie entwickelt, konnte sie den einheimischen Bedarf decken und zur Exportmöglichkeit heranreifen, so verlor der Schutzzoll seinen Sinn. Er war nur ein Hindernis für günstige Exportchancen, indem er fremde Nationen zu ähnlichen Maßregeln bewog. Seine preiserhöhende Wirkung konnte unter dem System der freien Konkurrenz von dem Moment an nicht mehr wirksam werden, wo die geschützte Industrie den einheimischen Bedarf befriedigte und den Export beginnen konnte. Denn bei freier Konkurrenz mußte in diesem Moment der Preis auf dem geschützten Markt gleich sein dem Weltmarktpreis, da ja durch Ersparung der Transportspesen nach dem entfernteren ausländischen Markt der Absatz auf dem Inlandsmarkt gewinnreicher war als auf dem auswärtigen, und das Angebot der Industrie gleich oder größer war als die heimische Nachfrage. Der Schutzzoll war daher seiner Höhe nach ein mäßiger und seiner

kauf der Aktien wurde von Bankinstituten übernommen, da die Gesellschaften selbst dafür keine flüssigen Mittel besaßen. Die Banken konnten darauf nur eingehen, weil sie sicher waren, durch das Termingeschäft diese Bestände, die ihre Mittel festlegten, bald wieder abstoßen zu können.
Man darf übrigens annehmen, daß die Schwächung der Börsen durch gesetzliche Einschränkung und namentlich die Einschränkung des Termingeschäftes dahin tendiert, den Einfluß der Banken auf die Industrie zu steigern, da diese dann auf die Bankenvermittlung in höherem Maße angewiesen ist als bei einer kräftig funktionierenden Börse. In der Tat ist ja auch die Wirkung der deutschen Börsengesetzgebung den Großbanken sehr zustatten gekommen.

Dauer nach ein vorübergehender, der nur während der Jugendzeit eines Industriezweiges über die Schwierigkeiten des Anfanges hinweghelfen sollte.

Anders im Zeitalter der kapitalistischen Monopole. Jetzt treten gerade die mächtigsten, exportfähigen Industrien, deren Konkurrenzfähigkeit auf dem Weltmarkt keinem Zweifel unterliegt, für die also der Schutzzoll nach der alten Theorie kein Interesse mehr haben sollte, für Hochschutzzoll ein. Nun hat der Schutzzoll von dem Moment an keine preissteigernde Wirkung mehr, in dem die einheimische Industrie den einheimischen Bedarf vollständig deckt – Herrschaft der freien Konkurrenz vorausgesetzt. Aber der industrielle Schutzzoll war eines der wirksamsten Beförderungsmittel der Kartelle, einmal durch die Erschwerung der ausländischen Konkurrenz[7], dann aber weil das Kartell die Möglichkeit bot, die Zolldifferenz auch dann auszunützen, wenn selbst die Exportfähigkeit bereits erreicht war. Das Kartell schließt durch Kontingentierung des für den inländischen Konsum bestimmten Produktionsquantums die Konkurrenz auf dem inneren Markte aus. Der Wegfall der Konkurrenz erhält die preiserhöhende Wirkung des Schutzzolles auch für jenes Stadium, wo die Produktion den Bedarf des Inlandes längst übersteigt. So wird es zu einem eminenten Interesse der kartellierten Industrie, den Schutzzoll zu einer dauernden Einrichtung zu machen, der ihr erstens den Bestand als Kartell sichert und zweitens ihr gestattet, auf dem inländischen Markt ihr Produkt mit einem Extraprofit zu verkaufen. Die Höhe dieses Extraprofits ist gegeben durch die Erhöhung des inländischen Preises über

---

[7] Natürlich ist den Fabrikanten diese Wirkung des Freihandels, die Kartellbildung zu erschweren, bewußt. Ein englischer Fabrikant machte in den »Times« vom 10. Oktober 1906 den Vorschlag eines Kartells der englischen Elektrizitätsfirmen. Dabei gab der Proponent selbst zu, daß »in einem Freihandelsland hohe Preise und Einschränkung der Produktion den Handel nur in die Hände der ausländischen Konkurrenz bringen würde«. Ein anderer Fabrikant antwortete: »Wenn wir Schutzzoll hätten, so könnten wir etwas in der Art tun, wie es in dem Vorschlag enthalten ist, aber wir wissen aus Erfahrung, daß jeder Versuch mit einer Kombination unter den bestehenden Verhältnissen aussichtslos ist, um die Preise auf der von Ihrem Korrespondenten vorgeschlagenen Höhe zu halten. Wir leiden alle durch die Überproduktion und bis diese nicht geheilt ist, entweder dadurch, daß die Fabrikanten ihre Produktion einschränken oder diese gänzlich aufgeben, werden wir weiter leiden.« Macrosty, a.a.O., S. 319 ff. Macrosty selbst sagt a.a.O., S. 342: »The weekness of every form of combination in the United Kingdom is due to the free admission of foreign competition. If that can be removed their strength is enormously increased and all the conditions of the problem are altered.«

den Weltmarktpreis. Diese Differenz hängt aber ab von der Höhe des Zolles. Ebenso unbeschränkt wie das Streben nach Profit wird so das Streben nach Erhöhung des Zolles. Die kartellierte Industrie ist so unmittelbar im höchsten Maße interessiert an dem quantitativen Ausmaß des Schutzzolles. Je höher der Zoll, desto höher kann der Inlandpreis über den Weltmarktpreis erhöht werden, und so wird aus dem Erziehungszoll ein Hochschutzzoll. Aus dem Vertragsfreund, dem Befürworter allmählicher Zollherabsetzung, ist der leidenschaftlichste Hochschutzzöllner geworden.

Das Kartell profitiert aber nicht nur an dem Schutzzoll, der auf die von ihm selbst hergestellten Produkte gelegt ist. Wir wissen, daß der Kartellpreis ceteris paribus seine Schranke findet an der Profitrate der anderen Industrien. Wird zum Beispiel die Profitrate in der Maschinenindustrie durch Erhöhung der Maschinenzölle gesteigert, so können die Kartelle der Kohlen- und Eisenproduktion ihre Preise erhöhen und sich so einen Teil oder eventuell den ganzen Extraprofit der Maschinenindustrie aneignen. Es entsteht so ein Interesse der monopolistischen Verbände an Zöllen nicht nur auf ihre eigenen Produkte, sondern auch auf die der weiterverarbeitenden Industrien.

Der Schutzzoll gewährt also dem Kartell einen Extraprofit über den durch die Kartellierung erreichten hinaus[8] und gibt ihnen die Macht, von der Bevölkerung des Inlandes gleichsam eine indirekte Steuer zu erheben. Dieser Extraprofit stammt jetzt nicht mehr aus dem Mehrwert, den die vom Kartell angewandten Arbeiter erzeugen; er ist auch nicht mehr ein Abzug vom Profit anderer nicht kartellierter Industrien, sondern er ist

[8] Wie sehr diese Möglichkeit selbst erst zum Motiv für Kartellierung wird, zeigt die schwere Erschütterung, die die deutschen und österreichischen Zukkerkartelle erfuhren, als der Zuckerzoll infolge der Brüsseler Konvention auf 6 Frcs. herabgesetzt wurde. Der österreichische Zoll zum Beispiel von 22 K hatte den im Kartell vereinigten Fabriken einen Extraprofit geliefert, der so hoch war, daß er den Vorteil, der selbst für die größten und technisch vollkommensten Fabriken aus einem Konkurrenzkampf und Verdrängung der kleineren entspringen konnte, weitaus überwog und sie zum Abschluß des Kartells geneigt machte. Zugleich war die Bedingung der Kontingentierung der Produktion, die ja gerade den größten und technisch vollkommensten Unternehmungen verhältnismäßig größere Opfer auferlegte, viel leichter zu ertragen, da die Höhe des Zolles und die dadurch ermöglichte Erhöhung des Inlandpreises den daraus entspringenden Nachteil weitaus wettmachte. Man ersieht auch daraus, wie sehr nicht nur der Zoll an sich, sondern die Höhe des Zolles für die Kartellierung in Betracht kommt.

ein Tribut, welcher der gesamten Konsumentenklasse des Inlandes auferlegt ist; in welchem Ausmaß er von den einzelnen Schichten dieser Konsumenten getragen wird, ob er in concreto Abzug von der Grundrente, oder vom Profit oder vom Arbeitslohn ist und in welchem Maße er es ist, hängt genauso wie bei der Abwälzung von indirekten, auf industriellen Rohstoffen und Genußmitteln lastenden Steuern von den konkreten Machtverhältnissen und von der Natur des Gegenstandes ab, der durch den Kartellschutzzoll verteuert wird. Eine Erhöhung des Zuckerpreises trifft da zum Beispiel die Masse der Arbeiter stärker als eine Erhöhung des Preises landwirtschaftlicher Maschinen oder von Möbeln aus gebogenem Holz. Aber wie immer schließlich diese Erhöhungen wirken, ein Teil des Einkommens der Gesellschaft wird durch sie mit Beschlag belegt zugunsten der zollgeschützten kartellierten Industrie, deren Akkumulation dadurch mächtig gefördert wird.

Diese Art der Steigerung des Profits mußte aber um so wichtiger werden, als die Erhöhung der Profitrate durch Steigerung des absoluten Mehrwertes, also durch Verlängerung der Arbeitszeit und Senkung des Arbeitslohnes, infolge der Erstarkung der Arbeiterorganisationen unmöglich wurde, vielmehr die entgegengesetzte Tendenz immer mehr zunahm. Daß aber die Durchsetzung der industriellen Zölle auch die Erhöhung der Agrarzölle mit sich brachte, hatte gerade für die schweren Industrien wenig Bedeutung, da sie infolge ihrer hohen organischen Zusammensetzung die Verteuerung der Arbeitskraft nicht allzusehr belastete, ihre Stellung im Lohnkampf eine außerordentlich starke ist und die geringere Steigerung der Produktionskosten infolge der agrarischen Zölle durch den Extraprofit infolge der Schutzzölle weitaus überkompensiert wurde, wenn diese nur hoch genug festgesetzt wurden.

Die Preiserhöhung auf dem Inlandmarkt aber hat die Tendenz, den Absatz der kartellierten Produkte zu verringern und gerät damit in Widerspruch mit der Tendenz, die Produktionskosten durch Ausdehnung der Stufenleiter der Produktion herabzusetzen. Wo die Kartelle noch nicht festgefügt sind, mag dies dem Bestand des Kartells gefährlich werden. Die großen besteingerichteten Betriebe, denen die Verminderung ihres Absatzes durch die Kartellpolitik unerträglich wird, eröffnen aufs neue den Konkurrenzkampf, um die schwächeren Betriebe zu vernichten und sich deren Absatzgebiet anzueignen, worauf nach beendigtem Kampf auf neuer Grundlage ein noch stärkeres Kartell entstehen mag. Ist aber das Kartell festgefügt, dann wird es die Einschränkung auf dem Inlandmarkt auszugleichen suchen durch Verstärkung des Exports, um auf derselben und womöglich auf größerer Stufenleiter die Produktion fortführen zu können. Auf dem Weltmarkt muß natürlich das Kartell zu dem Weltmarktpreis verkaufen. Ist das Kartell überhaupt leistungs- und exportfähig, was ja nach unserer Voraussetzung der Fall ist, so wird sein wirklicher Produktionspreis (k + p) dem Weltmarktpreis entsprechen. Das Kartell ist aber in der Lage, auch unter seinem Produktionspreis zu verkaufen. Denn auf dem inländischen Markt hat es ja auf die hier abgesetzte Produktion einen durch die Zollhöhe bestimmten Extraprofit erzielt. Es ist deshalb in der Lage, einen Teil dieses Extraprofits zu verwenden, um sein Absatzgebiet im Ausland durch Unterbietung seiner Konkurrenten auszudehnen. Gelingt dies, so kann es eventuell seine Produktion steigern, die Produktionskosten verbilligen und damit, da der inländische Preis derselbe bleibt, neuen Extraprofit erzielen. Dieselbe Wirkung erzielt das Kartell, wenn es seinen inländischen Abnehmern aus seinem Extraprofit Exportprämien zahlt, wenn diese ihre Produkte ausführen. Die Höchstgrenze der Exportprämie ist hier bei gegebener Größe des Wirtschaftsgebietes und gegebener inländischer Konsumtion bestimmt durch die Höhe des Zolles; in günstigen Konjunkturen aber wird das Kartell in der Lage sein, diese Prämie viel niedriger anzusetzen, eventuell ganz aufzuheben und sich auf diese Weise einen Teil des Konjunkturgewinnes, der sonst seinen Abnehmern zufiele, anzueignen. Bei ungünstigen Konjunkturen wird vielleicht auch die volle Prämie nicht ausreichen, um die Verluste der Abnehmer bei den gesunkenen Weltmarktpreisen auszugleichen. Die Geschichte der Kartelle lehrt immer wieder, wie wichtig es für den Bestand von Kartellen ist, auch den Export in der Hand zu haben, da sonst die Hinderung des Exports durch mangelnde Ausbildung des Prämiensystems die Existenz der Kartelle immer wieder bedroht. Mit der Entwicklung des Prämiensystems hat aber der Schutzzoll seine Funktion völlig gewandelt, ja in sein Gegenteil verkehrt. Aus einem Mittel der Abwehr gegen die Eroberung des einheimischen Marktes durch fremde Industrien ist ein Mittel der Eroberung der fremden Märkte durch die einheimische Industrie geworden, aus der Verteidigungswaffe des Schwachen die Angriffswaffe des Starken.

Der englische Freihandel galt seinen Vertretern durchaus nicht als eine nur für England anzuwendende Wirtschaftspolitik. Vielmehr war die Verallgemeinerung der Freihandelspolitik ein wichtiges Interesse der englischen Industrie, deren Weltmarktmonopol dadurch gesichert war. Der Schutzzoll anderer Staaten bedeutete eine Einschränkung der Absatzmöglichkeiten englischer Waren. Auch darin hat sich heute insofern eine Änderung vollzogen, als das Kapital auch diese Schranke überwindet. Die Einführung oder Erhöhung des Zolles in einem anderen Lande bedeutet zwar nach wie vor für das dorthin exportierende Land eine Einschränkung seiner Absatzmöglichkeit, also ein Hindernis seiner industriellen Entwicklung. Aber der Schutzzoll bedeutet in diesem Lande Extraprofit und dieser wird ein Motiv, statt der Waren die Produktion der Waren selbst in das fremde Land zu bringen. Solange der Kapitalismus unentwickelt war, war diese Möglichkeit verhältnismäßig gering, zum Teil weil damals die staatliche Gesetzgebung hindernd eingriff, zum Teil weil die ökonomischen Vorbedingungen für kapitalistische Produktion noch nicht genügend gegeben waren, Mangel an staatlicher Sicherheit, Mangel an Arbeitskräften, besonders an qualifizierten, bestand, Hindernisse, die langsam und allmählich überwunden werden mußten und die Kapitalsübertragung außerordentlich erschwerten. Diese Hindernisse sind aber heute zumeist beseitigt. So wird es dem Kapital eines entwickelten Landes möglich, die schädlichen Folgen des Schutzzollsystems in seiner Wirkung auf die Profitrate zu überwinden durch das Mittel des Kapitalexports.

22. Kapitel

Der Kapitalexport und der Kampf um das Wirtschaftsgebiet

Während auf der einen Seite die Verallgemeinerung des Schutzzollsystems den Weltmarkt immer mehr in einzelne staatlich getrennte Wirtschaftsgebiete zu zerlegen strebt, steigert die Entwicklung zum Finanzkapital die Bedeutung der Größe des Wirtschaftsgebietes. Diese ist für die Entwicklung der kapitalistischen Produktion stets von großer Bedeutung gewesen[9]. Je größer und bevölkerter ein Wirtschaftsgebiet, desto größer kann die Betriebseinheit sein, desto geringer also die Produktionskosten, desto stärker auch die Spezialisation innerhalb der Betriebe, was ebenfalls Herabsetzung der Produktionskosten bedeutet. Je größer das Wirtschaftsgebiet, desto eher kann der Standort der Industrien dorthin verlegt werden, wo die günstigsten natürlichen Bedingungen vorhanden sind, die Produktivität der Arbeit am größten ist. Je ausgedehnter das Gebiet, desto mannigfaltiger die Produktion, desto wahrscheinlicher, daß sich die Produktionszweige untereinander ergänzen und Transportkosten durch Einfuhr von außen erspart werden. Störungen der Produktion durch Verschiebungen der Nachfrage, durch natürliche Katastrophen, werden im größeren Gebiet leichter ausgeglichen. Es unterliegt daher keinem Zweifel, daß bei entwickelter kapitalistischer Produktion der Freihandel, der den ganzen Weltmarkt zu einem einzigen Wirtschaftsgebiet verbinden würde, die größte Produktivität der Arbeit und die rationellste internationale Arbeitsteilung gewähren würde. Aber auch bei Freihandel genießt die Industrie auf dem eigenen nationalstaatlichen Markt gewisse Vorteile wegen ihrer Kenntnis der Landessitten, der Konsumtionsgewohnheiten, der leichteren Verständigung und vor allem auch durch den Schutz, den ihr die

[9] Siehe Otto Bauer, »Die Nationalitätenfrage und die Sozialdemokratie«. »Marx-Studien«, Band II, S. 178 ff.

geringere Entfernung, also die Ersparung von Transportkosten gewährt und der noch durch die Maßregeln der Tarifpolitik gesteigert wird. Dagegen erwachsen der fremden Industrie aus den Verschiedenheiten der Sprache, des Rechtes, der Währung usw. gewisse Hindernisse. Der Schutzzoll aber steigert die Nachteile des kleineren Wirtschaftsgebietes außerordentlich, indem er die Ausfuhr hemmt, somit die mögliche Betriebsgröße verkleinert, der Spezialisation entgegenwirkt und dadurch die Produktionskosten ebenso steigert wie durch die Verhinderung rationeller internationaler Arbeitsteilung. Es ist vor allem der Größe ihres Wirtschaftsgebietes geschuldet, die eine außerordentliche Spezialisation im Umfang der Betriebe zuläßt, wenn sich die Vereinigten Staaten auch unter Schutzzollregime industriell so rasch entwickeln konnten. Je kleiner das Wirtschaftsgebiet bei bereits entwickelter kapitalistischer Produktion, wenn der Erziehungszoll also seine Funktion bereits erfüllt hat, desto stärker im allgemeinen das Interesse des betreffenden Staates am Freihandel. Daher die starken freihändlerischen Interessen etwa Belgiens. Es kommt hinzu, daß je kleiner das Gebiet, desto einseitiger gleichsam die Verteilung der natürlichen Bedingungen der Produktivität, desto geringer also die Zahl der entwicklungsfähigen Industriezweige, desto stärker das Interesse an ausländischer Zufuhr jener Waren, für deren Produktion das eigene Wirtschaftsgebiet weniger geeignet ist.

Dagegen bedeutet der Schutzzoll eine Einschränkung des Wirtschaftsgebietes und damit eine Hemmung der Entwicklung der Produktivkräfte, da er das Größenmaß der industriellen Betriebe verkleinert, die Spezialisierung erschwert und schließlich jene internationale Arbeitsteilung hindert, die bewirkt, daß das Kapital sich jenen Produktionszweigen zuwendet, für die das betreffende Land die günstigsten Vorbedingungen besitzt; dies aber fällt bei dem modernen Hochschutzzoll um so mehr ins Gewicht, da seine Zollsätze oft weniger aus Rücksicht auf die produktionstechnische Lage der einzelnen Industriezweige festgestellt werden, sondern vielfach das Resultat politischer Machtkämpfe der einzelnen industriellen Schichten darstellen, von deren Einfluß auf die Staatsgewalt ihre Gestaltung schließlich abhängt. Ist aber auch der Schutzzoll ein Hindernis für die Entwicklung der Produktivkräfte und damit für die der Industrie, so bedeutet er für die Kapitalistenklasse unmittelbar eine Erhöhung des Profits. Vor allem erschwert der Freihandel die Kartellierung, nimmt den kartellfähigen Industrien, sofern nicht durch Frachtenschutz (wie bei Kohle) oder durch ein natürliches Monopol (wie etwa in der deutschen Kaliproduktion) eine Monopolstellung gewährleistet ist, das Monopol auf dem inländischen Markt. Damit fallen aber die Extraprofite weg, die aus der Ausnützung des Kartellschutzzolles fließen.

Zwar ist es gewiß, daß die Monopolisierung auch fortschreitet ohne Schutzzoll. Aber einmal wird dadurch das Tempo sehr erschwert, zweitens auch die Festigkeit der Kartelle geringer und drittens ist der Widerstand gegen internationale Kartelle zu fürchten, da diese unmittelbar als national fremde Ausbeutungsmächte empfunden werden. Dagegen sichert der Schutzzoll dem Kartell den nationalen Markt und verleiht ihm viel größere Festigkeit nicht nur durch den Ausschluß der Konkurrenz, sondern weil die Ausnützungsmöglichkeit des Schutzzolles unmittelbar wirkende Triebkraft zum Abschluß der Kartellierung wird. Aber auch die internationale Kartellierung, die ja schließlich auch bei Freihandel auf Grund einer viel weiter fortgeschrittenen Konzentration eintreten würde, wird durch den Schutzzoll beschleunigt, indem er den Abschluß von Kartellen in Form vor allem von Rayonierungs- und Preisvereinigungskartellen erleichtert, da es sich nicht um Zusammenfassung von vereinzelten Produzenten auf dem Weltmarkt handelt, wie es bei Freihandelsregime der Fall wäre, sondern um den Zusammenschluß der schon gefestigten nationalen Kartelle untereinander. Der Schutzzoll setzt als Kontrahenten die einzelnen Kartelle und verringert so die Zahl der Teilnehmenden außerordentlich. Auch insofern erleichtert der Schutzzoll die Basis für die Vereinbarung, als er den nationalen Markt von vornherein den nationalen Kartellen reserviert. Je mehr es aber solche durch den Schutzzoll der Konkurrenz entzogene und bestimmten nationalen Kartellen reservierte Märkte gibt, desto leichter einmal die Verständigung über die freien Märkte, desto fester aber auch die internationale Vereinbarung, da deren Bruch den Outsidern nicht so große Aussicht auf Konkurrenzerfolge gewährt wie bei Freihandel.

So gibt es hier zwei entgegengesetzte Tendenzen. Einerseits wird der Schutzzoll für die Kartelle zu einer Angriffswaffe im Konkurrenzkampf, wodurch der Preiskampf verschärft wird, während gleichzeitig durch Anwendung staatlicher Machtmittel, diplomatischer Interventionen, die Stellung im Konkurrenzkampf zu verstärken gesucht wird. Anderseits stabilisiert der

Schutzzoll die nationalen Kartelle und schafft so Erleichterung für den Abschluß interkartellistischer Gebilde. Resultat dieser Tendenzen ist, daß diese internationalen Vereinbarungen eher Waffenstillstand bedeuten als dauernde Interessengemeinschaft, da jede Verschiebung in der Schutzzollrüstung, jede Änderung in den staatlichen Marktverhältnissen die Grundlage der Vereinbarungen ändert und neue Verträge erforderlich macht. Nur dort kommt es zu festeren Gebilden, wo entweder der Freihandel die nationalen Schranken mehr weniger beseitigt oder wo die Grundlage des Kartells nicht durch den Schutzzoll, sondern vor allem durch ein natürliches Monopol gegeben ist, wie zum Beispiel beim Petroleum.

Zugleich wird durch die Kartellierung die unmittelbare Bedeutung der Größe des Wirtschaftsgebietes für die Höhe des Profits außerordentlich gesteigert. Wir haben gesehen, daß der Schutzzoll dem kapitalistischen Monopol für den Absatz auf dem inländischen Markt einen Extraprofit gewährt. Je größer das Wirtschaftsgebiet, desto größer aber der inländische Absatz (man denke etwa an den zum Export gelangenden Teil der Stahlwerke der Vereinigten Staaten auf der einen, Belgiens auf der anderen Seite), desto größer also der Kartellprofit. Je größer dieser, desto höher können die Exportprämien sein, desto stärker wird also die Konkurrenzfähigkeit auf dem Weltmarkt. Gleichzeitig mit dem aktiveren Eingreifen in die Weltpolitik, die durch die Kolonialleidenschaft verursacht war, entstand das Bestreben, das durch die Schutzzollmauer umgebene Wirtschaftsgebiet so umfangreich wie möglich zu gestalten.

Soweit die Wirkungen des Schutzzolles die Höhe der Profitrate ungünstig beeinflussen, sucht das Kartell sie zu überwinden durch Mittel, die ihm das Schutzzollsystem selbst an die Hand gibt. Einmal erlaubt die Entwicklung der Exportprämien, wie sie der Schutzzoll mit sich bringt, die Überwindung oder wenigstens die teilweise Überwindung der fremden Schutzzollmauern, und verhütet so bis zu einem gewissen Grad die Einschränkung der Produktion. Wieder wird das um so eher möglich sein, je größer die durch den eigenen Schutzzoll prämiierte Inlandsproduktion ist. So entspringt hier abermals wieder nicht das Interesse am Freihandel, sondern nach Ausdehnung des eigenen Wirtschaftsgebietes und nach Erhöhung der Zölle. Sofern aber dieses Mittel versagt, setzt der Kapitalexport in Form der Errichtung von Fabriken im Ausland ein. Die durch den Schutzzoll der fremden Länder bedrohte Industriesphäre nützt jetzt selbst diesen Schutzzoll aus, indem sie einen Teil der Produktion in das Ausland verlegt. Wird damit auch die Ausdehnung des Stammbetriebes unmöglich und geht die Steigerung der Profitrate durch Verbilligung der Produtionskosten so weit verloren, so wird das wieder wettgemacht durch die Erhöhung des Profits, der die Preissteigerung der von demselben Kapitalbesitzer jetzt im Ausland erzeugten Produkte diesem gewährt. So wird der Kapitalexport, der in anderer Form durch den Schutzzoll des eigenen Landes mächtig angeregt wird, durch den des fremden Landes gleichfalls gefördert und trägt zugleich zur Durchkapitalisierung der Welt und zur Internationalisierung des Kapitals bei.

So wird die Wirkung der Senkung der Profitrate, die durch die Hemmung der Produktivität durch den modernen Schutzzoll bewirkt wird, aufgehoben, soweit die Profitrate in Betracht kommt. Der Freihandel erscheint so dem Kapital überflüssig und schädlich. Die Hemmung der Produktivität infolge der Verkleinerung des Wirtschaftsgebietes sucht es wettzumachen nicht durch Übergang zum Freihandel, sondern durch Erweiterung des eigenen Wirtschaftsgebietes und Forcierung des Kapitalexports[10].

---

[10] Charakteristisch ist folgendes Beispiel, das zugleich ein internationales Kartell und die Wirkung des Kapitalexports zeigt. »Ein sehr wichtiger, seit langem in Großbritannien, vornehmlich in Schottland heimischer Industriezweig ist die Nähfadenerzeugung. Die vier größten, diese Industrie geradezu beherrschenden Firmen, Coats u. Co., Clark u. Co., Brook u. Bros., Chodwich u. Bros., sind seit 1896 zu einer unter der Bezeichnung J. u. P. Coats Limited bekannten Betriebsgemeinschaft vereinigt, die auch noch eine Reihe kleinerer englischer Fabriken und eine 15 amerikanische Gesellschaften umfassende Vereinigung umschließt. Dieser sogenannte »Thread Combine« mit 5 500 000 Pfund Sterling Kapital stellt eine der größten industriellen Vereinigungen der Welt dar. Schon vor dem Zusammenschluß hatten die Firmen Coats und Clark sich durch die Schutzzollpolitik der Vereinigten Staaten veranlaßt gesehen, eigene Fabriksetablissements in den Vereinigten Staaten zu gründen, um den gegen ihre Fabrikate gerichteten hohen dortigen Tarifsätzen die Spitze abzubrechen. Dieses Verfahren hat die Vereinigung weiter verfolgt und sich auch durch bedeutenden Aktienerwerb bei den Gesellschaften der einschlägigen Industrie in Nordamerika und anderen Ländern (also Kapitalauswanderung in bedeutendem Maßstabe) die Kontrolle über dieselben gesichert. Also die englischen Industriellen fabrizieren im Ausland; den Schaden trägt durch die Verringerung der Arbeitsgelegenheit die englische Arbeiterschaft und am letzten Ende die ganze Nation. Der Fadentrust hat allen Anlaß, dieselbe Politik weiter zu verfolgen; denn es wird unwidersprochen behauptet, daß der im Betriebsjahr 1903/04 erzielte Gewinn von 2,58 Millionen Pfund Sterling hauptsächlich gerade aus den im Ausland angelegten Fabriken geflossen sei. Wann aber die erstarkende ausländische Industrie das Joch der englischen »Kontrolle« abschütteln und ihren Zinstribut verringern wird, ist auch nur eine Frage der Zeit.« Schwab, a.a.O., S. 42.

Verstärkt so die moderne Schutzzollpolitik den immer vorhandenen Drang des Kapitals nach ständiger Expansion seines Gebietes, so führt die Konzentration allen brachliegenden Geldkapitals in den Händen der Banken zur planmäßigen Organisation des Kapitalexports; die Verbindung der Banken mit der Industrie läßt sie die Gewährung von Geldkapital an die Bedingung knüpfen, daß dieses Geldkapital zur Beschäftigung ihrer Industrie verwandt wird. Damit wird der Kapitalexport in allen seinen Formen außerordentlich beschleunigt.

Wir verstehen unter Kapitalexport die Ausfuhr von Wert, der bestimmt ist, im Ausland Mehrwert zu hecken. Es ist dabei wesentlich, daß der Mehrwert zur Verfügung des inländischen Kapitals bleibt. Wenn zum Beispiel ein deutscher Kapitalist mit seinem Kapital nach Kanada auswandert, dort produziert und nicht mehr in die Heimat zurückkehrt, so bedeutet das Verlust für das deutsche Kapital, Entnationalisierung des Kapitals; es ist nicht Kapitalexport, sondern Kapitalübertragung. Diese Kapitalübertragung bildet einen Abzug von dem inländischen und einen Zuwachs des ausländischen Kapitals. Von Kapitalexport kann man nur sprechen, wenn das im Ausland verwendete Kapital zur Verfügung des Inlandes bleibt und über den durch dieses Kapital erzeugten Mehrwert von inländischen Kapitalisten verfügt werden kann. Dieses Kapital bildet dann einen Posten in der nationalen »Forderungsbilanz«, der jedes Jahr fällige Mehrwert in der nationalen Zahlungsbilanz. Der Kapitalexport vermindert pro tanto die einheimische Kapitalmenge und vermehrt die nationale Revenue um den erzeugten Mehrwert.

Die Aktiengesellschaft und die entwickelte Kreditorganisation befördern den Kapitalexport und ändern insofern den Charakter, als sie die Auswanderung des Kapitals losgelöst vom Unternehmer ermöglichen, das Eigentum also viel länger oder dauernd dem Exportland verbleibt und die Nationalisierung des Kapitals erschwert wird. Wo Kapitalexport zum Zwecke landwirtschaftlicher Produktion stattfindet, findet die Nationalisierung gewöhnlich viel rascher statt, wie dies das Beispiel vor allem der Vereinigten Staaten beweist.

Der Kapitalexport kann vom Standpunkt des exportierenden Landes aus in zwei Formen erfolgen: das Kapital wandert ins Ausland als zinstragendes oder als profittragendes Kapital. Als letzteres kann es wieder als industrielles Kapital, Handels- oder Bankkapital fungieren. Vom Standpunkt des Landes, in das

Kapital exportiert wird, kommt auch in Betracht, aus welchen Teilen des Mehrwerts der Zins gezahlt wird. Der Zins, der auf im Auslande befindliche Pfandbriefe zu entrichten ist, bedeutet, daß ein Teil der Grundrente[11], der Zins, der auf Obligationen industrieller Unternehmungen zu entrichten ist, daß ein Teil des industriellen Profits ins Ausland fließt.

Mit der Entwicklung zum Finanzkapital in Europa wandert das europäische Kapital häufig bereits als solches aus; eine deutsche Großbank gründet eine Filiale im Auslande; diese vermittelt eine Anleihe, deren Erlös zur Errichtung einer Elektrizitätsanlage verwendet wird; die Errichtung wird der Elektrizitätsgesellschaft übertragen, mit der die Bank in der Heimat in Verbindung steht. Oder der Prozeß vereinfacht sich noch. Die ausländische Bankfiliale gründet im Ausland ein industrielles Unternehmen, emittiert die Aktien in der Heimat und überträgt die Lieferungen wieder denjenigen Unternehmungen, mit denen die Hauptbank in Verbindung steht. Auf größtem Maßstab vollzieht sich der Vorgang, sobald die Anleihegeschäfte der Staaten in den Dienst der Beschaffung von Industrielieferungen gestellt werden. Es ist die innige Verbindung von Bank- und Industriekapital, die diese Entwicklung des Kapitalexports rasch fördert.

Bedingung des Kapitalexports ist Verschiedenheit der Profitrate; der Kapitalexport ist das Mittel zur Ausgleichung der nationalen Profitraten. Die Höhe des Profits ist abhängig von der organischen Zusammensetzung des Kapitals, also von der Höhe der kapitalistischen Entwicklung. Je fortgeschrittener diese, desto niedriger die allgemeine Profitrate. Zu dieser allgemeinen Bestimmung, die hier weniger in Betracht kommt, da es sich um Weltmarktswaren handelt, deren Preis durch die entwickeltsten Produktionsmethoden bestimmt wird, treten aber spezielle hinzu. Was zunächst die Zinsrate anlangt, so ist diese in Ländern mit geringer kapitalistischer Entwicklung und mangelnder Kredit- und Bankorganisation viel höher als in den entwikkelten kapitalistischen Staaten, wozu noch kommt, daß in dem Zins meist noch Teile des Arbeitslohnes oder Unternehmergewinns enthalten sind. Der hohe Zins bildet unmittelbaren Anreiz für den Export von Leihkapital. Der Unternehmergewinn steht höher, weil die Arbeitskraft außerordentlich billig, ihre ge-

---

[11] So fließt zum Beispiel ein Teil der ungarischen Grundrente nach Österreich zur Zinszahlung der in Österreich umlaufenden Pfandbriefe ungarischer Hypothekenanstalten.

ringere Qualität durch überlange Arbeitszeit ausgeglichen wird. Dann aber, weil die Grundrente niedrig oder nominell ist, da noch viel freies Land, sei es von Natur, sei es durch gewaltsame Expropriation der Eingeborenen vorhanden ist, der niedrige Bodenpreis also die Produktionskosten verbilligt. Dazu kommt Erhöhung des Profits durch Privilegien und Monopole. Handelt es sich aber um Produkte, deren Absatzgebiet der neue Markt selbst bildet, so werden hohe Extraprofite realisiert, da hier die kapitalistisch erzeugten Waren in Konkurrenz mit handwerksmäßig erzeugten treten.

Wie immer der Kapitalexport erfolgt, stets bedeutet er, daß die Aufnahmefähigkeit des fremden Marktes steigt. Die alte Schranke für den Warenexport bildete die Aufnahmefähigkeit der fremden Märkte für die europäischen Industrieprodukte. Deren Konsumfähigkeit war beschränkt durch die Verfügung über Überschüsse aus ihrer naturalwirtschaftlichen oder sonst unentwickelten Produktion, deren Produktivität nicht rasch gesteigert und die noch weniger in kurzer Zeit in Produktion für den Markt umgewandelt werden konnte. So ist es ohne weiteres verständlich, daß die englische kapitalistische, also ungeheuer elastischere und expansionsfähigere Produktion sehr rasch den Bedürfnissen des neu erschlossenen Marktes genügte und sie überholte, was rückwirkend als Überproduktion der Textilindustrie erschien. Anderseits aber war die Konsumfähigkeit Englands für die spezifischen Produkte der neuerschlossenen Märkte begrenzt. Zwar war diese Konsumfähigkeit, rein quantitativ betrachtet, natürlich ungeheuer größer als die der fremden Märkte. Aber hier kam entscheidend in Betracht die qualitative Beschaffenheit, der Gebrauchswert der Produkte, die die fremden Märkte, als Äquivalent für die englischen Waren, zurückschicken konnten. Soweit es sich da um spezifische Produkte der Luxuskonsumtion handelte, war ihr Konsum in England beschränkt; anderseits suchte sich namentlich die Textilindustrie außerordentlich rasch auszudehnen; die Ausfuhr der Textilprodukte steigerte aber die Einfuhr der Kolonialprodukte, die Luxuskonsumtion dehnte sich aber durchaus nicht in demselben Maße aus; vielmehr fordete die rasche Ausdehnung der Textilproduktion, daß der Profit in steigender Rate akkumuliert, nicht aber in Luxusprodukten konsumiert wurde; daher endet jede Neuerschließung fremder Märkte mit Krisen in England, die einerseits eingeleitet werden vom Preisfall der Textilprodukte im Ausland, anderseits vom Preissturz der Kolonialprodukte in England; jede Geschichte englischer Krisen zeigt die Bedeutung dieser spezifischen Krisenursachen; man beachte, mit welcher Sorgfalt etwa Tooke die Preise aller Kolonialprodukte verfolgt und wie regelmäßig die älteren Industriekrisen von völligem Zusammenbruch dieser Handelszweige begleitet sind. Die Änderung tritt erst mit der Entwicklung des modernen Transportsystems ein, die das Schwergewicht auf die Eisenindustrie verlegt, während gleichzeitig sich der Verkehr mit den neuerschlossenen Märkten immer mehr in der Richtung verschiebt, daß es sich nicht mehr um bloßen Warenverkehr, sondern um Kapitalexport handelt.

Schon der Export des Kapitals als Leihkapital erweitert die Aufnahmefähigkeit des neuerschlossenen Marktes ganz außerordentlich. Gesetzt, ein neuerschlossener Markt wäre etwa imstande, für 1 Million Pfund Waren zu exportieren, so ist seine Aufnahmefähigkeit bei Warenaustausch – Austausch zu gleichen Werten vorausgesetzt – ebenfalls gleich 1 Million Pfund. Wenn aber dieser Wert nicht als Ware, sondern als Leihkapital, zum Beispiel in der Form einer Staatsanleihe, in das Land exportiert wird, so dient der Wert von 1 Million Pfund, über die der neue Markt durch Ausfuhr seines Überschusses verfügen kann, nicht zum Austausch gegen Waren, sondern zur Verzinsung von Kapital. In dieses Land kann also jetzt nicht nur ein Wert von 1 Million Pfund exportiert werden, sondern sage von 10 Millionen Pfund, wenn dieser Wert als Kapital dorthin geschickt wird und der Zins 10 Prozent beträgt, und von 20 Millionen Pfund, falls der Zins auf 5 Prozent sinkt. Dies zeigt zugleich die große Bedeutung des Sinkens der Zinsrate für die Erweiterungsfähigkeit des Marktes. Die scharfe Konkurrenz des fremden Leihkapitals hat die Tendenz, die Zinsrate auch in zurückgebliebenen Ländern rasch zu senken und damit wieder die Möglichkeit des Kapitalexports zu steigern. Weitaus bedeutender noch als der Export in Form des Leihkapitals ist die Wirkung des Exports des industriellen Kapitals und dies ist ja auch die Ursache, warum der Export des Kapitals in der Form des industriellen Kapitals immer größere Bedeutung erlangt. Denn die Übertragung kapitalistischer Produktion auf den fremden Markt macht diesen von den Schranken der eigenen Konsumtionskraft völlig frei. Der Ertrag dieser neuen Produktion sichert ja die Verwertung des Kapitals. Für den Absatz aber kommt durchaus nicht der neuerschlossene Markt allein in Betracht. Vielmehr wendet sich das Kapital auch in diesen neuen Gebieten Produktionszweigen zu, deren Absatz auf dem Weltmarkt gesichert ist. Die Kapitalisierung Südafrikas zum Beispiel ist völlig losgelöst von der Aufnahmefähigkeit Südafrikas, da der Hauptproduktionszweig, die Ausbeutung der Goldminen, in seiner Absatzmöglichkeit geradezu unbeschränkt ist und die Kapitalisierung hier nur abhängt von der natürlichen Ausdehnungsfähigkeit des Abbaues und dem Vorhandensein einer genügenden Arbeiterbevölkerung. Ebenso ist zum Beispiel die Ausbeutung von Kupferlagern unabhängig von der Konsumtionskraft der Kolonie, während die eigentlichen Konsumtionsmittelindustrien, die ihren Absatz auf dem neuen Markt selbst größtenteils finden müssen, in ihrer Ausdehnung sehr rasch auf die Schranken der Konsumtionsfähigkeit stoßen.

So erweitert der Kapitalexport jene Schranke, die aus der Konsumtionsfähigkeit des neuen Marktes entspringt. Zugleich aber bewirkt die Übertragung kapitalistischer Transport- und Produktionsmethoden auf das fremde Land hier eine rasche ökonomische Entwicklung, die Entstehung eines größeren inneren Marktes durch Auflösung der naturalwirtschaftlichen Zusammenhänge, die Ausdehnung der Produktion für den Markt und damit die Vermehrung jener Produkte, die ausgeführt werden und damit wieder zu neuer Verzinsung neu importierten Kapitals dienen können. Bedeutete die Erschließung von Kolonien und neuen Märkten früher vor allem die Erschließung neuer Konsumtionsmittel, so wendet sich heute die Neuanlage von Kapital hauptsächlich Zweigen zu, die Rohmaterial für die Industrie liefern. Gleichzeitig mit der Ausdehnung der heimischen Industrie, die den Bedürfnissen des Kapitalexports dient, wendet sich das exportierte Kapital der Produktion von Rohstoffen für diese Industrien zu. Damit finden die Produkte des exportierten Kapitals im Heimatlande Aufnahme, und jener enge Zirkel, in dem die Produktion in England sich bewegte, erfährt eine außerordentliche Erweiterung durch die gegenseitige Alimentierung von heimischer Industrie und der Erzeugung des exportierten Kapitals.

Wir wissen aber, daß die Erschließung neuer Märkte ein wichtiges Moment ist, um eine industrielle Depression zu beenden, die Dauer der Prosperität zu verlängern und die Krisenwirkungen abzuschwächen. Der Kapitalexport beschleunigt die Erschließung der fremden Länder und entwickelt auf größtem

Maßstabe ihre Produktivkräfte. Gleichzeitig steigert er die Produktion im Inland, die jene Waren liefern muß, die als Kapital ins Ausland gesandt werden. So wird er zu einer mächtigen Triebkraft der kapitalistischen Produktion, die mit der Verallgemeinerung des Kapitalexports in eine neue Sturm- und Drangperiode[12] eintritt, während der der Zyklus von Prosperität und Depression verkürzt, die Krise gemildert erscheint. Die rasche Steigerung der Produktion erzeugt auch eine Steigerung der Nachfrage nach Arbeitskraft, die die Gewerkschaften begünstigt; die immanenten Verelendungstendenzen des Kapitalismus scheinen in den Ländern alter kapitalistischer Entwicklung überwunden. Der rasche Aufstieg der Produktion läßt die Schäden der kapitalistischen Gesellschaft nicht zum Bewußtsein kommen und schafft eine optimistische Beurteilung ihrer Lebenskraft.

Die raschere oder langsamere Erschließung der Kolonien und neuen Märkte wird jetzt wesentlich abhängig von ihrer Fähigkeit, zu Kapitalanlagen zu dienen. Diese ist aber immer größer, je reicher die Kolonie an solchen Produkten ist, deren Produktion kapitalistisch zu betreiben, deren Absatz auf dem Weltmarkt gesichert und die für die heimische Industrie von Wichtigkeit ist. Die rasche Expansion des Kapitalismus seit 1895 hat aber eine Preissteigerung vor allem der Metalle und der Baumwolle bewirkt und damit den Drang, neue Quellen für diese wichtigsten Rohmaterialien zu erschließen, stark gesteigert. So sucht das Exportkapital vor allem Betätigung in Gebieten, die diese Produkte zu produzieren fähig sind, und wendet sich diesen Sphären zu, von denen namentlich der Bergbau sofort hochkapitalistisch betrieben wird. Durch diese Produktion steigert sich wieder der Überschuß, den die Kolonie ausführen kann und damit ist die Möglichkeit neuer Kapitalanlagen gegeben. So wird das Tempo der Kapitalisierung der neuen Märkte außerordentlich beschleunigt; das Hindernis für die Erschließung ist nicht der Mangel an Kapital in diesem Lande, dieser wird vielmehr durch Kapitaleinfuhr beseitigt; immer mehr macht sich in den meisten Fällen ein anderer Umstand störend geltend: der Mangel an »freier«, das heißt an Lohnarbeit. Die Arbeiterfrage nimmt akute Formen an und erscheint nur zu lösen durch gewaltsame Mittel.

---

12 Nach dem treffenden Ausdruck von Parvus, »Die Handelskrise und die Gewerkschaften«, München 1901.

Wie stets, wenn das Kapital sich zum erstenmal Verhältnissen gegenübersieht, die seinem Verwertungsbedürfnis widersprechen und deren ökonomische Überwindung nur allmählich und viel zu langsam vor sich gehen würde, appelliert es an die Staatsgewalt und stellt sie in den Dienst gewaltsamer Expropriation, die das nötige freie Lohnproletariat schafft, mag es sich nun, wie in seinen Anfängen, um europäische Bauern, um die Indianer Mexikos und Perus oder wie heute um die Neger Afrikas handeln![13]. Die gewaltsamen Methoden gehören zum Wesen der Kolonialpolitik, die ohne sie ihren kapitalistischen Sinn verlieren würde, und ebenso einen integrierenden Bestandteil derselben bilden, wie das Vorhandensein eines besitzlosen Proletariats überhaupt eine Conditio sine qua non des Kapitalismus ist. Kolonialpolitik treiben, aber ihre gewaltsamen Methoden beseitigen zu können, ist eine nicht ernster zu beurteilende Einbildung, wie das Proletariat abschaffen, aber den Kapitalismus erhalten zu wollen.

Die Methoden der Arbeitserzwingung sind mannigfach. Hauptmittel ist die Expropriation der Eingeborenen, denen das Land und damit die Grundlage ihrer bisherigen Existenz genommen wird. Das Land wird an die Eroberer abgetreten, wobei zugleich immer mehr die Tendenz sich geltend macht, es nicht an einzelne Einwanderer, sondern an große Landgesellschaften zu vergeben. Das ist namentlich der Fall, wenn es sich um Ausbeutung von Bergwerksprodukten handelt. Hier wird plötzlich nach den Methoden der ursprünglichen Akkumulation kapitalistischer Reichtum in der Hand weniger Kapitalmagnaten geschaffen, während die kleinen Ansiedler das Nachsehen haben. Man denke an die gewaltigen Reichtümer, die auf diese Weise in den Händen der Gruppe, die die Goldminen und Diamantenfelder des englischen Südafrika und in verkleinertem Maßstab in den Händen der deutschen Kolonialgesellschaften, die in engster Verbindung mit den Großbanken stehen, in Südwestafrika konzentriert werden. Die Expropriation schafft zugleich in den freigesetzten Eingeborenen ein Proletariat, das zum willenlosen Objekt der Ausbeutung werden muß. Die Expropriation selbst wird ermöglicht durch den Widerstand, den die Ansprüche der Eroberer naturgemäß bei den Eingeborenen finden müssen. Das gewalttätige Auftreten der Einwanderer schafft selbst die Konflikte,

[13] Siehe die Beispiele bei Parvus, »Die Kolonialpolitik und der Zusammenbruch«, Leipzig 1907, S. 63 ff.

die das staatliche Eingreifen »nötig« machen, und der Staat sorgt dann dafür, daß gründliche Arbeit gemacht wird. Das Streben des Kapitals nach widerstandslosen Ausbeutungsobjekten wird als »Befriedung« des Gebietes nunmehr Staatszweck, für dessen Erfüllung die gesamte Nation, das heißt in erster Linie die proletarischen Soldaten und Steuerträger des Mutterlandes aufzukommen haben.

Wo die Expropriation nicht auf einmal so radikal gelingt wird derselbe Zweck erreicht durch Einrichtung eines Steuersystems, das von den Eingeborenen Geldbeiträge in einer Höhe verlangt, die nur aufzubringen sind durch unablässige Arbeit im Dienst des fremden Kapitals. Diese Erziehung zur Arbeit hat seine Vollendung erreicht im Belgischen Kongo, wo neben der erdrückenden Besteuerung chronische Gewaltanwendung der infamsten Art, Betrug und Hinterlist die Mittel kapitalistischer Akkumulation darstellen. Die Sklaverei wird aufs neue ein ökonomisches Ideal und damit zugleich jener Geist der Bestialität, der sich aus den Kolonien auf die Träger der Kolonialinteressen der Heimat überträgt und hier seine widerlichen Orgien feiert[14].

Reicht die einheimische Bevölkerung nicht aus, sei es weil durch ein Übermaß von Eifer bei der Expropriation die Eingeborenen nicht nur vom Land, sondern auch vom Leben befreit wurden, sei es weil die Bevölkerung nicht widerstandsfähig oder auch nicht zahlreich genug ist, um die gewünschte Höhe der Mehrwertrate zu liefern, so sucht das Kapital die Arbeiterfrage durch Heranziehung von fremder Arbeit zu lösen. Die Kulieinfuhr wird organisiert und zugleich durch das raffinierte System der Kontraktsklaverei dafür gesorgt, daß die Gesetze von Angebot und Nachfrage auf diesem Arbeitsmarkt keine unangenehmen Wirkungen ausüben können. Allerdings ist diese Lösung der Arbeiterfrage für das Kapital keine radikale. Die Heranziehung von Kulis stößt einerseits in allen Ländern, wo für weiße Lohnarbeit Raum ist, auf immer stärkeren Widerstand der weißen Arbeiter. Zugleich erscheint sie aber auch den herrschenden Schichten dort gefährlich, wo die europäische Kolonialpolitik in

---

[14] Man denke zum Beispiel an die schmähliche Begeisterung in dem Lande der Dichter und Denker für einen Carl Peters. Dieser Zusammenhang war schon den englischen Freihändlern klar und seine Betonung ein gutes Agitationsmittel gegen die Kolonialpolitik. So sagt Cobden: »Is it possible, that we can play the part of despot and butcher there (in India), without finding our charakter deteriorate at home?« Zit. bei Schulze-Gävernitz, loc. cit. Anmerkung 104.

Interessenkonflikte gerät mit dem immer stärker werden Expansionsstreben Japans, dem in absehbarer Zeit China selbst nachfolgen muß[15].

Wird so die Heranziehung gelber Arbeit eingeschränkt, so ist anderseits die Ausdehnung des Feldes der weißen Arbeit noch beschränkter. Die Freisetzung von Arbeitern durch die Entwicklung des Kapitalismus ist für Europa zu einem großen Teil zum Stillstand gelangt. Die rasche Expansion des Kapitalismus hat in den vorgeschrittensten Ländern zum Teil und für die Epoche dieser Sturm- und Drangperiode sogar eine Gegentendenz geschaffen.

So stößt der deutsche Kapitalismus in den beiden letzten Hochkonjunkturperioden selbst auf die Schranke der Arbeiterbevölkerung und muß die notwendige Rekrutierung der industriellen Reservearmee mit ausländischen Arbeitern besorgen. In weit größerem Maßstab ist auch der Kapitalismus der Vereinigten Staaten auf die Heranziehung von Einwanderern angewiesen, während die verlangsamte Entwicklung Englands auch in der fühlbareren Arbeitslosigkeit erscheint. So hat sich das Auswanderergebiet Europas verengt auf Süd- und Südosteuropa und Rußland. Gleichzeitig ist aber infolge der raschen Expansion das Bedürfnis nach Lohnarbeit außerordentlich gewachsen.

Die Staaten, die aus sozial- oder weltpolitischen Gründen die asiatische Einwanderung ausschließen, stoßen so bei ihrer Expansion auf die Schranke der Bevölkerung, und diese Schranke ist gerade für die Gebiete, wo die kapitalistische Entwicklung am aussichtsreichsten, am schwersten zu überwinden, wie zum Beispiel in Kanada und Australien. Es kommt hinzu, daß in diesen Gebieten mit großer Ausdehnung der Terra libera die Ausdehnung der Agrikultur gleichfalls eine rasch steigende zuschüssige Bevölkerung verlangt und der Entstehung eines besitzlosen Proletariats stark entgegenwirkt. Das eigene Wachstum der Bevölkerung dieser Gebiete ist jedoch zum Teil ein außerordentlich geringes. Aber auch die Bevölkerungsvermehrung in den entwickelten europäischen Staaten verlangsamt sich ständig[16], wo-

15 Siehe darüber die Diskussion über die Einwanderungsfrage in der »Neuen Zeit«, XXVI, 1, insbesondere Otto Bauer, »Proletarische Wanderungen«, und Max Schippel, »Die fremden Arbeitskräfte und die Gesetzgebung der verschiedenen Länder«.

16 Siehe darüber zum Beispiel die Angaben bei Paul Mombert: »Studien zur Bevölkerungsbewegung in Deutschland«, 1907. So kamen in Europa auf 1000 Bewohner Lebendgeburten im Durchschnitt der Jahre:

durch die zur Auswanderung verfügbare Überschußbevölkerung abnimmt.

Dieses verlangsamte Wachstum macht sich aber gerade in den Gegenden geltend, die für die Ausdehnung der landwirtschaftlichen Produkte von großer Bedeutung sind, in Kanada, Australien und Argentinien. Diese Verlangsamung bewirkt die Tendenz zum Steigen der Agrikulturprodukte, die trotz der an sich starken Erweiterungsfähigkeit landwirtschaftlicher Produktion sich stets stärker akzentuiert.

Aber die Schranke der Bevölkerung ist stets nur eine relative. Sie erklärt, warum die kapitalistische Expansion nicht noch stürmischer vorangeht, aber sie hebt die Expansion selbst keineswegs auf. Sie trägt zudem ihr Heilmittel in sich. Abgesehen von der Schaffung freier Lohnarbeit oder Zwangsarbeit in den eigentlichen Kolonialgebieten, abgesehen von der stets wirkenden relativen Freisetzung weißer Arbeit durch technische Fortschritte in den kapitalistischen Mutterländern, die sich bei Verlangsa-

---

1841—1850	37,8	1881—1885	38,4
1851—1860	37,8	1886—1890	37,8
1861—1870	38,6	1891—1895	37,2
1871—1875	39,1	1896—1900	36,9
1876—1880	38,7	1901	36,5

Ebenso ist der Rückgang der Geburtenziffern sehr beträchtlich in den Vereinigten Staaten und erstaunlich in Australien. In Neusüdwales zum Beispiel kamen auf 1000 verheiratete Frauen im Alter von 15 bis 45 Jahren im Jahre 1861: 340,8, im Jahre 1901: 235,3 eheliche Geburten. (Siehe auch die Angaben bei Schulze-Gävernitz, loc. cit., S. 195, der den Notschrei des Regierungsstatistikers Coghlen zitiert: »Das Problem der niedergehenden Geburtsziffer ist von einer alles überragenden Bedeutung und für Australien mehr als für irgendein anderes Land. Von seiner befriedigenden Lösung hängt es ab, ob unser Land jemals einen Platz unter den großen Nationen der Welt einnehmen wird.«)

Die Bevölkerungsvermehrung ist also in den angeführten Gebieten ganz allein dem bedeutenden Rückgang der Sterblichkeit zuzuschreiben, die stärker fiel als die Geburten. In Deutschland ist bis jetzt die Sterblichkeit weit rascher als die Fruchtbarkeit gefallen. »Hält der Rückgang der letzteren noch weiter an, so muß ein Punkt kommen, das liegt in der Natur der Sache, wo die Verringerung der Sterblichkeit langsamer vor sich geht und sich das Abnahmeverhältnis beider umkehrt. Damit muß aber auch der Geburtenüberschuß eine sinkende Tendenz einschlagen.« (Mombert, S. 263.) Dies letztere trifft zum Beispiel bereits für England und Wales, Schottland und Schweden zu.

Für dieses Stadium kapitalistischer Expansion ist auch das Schlußurteil Momberts zutreffend: »Vielleicht wird man in nicht allzu ferner Zeit den Kernpunkt der Bevölkerungsfrage, auch in anderen Ländern als in Frankreich, weniger in einer zu starken als in einer zu schwachen Bevölkerungszunahme zu erblicken haben.« (S. 280.)

mung der Expansion zu einer absoluten steigern würde, würde eine stärkere Einschränkung der kapitalistischen Expansion in den Kolonisierungsgebieten weißer Arbeit zur Folge haben, daß der Kapitalismus sich in noch höherem Maße den noch rückständigen agrarischen Gebieten Europas selbst unter Überwindung der entgegenstehenden politischen Schranken zuwendet und sich damit Gebiete erschließt, wo sein Auftreten durch Zerstörung der ländlichen Hausindustrie und Freisetzung der agrarischen Bevölkerung in größtem Maßstabe Material für die Verstärkung der Auswanderung lieferte.

Sind aber die neuen Märkte nicht mehr bloße Absatzgebiete, sondern Anlagesphären von Kapital, so bringt dies auch eine Änderung in der politischen Haltung der kapitalexportierenden Länder mit sich.

Der bloße Handel, soweit er nicht mit Raub und Plünderung verbundener Kolonialhandel war, sondern den Handel mit einer weißen oder gelben widerstandsfähigen und verhältnismäßig hoch entwickelten Bevölkerung umfaßte, ließ die sozialen und politischen Verhältnisse dieser Länder in ihrer Grundlage lange unberührt und beschränkte sich nur auf die ökonomischen Beziehungen. Solange eine Staatsmacht vorhanden und halbwegs für Ordnung sorgen kann, ist die unmittelbare Beherrschung weniger wichtig. Das ändert sich mit dem Überhandnehmen des Kapitalexports. Es handelt sich dann um viel größere Interessen. Das Risiko ist viel größer, wenn in fremdem Lande Eisenbahnen gebaut, Land erworben, Hafenanlagen angelegt, Bergwerke gegründet und betrieben werden, als wenn bloß Waren gekauft und verkauft werden.

Die Rückständigkeit der Rechtsverhältnisse wird so zu einer Schranke, deren Überwindung auch mit gewaltsamen Mitteln das Finanzkapital immer stürmischer fordert. Dies führt zu immer schärfer werdenden Konflikten zwischen den entwickelten kapitalistischen Staaten und der Staatsgewalt der rückständigen Gebiete, zu immer dringender werdenden Versuchen, diesen Gebieten die dem Kapitalismus entsprechenden Rechtsverhältnisse aufzuzwingen, sei es mit Schonung oder aber mit Vernichtung der bisherigen Gewalten. Zugleich bringt die Konkurrenz um die so neu eröffneten Anlagesphären neue Gegensätze und Konflikte zwischen den entwickelten kapitalistischen Staaten selbst mit sich. In den neu erschlossenen Ländern selbst aber steigert der importierte Kapitalismus Gegensätze und erregt den immer wachsenden Widerstand der zu nationalem Bewußtsein erwachenden Völker gegen die Eindringlinge, der sich leicht zu gefährlichen Maßnahmen gegen das Fremdkapital steigern kann. Die alten sozialen Verhältnisse werden völlig revolutioniert, die agrarische, tausendjährige Gebundenheit der »geschichtslosen Nationen« gesprengt, diese selbst in den kapitalistischen Strudel hineingezogen. Der Kapitalismus selbst gibt den Unterworfenen allmählich die Mittel und Wege zu ihrer Befreiung. Das Ziel, das einst das höchste der europäischen Nationen war, die Herstellung des nationalen Einheitsstaates als Mittel der ökonomischen und kulturellen Freiheit, wird auch zu dem ihren. Diese Unabhängigkeitsbewegung bedroht das europäische Kapital gerade in seinen wertvollsten und aussichtsreichsten Ausbeutungsgebieten, und immer mehr kann es seine Herrschaft nur durch stete Vermehrung seiner Machtmittel erhalten.

Daher der Ruf aller in fremden Ländern interessierten Kapitalisten nach der starken Staatsmacht, deren Autorität ihre Interessen auch in den fernsten Winkeln der Welt beschützt, der Ruf nach der Kriegsflagge, die überall gesehen werden muß, damit die Handelsflagge überall aufgepflanzt werden kann. Am wohlsten fühlt sich aber das Exportkapital bei völliger Beherrschung des neuen Gebietes durch die Staatsmacht seines Landes. Denn dann ist der Kapitalexport anderer Länder ausgeschlossen, es genießt eine privilegierte Stellung, und seine Profite erhalten womöglich noch die Garantie des Staates. So wirkt auch der Kapitalexport für eine imperialistische Politik.

Der Kapitalexport hat, besonders seitdem er in der Form des industriellen und des Finanzkapitals erfolgt, die Umwälzung aller alten sozialen Verhältnisse und die Einbeziehung der Erde in den Kapitalismus ungeheuer beschleunigt. Die kapitalistische Entwicklung erfolgte nicht autochthon in jedem einzelnen Lande, sondern mit dem Kapital wurden zugleich kapitalistische Produktion und Ausbeutungsverhältnisse importiert, und zwar stets auf der in dem fortgeschrittensten Land erreichten Stufe. So wie heute eine neuentstehende Industrie sich nicht erst aus handwerksmäßigen Anfängen und Technik zu modernen Riesenbetrieben entwickelt, sondern von vornherein als hochkapitalistisches Unternehmen gegründet wird, so wird auch der Kapitalismus heute auf seiner jeweils vollendeten Stufe in ein neues Land importiert und entfaltet daher seine revolutionierende Wirkung mit viel größerer Wucht und in viel kürzerer Zeit, als sie etwa die kapitalistische Entwicklung Hollands und Englands erfordert hat.

Epoche in der Geschichte des Kapitalexports macht die Umwälzung im Transportwesen. Eisenbahnen und Dampfschiffe haben an sich für den Kapitalismus kolossale Bedeutung wegen der Verkürzung der Umlaufszeit. Dadurch wird einmal Zirkulationskapital freigesetzt, dann die Profitrate gesteigert. Die Verbilligung des Rohmaterials senkt den Kostpreis und erweitert den Konsum. Sodann schaffen erst Eisenbahnen und Dampfschiffe jene großen Wirtschaftsgebiete, die die modernen Riesenbetriebe mit ihrer Massenproduktion ermöglichen. Vor allem aber waren die Eisenbahnen das wichtigste Mittel der Erschließung der fremden Absatzmärkte. Nur durch sie wurde die Verwendung der Produkte dieser Länder durch Europa in so kolossalem Maßstab möglich, wurde der Markt so rasch zum Weltmarkt erweitert. Noch wichtiger war aber, daß jetzt Kapitalexport im größten Umfang nötig wurde zum Bau dieser Eisenbahnen, die fast ausschließlich mit europäischem Kapital, namentlich mit englischem gebaut wurden.

Der Kapitalexport aber war das Monopol Englands und sicherte diesem Lande zugleich die Herrschaft über den Weltmarkt. Industriell wie finanziell brauchte also England den Wettbewerb anderer nicht zu fürchten. Sein Ideal blieb daher die Freiheit des Marktes. Umgekehrt mußte die Überlegenheit Englands alle anderen Staaten um so mehr dazu treiben, ihre Herrschaft über einmal erworbene Gebiete zu behalten und auszudehnen, um wenigstens innerhalb ihrer Grenzen vor der übermächtigen Konkurrenz Englands geschützt zu sein.

Anders aber, sobald Englands Monopol gebrochen war und dem infolge des Freihandels nicht wirksam genug organisierten englischen Kapitalismus in dem amerikanischen und deutschen überlegene Konkurrenten erwuchsen. Die Entwicklung zum Finanzkapital schuf in diesen Staaten einen starken Drang zum Kapitalexport. Wir haben gesehen, wie die Entwicklung des Aktienwesens und der Kartelle Gründergewinne schafft, die als nach Verwendung strebendes Kapital den Banken zufließen. Dazu kommt, daß das Schutzzollsystem den inländischen Konsum einengt und daher den Export forcieren läßt. Zugleich ist in den durch den Kartellschutzzoll ermöglichten Exportprämien ein Mittel gegeben, um auf neutralen Märkten England eine übermächtige Konkurrenz zu bereiten, die um so gefährlicher ist, als die jüngere Großindustrie dieser Länder durch ihre neuen Einrichtungen teilweise der englischen technisch überlegen ist. Sind aber die Exportprämien ein wichtiges Mittel im internationalen Konkurrenzkampf geworden, so ist dieses Mittel um so wirksamer, je höher die Exportprämien sein können. Diese Höhe hängt ab von der Höhe des Zolles. Seine Erhöhung wird jetzt das Interesse jeder nationalen Kapitalistenklasse. Und hier gibt es auf die Dauer kein Zurückbleiben. Der Schutzzoll des einen Landes zieht mit Notwendigkeit den des anderen nach sich, und um so sicherer, je entwickelter der Kapitalismus in diesem Lande, je mächtiger und verbreiteter die kapitalistischen Monopole. Die Höhe des Schutzzolles wird entscheidendes Moment im internationalen Konkurrenzkampf. Die Erhöhung in dem einen Lande muß sofort vom anderen nachgemacht werden, um die Konkurrenzbedingungen nicht zu verschlechtern, um auf dem Weltmarkt nicht zu unterliegen. Auch der industrielle Schutzzoll wird, was der agrarische seiner Natur nach ist, zu einer Schraube ohne Ende.

Aber der Konkurrenzkampf, der allein durch den billigeren Preis der Ware ausgefochten werden muß, droht immer verlustbringend zu werden oder doch nicht den vollen Durchschnittsprofit abzuwerfen. Ausschluß der Konkurrenz wird auch hier das Ideal der großen Kapitalistenvereinigungen. Dies um so eher, als für sie der Export, wie wir gesehen haben, zu einer dringenden Notwendigkeit wird, die unter allen Umständen erfüllt werden muß, weil die technischen Bedingungen einer möglichst großen Stufenleiter der Produktion dies gebieterisch verlangen. Aber auf dem Weltmarkt herrscht Konkurrenz, und so bleibt zunächst nichts übrig, als die eine Art der Konkurrenz durch eine andere minder gefährliche zu ersetzen; an Stelle der Konkurrenz auf dem Warenmarkt, wo nur der Preis der Ware entscheidet, tritt die Konkurrenz auf dem Kapitalmarkt, im Angebot von Leihkapital, dessen Gewährung bereits an die Bedingung späterer Warenübernahme geknüpft ist. Der Kapitalexport wird jetzt zum Mittel, die industriellen Lieferungen dem kapitalexportierenden Lande zu sichern. Der Abnehmer hat jetzt keine Wahl; er wird zum Schuldner und damit zum Abhängigen, der die Bedingungen des Gläubigers akzeptieren muß; Serbien bekommt von Österreich, Deutschland oder Frankreich nur eine Anleihe, wenn es sich verpflichtet, seine Kanonen oder sein Eisenbahnmaterial von Skoda, Krupp oder Schneider zu beziehen. Der Kampf um den Warenabsatz wird zum Kampf um die Anlagesphären des Leihkapitals zwischen den nationalen Bankgruppen, und da wegen des internationalen Ausgleichs der Zinssätze die ökonomische Konkurrenz hier innerhalb relativ enger Schranken gebannt ist, so wird der ökonomische Kampf rasch zu einem Machtkampf, der mit politischen Waffen geführt wird.

Ökonomisch aber bleibt gerade in diesen Kämpfen den alten kapitalistischen Staaten ein Vorsprung. England[17] besitzt eine alte, mit Kapital gesättigte Industrie, die aus den Zeiten des englischen Weltmarktmonopols für die Bedürfnisse des Weltmarktes zugeschnitten, sich relativ langsamer entwickelt als die deutsche oder amerikanische, ihre Expansionsfähigkeit ist geringer. Anderseits ist aber das akkumulierte Kapital außerordentlich groß und aus seinen auswärtigen Anlagen fließen stets neue zu akkumulierende Profitmassen nach England. Das Verhältnis der zu akkumulierenden Kapitalmassen zu dem im Inlande anlagefähigen Kapital ist hier am größten, daher der Drang zu auswärtigen Anlagen hier am stärksten, der geforderte Zinsfuß am geringsten. Aus anderen Ursachen ist auch in Frankreich die-

---

[17] Das britische, im Ausland angelegte Kapital wurde 1900 auf 2500 Millionen Pfund Sterling geschätzt und eine jährliche Zunahme von 50 Millionen, davon 30 Millionen in Effekten, angenommen. Seine Kapitalanlagen im Ausland scheinen schneller zu wachsen als die im Inland; wenigstens hat sich das britische Gesamteinkommen in den Jahren 1865 bis 1898 nur etwa verdoppelt, während das Einkommen aus dem Ausland sich in demselben Zeitraum verneunfacht hat. (Giffen.) Detaillierte Angaben enthält ein Vortrag von George Paish, veröffentlicht im »Journal of the Royal Statistical Society«, September 1909. Darnach betrug 1906/07 das Einkommen aus Staatsanleihen Indiens 8 768 237 Pfund Sterling, der übrigen Kolonien 13,952.722 Pfund Sterling, aller anderen Länder 8,338.124 Pfund Sterling, zusammen 31,039.083 Pfund Sterling gegen 25,374.192 Pfund Sterling im Jahre 1897/98. Das Einkommen aus anderen Effekten (Eisenbahnen!) wird auf 48,521.000 Pfund Sterling angegeben. Die Summe des ausländischen Kapitals wird auf 2700 Millionen Pfund Sterling berechnet, wovon 1700 Millionen Pfund Sterling in Eisenbahnen angelegt sind. Das Einkommen darauf wird auf 140 Millionen Pfund Sterling geschätzt, was einer Verzinsung von 5,2 Prozent entspricht. Dabei dürften diese Schätzungen noch hinter der Wirklichkeit nicht unerheblich zurückbleiben.
Das französische Auslandskapital schätzte P. Leroy Beaulien auf 34 Milliarden Franken; 1905 dürfte es auf 40 Milliarden angewachsen sein. Die jährliche Neuinvestition wird auf 1500 Millionen Franken geschätzt.
Den Auslandsbesitz Deutschlands hat Schmoller in dem bekannten Bericht zur Börsenenquetekommission 1892 auf 10 Milliarden geschätzt, W. Christians auf 13 Milliarden, aus denen 500 bis 600 Millionen Mark als Gewinn jährlich resultieren. Für 1906 schätzt Sartorius 16 Milliarden Effekten und 10 Milliarden sonstigen Auslandbesitz und jährliche Einnahmen von zirka 1240 Millionen Mark. Nähere Angabe bei Sartorius a.a.O., S. 88 ff.

selbe Wirkung eingetreten. Auch hier alter akkumulierter, wenn auch nach seinen Eigentumsverhältnissen nicht so konzentrierter, doch durch das Bankwesen zentralisierter Reichtum neben fortwährendem Zufluß aus auswärtigen Anlagen auf der einen Seite, auf der anderen eine stagnierende industrielle Entwicklung im eigenen Land, daher auch hier starker Exportdrang des Kapitals. Dieser Vorsprung kann nur politisch wettgemacht werden durch stärkeren Druck der Diplomatie, ein gefährliches und daher begrenztes Mittel, oder aber ökonomisch durch Preisopfer, die eine eventuell höhere Verzinsung aufwiegen.

Die Heftigkeit der Konkurrenz weckt aber das Streben nach ihrer Aufhebung. Am einfachsten kann dies geschehen, wenn Teile des Weltmarktes in den nationalen Markt einbezogen werden, also durch Einverleibung fremder Gebiete, durch die Kolonialpolitik. War der Freihandel gegen die Kolonien gleichgültig, so führt der Schutzzoll unmittelbar zu größerer Aktivität auf kolonialpolitischem Gebiet. Hier stoßen die Interessen der Staaten unmittelbar feindlich aufeinander.

In derselben Richtung wirkt auch ein anderes Moment. Schon rein quantitativ ist es für ein Land vorteilhafter, wenn es sein Kapital in Form von profittragendem als in Form von zinstragendem exportiert, da ja der Profit größer ist als der Zins. Dann aber bleibt die Verfügung über das Kapital eine unmittelbarere, die Kontrolle eine direktere, wenn die exportierenden Kapitalisten ihr Kapital als industrielles anlegen. Der Einfluß des englischen Kapitals, das in amerikanischen Eisenbahnbonds, also als zinstragendes Kapital angelegt ist, auf die Politik der amerikanischen Eisenbahnherren ist ein minimaler, während er ausschlaggebend ist, wo das industrielle Unternehmen selbst mit englischem Kapital betrieben wird. Träger des industriellen Kapitalexports sind aber heute vor allem die Kartelle und Trusts, und zwar aus verschiedenen Gründen. Einmal sind sie am stärksten in den schweren Industrien, wo, wie wir gesehen haben, der Andrang nach Kapitalexport am stärksten ist, um neue Absatzmärkte für die eigene riesig anschwellende Produktion zu gewinnen. Der Bau von Eisenbahnen, die Ausbeutung der Bergwerke, die Vermehrung der Kriegsrüstungen fremder Staaten, die Errichtung von Elektrizitätsanlagen ist vor allem das Interesse dieser schweren monopolistischen Industrien. Hinter ihnen stehen auch die mit diesen Zweigen am engsten verbundenen großen Banken. Dazu kommt, daß der Drang nach Ausdehnung der Produktion bei den kartellierten Industrien einerseits sehr stark ist, anderseits der Ausdehnung für den Inlandsmarkt der hohe Kartellpreis entgegensteht, so daß die Expansion die beste Möglichkeit gewährt, dem Ausdehnungsbedürfnis nachzukommen. Zudem verfügen die Kartelle vermöge ihrer Extraprofite über stets zur Akkumulation bereite Kapitalien, die sie am liebsten in ihren eigenen Sphären, wo die Profitrate am höchsten, anlegen wollen. Zugleich ist hier die Verknüpfung von Banken und Industrie am engsten, und die Möglichkeit des Gründergewinns durch Emission der Aktien von Unternehmungen wird ein starkes Motiv zum Kapitalexport. So sehen wir heute den stärksten Drang nach industriellem Kapitalexport bei den Ländern mit der organisatorisch fortgeschrittensten Industrie, bei Deutschland und den Vereinigten Staaten. Dies erklärt die eigentümliche Erscheinung, daß diese Staaten einerseits Kapital exportieren, anderseits das für die eigene Volkswirtschaft nötige Kapital zum Teil vom Ausland importieren. Sie exportieren vor allem industrielles Kapital und erweitern so die eigene Industrie, deren Betriebskapital sie zum Teil in Form von Leihkapital aus Ländern mit langsamerer industrieller Entwicklung, aber mit größerem akkumulierten Kapitalreichtum beziehen. Sie profitieren dabei nicht nur die Differenz zwischen dem industriellen Profit, den sie auf den fremden Märkten machen, und dem viel niedrigeren Zins, den sie auf das geliehene Kapital in England oder Frankreich zu entrichten haben, sondern sie sichern sich durch diese Art des Kapitalexports zugleich die raschere Ausdehnung der eigenen Industrie. So exportieren die Vereinigten Staaten in größtem Maßstab industrielles Kapital nach Südamerika, während sie gleichzeitig Leihkapital aus England, Holland, Frankreich etc. importieren, in Form von Bonds und Obligationen[18] zum Betrieb ihrer eigenen Industrie.

So gewährt die Kartellierung und Trustierung auch in dieser Beziehung durch Forcierung des Kapitalexports den Kapitalisten des Landes, wo die Monopolisierung der Industrie am fortgeschrittensten ist, einen Vorsprung vor Ländern mit niedriger organisierter Industrie und erweckt so einerseits in diesen Ländern das Bestreben, durch den Schutzzoll die Kartellierung der eigenen Industrie zu beschleunigen, während sie in den fortge-

---

[18] Auch wo das europäische Kapital in Form von amerikanischen Aktien angelegt ist, bezieht es oft nicht mehr als Zins, da der Unternehmergewinn schon im Gründergewinn der amerikanischen Banken antizipiert ist.

schrittensten Ländern das Bestreben stärkt, die Fortdauer des Kapitalexports unter allen Umständen sich zu sichern durch Ausschluß jeder Konkurrenz fremden Kapitals.

Ist der Kapitalexport in seinen entwickelten Formen getragen von den Kapitalsphären, deren Konzentration am fortgeschrittensten ist, so beschleunigt er rückwirkend die Macht und die Akkumulation dieser Sphären. Es sind die größten Banken und die größten Industriezweige, die für sich die besten Bedingungen für die Verwertung des Kapitals auf fremden Märkten erlangen. Großbanken und Großindustrie fallen hier die reichen Extraprofite zu, an denen teilzunehmen kleinere Kapitalmächte gar nicht denken können.

Die Politik des Finanzkapitals verfolgt somit drei Ziele: erstens Herstellung eines möglichst großen Wirtschaftsgebietes, das zweitens durch Schutzzollmauern gegen die ausländische Konkurrenz abgeschlossen und damit drittens zum Exploitationsgebiet der nationalen monopolistischen Vereinigungen wird. Diese Forderungen aber mußten in schärfsten Widerspruch geraten zu der Wirtschaftspolitik, die das industrielle Kapital während seiner Alleinherrschaft (in dem doppelten Sinn, daß ihm das kommerzielle und Bankkapital untergeordnet und daß es zugleich die Alleinherrschaft auf dem Weltmarkt innehatte) in England in klassischer Vollendung durchgeführt hatte. Und dies um so mehr, als die Durchsetzung der Politik des Finanzkapitals in den anderen Ländern immer mehr auch die Interessen des englischen industriellen Kapitals bedrohte. War ja das Freihandelsland der naturgemäße Angriffspunkt der ausländischen Konkurrenz. Zwar hat das »dumping« für die englische Industrie auch seine Vorteile. Die Verfeinerungsindustrie gewann durch die Schleuderkonkurrenz billigeres Rohmaterial. Aber anderseits schädigte dies eben die Rohmaterialindustrien. Dann aber muß mit den Fortschritten der Kartellierung, mit der Zusammenfassung immer weiterer Produktionsstufen und mit der Ausbildung des Exportprämiensystems auch die Stunde für diejenigen englischen Industrien schlagen, die bisher von dem »dumping« profitiert hatten. Dazu kommt aber als wichtigstes Moment, daß der Zoll die Aussicht auf eine Ära rascher Monopolisierung mit ihren Aussichten auf Extraprofite und Gründergewinne eröffnet, die für das englische Kapital eine große Verlockung bilden.

Anderseits ist eine Vereinigung Englands mit seinen Kolonien durch einen Schutzzoll durchaus möglich. Die autonomen Kolonien Englands sind zumeist Staaten, die vor allem als Rohstofflieferanten[19] für England und als Abnehmer von industriellen Produkten in Betracht kommen[20]. Die Schutzzoll- und besonders die agrarische Schutzzollpolitik der anderen Staaten hat sie ohnehin auf England als ihren Hauptabsatzmarkt hingelenkt. Soweit aber die englische Industrie die Entwicklung ihrer eigenen hindern würde, befinden sich jene Staaten noch im Stadium des Erziehungszolles, das heißt in einem Stadium, das das Ausmaß der Zölle nicht über eine gewisse Höhe hinaus verträgt, weil die Einfuhr ausländischer Industrieprodukte zur Versorgung des eigenen Marktes unbedingt nötig ist. Es läßt sich also ein höherer Kartellschutzzoll des gesamten britischen Reiches bei Beibehaltung »innerstaatlicher« Erziehungszölle sehr wohl durch-

---

[19] »In den letzten 20 Jahren hat die Zufuhr von Weizen und sonstigem Getreide aus dem Ausland um 4 Millionen Pfund Sterling oder 9 Prozent, aus den britischen Besitzungen dagegen um 9¼ Millionen Pfund Sterling oder 84 Prozent zugenommen. 16½ Millionen Pfund Sterling oder 79 Prozent Zunahme zeigt die Fleischzufuhr aus dem Ausland, 8 Millionen Pfund Sterling oder 230 Prozent, die aus den britischen Besitzungen. 9½ Millionen Pfund Sterling oder 60 Prozent Zunahme zeigt die Einfuhr von Butter und Käse aus fremden Ländern, 630 Prozent die aus den britischen Besitzungen. Die Zufuhr von allen Getreidearten aus britischen Besitzungen betrug 1895: 7,722.000 Pfund Sterling; 1905: 20,345.000 Pfund Sterling, eine Zunahme von 12,623.000 Pfund Sterling oder 163 Prozent. Gleichzeitig stieg die auswärtige Zufuhr nur von 45,359.000 Pfund Sterling auf 49,684.000 Pfund Sterling, eine Zunahme von 4,323.000 Pfund Sterling oder 9,5 Prozent. 1895 lieferte das Ausland 85,4 Prozent und die britischen Kolonien 14,6 Prozent des Getreidebedarfs des Vereinigten Königreichs. 1905 sandte das Ausland 71 Prozent und die britischen Kolonien 29 Prozent.« W. A. S. Hewins: »Das britische Reich« in »Die Weltwirtschaft«, herausgegeben von Ernst v. Halle, 1. Jahrgang 1906, II. Teil, S. 7.

[20] Nach den Angaben der Chamberlainschen Tarifkommission (zitiert bei Schulze-Gävernitz, l. c., S. 216) betrug 1902 der Wert der Einfuhr aus Großbritannien per Kopf:

in	Pfund Sterling
Deutschland, Holland, Belgien	0.11.8
Frankreich	0.8.0
den Vereinigten Staaten	0.6.3
Natal	8.6.0
Kapkolonie	6.19.6
Australien	5.5.6
Neuseeland	7.5.7
Kanada	1.18.4

Die britischen Kolonien führten im Jahre 1901 ein:
vom Mutterland 123.5 Millionen Pfund Sterling
von anderen britischen Besitzungen 68.0 Millionen Pfund Sterling
vom Ausland 90.0 Millionen Pfund Sterling

führen, und die Aussicht auf ein solches Wirtschaftsgebiet, das außerdem sowohl politisch als ökonomisch stark genug wäre, um der Verdrängung britischer Industrien durch Erhöhung der Schutzzölle anderer Staaten Schranken zu setzen, ist geeignet, die gesamte Kapitalistenklasse zu vereinigen[21]. Dazu kommt, daß das in den Kolonien arbeitende Kapital zum weitaus überwiegenden Teil im Besitz englischer Kapitalisten ist, für die der Reichsschutzzoll viel wichtiger ist als die stärkere Erhöhung, die autonome koloniale Zolltarife bringen würden[22].

Die Vereinigten Staaten sind an sich ein auch für die Ära des Imperialismus genügend großes Wirtschaftsgebiet, dessen Expansionsrichtung übrigens geographisch gegeben ist. Die panamerikanische Bewegung, die in der Monroedoktrin ihren ersten politischen Ausdruck gefunden hat, steht erst im Beginn und hat

---

Ausfuhr des Vereinigten Königreiches in Millionen Pfund Sterling

nach	1866	1872	1882	1902
den britischen Besitzungen	53.7	60.6	84.8	109.0
Europa	63.8	108.0	85.3	96.5
dem nichtbritischen Asien, Afrika und Südamerika	42.9	47.0	40.3	54.1
den Vereinigten Staaten	28.5	40.7	31.0	23.8

21 Deshalb wird dieser Gesichtspunkt auch von Chamberlain stets in den Vordergrund seiner Agitation gerückt. »Mir scheint, daß die Richtung der Zeit dahin geht, alle Macht in den Händen der großen Reiche zu vereinigen. Die kleineren Länder, die, welche nicht fortschreiten, scheinen bestimmt zu sein, in eine untergeordnete Stellung zu rücken. Bleibt aber Greater Britain einig, so kann kein Reich der Welt es übertreffen an Ausdehnung, an Volkszahl, an Reichtum und an Mannigfaltigkeit der Hilfsquellen.« Rede Chamberlains vom 31. März 1897, zitiert bei Marie Schwab, Chamberlains Handelspolitik, Jena 1905, S. 6.

22 Das gesamtkapitalistische Interesse an der Tarifreform und dem Imperialismus, wobei das der Verfeinerungsindustrien, die bisher freihändlerisch waren oder sind, geschickt in den Vordergrund gerückt ist, faßt Professor Hewins folgendermaßen zusammen:

»Das Vereinigte Königreich importiert heute seine Nahrungsmittel aus gewissen Ländern, mit denen es keine Reziprozitätsveranstaltungen besitzt. So muß es zur Bezahlung seiner Nahrungsmittelrechnung auf den komplizierten Apparat internationalen Verkehrs zurückgreifen und ständig neue Absatzmärkte für seine Fabrikate in der Welt suchen und durch reziproke Beziehungen zwischen den Ländern seine Schulden liquidieren. Auf die Dauer scheint diese Gewerbepolitik aus folgenden Gründen unmöglich:

1. Die Zahl der auf diese Weise britischen Manufakturimporten geöffneten Länder nimmt ständig ab und auf den Märkten des fernen Ostens zum Beispiel werden wir mit Sicherheit und in Kürze der unwiderstehlichen Konkurrenz Japans begegnen.

2. Die Notwendigkeit, ständig andere Märkte als Länder wie Deutschland und die Vereinigten Staaten, wiederum abgesehen von den Kolonien, für unsere Produkte zu suchen, hat einen schädigenden Einfluß auf den Gang der wirtschaftlichen Entwicklung in England. Der natürliche Entwicklungsgang war, daß die englischen Industrien immer höheren Stufen zustrebten,

infolge des ungeheuren Übergewichtes der Vereinigten Staaten noch große Aussichten.

Anders steht es in Europa, wo die staatliche Zersplitterung ökonomisch gegensätzliche Interessen geschaffen hat, die ihrer ökonomischen Aufhebung durch einen mitteleuropäischen Zollverein sehr schwere Hindernisse entgegenstellen. Hier handelt es sich nicht, wie bei dem britischen Imperium, um einander ergänzende Teile, sondern um mehr oder weniger gleichartige und daher in gegenseitiger Konkurrenz feindlich einander gegenüberstehende Gebilde.

Diese Feindschaft aber wird durch die Wirtschaftspolitik des Finanzkapitals außerordentlich gesteigert, wobei der Gegensatz entspringt nicht aus dem Streben nach Herstellung einheitlicher Wirtschaftsgebiete in Europa selbst wie im 19. Jahrhundert, sondern aus dem Streben nach Einverleibung fremder neutraler Märkte, in dessen Dienst jetzt die nationalen Machtmittel der europäischen Staaten gestellt werden. Denn es handelt sich nicht um die Einverleibung kapitalistisch bereits hoch entwickelter Länder, deren Industrie selbst exportfähig ist und für die des erobernden Landes nur vermehrte Konkurrenz bedeuten würde, in jedem Falle aber als Anlagesphäre für das überschüssige Kapital des anderen Landes wenig in Betracht käme. In Betracht kommen vielmehr vor allem Gebiete, die noch nicht erschlossen sind, deren Erschließung aber gerade für die mächtigsten Kapitalistengruppen von großer Bedeutung sein kann, also hauptsächlich nur überseeische Kolonialgebiete. Denn hier ist für das Kapital Gelegenheit gegeben, im großen Maßstab Kapital anzu-

---

höher geschulte Arbeiter beschäftigten und höhere technische Tüchtigkeit entfalteten. Tatsächlich aber dürfte der Entwicklungsgang sich erheblich abweichend gestalten. Die zivilisierten und fortschrittlichen Märkte schließen sich, und gezwungen, mit den rückständigen Teilen der Welt zu handeln, muß das britische Gewerbe deren Bedürfnissen entsprechende Waren erzeugen.

3. Ergibt sich hier ein direkter Konflikt zweier entgegengesetzter Tendenzen. Gerade in diesen großen Stapelwaren können auch die jüngeren Industriestaaten große Fortschritte machen. Deutschland, Belgien, die Vereinigten Staaten, Österreich und selbst Japan können auf diesen Gebieten mit uns konkurrieren und sich gleichfalls in den gedachten Ländern einführen. Anderseits zeigt sich in der englischen Industrie die Tendenz, mehr Spezialitäten als die Stapelgewerbe zu entfalten und damit teurere Waren zu produzieren. So kommt Großbritannien auf den Gebieten, von denen es ständig mehr für die Bezahlung seiner Nahrungsmittel abhängt, mehr und mehr ins Hintertreffen. Aus solchen Erwägungen aber heraus gewinnt im ganzen Reich das Streben nach der Organisation des größeren britischen Gewerbelebens seine Bedeutung.« Hewins, a.a.O., S. 37.

legen. Insbesondere absorbiert die Schaffung des modernen Transportsystems, der Eisenbahnen und Dampferverbindungen, gewaltige Kapitalmassen[23].

Der Staat sorgt dafür, daß die lebendige Arbeit in den Kolonien zu Bedingungen zur Verfügung steht, die Extraprofite erlauben. Zugleich sichert er in vielen Fällen den Gesamtprofit durch Übernahme der Staatsgarantie. Der natürliche Reichtum der Kolonien wird ebenfalls zu einer Quelle von Extraprofiten. Namentlich handelt es sich hier um die Verbilligung des Rohmaterials, also um Senkung des Kostpreises der Industrieprodukte. In den Kolonien ist die Grundrente noch nicht oder nur im geringsten Maße entwickelt. Die Vertreibung oder Ausrottung der Einheimischen, im günstigsten Falle ihre Verwandlung aus Hirten oder Jägern in Kontraktsklaven oder auf kleine feste Bezirke beschränkte Ackerbauern schafft mit einem Schlage freien

---

[23] Welche Wichtigkeit der Ausbau des kolonialen Eisenbahnwesens zum Beispiel für England besitzt, zeigen folgende Angaben:
»1880 besaß das britische Reich 40 000 englische Meilen Eisenbahn, davon drei Achtel im Vereinigten Königreich, fünf Achtel in den überseeischen Besitzungen und Kolonien. 1904 hatte sich das Schienennetz auf 95 000 englische Meilen vermehrt, davon nur noch zwei Neuntel im Vereinigten Königreich. Die Länge der Eisenbahnen hatte daher um 26 Prozent, über See um 223 Prozent zugenommen. Die schnelle Entwicklung der Kolonien beruhte natürlich auf einer raschen Aufschließung von Gebieten, in denen es früher Eisenbahnen nicht gab oder wo diese nur in primitivem Zustand waren. Seit 1880 haben sich die Eisenbahnen von Indien und Kanada verdreifacht, von Australien vervierfacht, von Südafrika verfünffacht.
Außerhalb des Vereinigten Königreiches befindet sich die größte Eisenbahndichtigkeit im Verhältnis zur Bevölkerungsdichtigkeit im australischen Commonwealth, wo es per 1000 Einwohner 3,86 Meilen Eisenbahnen gibt, gegen 3,76 in Kanada und 0,19 in Indien.
Bemerkenswerterweise erscheint das an sich große Eisenbahnnetz des Vereinigten Königreiches klein im Vergleich zu den Vereinigten Staaten, wo nach Poors Railroad Manual 1904 212 349 Meilen, mehr als der doppelte Umfang des britischen Reiches, in Betrieb waren, trotzdem letzteres die fünffache Bevölkerung umfaßt. Es ergibt sich daraus ein Ausblick auf eine weitere, extensive, fast unbegrenzte Ausdehnung und Entwicklung der Bahnen innerhalb des Reiches.
Ungefähr das gesamte Kapital zum Bau all dieser Bahnen ist im Vereinigten Königreich aufgebracht; die in britischen Bahnen außerhalb des Mutterlandes angelegten Summen sind auf etwa 850 Millionen Pfund Sterling zu schätzen, die Jahreseinnahmen auf 75 Millionen Pfund Sterling brutto und etwa 30 Millionen Pfund Sterling netto. Unter Berücksichtigung der Zahlen für das Vereinigte Königreich selbst schätze ich das gesamte Eisenbahnanlagekapital des britischen Reiches auf etwa 2100 Millionen Pfund Sterling, was der Zahl der Vereinigten Staaten – 2800 Millionen Pfund Sterling – erheblich näher kommt als die Länge. Die Nettoeinnahmen der Bahnen betragen etwa 70 bis 75 Millionen Pfund Sterling per Jahr oder 3 Prozent des Anlagekapitals.« Hewins, loc. cit., S. 34.

Boden, der nur einen nominellen Preis hat. Ist der Boden sonst fruchtbar, so vermag er der einheimischen Industrie ihre Rohstoffe, zum Beispiel Baumwolle, weit billiger zu liefern als die alten Bezugsquellen. Selbst wenn dies nicht im Preise zum Ausdruck kommt, weil zum Beispiel für Baumwolle der amerikanische Preis bestimmend bleibt, so bedeutet das doch, daß ein Teil der Grundrente, der sonst den amerikanischen Farmern gezahlt werden müßte, nunmehr den Besitzern der kolonialen Plantagen zufällt.

Noch wichtiger ist die Rohstoffversorgung der metallverarbeitenden Industrie. Die rasche Entwicklung der metallverarbeitenden Industrien hat trotz aller technischen Fortschritte die Tendenz, die Metallpreise zu erhöhen, die noch gefördert wird durch die kapitalistische Monopolisierung. Um so wichtiger wird es, im eigenen Wirtschaftsgebiet Bezugsquellen für diese Rohstoffe zu haben[24].

Das Streben nach Kolonialerwerb führt so zu einem stets wachsenden Gegensatz zwischen den großen Wirtschaftsgebieten und wirkt in Europa auf das Verhältnis der einzelnen Staaten entscheidend zurück. Die verschiedenen natürlichen Bedingungen, die innerhalb eines einzigen großen Wirtschaftsgebietes wie dem der Vereinigten Staaten ein Springquell rascher ökonomischer Entfaltung werden, hemmen umgekehrt in Europa, wo sie in mannigfaltigster, vom Standpunkt der Ökonomie zufälliger und also irrationeller Weise auf eine große Anzahl kleiner Wirtschaftsgebiete verteilt sind, die ökonomische Entwicklung und differenzieren diese zugunsten der größeren und zum Nachteil der kleineren Wirtschaftsgebiete um so mehr, da kein Freihandel diese Gebiete zu einer höheren wirtschaftlichen Einheit verbindet. Diese ökonomische Ungleichheit bedeutet aber für die Staaten dasselbe, was innerhalb der Staaten für die einzelnen Schichten: die Abhängigkeit der ökonomisch Stärkeren von den Schwächeren. Das ökonomische Mittel ist auch hier der Kapitalexport. Das kapitalreiche Land exportiert das Kapital als Leihkapital; es wird Gläubiger des Schuldnerlandes.

Solange der Kapitalexport wesentlich dazu diente, in dem zurückgebliebenen Lande einmal das Transportsystem zu schaf-

---

[24] Herr Dernburg kannte deshalb die Psychologie der Kapitalisten sehr genau, wenn er in seinen Agitationsreden immer wieder gerade die Möglichkeit betonte, daß die deutschen Kolonien die deutschen Kapitalisten in Baumwolle und Kupfer von Amerika emanzipieren würden.

fen, zweitens die Konsummittelindustrien zu entwickeln, so lange förderte er die kapitalistische Entfaltung dieses Landes. Zwar hatte auch diese Methode für das betreffende Land seine Nachteile; der größte Teil des Profits floß ins Ausland, um hier teils als Revenue ausgegeben zu werden, ohne also Industrien des Schuldnerlandes zu beschäftigen, oder aber um akkumuliert zu werden. Diese Akkumulation brauchte natürlich durchaus nicht in dem Lande stattzufinden, aus dem der Profit stammte; durch diesen kapitalistischen »Absentismus«[25] wurde in diesem Lande aber die Akkumulation, also die Weiterentwicklung des Kapitalismus außerordentlich verlangsamt. In großen Wirtschaftsgebieten, in denen sich der Kapitalismus auch aus den einheimischen Bedingungen heraus rasch entwickeln mußte, fand bald eine nationale Assimilation des ausländischen Kapitals statt. So hat Deutschland sehr rasch das belgische und französische Kapital, das namentlich im Bergbau Rheinland-Westfalens große Bedeutung hatte, national assimiliert. In den kleinen Wirtschaftsgebieten aber war diese Assimilation sehr erschwert, da das Entstehen einer heimischen Kapitalistenklasse viel langsamer und schwieriger vor sich ging.

Vollends unmöglich wurde diese Emanzipation, sobald der Charakter des Kapitalexports sich änderte, die Kapitalistenklassen der großen Wirtschaftsgebiete weniger Konsumtionsmittelindustrien in fremden Ländern zu schaffen versuchten, sondern vielmehr darauf ausgingen, sich die Herrschaft über das Rohmaterial ihrer sich immer stärker entwickelnden Produktionsmittelindustrien zu sichern. So kamen die Minen und Bergwerke der Staaten der Pyrenäenhalbinsel unter die Gewalt fremden Kapitals, das jetzt nicht als Leihkapital exportiert wurde, sondern direkt in diesen Minen angelegt wurde, so – unter größerem Widerstand – auch die Erdschätze Skandinaviens, besonders Schwedens. Diesen Ländern wurde in einer Zeit, wo sie vielleicht sonst zur Begründung der hauptsächlichsten der modernen Industrien, einer eigenen Eisenindustrie, hätten übergehen können, das Rohmaterial entzogen zugunsten der englischen, deutschen und französischen Industrie. So blieb ihre kapitalistische Entwicklung, damit aber auch ihre politische und finanzielle in den Anfängen stecken. Ökonomisch dem ausländi-

---

[25] Siehe die scharfsinnige Analyse der Folgen dieser Erscheinung für Rußland bei Kautsky: »Der amerikanische Arbeiter«, »Neue Zeit«, XXIV., S. 676 ff.

schen Kapital tributär[26], wurden sie auch politisch zu Staaten zweiter Ordnung, auf den Schutz der Großen angewiesen.

Anderseits stellte die wachsende Bedeutung der kapitalistischen Kolonialpolitik England vor die Aufgabe, sein Kolonialreich zu sichern, und diese Aufgabe war gleichbedeutend mit der Aufrechterhaltung seiner Herrschaft zur See und mit dem Schutze des Weges nach Indien. Dazu aber bedurfte es der Verfügung der Häfen am Atlantischen Ozean, und dies mußte England dazu treiben, mit den Uferstaaten des Atlantischen Ozeans gute Beziehungen zu unterhalten. Und es konnte dies politisch erreichen, weil es ökonomisch die kleineren dieser Staaten durch seinen Kapitalexport in Abhängigkeit hielt. Die Stärke der englischen Flotte mußte auch Frankreich auf die Seite Englands treiben, sobald der Anspruch Deutschlands auf seinen Anteil an der Kolonialpolitik Frankreich in Gegensatz zu Deutschland brachte und es ebenso wie alle anderen kolonialbesitzenden Länder um seinen Besitz besorgt machte. So entwickelte sich die Tendenz, zwar nicht die Zollschranken innerhalb Europas aufzuheben und dadurch ein großes einheitliches Wirtschaftsgebiet zu schaffen, wohl aber die kleineren politischen, wirtschaftlich daher zurückgebliebenen Einheiten um größere politisch zu gruppieren. Diese politischen Beziehungen wirken umgekehrt zurück auf die ökonomischen und machen das politisch in Gefolgschaft befindliche Land zur besonderen Anlagesphäre des Kapitals des Schutzlandes. Die Diplomatie steht dabei unmittelbar im Dienste des anlagesuchenden Kapitals.

Soweit aber die kleineren Staaten noch nicht in »fester Hand« sind, werden sie zum Tummelplatz der Konkurrenz des ausländischen Kapitals. Aber auch hier sucht man die Entscheidung herbeizuführen durch politische Maßregeln. An die Lieferung von Kanonen wird zum Beispiel für Serbien zugleich die politische Entscheidung geknüpft, ob es französisch-russische Unterstützung oder deutsch-österreichische wählen soll[27]. Die politische

---

[26] Dasselbe ist der Fall bei Rußland, dem aber die nationale Assimilation, in der es teilweise schon begriffen ist, wegen der Größe des Gebietes viel leichter gelingen wird, zu welchem Zwecke der Staatsbankrott das radikalste Mittel wäre.

[27] Kleinere Staaten können dagegen bei Anleiheverhandlungen nur schwer Bedingungen knüpfen für Industrielieferungen, zum Teil auch deswegen, weil ihre Industrien weniger leistungsfähig sind. »Man hat den niederländischen Bankinstituten wohl mit Recht vorgeworfen, daß sie das Ausland häufig mit Kapital ohne irgendwelche Bedingungen versehen . . .« Die Börse »gab dem Ausland, zuletzt Südamerika (scil. im Jahre 1905), größere Ka-

Macht wird somit im ökonomischen Konkurrenzkampf entscheidend, und für das Finanzkapital wird die staatliche Machtstellung unmittelbares Profitinteresse. Die Diplomatie erhält jetzt als wichtigste Funktion die Vertretung des Finanzkapitals. Zu den rein politischen Waffen treten handelspolitische[28], und die Sätze eines Handelsvertrages werden bestimmt nicht mehr allein durch die Interessen des Warenaustausches, sondern auch durch die größere oder geringere Bereitwilligkeit des kleineren Staates, dem Finanzkapital des größeren vor der Konkurrenz den Vorzug zu geben.

Je kleiner aber das Wirtschaftsgebiet, desto geringer die Macht, den Konkurrenzkampf mittels hoher Exportprämien siegreich bestehen zu können, desto stärker der Drang nach Kapitalexport, um an der wirtschaftlichen Entwicklung anderer größerer Mächte und ihren höheren Profiten teilzunehmen, und je größer die Masse des bereits akkumulierten Reichtums im eigenen Land, desto eher kann dieses Bedürfnis befriedigt werden.

Auch hier sind entgegengesetzte Tendenzen wirksam. Je größer das Wirtschaftsgebiet, je größer die Staatsmacht, desto günstiger die Stellung des nationalen Kapitals auf dem Weltmarkt. So wird das Finanzkapital zum Träger der Idee der Stärkung der Staatsmacht mit allen Mitteln. Je größer aber die historisch gewordenen Unterschiede in der Staatsmacht, desto verschiedener die Konkurrenzbedingungen, desto erbitterter, weil desto aussichtsreicher der Kampf der großen Wirtschaftsgebiete um die Beherrschung des Weltmarktes. Dieser Kampf wird um so schärfer, je entwickelter das Finanzkapital, je stärker sein Streben nach Monopolisierung von Stücken des Weltmarktes für das nationale Kapital; je weiter aber der Prozeß der Monopolisierung bereits fortgeschritten, desto erbitterter der Kampf um den Rest.

---

pitalien, ohne daran Bedingungen zugunsten der niederländischen Industrie zu knüpfen, wie es in Belgien, Deutschland und England öfters geschieht«. G. Hesselink, »Holland« in Halles »Weltwirtschaft«, III. Teil, S. 118.

28 Über die Überlegenheit, die dabei das größere Wirtschaftsgebiet genießt, siehe Richard Schüller, »Schutzzoll und Freihandel«, Wien 1905, S. 247: »Der Außenhandel eines wenig umfangreichen Gebietes ist im Verhältnis zu seiner Produktion groß und daher für dieses Land wichtig, für die ausländischen Großstaaten aber, aus denen es Waren importiert und nach denen es exportieren will, ist dieser Handelsverkehr im Vergleich mit ihrer Erzeugung von geringerer Bedeutung. Es gelingt dem kleinen Staat daher weniger, seine Interessen in Verträgen entsprechend zu wahren und die anderen zur Anpassung ihrer Handelspolitik an seine Bedürfnisse zu bewegen.«

War durch das englische Freihandelssystem dieser Gegensatz noch erträglich gemacht, so muß er durch den in kurzer Zeit notwendigerweise erfolgenden Übergang zum Schutzzoll eine außerordentliche Verschärfung erfahren. Der Widerspruch zwischen der Entwicklung des deutschen Kapitalismus und der verhältnismäßigen Kleinheit seines Wirtschaftsgebietes wird dann außerordentlich gesteigert. Während Deutschland in seiner industriellen Entfaltung rapid fortschreitet, wird ihm sein Konkurrenzgebiet plötzlich geschmälert. Und dies ist um so empfindlicher, als Deutschland aus historischen Gründen[29], also für den heutigen Kapitalismus, der auf das Vergangene, wenn es nicht akkumulierte »vergangene Arbeit« ist, nichts gibt, zufälligen Gründen keinen in Betracht kommenden Kolonialbesitz hat, während nicht nur seine stärksten Konkurrenten England und die Vereinigten Staaten, für die ihr ganzer Kontinent ökonomisch Kolonialcharakter trägt, sondern auch die kleineren Mächte, Frankreich, Belgien, Holland über beträchtlichen Kolonialbesitz verfügen und sein künftiger Konkurrent Rußland gleichfalls ein ungeheuer größeres Wirtschaftsgebiet besitzt. Es ist eine Situation, die den Gegensatz zwischen Deutschland und England mit ihren Trabanten außerordentlich verschärfen muß, eine Situation, die zu einer gewaltsamen Lösung hindrängt.

Diese wäre längst eingetreten, wenn nicht entgegengesetzte Ursachen entgegengewirkt hätten. Denn der Kapitalexport schafft selbst Tendenzen, die einer solchen gewaltsamen Lösung widerstreben. Die Ungleichheit der industriellen Entwicklung bewirkt eine gewisse Differenzierung in den Formen des Kapitalexports. Die direkte Anteilnahme an der Erschließung der industriell rückständigen oder langsamer sich entwickelten Länder fällt jenen zu, in denen die industrielle Entwicklung, sowohl was die technische als auch was die organisatorische Seite anlangt, die höchste Form erreicht hat. Dazu gehören vor allem Deutschland und die Vereinigten Staaten, in zweiter Linie England und Belgien. Die anderen Länder mit alter kapitalistischer Entwicklung nehmen am Kapitalexport mehr in der Form von Leihkapital Anteil als in der Form der Errichtung von Fabriken. Das führt dazu, daß zum Beispiel französisches, holländisches, im hohen Maße aber auch englisches Kapital zum Leihkapital

[29] Siehe Karl Emil: »Der deutsche Imperialismus und die innere Politik«, »Neue Zeit«, XXVI, I.

wird für Industrien unter deutscher und amerikanischer Leitung. So entstehen Tendenzen zu einer Solidarität internationaler Kapitalsinteressen. Französisches Kapital wird als Leihkapital interessiert an den Fortschritten deutscher Industrien in Südamerika etc. Zugleich erlaubt eine solche Verbindung, die die Kapitalsmacht außerordentlich steigert, eine noch raschere Erschließung fremder Gebiete, die noch erleichtert wird durch den verstärkten Druck der verbundenen Staaten[30].

Welche von diesen Tendenzen überwiegt, ist in den konkreten Fällen verschieden und hängt vor allem ab von den Gewinnaussichten, die durch die Ausfechtung des Kampfes eröffnet werden. Es spielen hier ähnliche Verhältnisse eine Rolle auf internationalem und interstaatlichem Maßstab, wie diejenigen es sind, welche darüber entscheiden, ob innerhalb einer Industriesphäre der Konkurrenzkampf weiterdauert oder durch ein Kartell oder einen Trust für kürzere oder längere Zeit beendet wird. Je größer die Machtunterschiede, desto wahrscheinlicher im allgemeinen der Kampf. Aber jeder siegreiche Kampf würde zugleich eine Stärkung des Siegers herbeiführen, die eine Machtverschiebung zu seinen Gunsten und zuungunsten aller anderen herbeiführen würde. Daher die internationale Besitzstandpolitik der neuesten Zeit, die ganz an die Gleichgewichtspolitik der Frühstadien des Kapitalismus erinnert. Dazu kommt die Furcht vor den innerpolitischen Folgen eines Krieges, die durch die sozialistische Bewegung erzeugt wird. Anderseits ist aber der Entscheid über Krieg und Frieden nicht in der Hand der hochkapitalistischen Staaten allein gelegen, wo die Gegentendenzen gegen die kriegerische Entwicklung am stärksten ausgeprägt sind. Das kapitalistische Erwachen der Nationen des östlichen Europa und Asiens ist von Machtverschiebungen begleitet, die auf die Großstaaten zurückwirkend auch hier die vorhandenen Gegensätze zur Entladung bringen können.

Wird aber die politische Macht des Staates auf dem Weltmarkt zu einem Konkurrenzmittel des Finanzkapitals, so bedeutet dies natürlich die völlige Änderung des Verhaltens des Bür-

---

[30] Ein Beispiel solcher Entwicklung bietet der vorläufige Ausgang des marokkanischen Streites, bei dem die Verbindung von Krupp und Schneider-Creuzot zur gemeinsamen Exploitation der marokkanisch-algerischen Erzlager eine Vereinbarung der beiden Staaten zur Folge hatte, deren Druck sich Marokko viel weniger entziehen kann, als wenn es beide Staaten gegeneinander ausspielen könnte.

gertums zum Staate. Trägerin der Staatsfeindschaft war das Bürgertum im Kampfe gegen den ökonomischen Merkantilismus und den politischen Absolutismus. Der Liberalismus war wirklich destruktiv, bedeutete in der Tat den »Umsturz« der Staatsgewalt und die Lösung der alten Bindungen. Das ganze mühsam aufgebaute System der ländlichen Abhängigkeitsverhältnisse und der städtischen genossenschaftlichen Bindungen mit seinem komplizierten Überbau von Privilegien und Monopolen wurde über den Haufen geworfen. Sein Sieg bedeutete zunächst eine gewaltige Machtminderung der Staatsgewalt. Das ökonomische Leben sollte, wenigstens dem Prinzip nach, der staatlichen Regelung gänzlich entrückt sein und politisch der Staat sich auf die Überwachung der Sicherheit und die Herstellung der bürgerlichen Gleichheit beschränken. So war der Liberalismus rein negierend, im schroffsten Gegensatz zu dem Staat des merkantilistischen Frühkapitalismus, der im Prinzip alles regeln wollte, im Gegensatz auch zu allen sozialistischen Systemen, die nicht destruktiv, sondern konstruktiv an Stelle der Anarchie und der Freiheit der Konkurrenz die bewußte Regelung durch die ihr ökonomisches Leben und damit sich selbst organisierende Gesellschaft setzen wollen. Es ist nur natürlich, daß das liberale Prinzip am ehesten noch in England zur Verwirklichung gelangte, wo es getragen war von einer freihändlerischen Bourgeoisie, die auch durch den Gegensatz zum Proletariat nur während kurzer Perioden zur Anrufung der Staatsmacht gezwungen wurde. Aber auch in England stieß seine Verwirklichung auf den Widerstand nicht nur der alten Aristokratie, die Schutzzollpolitik trieb, also dem liberalen Prinzip widerstrebte, sondern auch zum Teil auf den des Handels- und des mit auswärtigen Anlagen rechnenden Bankkapitals, das vor allem die Aufrechterhaltung der Seeherrschaft verlangte, ein Verlangen, das von den an den Kolonien interessierten Schichten aufs nachdrücklichste unterstützt wurde. Auf dem Kontinent aber konnte die liberale Staatsauffassung von vornherein nur mit starken Umbiegungen zur Herrschaft gelangen. Während aber – ein charakteristischer Gegensatz zwischen Ideologie und Wirklichkeit – der kontinentale, von den Franzosen in klassischer Weise ausgebildete Liberalismus alle theoretischen Konsequenzen für alle Gebiete des politischen und des geistigen Lebens überhaupt mit viel größerer Kühnheit und schärferer Konsequenz zog als der englische, da sein späteres Auftreten ihn mit einem ganz anderen wissenschaftlichen Rüstzeug versah als den englischen – seine Formulierung war darum auch viel umfassender und seine Grundlage die rationalistische Philosophie, während der englische wesentlich auf Ökonomie gegründet war – waren der praktischen Verwirklichung auf dem Kontinent von vornherein bestimmte Schranken gesetzt. Wie sollte auch die Forderung des Liberalismus nach Herabdrückung der Staatsgewalt von einer Bourgeoisie erfüllt werden können, die ökonomisch den Staat als den gewaltigsten Hebel ihrer Entwicklung brauchte, für die es sich nur darum handeln konnte, nicht den Staat abzuschaffen, sondern ihn umzuschaffen aus einem Hindernis in ein Vehikel ihrer eigenen Entwicklung. Was die kontinentale Bourgeoisie vor allem brauchte, war die Überwindung der Kleinstaaterei, war, an Stelle der Ohnmacht des Kleinstaates die Übermacht des Einheitsstaates zu setzen. Das Bedürfnis der Schaffung des Nationalstaates mußte die Bourgeoisie von vornherein staatserhaltend machen. Auf dem Kontinent aber handelte es sich nicht um Seemacht, sondern um Landmacht. Das moderne Heer aber ist ein ganz anderes Mittel, die staatliche Macht der Gesellschaft entgegenzusetzen, wie die Flotte. Es bedeutet von vornherein die Verselbständigung der staatlichen Macht in den Händen derjenigen, die das Heer zur Verfügung haben. Anderseits mußte die allgemeine Wehrpflicht, die die Massen bewaffnete, der Bourgeoisie sehr bald die Überzeugung beibringen, daß, sollte das Heer nicht eine Bedrohung ihrer Herrschaft werden, es einer streng hierarchischen Organisation bedürfe, mit einem abgeschlossenen Offizierskorps, das ein gefügiges Werkzeug des Staates war. Konnte also der Liberalismus in Ländern wie Deutschland, Italien oder Österreich sein Staatsprogramm nicht durchführen, so waren auch in Frankreich seinem Streben bald Schranken gesetzt, da die französische Bourgeoisie handelspolitisch den Staat nicht entbehren konnte. Dazu kam, daß der Sieg der Französischen Revolution Frankreich notwendigerweise in einen Krieg nach zwei Fronten verwickeln mußte; es mußte gegen den Feudalismus des Kontinents seine revolutionären Errungenschaften sichern, anderseits bedeutete die Schaffung eines neuen Reiches des modernen Kapitalismus die Bedrohung der alten Stellen Englands auf dem Weltmarkt, und so mußte Frankreich gleichzeitig mit England um die Herrschaft auf dem Weltmarkt den Kampf aufnehmen. Seine Niederlage stärkte in England die Macht des Grundbesitzes, des Handels-, Bank- und Kolonialkapitals und damit der Staatsmacht über das industrielle Kapital und verzögerte so den endgültigen Antritt der Herrschaft des englischen Industriekapitals und den Sieg des Freihandels. Anderseits machte der Sieg Englands das industrielle Kapital Europas notwendigerweise zum Anhänger des Schutzzolls und vereitelte den Sieg des wirtschaftlichen Liberalismus völlig, schuf aber damit zugleich die Bedingungen für die raschere Entwicklung des Finanzkapitals auf dem Kontinent.

Der Anpassung der Ideologie und der Staatsauffassung des Bürgertums an die Bedürfnisse des Finanzkapitals stand so in Europa von vornherein ein geringeres Hindernis entgegen und vollends mußte der Umstand, daß die Einigung Deutschlands auf konterrevolutionärem Wege erfolgte, hier die Stellung der Staatsgewalt im Bewußtsein des Volkes außerordentlich stärken, während in Frankreich die militärische Niederlage alle Kräfte zunächst auf Wiederherstellung der Staatsmacht konzentrieren ließ. So stießen denn die Bedürfnisse des Finanzkapitals auf ideologische Elemente, die es leicht benützen konnte, um aus ihnen die neue, seinen Interessen angepaßte Ideologie zu schaffen.

Diese Ideologie ist aber der des Liberalismus völlig entgegengesetzt; das Finanzkapital will nicht Freiheit, sondern Herrschaft; es hat keinen Sinn für die Selbständigkeit des Einzelkapitalisten, sondern verlangt seine Bindung; es verabscheut die Anarchie der Konkurrenz und will die Organisation, freilich nur, um auf immer höherer Stufenleiter die Konkurrenz aufnehmen zu können. Aber um dies durchzusetzen, um seine Übermacht zu erhalten und zu vergrößern, braucht es den Staat, der ihm durch seine Zollpolitik und Tarifpolitik den inländischen Markt sichern, die Eroberung ausländischer Märkte erleichtern soll. Es braucht einen politisch mächtigen Staat, der in seiner Handelspolitik nicht auf die entgegengesetzten Interessen anderer Staaten Rücksicht zu nehmen braucht[31]. Es bedarf schließlich eines starken Staates, der seine finanziellen Interessen im Ausland zur Geltung bringt, seine politische Macht einsetzt, um den kleineren Staaten günstige Lieferungsverträge und günstige Handelsverträge abzunötigen. Einen Staat, der überall in der Welt eingreifen kann, um die ganze Welt in Anlagesphären für sein Finanz-

[31] Man denke, wie wichtig es für die internationale Durchsetzung der letzten deutschen Handelsverträge geworden ist, daß die politische Macht Rußlands infolge der Verwicklungen im Fernen Osten so geschwächt war, daß ein politischer Druck nicht möglich war.

kapital verwandeln zu können. Das Finanzkapital braucht endlich einen Staat, der stark genug ist, um Expansionspolitik treiben und neue Kolonien sich einverleiben zu können. War der Liberalismus ein Gegner der staatlichen Machtpolitik, wollte er seine Herrschaft sichern gegenüber den alten Gewalten der Aristokratie und Bürokratie, indem er ihnen die staatlichen Machtmittel in möglichst geringem Umfang gewährte, so wird die Machtpolitik ohne jede Schranke zur Forderung des Finanzkapitalismus, und es wäre dies der Fall, auch wenn die Ausgaben für den Militarismus und Marinismus nicht unmittelbar gerade den mächtigsten kapitalistischen Schichten wichtigen Absatz mit meist monopolistischen Gewinnen sichern würde.

Das Verlangen nach Expansionspolitik aber revolutioniert auch die ganze Weltanschauung des Bürgertums. Es hört auf, friedlich und humanitär zu sein. Die alten Freihändler glaubten an den Freihandel nicht nur als die richtigste ökonomische Politik, sondern auch als Ausgangspunkt einer Ära des Friedens. Das Finanzkapital hat diesen Glauben längst verloren. Es hält nichts von der Harmonie der kapitalistischen Interessen, sondern weiß, daß der Konkurrenzkampf immer mehr zu einem politischen Machtkampf wird. Das Friedensideal verblaßt, an Stelle der Idee der Humanität tritt das Ideal der Größe und Macht des Staates. Der moderne Staat aber ist entstanden als Verwirklichung des Strebens der Nationen zur Einheit. Der nationale Gedanke, der in der Konstituierung der Nation als Grundlage des Staates seine natürliche Grenze fand, da er das Recht aller Nationen auf eigene staatliche Gestaltung anerkannte und damit die Grenzen des Staates in den natürlichen Grenzen der Nation gegeben sah, wird jetzt gewandelt zu dem Gedanken der Erhöhung der eigenen Nation über die anderen[32]. Als Ideal erscheint es jetzt, der eigenen Nation die Herrschaft über die Welt zu sichern, ein Streben ebenso unbegrenzt wie das Profitstreben des Kapitals, dem es entsprang. Das Kapital wird zum Eroberer der Welt, und mit jedem neuen Lande erobert es die neue Grenze, die es zu überschreiten gilt. Dieses Streben wird zur ökonomischen Notwendigkeit, da jedes Zurückbleiben den Profit des Finanzkapitals senkt, seine Konkurrenzfähigkeit verringert und schließlich das kleinere Wirtschaftsgebiet zum Tributpflichtigen des

[32] Siehe Otto Bauer, »Marx-Studien«, II, § 30, S. 491 ff., »Der Imperialismus und das Nationalitätsprinzip.«

größeren machen kann. Ökonomisch begründet, wird es ideologisch gerechtfertigt durch jene merkwürdige Umbiegung des nationalen Gedankens, der nicht mehr das Recht jeder Nation auf politische Selbstbestimmung und Unabhängigkeit anerkennt und der nicht mehr Ausdruck ist des demokratischen Glaubenssatzes von der Gleichheit alles dessen, was Menschenantlitz trägt, auf nationalem Maßstab. Vielmehr spiegelt sich die ökonomische Bevorzugung des Monopols wider in der bevorzugten Stellung, die der eigenen Nation zukommen muß. Diese erscheint als auserwählt vor allen anderen. Da die Unterwerfung fremder Nationen auf Gewalt, also auf sehr natürlichem Wege vor sich geht, scheint die herrschende Nation diese Herrschaft ihren besonderen natürlichen Eigenschaften zu verdanken, also ihren Rasseeigenschaften. In der Rassenideologie ersteht so eine naturwissenschaftlich verkleidete Begründung des Machtstrebens des Finanzkapitals, das so die naturwissenschaftliche Bedingtheit und Notwendigkeit seiner Handlungen nachweist. An Stelle des demokratischen Gleichheitsideals ist ein oligarchisches Herrschaftsideal getreten.

Umfaßt aber dieses Ideal auf dem Gebiet der auswärtigen Politik scheinbar die ganze Nation, so schlägt es auf dem Gebiete der inneren in die Betonung des Herrenstandpunktes gegenüber der Arbeiterklasse um. Zugleich stärkt die zunehmende Macht der Arbeiter das Streben des Kapitals, die Staatsmacht als Sicherung gegen die proletarischen Forderungen noch weiter zu verstärken.

So entsteht die Ideologie des Imperialismus als Überwindung der alten liberalen Ideale. Sie spottet deren Naivität. Welche Illusion, in der Welt des kapitalistischen Kampfes, wo die Überlegenheit der Waffen allein entscheidet, an eine Harmonie der Interessen zu glauben! Welche Illusion, das Reich des ewigen Friedens zu erwarten und ein Völkerrecht zu predigen, wo nur die Macht allein über das Geschick der Völker entscheidet. Welche Torheit, die Regelung der Rechtsbeziehungen innerhalb der Staaten über die staatlichen Grenzen hinaustragen zu wollen, welche unverantwortliche Geschäftsstörung diese Humanitätsduselei, die aus den Arbeitern eine Frage gemacht, im Inlande die Sozialreform erfunden hat, in den Kolonien die Kontraktsklaverei, die einzige Möglichkeit rationeller Ausbeutung, beseitigen will. Ewige Gerechtigkeit ist ein schöner Traum, aber mit Moral baut man nicht einmal im Inlande Eisenbahnen. Wie sollen wir die Welt erobern, wenn wir auf die Bekehrung der Konkurrenz warten wollen?

Aber an Stelle der verblichenen Ideale des Bürgertums setzt der Imperialismus diese Auflösung aller Illusionen nur, um selbst eine neue und größere zu erwecken. Er ist nüchtern bei der Abwägung des realen Widerstreits kapitalistischer Interessengruppen, und er begreift die ganze Politik als Geschäft miteinander kämpfender, aber auch miteinander sich vereinigender kapitalistischer Syndikate. Aber er wird hinreißend und berauschend, wenn er sein eigenes Ideal enthüllt. Der Imperialist will nichts für sich; er ist aber auch kein Illusionist und Träumer, der das unentwirrbare Gewirr der Rassen auf allen Entwicklungsstufen und mit allen Entwicklungsmöglichkeiten statt als farbenprächtige Wirklichkeit in den blutleeren Begriff der Menschheit auflöst. Mit harten klaren Augen blickt er auf das Gemenge der Völker und erblickt über ihnen allen die eigene Nation. Sie ist wirklich, sie lebt in dem mächtigen, immer mächtiger und größer werdenden Staate, und ihrer Erhöhung gilt all sein Streben. Die Hingabe des Einzelinteresses an ein höheres Allgemeininteresse, das die Bedingung jeder lebensfähigen sozialen Ideologie ausmacht, ist damit gewonnen, der volksfremde Staat und die Nation selbst zu einer Einheit verbunden und die nationale Idee als Triebkraft in den Dienst der Politik gestellt. Die Klassengegensätze sind verschwunden und aufgehoben in dem Dienst der Gesamtheit. An Stelle des für die Besitzenden ausweglosen, gefährlichen Kampfes der Klassen ist die gemeinsame Aktion der zum gleichen Ziel nationaler Größe vereinten Nation getreten.

Dieses Ideal, das ein neues Band um die zerrissene bürgerliche Gesellschaft zu legen scheint, mußte um so mehr begeisterten Widerhall finden, als unterdessen der Zersetzungsprozeß der bürgerlichen Gesellschaft weitere Fortschritte gemacht hat.

23. Kapitel

Das Finanzkapital und die Klassen

Wir haben gesehen, wie die Zusammenballung zu kapitalistischen Monopolen das Interesse des Kapitals an der Stärkung der Staatsmacht erweckt. Zugleich erwächst dem Kapital die Macht, die Staatsgewalt zu beherrschen, direkt durch die eigene ökonomische Macht, indirekt, indem es die Interessen anderer Klassen seinen eigenen unterordnet.

Die Entwicklung des Finanzkapitals ändert von Grund auf die wirtschaftliche und damit die politische Struktur der Gesellschaft. Die Einzelkapitalisten des Frühkapitalismus standen einander im Konkurrenzkampf feindlich entgegen. Dieser Gegensatz hinderte sie an gemeinsamen Aktionen wie auf anderem, so auch auf politischem Gebiete. Es kam hinzu, daß solche Wirksamkeit noch nicht von den Bedürfnissen der Klasse erfordert wurde, da das negative Verhalten zur Staatsmacht das industrielle Kapital nicht als kapitalistische Interessenvertretung auftreten ließ, sondern den einzelnen Kapitalisten als Staatsbürger. Denn die großen Fragen, die das Bürgertum bewegten, waren wesentlich Verfassungsfragen, die Aufrichtung des modernen Verfassungsstaates, also Fragen, die in gleicher Weise alle Bürger angingen und sie vereinten in dem gemeinsamen Kampfe gegen die Reaktion, gegen die Reste der feudalen und absolutistisch-bürokratischen Regierungsweise.

Das wurde anders, sobald der Sieg des Kapitalismus die Gegensätze innerhalb der bürgerlichen Gesellschaft entfesselte. Gegen die Herrschaft des industriellen Kapitals empörte sich zunächst das Kleinbürgertum und die Arbeiterschaft. Beide griffen auf wirtschaftlichem Gebiet ein. Die Gewerbefreiheit erschien bedroht vom Kleinbürgertum, das zunftartige Bindungen verlangte, von den Arbeitern, die die gesetzliche Regelung des Arbeitsvertrages forderten. Jetzt handelte es sich nicht mehr um den Staatsbürger, sondern um Fabrikanten und Arbeiter, Fabrikanten und Meister. Die politischen Parteien orientieren sich jetzt offen nach wirtschaftlichen Interessen, während diese früher hinter den Schlagworten von Reaktion, Liberalismus und Demokratie verborgen waren, unter denen die drei Klassen des Frühkapitalismus, die Grundrentner mit ihrem Anhang bei Hof, Bürokratie und Armee, die Bourgeoisie und das vereinigte Kleinbürgertum und Proletariat sich verborgen hatten. Im Kampfe um die Gewerbeordnung entstanden so die drei Gruppen wirtschaftlicher Verbände, die Industriellenverbände, Genossenschaften und Arbeiterorganisationen, die beiden ersteren mannigfach gefördert durch die Staatsgewalt, die sie in gewissen Funktionen zu gesetzlichen Verbänden umgestaltet. Während aber Genossenschaften und Gewerkschaften bald einheitlich orientiert waren, blieben die Unternehmerverbände gespalten durch den handelspolitischen Gegensatz. Dazu kam, daß das industrielle Kapital sich politisch im Gegensatz befand zum Handels- und Leihkapital.

Das Handelskapital war viel eher einer Stärkung der Staatsmacht geneigt als das industrielle, da der Großhandel, besonders als Übersee- und namentlich als Kolonialhandel den staatlichen Schutz erstrebte und außerdem dem Hang nach Privilegien leicht nachgab. Das Leihkapital des Frühkapitalismus unterstützte die Staatsmacht, mit der es seine wichtigsten Geschäfte, die Staatsanleihen, zu erledigen hatte, und war von dem Drang nach Frieden und Ruhe, der das industrielle Kapital beseelte, völlig frei. Je größer die Finanzbedürfnisse der Staaten, desto größer sein Einfluß, desto häufiger die Anleihen und Finanztransaktionen. Auf diesen aber beruhte damals nicht nur der unmittelbare Gewinn. Sie waren auch das Rückgrat der Börsentransaktionen und außerdem ein wichtiges Mittel, das staatliche Privileg für die Banken zu erwerben. Ist doch das Notenprivileg der Bank von England zum Beispiel historisch eng verknüpft mit den Schuldverhältnissen des Staates an die Bank.

Die Kartellierung vereinigt die wirtschaftliche Macht und erhöht dadurch unmittelbar ihre politische Wirksamkeit. Sie vereinheitlicht aber auch zugleich die politischen Interessen des Kapitals und läßt die ganze Wucht der wirtschaftlichen Kraft direkt auf die Staatsmacht wirken. Sie vereinigt die Interessen allen Kapitals und tritt so gegenüber der Staatsmacht viel geschlossener auf als das zersplitterte industrielle Kapital des Zeitalters der freien Konkurrenz. Zugleich aber findet das Kapital auch bei den anderen Bevölkerungsklassen eine viel größere Unterstützungsbereitschaft.

Dies muß auf den ersten Anblick sonderbar anmuten; denn das Finanzkapital scheint zunächst zu den Interessen aller anderen Klassen in Gegensatz zu treten. Bildet doch, wie wir gesehen haben, der monopolistische Profit einen Abzug von dem Einkommen aller anderen Klassen. Der Kartellprofit auf Industrieprodukte verteuert der Landwirtschaft die Produktionsmittel und verringert die Konsumkraft ihres Einkommens. Die rasche Entwicklung der Industrie entzog der Landwirtschaft die Arbeitskräfte und schuf die chronische Leutenot auf dem Lande in Verbindung mit der technisch-wissenschaftlichen Umwälzung im landwirtschaftlichen Betrieb. Und dieser Gegensatz mußte um so schärfer empfunden werden, solange den Tendenzen des Finanzkapitals, die Preise der Industrieprodukte zu erhöhen, keine ähnliche Tendenz für die landwirtschaftlichen Produkte entsprach.

Der Beginn der kapitalistischen Entwicklung findet in der landwirtschaftlichen Bevölkerung entgegengesetzte Interessen. Die Industrie vernichtet den bäuerlichen Hausfleiß und wandelt die im wesentlichen sich selbst genügende bäuerliche Wirtschaft in ein rein landwirtschaftliches, auf den Absatz für den Markt angewiesenes Unternehmen um, eine Umwandlung, die für die Bauern mit vielen Opfern erkauft wird. Diese stehen daher der industriellen Entwicklung feindlich gegenüber. Aber die Bauernschaft allein ist in der modernen Gesellschaft eine wenig aktionsfähige Klasse. Ohne örtlichen Zusammenhang, von der städtischen Kultur isoliert, den Blick auf die engsten lokalen Interessen beschränkt, wird sie politisch aktionsfähig meist erst im Gefolge anderer Klassen. Zu Beginn kapitalistischer Entwicklung steht sie aber gerade im Gegensatz zu derjenigen Klasse, die die stärkste Aktionskraft auf dem Lande besitzt, zum großen Grundbesitz. Dieser ist an der industriellen Entfaltung unmittelbar interessiert. Ihm, der auf den Verkauf seiner Produkte angewiesen, schafft der Kapitalismus den großen inneren Markt und gibt ihm die Möglichkeit, die landwirtschaftlichen Industrien der Brennerei, Brauerei, Stärke- und Zuckerfabriken etc. zu entwickeln. Dieses Interesse des Großgrundbesitzes ist für die Entwicklung des Kapitalismus von hoher Bedeutung, da sie ihm im Frühstadium seiner Entwicklung die Unterstützung des Großgrundbesitzes, damit aber auch die der Staatsmacht gewährleistet. Die Politik des Merkantilismus ist immer auch getragen von der Gutsherrschaft, dem kapitalistischen Umwandlungsprodukt der Grundherrschaft.

Die Weiterentwicklung des Kapitalismus sprengt sehr bald diese Interessengemeinschaft durch den Kampf gegen den Merkantilismus und seine Exekutive, die absolute Staatsmacht. Dieser Kampf richtet sich unmittelbar gegen den Grundbesitz, der diese Staatsmacht zu einem großen Teil beherrscht, die leitenden Stellen in Militär, Bürokratie und bei Hofe besetzt hält, durch die wirtschaftliche Exploitation der Staatsmacht sein Einkommen steigert und schließlich im Bereich des Gutsbezirkes unmittelbarer Träger der Staatsmacht ist. Nach der Besiegung des Absolutismus und Schaffung des modernen Staates verstärkt sich dieser Gegensatz; die Entwicklung der Industrie stärkt die politische Macht des Bürgertums und bedroht den Grundbesitz mit völliger politischer Depossedierung. Und zu dem politischen kommt die Verschärfung des ökonomischen Gegensatzes. Die Entwicklung der Industrie entvölkert das flache Land, produziert die Leutenot und wandelt schließlich das frühere Exportinteresse in ein Importinteresse um. Damit entsteht der handelspolitische Gegensatz, der in England mit der Niederlage des Grundbesitzes endet. Auf dem Kontinent aber hindert das gemeinsame Interesse am Schutzzoll die Entwicklung des Gegensatzes zur vollen Schärfe. Solange auf dem Kontinent die zurückgebliebene industrielle Entwicklung die große Landwirtschaft noch zum Export zwingt, ist auch hier der Großgrundbesitz innerhalb bestimmter Schranken industrie- und vor allem verkehrsfreundlich. Er ist freihändlerisch, und erst das Entstehen des Importinteresses bekehrt ihn zum Schutzzoll und bringt ihn wirtschaftspolitisch den schweren Industrien näher. Aber dieselbe industrielle Entwicklung, die ihn in Deutschland stärkt, die Preise der Agrarprodukte erhöht und die Grundrente steigert, schafft zugleich die Keime eines neuen Gegensatzes. Die Erstarkung der Industrie stärkt vor der Periode der Kartellierung ihre freihändlerischen, vertragsfreundlichen Tendenzen, und ihre Macht droht groß genug zu werden, um das Industrieinteresse an billigen Getreidepreisen durchzusetzen. Die industrielle Entwicklung wird so zu einer Gefahr für die Grundbesitzerinteressen. Diese wird noch gesteigert dadurch, daß dieselbe Entwicklung, die in Europa den Kontinent in einen Industriestaat verwandelt, in Amerika die landwirtschaftliche Konkurrenz auslöst, die die europäische Landwirtschaft mit einem akuten Sturz der Getreidepreise, der Rente und des Bodenpreises bedroht. Die Entwicklung des Finanzkapitals überbrückt durch die Funktionswandlung des Schutzzolles diesen Gegensatz und stellt eine neue Interessengemeinschaft des Großgrundbesitzes und der schweren kartellierten Industrien her. Der Landwirtschaft ist jetzt das Preisniveau gesichert und die weitere Entfaltung der Industrie muß dieses Preisniveau steigern. Nicht mehr der Gegensatz zur Industrie wird jetzt die Hauptsorge des Grundbesitzes, sondern die Arbeiterfrage. Die Niederhaltung der Ansprüche der Arbeiter wird jetzt seine dringendste politische Sorge, und er tritt damit zugleich in scharfen Gegensatz zu den Bestrebungen der industriellen Arbeiter, ihre Lage zu verbessern, weil jede solche Besserung das Festhalten der ländlichen Arbeitskräfte erschwert. So treibt die gemeinsame Feindschaft gegen die Arbeiterbewegung diese beiden mächtigsten Klassen zusammen.

Zugleich wächst die Macht des Großgrundbesitzes durch das Schwinden oder zum mindesten durch die starke Abschwächung des Gegensatzes zum kleinen Grundbesitz. Der alte historische Gegensatz ist durch Aufhebung der Grundlasten längst beseitigt. Die Periode des Sinkens der Getreidepreise sowie die Schwierigkeiten der Arbeiterfrage haben die Expansion des großen Grundbesitzes auf Kosten des kleinen fast ganz zum Stillstand gebracht. Anderseits hat der gemeinsame Kampf um die landwirtschaftlichen Zölle die großen und kleinen Grundbesitzer vereinigt. Daß der kleine Betrieb viel mehr an Schutz gegen Vieh- und Fleischimport interessiert ist als der große, hinderte natürlich keineswegs ein Zusammengehen, da ja der Zoll nur im gemeinsamen Kampf erreicht werden konnte. Dazu kommt die spezifische Wirkung landwirtschaftlicher Zölle auf den Bodenpreis. Die Steigerung des Bodenpreises ist zwar für die Landwirtschaft als solche eher schädlich, aber für jeden landwirtschaftlichen Besitzer sehr nützlich. Der gemeinsame Kampf um die Handelspolitik verband also alle Schichten des landwirtschaftlichen Besitzes in Ländern mit landwirtschaftlichem Importbedürfnis und gab so dem Finanzkapital die Unterstützung des flachen Landes. Der mittlere und kleine Besitz beteiligte sich an diesen Kämpfen um so mehr, als die rasche Entwicklung des Genossenschaftswesens den Absatz für den Markt jeder Bauernwirtschaft vergrößerte, die Produktion für den Eigenbedarf verringerte. Zugleich erhielt der größere Besitz in diesen Genossenschaften sehr leicht die Führung, da einerseits kein stärkerer Interessengegensatz vorlag, andererseits gerade die größeren Besitzer über die nötige Erfahrung, Intelligenz und Autorität verfügten. Dies stärkte wieder die führende Rolle des größeren Besitzers auf dem flachen Lande und führte dazu, daß die Politik des flachen Landes immer mehr in die Hände des größeren Besitzers überging.

Zugleich führte die Entwicklung dahin, daß die Besitzinteressen immer mehr vereinheitlicht werden, weil die Einkommensquellen immer mannigfaltiger werden. Die Zollpolitik hat das Einkommen an Grundrente rasch vermehrt und dies insbesondere im letzten Jahrzehnt, in welchem die Intensität der überseeischen landwirtschaftlichen Konkurrenz sich verringerte, teils durch die rasche industrielle Entfaltung der Vereinigten Staaten von Amerika[33], teils dadurch, daß die landwirtschaftliche Produktion der mittel- und südamerikanischen Staaten trotz ihrer raschen Entwicklung mit der Steigerung der Nachfrage nicht gleichen Schritt hält. Die Steigerung aber bedeutete, daß der größere Grundbesitz Einkommenüberschuß zur Verfügung hatte; ihn in Ausdehnung der landwirtschaftlichen Produktion zu ver-

---

[33] Die Ausfuhr der Vereinigten Staaten betrug 1901: 33 Prozent der gesamten Weizenproduktion, 1902: 29 Prozent, 1903: 19,5 Prozent, 1904: 10,5 Prozent, J. M. Rubinow, Russia's wheat trade. Washington 1908.
In den von Marie Schwab, a.a.O., S. 73, zitierten Bemerkungen des Departement of Commerce and Labor in Washington heißt es: »Die Abnahme der ausgeführten Mengen von Brotstoffen, Nahrungsmitteln und Baumwolle, welche in den jüngsten Jahren und besonders im letzten Jahre 1903/04 eingetreten ist, kann weder auf knappe Inlandsernten noch auf niedrige Preise im Ausland zurückgeführt werden. Die im letzten Jahre geernteten Mengen an Mais, Weizen und Baumwolle waren nicht unter dem Durchschnitt, in den meisten Fällen sogar außerordentlich hoch. Der Hauptgrund für den stetigen Rückgang des Anteils, den die Ackerbauprodukte an der Gesamtausfuhr haben, ist offenbar der steigende Bedarf in den Vereinigten Staaten. Die für den inneren Verbrauch in den Vereinigten Staaten zurückbehaltene Weizenmenge hat vor dem Jahre 1880 nie 275 Millionen Bushels erreicht. Im Jahre 1883 überstieg sie die 300 Millionen-Grenze und wuchs mit der Zunahme der Bevölkerung allmählich weiter. Sie betrug im Jahre 1889 über 400 Millionen Bushels, 1902 über 500 Millionen Bushels und in dem am 30. Juni 1904 zu Ende gegangenen Rechnungsjahr 517 Millionen Bushels. Das ist der größte bisher in irgendeinem Jahre dagewesene Gesamtbetrag.«
»Die Bevölkerung der Vereinigten Staaten ist in der Zeit von 1880 bis 1900 von 50 Millionen auf 76 Millionen gestiegen, das sind 52 Prozent, während die Weizenfläche der Republik nur eine Vermehrung von 34 Millionen Acres auf 42 Millionen Acres, das heißt um 23 1/2 Prozent erfuhr. Die gesamte mit Getreide aller Art bestellte Anbaufläche vollends stieg nur von 136 Millionen auf 158 Millionen Acres, das heißt um 16 1/2 Prozent.« Ebenda, S. 72.

wenden, begegnete aber Schwierigkeiten, da namentlich die Erweiterung der Grundfläche in der Besitzverteilung auf starke Hindernisse stößt. Diese werden überwunden einmal, wenn die Tendenz des Steigens der Getreidepreise stark und andauernd ist und daher auch einen höheren Bodenpreis als angemessenen erscheinen läßt, dann aber, und das ist ein zweites wichtiges Moment, wenn der Großgrundbesitzer auf eine Bauernschaft stößt, die verelendet ist und sich gegen den Auskauf nicht wehren kann. Nun war aber die Periode von der Mitte der Siebzigerjahre bis zur Mitte des ersten Jahrzehnts des 20. Jahrhunderts der Bauernschaft günstig gewesen. Die überseeische Konkurrenz hatte mit voller Wucht gerade den großen Getreide bauenden und extensive Viehzucht treibenden Großgrundbesitz getroffen, den auch die Leutenot am meisten benachteiligte, während die starke Steigerung der städtischen Nachfrage nach den Hauptprodukten des kleineren Betriebes, Milch, Fleisch, Gemüse, Obst etc., und die geringere Bedeutung der Arbeiterfrage den mittleren und kleinen Besitz begünstigte. Die Tendenz, den Bodenbesitz zu erweitern, die für den Großbetrieb erst dann mit voller Stärke einsetzen konnte, als die Tendenz zum Sinken der Getreidepreise der entgegengesetzten wich, stieß also auf den Widerstand eines kräftigen Mittel- und Kleinbesitzes, dessen Hauptprodukte gleichfalls die steigende Preistendenz bewahrten. So mußte dieser Einkommenüberschuß seine Verwendung suchen vor allem in profitabler Anlage in der Industrie. Dazu drängte auch der Umstand, daß die seit 1895 einsetzende stürmische Hochkonjunkturperiode die Profitrate in der Industrie erhöhte und sie jedenfalls stark über die der Landwirtschaft steigerte. Diese Verwendungsmöglichkeit war aber um so leichter, da die Entwicklung des Aktienwesens für solche Anlagen aus anderen Sphären die geeignete Form geschaffen, die Konzentration und Konsolidierung der großen Industrien auch das Risiko für den Außenstehenden sehr erleichtert hatte. Dazu kam die rasche Entwicklung sowohl der eigentlich ländlichen Industrien und ihre durch die Staatsmacht (Steuergesetzgebung) geförderte Entwicklung zum Monopol als auch die rasche Entwicklung von Industrien mit dem Standort auf dem flachen Lande und schließlich gerade für die größten Grundbesitzer die aus alter Zeit herrührende Verbindung von landwirtschaftlichem mit Bergwerkbesitz. Dies alles wandelte die Klasse des Großgrundbesitzes um aus einer Klasse, deren Einkommen aus Grundrente fließt, in eine solche, deren Einkommen daneben und in wachsendem Maße aus industriellem Profit, aus Anteilnahme an dem Gewinn des »mobilen Kapitals« fließt[34].

Auf der anderen Seite wuchs das Interesse des Finanzkapitals an dem Hypothekengeschäft. Für dessen Ausdehnung aber ist ceteris paribus entscheidend die Höhe des Bodenpreises. Je höher der Bodenpreis, desto größer kann die hypothekarische Verschuldung werden. Die Steigerung der landwirtschaftlichen Zölle wurde so zu einem wichtigen Interesse eines nicht unbedeutenden Teiles des Bankgeschäftes. Zugleich boten die erhöhten Einnahmen der Grundeigentümer und Pächter den Anreiz zu neuer Kapitalanlage in der Landwirtschaft, zur Steigerung der Intensität des Betriebes und damit wieder zu vermehrter Aufnahme von Betriebsmitteln, damit aber wieder zur Ausdehnung dieser Anlagesphäre des Bankkapitals.

Auf der anderen Seite trieb der Drang nach Erhöhung ihrer sozialen Stellung städtische Kapitalisten zum Erwerb von

---

[34] Für Preußen siehe »Das Kapitalvermögen der selbständigen Landwirte in Preußen« von Professor Dr. F. Kühnert in der Zeitschrift des königlich preußischen statistischen Landesamtes, 48. Jahrg., 1908. Als Grundlage dient die auf den Materialien der Einkommensteuer- und Ergänzungssteuerveranlagung für das Jahr 1902 beruhende preußische Statistik der Verschuldung der Eigentümer von Grundstücken mit mindestens 60 Mk. Grundsteuerreinertrag, also im allgemeinen der wirklich selbständigen Landwirte. Unter dem »eigentlichen Kapitalvermögen« ist hier nicht verstanden das Vermögen an Grundstücken, das land- und forstwirtschaftliche Betriebskapital, auch nicht das gewerbliche und bergbauliche Anlage- und Betriebskapital, sondern Kapitalforderungen jeder Art, wie Aktien, Sparkasseneinlagen, Kuxenbesitz etc. Es ist also das Kapitalvermögen ausschließlich des landwirtschaftlichen oder gewerblichen Anlage- oder Betriebskapitals gemeint. Es ergibt sich, daß die Eigentümer von Grundstücken mit mindestens 60 Mk. Grundsteuerreinertrag, deren Gesamtzahl 720 067 betrug, im ganzen 7 920 781 703 Mk. Kapitalvermögen besaßen, wovon 3 997 549 251 Mk. oder 50,5 vom Hundert auf die 628 876 Eigentümer mit Haupterwerb aus der Land- oder Forstwirtschaft, also im allgemeinen die selbständigen Landwirte im Hauptberuf, und 3 923 232 452 Mk. oder 49,5 vom Hundert auf die 91 191 Eigentümer mit Nebenerwerb aus der Land- oder Forstwirtschaft, das sind im wesentlichen die selbständigen Landwirte im Nebenberuf, entfallen.
Von dem gesamten Bruttovermögen der 720 067 selbständigen Landwirte Preußens im Betrage von 39 955 313 135 Mk. entfielen 74,1 Hundertteile auf das Grund- und 19,8 auf das Kapitalvermögen, 5,9 auf das gewerbliche Anlage- und Betriebskapital und 0,2 auf die selbständigen Rechte und Gerechtigkeiten; insbesondere bei dem Gesamtvermögen der 628 876 hauptberuflichen Landwirte von 28 541 502 216 Mk. betrugen die entsprechenden Verhältnisziffern 84,9, beziehungsweise 14,0, 1,0 und 0,1 und bei dem der 91 191 nebenberuflichen von 11 413 811 919 Mk. 47,1, beziehungsweise 34,4, 18,3 und 0,3 vom Hundert.

Grundbesitz oder – auch hier finden wir das Prinzip der Personalunion – zur Verbindung mit dem großen Grundeigentum durch Einheirat, der beliebten Form sozialer Durchdringung und Abwehr von Besitzzersplitterung.

So entsteht durch die Trennung der Funktion des Eigentums von der Leitung der Produktion, wie sie das Aktienwesen bedeutet, die Möglichkeit und mit der Steigerung der Grundrente auf der einen, der Steigerung industriellen Extraprofits auf der anderen Seite die Wirklichkeit einer Solidarisierung der Besitzinteressen. Der »Reichtum« ist nicht mehr differenziert nach seinen Einnahmequellen, nach seiner Entstehung aus Profit oder Rente, sondern er fließt jetzt aus der Anteilnahme an allen Teilen, in die der von der Arbeiterklasse erzeugte Mehrwert zerfällt.

Die Verbindung mit dem Großgrundbesitz aber stärkt die Macht des Finanzkapitals zur Beherrschung der Staatsmacht außerordentlich. Mit dem Großgrundbesitz gewinnt er die führende Schicht und damit in den meisten Fragen das flache Land überhaupt. Zwar ist diese Unterstützung keine bedingungslose und sicher eine kostspielige. Aber die Kosten, die in Gestalt der Erhöhung der landwirtschaftlichen Produkte gezahlt werden müssen, werden leicht hereingebracht durch die Extraprofite, welche die Beherrschung der Staatsmacht und damit die Durchsetzung der imperialistischen Politik dem Finanzkapital verschafft, für das die Beherrschung der Staatsmacht conditio sine qua non ist. Mit der Unterstützung des großen Grundbesitzes sichert es sich zugleich die Klasse, die zu einem großen Teil die höchsten und einflußreichsten Ämter besetzt, die Herrschaft über die Bürokratie und das Militär ausübt. Zugleich bedeutet der Imperialismus Stärkung der Staatsmacht, Vermehrung des Militärs und der Marine und der Bürokratie überhaupt und stärkt auch dadurch die Interessensolidarität des Finanzkapitals mit dem Großgrundbesitz.

Hat so das Finanzkapital in seinem Streben, die Staatsmacht zu beherrschen, die Unterstützung der maßgebenden Schicht des flachen Landes erhalten, so ist auch die Entwicklung der Klassengegensätze innerhalb der gewerblichen Produzenten diesem Streben vorerst förderlich gewesen.

Das Finanzkapital erscheint zunächst im Gegensatz zu dem kleinen und mittleren Kapital. Wir haben gesehen, daß der Kartellprofit einen Abzug bildet von dem Profit der nicht kartellierten Industrie. Diese also hat das Interesse, der Kartellierung entgegenzuwirken. Aber dieses Interesse ist durch andere Interessen durchkreuzt. Soweit es sich um nicht oder noch nicht exportfähige Industrien handelt, vereinigt diese Industrien das gemeinsame und nur gemeinsam durchzusetzende Schutzzollinteresse mit der kartellierten Industrie, der mächtigsten Vorkämpferin für den Schutzzoll. Dann aber bedeutet ja die Bildung eines Kartells die Beschleunigung der Monopolisierungstendenzen in den anderen. Gerade die mächtigsten und konkurrenzfähigsten Kapitalisten der noch nicht kartellierten Industrien begrüßen die Bildung von Kartellen, die die Konzentration in ihrer eigenen Industrie fördern und damit ihre Kartellfähigkeit beschleunigen muß. Sie sucht die Gegenwehr gegen das Kartell der anderen in der Schaffung des eigenen und keineswegs in dem Kampf um den Freihandel; denn nicht der Freihandel, sondern die Ausnützungsmöglichkeit des Schutzzolls durch ein eigenes Kartell ist ihr Streben. Dazu kommt, daß auch unter den mittleren und kleineren Kapitalisten die Fälle indirekter Abhängigkeit vom Kapital sich mehren. Wir haben gesehen, wie das in größtem Maßstab bei dem kapitalistischen Handel der Fall ist. Das bringt zwar einen Gegensatz mit sich, solange der Prozeß noch in seinem Werden ist. Ist er aber erst einmal vollzogen, so werden gerade diese Schichten in ihrem Interesse solidarisch mit dem Kartell. Die Händler, die heute die Agenten des Kohlensyndikats oder der Spirituszentrale sind, haben nur mehr das Interesse an der Stärkung des Syndikats, das ihnen die Konkurrenz der Outsider vom Halse hält, und an seiner Ausdehnung, die ihren Umsatz vergrößert. Aber auch die zahlreichen und sich mehrenden Fälle von indirekter Abhängigkeit von Industriellen, die von einem Warenhaus, einem großen Industriekonzern etc. beschäftigt werden, bringen das gleiche zuwege, wie ja die Ausdehnung der Kartellierung überhaupt die Gleichheit der Interessen allen Kapitalbesitzes bedeutet. In derselben Richtung wirkt die Beteiligung der kleineren und mittleren Kapitalisten an der großen Industrie. Durch das Aktienwesen ermöglicht, wird der auch in anderen Industriezweigen akkumulierte Profit zu einem Teil in den schweren Industrien angelegt, weil hier einmal die Entwicklung, die die relativ schnellere Ausgestaltung der Produktion der Produktionsmittel fordert, am raschesten vor sich geht und die Kartellierung am ausgebildetsten, damit aber auch die Profitrate am höchsten ist.

Schließlich bedeutet die Politik des Finanzkapitals die energischste Expansion und die beständige Jagd nach neuen Anlagesphären und neuen Absatzmärkten. Je rascher sich aber der Kapitalismus erweitert, desto länger die Prosperitätsepoche, desto kürzer die Krise. Expansion ist das gemeinsame Interesse allen Kapitals, und im Zeitalter der Schutzzölle ist sie nur möglich als imperialistische Expansion. Es kommt hinzu, daß je länger die Prosperität, desto geringer fühlbar die Konkurrenz des eigenen Kapitals im eigenen Lande, desto geringer die Gefahr für die kleineren Kapitalisten, der Konkurrenz der großen zu erliegen. Das gilt für die kleineren Kapitalisten aller Industrien, auch der kartellierten. Sind es ja gerade die Zeiten der Depression, die für den Bestand der Kartelle am gefährlichsten sind, wie umgekehrt die Depression mit ihrem verschärften Konkurrenzkampf im Innern, mit ihren Massen brachliegenden Kapitals die Zeit ist, wo der Trieb nach neuen Märkten am stärksten ist.

Nachdem die Marxsche Konzentrationslehre jahrzehntelang bekämpft worden ist, ist sie heute ein Gemeinplatz geworden. Der Rückgang des gewerblichen Mittelstandes gilt als unaufhaltsam. Was uns aber hier interessiert, ist weniger der zahlenmäßige Rückgang, der aus der Vernichtung des Kleinbetriebes entsteht, als die Strukturänderung, die in den Kleinbetrieben des Gewerbes und des Handels durch die moderne kapitalistische Entwicklung erzeugt worden ist. Ein großer Teil der Kleinbetriebe sind Hilfsbetriebe von Großbetrieben, an deren Ausdehnung sie daher interessiert sind. Das Reparaturgewerbe der Städte, die Installationsarbeit etc. ist bedingt durch die große fabriksmäßige Produktion, die sich der Flickarbeit noch nicht bemächtigt hat. Der Feind der Reparaturgeschäfte aller Art ist nicht die Fabrik, sondern das Handwerk, das alle diese Arbeiten gleichfalls besorgt hat. Diese Schichten stehen also im Gegensatz zur Arbeiterschaft, aber nicht zur Großindustrie. Ein noch viel größerer Teil der Kleinbetriebe ist aber überhaupt nur scheinbar selbständig; in Wirklichkeit sind sie in »indirekte Abhängigkeit vom Kapital« (Sombart) geraten und damit »kapitalshörig« (Otto Bauer) geworden. Sie sind eine abnehmende Schicht von geringer Widerstandsfähigkeit und mangelnder Organisationsfähigkeit, völlig abhängig von kapitalistischen Großunternehmungen, deren Agenten sie sind. Hierher gehört zum Beispiel das Heer der kleinen Wirte, die nichts sind als Verkaufsagenten von Brauereien, die Inhaber von Schuhwarengeschäften, die von einer Schuhfabrik eingerichtet sind etc. Dahin gehören ebenso die zahlreichen scheinbar selbständigen Tischlermeister, die für das Möbelmagazin, die Schneidermeister, die für den Konfektionär etc. arbeiten. Näher braucht auf diese Verhältnisse um so weniger eingegangen werden, da sie von Sombart in seinem »Modernen Kapitalismus« ausführlich und treffend geschildert sind.

Was aber von Bedeutung ist, ist dies, daß zugleich mit dieser Entwicklung eine andere politische Stellungnahme dieser Schichten gegeben ist. Der Interessenkampf zwischen Kleinbetrieb und Großbetrieb, wie er zu Beginn des Kapitalismus als Kampf des Handwerks gegen die kapitalistische Unternehmung erscheint, ist im wesentlichen entschieden. Dieser Kampf hatte den alten Mittelstand in eine antikapitalistische Haltung hineingetrieben. Durch Bekämpfung der Gewerbefreiheit, durch Fesselung der großkapitalistischen Unternehmungen suchte der Mittelstand seine Niederlage hinauszuschieben. Die Gesetzgebung wurde angerufen, um durch Handwerkerschutz, Wiedereinführung der Innungen, Lehrzeitfestsetzungen, durch Differenzierung der Steuergesetzgebung etc. die Lebensdauer des Mittelstandes zu verlängern. In diesem Kampfe gegen das Großkapital fand der Mittelstand die Unterstützung der ländlichen Klassen, die in jener Zeit ebenfalls antikapitalistischen Tendenzen ergeben waren. Er stieß auf die Feindschaft der Arbeiterklasse, die in der Einschränkung der Produktivität eine Bedrohung ihrer Lebensinteressen sehen mußte.

Wesentlich anders ist die Stellung des jetzt existierenden Kleinbetriebes. Der Konkurrenzkampf ist hier im wesentlichen ausgefochten, sofern es sich um Konkurrenz zwischen Kapital und Handwerk handelt. Der Kampf um die Konzentration spielt sich vielmehr ab innerhalb der kapitalistischen Sphäre selbst als Kampf zwischen kleinen und mittleren Betrieben gegen den Riesenbetrieb. Die kleinen Betriebe sind heute im wesentlichen nur Annexe von Großunternehmungen; auch wo ihre Selbständigkeit nicht bloß fiktiv ist, sind sie nur Hilfsunternehmungen großer Betriebe; so die Installationsgeschäfte der Beleuchtungsbranchen, die modernen großstädtischen Geschäfte, die Fabrikprodukte vertreiben etc. Sie alle kämpfen keinen Konkurrenzkampf gegen die Großindustrie, sind vielmehr an deren größtmöglicher Ausdehnung interessiert, deren Geschäfte sie besorgen als Reparatur- oder Hilfsgewerbe, als Händler oder Agenten. Das schließt nicht aus, daß sie untereinander konkurrieren, daß die Konzentrationsbewegung auch unter ihnen wirksam ist. Aber dieser Kampf löst keine antikapitalistische Haltung im allgemeinen mehr aus; vielmehr sehen sie ihr Heil nur in der rascheren Entwicklung des Kapitalismus, deren Produkt sie selbst sind und die ihnen das Beschäftigungsfeld erweitert. Dagegen geraten sie in immer schärferen Gegensatz zur Arbeiterklasse, sofern sie Lohnarbeiter beschäftigen, da ja die Macht der Arbeiterorganisation gerade in den kleinen Betrieben am größten ist.

Aber selbst in jenen Schichten, wo der Kleinbetrieb noch überwiegt, wie zum Beispiel im Baugewerbe, verliert der Gegensatz zum Großkapital seine Schärfe. Nicht nur weil auch diese Unternehmer, die auf den Kredit der Banken angewiesen sind, durchaus mit kapitalistischem Geist erfüllt sind, nicht nur, weil ihr Gegensatz zu den Arbeitern immer intensiver wird, sondern auch weil sie, wo sie spezifische Forderungen vertreten, immer weniger Widerstand, häufig sogar Unterstützung gerade beim größten Kapital finden. Der Kampf für und gegen die Gewerbefreiheit war ein Kampf, der mit besonderer Intensität zwischen den Handwerksmeistern und den kleinen und mittleren Fabrikanten der Konsummittelindustrien geführt wurde. Schneider, Schuster, Stellmacher, Bauhandwerker waren die Vorkämpfer auf der einen, Textilfabrikanten, Konfektionäre etc. auf der anderen Seite. Dagegen trifft der Handwerkerschutz heute, wo der Kampf in allem wesentlichen entschieden ist, auf keine Lebensinteressen gerade der entwickeltsten kapitalistischen Sphären. Dem Kohlensyndikat, dem Stahlwerksverband, der Elektrizitäts- und chemischen Industrie sind die Mittelstandsforderungen, wie sie heute vertreten werden, ziemlich gleichgültig. Die klein- und mittelkapitalistischen Interessen, die dadurch etwa leiden, sind nicht oder wenistens nicht unmittelbar die ihrigen. Dagegen sind die Vertreter dieser Forderungen gerade die heftigsten und erbittertsten Gegner der Arbeiterforderungen. In diesen Sphären der Kleinproduktion herrscht die erbittertste Konkurrenz, ist die Profitrate am niedrigsten. Jede neue Sozialreform, jeder gewerkschaftliche Erfolg macht einer Reihe dieser Existenzen den Garaus. Hier finden die Arbeiter ihre wütendsten Gegner, hier aber auch das Großkapital und das Großrentnertum ihre beste Schutztruppe[35].

---

[35] Wie sehr dies den Großindustriellen zum Bewußtsein gekommen ist, zeigt die Stellungnahme des Freiherrn v. Reiswitz, des Generalsekretärs des Arbeitgeberverbandes Hamburg-Altona und Hauptverfechters des Prinzips der

Dasselbe Interesse sichert aber dem Mittelstand auch die Unterstützung der ländlichen Klasse, und so schwindet der alte Interessengegensatz zwischen Bourgeoisie und Kleinbürgertum, und dieses wird zu einer politischen Schutztruppe des Großkapitals. Daran ändert nichts, daß auch die Erfüllung der Mittelstandsforderungen an der Lage des Mittelstandes nichts besserte. Die Errichtung von staatlichen Zwangsorganisationen des Kleingewerbes hat überall Fiasko gemacht. Wo das Kleingewerbe auch existenzfähig ist, sind die Genossenschaften und Innungen, wie in den Nahrungsmittelgewerben der Großstädte, zu einer Art von Kartellen geworden, die gemeinsam die Konsumenten zu plündern suchen, wie in der Fleischerei und Bäckerei. Oder sie sind Arbeitgeberverbände, sei es direkt, sei es indem die Innungsmitglieder korporativ einer separaten, innerlich von der Innung abhängigen Arbeitgebervereinigung beitreten[36].

Aber gerade die Unmöglichkeit, eigene ökonomische Forderungen von Bedeutung im Gegensatz zu dem alten Handwerk vertreten zu können, macht den Mittelstand zu selbständiger Politik unfähig, macht diese Schwanzpolitik zur Notwendigkeit. Ohne die Möglichkeit eigener Klassenpolitik wird er zur Beute aller Demagogie, wenn sie nur seiner Feindschaft gegen die Arbeiterklasse Rechnung trägt. Aus dem ökonomischen Gegner der Arbeiter wird er ihr politischer Gegner, sieht in der politischen Freiheit, die er selbst nicht mehr ausnützen kann, eine Vorschubleistung für die Stärkung der politischen und damit auch der ökonomischen Macht der Arbeiterklasse. Er wird politisch reaktionär, und je kleiner sein Haus, desto größeren Wert legt er darauf, Herr im Hause zu bleiben. Er ruft nach der starken Hand auch in der Regierung und ist bereit, jede Gewaltpolitik zu unterstützen, wenn sie sich gegen die Arbeiter kehrt.

---

gemischten Arbeitgeberverbände. Er führt als Vorzüge der gemischten Verbände an: einmal sie wirkten »außerordentlich erzieherisch« auf die Arbeitgeber, da fast jederzeit eine der beteiligten Branchen vom Streik betroffen sei, der Verband also »sich sozusagen fortdauernd im Kriegszustand befinde«, anderseits aber – und das sei die Hauptsache – ermöglichten sie ein einheitliches Zusammengehen von Großindustrie, Kleingewerbe und Handwerk. Auf dieses Zusammengehen aller Gewerbegruppen legt Freiherr v. Reiswitz aus politischen Gründen besonderen Wert. Der Handwerker sei der beste Vorkämpfer im Kleinkrieg gegen die Sozialdemokratie, darum hätte die Großindustrie ein bedeutendes Interesse, ihn wirtschaftlich lebensfähig zu erhalten. Siehe Reiswitz »Gründet Arbeitgeberverbände«, S. 22 ff. Zitiert bei Dr. Gerhard Keßler »Die deutschen Arbeitergeberverbände« in Schriften des Vereines für Sozialpolitik. 124. Band. Leipzig 1907. S. 106 ff.

36 Siehe Keßler, a.a.O., S. 15.

So wird er zum begeisterten Förderer der starken Regierungsmacht, schwärmt für Militarismus und Marinismus und für eine autoritäre Bürokratie. Damit besorgt er die Geschäfte der imperialistischen Klassen und wird auch darin zu ihrem wertvollsten Bundesgenossen. Der Imperialismus selbst aber gibt ihm eine neue Ideologie; von der raschen Ausdehnung des Kapitals erhofft er auch für sich besseren Gang seiner Geschäfte, Vermehrung seiner Erwerbsgelegenheiten, vermehrte Kaufkraft seiner Kunden, und so wird er ein begeisterter Mitläufer der imperialistischen Parteien. Zugleich ist er auch den Mitteln der Wahlbeeinflussung, vor allem dem geschäftlichen Boykott, am zugänglichsten, und seine Schwäche macht ihn auch politisch zu einem geeigneten Ausbeutungsobjekt.

Freilich, er wird bedenklich, wenn ihm die Kostenrechnung präsentiert wird, und die Harmonie zwischen ihm und dem Großkapital ist eine Zeitlang gestört. Aber die Steuern werden zum größten Teil von den Arbeitern aufgebracht, und treffen auch ihn die indirekten Seuern stärker als das Großkapital, so ist doch seine Widerstandskraft zu gering, um den Bund zu lösen. Es ist nur ein geringer Teil des Mittelstandes, der sich von der Gefolgschaft der Bourgeoisie loslöst und sich dem Proletariat anschließt. Abgesehen von den scheinbar Selbständigen, Alleinbetrieblern, die in Wirklichkeit Hausindustrielle sind, gehören jene meist städtischen Schichten des Kleinhandels hierher, die, auf Arbeiterkunden angewiesen, aus Geschäftsrücksichten oder auch durch den ständigen Verkehr mit den Arbeitern für deren Anschauung gewonnen, sich der Arbeiterpartei anschließen.

Eine ganz andere Stellung nehmen jene Schichten an, die man in neuerer Zeit nach schlechter Gewohnheit als »neuen Mittelstand« bezeichnet. Es handelt sich dabei um die Angestellten in Handel und Industrie, die durch die Entwicklung des Großbetriebes und durch die gesellschaftliche Form des Unternehmens eine außerordentliche Vermehrung erfahren haben und in hierarchischer Abstufung zu den eigentlichen Leitern der Produktion werden. Es ist eine Schicht, deren Anwachsen selbst die des Proletariats übertrifft. Der Fortschritt zu höherer organischer Zusammensetzung bedeutet eine relative, in manchen Fällen und manchen Industriesphären sogar eine absolute Verminderung der Arbeiter. Dies muß aber durchaus nicht der Fall sein mit dem technischen Personal, das vielmehr mit dem Umfang des Betriebes, wenn auch nicht im selben Verhältnis, zunimmt. Denn

Fortschritt der organischen Zusammensetzung bedeutet Fortschritt des automatischen Betriebes, Veränderung und Komplizierung der Maschinerie. Die Einführung neuer Maschinen macht menschliche Arbeitskraft überflüssig, sie macht aber durchaus nicht die Aufsicht des Technikers überflüssig. Die Ausdehnung des maschinellen, großkapitalistischen Betriebes ist daher ein Lebensinteresse der technischen Angestellten aller Kategorien und macht die Angestellten der Industrie zu den leidenschaftlichsten Anhängern großkapitalistischer Entwicklung.

Auch die Entwicklung des Aktienwesens wirkt zunächst in ähnlicher Weise. Sie trennt die Leitung vom Besitz und macht die Leitung zur besonderen Funktion höher bezahlter Lohnarbeiter und Angestellter. Zugleich werden die höheren Posten zu einflußreichen und reich dotierten Stellungen, die, der Möglichkeit nach, allen Angestellten offen zu stehen scheinen. Das Interesse an der Karriere, der Drang nach dem Avancement, das sich in jeder Hierarchie ausbildet, erwacht so in jedem einzelnen Angestellten und besiegt ihre Solidaritätsgefühle. Jeder hofft vor dem anderen hinaufzukommen und sich aus der halbproletarischen Lage emporzuarbeiten zu der Höhe kapitalistischen Einkommens. Je rascher die Entwicklung der Aktiengesellschaften, je größer ihr Umfang, desto größer auch die Zahl der Stellen, vor allem auch der einflußreichen und gutbezahlten. Die Angestellten sehen zunächst nur diese Harmonie der Interessen und fühlen sich, da ihnen jede Stellung nur als Übergang zu einer höheren erscheint, nicht so sehr interessiert an dem Kampf um ihren Arbeitsvertrag, als an dem Kampf des Kapitals um die Erweiterung seiner Einflußsphäre.

Es ist eine Schicht, die noch ihrer Ideologie und ihrem Herkommen nach zur Bourgeoisie gehört, deren tüchtigste oder rücksichtsloseste Vertreter noch in die kapitalistischen Schichten aufsteigen, die auch durch ihr Einkommen zum Teil noch über dem Proletariat steht. Die Angehörigen dieser Schicht kommen mit den leitenden Kapitalisten am meisten in Berührung, werden von ihnen am schärfsten überwacht und am peinlichsten ausgesucht. Gegen ihre Organisation ist der Kampf am heftigsten und unerbittlichsten. Wird schließlich die Entwicklung gerade diese für die Produktion unentbehrlichen Schichten auf die Seite des Proletariats treiben, besonders wenn die Machtverhältnisse bereits ins Wanken gekommen, die Macht des Kapitalismus, wenn auch noch nicht gebrochen, so doch nicht mehr unüberwindbar erscheint, so sind diese Schichten heute noch keine besonders aktive Truppe im selbständigen Kampfe.

Die weitere Entwicklung muß allerdings allmählich diese passive Haltung ändern. Die Verringerung der Möglichkeit, zu selbständiger Stellung zu gelangen, die eine Folge der Konzentrationsentwicklung ist, zwingt die Kleingewerbetreibenden und Kleinkapitalisten immer mehr, ihre Söhne in die Laufbahn der Angestellten eintreten zu lassen. Zugleich wächst mit der Zahl der Angestellten die Bedeutung des durch deren Lohn gebildeten Ausgabepostens und weckt die Tendenz, das Lohnniveau zu drücken. Das Angebot an diesen Arbeitskräften nimmt rasch zu. Anderseits bildet sich im Großbetrieb auch für diese höchstqualifizierten Arbeitskräfte eine immer stärkere Arbeitsteilung und Spezialisierung aus. Ein Teil dieser Arbeit, der einen automatischen Charakter erhält, wird von minderqualifizierten Arbeitskräften besorgt; eine moderne Großbank, eine moderne Elektrizitätsgesellschaft, ein Warenhaus beschäftigt eine Unzahl Angestellter, die nicht viel mehr sind als ausgelernte Teilarbeiter, deren höhere Ausbildung, wenn sie sie besitzen, für den Unternehmer mehr oder weniger gleichgültig ist; sie sind fortwährend in Gefahr, durch ungelernte oder halbgelernte Arbeiter ersetzt zu werden; auch die Frauenarbeit macht ihnen starke Konkurrenz; sie müssen in dem Preis ihrer Arbeitskraft diese Konkurrenz auskämpfen und werden in ihrer Lebenshaltung gedrückt, was ihnen um so schmerzlicher zum Bewußtsein kommt, als sie an bürgerliche Ansprüche gewöhnt sind. Dazu kommt, daß mit der Ausdehnung der Riesenbetriebe nur die Zahl dieser schlecht bezahlten Stellungen wächst, aber durchaus nicht in gleichem Maß die Zahl der höheren Stellungen. Hat die Vermehrung der Großbetriebe und ihrer modernen Formen die Nachfrage nach Angestellten aller Art rasch erhöht, so bewirkt die Vergrößerung der schon bestehenden keineswegs eine Zunahme im gleichen Verhältnis. Dazu kommt, daß mit der Konsolidierung der Aktiengesellschaften die bestbezahlten Stellungen immer mehr zum Monopol der großkapitalistischen Schicht gemacht, die Aussicht der Karriere vollends verringert wird[37].

[37] So sagte nach dem Bericht des »Berliner Tageblatt« vom 14. Juni 1909 auf der Tagung des Deutschen Bankbeamtenvereines der Vorsitzende des geschäftsführenden Ausschusses Fürstenberg (Berlin): »Die Konzentrationsbestrebungen im Bankgewerbe haben glücklicherweise einen Stillstand erfahren. Immerhin haben zurzeit 90 Prozent aller Bankbeamten Deutschlands keine Aussicht, jemals selbständig zu werden.«

Die Zusammenfassung der Industrien und der Banken zu den großen Monopolen verschlechtert die Lage der Angestellten weiter. Sie stehen jetzt einmal einer übermächtigen Kapitalistengruppe gegenüber; ihre Freizügigkeit, damit aber die Aussicht, durch Ausnützung der Unternehmerkonkurrenz um die besten Angestellten ihre Stellung zu verbessern, wird auch für die Befähigteren und Talentierteren immer prekärer. Die Anzahl der Angestellten kann durch die Zusammenfassung auch absolut vermindert werden. Das betrifft vor allem die Zahl der bestbezahlten Stellungen, da die Leitung vereinfacht werden kann. Die Entstehung der Kombination, vor allem aber des Trusts, vermindert die Zahl der höchsten technischen Stellungen. Die Zahl der Zirkulationsagenten, der Reisenden, der Reklamemacher etc. wird absolut verringert[38].

Es dauert aber längere Zeit, bis diese Wirkungen auf die politische Stellung dieser Schicht sich geltend machen. Hervorgegangen und sich rekrutierend aus bürgerlichen Kreisen leben sie zunächst ganz in ihrer alten Ideologie. Es sind die Kreise, in denen die Angst vor dem Herabsinken ins Proletariat das Bestreben lebendig erhält, nur ja nicht als Proletarier zu gelten. Es sind zugleich die Kreise, wo der Haß gegen das Proletariat am intensivsten ist, die Verabscheuung der proletarischen Kampfmittel am größten. Der Handlungsgehilfe empfindet es als Beleidigung, als Arbeiter angesprochen zu werden, während der Geheimrat, bisweilen noch der Leiter eines Kartells, mit Eifer diese Bezeichnung für sich reklamieren, wobei freilich der eine die geringe soziale Geltung fürchtet, der andere auf die ethische Bewertung der Arbeit das Gewicht legt. Aber immerhin hält diese Ideologie die Angestellten zunächst von proletarischen Anschauungen fern. Anderseits bedeutet aber die Entwicklung der Aktiengesellschaften und wieder insbesondere die der Kartelle und Trusts eine außerordentliche Beschleunigung der kapitalistischen Entwicklung. Die rapide Entwicklung der Großbanken, die Ausdehnung der Produktion durch das Mittel des Kapitalexports, die Eroberung neuer Märkte, das alles sind Mittel, immer neue Beschäftigungsfelder den Angestellten aller Art zu eröffnen. Noch abgeschnitten von dem proletarischen Kampf, sehen sie all ihre Aussichten in der Erweiterung des

---

[38] Die Bildung des Whiskey-Trusts machte 300, die des Stahltrusts 200 Reisende überflüssig. Siehe J. W. Jenks, »The Trust Problem«, New York 1902, S. 24.

Beschäftigungsfeldes des Kapitals. Gebildeter als der Mittelstand der früher geschilderten Art lassen sie sich leichter von der Ideologie des Imperialismus packen, und interessiert an der Ausdehnung des Kapitals werden sie die Gefangenen seiner Ideologie, die ihnen, denen der Sozialismus noch ideologisch fern und realiter zu gefährlich ist, einen Ausweg zu bieten scheint und lokkende Aussichten auf Vorwärtskommen und Gehaltsteigerung eröffnet. Sozial schwach, ist diese Schicht der Angestellten mit ihren Verbindungen in den Kreisen des Kleinkapitals, mit der größeren Leichtigkeit der öffentlichen Betätigung von bedeutendem Einfluß auf die Bildung der öffentlichen Meinung. Sie sind die Abonnenten der spezifisch imperialistischen Organe, die Anhänger der Rassentheorie, die bei ihnen auch manchmal Konkurrenzerscheinung ist, die Leser der Kriegsromane, die Bewunderer der Kolonialhelden, die Agitatoren und das Stimmvieh des Finanzkapitals.

Aber diese Stellung ist nicht die definitive. Je mehr die weitere Ausbreitung des Kapitalismus auf Hindernisse stößt, die die Ausbreitung verlangsamen, je mehr die Kartellierung und Trustierung vollendet wird und damit die die Lage der Angestellten niederdrückenden Tendenzen die Oberhand gewinnen, desto mehr wächst der Gegensatz dieser Schichten, denen die wichtigsten leitenden Funktionen der Produktion ebenso gehören wie ihre überflüssigsten, zum Kapital, desto mehr wird der ihre Masse bildende, abhängige und stets abhängig bleibende, zu schlecht bezahlten, lang arbeitenden Teilarbeitern des Kapitals herabgedrückte Teil der Angestellten dazu getrieben, an der Seite des Proletariats den Kampf gegen die Ausbeutung aufzunehmen, ein Zeitpunkt, der um so früher eintreten wird, je größer die Macht und je größer daher die Siegesaussichten der proletarischen Bewegung sind.

Schließlich vereinigt das gemeinsame Interesse gegenüber dem Vormarsch der Arbeiterklasse immer mehr alle bürgerlichen Schichten. In dieser Abwehr aber hat das Großkapital schon längst die Führung übernommen.

24. Kapitel

Der Kampf um den Arbeitsvertrag

Der Kampf um den Arbeitsvertrag durchläuft bekanntlich drei Stadien. Im ersten Stadium steht der einzelne Fabrikant den einzelnen Arbeitern gegenüber. Im zweiten kämpft der einzelne Fabrikant gegen die Organisation der Arbeiter; im dritten treten den Arbeiterorganisationen die Unternehmerorganisationen geschlossen gegenüber.

Die Gewerkschaft hat die Funktion, die Konkurrenz der Arbeiter untereinander auf dem Arbeitsmarkt aufzuheben; sie erstrebt das Monopol des Angebots der Ware Arbeitskraft; sie stellt so ein Kontingentierungskartell dar oder, da es sich hier im Verhältnis zum Kapitalisten nur um Kauf und Verkauf der Ware handelt, einen Ring. Jedes Kontingentierungskartell und jeder Ring leidet aber an der Schwäche, daß er die Produktion nicht beherrscht und infolgedessen das Ausmaß des Angebots nicht regeln kann. Bei der Gewerkschaft ist diese Schwäche unabänderlich. Die Produktion der Arbeitskraft entzieht sich fast immer ihrer Regelung. Nur wo es sich um qualifizierte Arbeitskraft handelt, kann es der Arbeiterorganisation gelingen, durch gewisse Maßnahmen ihre Produktion einzuschränken. Eine starke Gewerkschaft qualifizierter Arbeiter kann durch Beschränkung der Zahl der Lehrlinge, durch Durchsetzung einer längeren Lehrzeit, durch das Verbot, andere als qualifizierte Arbeitskräfte, das heißt als von der Gewerkschaft als qualifiziert anerkannte zu beschäftigen, auch die Produktion solcher Arbeitskräfte beschränken und damit sich eine gewisse Monopolstellung sichern. Ein Beispiel bilden die Buchdruckergewerkschaften, die es zum Beispiel durchgesetzt haben, daß auch an Setzmaschinen, für deren Bedienung rein technisch angelernte und daher verhältnismäßig niedrig qualifizierte Arbeitskräfte ausreichen würden, nur hochqualifizierte »gelernte« Buchdrucker verwendet werden dürfen. Es kann einer starken Gewerkschaft unter günstigen Umständen gelingen, sogar das Verhältnis umzukehren und einer Arbeit die Eigenschaft einer qualifizierten und daher hochbezahlten zu verleihen dadurch, daß sie als Vollarbeiter nur Arbeiter mit einer gewissen längeren Verwendungszeit zuläßt. Das ist zum Beispiel der Fall in der englischen Textilindustrie, deren Monopolstellung auf dem Weltmarkt, die auch heute noch für gewisse Produkte zum Teil erhalten ist, einmal die Ausbildung einer starken Gewerkschaft begünstigte, anderseits den Unternehmern ein Nachgeben erleichterte, da die Monopolstellung erlaubte, den höheren Lohn auf die Konsumenten abzuwälzen.

Das Streben nach Beherrschung des Arbeitsmarktes erzeugt auch die Tendenz, die Konkurrenz ausländischer Arbeiter durch Erschwerung der Einwanderung abzuhalten, namentlich wo es sich um Zuzug noch bedürfnisloser, schwer organisierbarer Proletarier handelt. Die Einwanderungsverbote sollen der Gewerkschaft dasselbe leisten wie der Schutzzoll dem Kartell[39].

Aber die Gewerkschaft ist eine Organisation lebendiger Menschen; soll sie ihr Ziel erreichen, so muß sie dieses durch den Willen ihrer Mitglieder verwirklichen lassen. Die Herstellung des Monopols hat zur Voraussetzung, daß die Arbeiter nur durch die Gewerkschaft und nur zu den von ihr festgesetzten Bedingungen ihre Arbeitskraft verkaufen. Der Preis der Arbeitskraft muß dem Spiel von Nachfrage und Angebot entzogen werden. Das heißt aber, daß die Anbietenden, das sind die Arbeitslosen, nicht auf dem Arbeitsmarkt in Aktion treten zu anderen als bestimmten Preisen. Der Preis ist das Gegebene, nämlich das durch den Willen der Gewerkschaft Festgesetzte, und das Angebot muß sich nach dem Preise richten, nicht der Preis nach Angebot und Nachfrage. So wird die Gewerkschaft zu der Kooperation von Arbeitenden mit den Arbeitslosen. Die Arbeitslosen müssen vom Arbeitsmarkt zurückgehalten werden, wie etwa das Kartell, wenn schon einmal die Produktion das den Kartellzwecken entsprechende Angebot überschreitet, durch Lagerung der Produkte den Markt vor Überfüllung schützt. Den Lagerungskosten entsprechen die Arbeitslosenunterstützungen der Gewerkschaften, die hier aber von viel größerer Bedeutung sind, da sie das einzige Mittel sind, das Angebot in Schranken zu halten, während das Kartell das viel wirksamere Mittel der

[39] Näher auf das Einwanderungsproblem einzugehen ist hier nicht der Ort und erübrigt sich auch angesichts der bereits oben angeführten eingehenden Erörterungen in der »Neuen Zeit«.

Produktionseinschränkung besitzt. Anderseits aber wird derselbe Zweck der Abhaltung der Arbeitslosen erreicht, wenn durch moralische Zwangsmittel, durch Verfemung der Arbeitswilligen, durch Aufklärung über die Schädigung der Klasseninteressen, kurz, durch die spezifische gewerkschaftliche Erziehung die Arbeiterklasse zu einer Kampfeinheit vereinigt wird.

Wie bei jedem Monopol handelt es sich naturgemäß auch bei der Gewerkschaft um die möglichst völlige Beherrschung des Marktes. Hier aber erwachsen der Gewerkschaft bedeutende Hindernisse. Dem Klasseninteresse der Arbeiter tritt das momentane persönliche Interesse der einzelnen Arbeiter entgegen. Die Organisation fordert gewisse Opfer: Beiträge, Zeitaufwand, Kampfbereitschaft. Wer ihr fernbleibt, wird vom Unternehmer begünstigt, vermeidet Konflikte, Arbeitslosigkeit oder Zurücksetzung. Je mehr die Gewerkschaften erstarken, desto mehr wächst das Bestreben des Unternehmers, seine Arbeiter von der Gewerkschaft fernzuhalten. Er ersetzt die Unterstützungseinrichtungen der Gewerkschaft durch die eigenen und nützt zielbewußt den Gegensatz zwischen dem persönlichen und Klasseninteresse aus.

Der gewerkschaftliche Kampf ist ein Kampf um den Arbeitsertrag. Der Arbeiter reproduziert den Wert von c und schafft einen Neuwert, der zerfällt in v + m, Arbeitslohn und Mehrwert. Die absolute Größe von v + m hängt ab von der Länge der Arbeitszeit.* Je kürzer die Arbeitstage, desto kleiner v + m bei gleichbleibendem v desto kleiner m. Bei gleichbleibender Arbeitszeit wächst m, wenn v abnimmt, und umgekehrt. Diese Wirkung wird durchkreuzt durch die Änderung der Intensität der Arbeit; bei steigendem Lohn und sinkender Arbeitszeit wächst die Intensität der Arbeit. Die Entwicklung des Akkord- und Prämienlohnsystems sucht die Intensität der Arbeit auf das bei gegebenem Lohn und Arbeitszeit höchste Maß zu steigern, ebenso bietet die Bescheinigung der Schnelligkeit, mit der die Maschinerie im Gang erhalten wird, ein objektives Mittel, die Intensität der Arbeit zu steigern. Die Errungenschaften, die die

* »Offenbar ein Druck- oder Schreibfehler. Es muß heißen: ›Der Arbeiter überträgt den Wert von c . . .‹. Siehe Karl Marx, »Das Kapital«, Bd. I, S. 216: »Was überhaupt an den Produktionsmitteln verzehrt wird, ist ihr Gebrauchswert, durch dessen Konsumtion die Arbeit Produkte bildet. Ihr Wert wird in der Tat nicht konsumiert, kann also auch nicht reproduziert werden.«

Arbeiterklasse in bezug auf die Verkürzung der Arbeitszeit erreicht hat, liegen sicherlich innerhalb und zum Teile noch weit innerhalb jener Grenzen, wo die Verkürzung der Arbeitszeit durch Erhöhung der Intensität der Arbeit völlig kompensiert worden ist. So bedeutend die Wirkung der Arbeitszeitverkürzung in bezug auf die soziale Lage der Arbeiter gewesen ist, so sehr sie und der Kampf um sie das körperliche und geistige Niveau gehoben hat, so unterliegt es kaum einem Zweifel, daß diese Verkürzung der Arbeitszeit das Verhältnis von v : m nicht zuungunsten von m affiziert hat. Die Profitrate ist dadurch nicht affiziert worden, also rein ökonomisch nichts geändert worden. Nur nebenbei sei bemerkt, daß für die Entwicklung vieler Industrien mit ihren hohen Anforderungen an Präzision und Genauigkeit längere Arbeitszeiten unmöglich gewesen wären und daß allgemein mit der Verkürzung der Arbeitszeit sich die Qualität der Arbeit gehoben hat, der technische Fortschritt beschleunigt, der relative Mehrwert gesteigert worden ist. In bezug auf die Lohnhöhe liegt der Zusammenhang zwischen Lohnsteigerung und Erhöhung der Arbeitsintensität nicht ganz so offen zutage, aber auch hier ist er vorhanden, und es bleibt zumindest äußerst zweifelhaft, ob die verhältnismäßig geringe Erhöhung des Reallohnes vor allem für unqualifizierte Arbeit v auf Kosten von m gesteigert oder ob nicht vielmehr, was viel wahrscheinlicher ist, auch hier eine vollständige Kompensation durch Erhöhung der Intensität der Arbeit eingetreten ist. Nur so viel muß natürlich zugegeben werden, daß bis zum Eintritt solcher Kompensationen eine gewisse Zeit verstreicht, während der m durch das Steigen von v geringer geworden ist.

Da der Wert der Ware – und wir können hier, wo es sich um das gesellschaftliche Verhältnis handelt, der Kürze halber von Wert sprechen – gleich ist dem konstanten plus dem variablen Kapital plus dem Mehrwert (c + v + m), so hat die Änderung von v, der eine entgegengesetzte von m entspricht, auf den Preis der Ware keinen Einfluß, für den Konsumenten also keine Wirkung. Daß die Erhöhung des Arbeitslohnes und die Verkürzung der Arbeitszeit keine Wirkung auf den Preis der Ware haben können, hat schon Ricardo schlüssig nachgewiesen. Es ist dies auch ohne weiteres klar. Das gesellschaftliche Produkt jedes Jahres zerfällt in zwei Teile. Der erste ist der Ersatz für die verbrauchten Produktionsmittel, für Maschinerie, Rohstoffe etc., der aus dem Gesamtprodukt zunächst zu ersetzen ist; der zweite ist das während des Jahres von den produktiven Arbeitern erzeugte Neuprodukt. Dieses ist zunächst in der Hand der Kapitalisten und zerfällt in zwei Teile; der eine bildet das Einkommen der Arbeiter, der zweite fällt als Mehrwert den Kapitalisten zu; der Preis des Produktes für den Konsumenten ist gleich der Summe der beiden Teile und kann nicht alteriert werden durch das Verhältnis, in dem der zweite Teil zwischen Arbeitern und Kapitalisten geteilt wird. Daß die Lohnsteigerung und Arbeitszeitverkürzung das Produkt verteuern, ist also eine ganz unsinnige Behauptung vom gesellschaftlichen Standpunkt aus. Trotzdem taucht diese Behauptung stets von neuem auf, und zwar aus guten Gründen.

Die von uns eben angeführte Deduktion gilt unmittelbar nur für den Wert der Waren, also nur vom Standpunkte der Gesellschaft. Wir wissen aber, daß der Wert der Ware eine Modifikation erfährt durch das Streben nach Ausgleichung der Profitrate. Für den einzelnen Kapitalisten, respektive den Kapitalisten eines einzelnen Industriezweiges stellt sich aber die Lohnerhöhung dar als Erhöhung des Kostpreises. Gesetzt, seine Lohnsumme habe bisher betragen 100; bei einem verbrauchten konstanten Kapital von 100 und einer Profitrate von 30 Prozent verkaufte er das Produkt um 260; steigt jetzt der Lohn infolge eines erfolgreichen Streiks auf 120, so ist jetzt sein Kostpreis gleich 220; verkaufte er nach wie vor zu 260, so wäre sein Profit gesunken absolut von 60 auf 40, seine Profitrate von 30 auf etwas weniger als 19 Prozent, also weit unter die Durchschnittsprofitrate. Es wird daher eine Ausgleichung der Profitraten stattfinden müssen. Das bedeutet: Lohnerhöhung in einem einzelnen Produktionszweig hat Steigerung des Preises in diesem Produktionszweig zur Folge; diese Steigerung vollzieht sich auf Grund der Bildung einer neuen allgemeinen Profitrate, die niedriger ist als die frühere. Preissteigerungen vollziehen sich aber immer unter Widerständen; Preissteigerung bedeutet Erschwerung des Absatzes, die wieder der Preissteigerung entgegenwirkt; Verträge zu den alten Preisen müssen noch ausgeführt werden; vor allem dauert es längere Zeit, bis die Preissteigerung sich durchsetzen kann. Streng genommen müßte erst Abwanderung von Kapital aus diesem Produktionszweig erfolgen, da Preissteigerung Absatzverminderung bedeutet und daher das Angebot, das heißt die Produktion vermindert werden müßte. Diese Gefahr der Absatzverminderung ist in den verschiedenen Produktionszweigen verschieden und daher auch der Widerstand der Unternehmer gegen die Lohnforderungen. Es hängt dabei auch viel von dem Stande der Konjunktur ab und von der Organisation der Industrie, die ihr solche Abwälzungen in größerem oder geringerem Grade, rascher oder langsamer möglich macht. Die Lohnerhöhung als allgemein gesetzt, wird die Ausgleichung der geänderten Profitrate zur Folge haben, daß die Preise der Produkte der Industrien mit höherer organischer als der Durchschnittszusammensetzung fallen, die mit niedrigerer steigen. Jede Lohnerhöhung hat aber eine Senkung der Durchschnittsprofitrate zur Folge, wenn auch diese Senkung durch die Lohnsteigerung einer Sphäre nur langsam sich durchsetzt und von geringem Ausschlag ist.

Da aber bis zur Erreichung des neuen Preisniveaus Verluste für den einzelnen Kapitalisten entstehen, so ist der Widerstand der Kapitalisten nur natürlich und je niedriger die Profitrate desto stärker. Wir haben eben gesehen, daß niedrigere Profitrate als im Durchschnitt im Kleingewerbe und kleinkapitalistischen Sphären herrscht; schon deshalb wird sich hier der Widerstand am stärksten bemerkbar machen, während gleichzeitig die Kraft zum Widerstand hier am geringsten ist. Der gewerkschaftliche Kampf ist ein Kampf um die Profitrate vom Standpunkt des Unternehmers, um die Lohnhöhe (worin die Verkürzung der Arbeitszeit eingeschlossen ist) vom Standpunkt der Arbeiter. Er kann nie sein ein Kampf um die Beseitigung des Kapitalverhältnisses selbst, der Ausbeutung der Arbeitskraft. Denn ein solcher Kampf wäre stets von vornherein entschieden; da der Zweck der kapitalistischen Produktion die Produktion von Profit durch die Ausbeutung des Arbeiters ist, so würde die Beseitigung der Ausbeutung dem Unternehmer den Betrieb sinnlos erscheinen lassen. Er würde also die Produktion einstellen; denn wie immer sich seine persönliche Lage gestalten würde, sie könnte durch die Aufnahme des Betriebes nicht gebessert werden; er würde es in solchem Falle auf die völlige Aushungerung seiner Arbeiter ankommen lassen müssen. Würde nur seine Sphäre bedroht, so würde er wenn auch nur einen Teil seines Kapitals zu retten suchen durch Übertragung auf eine andere Sphäre. Der Kampf um die völlige Beseitigung der Ausbeutung fällt so außerhalb des Rahmens der rein gewerkschaftlichen Aufgaben; es ist ein Kampf, der überhaupt nicht durch die rein gewerkschaftlichen Kampfmethoden zur Entscheidung gebracht werden kann, wie die syndikalistische »Theorie« glauben machen will. Auch wo er die Form den gewerkschaftlichen Kampfmethoden entlehnt, wie etwa beim Massenstreik, handelt es sich nicht um einen Kampf gegen die ökonomische Position des Unternehmers, sondern um einen Machtkampf der Arbeiterklasse als Ganzes gegen die Machtorganisation der Bourgeoisie, den Staat. Die ökonomische Schädigung der Unternehmer ist immer nur ein Hilfsmittel in dem Kampf um die Desorganisation der staatlichen Machtmittel. Diese politische Aufgabe kann niemals die Aufgabe der Gewerkschaften als solcher sein, sondern kann nur die gewerkschaftliche Organisationsform in den Dienst der politischen Kämpfe des Proletariats stellen.

Bedeutet aber der gewerkschaftliche Kampf den Kampf um die Profitrate, so sind damit den Zielen der Gewerkschaft jedesmal gewisse Schranken gesetzt. Es handelt sich für den Unternehmer um die Kalkulation, ob er in der Lage ist, die neue Preisfestsetzung durchzusetzen, ob die Verluste während der Übergangszeit nicht die Verluste eines auch länger ausgedehnten Streiks überwiegen, und schließlich, ob nicht für ihn die Möglichkeit besteht, sein Kapital anders anzulegen, in einem Produktionszweig, der nicht durch die Streikerfolge in seiner Profitrate unmittelbar alteriert ist. Daraus folgt aber, daß von vornherein jedem einzelnen gewerkschaftlichen Kampf gewisse Schranken gezogen sind, die zu erkennen die schwierige Aufgabe der gewerkschaftlichen Leitung ist und ihre Taktik bestimmt. Es folgt sodann, daß die Gewerkschaft im allgemeinen um so erfolgreicher operieren kann, je höher die Profitrate ist, sei es allgemein wie während der Hochkonjunktur, sei es in einem besonderen Zweige, etwa durch Monopolstellung, Erzielung von Extraprofit durch Patente etc. Auf diese Bedingungen im einzelnen einzugehen fällt außerhalb des Rahmens unserer Untersuchung. Dagegen muß hier noch die Änderung der Machtverhältnisse der beiden Klassen im allgemeinen kurz erörtert werden.

Es ist selbstverständlich, daß die Entstehung der Unternehmerorganisation eine Machtverschiebung in dem Verhältnis von Kapital und Arbeit bedeutet.

Die Entwicklung der Unternehmerorganisation wird in der Regel als eine Rückwirkung der Arbeiterorganisation betrachtet und sicherlich mit Recht. Aber das Tempo ihrer Entwicklung sowohl als ihre Macht ist wesentlich abhängig von der Änderung der industriellen Struktur, der Konzentration und der Monopolisierung des Kapitals.

Solange der vereinzelte Unternehmer der organisierten Arbeiterschaft gegenüberstand, hatte die Gewerkschaft eine Reihe Maßregeln zur Verfügung, die durch die Entwicklung der Unternehmerorganisation unwirksam gemacht werden.

Mit der Konzentration des Kapitals wächst die Macht des Unternehmers im Kampfe um den Arbeitsvertrag, wächst aber auch die Organisationsfähigkeit der konzentrierten Arbeiter. Die Verschiedenheit der Größe der Unternehmungen bedingt auch eine ganz andere Widerstandskraft gegenüber den Gewerkschaften. Je zersplitterter eine Industrie, je kleiner die durchschnittliche Größe des Betriebes, desto größer im allgemeinen die Macht der Gewerkschaft. Innerhalb derselben Industrie wieder ist die Macht der Gewerkschaft größer im Klein- und Mittelbetrieb als im Großbetrieb, einfach deswegen, weil das durch die Konkurrenz des Großbetriebes ohnehin schwer bedrohte kleine Unternehmen die Verluste eines Kampfes viel weniger aushalten kann als das große Unternehmen. Der Kampf der Gewerkschaften fördert überhaupt die Entwicklung zum Großbetrieb und damit die Entwicklung der Produktivität, den technischen Fortschritt, die Herabsetzung der Produktionskosten und die Entstehung von relativem Mehrwert, wodurch er selbst die Vorbedingung schafft für die Erreichung neuer Zugeständnisse.

Solange die Gewerkschaften den Einzelunternehmern gegenüberstehen, ist ihre Position günstig. Sie können ihre konzentrierte Kraft gegen den vereinzelten Unternehmer wirken lassen. Der Lohnkampf wird aufgelöst in eine Reihe von Einzelstreiks. Die Arbeiter der betreffenden Unternehmer haben die ganze finanzielle Kraft der Gewerkschaft hinter sich, die durch die Beiträge und eventuellen Extrasteuern der weiterarbeitenden Mitglieder während des Kampfes keine Schwächung erfährt. Der Unternehmer muß fürchten, daß seine Kunden von den weiterarbeitenden Unternehmern ihm abgenommen werden, daß auch nach Beendigung des Streiks sein Absatzgebiet geschmälert bleibt. Er muß sich zum Nachgeben entschließen und hat von diesem Moment an das Interesse, daß die von ihm zugestandenen Bedingungen im Gewerbe verallgemeinert werden, daß also auch die anderen Unternehmer freiwillig oder gezwungen dieselben Arbeitsbedingungen zugestehen müssen. Die Vereinzelung der Unternehmer erlaubt es den Gewerkschaften, sie einzeln nacheinander in systematisch geführten Einzelkämpfen zu bezwingen, ohne daß diese Streiks die Kräfte der Gewerkschaften allzusehr in Anspruch nehmen. Die Erfolge stärken sie durch Mitgliederzuwachs und vermehrte Beiträge, und sie stehen nach dem Kampfe mächtiger da als vorher. Es ist klar, daß diese Taktik um so eher angewandt werden kann, je geringer der Zusammenhalt der Unternehmer, je stärker die Konkurrenz ist, die sie sich untereinander machen, je größer also die Zahl der in Betracht kommenden Unternehmer und je geringer die Widerstandskraft jedes einzelnen. Das alles ist der Fall in den Zweigen, wo kleinere und mittlere Betriebe vorherrschen. Der Einfluß der Gewerkschaften ist hier am größten, ihre Macht am höchsten. Die viel genauer kalkulierende Großindustrie setzt solchen Einzelstreiks von vornherein viel größeren Widerstand entgegen, da die großen Unternehmungen mit viel größerem Nachdruck auf möglichster Gleichheit der Produktionskosten bestehen. Hier sind Erfolge nur als allgemeine möglich; der Einzelstreik findet hier viel größeren Widerstand und dieser ist viel schwerer zu überwinden, da die Macht auch des einzelnen großen Unternehmers viel bedeutender, die Verständigung zwischen den verhältnismäßig wenigen Unternehmern auch viel rascher erfolgen kann[40]. Je stärker aber die gewerkschaftliche Entwicklung, desto stärker auch der Widerstand, den sie bei den Unternehmern auslöst. Der Vereinigung der Arbeiter tritt jetzt die gesammelte Kraft der Unternehmer gegenüber. Da der Einfluß der Gewerkschaften den kleineren und mittleren Unternehmungen gegenüber am größten ist, so wird hier sich der Widerstand auch am stärksten geltend machen. In der Tat beginnt die Organisation des Unternehmertums im Handwerk und in den kleineren Fertigindustrien[41], wo die Macht der Gewerkschaften am fühlbarsten war, und nimmt in den Jahren der Hochkonjunktur ihren raschesten Aufschwung[42]. Aber wenn auch die Entstehung der Arbeitgeberverbände sicher als Reaktion gegen die Gewerkschaften aufgefaßt werden muß[43], und daher zunächst in der

[40] Deshalb ist in Ländern, wo die gewerkschaftliche Entwicklung verhältnismäßig spät einsetzt und von Anfang an einer sehr entwickelten Großindustrie gegenübersteht, die Gewerkschaftsorganisation in den Zweigen der Großindustrie in der Regel schwächer als zum Beispiel in England, wo sie sich Schritt für Schritt mit der Industrie zugleich entwickelt hat.

[41] Vergleiche Dr. Gerhard Keßler, »Die deutschen Arbeitgeberverbände« in »Schriften für Sozialpolitik«, 124. Bd., Leipzig 1907. S. 40.

[42] Ebenda, S. 37.

[43] Keßler, a.a.O., S. 20: »Solange die Arbeiter eines Betriebes eine unorgani-

leichteren Industrie vor sich geht, so bleibt sie nicht darauf beschränkt. Die Kartellierung und Vertrustung vereinigt in viel stärkerer und unlöslicherer Weise die Interessen der beteiligten Kapitalisten und macht sie zu einer Einheit gegenüber der Arbeiterklasse. Die Ausschaltung der Konkurrenz beschränkt sich nicht wie in der leichteren unkartellierten Industrie auf den Arbeitsmarkt und verstärkt so die Solidarität der Unternehmer in viel höherem Maße. Es kann dies so weit gehen, daß gerade in den Zweigen, wo die Unternehmer die stärkste Position innehaben, eine besondere Organisation unnötig wird. Das Kohlensyndikat macht einen Arbeitgeberverband überflüssig, der Stahltrust ihn unmöglich. Selbst wenn wirklich wahr wäre, was immer offiziell behauptet wird, daß sich die deutschen Kartelle nicht mit Arbeiterangelegenheiten beschäftigen, so ist doch das einheitliche Vorgehen der Unternehmer hier von vornherein gegeben und gerade ihre Stärke macht spezifische Funktionen des Arbeitgeberverbandes, wie die Streikunterstützung, überflüssig, da eine »freundnachbarliche Verständigung« von Fall zu Fall genügt. Aber auch hier macht sich die Tendenz zur Gründung von Arbeitgeberverbänden immer stärker bemerkbar.

Die Bildung der Arbeitgeberverbände macht zunächst den Gewerkschaften einen Erfolg des Einzelangriffes viel schwieriger, wenn nicht unmöglich; hinter dem einzelnen Unternehmer steht jetzt seine Organisation; sie entschädigt ihn für seine Verluste, sorgt dafür, daß die streikenden Arbeiter keine andere

---

sierte Masse sind, ist auch der einzelne Arbeitgeber ihnen durchaus überlegen. Er bedarf keines Arbeitgeberverbandes . . . Solange also die deutsche Gewerkschaftsbewegung mühsam um ihre Existenz kämpfte – im allgemeinen bis gegen Ende der achtziger Jahre des 19. Jahrhunderts – gab es in Deutschland kein Bedürfnis nach Arbeitgeberverbänden. Als aber seit dem Ende der achtziger Jahre und besonders nach dem Fortfall des Sozialistengesetzes der große Aufschwung der Gewerkschaftsbewegung einsetzte, als immer eine Flutwelle von Lohnbewegungen und Streiks der anderen folgte, da begann auch die Unternehmerschaft zu besonderen Arbeitgeberverbänden zusammenzutreten – eine natürliche Reaktion auf die Aktion der Gewerkschaften. Die Gewerkschaft ist überall die primäre, der Arbeitgeberverband die sekundäre Erscheinung. Die Gewerkschaft greift ihrer Natur nach an, der Arbeitgeberverband wehrt ab (daß gelegentlich das Verhältnis sich umkehrt, ändert an der allgemeinen Richtigkeit dieser Tatsache nichts). Die Gewerkschaft ist in ihrer Jugendzeit vornehmlich Streikverein, der Arbeitgeberverband Antistreikverein. Je früher in einem Gewerbe eine kräftige Gewerkschaft auftritt, um so früher bildet sich auch ein ausgeprägter Arbeitgeberverband. Der Arbeitgeberverband ist also die Organisation der gewerblichen Unternehmerschaft zur Regelung ihrer Verhältnisse zu den organisierten Arbeitern.«

Arbeit finden, während sie sich bemüht, die dringendsten Arbeiten des Unternehmers selbst ausführen zu lassen. Nötigenfalls greift sie zu stärkeren Mitteln; sie wird ihrerseits zum Angreifer und verallgemeinert den Kampf durch eine Aussperrung, um die Gewerkschaft zu schwächen und zur Nachgiebigkeit zu zwingen. Und in diesem Kampf der gesamten Unternehmer gegen die Gewerkschaften ist die Unternehmerorganisation oft die stärkere[44].

Der Arbeitgeberverband bedeutet zunächst die prinzipielle Möglichkeit, den Zeitpunkt des Kampfes zu verschieben. Solange die Arbeiterorganisationen den vereinzelten Unternehmern entgegenstanden, stand die Wahl des Zeitpunktes den Arbeitern zu. Für den Erfolg des Kampfes ist aber die Zeit entscheidend. In der Hochkonjunktur, wo die Profitrate am höchsten, die Gelegenheit zu Extraprofit am besten ist, ist die Arbeitseinstellung

---

[44] Vergleiche über die Verhältnisse in den »Vereinigten Staaten« das Folgende: »Die Arbeitgeberorganisationen in den Vereinigten Staaten dürften fester und kampfbereiter sein als in den anderen Ländern. Zentrale, einzelstaatliche und örtliche Verbände, nicht zu gedenken der Bünde dieser Verbände, gibt es fast in jeder Industrie. Die beiden wichtigsten sind die »National Association of Manufacturers« und die »Citizen's Industrial Association of America«. Erstere besteht fast ausschließlich aus Fabrikanten und wurde 1895 wesentlich zur Erweiterung des auswärtigen Marktes für amerikanische Erzeugnisse errichtet. In den letzten fünf Jahren hat sie sich indes aktiv an dem Kampfe gegen die Arbeiterorganisationen beteiligt und die öffentliche Meinung und die Bundesgesetzgebung im Interesse der Unternehmerklasse zu beeinflussen gesucht. 1905 verhinderte sie abermals die Annahme zweier wichtiger Gesetze, die im Kongreß auf Ersuchen der Arbeiterverbände eingebracht waren. Das eine wollte einen Achtstundentag für alle Arbeiten einführen, die durch oder für die Bundesregierung ausgeführt werden; das andere wollte den Kompetenzbereich von »richterlichen Einhaltsbefehlen« in Arbeitsstreitigkeiten einschränken.
Die »Citizen's Industrial Association« weicht von diesem Verband darin ab, daß sie ein Bund aller lokalen, einzelstaatlichen und nationalen Unternehmer- und Bürgerverbände in den Vereinigten Staaten ist. Sie ist 1903 auf Anregung der »National Association of Manufacturers« zwecks Vereinigung aller Individuen und Vereine zu einer Kampforganisation gebildet, die den Forderungen der Unionen und speziell der Einführung des »closed shop«, das heißt der ausschließlichen Anstellung von Arbeiterunionsmitgliedern in den Betrieben Widerstand zu leisten gesonnen ist. Sie hat rapid zugenommen und enthält in ihren nationalen, Distrikts- und örtlichen Verbänden im ganzen mehrere hunderttausend Mitglieder. Sie bekämpft alle Eingriffe, sowohl der Regierung wie der Arbeiterverbände in gewerbliche Angelegenheiten. Auf ihrer dritten Jahresversammlung in St. Louis nahm sie im November 1905 Resolutionen hinsichtlich der Begründung von Gewerbeschulen und Arbeitsnachweisen an, von welchen letztere unter Kontrolle ihres Verbandes stehen und die Versorgung der Unternehmer mit Arbeitern ohne Rücksicht auf deren Zugehörigkeit zu einer Union besorgen sollen.

am empfindlichsten; um nicht die ganze Profitrate zu verlieren, wird auch der starke Unternehmer in solchen Zeiten den Kampf zu vermeiden suchen, denn es handelt sich für ihn um eine nicht – wenigstens nicht bis zur nächsten Hochkonjunktur – wiederkehrende Gelegenheit; rein vom Standpunkt des gewerkschaftlichen Erfolges aus gesehen, müßte der Streik in die Zeit der höchsten Anspannung der Produktivkräfte verlegt werden, und es ist eine schwere Aufgabe gewerkschaftlicher Erziehungsarbeit, die Mitglieder zu dieser Taktik zu bekehren. Denn gerade in dieser Zeit ist durch Überstunden und regelmäßige Beschäftigung das Einkommen der Arbeiter am höchsten, der psychologische Antrieb zum Streik daher schwächer. Das erklärt auch, warum die zahlreichsten Streiks in der Periode der Prosperität vor der eigentlichen Hochkonjunktur stattfinden.

Diese Wahl des Zeitpunkts aber hört auf, allein den Gewerkschaften zuzustehen, sobald die Unternehmerorganisation gefestigt ist. Dann kann diese die Zeit des Kampfes bestimmen. Für sie ist aber die Aussperrung ein Präventivkrieg, der am besten in der Zeit der Depression geführt wird, wo eine Arbeitseinstellung infolge der Überproduktion ganz nützlich, die Widerstandskraft der Arbeiter wegen des Überangebotes auf dem Arbeitsmarkt, wegen der finanziellen Schwächung der Organisationen durch die Unterstützungserfordernisse und den Mitgliederverlust am geringsten ist. Diese Möglichkeit der Verlegung der Kampfzeit allein bedeutet bereits eine außerordentliche Machtverschiebung, die die Folge der Unternehmerorganisation ist[45].

Zwei der wichtigsten Verbände, die mit dieser »Citizen's Industrial Association« außer der erstgedachten Vereinigung in Verbindung stehen, ist die »National Metal Trades Association« von Maschinenfabrikanten und die »National Founders Association« von nicht in der Ofenindustrie tätigen Gießereibesitzern. Diese schlossen bei ihrer Organisation vor fünf Jahren zunächst Verträge mit den Unionen der Maschinisten und der Gießereiarbeiter. Diese Verträge sind seither aber wieder beseitigt und die »Founders Association« begann 1905 einen Kampf mit der mächtigen Gießereiarbeiterunion, der sich seither auf die gesamten Fabriken der Vereinigten Staaten ausdehnt.« Halle, »Weltwirtschaft«, III., S. 62.

[45] Daran ändert es nichts, wenn vorläufig, wo die Entwicklung der Unternehmerorganisation und ihrer Taktik noch in den Anfängen, diese Wirkung der Zeitverschiebung noch nicht voll in Erscheinung tritt. Die Statistik der Aussperrungen, wie sie Keßler, a.a.O., S. 259, mitteilt, zeigt 1. daß die Zahl der Aussperrungen rasch wächst, 2. daß ihre Zahl in der Hochkonjunktur höher ist als in der Zeit der Depression. Das erklärt sich ohne weiters daraus, daß jene Aussperrungen, die Abwehrmaßregeln gegen Streiks darstellen, natürlich in Zeiten der Hochkonjunktur, wo die Streiks

Dieselben Gründe aber, die zur Unternehmerorganisation führen, bringen wieder eine Erstarkung der Gewerkschaften. Diese werden jetzt überall die Zuflucht der Arbeiter, wenn sie nicht vollends auf Gnade und Ungnade den Unternehmern ausgeliefert sein wollen. Die Kampfmaßregeln der Unternehmer treffen auch diejenigen, die bisher den Gewerkschaften fernstanden. Zumal die Aussperrung und insbesondere die Generalaussperrung wird zum kräftigsten Antrieb auch für die bisher Unorganisierten, der Organisation beizutreten. Die Gewerkschaften wachsen rasch an Mitgliedern und damit wächst auch ihre Stärke.

Dem suchen die Unternehmerorganisationen durch den dauernden Kampf gegen die Gewerkschaften entgegenzutreten. Sie suchen durch künstliche Auswahl unter ihren Arbeitern die Un-

---

am häufigsten, rasch wachsen. Es widerlegt aber daraus nicht die Ansicht, daß mit dem Wachsen der Unternehmerorganisation immer häufiger der Kampf durch den Willen der Unternehmer in Depressionszeiten verlegt werden wird, je mehr die Angriffsaussperrungen wachsen. Keßler sagt darüber S. 243: »Neben der Sympathieaussperrung ist besonders in jüngster Zeit die Programmaussperrung häufig geworden, unter welchem Namen der Verfasser alle Arbeiterentlassungen begreift, die ohne vorhergegangenen Streik vorgenommen werden, um ein von der Arbeitgeberschaft aufgestelltes Programm mit bestimmten Lohnsätzen, bestimmter Arbeitszeit, unparitätischem Arbeitsnachweis oder irgendwelchen sonstigen allgemeinen oder besonderen Arbeitsbedingungen der Arbeiterschaft aufzuzwingen... Die Bedeutung der Programmaussperrungen wird in nächster Zeit vermutlich noch wachsen, da nach gescheiterten Tariferneuerungsverhandlungen der Arbeitgeberverband oft noch größeres Interesse als die Gewerkschaft daran hat, schleunigst einen neuen Tarifabschluß, sei es auch durch Kampf, zu erzwingen. Die Programmaussperrungen lassen sich bald mit den Angriffs-, bald mit den Abwehrstreiks der Gewerkschaften in Vergleich stellen, mit den letzteren aber, dem Charakter der Arbeitgeberverbände entsprechend, in der großen Mehrzahl der Fälle. Daß ein Arbeitgeberverband durch eine Aussperrung die Arbeitsbedingungen direkt zu verschlechtern versucht, ist selten und wird wohl auch selten bleiben. Häufiger geschieht es, daß ausgesperrt wird, um einen Tarifvertrag unverbessert auf Jahre hinaus zu erneuern und etwaige Lohnerhöhungen usw. abzuwehren.«

Keßler kommt nach einer Würdigung der vorliegenden Statistik zu dem Ergebnis, »daß fast alle größeren Aussperrungen mit einem Erfolge – bald einem vollen, bald einem teilweisen – für die Arbeitgeberschaft endeten... Die Aussperrung ist eine Waffe, der die Arbeiterschaft in der Regel nicht widerstehen kann. Grund genug für die Gewerkschaftsführer, die Streiklust ihrer Scharen möglichst zu zügeln und leichtfertige Ausstände rasch im Keime zu ersticken. Grund genug auch für die Arbeitgeberschaft, sich vor dem Anwachsen der Arbeiterverbände nicht in unvernünftiger Weise zu ängstigen. Übrigens werden die hohen Kosten und Verluste, mit denen jede Aussperrung auch für die siegreiche Arbeitgeberschaft verbunden ist, es sicher verhüten, daß man sich dieser scharfen Waffe zu häufig und in zweifellos unberechtigten Fällen bedient. Weder hüben noch drüben werden die Bäume in den Himmel wachsen.« (S. 263.)

organisierten zu den Überlebenden zu machen. Der Arbeitsnachweis des Unternehmerverbandes begünstigt systematisch die Unorganisierten vor den Organisierten, deren Gefährlichste umgekehrt durch schwarze Listen geächtet werden. Mit der Organisierung der gelben Gewerkschaften, dieser Züchtungsanstalten für Klassenverrat, sucht man durch Bestechungen und Gewährung von Sondervorteilen die Arbeiter zu spalten und sich einer Streikbrechergarde zu versichern[46]. Durch die Ablehnung von Verhandlungen mit den Organisationsleitern sucht man deren moralischen Einfluß zu verringern. Der Kampf ist vergeblich, weil schließlich das Klasseninteresse der Arbeiter zugleich ihr persönliches ist und die gewerkschaftliche Organisation überhaupt die Lebensbedingung der Arbeiter geworden ist. Aber er erschwert die Fortschritte der Gewerkschaftsbewegung und schmälert ihren Einfluß. Wie in der Periode vor der Unternehmerorganisation die Widerstandskraft des Einzelunternehmers je nach der Größe des Unternehmens verschieden war, so ist auch die Widerstandskraft der Unternehmerorganisationen verschieden, je nach ihrer Zusammensetzung. Am stärksten sind die Verbände der Großindustrie und hier wieder am mächtigsten die Stellung der großen kartellierten Industrien. Diese haben vor allem den Abfall oder das Zugrundegehen von Mitgliedern nicht zu fürchten. Sie sind sicher, daß kein Konkurrent aus der Stillegung ihrer Betriebe Vorteil ziehen kann, und sie können schließlich, wo das Monopol gesichert, die ausländische Konkurrenz auch durch den Schutzzoll wenig wirksam ist, die Verluste während des Streiks wieder einholen; die verzögerten Aufträge werden später erfüllt, die Warenknappheit infolge der Stilllegung erlaubt Preissteigerung, also Abwälzung der Streikverluste.

Hier ist also der Widerstand am stärksten, der Kampf gegen die Gewerkschaften am leichtesten. So werden diese Industrien

---

[46] »Wenn es in Amerika ein besonderer Erwerbszweig geworden ist, als Condottiere eine Truppe gewerbsmäßiger Streikbrecher zu mieten, die man je nach Bedarf gegen Entgelt bald diesem, bald jenem Unternehmer zur Verfügung stellt, so hält man sich in unseren Riesenbetrieben mittels Wohlfahrtseinrichtungen also eine ständige Truppe von Streikbrechern. Die Wohlfahrtseinrichtungen erscheinen somit nicht als ein Mittel, das dem sozialen Frieden dient, sondern als Kampfmittel, das den sozialen Kampf mit verursacht und in ihm die Übermacht der einen der beiden Parteien verstärkt.« Lujo Brentano in »Verhandlungen des Vereines für Sozialpolitik« 1905. 115. Band, S. 142.

die führenden im Kampfe aller Unternehmerorganisationen, sie erscheinen als die Verfechter des gemeinsamen Unternehmerinteresses im Kampfe gegen die Arbeiterklasse. Je mehr die Kleinkapitalisten vor den Gewerkschaften zurückweichen müssen, je bedrohlicher ihnen die Macht der Arbeiter erscheint, desto mehr fühlen sie sich solidarisch mit den größten Industriellen, den Vorkämpfern ihrer eigenen Sache.

Daran ändert nichts, daß die schwächeren Verbände sich mit den Gewerkschaften ihrerseits abfinden müssen, wenn auch unter für sie günstigeren Umständen als früher die Einzelunternehmer. Auch für sie hat der Verband die größten Gefahren beseitigt. Er hat die Streikklausel für das Gewerbe durchzusetzen verstanden, er hindert den Outsider durch die Waffe der Materialsperre, wodurch er die Lieferanten zu Helfern seines Kampfes macht, vom Abfall, und schließlich sichert er unter allen Umständen die Gleichheit der Konkurrenzbedingungen, indem er besondere Abmachungen einzelner verhindert. Am besten geschieht dies durch den Tarifvertrag, die gemeinsame Vereinbarung des Arbeitsvertrages von Organisation zu Organisation. Der Tarifvertrag entspricht auch den Interessen der Gewerkschaft, da er die erreichten Erfolge für das ganze Gewerbe sofort verallgemeinert. Sein Nachteil ist, daß er den Zeitpunkt für eine neue Vereinbarung im voraus festsetzt und so der Gewerkschaft die Wahl der Kampfzeit nimmt. Da aber schon durch die Existenz des Unternehmerverbandes selbst der Gewerkschaft nicht mehr allein die Wahl des Zeitpunktes freisteht, so trifft dieser Umstand in gleicher Weise beide Organisationen; immerhin trägt er ein Moment des Zufalls in den künftigen Kampf und macht es daher zu dem Bestreben einer starken Gewerkschaft, die Dauer des Tarifvertrages nicht so zu wählen, daß die Ausnützung einer Hochkonjunkturperiode dadurch eventuell unmöglich würde.

Für die Unternehmer hat die Existenz ihrer Organisation noch den Vorteil, daß sie die Abwälzung der Produktionskostenerhöhung erleichtert. Wir wissen, daß die Streikerfolge für den betreffenden Industriezweig unmittelbar eine Verringerung der Profitrate unter den Durchschnitt bedeuten. Die Ausgleichung durch Preiserhöhung, die erfolgen muß, wird erleichtert und beschleunigt durch gemeinsames Vorgehen, das der Arbeitgeberverband in diesem Falle leicht vermitteln und auch in nichtkartellierten Industrien durchsetzen kann, da die Preiserhöhung den geänderten Kostpreisen entspricht. Gerade kleinkapitalistische, nichtkartellierte Fertigindustrien sind daher den Abschlüssen von Tarifverträgen geneigt[47].

Hier auch erwachsen jene Tendenzen, die zum Abschluß von Trade-Allianzen führen. Industrien, die durch ihre technisch bedingte Zersplitterung noch nicht kartellfähig sind, suchen sich ein Monopol zu sichern durch Sperrung des Arbeitsmarktes für Outsiders. Diese Sperrung soll ihnen die Gewerkschaft besorgen. Die vereinigten Unternehmer besitzen jetzt ein Kartell, das durch die Gewerkschaft vor der Konkurrenz der Außenseiter behütet ist. Der Kartellextraprofit wird zwischen Unternehmern und Arbeitern geteilt und die Arbeiter an dem Bestand des Kartells interessiert.

Anders liegen die Verhältnisse in der kartellierten Industrie. Hier hat die Profitrate bereits die größte, unter den bestehenden Produktionseinrichtungen mögliche Höhe erreicht. Der Preis ist gleich oder fast gleich dem Weltmarktpreis + Schutzzoll + Transportkosten. Hier kann eine Lohnerhöhung nicht abgewälzt werden, der Widerstand wird also besonders groß sein. Der hohe Kartellprofit ist zudem im Preis der Aktien bereits festgelegt; eine Minderung des Profits bedeutet Kurssenkung und ruft damit den Widerstand der Aktionäre gegen jede Nachgiebigkeit der Leitung hervor. Darin wird diese unterstützt durch das Interesse der Banken, für die ein geringerer Profit Schmälerung des Emissionsgewinns bei Neuausgabe von Aktien bedeutet. Anderseits ist der Widerstand der nur beauftragten Leiter der Aktiengesellschaften auch aus psychologischen Gründen größer. Ihnen ist jede Fühlung mit den Arbeitern verlorengegangen, und

[47] Anderseits stärkt der Abschluß von Tarifverträgen die Gewerkschaft, der jetzt zahlreiche bis dahin fernstehende Arbeiter zuströmen. Dieser Umstand vermehrt den Widerstand der Unternehmer. So faßte die mächtigste deutsche Fabrikantenorganisation, der Zentralverband deutscher Industrieller, im Mai 1905 folgenden Beschluß: »Der Zentralverband deutscher Industrieller betrachtet den Abschluß von Tarifverträgen zwischen den Arbeitgeberorganisationen und den Organisationen der Arbeiter als der deutschen Industrie und ihrer gedeihlichen Fortentwicklung überaus gefährlich. Die Tarifverträge nehmen ebensowohl dem einzelnen Arbeitgeber die für die sachgemäße Fortführung jedes Unternehmens notwendige Freiheit der Entschließung über die Verwendung seiner Arbeiter, als sie auch die einzelnen Arbeiter unvermeidbar unter die Herrschaft der Arbeiterorganisation bringen. Die Tarifverträge sind nach der Überzeugung des Zentralverbandes, wie auch durch die Erfahrungen in England und Amerika voll bestätigt wird, schwere Hindernisse der technischen und organisatorischen Fortschritte der deutschen Industrie.« Zit. bei Ad. Braun, »Die Tarifverträge und die deutschen Gewerkschaften«, Stuttgart 1908.

sie sind ihnen gegenüber die Vertreter fremder Interessen. Die Nachgiebigkeit, die ein Unternehmer, der seine eigene Sache vertritt, bisweilen noch betätigen mag, erscheint ihnen als Pflichtverletzung. Der letzte Rest persönlicher Stimmungen im Verhältnis von Arbeitern und Kapitalisten ist verschwunden, und der Inhalt des Arbeitsvertrages wird eine von allen Erwägungen des Sentiments völlig losgelöste Machtfrage[48].

Die dem Unternehmer wertvollen Eigenschaften des Tarifvertrages, die Gleichheit der Kosten zu garantieren, ist bei den Kartellen durch das gemeinsame Vorgehen der Unternehmer ohnehin erreicht, die Garantie der Dauer des gewerblichen Friedens durch die Größe der Kämpfe, die oftmalige Wiederholung ausschließen. Es bleibt also nur der Nachteil, die Unternehmer in der Wahl des Zeitpunkts für den nächsten Kampf zu binden und für die Gewerkschaften propagandistisch zu wirken. Daher hier die Ablehnung der Tarifverträge. Zugleich macht die Kartellierungsmöglichkeit ohne die gewerkschaftliche Hilfe eine Trade Alliance mit ihrer Teilung des Kartellextraprofits völlig überflüssig[49]. Ähnlich wie die Stellung der kartellierten Industrie

---

[48] Siehe auch die Rede des Regierungsrates Leidig in den »Verhandlungen des Vereines für Sozialpolitik« 1905, S. 156, und des Dozenten Doktor Harms, S. 201.

[49] Daß die Trade Alliances auch vom allgemeinen Standpunkt der Arbeiterklasse zu verwerfen sind, führt Adolf Braun aus: Es sei »darauf hingewiesen, daß die Unternehmer mit den Tarifverträgen weitgehende Absichten zu verknüpfen beginnen zur Ausschaltung jeder unbequemen Konkurrenz, zur Sicherung hoher Preise und zur Ausbeutung des konsumierenden Publikums. Dieselben Unternehmer, welche noch vor kurzem und zum Teil gegenwärtig die größte Entrüstung über Arbeitseinstellungen, über die Fernhaltung vom Zuzug, über die Beeinflussung des Arbeitsmarktes durch die Gewerkschaften äußerten, erwägen jetzt, ob man nicht von den Gewerkschaftsorganisationen beim Abschluß von Tarifverträgen Garantie zu fordern habe für die Einhaltung bestimmter Mindestpreise für die hergestellten Waren. Dann sollte neben dem Tarif, der die Bezahlung der Arbeitskraft bindet, auch ein Teil bestehen, der das Verhältnis der Preise, welche die Konsumenten zu entrichten haben, zur Regel hat. Die durch den Tarif gebundenen Gewerkschaftsorganisationen sollten dann überall die Arbeit, beziehentlich die Arbeitsvermittlung einstellen, wo ein Unternehmer zu billigeren Preisen seine Waren absetzt, als es in der allgemeinen Preisfestsetzung durch die Unternehmerorganisationen bestimmt ist. Dadurch könnten die Gewerkschaftsorganisationen nicht bloß gezwungen werden, die Tendenz zur Verteuerung aller Bedarfsgegenstände erheblich zu fördern und ausdrücklich mitzubestimmen, sie würden damit zu bewußten Vertretern von Unternehmerinteressen, und sie würden in der öffentlichen Meinung für die Verteuerung der Lebenshaltung verantwortlich gemacht werden. Man kann sich wohl Ausnahmsfälle denken, wo der gewerkschaftliche Zweck in keiner anderen Weise erreicht werden kann, wo die bezüglichen Zugeständnisse den Massenkonsum nicht beeinflussen und wo deshalb ein derartiges

ist auch die überwiegender Exportindustrien, da die Preise durch den Weltmarkt bestimmt, die Abwälzung also erschwert ist.

Die Entwicklung der Unternehmer- und Arbeiterorganisation gibt den Lohnkämpfen immer größere, allgemein soziale und politische Bedeutung. Der Guerillakrieg der Gewerkschaften gegen den einzelnen Unternehmer weicht den Massenkämpfen, die ganze Industriesphären betreffen, und, wenn sie die lebenswichtigsten Teile der durch die Arbeitsteilung aufeinander angewiesenen Produktion ergreifen, die gesamte gesellschaftliche Produktion mit Stillsetzung bedrohen. Der gewerkschaftliche Kampf wächst damit über seine eigene Sphäre hinaus und wird aus der Angelegenheit der unmittelbar betroffenen Unternehmer und Arbeiter zu einer allgemeinen Angelegenheit der Gesellschaft, das heißt zu einem politischen Ereignis. Zugleich wird die Beendigung des Kampfes durch bloß gewerkschaftliche Mittel immer schwieriger. Je stärker die Unternehmerorganisation und die Gewerkschaft, desto langwieriger die Kämpfe. Das Problem der Lohnerhöhung und Profitsenkung wird zu einem Problem der Macht. In den Unternehmern wird die Überzeugung unerschütterlich, daß jede Nachgiebigkeit ihre Position in der Zukunft schwächen wird, daß die moralische und faktische Macht der Gewerkschaft gestärkt, der Sieg in der Gegenwart künftige Siege der Gewerkschaft in der Zukunft bedeuten würde. Sie wollen ein für allemal den Kampf entscheiden und sind gewillt, die Kriegskosten zu zahlen, um die Unterwerfung für lange Zeit zu erreichen. Ihre Kapitalskraft ist groß genug, um aushalten zu können, länger auszuhalten als die Gewerkschaft, deren Mittel die Unterstützungen immer rascher aufzehren. Aber der Kampf bleibt nicht auf diese Sphäre beschränkt und greift über auf andere, denen diese Sphäre das Rohmaterial oder die Hilfsstoffe liefert; auch hier müssen die Betriebe stillgelegt werden, die Arbeiter feiern. Es ist ein Zustand, der in den Arbeitern und darüber hinaus in den von der Arbeiterklasse alimentierten Zweigen des Kleinhandels steigende Erbitterung auslöst und zu großen sozialen und politischen Zusammenstößen führen kann. Das Drängen der nicht unmittelbar Beteiligten wächst, den primären Lohnkampf zu beendigen, und da ihnen kein anderes

---

Zugeständnis erklärlich erscheinen kann. Aber als Regel, als Bedingung und Voraussetzung des Tarifabschlusses derartige Zugeständnisse zu machen, scheint den Prinzipien der Arbeiterbewegung, den Aufgaben der Gewerkschaften zu widersprechen«. (Adolf Braun, loc. cit., S. 5 ff.)

Mittel der Einwirkung zu Gebote steht, verlangen sie ein Eingreifen des Staates. Damit ist die Frage der Beendigung des Streiks aus einer Frage der gewerkschaftlichen zu einer Frage der politischen Macht geworden, und je stärker die Machtverschiebung zugunsten der Unternehmer durch das Entstehen der Unternehmerorganisation geworden ist, desto wichtiger ist es für die Arbeiterklasse, sich möglichst großen Einfluß in den politischen Vertretungen zu sichern, eine Vertretung, die unabhängig und rücksichtslos die Arbeiterinteressen gegen die Unternehmerinteressen vertritt und ihnen zum Siege verhilft. Dieser Sieg aber ist geschuldet nicht nur der politischen Einwirkung. Diese kann vielmehr erst einsetzen und schließlich erfolgreich werden, wenn die Gewerkschaft stark genug, um den rein ökonomischen Kampf mit solcher Intensität und Energie durchzuführen, daß der Widerstand des bürgerlichen Staates, sich in die Arbeitsbedingungen zuungunsten der Unternehmer einzumischen, bereits erschüttert ist und der politischen Vertretung nur mehr die Aufgabe zufällt, ihn vollends zu brechen. Weit entfernt davon, daß die Gewerkschaft der Arbeiterklasse etwa entbehrlich und durch politische Kämpfe ersetzbar wird, wird umgekehrt die immer größere Stärke der gewerkschaftlichen Organisation zur Bedingung jeden Erfolges. Aber so stark auch die Gewerkschaft ist, so macht gerade die Größe, Intensität und Ausbreitung ihrer Kämpfe diese zugleich zu politischen und zeigt den gewerkschaftlich organisierten Arbeitern die Ergänzung der gewerkschaftlichen durch die politische Aktion. So kommt im Laufe jeder gewerkschaftlichen Entwicklung notwendigerweise der Punkt, wo die Bildung einer unabhängigen politischen Arbeiterpartei zu einer Bedingung des gewerkschaftlichen Kampfes selbst wird. Ist aber erst eine unabhängige politische Arbeiterpartei vorhanden, so bleibt ihre Politik nicht allzu lange auf die Momente beschränkt, die den Anstoß zu ihrer Gründung gegeben haben, sondern wird zu einer Politik, die die Klasseninteressen aller Arbeiter in ihrer Totalität zu vertreten sucht und damit hinauswächst über den Kampf innerhalb der bürgerlichen Gesellschaft, um zu einem Kampf gegen die bürgerliche Gesellschaft zu werden.

Anderseits aber macht auch die Stärkung der Unternehmerorganisation den gewerkschaftlichen Kampf nicht nur nicht überflüssig, sondern auch keineswegs aussichtslos. Es ist einseitig, zu schließen, weil die Unternehmerorganisation an sich die

Macht hat, ruhig abzuwarten, bis die Arbeiter erschöpft, ihre Gewerkschaft finanziell ausgehungert ist, die Arbeitswilligen allmählich überhand nehmen, daß deshalb die gewerkschaftlichen Kämpfe stets mit einer Niederlage enden, die Aussperrungen stets siegreich sein müssen. Denn es handelt sich nicht um die bloße Machtfrage, sondern um die Rechenfrage der Einwirkung auf die Profitrate. Eine Aussperrung oder ein Streik in der Hochkonjunktur bedeutet unter allen Umständen einen so großen Verlust, daß es den Unternehmern vorteilhafter sein kann, die Lohnforderungen zu konzedieren, um den Kampf zu vermeiden[50]. Selbst eine durch eine Aussperrung vorher geschwächte Gewerkschaft kann immerhin so viel Kraft aufwenden, um den Unternehmern während der Hochkonjunktur Zugeständnisse abzuringen. Nur werden hier die Zugeständnisse, da auch die Gewerkschaft die Schwere des Kampfes fürchten muß, innerhalb engerer Grenzen bleiben als in den Zeiten, wo die Gewerkschaft sich noch keiner Unternehmerorganisation gegenübersah.

---

[50] Es heißt also das Kind mit dem Bade verschütten, wenn Naumann (Verhandlungen des Vereines für Sozialpolitik, 1905, S. 187) sagt: »... Die Sphäre, innerhalb deren dieser normale Abschluß des Streiks (scil. der Tarifvertrag) möglich ist, hört etwa dort auf, wo der Mittelbetrieb nach oben hin aufhört. Es sind zwar auch vereinzelte Versuche des Tarifvertrages oberhalb dieser Grenze gemacht worden, aber trotzdem ist es eine Sphäre für sich, wo man dem Arbeiter in alter Weise nach liberalem Rezept den Streik empfehlen kann, um damit zum Tarifvertrag zu kommen, und eine ganz andere Sphäre ist oberhalb des Gebietes, wo mit keinem Streik für sich allein ein Tarifvertrag erreicht werden kann, aus dem ganz einfachen Grunde, weil die elementare Frage: Wer von uns beiden hält es am längsten aus? vom ersten Tag an für jeden rechnenden Menschen entschieden ist. Wenn wir einmal einen Bergarbeiterstreik wieder erleben ... so weiß von vornherein der Beteiligte und der Unbeteiligte, daß die Arbeiter einen Sieg im Sinne der alten Friedensverhandlungen nicht erreichen können, daß diese Streiks von Haus aus unter die neue Gattung der Demonstrationsstreiks gehören. Denn setzen wir selbst den Fall, daß ein einzelner derartiger Streik einmal gewonnen würde, eine ganz hypothetische Voraussetzung, so würde die Möglichkeit, eine Rüstung gegen die Wiederkehr solcher Vorkommnisse anzulegen, in den Händen der kombinierten Großindustrie in höherem Maße vorhanden sein. Es ist nicht lange her, daß mir ein jüngerer Bankier einfach vorrechnete: »Welcher Zinsverlust ist es, wenn wir uns einen beständigen Vorrat auf so und so viele Monate halten, der uns vor jeder Streikniederlage – Streik im alten Sinne gedacht – während dieser Zeit absolut behütet.« Was folgt daraus? Daß der Arbeiter, wenn er überhaupt eine Verbesserung seiner Lage haben will, den Streik nur unter dem Gesichtspunkt des Appells an die übrige Bevölkerung auffassen kann.«

25. Kapitel

Das Proletariat und der Imperialismus

Die Wirtschaftspolitik des Proletariats steht im Grundwiderspruch zu der der Kapitalisten, und jede Stellungnahme in Einzelfragen ist durch diesen Gegensatz gekennzeichnet. Der Kampf der Lohnarbeit gegen das Kapital ist zunächst ein Kampf um den Anteil an dem von der Arbeiterklasse (einschließlich der produktiven Angestellten und Produktionsleiter) geschaffenen Neuwert des jährlichen Produkts. Dieser Kampf erscheint unmittelbar als Kampf um den Arbeitsvertrag und setzt sich fort in den Kämpfen um die staatliche Wirtschaftspolitik. In der Handelspolitik verlangt das Interesse der Arbeiter vor allem die Ausdehnung des inneren Marktes. Je größer der Arbeitslohn, desto größer der Teil des Neuwerts, der unmittelbar Nachfrage nach Ware bildet, und zwar nach Konsumtionsmitteln. Ausdehnung der Konsumtionsmittelindustrien, der Industrien der Fertigfabrikate überhaupt bedeutet aber Erweiterung der Sphären mit im allgemeinen niedrigerer organischer Zusammensetzung, das heißt also der Industrien mit großem Arbeitsfassungsvermögen. Dies bewirkt rasches Steigen der Arbeitsnachfrage und damit günstigere Stellung der Arbeiter auf dem Arbeitsmarkt, Stärkung der gewerkschaftlichen Organisation und Vergrößerung der Siegesaussichten für neue Lohnkämpfe. Umgekehrt ist das Interesse der Unternehmer. Die Erweiterung des inneren Marktes durch Lohnerhöhung bedeutet für sie eine Senkung der Profitrate mit der Aussicht auf erneute Senkung, die wieder Verlangsamung der Akkumulation bewirkt; zugleich wird ihr Kapital in die Industrien der Fertigfabrikate gedrängt, wo die Konkurrenz am größten, die Kartellierungsfähigkeit am geringsten ist. Ihr Interesse ist es zwar, den Markt zu erweitern, aber nicht auf Kosten der Profitrate; dies wird erreicht, wenn sie bei gleichbleibendem inneren Markt den äußeren Markt ausdehnen. Ein Teil des Neuprodukts wird nicht Einkommen der Arbeiter und vermehrt nicht die Nachfrage nach inländischen Produkten; aber es wird als Kapital angelegt, das zur Produktion für den ausländischen Markt dient. In diesem Falle ist also die Profitrate höher und die Akkumulation rascher. Daher die Handelspolitik der Unternehmer vor allem immer den äußeren, die der Arbeiter den inneren Markt im Auge hat und sich so insbesondere in Lohnpolitik auflöst.

Solange die Schutzzölle Erziehungszölle namentlich für die Fertigindustrien bedeuten, so lange sind sie nicht im Widerspruch mit den Interessen der Lohnarbeit. Sie schädigen zwar den Arbeiter als Konsumenten, aber sie beschleunigen die industrielle Entwicklung und können ihn daher als Produzenten entschädigen, falls die Gewerkschaften entwickelt genug sind, die Situation auszunützen. Die Leidtragenden dieser Periode des Schutzzolles sind viel mehr die Handwerker, Hausindustriellen und Bauern als die Fabrikarbeiter. Anders aber, sobald der Schutzzoll zum Kartellschutzzoll wird. Wir wissen, daß die Kartelle vor allem sich in den organisch höchst entwickelten Produktionszweigen entfalten; die Erzeugung von Extraprofit in diesen Sphären hemmt die Entwicklung der Fertigfabrikats- und Konsumtionsindustrien. Zugleich bedeutet die Verteuerung aller Lebensmittel, die die notwendige Verbindung mit den Agrarzöllen mit sich bringt, eine Senkung des Reallohnes und damit eine Verengung des inneren Marktes, soweit dieser durch die Nachfrage der Arbeiter nach Industrieprodukten bestimmt wird. Der Arbeiter wird sowohl als Konsument geschädigt als auch als Produzent, durch die Benachteiligung der Industrien mit hohem Arbeitsfassungsvermögen. Zugleich aber bedeutet die Kartellierung eine Stärkung der Unternehmer in ihrer Stellung auf dem Arbeitsmarkt, eine Schwächung der Gewerkschaften. Dann aber ist der Kartellschutzzoll der stärkste Anreiz zur Steigerung des Kapitalexports und führt mit Notwendigkeit zur Expansionspolitik des Imperialismus.

Wir haben gesehen, daß der Kapitalexport die Bedingung der raschen Expansion des Kapitalismus ist. Diese Expansion ist sozial die Lebensbedingung der Aufrechterhaltung der kapitalistischen Gesellschaft überhaupt, zugleich ökonomisch die Bedingung der Aufrechterhaltung und zeitweisen Steigerung der Profitrate. Diese Expansionspolitik vereinigt sämtliche Schichten der Besitzenden in den Dienst des Finanzkapitals. Schutzzoll und Expansion werden so die gemeinsame Forderung der herrschenden

Klasse. Die Abkehr der kapitalistischen Klassen von der Freihandelspolitik bedeutet aber deren völlige Aussichtslosigkeit. Denn der Freihandel ist keine positive Forderung des Proletariats; für dieses ist er nur die Abwehr der Schutzzollpolitik, die die schnellere und straffere Kartellierung, damit die Stärkung der Unternehmerorganisation, die Verschärfung der nationalen Gegensätze, die Steigerung der Rüstungen, das Wachsen des Steuerdruckes, die Verteuerung der Lebenshaltung, die Vergrößerung der Staatsmacht, die Schwächung der Demokratie, das Auftauchen einer arbeiterfeindlichen, gewalttätigen Ideologie bedeutet. Sobald die Abkehr der Bourgeoisie vom Freihandel erfolgt ist, wird der Kampf um den Freihandel aussichtslos, da ja das Proletariat allein zu schwach ist, um seine Politik den Herrschenden aufzuzwingen.

Das kann aber durchaus nicht bedeuten, daß das Proletariat sich nunmehr zur modernen Schutzzollpolitik bekehrt, mit der der Imperialismus unauflöslich verknüpft ist. Daß es die Notwendigkeit dieser Politik für die Kapitalistenklasse und damit ihren Sieg, solange die Kapitalistenklasse die Herrschaft ausübt, eingesehen hat, ist kein Grund für das Proletariat, nunmehr auf eigene Politik zu verzichten und vor der Politik seiner Feinde zu kapitulieren oder sich gar noch in Illusionen einzuspinnen über den angeblichen Nutzen, den die Verallgemeinerung und Steigerung der Ausbeutung für seine Klassenlage bedeutet. Das hindert das Proletariat aber nicht, einzusehen, daß die imperialistische Politik erst die Revolution, die der Kapitalismus bedeutet, verallgemeinert und damit zugleich die Bedingungen für den Sieg des Sozialismus. Jedoch sowenig die Überzeugung, daß die Politik des Finanzkapitals zu kriegerischen Entwicklungen und damit zur Auslösung revolutionärer Stürme führen muß, das Proletariat von seiner unerbittlichen Feindschaft gegen den Militarismus und die Kriegspolitik abbringen kann, ebensowenig kann es, weil schließlich die Expansionspolitik des Kapitals die mächtigste Förderin seines schließlichen Sieges ist, diese Politik unterstützen. Umgekehrt kann vielmehr der Sieg nur aus dem beständigen Kampf gegen diese Politik hervorgehen, weil nur dann das Proletariat der Erbe des Zusammenbruches werden kann, zu dem diese Politik führen muß, wobei es sich aber um einen politischen und sozialen, nicht um einen ökonomischen Zusammenbruch handelt, der überhaupt keine rationelle Vorstellung ist. Schutzzoll und Kartelle bedeuten Verteuerung der

Lebenshaltung, die Unternehmerorganisationen stärken die Widerstandskraft des Kapitals gegen den Ansturm der Gewerkschaften; die Rüstungs- und Kolonialpolitik steigert immer rascher die Steuerlast, die das Proletariat aufzubringen hat; das notwendige Ergebnis dieser Politik, der gewaltsame Zusammenstoß der kapitalistischen Staaten, bedeutet eine ungeheure akute Steigerung des Elends; aber all diese die Volksmassen revolutionierenden Kräfte können nur dann in den Dienst einer Neugestaltung der Wirtschaft gestellt werden, wenn die Klasse, die die Schöpferin der neuen Gesellschaft werden muß, in ihrem Bewußtsein diese ganze Politik und ihre notwendigen Ergebnisse antizipiert. Dies kann aber nur geschehen, wenn die notwendigen Folgen dieser Politik gegen die Interessen der Volksmassen den Massen fort und fort klargemacht werden, was wieder nur erfolgen kann in der beständigen, rücksichtslosen Bekämpfung der imperialistischen Politik.

Kann aber das Kapital keine andere Politik machen als die imperialistische, so kann das Proletariat der imperialistischen nicht eine Politik entgegensetzen, die die Politik der Zeit der Alleinherrschaft des industriellen Kapitals war; es ist nicht Sache des Proletariats, der fortgeschritteneren kapitalistischen Politik gegenüber die überwundene der Freihandelsära und der Staatsfeindschaft entgegenzusetzen. Die Antwort des Proletariats auf die Wirtschaftspolitik des Finanzkapitals, den Imperialismus, kann nicht der Freihandel, kann nur der Sozialismus sein. Nicht das reaktionär gewordene Ideal der Wiederherstellung der freien Konkurrenz, sondern die völlige Aufhebung der Konkurrenz durch die Überwindung des Kapitalismus kann jetzt allein das Ziel proletarischer Politik sein. Dem bürgerlichen Dilemma: Schutzzoll oder Freihandel? entrinnt das Proletariat mit der Antwort: Weder Schutzzoll noch Freihandel, sondern Sozialismus, Organisation der Produktion, bewußte Regelung der Wirtschaft nicht durch und zu Nutzen der Kapitalsmagnaten, sondern durch und zu Nutzen der Gesamtheit der Gesellschaft, die sich endlich auch die Wirtschaft unterwirft, wie sie die Natur unterworfen hat, seitdem sie ihren Bewegungsgesetzen auf die Spur gekommen ist. Der Sozialismus hört auf, ein fernes Ideal zu sein, hört selbst auf, ein »Endziel« zu sein, das nur richtunggebend auf die »Gegenwartsforderungen« einwirkt, und wird zu einem wesentlichen Bestandteil der unmittelbaren praktischen Politik des Proletariats. Gerade in jenen Ländern, in denen sich die Politik des Bürgertums am vollständigsten durchgesetzt hat, die politisch-demokratischen Forderungen der Arbeiterklasse in ihren sozial bedeutsamsten Stücken verwirklicht sind, muß der Sozialismus als einzige Antwort auf den Imperialismus in den Vordergrund der Propaganda gerückt werden, um die Unabhängigkeit der Arbeiterpolitik zu sichern und ihre Überlegenheit zur Wahrung der proletarischen Interessen zu erweisen.

Das Finanzkapital bringt die Verfügung über die gesellschaftliche Produktion immer mehr in die Hände einer geringen Anzahl größter Kapitalsassoziationen; es trennt die Leitung der Produktion von dem Eigentum und vergesellschaftet die Produktion bis zu jener Grenze, die innerhalb des Kapitalismus zu erreichen ist. Die Schranken kapitalistischer Vergesellschaftung werden gebildet erstens durch die Teilung des Weltmarktes in die nationalen Wirtschaftsgebiete der einzelnen Staaten, die nur mühsam und unvollkommen durch die internationale Kartellierung überwunden werden kann; zugleich verlängert diese Teilung die Dauer des Konkurrenzkampfes, den die Kartelle und Truste mit Hilfe der staatlichen Machtmittel untereinander ausfechten. Zweitens, was hier der Vollständigkeit wegen erwähnt werden muß, durch die Grundrentenbildung, die die Konzentration in der Landwirtschaft hemmt; drittens durch die wirtschaftspolitischen Maßnahmen zur Verlängerung der Lebensfähigkeit der Mittel- und Kleinbetriebe.

Das Finanzkapital bedeutet seiner Tendenz nach die Herstellung der gesellschaftlichen Kontrolle über die Produktion. Es ist aber Vergesellschaftung in antagonistischer Form; die Herrschaft über die gesellschaftliche Produktion bleibt in den Händen einer Oligarchie. Der Kampf um die Depossedierung dieser Oligarchie bildet die letzte Phase des Klassenkampfes zwischen Bourgeoisie und Proletariat.

Die vergesellschaftende Funktion des Finanzkapitals erleichtert die Überwindung des Kapitalismus außerordentlich. Sobald das Finanzkapital die wichtigsten Produktionszweige unter seine Kontrolle gebracht hat, genügt es, wenn die Gesellschaft durch ihr bewußtes Vollzugsorgan, den vom Proletarier eroberten Staat, sich des Finanzkapitals bemächtigt, um sofort die Verfügung über die wichtigsten Produktionszweige zu erhalten. Von diesen Produktionszweigen sind alle anderen abhängig, und die Herrschaft über die Großindustrie bedeutet so bereits die wirksamste gesellschaftliche Kontrolle auch ohne jede weitere unmittelbare Vergesellschaftung. Die Gesellschaft, die über den Bergbau, die Eisenindustrie hinunter bis zur Maschinenindustrie, die Elektrizitäts-, die chemische Industrie verfügt, die über das Transportsystem herrscht, hat durch Beherrschung dieser wichtigsten Produktionssphären die Verteilung des Rohmaterials an die anderen Industrien und den Transport ihrer Produkte in der Hand und kann so diese gleichfalls beherrschen. Die Besitzergreifung von sechs Berliner Großbanken würde ja heute schon die Besitzergreifung der wichtigsten Sphären der Großindustrie bedeuten und in der Übergangszeit, solange kapitalistische Verrechnung sich noch als opportun erweist, die Politik des Sozialismus in ihren Anfängen außerordentlich erleichtern. Die Expropriation braucht sich gar nicht auf die große Zahl bäuerlicher und gewerblicher Kleinbetriebe zu erstrecken, da diese durch die Besitzergreifung der Großindustrie, von der sie längst abhängig geworden sind, mittelbar vergesellschaftet werden wie jene unmittelbar. Es ist daher möglich, den Expropriationsprozeß gerade dort, wo er wegen seiner Dezentralisation langwierig und politisch gefährlich wäre, in langsamer Entwicklung ausreifen, das heißt aus dem einmaligen Expropriationsakt der Staatsgewalt eine allmähliche Vergesellschaftung durch ökonomische Vorteile, die die Gesellschaft bewußt gewährt, zu machen, weil das Finanzkapital die Expropriation, soweit sie für den Sozialismus notwendig, bereits besorgt hat.

Schafft so das Finanzkapital organisatorisch die letzten Voraussetzungen für den Sozialismus, so macht es auch politisch den Übergang leichter. Die Aktion der Kapitalistenklasse selbst, wie sie sich in der imperialistischen Politik darstellt, weist das Proletariat mit Notwendigkeit auf den Weg selbständiger Klassenpolitik, die nur mit der schließlichen Überwindung des Kapitalismus überhaupt enden kann. Solange als der Grundsatz des Laisser-faire herrschte, die Intervention des Staates in die wirtschaftlichen Angelegenheiten und damit der Charakter des Staates als einer Organisation der Klassenherrschaft verhüllt war, gehörte ein verhältnismäßig hoher Grad von Einsicht dazu, die Notwendigkeit des politischen Kampfes und vor allem die Notwendigkeit des politischen Endzieles, die Eroberung der Staatsgewalt, zu begreifen. Ist es doch kein Zufall, daß gerade in England, dem klassischen Land der Nichteinmischung, auch das Aufkommen einer selbständigen politischen Aktion der Arbeiterklasse so erschwert war. Dies ändert sich nun. Die Kapitalistenklasse ergreift unmittelbar, unverhüllt, handgreiflich Besitz von der staatlichen Organisation und macht sie zum Werkzeug ihrer Exploitationsinteressen in einer Weise, die auch dem letzten Proletarier fühlbar wird, der nun erkennen muß, daß die Eroberung der politischen Macht durch das Proletariat sein nächstes, persönliches Interesse ist. Die offenkundige Besitznahme des Staates durch die Kapitalistenklasse zwingt unmittelbar jedem Proletarier das Streben nach Eroberung der politischen Macht auf, als dem einzigen Mittel, seiner Exploitation ein Ende zu setzen[51].

Der Kampf gegen den Imperialismus steigert alle Klassengegensätze innerhalb der bürgerlichen Gesellschaft. Das Proletariat als entschiedenster Feind des Imperialismus erhält aber Zuzug aus anderen Klassen. Der Imperialismus, der anfangs von allen anderen Klassen unterstützt wurde, schlägt schließlich seine Anhänger in die Flucht. Je weiter die Monopolisierung fortschreitet, desto mehr drückt die Last der Extraprofite auf alle anderen Klassen. Die Verteuerung durch die Trusts senkt ihre Lebenshaltung, und das um so mehr, als die steigende Tendenz der Nahrungsmittelpreise auch die notwendigsten Lebensmittel in die Höhe treibt. Gleichzeitig steigt der Steuerdruck, der auch die Mittelschichten trifft. Und diese selbst werden immer rebellischer. Die Angestellten sehen immer mehr ihre Karriereaussichten schwinden und fühlen sich immer mehr als ausgebeutete

---

[51] »Das moderne Schutzzollsystem, und dies ist seine historische Bedeutung, leitet die letzte Phase des Kapitalismus ein. Um dem Falle der Profitrate, diesem Bewegungsgesetz des Kapitalismus, Einhalt zu tun, beseitigt das Kapital die freie Konkurrenz, organisiert sich und wird durch eine Organisation in den Stand gesetzt, sich der staatlichen Macht zu bemächtigen, um diese nunmehr unmittelbar und direkt in den Dienst seines Ausbeutungsinteresses zu stellen. Nicht mehr die Arbeiterschaft allein, die gesamte Bevölkerung wird dem Profitstreben der Kapitalistenklasse unterworfen. Alle Machtmittel, über die die Gesellschaft verfügt, werden bewußt zusammengefaßt, um sie in Ausbeutungsmittel der Gesellschaft durch das Kapital zu verwandeln. Es ist direkte Vorstufe der sozialistischen Gesellschaft, weil es ihre vollständige Negation ist: bewußte Vergesellschaftung aller in der heutigen Gesellschaft vorhandenen wirtschaftlichen Potenzen, aber eine Zusammenfassung nicht im Interesse der Gesamtheit, sondern um den Grad der Ausbeutung der Gesamtheit auf eine bisher unerhörte Art zu steigern. Aber das Klare, Augenscheinliche dieses Zustandes ist es gerade, das seine Dauer unmöglich macht. Er erweckt gegenüber der Aktion der Kapitalistenklasse, der die Konzentration der Produktionsmittel die Konzentration ihres Bewußtseins und ihres Handelns gebracht hat, die Aktion des Proletariats, das sich seiner Macht nur bewußt zu werden braucht, um sie unwiderstehlich zu machen.« Rudolf Hilferding, »Der Funktionswandel des Schutzzolls«, »Neue Zeit«, XXI, 2.

Proletarier. Auch die Mittelschichten des Handels und des Gewerbes gewahren ihre Abhängigkeit von den Kartellen, die sie in bloße auf Provision gestellte Agenten verwandelt. All diese Gegensätze müssen sich in dem Augenblick zur Unerträglichkeit verschärfen, in dem die Expansion des Kapitals in eine Periode langsameren Fortschreitens eintritt. Dies ist aber dann der Fall, wenn die Entwicklung der Aktiengesellschaften und Kartelle nicht mehr so rasch vor sich geht, die Entstehung neuer Gründergewinne, damit der Drang nach Export des Kapitals verlangsamt wird. Er muß sich aber verlangsamen, wenn die rasche Erschließung der fremden Länder durch die Einführung des Kapitalismus eine Verzögerung erfährt. Die Erschließung des Fernen Ostens, die rapide Entwicklung Kanadas, Südafrikas und Südamerikas haben einen Hauptanteil daran getragen, daß die Entwicklung des Kapitalismus so schwindelnd jäh und nur durch kurze Depressionen unterbrochen seit 1895 vor sich gegangen ist. Verlangsamt sich aber diese Entwicklung, so muß der Druck der Kartelle auf dem inländischen Markt um so schärfer in Erscheinung treten; denn es sind gerade die Perioden der Depression, in der die Konzentration am raschesten vor sich geht. Zugleich wird mit der langsameren Ausdehnung des Weltmarktes der Gegensatz zwischen den kapitalistischen Nationen um ihren Anteil noch verschärft, und das um so mehr, wenn große, bisher der Konkurrenz freie Märkte durch die Ausdehnung der Schutzzölle, zum Beispiel auf England, der Konkurrenz anderer Länder entrückt werden. Die Kriegsgefahr steigert die Rüstungen und den Steuerdruck und treibt schließlich die in ihrer Lebenshaltung immer mehr bedrohten Mittelschichten in die Reihen des Proletariats, das aus der Schwächung der Staatsmacht und dem kriegerischen Zusammenprall die Früchte erntet[52].

Es ist ein historisches Gesetz: In den auf Klassengegensätzen beruhenden Gesellschaftsformen gehen die großen sozialen Umwälzungen erst vor sich, wenn die herrschende Klasse bereits den höchst möglichen Stand der Konzentration ihrer Macht erreicht hat. Die ökonomische Macht der herrschenden Klasse bedeutet stets zugleich Macht über Menschen, Verfügung über menschliche Arbeitskraft. Damit wird aber der ökonomische Herrscher abhängig von der Macht der Beherrschten. Denn in-

[52] Siehe Karl Kautsky: »Der Weg zur Macht«, insbesondere das Schlußkapitel: »Ein neues Zeitalter der Revolutionen.«

dem er selbst an Macht zunimmt, stärkt er zugleich die Macht derer, die ihm in Klassenfeindschaft gegenüberstehen. Als Beherrschte aber erscheinen sie machtlos. Ihre Macht, die sich erst im Kampf, im Sturze der Macht der herrschenden Klasse beweisen kann, erscheint latent, während die Macht der Herrschenden die allein offensichtliche ist. Erst im Zusammenprall der beiden Mächte, also in der revolutionären Periode, erweist sich die Macht der Unterworfenen als real.

Ökonomische Macht bedeutet zugleich politische Macht. Die Herrschaft über die Wirtschaft gibt zugleich die Verfügung über die Machtmittel der Staatsgewalt. Je stärker die Konzentration in der wirtschaftlichen Sphäre, desto unumschränkter die Beherrschung des Staates. Diese straffe Zusammenfassung aller Machtmittel des Staates erscheint als seine höchste Machtentfaltung, der Staat als unüberwindliches Instrument der Aufrechterhaltung der ökonomischen Herrschaft, damit aber zugleich die Eroberung der politischen Macht als Vorbedingung der ökonomischen Befreiung. Die bürgerliche Revolution setzte erst ein, als der absolute Staat nach Überwindung der innerstaatlichen territorialen Gewalten der großen Grundherren in sich alle Machtmittel vereinigt hatte, während die Konzentration politischer Macht in den Händen einiger größter Grundherren selbst die Voraussetzung für den Sieg des absoluten Königtums gebildet hatte. So ist der Sieg des Proletariats geknüpft an die Konzentration der ökonomischen Macht in den Händen weniger Kapitalmagnaten oder Magnatenvereinigungen und an deren Herrschaft über die Staatsmacht.

Das Finanzkapital in seiner Vollendung bedeutet die höchste Stufe ökonomischer und politischer Machtvollkommenheit in der Hand der Kapitaloligarchie. Es vollendet die Diktatur der Kapitalmagnaten. Zugleich macht es die Diktatur der nationalen Kapitalbeherrscher des einen Landes immer unverträglicher mit den kapitalistischen Interessen des anderen Landes und die Herrschaft des Kapitals innerhalb des Landes immer unvereinbarer mit den Interessen der durch das Finanzkapital ausgebeuteten, aber auch zum Kampf aufgerufenen Volksmassen. In dem gewaltigen Zusammenprall der feindlichen Interessen schlägt schließlich die Diktatur der Kapitalmagnaten um in die Diktatur des Proletariats.

Personenregister

Sachregister

Kapitelangaben weisen darauf hin, daß das Stichwort in der Kapitelüberschrift erscheint.

Inhalt